Le guide du vin
2012

Révision : Élyse-Andrée Héroux
Correction : Sylvie Tremblay
Design graphique : Christine Hébert
Mise en page : Johanne Lemay et Christine Hébert
Infographie : Marie-Josée Lalonde
Soutien technique : Mario Paquin

DISTRIBUTEUR EXCLUSIF :

- Pour le Canada
  et les États-Unis :
  MESSAGERIES ADP*
  2315, rue de la Province
  Longueuil, Québec
  J4G 1G4
  Tél. : (450) 640-1237
  Télécopieur : (450) 674-6237
  * une division du Groupe Sogides inc.,
  filiale de Quebecor Média inc.

Suivez-nous sur le Web
Consultez nos sites Internet et inscrivez-vous à l'infolettre pour rester informé en tout temps de nos publications et de nos concours en ligne. Et croisez aussi vos auteurs préférés et notre équipe sur nos blogues !

EDITIONS-HOMME.COM
EDITIONS-JOUR.COM
EDITIONS-LAGRIFFE.COM

Gouvernement du Québec – Programme de crédit d'impôt pour l'édition de livres – Gestion SODEC – www.sodec.gouv.qc.ca

L'Éditeur bénéficie du soutien de la Société de développement des entreprises culturelles du Québec pour son programme d'édition.

Conseil des Arts du Canada   Canada Council for the Arts

Nous remercions le Conseil des Arts du Canada de l'aide accordée à notre programme de publication.

Nous reconnaissons l'aide financière du gouvernement du Canada par l'entremise du Fonds du livre du Canada pour nos activités d'édition.

Imprimé au Canada

10-11

Dépôt légal : 2011
Bibliothèque et Archives nationales du Québec

ISBN 978-2-7619-3181-6

31e édition

Phaneuf

Le guide du vin 2012

LES ÉDITIONS DE L'HOMME
Une compagnie de Quebecor Media

Table des matières

La deuxième vie *du Guide du vin...*

Depuis sa naissance à l'automne 1981, *Le guide du vin* a bien grandi et est devenu adulte. Le petit livre rudimentaire de 190 pages en noir et blanc a pris de l'ossature. S'il est vrai qu'il a été nourri par le formidable développement de la planète vin dont il a été témoin, ce livre annuel doit aussi sa croissance aux milliers d'amateurs qui lui ont fait l'honneur de leur fidélité au cours de ces trois dernières décennies.

Le guide du vin a grandi... et son auteur a vieilli. Trente ans, c'est le temps d'une génération. À une autre maintenant de prendre le relais et de lui donner un souffle nouveau. C'est ce que j'avais en tête en 2007 en mettant de l'avant ce projet de mentorat avec Nadia Fournier. C'est donc elle qui a réalisé l'essentiel de cette 31e édition. Et comme on dit, ce 2012 est un bon millésime.

D'emblée, je rassure les habitués: avec ce changement de garde, *Le guide du vin* n'a rien perdu de son âme, bien au contraire. Tout au long de l'année, j'ai vu Nadia ne ménager aucun effort pour produire un ouvrage complet, utile et bien documenté. Plus encore, je la vois partager avec moi la même préférence pour les vins sincères et singuliers; ces vins qui ont ce « goût du lieu » qui nous est si cher et dont on ne se lasse jamais. Avec elle – et comme avant – il y a donc peu de chances de voir encensés dans ces pages tous les colosses hyper alcoolisés à la mode et si aisément glorifiés par quelques moutons de Panurge de la presse internationale. Nadia défend le vin digeste et je m'en réjouis car, avec elle, *Le guide du vin* vivra longtemps et ses lecteurs continueront d'être accompagnés avec clairvoyance sur les multiples et fascinants chemins de la découverte.

MICHEL PHANEUF

... dans la continuité

Depuis qu'il a domestiqué la vigne, il y a environ 5000 ans, l'homme n'a jamais produit d'aussi bons vins.

Ces progrès résultent des efforts conjugués d'une succession de générations qui, chacune à son époque, a mis à contribution sa passion, son savoir-faire et celui de ses ancêtres, pour porter plus haut, plus loin, l'idée même du bon vin. Un peu comme le système de la solera à Xérès, dans lequel les vins jeunes s'affinent au contact des vins mûrs, cette symbiose intergénérationnelle permet aux jeunes vignerons de s'enrichir de la sagesse de leurs prédécesseurs.

Comme eux, en prenant aujourd'hui la relève du *Guide du vin,* je tire parti du vaste bagage de connaissances que m'a transmis Michel depuis le début de notre collaboration, en 2007. Au cours de sa longue et prolifique carrière, il a eu à cœur de communiquer sa passion du vin aux Québécois. Son discours demeurait rigoureux et précis, mais surtout accessible à tous.

Comme lui, je souhaite continuer de partager avec vous, en toute simplicité, l'effervescence qui anime en ce moment le monde du vin. Les horizons dont proviennent les milliers de vins vendus au Québec ne cessent de s'élargir et la multitude de nouvelles étiquettes commercialisées chaque année peut parfois donner le vertige. Tant mieux! Allez y, explorez!

C'est tout le bien que je vous souhaite pour 2012. Découvrez, partagez, soyez curieux et surtout, amusez-vous!

Nadia Fournier

• COMMENT UTILISER CE GUIDE •

Les noms des vins

Les vins sont répertoriés par ordre alphabétique des marques ou des noms des producteurs.

Les noms de château ou de domaine sont considérés comme des marques. Ainsi, Château La Nerthe, Châteauneuf-du-Pape paraît dans les C de la section des vins de la vallée du Rhône, et le Sancerre de Pascal Jolivet est inscrit sous la rubrique Jolivet, Pascal.

En règle générale, et exception faite des domaines et des châteaux clairement identifiés, les vins sont regroupés sous le nom du producteur:

Hugel

Riesling 2009, Gewurztraminer 2008, etc.

Antinori

Solaia, Tignanello, Pèppoli, etc.

Calera

Pinot noir, Chardonnay, etc.

Les symboles

Pour faciliter la lecture et la consultation, le recours aux symboles est essentiel. Par exemple, la combinaison ★★★→★ indique que le vin, actuellement très bon, sera encore meilleur dans quelques années. Dans la plupart des cas, le temps requis pour que le vin arrive à maturité est aussi indiqué par un chiffre allant de ① à ④. Si un vin laisse planer des doutes sur ses possibilités d'évolution en bouteille, on a alors recours à la séquence suivante: ★★→?

La qualité

☆	Vin blanc
★	Vin rouge
5 étoiles	Exceptionnel
4 étoiles	Excellent
3 étoiles	Très bon
2 étoiles	Correct
1 étoile	Passable
★★→★	Se bonifiera avec les années
★★→?	Évolution incertaine

L'évolution

① À boire maintenant, il n'y a guère d'intérêt à le conserver.
② Prêt à boire, mais pouvant se conserver.
③ On peut commencer à le boire, mais il continuera de se bonifier.
④ Encore jeune, à laisser mûrir encore quelques années.
♙ Il est indiqué de passer le vin en carafe environ 1 heure avant de le servir.

À l'achat du *Guide du vin 2012*, les Éditions de l'Homme vous offrent la version numérique gratuitement !

ePUB

Pour obtenir votre exemplaire gratuit, veuillez remplir ce formulaire et le retourner avec votre facture originale à l'adresse suivante :

Éditions de l'Homme
Guide du vin 2012
955, rue Amherst
Montréal (Québec) H2L 3K4

Nom : ____________________

Prénom : ____________________

Adresse : ____________________

Ville : ____________________ Code postal : ____________________

Téléphone : ____________________

Courriel : ____________________

(Tous les champs du formulaire doivent être remplis et exacts, fac-similés non acceptés.)
Lorsque nous aurons reçu votre formulaire dûment rempli, nous vous ferons parvenir les instructions de téléchargement **par courriel.**

Découpez sur le pointillé.

L'aubaine

♥ Rapport qualité-prix avantageux

La Grappe d'or

Les « moments forts » de l'année sont identifiés par ce symbole. On trouvera la liste complète des Grappes d'or 2012 à la page 15.

Les 50 meilleurs vins de 15 $ et moins

Ce symbole indique les 50 meilleurs vins à petits prix retenus cette année. La liste complète est à la page 21.

Les 100 meilleurs vins de 15 à 30 $

Ce symbole identifie 100 vins remarquables offrant un rapport qualité-prix digne de mention. La liste complète paraît à la page 25.

Spécialité, courant, signature...

La formule suivante a été adoptée pour indiquer la catégorie à laquelle chaque vin appartient.

Puisqu'ils font l'objet de l'essentiel des commentaires, les produits de **spécialité** forment la catégorie par défaut dans ce guide et sont donc présentés sans indication particulière. Ces vins sont vendus dans les succursales Sélection et dans quelques succursales Classique.

Auparavant présentés à part à la fin de chaque section, les produits **courants** distribués dans l'ensemble du réseau et de façon continue sont désormais intégrés à l'ensemble et sont identifiés par ce symbole C.

Les vins exclusivement offerts dans les magasins **Signature** de Montréal et de Sainte-Foy sont identifiés par ce pictogramme S.

Par ailleurs, plus de 200 producteurs recensés cette année offrent des produits complémentaires en **importation privée** IP que l'on peut commander auprès des agences répertoriées dans un cahier spécial inclus à la page 481.

Le symbole ▼ accompagne les produits dont les stocks étaient en voie d'épuisement en octobre 2011.

Le site www.saq.com vous indiquera où trouver les vins recherchés.

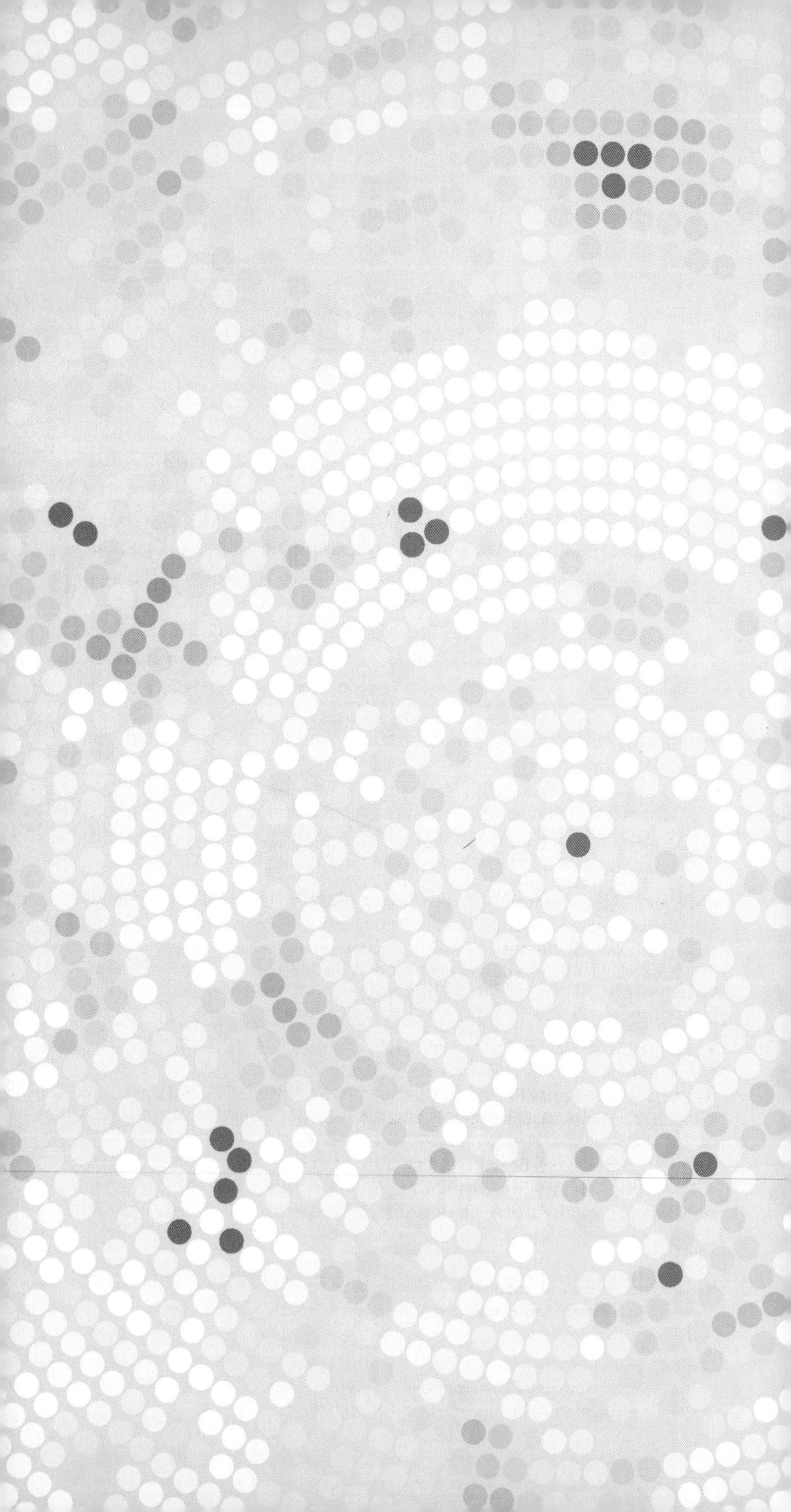

Les Grappes d'or

Qu'ils soient chers ou bon marché, grands ou modestes, qu'il s'agisse de classiques ou de créations récentes, certains vins ont la vertu de combler le dégustateur. Une Grappe d'or est accordée à des vins particulièrement remarquables. Voici la liste de mes « bonheurs » de l'année qui feront sûrement le vôtre.

Pour éviter des frustrations aux lecteurs, seuls les vins présents en quantités suffisantes en octobre 2011 ont été retenus.

FRANCE

Bordeaux

- **Château Bélair, Saint-Émilion Premier Grand cru classé 2005** (154,25$ - p. 56)
- **Château Bellefont-Belcier, Saint-Emilion Grand cru 2008** (52,75$ - p. 57)
- **Château La Fleur-Pétrus, Pomerol 2006** (241,50$ - p. 59)
- **Château le Puy, Bordeaux Côtes de Francs 2006** (24,70$ - p. 45)
- **Château Respide-Médeville, Graves 2009** (24,85$ - p. 54)
- **Cru Barréjats, Sauternes 2001** (43$ - 375 ml - p. 63)
- **Vieux Château Champs de Mars 2007, Côtes de Castillon** (20,30$ - p. 47)

Bourgogne

- **Bouvier, René; Gevrey-Chambertin 2009, La Justice** (49,75$ - p. 74)
- **Fougeray de Beauclair, Marsannay 2009, Saint-Jacques** (37,50$ - p. 79)
- **Jobard, Rémi; Volnay Premier cru Les Santenots 2009** (63$ - p. 80)
- **La Chablisienne, Chablis Grand cru Blanchot 2007** (63$ - p. 81)
- **Mikulski, François; Meursault 2009** (52,75$ - p. 83)
- **Pavelot, Savigny-lès-Beaune 2009** (31,25$ - p. 85)
- **Perrot-Minot, Morey-St-Denis 2007, La Rue de Vergy** (65$ - p. 86)
- **Robert-Denogent, Pouilly-Fuissé 2009, Les Reisses** (34,50$ - p. 87)

Beaujolais

- **Lapierre, Marcel; Morgon 2010** (26$ - p. 96)
- **Martray, Laurent; Les Feuillées 2009, Côte de Brouilly** (21,10$ - p. 98)

Alsace

- **Beyer, Léon; Riesling 2004, Comtes d'Eguisheim, Alsace** (49$ - p. 102)
- **Ostertag, Riesling 2008, Muenchberg, Alsace Grand cru** (42,75$ - p. 104)

Val de Loire

- ● Alliet, Philippe ; Vieilles vignes 2009, Chinon (28,85 $ - p. 111)
- ○ Château Yvonne, Saumur 2010 (25,35 $ - p. 113)
- ○ Chidaine, François ; Les Choisilles 2007, Montlouis sur Loire (30 $ - p. 113)
- ○ Domaine de la Garrelière, Cendrillon 2009, Touraine (21,35 $ - p. 114)
- ● Domaine des Roches Neuves, Saumur-Champigny 2009, Thierry Germain (18,40 $ - p. 115)
- ● Lorieux, Pascal et Alain ; Saint-Nicolas de Bourgueil 2008, Les Mauguerets La Contrie (18,70 $ - p. 118)
- ○ Pithon-Paillé, Anjou 2009, La Fresnaye (27,65 $ - p. 119)

Vallée du Rhône

- ○ Château La Nerthe, Châteauneuf du Pape Blanc 2009 (46 $ - p. 129)
- ● Château Mont-Redon, Châteauneuf-du-Pape 2007 (39,25 $ - p. 130)
- ● Château Signac, Cuvée Terra Amata 2009, Côtes du Rhône-Villages Chusclan (22,60 $ - p. 131)
- ● Combier, Crozes-Hermitage 2009 (31 $ - p. 131)
- ● Domaine Belle, Les Pierrelles 2009, Crozes-Hermitage (23,05 $ - p. 133)
- ● Jaboulet Aîné, Paul ; Domaine de Thalabert 2007, Crozes-Hermitage (40,25 $ - p. 138)
- ● Vins de Viennes, Sotanum 2009, Vin de France (53,25 $ - p. 142)

Languedoc-Roussillon

- ● Château Tour Boisée, À Marie-Claude 2007, Minervois (21,70 $ - p. 153)
- ● Domaine Clavel, Les Garrigues 2008, Terroir de la Méjanelle, Coteaux du Languedoc (18,15 $ - p. 154)
- ○ Domaine de Mouscaillo, Limoux 2008 (22,85 $ - p. 155)
- ○ Domaine Gauby, Vieilles vignes blanc 2008, Côtes du Roussillon (44 $ - p. 156)
- ● Domaine Madeloc, Cuvée Serral 2007, Collioure (24,95 $ - p. 157)
- ● Dupéré Barrera, Terres de Méditerranée 2009, Vin de Pays d'Oc (14,35 $ - p. 158)
- ● Mas des Chimères, Coteaux du Languedoc 2009 (20,30 $ - p. 160)
- ● Mas Jullien, Coteaux du Languedoc 2008, Terrasses du Larzac (37,25 $ - p. 160)

Provence et Corse

- ● Domaine Les Béates, Coteaux d'Aix-en-Provence 2006 (22,75 $ - p. 168)
- ● Dupéré Barrera, Domaine du Clos de la Procure 2009, Côtes de Provence (23,15 $ - p. 168)

Sud-Ouest

- ○ Causse Marines, Les Greilles 2010, Gaillac (17,40 $ - p. 173)
- ● Château Lamartine, Cuvée Expression 2008, Cahors (41,25 $ - p. 175)
- ● Domaine Labranche Laffont, Madiran 2007, Vieilles vignes (22 $ - p. 178)
- ○ Hours, Charles ; Cuvée Marie 2010, Jurançon sec (21,40 $ - p. 179)
- ● Matha, Jean-Luc, Cuvée Lairis 2009, Marcillac (15,90 $ - p. 179)

Jura

- ○ Domaine de Montbourgeau, L'Étoile 2008 (21,90 $ - p. 185)
- ○ Tissot, Stéphane, Spirale 2005, Passerillé à l'Ancienne (61,25 $ - 375 ml - p. 186)

Savoie

- ● Domaine Dupasquier, Mondeuse 2007, Vin de Savoie (19,95 $ - p. 187)

2
3

ITALIE

Piémont

- **Conterno, Aldo ; Nebbiolo 2006, Il Favot, Langhe** (55 $ - p. 194)
- **Mascarello, Giuseppe E Figlio, Scudetto 2006, Barbera d'Alba Superiore** (24,80 $ - p. 196)
- **Produttori del Barbaresco, Barbaresco 2006** (37,50 $ - p. 198)
- **Settimo, Aurelio ; Le Rocche 2004, Barolo** (48,25 $ - p. 200)

Trentin – Haut-Adige

- **Foradori, Granato 2007, Vigneti delle Dolomiti** (58,25 $ - p. 203)

Vénétie

- ○ **Anselmi, Capitel Foscarino 2010, Veneto** (24,15 $ - p. 206)
- **Dal Forno, Romano ; Valpolicella Superiore 2004** (149,75 $ - p. 207)
- ○ **Inama, Soave Classico 2008, Vigneto du Lot** (33 $ - p. 207)

Frioul – Vénétie Julienne

- ○ **Felluga, Livio ; Pinot grigio 2009, Colli Orientali del Friuli** (24,35 $ - p. 213)
- **Vistorta, Merlot 2007, Friuli Grave, Conte Brandolini d'Adda** (23,95 $ - p. 214)

Toscane

- **Antinori, Tignanello 2008, Toscane** (99 $ - p. 217)
- **Argentiera, Villa Donoratico 2008, Bolgheri** (27,35 $ - p. 218)
- **Carpineta Fontalpino, Do ut des 2008 Toscana** (42,25 $ - p. 220)
- **Gagliole, Rosso 2007, Colli della Toscana Centrale** (69,50 $ - p. 224)
- **Le Macchiole, Paleo 2007, Toscane** (95,50 $ - p. 227)
- **Ornellaia, Tenuta dell', Masseto 2008, Toscane** (475 $ - p. 228)
- **Poggio Antico, Brunello di Montalcino 2006** (64,25 $ - p. 229)
- **Poliziano, Vino Nobile di Montepulciano 2007** (26,35 $ - p. 229)
- **Sette Ponti, Oreno 2008, Toscane** (68,25 $ - p. 231)
- **Volpaia, Chianti Classico Riserva 2007** (30,25 $ - p. 232)

Ombrie

- **Lungarotti, Rubesco Riserva 2005, Vigna Monticchio, Torgiano** (42,25 $ - p. 237)

Marches

- **Umani Ronchi, Cumaro 2007, Conero, Riserva** (28,35 $ - p. 240)

Abruzzes

- **Masciarelli, Marina Cvetic 2006, Montepulciano d'Abruzzo** (27,55 $ - p. 243)

Pouilles

- **Taurino Cosimo, A64 2004, Salento** (25,30 $ - p. 246)

Sicile

- **Cos, Cerasuolo di Vittoria 2008** (29,50 $ - p. 250)
- **Tasca d'Almerita, Nero d'Avola 2008, Lamuri, Sicilia** (21,55 $ - p. 252)

ESPAGNE

- Beberide, Luna ; Finca La Cuesta 2008, Bierzo (21,10 $ - p. 269)
- Finca Valpiedra, Reserva 1996, Rioja (37,75 $ - p. 265)
- Gratavinum, 2πR 2007 (35 $ - p. 260)
- Ijalba, Reserva Seleccion Especial 2001, Rioja (47,25 $ - p. 266)
- ○ Marqués de Murrieta, Capellania 2006, Rioja Blanc (27 $ - p. 267)
- ○ Terras Gauda O Rosal, Rias-Baixas 2010 (22,90 $ - p. 257)

PORTUGAL

- Niepoort, Vertente 2008, Douro (24,45 $ - p. 286)
- Quinta de la Rosa, Douro 2008 (20,10 $ - p. 287)

AUTRES PAYS D'EUROPE

Allemagne

- ○ Müller-Catoir, Riesling Spätlese 2008, Haardter Bürgergarten, Pfalz (49 $ - p. 299)
- ○ Selbach-Oster, Riesling Auslese 2007, Zeltinger Sonnenuhr, Mosel (36 $ - p. 299)

Suisse

- ○ Bonvin, Charles et Fils ; Petite Arvine 2008, Valais (34 $ - p. 301)

Grèce

- ○ Biblia Chora, Ovilos 2010, Vin de Pays de Pangée (28,25 $ - p. 308)
- Katsaros, Cabernet sauvignon 2006, Vin de Pays de Krania (41,50 $ - p. 312)
- Thymiopoulos, Jeunes vignes 2009, Naoussa (18 $ - p. 316)

AUTRES PAYS

Liban

- Château Kefraya, Comte de M 2007, Vallée de la Bekaa (47,75 $ - p. 320)

Maroc

- Graillot, Alain ; Syrocco 2008, Zenata, Domaine Ouleb Thaleb (20,55 $ - p. 322)

AMÉRIQUE DU NORD

Californie

- Arrowood, Cabernet sauvignon 2007, Sonoma County (59,25 $ - p. 328)
- Blue Hall Vineyard, Cabernet sauvignon 2005, Camiana, Howell Mountain (65 $ - p. 329)
- Cuvaison, Cabernet sauvignon 2007, Mount Veeder, Napa Valley (38,25 $ - p. 330)
- Dominus 2008, Napa Valley (125 $ - p. 331)
- Franus, Peter ; Zinfandel 2008, Brandlin Vineyard, Napa Valley (37 $ - p. 331)
- Heitz Cellar, Cabernet sauvignon 2006, Napa Valley (49,75 $ - p. 332)

Ontario

- ○ Clos Jordanne, Chardonnay 2008, Claystone Terrace, Twenty Mile Bench (40,75 $ - p. 348)
- Osoyoos Larose, Le Grand Vin 2007, Okanagan Valley (43,50 $ - p. 357)

Québec

- ○ Les Pervenches, Chardonnay 2010 (25 $- p. 361)
- ○ Vignoble du Marathonien, Vidal 2009, Vendange tardive (28 $ 375 ml - p. 362)

HÉMISPHÈRE SUD

Chili

- De Martino, Cabernet sauvignon 2009, Legado Reserva, Valle del Maipo (16,65 $ - p. 372)
- Ninquén, Mountain Vineyard 2008, Valle de Colchagua (26,70 $ - p. 375)
- Seña 2007, Aconcagua (70,25 $ - p. 376)

Argentine

- Catena, Nicolás; Catena Zapata 2006, Mendoza (79 $ - p. 382)
- Chacra, Pinot noir 2010, Cincuenta y Cinco, Patagonia (57,50 $ - p. 382)

Australie

- B3, Riesling 2007, Eden Valley (23,45 $ - p. 394)
- d'Arenberg, Mourvèdre 2007, Twentyeight Road, McLaren Vale (33,25 $ - p. 395)
- Penfolds, Shiraz 2008, Magill Estate, Adelaide (77,25 $ - p. 398)

Nouvelle-Zélande

- Kumeu River, Chardonnay 2008, Estate, Auckland (30,50 $ - p. 409)
- Mahi, Sauvignon blanc 2008, Marlborough (19,95 $ - p. 409)
- Schubert, Pinot noir 2008, Marion's Vineyard, Wairarapa (33 $ - p. 411)

Afrique du sud

- Klein Constantia, Sauvignon Blanc 2010, Constantia (19,85 $ - p. 420)
- Meerlust, Rubicon 2006, Stellenbosch (26,85 $ - p. 421)

CHAMPAGNE

- Egly-Ouriet, Tradition Grand Cru, Brut (73 $ - p. 437)
- Gimmonet, Cuvée Cuis Premier cru (59,50 $ - p. 437)
- Larmandier-Bernier, Terre de Vertus Premier cru (71 $ - p. 438)
- Pascal, Franck; Prestige 2002, Équilibre, Brut (64,75 $ - p. 440)
- Pol Roger, Sir Winston Churchill 1999 (206,25 $ - p. 441)

VINS MOUSSEUX

- Parés Baltà, Brut Selection, Cava (29,90 $ - p. 452)
- Roederer Estate, Brut, Anderson Valley (28 $ - p. 454)

VINS FORTIFIÉS

Porto

- Fonseca, Vintage 2000 (120,25 $ - p. 463)

Xérès

- Lustau, East India Solera, Xérès (29,60 $ - p. 475)

Autres vins fortifiés de France

- Domaine de la Rectorie, Banyuls 2008, Cuvée Parcé Frères (20,80 $ 500 ml - p. 478)

Les 50 meilleurs vins de 15$ et moins

Grâce à la technologie moderne, on trouve maintenant profusion de vins sains et bon marché. Voici, une liste de 50 vins à moins de 15$ qui feront votre bonheur quotidien. Des vins pour tous les goûts qui offrent une qualité irréprochable.

FRANCE

Bordeaux

- ○ **Calvet, Sauvignon blanc 2010, Édition Limitée, Bordeaux** (13,65$ - p. 43)
- ● **Château La Mothe du Barry, Bordeaux Supérieur 2009** (13,65$ - p. 41)
- ● **Château Puy Landry 2009, Castillon – Côtes de Bordeaux** (14,65$ - p. 47)

Vallée du Rhône

- ● **Chapoutier, Michel; La Ciboise 2010, Lubéron** (13,95$ - p. 143)
- ○ **Château de Campugnet, Invitation 2010, Costières de Nîmes** (13,65$ - p. 143)
- ○ **Perrin, La Vieille Ferme blanc 2010, Luberon** (13,95$ - p. 141)

Languedoc-Roussillon

- ● **Bousquet, Jean-Noël; La Garnotte 2010, Corbières** (13,70$ - p. 162)
- ● **Domaine d'Aupilhac, Lou Maset 2010, Coteaux du Languedoc Montpeyroux** (14,95$ - p. 155)
- ● **Domaine de Gournier 2010, Cévennes** (11,10$ - p. 163)

Provence et Corse

- ● **Château La Lieue 2010, Coteaux Varois en Provence** (13,20$ - p. 169)
- ● **Domaine Casabianca 2008, Corse** (14,55$ - p. 169)

Sud-Ouest

- ● **Château Bouissel, Classic 2008, Fronton** (14,50$ - p. 174)
- ○ **Château Calabre 2010, Montravel** (13,60$ - p. 181)
- ● **Domaine du Cros, Lo Sang Del Pais 2010, Marcillac** (13,65$ - p. 178)

ITALIE

Ombrie

- ○ **Salviano (Titignano), Orvieto Classico Superiore 2010** (14,50$ - p. 238)

Marches

- ● **Umani Ronchi, Medoro 2009, Sangiovese, Marche** (11,55$ - p. 240)
- ● **Velenosi, Il Brecciarolo 2008, Rosso Piceno** (13,95$ - p. 241)

Abruzzes

- ● **Castorani, Lolita 2008, Colli Pesaresi, Abruzzes** (14$ - p. 242)

Pouilles

- ● **Pervini, I Monili 2010, Tarantino Primitivo** (10,15$ - p. 246)

Sardaigne

- ● **Argiolas, Perdera 2009, Monica di Sardegna** (14,55$ - p. 248)

Sicile

- ○ **Tasca d'Almerita, Regaleali Bianco 2010, Sicilia** (14,95$ - p. 252)

ESPAGNE

- ● **Campobarro, Tempranillo 2010, Ribera del Guadiana** (9,45$ - p. 279)
- ● **Castaño, Monastrell 2010, Yecla** (11,95$ - p. 276)
- ● **El Sequé, Laderas de El Sequé 2009, Alicante** (13,55$ - p. 279)
- ○ **Ijalba, Genoli 2010, Rioja** (13$ - p. 266)
- ● **Luzon, Jumilla 2008** (13,95$ - p. 277)
- ● **Torres, Coronas 2008, Catalunya** (13,95$ - p. 263)

PORTUGAL

- ● **Cortes de Cima, Chaminé 2010, Vinho regional Alentejano** (14,90$ - p. 292)
- ● **Lavradores de Feitoria, Douro 2009** (12,80$ - p. 285)
- ● **Poças, Coroa d'Ouro 2003, Douro** (13,85$ - p. 286)
- ○ **Quinta da Ponte Pedrinha Branco 2009, Dao** (13,95$ - p. 290)
- ● **Sogrape, Duque de Viseu 2008, Dão** (14,95$ - p. 291)

AUTRES PAYS D'EUROPE

Allemagne

- ○ **Selbach-Oster, Riesling 2010, Mosel** (13,95$ - p. 300)

Bulgarie

- • **Vinprom Yambol, Syrah 2008, Persona, Vallée de Thrace** (12,70$ - p. 305)

Grèce

- • **Boutari, Naoussa 2007** (13,95$ - p. 309)
- • **Lyrarakis, Kotsifali 2008, Crête** (13,85$ - p. 314)
- • **Tsantalis, Rapsani 2008** (11,40$ - p. 316)

Hongrie

- ○ **Château Pajzos, Tokaji 2009, Furmint** (13$ - p. 302)
- ○ **Hunyady, Tramini 2009, Kéthely** (13,90$ - p. 302)

AMÉRIQUE DU NORD

Québec

- ○ **Vignoble de la Bauge, Le Solitaire 2009** (14$ - p. 361)
- ○ **Vignoble du Marathonien, Seyval sec** (14,15$ - p. 362)
- ○ **Vignoble Rivière du Chêne, William blanc 2010** (14,50$ - p. 363)

HÉMISPHÈRE SUD

Chili

- • **Baron Philippe de Rothschild, Cabernet sauvignon-Carmenère 2010, Mapu, Valle Central** (9,95$ - p. 379)
- • **Errazuriz, Carmenère 2010, Valle de Aconcagua** (14,95$ - p. 372)

Argentine

- • **Altos Las Hormigas, Colonia Las Liebres, Bonarda 2010, Mendoza** (12,75$ - p. 381)

Uruguay

- • **Don Pascual, Tannat 2009, Reserve, Juanico** (12,55$ - p. 390)

Afrique du Sud

- • **Dornier, The Pirate of Cocoa Hill 2009, Western Cape** (14,70$ - p. 419)
- ○ **Robertson, Chenin blanc 2010, Robertson** (9,90$ - p. 421)

VINS MOUSSEUX

- ○ **Hungaria, Grande Cuvée Brut** (12,15$ - p. 453)
- ○ **Segura Viudas, Brut Blanc de blancs** (13,75$ - p. 453)

Les 100 meilleurs vins de 15 $ à 30 $

Il n'est pas nécessaire de dépenser des sommes folles pour bien boire. Pour 2012, voici la liste d'emplettes de l'amateur avisé. Cent vins impeccables et authentiques dont la qualité n'a rien à envier à des noms plus ronflants et plus coûteux.

FRANCE

Bordeaux

- ● **Château Lamarche Canon, Canon Fronsac 2008** (28,90 $ - p. 61)
- ● **Château La Tour de By, Médoc 2001** (27,55 $ - p. 50)
- ○ **Château Sainte-Marie, Vieilles vignes 2010, Entre-Deux-Mers** (16,35 $ - p. 42)
- ● **Château Villa Bel-Air, Graves 2006** (24,85 $ - p. 55)
- ● **Delphis de La Dauphine 2008, Fronsac** (22 $ - p. 60)

Bourgogne

- ○ **Aladame, Stéphane ; Montagny Premier cru 2009, Vieilles vignes, Sélection** (27,25 $ - p. 71)
- ● **Boisset, Jean-Claude ; Pinot noir 2009, Les Ursulines, Bourgogne** (24,25 $ - p. 73)
- ● **Bouvier, René ; Pinot noir 2009, Bourgogne, Le Chapitre** (21,30 $ - p. 74)
- ○ **Château de Maligny, Chablis 2009, La Vigne de la Reine** (23,20 $ - p. 77)
- ● **Colinot, Stéphanie, Anita et Jean-Pierre ; Irancy 2009, Les Mazelots** (28,10 $ - p. 78)
- ○ **Goisot, Ghislaine & Jean-Hugues ; Sauvignon 2009, Saint-Bris** (21,80 $ - p. 80)
- ○ **La Chablisienne, Les Vénérables 2008, Vieilles Vignes, Chablis** (26,95 $ - p. 81)
- ○ **Valette, Mâcon-Chaintré 2008, Vieilles vignes** (28,40 $ - p. 88)

Beaujolais

- ● **Château de Pierreux, Brouilly 2010** (19,85 $ - p. 94)
- ● **Chermette, Pierre-Marie ; Pierreux 2010, Brouilly** (22 $ - p. 95)

Alsace

- ○ **Beyer, Léon ; Gewurztraminer 2005, Alsace** (24,10 $ - p. 102)
- ○ **Ostertag, Riesling 2009, Vignoble E, Alsace** (23,25 $ - p. 104)

Val de Loire

- Domaine de La Charmoise, Gamay 2010, Touraine (16,40$ - p. 114)
- Domaine de Montcy, Cuvée Clos des Cendres 2009, Cheverny (18,05$ - p. 115)
- Domaine la Moussière, Sancerre 2010 (27,40$ - p. 116)
- Domaine Pellé, Menetou-Salon 2009 (24,05$ - p. 116)
- Louis, Éric, Sancerre 2010 (23,45$ - p. 118)

Vallée du Rhône

- Château des Tourelles, La Cour Glycines 2007, Costières de Nîmes (17,90$ - p. 128)
- Domaine de Boissan, Côtes-du-Rhône Villages Sablet 2009, Cuvée Clémence (17,90$ - p. 134)
- Dupéré Barrera, Côtes du Rhône Villages 2009 (20,70$ - p. 136)
- Gaillard, Pierre ; Syrah 2009, la Dernière Vigne, Vin de Pays des Collines Rhodanniennes (21,40$ - p. 137)
- Montirius, Vacqueyras 2010 (20,35$ - p. 139)
- Rouge Garance, Côtes du Rhône 2009, Feuille de Garance (16,80$ - p. 141)

Languedoc-Roussillon

- Château de Gourgazaud, Réserve 2006, Minervois-La Livinière (18,10$ - p. 152)
- Château St-Martin de la Garrigue, Picpoul de Pinet 2010, Coteaux du Languedoc (15,80$ - p. 153)
- Ferrer-Ribière, Tradition 2009, Cotes du Roussillon (16,55$ - p. 158)
- Hecht & Bannier, Saint-Chinian 2009 (24,65$ - p. 158)
- Mas Haut-Buis, Les Carlines 2009, Coteaux du Languedoc (17,50$ - p. 160)
- Vignoble du Loup Blanc, Les Trois P'tits C 2009, du Val de Cesse (21$ - p. 161)

Provence et Corse

- Château la Tour de l'Évêque, Côtes de Provence 2006 (18,45$ - p. 167)
- Château Revelette, Coteaux d'Aix-en-Provence 2008 (18,30$ - p. 168)

Sud-Ouest

- Château du Cèdre, Cahors 2007 (22,95$ - p. 175)
- Château Tour des Gendres, Cuvée des Conti 2010, Bergerac (15,30$ - p. 177)
- Cosse Maisonneuve, La Fage 2008, Cahors (23,40$ - p. 177)
- Domaine Labranche Laffont , Madiran 2008 (15,80$ - p. 178)
- Pyrène, Nature 2009, Coteaux du Quercy (16,40$ - p. 180)

ITALIE

Piémont

- Produttori del Barbaresco, Nebbiolo 2009, Langhe (22,15 $ - p. 198)
- Vietti, Nebbiolo 2008, Perbacco, Langhe (25,30 $ - p. 200)

Trentin – Haut-Adige

- Foradori, Teroldego Rotaliano 2008 (25,25 $ - p. 203)
- ○ Lageder, Alois ; Chardonnay 2009, Gaun, Sudtirol-Alto Adige (22,85 $ - p. 204)

Vénétie

- ○ Anselmi, San Vincenzo 2010, Veneto (16 $ - p. 206)
- Campagnola, Corte Agnella 2008, Corvina Veronese (16,15 $ - p. 211)
- Inama, Carmenère 2008, Piu, Veneto (20,50 $ - p. 207)
- Sant'Antonio, Valpolicella 2008, Monti Garbi, Ripasso (19,10 $ - p. 211)

Toscane

- Casanova di Neri, Rosso di Montalcino 2009 (25,30 $ - p. 221)
- Fontodi, Chianti Classico 2007 (27,85 $ - p. 222)
- La Braccesca, Vino Nobile di Montepulciano 2006 (24,65 $ - p. 226)

Ombrie

- Falesco, Vitiano 2009, Umbria (15,95 $ - p. 236)

Marches

- Moroder, Alessandro ; Moroder 2008, Rosso Conero (16,80 $ - p. 239)

Abruzzes

- Zaccagnini, La Cuvée dell'Abate 2009, Montepulciano d'Abruzzo, Salis Castrum (16,90 $ - p. 244)

Pouilles

- Rivera, Nero di Troia 2007, Violante, Castel del Monte (17,50 $ - p. 246)
- Tormaresca, Masseria Maime 2007, Salento (29,90 $ - p. 247)

Sardaigne

- Argiolas, Costera 2009, Cannonau di Sardegna (18,30 $ - p. 248)

Sicile

- ○ Donnafugata, La Fuga 2010, Contessa Entellina (19,95 $ - p. 251)
- Planeta, Cerasuolo di Vittoria 2009 (23,40 $ - p. 252)

ESPAGNE

- Dehesa la Granja, Vino de la Tierra de la Castilla y Leon 2004 (21,55$ - p. 271)
- Mas Igneus, Barranc dels Closos blanc 2009, Priorat (21,65$ - p. 261)
- Parés Baltà, Mas Elena 2008, Penedès (17,80$ - p. 262)
- Juan Gil, Shaya 2009, Rueda (18,45$ - p. 272)
- Torres, Celeste 2008, Ribera del Duero (20,95$ - p. 274)

PORTUGAL

- Casa Ferreirinha , Vinha Grande 2008, Douro (19,75$ - p. 285)
- Ramos-Pinto, Duas Quintas 2009, Douro (16,95$ - p. 288)
- Quinta dos Roques, Dão 2008 (15,30$ - p. 291)
- Tercius, Vinho regional Ribatejano 2009 (17,70$ - p. 291)

AUTRES PAYS D'EUROPE

Allemagne

- Kesselstatt, Riesling Spätlese 2003, Scharzhofberger, Mosel-Saar-Ruwer (24,45$ - p. 298)

Autriche

- Heinrich, Blaufränkisch 2009, Burgenland, Neusiedlersee (20,80$ - p. 304)

Grèce

- Argyros, Atlantis 2010, Vin de Pays des Cyclades (17,10$ - p. 308)
- Gerovassiliou, Vin de Pays d'Epanomi 2010 (19,80$ - p. 312)
- Sigalas, Santorini 2010 (22,80$ - p. 314)
- Tselepos, Moschofilero 2010, Mantinia (19,55$ - p. 317)

Hongrie

- Royal Tokaji Company, Furmint 2009, Tokaji sec (16,75$ - p. 302)

AMÉRIQUE DU NORD

Californie

- Calera, Pinot noir 2008, Central Coast (28$ - p. 329)
- Foppiano, Petite Sirah 2008, Russian River Valley (23,80$ - p. 331)
- Terre Rouge, Zinfandel 2009, Amador County (19,95$ - p. 335)

New York

- Wiemer, Hermann J.; Riesling 2006, Finger Lakes (23,85$ - p. 346)

Ontario

- Angels Gate, Riesling 2009, Süssreserve, Niagara Peninsula (18$ - p. 347)
- Clos Jordanne, Chardonnay 2008, Village Reserve, Niagara Peninsula (26,45$ - p. 348)
- Tawse, Riesling 2009, Echos, Niagara Peninsula (20,70$ - p. 353)

Québec

- Vignoble Les Petits Cailloux, Zéphyr 2008 (17,50$ - p. 363)

HÉMISPHÈRE SUD

Chili

- Araucano, Carmenère 2008, Reserva, Valle de Colchagua (15,15$ - p. 369)
- Intriga, Cabernet sauvignon 2008, Valle del Maipo (21,95$ - p. 374)
- Tabali, Syrah 2009, Reserva, Valle del Limari (18,45$ - p. 376)
- Viña Lomas de Cauquenes, Malbec-Syrah 2007, Valle de Maule (15,50$ - p. 378)

Argentine

- Infinitus, Malbec-Syrah 2008, Patagonie (15,95$ - p. 386)

Australie

- ○ Yalumba, Viognier 2010, The Y Series, South Australia (16,95$ - p. 401)

Nouvelle-Zélande

- Alpha Domus, The Navigator 2007, Hawkes Bay (22,85$ - p. 406)
- ○ Churton, Sauvignon blanc 2009, Marlborough (20,80$ - p. 407)

Afrique du Sud

- Bon Cap, Pinotage 2009, Les Ruines, Eilandia (15,80$ - p. 416)

AUTRES PAYS

Liban

- Château Ksara 2006, Vallée de la Bekaa (23$ - p. 320)

Mexique

- Cetto, L.A., Nebbiolo 2006, Reserva, Valle de Guadalupe (19,05$ - p. 322)

IsraëL

- Golan Heights, Cabernet sauvignon-Merlot-Cabernet franc 2010, Yarden, Mount Hermon, Galilée (17,25$ - p. 323)

VINS MOUSSEUX

- ○ Antech, George et Roger ; Expression 2008, Crémant de Limoux (17,85$ - p. 446)
- ○ Bisol, Crede 2010, Prosecco di Conegliano Valdobbiadene (19,75$ - p. 450)
- ○ Nino Franco, Prosecco di Valdobbiadene (18,90$ - p. 451)

VINS FORTIFIÉS

Porto

- Offley , Late Bottled Vintage 2005 (20,95$ - p. 466)

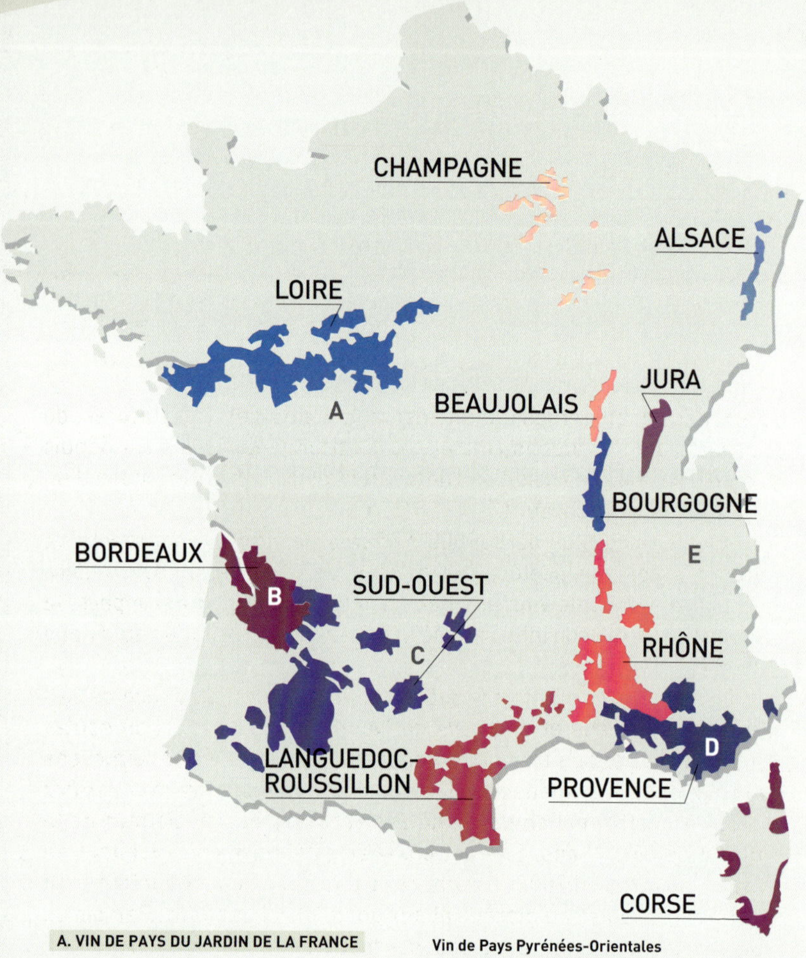

A. VIN DE PAYS DU JARDIN DE LA FRANCE

B. VIN DE PAYS DE L'ATLANTIQUE

Vin de Pays Charentais

C. VIN DE PAYS DU COMTÉ TOLOSAN

Vin de Pays de l'Agenais
Vin de Pays des Côtes du Tarn
Vin de Pays des Côtes de Gascogne

D. VIN DE PAYS D'OC

Vin de Pays du Gard
- Vin de Pays des Sables du Golfe du Lion
- Vin de Pays des Cévennes

Vin de l'Hérault
- Vin de Pays du Val de Montferrand
- Vin de Pays des Coteaux d'Enserune
- Vin de Pays des Coteaux de Murviel
- Vin de Pays des Côtes de Thongue

Vin de l'Aude
- Vin de Pays des Coteaux de Peyriac
- Vin de Pays de la Haute Vallée de l'Aude
- Vin de Pays de la Cité de Carcassonne
- Vin de Pays du Torgan
- Vin de Pays du Val de Cesse

Vin de Pays Pyrénées-Orientales
- Vin de Pays des Côtes Catalanes
- Vin de Pays de la Côte Vermeille

E. VIN DE PAYS DE MÉDITERRANÉE

Vin de Pays des Bouches-du-Rhône

Vin de Pays du Vaucluse
- Vin de Pays d'Aigues
- Vin de Pays de la Principauté d'Orange

Vin de Pays des Alpes de Haute-Provence

Vin de Pays du Var

F. VIN DE PAYS DES COMTÉS RHODANIENS

Vin de Pays des Coteaux de l'Ardèche
Vin de Pays des Collines Rhodaniennes
Vin de Pays des Coteaux de Baronnies

France

La France a longtemps été un ensemble hétérogène de cultures, de langues et de traditions culinaires et viticoles. Le pays s'est depuis centralisé, mais les traditions demeurent et colorent l'Hexagone d'un vaste éventail de saveurs.

Avec un peu plus de 800 000 hectares de vignes, une dizaine de grandes régions viticoles, une myriade de cépages, un savoir-faire séculaire et plus de vins fins que dans n'importe quel autre pays, la France confirme son influence déterminante sur l'évolution du monde du vin.

Elle continue toutefois à subir fortement la concurrence de ses voisins européens et des pays du Nouveau Monde, qui non seulement produisent de très bons vins, mais disposent aussi de moyens promotionnels immenses. Et comme un malheur n'arrive jamais seul, la consommation moyenne des Français a chuté de plus de la moitié depuis 40 ans. Elle est passée de 160 litres par habitant en 1965 à 58 litres en 2008 ! Devant cette tendance, les producteurs ont tenté de s'adapter au marché et aux goûts internationaux. Parfois un peu maladroitement, avec des Bordeaux très mûrs et concentrés, des vins blancs de la Loire qui évoquent le Sauvignon néo-zélandais ou des Chardonnay bourguignons ultraboisés, mais le plus souvent de manière très habile, avec des vins sincères qui n'ont rien à envier à ceux du Nouveau Monde.

Cette année encore, le marathon de dégustations qui a précédé la rédaction du Guide du vin mène à la même conclusion : à prix égal, les vins français sont souvent aussi avantageux – sinon plus – que leurs équivalents du reste du monde viticole. À moins de 25 $, peu de pays peuvent offrir un registre aussi diversifié de saveurs et de styles. À l'heure de l'uniformisation et de la standardisation, l'hétérogénéité du paysage gustatif français constitue, plus que jamais, un atout déterminant. Il existe plus de 300 appellations d'origine contrôlée et une centaine de Vins de Pays. Comment peut-on s'en lasser en 365 jours ?

Au Québec, avec des ventes annuelles de plus de 580 millions de dollars et une part de marché de 33,5 %, la France jouit toujours d'une longueur d'avance considérable devant sa rivale italienne, qui a généré un peu de moins de 415 millions de dollars durant l'année financière 2010-2011.

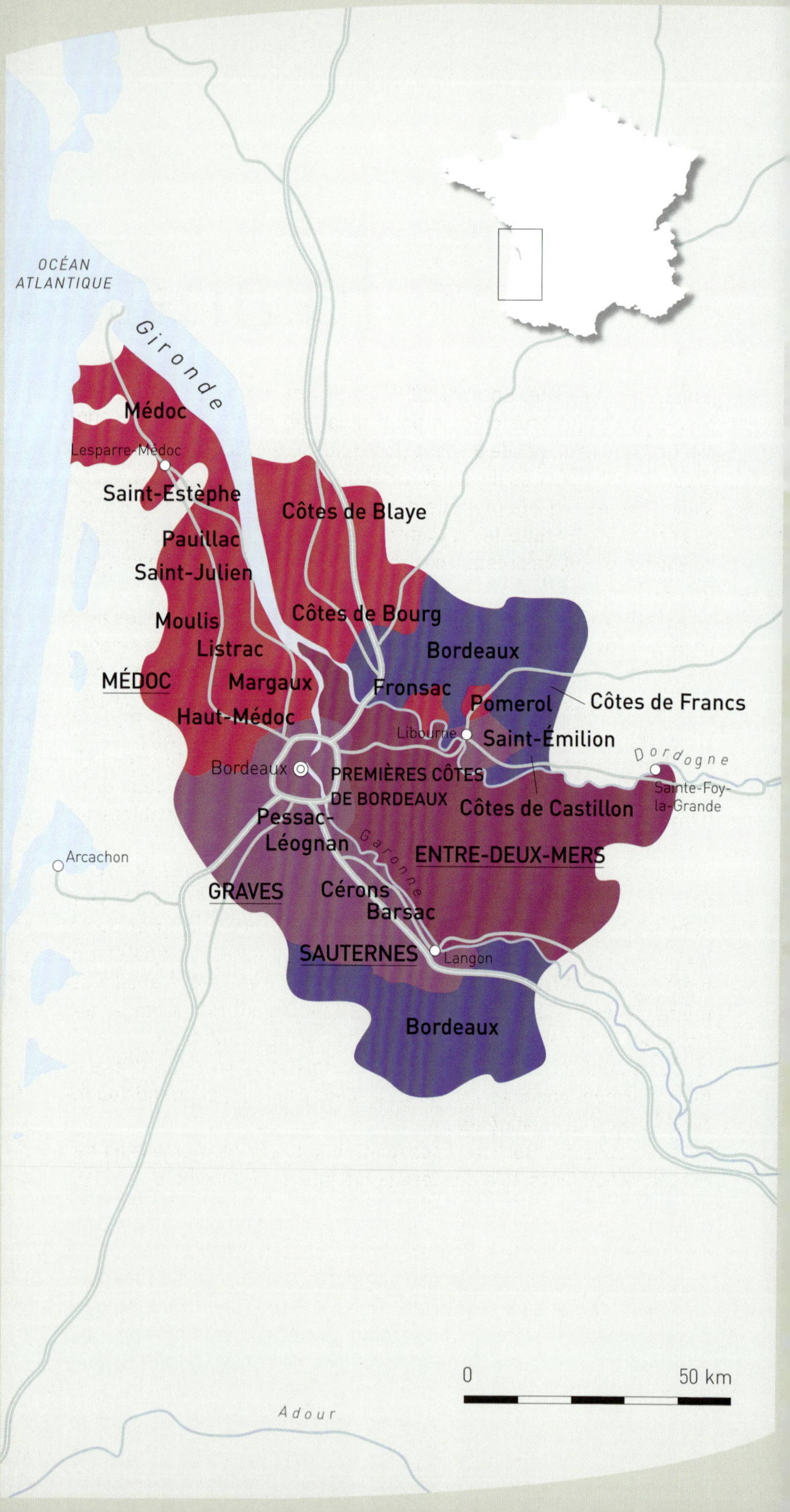
OCÉAN
ATLANTIQUE
Gironde
Médoc
Lesparre-Médoc
Saint-Estèphe
Côtes de Blaye
Pauillac
Saint-Julien
Moulis
Côtes de Bourg
Listrac
Bordeaux
MÉDOC
Margaux
Fronsac
Pomerol
Côtes de Francs
Haut-Médoc
Libourne
Saint-Émilion
Dordogne
Bordeaux
PREMIÈRES CÔTES
DE BORDEAUX
Côtes de Castillon
Sainte-Foy-
la-Grande
Pessac-
Léognan
Garonne
Arcachon
ENTRE-DEUX-MERS
GRAVES
Cérons
Barsac
SAUTERNES
Langon
Bordeaux
0
50 km
Adour

Bordeaux

L'histoire se répète. En avril 2006, l'annonce des prix de vente des premiers Grands crus classés pour la campagne des primeurs 2005 avait provoqué une onde de choc : une hausse moyenne, par rapport à la cuvée 2004, de près de 300 %. Le sommet de la hiérarchie devenait ainsi inaccessible à la majorité des amateurs de vins, aussi passionnés soient-ils. Ensuite, le creux de vague ressenti lors des campagnes de 2007 et de 2008 a presque permis d'espérer un retour du balancier. En vain.

Au printemps 2010, les records ont à nouveau été fracassés avec la récolte de 2009, qui promet d'être le nouveau millésime de siècle... Même situation avec la récolte de 2010 : tout aussi bon, tout aussi cher.

Le marché du vin de luxe à Bordeaux semble désormais axé vers les spéculateurs et vers quelques rares amateurs sincères pour qui *money is no object*. Conscients qu'ils ne peuvent atteindre l'inaccessible étoile, plusieurs consommateurs, particulièrement ceux de la nouvelle génération, se sont éloignés de Bordeaux et se sont tournés vers d'autres appellations, de France ou d'ailleurs.

Pourtant, en dehors du cercle fermé des crus classés, il existe, pour le commun des mortels, de nombreuses bonnes bouteilles vendues à prix honnête. Même s'ils n'ont pas échappé à la surenchère, les prix des vins d'appellations secondaires demeurent abordables, et même compétitifs. La qualité générale des vins entre 20 $ et 30 $ est même souvent exemplaire, et ces Bordeaux n'ont rien à envier aux Cabernet et aux Merlot de Californie, d'Australie et du Chili.

Les pages suivantes font état de nombreuses « bonnes affaires » qui confirment que le terroir girondin peut produire, en grande quantité, des vins fort distingués.

Au Québec, les Bordeaux occupent toujours le deuxième rang des meilleurs vendeurs, loin derrière le Languedoc-Roussillon.

Saint-Émilion-Pomerol

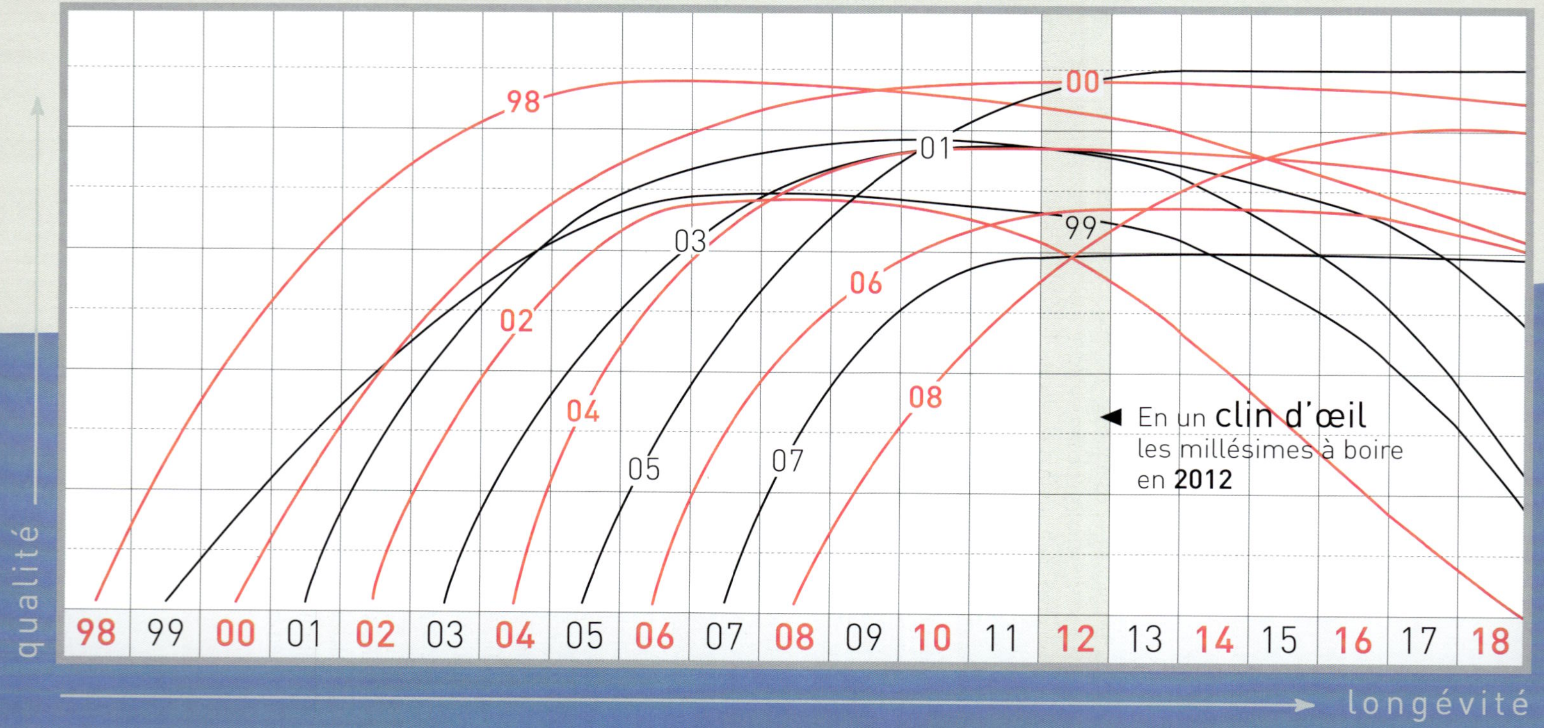

LES DIX DERNIERS MILLÉSIMES

2010 Après la sensationnelle récolte 2009, dame Nature s'est de nouveau montrée généreuse envers les Bordelais. Un été exceptionnellement sec et une récolte moins abondante que la moyenne – avec des raisins petits et très nourris – ont donné naissance à des vins rouges tanniques, solides et charpentés. Succès généralisé, autant dans le Libournais que sur la rive gauche. Millésime tout aussi prometteur à Sauternes, où les vendanges se sont étalées jusqu'à la fin d'octobre.

2009 De l'avis de plusieurs, probablement le meilleur millésime de la décennie. Après un été idéal, chaud, sec et ensoleillé, les vignes ont profité d'un mois de septembre de rêve pendant lequel les journées chaudes et les nuits fraîches ont alterné. Des conditions idéales pour produire le Bordeaux parfait. Bon millésime en perspective à Sauternes.

2008 La longue saison végétative qui s'est achevée par temps sec et sans excès de chaleur explique le style fin et classique des meilleurs vins du millésime. Mais tous les 2008 ne sont pas nés égaux, et la qualité reste variable. Seuls les meilleurs terroirs exploités avec rigueur et discernement ont donné des vins fins de style très classique.

2007 Après un été de misère, le beau temps de septembre a permis d'éviter le pire. La qualité est hétérogène. Les producteurs les plus habiles ont obtenu des vins rouges de bonne facture, fins et équilibrés, mais sans la profondeur des grandes années. De bons vins blancs secs et des Sauternes très réussis.

2006 De la pluie aux vendanges et de fréquents problèmes de pourriture ont causé bien des maux de tête aux viticulteurs, surtout dans le Médoc où le cabernet sauvignon a eu peine à mûrir. Sur la rive droite, le merlot a donné des résultats plus satisfaisants, en particulier à Pomerol. Bon millésime pour les vins blancs secs. Bon nombre de Sauternes riches et plantureux.

Médoc-Graves

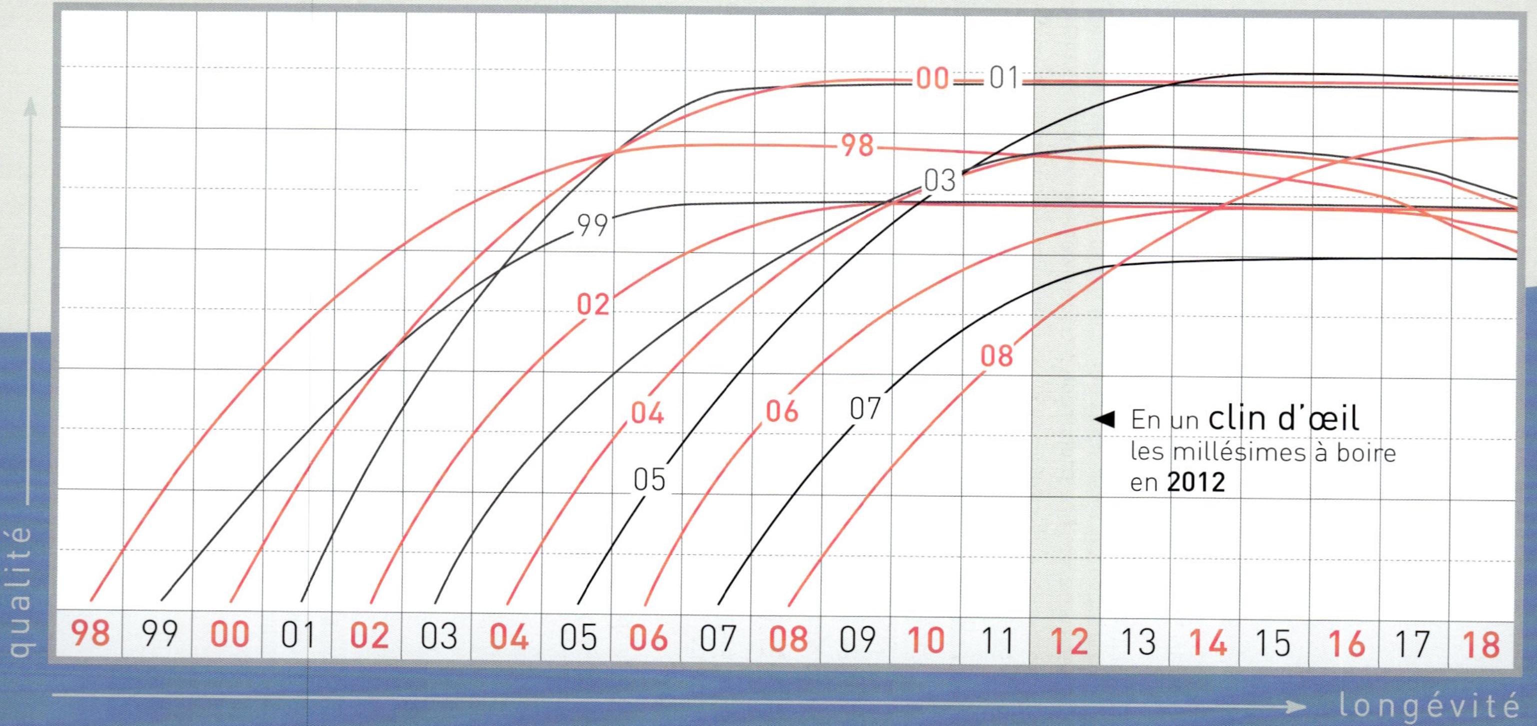

2005 Excellent millésime. Sur les deux rives, les vins rouges combinent à la fois une structure solide, la richesse tannique et la fraîcheur. Une belle année pour les vins blancs secs. Grand millésime à Sauternes, où des conditions idéales ont été favorables au développement du *botrytis*.

2004 Retour à une production plus classique après l'excentrique millésime 2003. Dans l'ensemble, la qualité est hétérogène, avec un léger avantage pour Pomerol et Saint-Émilion où, plus précoces, le merlot et le cabernet franc ont été ramassés avant la période pluvieuse qui a commencé le 10 octobre. Beau millésime de vins blancs secs. Année irrégulière à Sauternes, mais quelques vins sont néanmoins très satisfaisants.

2003 Une canicule exceptionnelle a provoqué la récolte la plus précoce depuis 1893. Dans ces conditions météorologiques extrêmes, la qualité du terroir a fait toute la différence. Dans les meilleurs cas, les vins du Médoc sont riches et généreux, quoique atypiques. Succès plus mitigé à Saint-Émilion et à Pomerol. De bons vins blancs secs exubérants. Grande année pour les liquoreux.

2002 Année favorable au cabernet sauvignon qui a profité de la belle fin de saison. S'ils n'ont pas la consistance des grandes années, les vins rouges sont maintenant à maturité et s'avèrent souvent de délicieux compagnons de table. De bons vins blancs secs, généreusement fruités, et un millésime très satisfaisant à Sauternes, avec une belle arrière-saison et des tris s'étalant jusqu'à la mi-novembre.

2001 Millésime mésestimé, car dans l'ombre du glorieux 2000. Plusieurs propriétaires avouent aujourd'hui avoir une préférence pour leurs 2001. Excellent millésime à Sauternes, qui rappelle les 1986 et les 1990.

DÉBOUCHER OU ATTENDRE ?

Bordeaux blancs secs • **De la cave, que boire en 2012?**

Seuls les meilleurs crus classés de Pessac-Léognan et les Bordeaux modernes vinifiés en fût de chêne peuvent se bonifier et conserver leurs qualités en bouteille. L'idéal serait de laisser mûrir tous les grands crus de la période 2009-2007. S'ils commencent maintenant à s'ouvrir, les 2006, et surtout les 2005, ont encore de belles années devant eux. Les vins de la période 2004-2000 sont maintenant épanouis, quoique les meilleurs – les 2001 surtout – devraient tenir la route encore longtemps. Tous les millésimes antérieurs sont bons maintenant.

Tous les Bordeaux blancs courants doivent être consommés avant l'âge de 3 ans ; évitez les vins antérieurs à 2006.

Bordeaux blancs liquoreux • **De la cave, que boire en 2012?**

Il est dommage de déboucher un grand Sauternes avant l'âge de 5 ans. À mon avis, l'idéal est 10 ans, alors qu'il déploie toute sa somptuosité. Il peut ensuite se conserver sans problème jusqu'à l'âge de 20 ans et plus.

À l'exception des 2004 – millésime moins favorable, les vins de la période 2008-2001 continueront de se développer. Plus ouverts, les 2000 et les 1999 vivront tout de même longtemps. Tous les millésimes qui précèdent sont à maturité.

Bordeaux rouges • **De la cave, que boire en 2012?**

Tous les vins d'appellations génériques et secondaires sont bons à boire jeunes. En revanche, les crus classés et les meilleurs crus bourgeois des millésimes antérieurs à 2004 devraient mûrir encore. Les 2004 et les 2003 sont généralement ouverts et bons à boire maintenant, en particulier ceux de la rive droite. Les 2002 sont à maturité. À point, les 2001 ont néanmoins encore de belles années devant eux. Très complets, les 2000 commencent à se révéler maintenant, mais vivront longtemps.

bon à savoir

On peut profiter des Bordeaux rouges sans nécessairement attendre des années. Plusieurs vins recommandés dans ces pages seront à leur apogée entre 2012 et 2016.

Des vins rouges des millésimes 2004, 2006 et 2007 sont encore sur le marché. Plusieurs sont excellents et déjà prêts à boire dès maintenant.

La qualité des vins de Côtes (voir capsule, page 48) et de Fronsac, a beaucoup progressé au cours de la dernière décennie. Il y a là des aubaines à faire...

Du Sauternes bon marché, cela n'existe pas, car le producteur ferait faillite. C'est un vin précieux, produit à grands frais. On le boit si rarement, autant se faire plaisir!

• APPELLATIONS GÉNÉRALES ET SECONDAIRES •

Château d'Argadens

Lorsque la famille Sichel a acquis ce domaine en 2002, elle y a effectué d'importants travaux de restauration et lui a donné le nom de ses fondateurs, la famille d'Argadens.

Bordeaux Supérieur 2008 • (10515876) 17,70$
Le 2008 est servi par un bon usage de la barrique, qui ajoute à sa charpente, sans le dépouiller de la rondeur naturelle propre au merlot et de ses saveurs franches de fruits noirs. À boire entre 2012 et 2015. ★★★ ②

Château l'Enclos

Triple A 2005, Sainte-Foy Bordeaux • (11095236) 33$
À l'extrémité est du vignoble girondin, le secteur de Sainte-Foy donne des vins assez charpentés composés majoritairement de merlot. Celui-ci provient d'une belle propriété sous la férule de l'œnologue Stéphane Derenoncourt. Le 2005 est un bon vin moderne élevé pendant 18 mois en fût de chêne, ce qui lui confère une étoffe supplémentaire et des notes vanillées assez élégantes. Il pourrait se développer d'ici 2015. ★★★→? ②

Château La Mothe du Barry

Bordeaux Supérieur 2009 • (10865307) 13,65$
Très belle réussite cette année pour Joël Duffau. Sans doute favorisé par la nature généreuse du millésime, son 2009 s'appuie sur des tanins mûrs, qui comportent juste assez d'aspérités tanniques pour tonifier l'ensemble et accentuer ses saveurs de cannelle. Quatre étoiles pour un excellent Bordeaux courant à moins de 15$. ★★★★ ② ♥

en peu de mots

Cabernet sauvignon, merlot, cabernet franc, petit verdot, les quatre cépages traditionnels de Bordeaux n'arrivent pas à maturité en même temps. De manière générale, on récolte d'abord le merlot, puis on termine les vendanges avec le cabernet sauvignon et le petit verdot.

À Saint-Émilion et à Pomerol, des terres froides, surtout calcaires et argileuses exigent un cépage au mûrissement précoce. Voilà pourquoi les producteurs de la rive droite plantent surtout du merlot.

Dans le Médoc et dans les Graves, c'est le contraire. Un cépage à maturation tardive n'a aucun mal à mûrir sur les sols chauds et graveleux qui caractérisent ces régions. Les Médocains et les vignerons de Pessac-Léognan privilégient donc la culture du cabernet sauvignon. Ce n'est pas une question de mode; c'est le terroir qui le veut ainsi. À chaque raisin son terrain de jeu!

Château L'Escart

Cuvée Julien 2009, Bordeaux Supérieur • (896282) 17,55 $
Encore jeune et nerveux lorsque dégusté en août dernier ; pas très profond, mais une expression franche de fruits noirs, rehaussée d'une saine acidité. ★★★→? ②

On trouve également des vins de ce producteur en importation privée. IP

Château Lamarche

Brigitte et Éric Julien ont repris cette propriété de Fronsac en 1993.

Bordeaux Supérieur 2009 • (10862991) 15,90 $
En plus de leur cuvée Candelaire, commercialisée sous l'appellation Canon-Fronsac, ils élaborent un Bordeaux supérieur particulièrement riche et généreux en 2009. Des tanins souples, bien mûrs et une attaque en bouche dodue, fraîche et coulante. ★★★ ② ♥

Château Sainte-Marie

Au cours des dernières années, j'ai souvent apprécié le charme discret et délicat de ce savoureux vin blanc élaboré par Stéphane Dupuch au cœur de l'Entre-deux-Mers.

Vieilles vignes 2010, Entre-Deux-Mers • (10269151) 16,35 $
Rien de compliqué et sans arôme boisé, plutôt un heureux mélange de vinosité et de fraîcheur, des saveurs vives d'agrumes et de miel, rehaussées d'une pointe saline. L'un des bons vins blancs d'Entre-deux-Mers que l'on puisse acheter à la SAQ. ☆☆☆ ② ♥

Château Tayet

Cette propriété secondaire de Bordeaux appartient à la famille du Château Haut Breton Larigaudière.

Cuvée Prestige 2009, Bordeaux Supérieur • (11106062) 18,50 $
Ce vin généralement suave et bien en chair atteint des sommets de générosité en 2009. Tout en rondeur et manifestement issu de raisins mûrs, sa chair fruitée et son grain dense le placent au-dessus de la moyenne des Bordeaux Supérieur. ★★★ ②

Domaine de l'Île Margaux

Depuis plusieurs années, ce domaine insulaire, situé juste en face du Château Margaux, donne un excellent Bordeaux Supérieur dont la droiture et l'équilibre ont valeur d'exemple.

Bordeaux Supérieur 2006 • (043125) 21,95 $
Le 2006 mise encore sur les cinq cépages bordelais classiques – cabernet sauvignon, cabernet franc, merlot, malbec et petit verdot – dont les vertus complémentaires lui apportent toute la structure et la sève aromatique voulues. Franc et équilibré, tout à fait dans l'esprit médocain. ★★★★ ② ♥ C

Dourthe

Château Pey La Tour 2009, Réserve du Château, Bordeaux Supérieur • (442392) 22,15$
Ce vin de facture moderne, composé essentiellement de merlot est devenu un incontournable au répertoire général. Rien de complexe, mais ample, assez charnu et taillé pour plaire. Ce qu'il semble réussir aisément. ★★★ ② ©

Sauvignon blanc 2010, La Grande Cuvée, Bordeaux • (231654) 15,55$
Plus de 20 années après sa création par l'œnologue Denis Dubourdieu, ce vin issu exclusivement de sauvignon blanc brille encore par l'éclat de ses saveurs citronnées et sa fraîcheur. Juste assez vineux et rassasiant à sa manière. ☆☆☆ ①

Moueix, Christian

Merlot 2008, Bordeaux • (369405) 15,90$
Relevé de bons goûts d'épices et misant à fond sur la souplesse et le naturel fruité du merlot, le vin courant de Christian Moueix a tout ce qu'il faut pour plaire. À boire au cours des deux prochaines années pour profiter de son fruit. ★★★ ② ♥ ©

Rolland, Michel

Bordeaux 2009 • (11330195) 17,25$
Dans le style généreux, tendre et volubile affectionné par Michel Rolland, un bon Bordeaux tout en rondeur, riche en fruit et agrémenté d'accents vanillés. ★★★ ②

COMMENTÉS SOMMAIREMENT, D'AUTRES BORDEAUX ET BORDEAUX SUPÉRIEUR

Calvet, Sauvignon blanc 2010, Édition Limitée, Bordeaux
(10967514) 13,65$
De nouveau cette année, un bon vin simple, mais dont les saveurs fruitées reproduisent assez fidèlement le caractère fringant du cépage sauvignon. ☆☆☆ ② ♥ ©

Réserve 2009, Bordeaux
(044032) 14,95$
Plus rond et moins distinctif que par le passé. ★★ ② ©

Château Bonnet 2007, Réserve, Bordeaux
(099044) 16,95$
Propriété d'André Lurton, Château Bonnet compte aujourd'hui 270 hectares dans l'Entre-deux-Mers. Bon Bordeaux courant, modeste, mais de bonne facture et qui se fait avant tout valoir par sa droiture. ★★★ ②

Château de Reignac 2006, Bordeaux blanc
(10849542) 44$
Yves et Stéphanie Vatelot nourrissent beaucoup d'ambition pour ce vin blanc qu'ils comparent eux-mêmes aux meilleurs Graves. Hélas! Ce n'est guère plus qu'un exercice de style sur le thème de la barrique et de la surmaturité. Rudimentaire et plutôt court. ☆☆ ②

Château Grand Village 2008, Bordeaux Supérieur
(11546172) 22,20$
Bon Bordeaux moderne. Rien de bien complexe, mais suave et séduisant par ses goûts de cassis et sa mâche veloutée qui flatte le palais. ★★★ ②

Terra Burdigala, Roc de Jean Lys 2006, Bordeaux supérieur
(10516553) 19,70$
Une belle réussite technique: du fruit, de la fraîcheur et de l'équilibre, des tanins bien dosés et une saine fraîcheur. ★★★ ②

D'AUTRES VINS DE QUALITÉ MOYENNE ★★ ET ☆☆

Château Croix-Mouton, M 2008, Bordeaux Supérieur
(10520481) 23,60$

Château de la Vieille Tour 2007, Bordeaux Supérieur
(858167) 18,60$

Château de Seguin 2008, Cuvée Prestige, Bordeaux Supérieur
(10258486) 22,20$

Château Grand Jean 2009, Réserve, Bordeaux Supérieur
(11073424) 16,25$ Ⓒ

Château Saint-Antoine 2008, Réserve du Château, Bordeaux supérieur
(10915263) 16,15$ Ⓒ

Château Thébot 2008, Bordeaux
(10389005) 19,25$

Croix Saint-Martin rouge 2010, Bordeaux
(292904) 13,55$

Croix Saint-Martin blanc 2009, Bordeaux
(292912) 12,50$

Lurton, François ; Merlot 2010, Bordeaux
(10862763) 15,95$

Marquis de Chasse 2008, Bordeaux
(431338) 14,25$ Ⓒ

Bordeaux 2008
(597567) 4,95$ – 250 ml Ⓒ

Sauvignon blanc-Sémillon 2010, Bordeaux
(404095) 13,60$ Ⓒ

Réserve de Louis Eschenauer 2009, Bordeaux
(517722) 14,80$ Ⓒ

Vieux Château Renaissance 2009, Bordeaux
(046953) 12,85$ Ⓒ

• VINS DE CÔTES •

Château Bujan

Côte de Bourg 2009 • (862086) 19,90 $
Généralement excellent, souple et avant tout très digeste, le vin de Pascal Meli ne m'a pas semblé particulièrement harmonieux dans sa version 2009. L'usage de la barrique se fait sentir par des accents torréfiés passablement marqués, mais aussi par un fini tannique un peu carré qui laisse en bouche une impression osseuse. Le temps arrangera peut-être les choses, mais j'en doute... ★★→? ②

Château de Francs

Les Bordelais Dominique Hébrard (Château Bellefont Belcier) et Hubert de Boüard (Château Angélus) produisent ensemble des vins dans les côtes de Francs.

Bordeaux – Côtes de Francs 2006 • (967943) 17,55 $
Déjà commenté l'année dernière, ce vin est maintenant parfaitement ouvert et commence à révéler des signes d'évolutions avec des accents de champignons et de pruneaux. On appréciera aussi sa trame droite et son allure dépouillée. À boire d'ici 2014. ★★★ ②

Château de Ricaud

Réserve des Coteaux 2009, Cadillac – Côtes de Bordeaux •
(11374294) : 19,75 $
Arrivée prévue en février 2012 pour ce vin généreux, dont la bouche volumineuse et juteuse, bâtie sur des tanins souples, évoque les millésimes de chaleur. Malgré tout, on a su préserver une certaine fraîcheur, garante d'équilibre. À boire au cours des trois prochaines années. ★★★ ②

Château des Tourtes

Cuvée Prestige, 2006 Blaye – Côtes de Bordeaux • (11095092) 21,90 $
Sur un mode mineur, mais sincère, ce vin a toute la matière et la consistance caractérisant un bon Bordeaux courant. Coloré, fruité, volumineux et assez bien enrobé. À boire au cours des trois prochaines années. ★★★ ②

Château le Puy

La famille Amoreau gère avec rigueur ce domaine de 25 hectares, l'un des rares vignobles de Gironde cultivés en biodynamie.

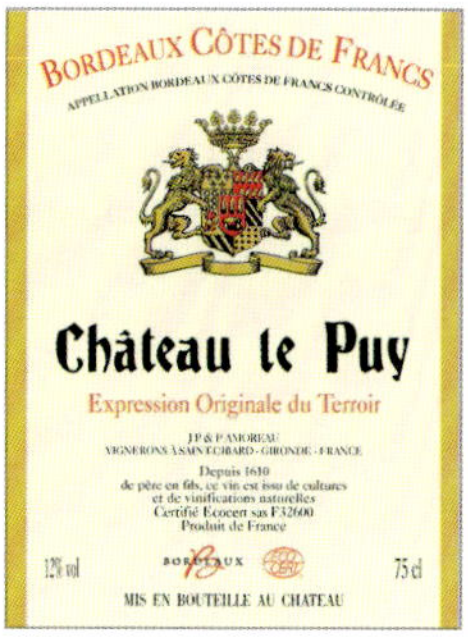

Bordeaux – Côtes de Francs 2006 •
(709469) 24,70 $
Le vin courant de la propriété est issu de merlot, de cabernet sauvignon et de carmenère, vinifiés de manière naturelle. Évidemment moins dense et étoffé que le 2005 commercialisé l'an dernier, il demeure fidèle à l'esprit de fraîcheur (12 % d'alcool) et de dépouillement des meilleurs *claret*. À apprécier dès maintenant pour ses saveurs croquantes de fruits noirs et de tabac ou à laisser vieillir au cours des cinq prochaines années. ★★★★ ② ♥

• • • dans le monde du vin • • •

UNE NOUVELLE APPELLATION AU NOM DE LA FACILITÉ
Depuis le printemps 2009, les vins de quatre des appellations secondaires de la Gironde sont regroupés sous la même bannière des Côtes de Bordeaux. Les consommateurs pourront désormais lire sur les étiquettes Côtes de Bordeaux Blaye, Côtes de Bordeaux Castillon, Côtes de Bordeaux Francs et Côtes de Bordeaux Cadillac, anciennement Premières Côtes. Les vins issus d'assemblage de deux sous-appellations seront pour leur part commercialisés sous la dénomination générique Côtes de Bordeaux.
Que doit-on penser de tout cela ? Un seul regard à la carte de la région bordelaise suffit pour comprendre que les Côtes de Blaye ont peu en commun avec les Côtes de Castillon, tout comme ces derniers n'ont guère de ressemblance avec les Premières Côtes de Bordeaux.
Le but de cette initiative est, dit-on, de faciliter la tâche aux consommateurs – non francophones – pour qui les noms de Castillon, de Blaye ou de Francs n'évoquaient rien de bien précis. Mais n'est-il pas un peu paradoxal de constater un tel recul dans le berceau du premier classement officiel de France, au moment même où les producteurs du Nouveau Monde s'efforcent de mieux définir leurs appellations ?

Château Les Ricards

Deuxième vin du Château Bel Air la Royère, une propriété renommée et menée avec brio par Corinne et Xavier Loriaud.

Blaye 2008 – Côtes de Bordeaux • (10389267) 19,40 $
Assez tendre, soutenu par des tanins fondus et faisant état d'un bel usage du bois. Rien de complexe, mais caressant et fort charmant ; il a une étoffe digne de mention à moins de 20 $. ★★★→? ②

Château Puygueraud

Cette propriété des Côtes de Francs appartient à la famille Thienpont de Vieux Château Certan.

Côtes de Bordeaux Francs 2006 • (10837621) 25,35 $
On y produit un bon vin de facture assez classique, plutôt strict et discret. Quelques années de repos lui permettront peut-être de gagner en nuances. ★★★ ③

Château Tayac

Cuvée Réservée 2006, Côtes de Bourg •
(500108) 20,50 $
Tayac est un cru réputé des Côtes de Bourg. En 2006, on a produit un vin savoureux qui se signale par sa ligne tannique très franche, qui donne un élan de fraîcheur à l'ensemble et met en valeur la pureté du fruit. Équilibré, coulant et tout à fait rassasiant dans un style classique. Parmi les bons Côtes de Bourg sur le marché. ★★★ ② ♥

Château Terrasson

Ce petit domaine est situé à cheval sur les appellations Côtes de Francs et Côtes de Castillon.

Bordeaux – Côtes de Francs 2006 • (894030) 16,35 $
Modeste, mais vendu à un prix avantageux, ce bon Bordeaux à la fois droit et rassasiant de fraîcheur est essentiellement composé de merlot. Ouvert, assez relevé et tout à fait satisfaisant. ★★★ ②

Vieux Château Champs de Mars

Fidèle à ses convictions, Régis Moro est un chef de file des côtes de Castillon, ses vins sont raffinés et bien proportionnés. Le Vieux Château Champs de Mars est le porte-étendard de son entreprise. Dans cette belle propriété acquise en 1984, ainsi que dans le vignoble du Château Pelan Bellevue (Côtes de Francs), l'agriculture biologique est pratiquée depuis déjà longtemps, mais les vins ne sont certifiés bios que depuis 2005.

Côtes de Castillon 2007 • (10264860) 21,40 $
Autre franc succès sur le thème de la droiture et de la fraîcheur. Peut-être un peu moins complet que les 2005 et 2006, mais néanmoins irréprochable par son équilibre d'ensemble, ses saveurs distinguées d'épices et son attaque à la fois franche et veloutée. Un modèle du genre. ★★★★ ② ♥

Château Puy Landry 2009, Castillon – Côtes de Bordeaux • (852129) 14,65 $
Le second vin de la propriété est essentiellement issu de merlot, auquel s'ajoutent du cabernet franc et du cabernet sauvignon. Le 2010 est tout aussi complet que les derniers millésimes dégustés. Sa matière fruitée s'appuie sur des tanins mûrs, qui donnent au vin une poigne impeccable et rehausse ses jolies notes poivrées. Parmi les meilleurs vins que l'on puisse acheter au rayon des Bordeaux courants. ★★★★ ② ♥

COMMENTÉS SOMMAIREMENT, D'AUTRES VINS DE CÔTES

Château Godard Bellevue 2007, Bordeaux Côtes de Francs
(914317) 18,95$
Bon vin d'envergure moyenne, à la fois tendre et encadré par une belle trame tannique qui contribue à son équilibre. Déjà ouvert; à boire d'ici 2014. ★★★ ② Ⓒ

Château Lamothe de Haux 2008, Première Côtes de Bordeaux
(967307) 20,20$
Moderne et charmeur, à défaut d'étoffe réelle. ★★★ ②

Château Lamothe de Haux 2010, Bordeaux
(10863117) 16,55$
Une moins bonne note pour ce vin blanc technologique et prévisible. ☆☆ ①

Château La Raz Caman 2005, Blaye - Côtes de Bordeaux
(888578) 19,05$
Maintenant ouvert et à point, ce bon vin franc et droit a plus de style que la moyenne.

Château Fougas, Cuvée Prestige 2006, Côtes de Bourg
(10392896) 19,35$
À défaut d'étoffe réelle, on apprécie la droiture et le dépouillement de ce vin. Souple, coulant et facile à boire. ★★→? ②

D'AUTRES VINS DE CÔTES DE QUALITÉ MOYENNE ☆☆

Château Bertinerie 2010, Premières Côtes de Blaye
(707190) 16,15$

Château des Matards 2010, Blaye - Côtes de Bordeaux
(477257) 15,10$ Ⓒ

Château Haut-Bertinerie 2007, Premières Côtes de Blaye
(11095130) 24,95$

Château Grand Launay, Sauvignon gris 2009, Côtes de Bourg
(10388504) 17,75$

Château Suau, Sauvignon-Sémillon-Muscadelle 2010, Bordeaux
(11015793) 16,55$ Ⓒ

D'AUTRES VINS DE CÔTES DE QUALITÉ MOYENNE ★★

Château Cailleteau Bergeron, Blaye - Côtes de Bordeaux 2009
(919373) 17,90$

Tradition 2009, Blaye - Côtes de Bordeaux
(10388601) 16,25$

Château Castera 2006, Médoc
(700666) 23,25$

Château de Pic 2006, Premières Côtes de Bordeaux
(10764717) 19,90$

Château du Grand Mouëys 2008, Premières Côtes de Bordeaux
(10864443) 18,65$

Château Grand Launay 2006, Réserve Lion Noir, Côtes de Bourg
(851386) 19,95$

Château Haut-Bertinerie 2005, Premières Côtes de Blaye
(10808610) 24,40$

Château La Grange Clinet 2008, Premières Côtes de BordeauX
(10258937) 16,25$

Château Roque Le Mayne 2008, Côtes de Castillon
(10853007) 20,65$

Château Segonzac, Vieilles vignes 2008, Blaye - Côtes de Bordeaux
(10389013) 22,60$

• MÉDOC •

Château Clarke

Cet important domaine de Listrac-Médoc appartient aujourd'hui à Benjamin de Rothschild, fils de son créateur, le baron Edmond de Rothschild, décédé en 1997.

Listrac-Médoc 2006 • (10677550) 36,50 $
Depuis le tournant du dernier millénaire, les investissements successifs d'Edmond de Rothschild portent fruit et donnent un excellent vin de structure très médocaine. Droit, assez large d'épaules, sans fioriture et coiffé d'une longue finale aux accents de fruits noirs. À boire entre 2012 et 2016, au moins. ★★★★ ③

Château de Lamarque

Dans sa belle forteresse médiévale entre Margaux et Saint-Julien, Pierre-Gilles Gromand-Brunet d'Evry confectionne un bon cru bourgeois.

Haut-Médoc 2006 • (10752767) 31,25 $
Très réussi, le vin est nourri, charnu et s'appuie sur des tanins mûrs. Sa finale est chaleureuse et persistante. Un bon Médoc droit, à boire entre 2011 et 2015 au moins. ★★★ ②

Château de Pez

Propriété de la maison champenoise Roederer depuis 1995, ce cru bourgeois de Saint-Estèphe est sous la direction de Philippe Moreau, également directeur technique des châteaux Bernadotte et Pichon Comtesse de Lalande.

Saint-Estèphe 2005 • (11263471) 45 $
Solide, structuré et représentatif tant de son appellation que de son millésime, ce 2005 présente un très bel équilibre entre la rondeur du merlot et la droiture stricte de Saint-Estèphe. Plein en bouche et fort rassasiant. ★★★→? ②

Château Ferrière

Ce domaine de 8 hectares est géré avec rigueur et indépendance d'esprit par Claire Villars.

Les Remparts de Ferrière 2006, Margaux • (10273782) 32,50 $
Le deuxième vin s'inscrit dans la continuité des millésimes précédents et mise davantage sur l'élégance des tanins que sur la concentration. Le charme classique du *claret*. À boire entre 2012 et 2016. ★★★ ②

Château Greysac

Sur les terroirs de graves de la commune By, la propriété du Vénitien Brandino Brandolini (Vistorta) produit des vins fins de qualité constante.

Médoc 2008 • (896274) 25,45 $
Peut-être un peu moins dense que les derniers millésimes, mais malgré tout fort satisfaisant, Greysac demeure fidèle à l'idée d'équilibre et de droiture qui sont les principales vertus d'un bon *claret* digeste et désaltérant. ★★★ ②

Château La Tour de By

Médoc 2001 • (10294807) 27,55 $
Un vin de signature très classique, solide et linéaire, mais bien proportionné et surtout parfaitement ouvert et épanoui. Le 2001 est dominé par le caractère du cabernet sauvignon qui lui apporte une structure très droite. Un bon Bordeaux classique à boire au cours des trois prochaines années. ★★★★ ② ♥

Château Le Boscq

Cette vieille propriété a été acquise en 1995 par l'Union Française de Gestion qui en a confié l'exploitation au groupe CVBG.

Saint-Estèphe 2006 • (11513291) 45,75 $
Excellent Saint-Estèphe élaboré avec beaucoup de doigté et s'inscrivant dans le style de son appellation. Sa vivacité est garante de fraîcheur et d'équilibre, tout en accentuant sa ligne tannique très droite. Musclé, racé et à la fois élégant. Un peu plus de longueur et de mâche et c'était quatre étoiles. ★★★→? ③

Château Maucamps

Il faut saluer la régularité qualitative de ce cru situé à Macau, dans la partie sud du Médoc, à moins de 5 km de Margaux.

Haut-Médoc 2005 • (10785112) 31,50 $
Maintenant à point, ce vin dévoile l'équilibre classique et l'élégance des meilleurs *clarets*. Pas de tape-à-l'œil, mais un autre franc succès sur le thème de la puissance contenue et de la longueur en bouche. Un achat avisé. ★★★★ ②

Château Pontet-Canet

Depuis qu'il gère cette propriété, Alfred Tesseron a converti le vignoble en biodynamie et en tire des vins remarquables, probablement les meilleurs de la longue histoire de ce cinquième cru de Pauillac, voisin de Mouton Rothschild.

Pauillac grand cru classé 2001 • (10924531) 105,25 $
Très fidèle à l'esprit du millésime, cet excellent vin de mouture médocaine déploie une trame passablement soutenue, constituée de tanins mûrs et élégants. Déjà ouvert et assez étoffé pour tenir la route jusqu'en 2015, au moins. ★★★★ ② ▼

Château Potensac

Rendu célèbre par le regretté Michel Delon – Léoville Las Cases –, ce domaine que plusieurs considèrent comme l'un des meilleurs crus bourgeois de l'appellation Médoc, est maintenant géré par son fils Jean-Hubert.

Château Potensac 2003, Médoc • (11077661) 67$
Un cran en dessous, il ne devrait pas passer à l'histoire. Issu d'un millésime atypique, il se signale surtout par ses saveurs riches de fruits confits et sa finale un peu sèche et amère. Si on fait abstraction de son style peu orthodoxe, ce vin demeure solide et généreux. ★★★ ② ▼

Château Ramage La Bâtisse

Depuis les dernières années, ce cru bourgeois de Saint-Sauveur offre une régularité qualitative notable.

Haut-Médoc 2005 • (863837) 31,50$
Pas grand ni profond, mais tous les éléments sont réunis dans de bonnes proportions et le vin est très agréable à boire. Un grain mûr et une saine acidité. Très bon vin à boire d'ici 2015. ★★★ ②

Les Pagodes de Cos

Aux commandes de la propriété auparavant familiale, Jean-Guillaume Prats élabore des vins de plus en plus polis et raffinés.

Saint-Estèphe 2006 • (10860039) 59,95$
Sans avoir la profondeur ni la tenue du grand vin, Les Pagodes 2006 brille par son raffinement et ce caractère exotique propre à Cos d'Estournel. Droit, franc et racé. Une belle bouteille que l'on peut facilement laisser reposer en cave encore quatre ou cinq ans. ★★★→★ ③ ▼

Prieur de Meyney

Deuxième vin de Château Meyney, cette propriété voisine de Montrose a été rachetée en 2004 par la société CA Grands Crus, détenue par la banque Crédit Agricole.

Saint-Estèphe 2006 • (10210415) 34,75$
Les amateurs de Saint-Estèphe de facture classique seront en terrain connu avec ce très bon *claret*, auquel une charpente tannique solide et l'allure stricte, sans dureté, confèrent une personnalité affirmée et une sève singulière. Jolie finale aux accents de cuir et de tabac. Équilibré et assez solide pour gagner en nuances jusqu'en 2015. ★★★→? ②

COMMENTÉS SOMMAIREMENT, D'AUTRES VINS DU MÉDOC

Château Saint-Pierre 1996, Saint-Julien Grand cru classé
(11000461) 109$
Structuré, solidement construit, riche en extrait et en notes fumées, à défaut d'avoir l'étoffe d'un grand vin. Déjà ouvert, il pourrait encore s'épanouir, mais j'en doute. ★★ ② Ⓢ

Cuvée de La Commanderie du Bontemps 2008, Médoc
(491506) 21,35$
Bon an mal an, un bon Médoc de facture classique, à retenir pour sa ligne tannique droite et franche et son équilibre. ★★★ ②

Château Tour Saint Joseph 2008, Haut-Médoc
(10752775) 21,85$
Correct, de facture classique et sans excès, mais il tombe un peu court en finale. ★★ ②

D'AUTRES VINS DU MÉDOC DE QUALITÉ MOYENNE ★★

Château Barateau 2006, Haut-Médoc
(963330) 23,25$

Château de L'Abbaye 2008, Haut-Médoc
(10273387) 22,50$

Château de Malleret 2005, Haut-Médoc
(10670497) 29,30$

Château la Cardonne 2005, Médoc
(11095121) 24$

Château Lafitte-Tramier 2003, Médoc
(890244) 32,25$

Château Lestage 2005, Listrac-Médoc
(10537426) 25,35$

Château Lousteauneuf 2008, Médoc
(913368) 23,80$

Château Lousteauneuf 2009, Médoc
(913368) 23,80$

Château Ramafort 2005, Médoc
(608596) 22,75$

Château Tour des Termes 2008, Saint-Estèphe
(11095244) 35,75$

Le Puiné du Château Haut Beyzac 2008, Haut-Médoc
(11095084) 18,55$

• GRAVES ET PESSAC-LÉOGNAN •

Château de Roquetaillade La Grange

Vieilles vignes 2006, Graves • (11095050) 22,10 $
Lorsque dégusté l'an dernier, ce vin rouge élaboré par la famille Guignard semblait un peu dur et terne. Il semble qu'une année de repos lui a été bénéfique puisque le 2006 est maintenant plus volubile et déploie en bouche une matière fruitée ronde et veloutée, juste assez encadrée pour revigorer le tout. ★★★ ②

Château Gazin-Rocquencourt

Pessac-Léognan 2006 • (11150194) 45,25 $
Depuis 2006, cette propriété est sous l'habile gouverne de la famille Bonnie de Malartic-Lagravière. Leur premier millésime s'affirme par sa forme à la fois stricte et épurée, en même temps suffisamment charnue et riche en fruit. Une bonne bouteille vendue à prix juste. Il faudra surveiller de près les prochains millésimes. ★★★→? ③

Château La Louvière

Depuis qu'il a racheté La Louvière à l'abandon en 1965, André Lurton en a fait un cru estimé de Pessac-Léognan. Même si le vignoble n'est pas officiellement classé, tous s'accordent pour reconnaître l'étoffe de ses vins, élaborés avec les conseils du professeur Denis Dubourdieu.

Pessac-Léognan 2006 • (133835) 53,75 $
À peine moins étoffé que le 2005, le rouge de La Louvière est un bon exemple de *claret* moderne. Comme toujours, une matière fruitée dense et suave est mise en valeur par un savant élevage en fût de chêne neuf – un peu plus de 50 %. Déjà très agréable et promis à un bel avenir. ★★★→? ②

Château Respide-Médeville

Même si elle ne fait pas partie du cercle privilégié des crus classés, cette belle propriété des Graves jouit d'une très bonne réputation, tant pour la qualité de ses rouges que de ses blancs.

Graves 2009 • (11154380) 24,85 $
Composé pour moitié de sémillon et issu d'une parcelle située tout au sud des Graves, à Pregnac, l'une des communes de l'appellation Sauternes. Cela explique sans doute la vinosité et les saveurs opulentes de miel de ce vin blanc. Racé, élégant, volubile. Pas de bois, mais un vin naturellement étoffé par la richesse de l'été 2009. L'un des meilleurs Bordeaux blancs dégustés cette année. ☆☆☆☆ ② ♥

Château Villa Bel-Air

Ce domaine des Graves appartient à la famille Cazes (Lynch-Bages) depuis 1988.

Graves 2006 • (10752716) 24,85$
Un autre franc succès sur le thème de l'équilibre pour cet excellent vin rouge composé à 50% de merlot, qui contribue à sa texture tendre, veloutée et charnue. L'élevage lui confère une dimension supplémentaire et l'agrémente de notes distinguées de cèdre et d'épices. À ce prix, il n'a rien à envier à bien des vins rouges de Pessac-Léognan... ★★★→? ②

Graves 2009 • (11341679) 22,40$
Bon vin blanc sec nourri par un passage en fût de chêne, qui ajoute à sa vinosité et à sa tenue en bouche, sans masquer ses saveurs précises de fruit et de miel. Assez sérieux pour réserver de belles surprises au cours des cinq prochaines années. ☆☆☆→? ②

L'Abeille de Fieuzal

Ressuscité durant les années 1980, Fieuzal est devenu depuis un haut lieu de la production de vin blanc à Bordeaux.

Pessac-Léognan 2009 • (10927168) 35$
En 2009, le second vin blanc de la propriété adopte une allure plus riche, au détriment de la fraîcheur. Très mûr au point de paraître presque sucré. ☆☆ ②

Mouton Cadet (Barons de Rothschild)

Réserve 2009, Graves • (11314953) 16,15$
Tout ce que l'on peut attendre d'un bon vin courant des Graves, à prix abordable. Rien de compliqué, mais frais, désaltérant et suffisamment aromatique. ☆☆☆ ② ♥ ©

D'AUTRES VINS DE QUALITÉ MOYENNE

Château de Carolle 2009, Graves
(11401547) 20,75$ ★★ ©

Château des Gravières 2006, Graves
(919233) 20,60$ ★★

Château des Gravières 2009, Graves
(919233) 20,60$ ★★

Château Haut-Selve 2006, Graves
(11095068) 19,90$ ★★

Château Roquetaillade, Graves blanc 2009
(240374) 15,10$ ☆☆ ©

• SAINT-ÉMILION •

Château Bélair

Ce cru mythique du plateau calcaire de Saint-Émilion a été renommé Château Belair Monange en 2008. Rappelons qu'en juin 2008, accablé par le poids des taxes et des droits de succession, Pascal Delbeck – toujours propriétaire du Château Tour-du-Pas Saint-Georges – avait été contraint de vendre aux Établissements Jean-Pierre Moueix la propriété de 13 hectares que lui avait léguée madame Dubois-Challon. Tout en lui donnant un nouvel élan, les nouveaux propriétaires entendent bien préserver le style dépouillé que défendait son ancien vinificateur. Perdant assuré dans les concours de dégustation, Belair s'adresse aux amateurs qui savent apprécier le raffinement et la puissance contenue d'un Saint-Émilion très classique.

Saint-Émilion Premier Grand cru classé 2005 • (11207226) 154,25 $
Il émane de ce vin une impression irrésistible de suavité et de sensualité. Pas de goût de bois ni de concentration exagérée, mais des saveurs racées et une sève distinctive. Déjà agréable maintenant grâce à son équilibre, mais promis à un brillant avenir. ★★★★ ③ Ⓢ

Saint-Émilion Premier Grand cru classé 2004 • (11207031) 108,75 $
Moins séduisant, mais tout aussi élégant par son dépouillement et ses tanins délicats. Un très bon vin maintenant ouvert que l'on devrait boire d'ici 2012. ★★★ ② Ⓢ

Saint-Émilion Premier Grand cru classé 2001 • (11025490) 120,50 $
Plus dense, avec une chair fruitée mûre et veloutée, qui révèle des saveurs racées et pourtant pleines de subtilité. Pleinement ouvert et empreint d'une sève certaine. ★★★★ ② ▼ Ⓢ

Saint-Émilion Premier Grand cru classé 2000 • (722686) 146 $
Le 2000 brille par sa densité subtile, teintée de finesse. Un grand vin plein, long et racé qui vivra pendant de longues années. La classe ! ★★★★ ②

Saint-Émilion Premier Grand cru classé 1999 • (11207015) 99 $
Pleinement ouvert et fort charmant avec son attaque en bouche tendre, même s'il est un peu plus ténu que les autres. Creux de vague ? ★★★ ② ▼ Ⓢ

Saint-Émilion Premier Grand cru classé 1997 • (11206944) 97 $
Le 1997 était encore dans une grande forme. Une attaque mûre, quasi sucrée, des notes de bois de cèdre et de sous-bois, une présence en bouche longue et consistante. Parfaitement ouvert et facilement capable de tenir la route pour de bonnes années. Le plus complet de tous à mon avis. Exquis ! ★★★★★ ② Ⓢ

Château Bellefont-Belcier

Promue au rang des Grands crus classés de Saint-Émilion en 2006, cette propriété d'une douzaine d'hectares, située entre Larcis-Ducasse et Tertre Roteboeuf, a beaucoup progressé depuis son rachat en 1994. Les nouveaux propriétaires profitent des conseils des œnologues Michel Rolland et Gilles Pauquet.

Saint-Émilion Grand cru classé 2006 • (10849622) 52,75 $
S'il est légèrement en recul par rapport au 2005 commenté l'an dernier, le 2006 s'affirme tout de même par sa concentration de saveurs fruitées, son enveloppe tannique à la fois dense, charnue et élégante et sa texture vibrante qui le rend fort sympathique. Prix élevé. ★★★→? ③

Saint-Emilion Grand cru classé 2008 • (10849622) 52,75 $
Le 2008 qui devrait prendre le relais en cours d'année est particulièrement complet et achevé dans un style certes moderne, mais très habilement tourné et savoureux. Bien en chair, concentré, volumieux, rassasiant et coiffé d'une longue finale chaleureuse. Très belle réussite ! ★★★★ ②

Château La Tour Figeac

Saint-Émilion Grand cru classé 2001 • (11075374) 81,50 $
Après neuf ans, ce vin à pleine maturité a bien digéré le bois initial et se présente maintenant avec passablement de nuances. Assez tendre, sa finale mûre aux accents de bourbon laisse une impression à la fois chaleureuse et digeste en finale. ★★★ ② ▼

Château Trianon

Après avoir vendu Cheval Blanc dont il était l'un des partenaires familiaux, Dominique Hébrard – aussi propriétaire du Château de Francs et associé dans le projet Massaya au Liban – a acheté cette propriété située au sud-ouest de Saint-Émilion.

Saint-Émilion Grand cru 2006 • (10877324) 45,50 $
Peu d'affinités cette année pour ce vin joufflu, de facture moderne, sphérique et mûr, au point de paraître presque sucré. Flatteur ? oui. Fin ? pas vraiment. ★★→? ②

Tertre Roteboeuf

Saint-Émilion Grand cru 2006 • (10865500) 181,75 $
En 2006, le producteur François Mitjavile a su confectionner un bon vin flatteur, un peu dominé par la barrique, mais néanmoins riche en matière fruitée et en extraits tanniques. Passablement généreux et surtout très savoureux grâce à ses notes grillées. Un beau succès dans le style toujours imposant de Tertre Roteboeuf, mais dont le prix laisse perplexe. ★★★ ③ Ⓢ

COMMENTÉS SOMMAIREMENT, D'AUTRES VINS DE SAINT-ÉMILION

Château Capet-Guillier 2006, Saint-Émilion Grand Cru
(11095148) 29,90 $
Ce cru peu connu situé à Saint-Hippolyte, à l'est de Saint-Émilion a été acquis par la maison Antoine Moueix, filiale bordelaise du Groupe Jeanjean. On y produit un vin d'envergure moyenne. Fruité, souple et facile à boire, mais un peu anguleux et rudimentaire. ★★ ②

Château Croix de Rambeau 2008, Lussac-Saint-Émilion
(975649) 20,90 $
Propriété de 6 hectares située au nord de Saint-Émilion, le vin de Croix de Rambeau se caractérise par sa souplesse, sa fraîcheur et son équilibre. Fruité, modérément corsé et agréable à boire. ★★★ ③

Château Franc Mayne 2006, Saint-Émilion Grand cru
(10859812) 49 $
Hervé Laviale et sa femme Griet Van Malderen élaborent un vin riche en saveurs confites qui lui donnent un air un peu bonbon et caricatural. Riche, concentré, mais avant tout imposant et à court de détail. ★★★ ②

Château La Couronne, Saint-Émilion Grand Cru 2008
(913905) 25,25 $
Petite propriété acquise par le négociant Mähler-Besse en 1992. Dans un style sobre et épuré, un vin d'une assez bonne consistance et correctement fruité, sans être profond pour autant. ★★★ ②

Château La Papeterie 2004, Montagne-Saint-Émilion
(866400) 27 $
Une expression typique du merlot, avec des goûts de pruneaux ; assez souple et sans sécheresse. Correct, mais pas spécialement avantageux. ★★ ②

Château Montaiguillon 2008, Montagne-Saint-Émilion
(864249) 22,25 $
(914408) 12,20 $ – 375 ml
Bon Saint-Émilion de facture classique ; rien de complexe, mais flatteur, assez charnu et vendu à bon prix. ★★★ ② Ⓢ

Dourthe, La Grande Cuvée 2009, Montagne Saint-Émilion
(11374294) 19,75 $
Un vin rassasiant aux saveurs généreuses de fruits noirs et d'épices, porté par une structure tannique veloutée, mais assez solide pour tonifier l'ensemble. ★★★ ②

D'AUTRES VINS DE QUALITÉ MOYENNE ★★

Château des Laurets 2008, Puisseguin Saint-Émilion
(371401) 19,35 $

Château Haute-Nauve 2007, Saint-Émilion Grand cru
(721431) 25,35 $

Côtes Rocheuses, Saint-Émilion Grand cru 2005, Union des Producteurs de St-Émilion
(704817) 25,30 $

La Fleur Anne 2007, Saint-Émilion
(236653) 18,35 $

• POMEROL ET LALANDE DE POMEROL •

Château Chantalouette

Deuxième vin du Château de Sales, la plus imposante propriété de Pomerol avec une superficie de près de 50 hectares.

Pomerol 2006 • (10267964) 40,25 $
À défaut de profondeur, ce vin joue habilement la carte de l'harmonie et de la finesse. Sa texture suave et veloutée, classique de Pomerol, se décline en bouche avec élégance et laisse une impression distinguée en finale. À apprécier davantage pour sa finesse que pour sa profondeur, au cours des cinq prochaines années. ★★★→? ②

Château La Fleur-Pétrus

Voisin immédiat de Pétrus et bénéficiant de la même expertise technique, La Fleur-Pétrus est l'un des plus grands vins de Pomerol.

Pomerol 2006 • (11285591) 241,50 $
L'attention médiatique dont a profité le millésime 2005 fait souvent oublier la qualité de 2006 sur la rive droite de Bordeaux. Celui-ci est suave, avec un grain tannique infiniment élégant et une subtile finale saline, qui laisse une impression irrésistiblement fraîche en bouche. À boire idéalement entre 2014 et 2020. ★★★★ ③ Ⓢ

Pomerol 2004 • (11285531) 227,75 $
À défaut de pouvoir compter sur l'intensité du 2005, ce vin distille un charme plus classique et tout aussi sympathique. Son grain tannique juste assez mûr est ponctué d'une fine acidité et d'une légère amertume qui lui donnent de la prestance en bouche. ★★★→? ② Ⓢ

Pomerol 2003 • (11285494) 241,50 $
Compte tenu des excès du millésime, ce 2003 fait preuve d'un équilibre et d'une finesse remarquables. Plus d'envergure que le 2004, il s'impose en bouche par sa matière riche et par sa finale florale vaporeuse aux accents de fleurs. Déjà savoureux, il reste maintenant à voir comment il évoluera… ★★★→? ② Ⓢ

Château Le Bon Pasteur

L'œnologue vedette de Bordeaux, Michel Rolland, est aussi propriétaire et mijote son vin du Bon Pasteur pour plaire instantanément.

Pomerol 2006 • (10879856) 99 $
Assez belle évolution, le fruit s'exprime avec beaucoup de fraîcheur et de souplesse. Présence de bois complètement digérée. Texture un peu carrée qui reste en finale, mais je suis persuadée qu'à table, avec une bonne pièce de viande braisée, il se présenterait sous un meilleur jour. ★★★→? ③ ▼

Moueix, Jean-Pierre

Pomerol 2007 • (739623) 28,95 $
Habillé d'une nouvelle étiquette plus moderne, le Pomerol des Moueix maintient sa constance même dans des millésimes moyens et demeure fidèle au style classique, tout en délicatesse affectionné par la maison. Bel exemple de Pomerol prêt à boire. ★★★ ②

On trouve aussi des vins de ce producteur en importation privée. Ⓟ

D'AUTRES VINS DE QUALITÉ MOYENNE ★★

Château Garraud 2007, Lalande-De-Pomerol
(978072) 27,40 $

Château Garraud 2008, Lalande-De-Pomerol
(913277) 15,05 $ – 375 ml

Château Haut-Surget 2008, Lalande-de-Pomerol
(913137) 26,90 $

Château Treytins 2008, Lalande-de-Pomerol
(892406) 22,65 $
(912840) 12,60 $ – 375 ml

• FRONSAC •

Château de la Dauphine

Cette superbe propriété du Fronsadais a été achetée en 2000 par l'entrepreneur Jean Halley. En charge du domaine, son fils Guillaume a décidé de cesser la production du Canon de Brem (Canon-Fronsac), qui est maintenant assemblé à La Dauphine.

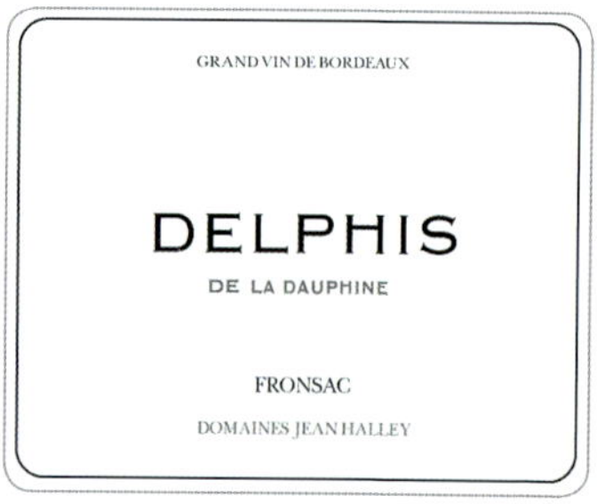

Fronsac 2007 • (11475474) 28,40 $
Bien que moins complet que les 2001 et 2005 vendus à la SAQ au cours des dernières années, le 2007 charme par sa rondeur, sa fraîcheur et son caractère fruité très élégant. Un agréable mariage de suavité et de tonus qui le rend spécialement rassasiant. À boire entre 2012 et 2016. ★★★→? ②

Delphis de La Dauphine 2008, Fronsac • (11475917) 22 $
Delphis est le nouveau nom du second vin de la propriété. On y trouve cette même texture caressante et délicate et des saveurs fines et nuancées, dont on se régalera au cours des quatre prochaines années. Vu la qualité du second vin, j'attends avec impatience l'arrivée de la Dauphine 2008... ★★★★ ② ♥

Château de la Rivière

Avec 60 hectares de vignes et un château imposant du XVIIe siècle, La Rivière est la plus importante propriété de Fronsac. Rachetée en 1995 par le négociant Jean Leprince décédé en 2002, la propriété a été reprise par James Grégoire, un important manufacturier de Cognac.

Fronsac 2005 • (10273395) 29,75$
Rien de tapageur, mais un vin sincère, judicieusement boisé, flatteur et séduisant, soutenu par une trame souple et fondue. Même si l'on note un début d'évolution, le vin a encore une belle mâche fruitée et devrait continuer de s'épanouir au cours des prochaines années. ★★★→? ②

La Source du Château de la Rivière 2005, Fronssac • (11546367) 20$
Maintenant ouvert et fondu, le 2005 commence à révéler des accents d'évolution. Des tanins souples laissent en bouche un fini velouté, délicat et caressant. Pas très complexe, mais ouvert et à point. ★★★ ②

Château Haut-Mazeris

Fronsac 2005 • (10689032) 27,85$
Ce Fronsac privilégie un style plus souple, charmeur et fruité tout en gardant la tenue nécessaire. Une belle finale aux accents de fleurs et de fruits noirs. À boire d'ici 2012. ★★★ ②

Château Lamarche Canon

Cette propriété fronsadaise a été reprise par Brigitte et Éric Julien en 1993. Le vignoble s'étend à la fois sur le coteau de Canon et en appellation Bordeaux Supérieur.

Canon Fronsac 2008 • (912204) 28,90$
Issu de vieilles vignes de merlot et de cabernet sauvignon, ce vin est nourri par un élevage de 16 mois en fût de chêne, dont le tiers est neuf. S'il n'est pas le plus profond, le 2008 semble avoir une dimension supplémentaire qui manquait aux derniers millésimes. Très frais et coloré, avec un nez mûr et une sensation de plénitude en bouche, appuyée sur des tanins dodus. Encore jeune, il pourrait révéler d'agréables surprises d'ici 2015. ★★★→? ③

Château Moulin Haut-Laroque

Jean-Noël Hervé signe généralement de bons vins de facture classique, marqués par le caractère austère de l'appellation.

Canon-Fronsac 2006 • (10842439) 38,50$
Le 2006 révèle des parfums de cèdre et des tanins un peu secs, sans doute attribuables à un élevage en fût de chêne. Correct, mais sans la sève des meilleurs vins du fronsadais. ★★→? ②

• SAUTERNES ET AUTRES VINS LIQUOREUX •

Carmes de Rieussec

Propriété des barons Rothschild de Lafite, ce cru donne régulièrement un vin plantureux et riche en nuances.

Sauternes 2007 • (11131330) 38,25 $
Le second vin de la propriété est moelleux, assez explicite en bouche avec des notes de miel, une texture caressante et une belle harmonie d'ensemble. ☆☆☆→? ② ▼

Château Bastor-Lamontagne

Sauternes 2007 • (11131410) 23,15 $ – 375 ml
Bon vin fruité, aimable et friand. Bien équilibré, mais sans la complexité des meilleurs. ☆☆→? ②

Château de Fargues

Le Château d'Yquem n'appartient plus à sa famille, mais Alexandre de Lur Saluces est demeuré propriétaire de cet autre magnifique château.

Sauternes 1998 • (10238434) 64 $ – 375 ml
Un Sauternes exemplaire, gras, riche, épanoui et plein de saveurs exotiques. Généreux, suave et persistant, il a une remarquable longueur en bouche. Grande classe ! ☆☆☆☆ ② ▼

Château Doisy-Daëne

Ce second cru classé de Barsac est la propriété de la famille de Denis Dubourdieu depuis 1924.

Barsac 2007 • (11198147) 41,50 $ – 375 ml
En 2007, cet œnologue de renom et professeur à l'Université de Bordeaux a produit un vin d'une jolie couleur dorée, suave, volumineux et enjolivé des notes de miel caractéristiques du cépage sémillon. Substantiel, long en bouche et fort prometteur. ☆☆☆→☆ ③

Château Doisy-Védrines

Ce cru d'une vingtaine d'hectares a pour voisins les célèbres châteaux Climens et Coutet.

Sauternes 2007 • (11198155) 41,50 $ – 375 ml
Pas étonnant que l'on retrouve dans ce 2007 toute la subtilité et la précision aromatique des meilleurs vins liquoreux de Sauternes. À défaut d'être aussi riche que d'autres, il compense heureusement par sa franchise et par son équilibre parfait. ☆☆☆→☆ ③

Château Lafaurie-Peyraguey

Situé au cœur de l'appellation, immédiatement à l'ouest du Château d'Yquem, ce domaine ayant longtemps appartenu à la famille Cordier a été racheté par le Groupe Suez en 1984. Il a depuis bénéficié d'un important programme de restructuration qui lui a permis de retrouver son lustre d'antan.

Sauternes 2007 • (11058638) 38,25 $ – 375 ml
Le 2007 brille encore par l'opulence de sa jeunesse. Doux, très riche et agrémenté de notes boisées subtiles et raffinées ; sa finale distinguée aux parfums de caramel laisse en bouche une sensation onctueuse et pourtant très fraîche. Déjà excellent et promis à un bel avenir. ☆☆☆☆ ③

Château Lamothe

Sauternes 2006 • (890798) 33 $ – 500 ml
À défaut de réelle finesse, on appréciera la puissance aromatique et la texture sirupeuse de ce vin provenant d'un deuxième cru classé. ☆☆☆ ②

Château Rayne-Vigneau

Sauternes 2007 • (11058654) 30,25 $ - 375 ml
S'il est moins impressionnant que d'autres, ce bon Sauternes secondaire offre tout de même une agréable douceur fruitée et une finale suffisamment parfumée. ☆☆☆ ③

Château Sigalas-Rabaud

Longtemps géré par l'équipe de Lafaurie-Peyraguey, ce cru réputé est, depuis 2008, sous la gouverne du marquis de Lambert des Granges et de sa fille Laure.

Sauternes 2007 • (11198139) 48,50 $ – 375 ml
Le millésime 2007 a donné un vin riche d'une foule de détails aromatiques et doté d'une onctuosité irrésistible. Sa longue finale relevée d'accents subtils de fruits confits laisse en bouche une impression de plénitude. L'archétype du Sauternes fin et distingué, à boire entre 2013 et 2017. ☆☆☆☆ ③

Cru Barréjats

Les médecins Philippe Andurand et Mireille Daret ont redonné vie à cette propriété du Haut-Barsac, située près de Château Climens et de Château Caillou.

Sauternes 2001 • (11543238) 43 $ – 375 ml
Élaborés sans chaptalisation ni recours à des procédés œnologiques de concentration, cet excellent Sauternes parfaitement à point déploie une palette aromatique complexe. Très épanoui, riche, puissant et distingué tout à la fois. Longue finale parfumée d'accents délicatement fumés. Superbe ! ☆☆☆☆ ②

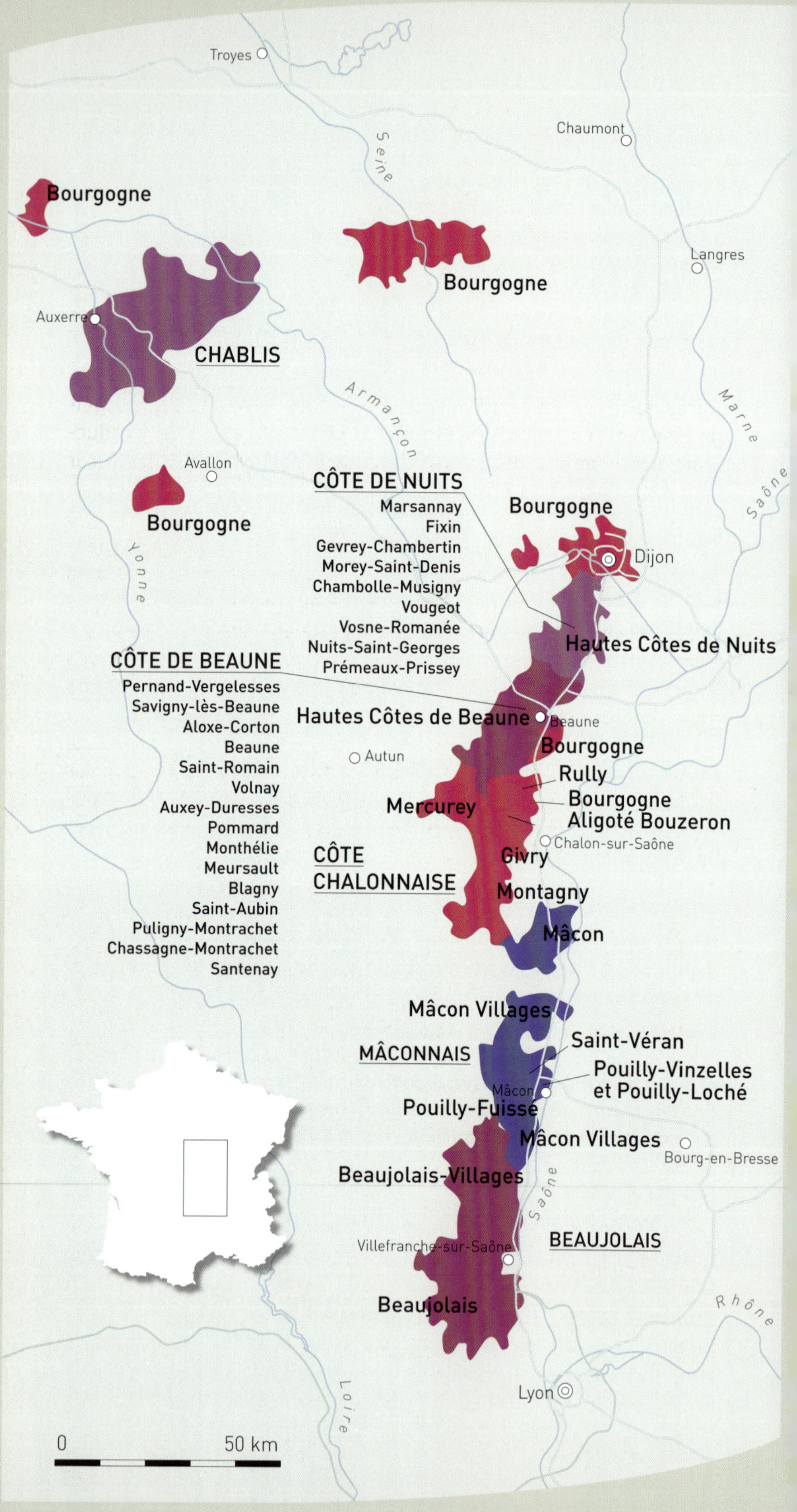

Troyes
Chaumont
Seine
Bourgogne
Bourgogne
Langres
Auxerre
CHABLIS
Armançon
Marne
Avallon
CÔTE DE NUITS
Marsannay
Fixin
Gevrey-Chambertin
Morey-Saint-Denis
Chambolle-Musigny
Vougeot
Vosne-Romanée
Nuits-Saint-Georges
Prémeaux-Prissey
Bourgogne
Saône
Bourgogne
Yonne
Dijon
Hautes Côtes de Nuits
CÔTE DE BEAUNE
Pernand-Vergelesses
Savigny-lès-Beaune
Aloxe-Corton
Beaune
Saint-Romain
Volnay
Auxey-Duresses
Pommard
Monthélie
Meursault
Blagny
Saint-Aubin
Puligny-Montrachet
Chassagne-Montrachet
Santenay
Hautes Côtes de Beaune
Beaune
Autun
Bourgogne
Rully
Mercurey
Bourgogne
Aligoté Bouzeron
Chalon-sur-Saône
CÔTE CHALONNAISE
Givry
Montagny
Mâcon
Mâcon Villages
MÂCONNAIS
Saint-Véran
Pouilly-Vinzelles
et Pouilly-Loché
Mâcon
Pouilly-Fuissé
Mâcon Villages
Bourg-en-Bresse
Beaujolais-Villages
Saône
Villefranche-sur-Saône
BEAUJOLAIS
Beaujolais
Rhône
Loire
Lyon
0
50 km

Bourgogne

Après quelques années d'incertitude, l'industrie vitivinicole bourguignonne reprend des forces. Les ventes tiennent le cap et les producteurs bourguignons dynamisent leurs activités. Heureusement, car face à la concurrence étrangère qui génère des Pinot noir de plus en plus complets, le seul prestige de la région ne suffisait plus. Grâce à l'arrivée de nombreux jeunes producteurs soucieux de tirer le meilleur du terroir bourguignon, il est désormais possible de boire de bons vins, sans faire les frais des grands crus. Les amateurs de Bourgogne ont raison de se réjouir, car même les grandes maisons de négoce – Boisset, par exemple – optent résolument pour la qualité. Souhaitons que ce ne soit qu'un début et que de plus en plus de vins captivants enrichissent la gamme.

Après s'être trop longtemps approvisionnée aux mêmes adresses, la Société des alcools diversifie ses sources et l'on voit apparaître sur le marché quelques noms incontournables de la Côte d'Or. Pour trouver son compte, l'amateur épris de la Bourgogne peut aussi explorer l'avenue complémentaire que constitue l'importation privée IP.

bon à savoir

Choisis avec discernement, les vins blancs et les vins rouges de Côte Chalonnaise sont souvent des achats avisés. Il y a de plus en plus de bons vins blancs dans le Mâconnais.

Sauf quelques rares exceptions, la région semble atteinte d'une incapacité chronique à produire de bons vins à prix avantageux. La qualité des Bourgogne rouges génériques est souvent navrante.

Plus que le prestige et que la qualité présumée de l'appellation, le nom du producteur et le millésime sont les meilleures garanties de qualité.

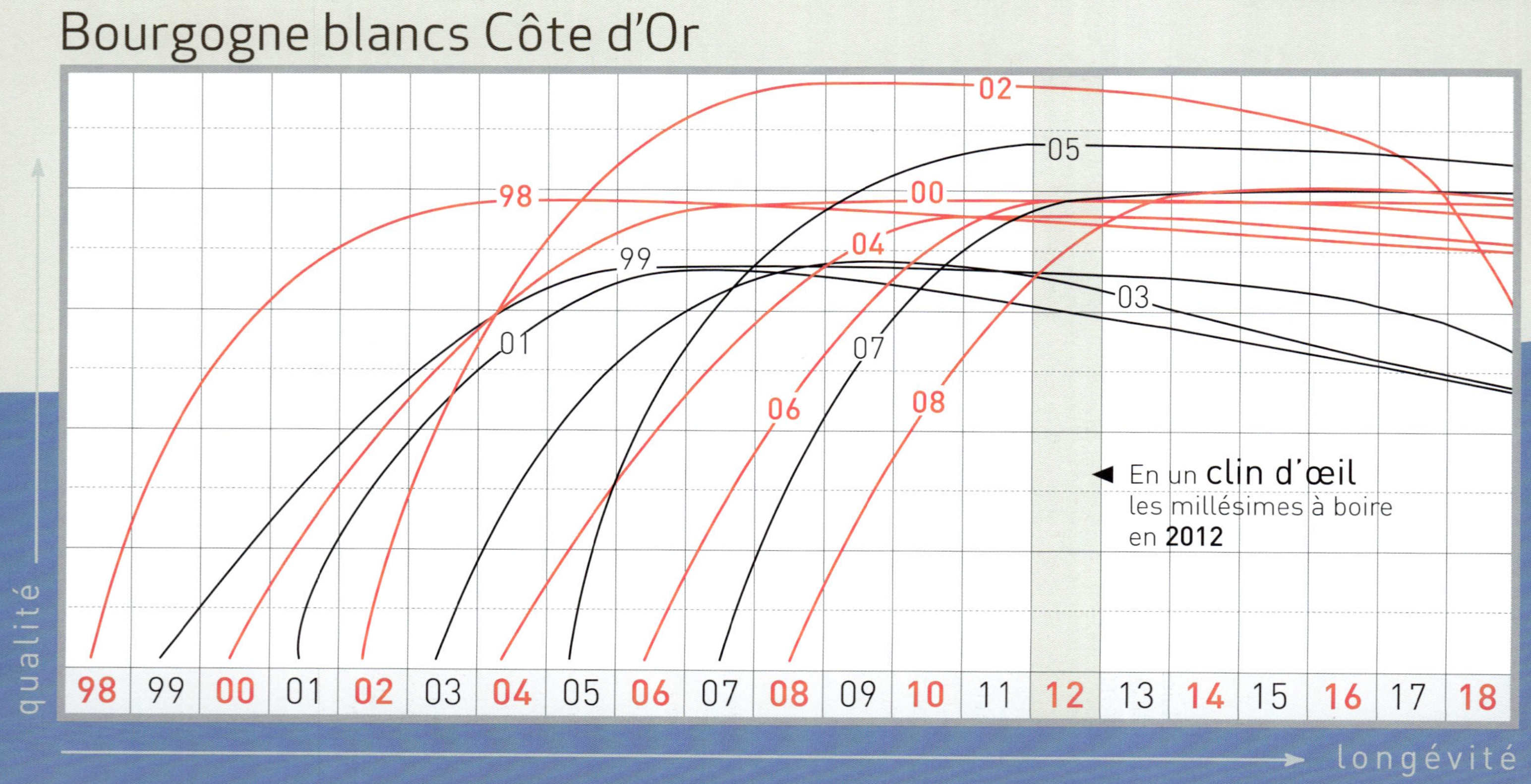
Bourgogne blancs Côte d'Or
02
05
98
00
99
04
03
01
07
06
08
En un clin d'œil
les millésimes à boire
en 2012
98 99 00 01 02 03 04 05 06 07 08 09 10 11 12 13 14 15 16 17 18
qualité
longévité

LES DIX DERNIERS MILLÉSIMES

2010 Qualité irrégulière, en particulier en Côte de Beaune où des pluies et de la grêle à la mi-septembre sont venues brouiller les cartes. Dans les meilleurs domaines, les vins rouges s'annoncent charnus, colorés et riches en tanins. Souvent dotés d'une acidité notable, les vins blancs semblent de qualité variable. Conditions plus favorables à Chablis ainsi que dans le Beaujolais.

2009 Très bon millésime favorisé par un mois d'août chaud, ensoleillé et sec. Des vins rouges de nature assez souple, et destinés à s'ouvrir plus rapidement que les 2005. Nourris et charmeurs, mais parfois faibles en acidité, les vins blancs devraient évoluer rapidement. Excellent millésime dans le Beaujolais ; des vins colorés, riches et savoureux.

2008 Des conditions météo parfois précaires ont causé des problèmes d'oïdium et de mildiou en certains endroits. Une fin de saison plus favorable a néanmoins donné des vins rouges bien nourris. Quantité réduite de vins blancs apparemment de qualité plus homogène, autant en Côte d'Or qu'à Chablis. Millésime difficile et irrégulier dans le Beaujolais.

2007 Du temps frais et humide, de mai jusqu'à la fin d'août. Vendanges précoces de pinot noir dès le début de septembre. Une faible récolte de vins rouges, souples et à boire jeunes. Les vignerons qui ont ramassé des raisins bien mûrs ont fait de bons vins blancs. De bons Chablis typés, sauvés par le soleil de septembre.

2006 Beau temps en juillet, mais un mois d'août froid et pluvieux. Malgré tout, un bon millésime, en particulier en Côte de Nuits où les pluies ont été moins pénalisantes. Qualité hétérogène des vins rouges. Des vins blancs généralement plus satisfaisants. Bons vins charmeurs, mais parfois atypiques à Chablis.

Bourgogne rouge Côte d'Or

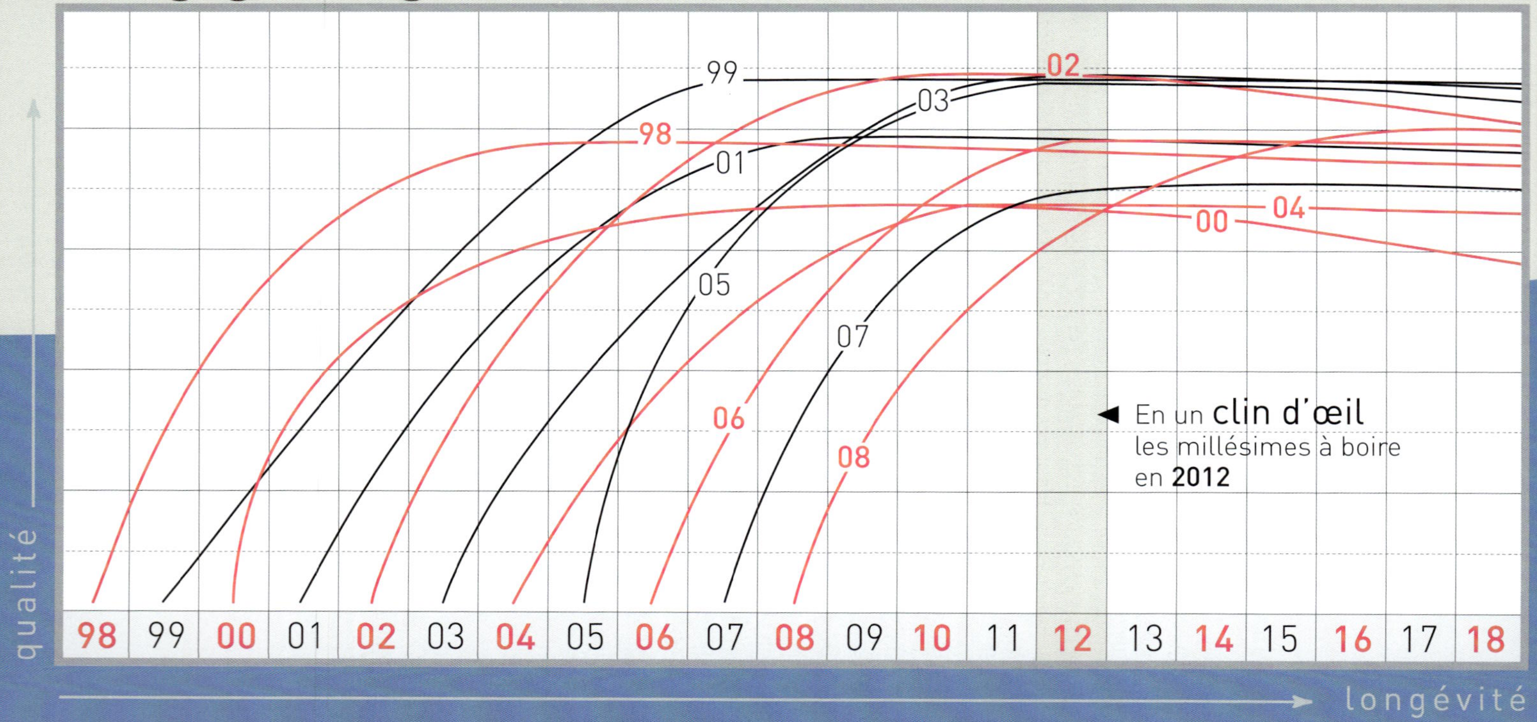

2005 Chardonnay et pinot noir ont bénéficié d'un été sec et de conditions idéales au moment des vendanges. Sur toute la Côte d'Or et en Côte Chalonnaise, des vins classiques, à la fois riches et bien équilibrés. Excellent millésime à Chablis, des vins droits et classiques.

2004 Plusieurs réussites en Côte de Nuits malgré des conditions hostiles ; succès plus aléatoires en Côte de Beaune. Qualité irrégulière des vins blancs, souvent handicapés par des rendements excessifs. Bon millésime à Chablis, mais certains vins sont dilués.

2003 Le millésime de la canicule. En Côte d'Or – et surtout en Côte de Nuits –, beaucoup de vins rouges nourris et solidement construits, quoique souvent atypiques. Les vins blancs sont puissants, mais parfois un peu mous et à court d'acidité. Même chose à Chablis, où les vins n'ont pas leur vigueur caractéristique.

2002 Récolte abondante de bons vins rouges purs et bien équilibrés. Splendide année de vins blancs, riches et soutenus par une acidité idéale. Millésime de rêve à Chablis.

2001 Météo froide et chagrine ; le temps frais et pluvieux de septembre a causé des problèmes de pourriture. Des vins rouges de qualité disparate ; à défaut de puissance, les meilleurs ont une finesse appréciable. De bons vins blancs en Côte de Beaune. Qualité moyenne à Chablis.

DÉBOUCHER OU ATTENDRE ?

Bourgogne blancs • **De la cave, que boire en 2012?**

Tous les Bourgogne génériques, les vins du Mâconnais et la plupart des vins de Côte Chalonnaise sont à boire avant l'âge de 3 ans.

En Côte de Beaune et à Chablis, les grands crus demandent en général trois ou quatre ans pour s'épanouir, parfois plus. À l'exception des meilleurs qui peuvent vivre longtemps, il vaut mieux les consommer avant l'âge de 8 ou 10 ans. En 2012, on commencera à boire les 2006 et les 2005 en gardant tout de même quelques provisions pour les années à venir. La plupart des 2004 sont maintenant ouverts. Les 2003 sont à point et ne sont pas destinés à une longue vie. Maintenant à maturité, les meilleurs 2002 ont encore quelques belles années devant eux. À moins qu'ils aient été conservés dans de parfaites conditions, méfiez-vous des vins antérieurs à 1999.

Bourgogne rouges • **De la cave, que boire en 2012?**

Le caractère fruité est la première qualité de tout bon Bourgogne rouge. En cette matière, il vaut mieux trop tôt que trop tard. La prudence s'impose.

Tous les vins d'appellations génériques et secondaires doivent être bus jeunes, entre 2 et 4 ans. Les meilleurs vins de la période 2009-2006 doivent encore s'affiner. Les vins rouges du superbe millésime 2005 méritent de mûrir encore quelques années. Tout ce qui précède est à point.

en peu de mots

Courtepointe viticole façonnée par les moines il y a plus d'un millénaire, la Bourgogne n'a rien à voir avec les immenses domaines de Bordeaux. Le vigneron de la Côte de Nuits n'a souvent que quelques barriques pour contenir sa production annuelle.

Ce royaume de l'infiniment petit est le résultat d'un morcèlement commencé dès la Révolution française, lorsque l'État confisqua les terres puis les découpa en parcelles avant de les revendre. Ces divisions se sont poursuivies au fur et à mesure des successions familiales.

Deux siècles plus tard, il n'y a toujours qu'un seul Clos de Vougeot. Le cru de 50 hectares est toutefois partagé entre 70 vignerons qui produisent autant de vins différents selon leur savoir-faire et leur rigueur.

Avec un vignoble de 30 000 hectares en production, la Bourgogne représente à peine 3 % de la production totale de l'Hexagone. En revanche, elle est certainement, avec Bordeaux, la région la plus prestigieuse du pays.

Du nord au sud, le vignoble de Bourgogne s'étend sur cinq grands secteurs : le Chablisien, la Côte de Nuits, la Côte de Beaune, la Côte Chalonnaise et le Mâconnais.

Aladame, Stéphane

Stéphane Aladame n'avait que 18 ans lorsqu'il a créé son domaine, en 1992. Il exploite aujourd'hui un peu plus de 7 hectares, essentiellement en appellation Montagny Premier cru.

Montagny Premier cru 2009, Vieilles vignes, Sélection • (11472556) 27,25$
Les largesses de l'été 2009 semblent avoir été favorables à cette appellation de la Côte Chalonnaise. Du moins, si l'on en juge par cet excellent vin blanc qui présente une vinosité, une dimension aromatique et une tenue en bouche dignes de mention. Désaltérant et tout à fait charmant. ☆☆☆☆ ② ♥

Barraud, Daniel et Martine

Pouilly-Fuissé 2009, La Verchère • (11498060) 34,75$
Excellent Pouilly! Son nez mûr et exubérant, évoquant les fruits exotiques, pourrait faire croire à un vin lourd, mais il n'en est rien. Vineux et généreux certes, il conserve une saine vigueur et toute la tenue en bouche souhaitée. Belle réussite! ☆☆☆☆ ②

Berthaut, Vincent et Denis

Le domaine des frères Vincent et Denis Berthaut est une adresse fiable où trouver du Fixin authentique, solide et expressif.

Fixin 2008 • (880500) 28,15$
Un vin droit et sans fioriture, dont les saveurs mûres et la matière fruitée à la fois tendre et bien encadrée procurent un plaisir simple et sincère. À boire d'ici 2015. ★★★ ②

Boillot, Henri

Ce domaine jouit d'une réputation enviable, notamment pour ses excellents vins blancs.

Savigny-lès-Beaune Premier cru Les Lavières 2009 • (11510840) 61,75$
Un très léger reste de gaz contribue à rehausser le caractère aromatique de cet excellent Savigny, mis en valeur par un élevage bien maîtrisé en fût de chêne. Des saveurs franches et nettes de fruits noirs et de fleurs, ponctuées des parfums fumés et épicés de la barrique. Belle texture, à la fois tendre, charnue et juteuse. L'idéal est de l'aérer en carafe une demi-heure avant de servir, le temps que le gaz résiduel se dissipe. ★★★★ ②

Pinot noir 2009, Bourgogne • (11491925) 69$ – 1,5 litre
Sans doute défavorisé par le contexte de la dégustation, ce vin présenté en magnum affichait un caractère plus nerveux que les autres Bourgogne génériques. Néanmoins, un bon Pinot, léger, délicat, joliment fruité et tonifié par une saine acidité. ★★★ ②

Boisset, Jean-Claude

Sous l'étiquette Jean-Claude Boisset, le géant bourguignon (aussi propriétaire des marques Bouchard Aîné, Jaffelin, Moreau, etc.) propose désormais une gamme complète de vins de la Côte d'Or, élaborés par Grégory Patriat, un jeune œnologue formé chez Lalou Bize-Leroy et recruté par Boisset en 2002, alors qu'il n'avait que 26 ans. Patriat achète à contrat les récoltes de producteurs choisis méticuleusement et élabore avec doigté, des vins subtils qui mettent en relief les multiples facettes du terroir bourguignon.

Chambolle-Musigny Premier cru Les Charmes 2009 • (11099229) 95$
Comment résister à un Chambolle aussi complet? Une attaque en bouche suave, fine, mais aussi également enrobée et constituée de fruits mûrs. Une finale relevée de tonalités florales et épicées et une fibre tannique juste assez dense pour assurer son tonus, sans nuire à l'élégance caractéristique de l'appellation. Tellement bon, qu'on en oublie presque son prix... ★★★★ ③

Chambolle-Musigny 2009, Les Chardannes • (11532985) 64$
La nature généreuse de 2009 se traduit par un Chambolle opulent, porté par une bouche chaleureuse et nourrie de saveurs gourmandes de griottes, tout en conservant une saine fraîcheur. Il sera intéressant de surveiller son évolution au cours des trois prochaines années. ★★★→? ③

Volnay Premier cru Carelle Sous la Chapelle 2009 • (11533101) 51,50$
Volnay typique avec une texture en bouche délicate et veloutée, agrémentée de saveurs bien mûres de fruits noirs. Encore jeune, vigoureux et plein de potentiel. ★★★→★ ③

Gevrey Chambertin 2009 • (11532993) 51,50$
Beaucoup de caractère pour un Gevrey communal. Il a la carrure typique des bons vins de l'appellation, des parfums de fruits noirs et de cuir et une finale distinguée. À boire entre 2012 et 2016. ★★★→? ②

Santenay Premier cru La Comme 2009 • (11532977) 39$
L'un des bons Santenay dégustés récemment avec une attaque charnue et séveuse, nourrie par des tanins mûrs, et agrémenté de subtiles notes boisées. Un bel équilibre d'ensemble et une délicate touche saline ajoutent au plaisir en bouche. À laisser mûrir jusqu'en 2016 pour en profiter au maximum. ★★★★ ③

Pinot noir 2009, Les Ursulines, Bourgogne • (11008121) 24,25 $
En entrevue dans le magasine *Bourgogne Aujourd'hui* d'août-septembre 2011, Grégory Patriat affirmait qu'il considère le Bourgogne générique comme la plus importante référence de la gamme. « C'est par eux que l'on juge la crédibilité d'une maison », précisait-il. Si l'on se fie à la qualité de ce 2009, Boisset se porte très bien. Rien de spécialement profond évidemment, mais à moins de 25 $, l'amateur de Bourgogne franc et sincère aura dans son verre toute la délicatesse, la chair veloutée et l'éclat fruité propres au cépage. Excellent dans sa catégorie ! ★★★★ ② ♥

Pinot noir 2008, Les Ursulines, Bourgogne • (11008121) 24,25 $
Nervosité typique du millésime. Correctement fruité et animé d'une saine acidité. Frais et désaltérant. ★★★ ②

Bourgogne 2009, Chardonnay, Les Ursulines • (11008112) 24,25 $
Vif et tendu, mais également vineux et relevé de saveurs mûres. Bon an mal an, à classer parmi les bons Bourgogne blanc offerts à la SAQ. ☆☆☆ ②

Bouchard Père & Fils

La revitalisation (à coups de millions) de cette maison beaunoise – négociant et propriétaire de 130 hectares de vignes, dont 12 dans les grands crus et 72 dans les premiers crus, commence enfin a porter fruit.

Beaune Premier cru Teurons 2009 • (11472513) 46,50 $
Très bien fait, structuré et assez solidement constitué autour de tanins mûrs. Sa finale persistante distille de fines notes minérales et une amertume bien dosée, qui met en relief les multiples couches de saveurs. Beaucoup de style. Une excellente note pour saluer le retour de Bouchard Père sur la voie de la qualité. ★★★→★ ③

Beaune Premier cru Beaune du Château 2008 • (918292) 35,25 $
Ce vin offert depuis des années à la SAQ semble de nouveau fort bien réussi en 2008. Une belle texture tannique, sans verdeur ni excès boisé, ainsi qu'une finale relevée d'accents de cerises et d'épices. Équilibré et rassasiant. ★★★→? ②

Beaune Premier cru, blanc, Beaune du Château 2008 • (872515) 35,25 $
S'il est un peu moins complet et harmonieux, ce vin blanc compense par une présence en bouche assez franche, nourrie par un élevage en fût de chêne. ☆☆→? ②

Coteaux des Moines 2009, Bourgogne blanc • (10796524) 19,95 $
Un Chardonnay variétal comme tant d'autres. Correct, sans plus. ☆☆ ②

Bourgogne Aligoté 2010 • (464594) 14,95 $
Fluide, mince et sans conséquence. ☆☆ ①

Bouvier, René

Jadis connus pour leurs vins solides, puissants et tanniques, ce domaine de Gevrey est maintenant sous la gouverne de Bernard Bouvier, qui est à l'origine d'un changement notable dans le style des vins. Les méthodes à la vigne et au chai ont changé et l'on privilégie dorénavant la délicatesse du fruit et la fraîcheur.

Gevrey-Chambertin 2009, La Justice • (11490367) 49,75$
Une attaque franche et ferme, typique de Gevrey, sans dureté, appuyée par des tanins mûrs. Le vin est structuré, ample, rassasiant et se termine sur une longue finale chaleureuse empreinte de minéralité. Encore jeune et un peu marqué par l'élevage, mais le vin est impeccable et il a tous les atouts nécessaires pour vieillir élégamment. ★★★→★ ③

Gevrey-Chambertin 2008, Les Jeunes Rois • (10522478) 53,50$
Gevrey typique, ce vin a du coffre et de l'étoffe ; appuyé sur des tanins mûrs, tissés serré et mis en valeur par un usage judicieux de la barrique. Tous les éléments sont réunis dans de bonnes proportions et on se régale. ★★★★ ③

Marsannay 2008, En Ouzeloy • (926824) 36,25$
Sur un mode plus ferme en extrait que la moyenne de l'appellation, ce 2008 est à retenir avant tout pour son attaque en bouche charnue et passablement charpentée. Correctement fruité, son cadre tannique contribue à sa fraîcheur en bouche. Belles saveurs d'épices en finale. ★★★→? ②

Marsannay Le Clos Monopole 2008 • (10793585) 26$
Sec, net, plein de tonus et de poigne. Bien plus que du Chardonnay, on a ici une expression singulière du terroir de Marsannay. L'amateur de vin blanc de Bourgogne voudra en faire provision. ☆☆☆☆ ② ♥

Pinot noir 2009, Bourgogne, Le Chapitre • (11153264) 21,30$
Une mention spéciale pour ce vin savoureux qui conjugue dans de bonnes proportions l'étoffe tannique et la chair fruité mûre, nourrie par les conditions favorables de l'été 2009. Beaucoup de vin dans le verre pour le prix. C'est l'un des meilleurs Bourgogne génériques goûtés cette année ! Un modèle du genre. ★★★★ ② ♥

Bret Brothers

En goûtant ces deux vins mûrs et flatteurs, on comprend facilement pourquoi les frères Bret se sont vite imposés comme des étoiles du Mâconnais.

Pouilly-Fuissé 2009, Terres de Fuissé • (10788882) 40,50$
Un vin blanc de bonne envergure, doté d'une agréable tenue en bouche. Pas spécialement complexe, mais assez étoffé pour gagner en nuance au cours des prochaines années. Arrivée prévue en février 2012. ☆☆☆→? ②

Mâcon-Uchizy 2009, La Martine • (11491677) 26,65$
Bien que j'aie peu d'affinités pour ce genre de vin davantage marqué par la technologie que par le terroir, je dois reconnaître que ce Mâcon de manque pas de charme. Moderne et flatteur certes, mais nourri de parfums de beurre, vineux et vigoureux. ☆☆☆ ②

Buisson-Charles

Patrick Essa est une figure connue de la Bourgogne moderne. En plus de veiller sur la propriété de sa belle-famille, à Meursault, le vigneron est très actif sur le Web, notamment sur le site www.dégustateurs.com, dont il est le créateur.

Pinot noir 2009, Bourgogne • (11491731) 26,15$
Très bourguignon par sa légèreté et sa délicatesse. Un vin tendre, velouté et vigoureux, agrémenté de notes de poivre et de fruits noirs. Sa chair fruitée délicate, souple et coulante le rend fort agréable à boire. ★★★ ②

Bourgogne Aligoté 2009 • (11491722) 22,85$
Très bon vin blanc sec qui s'exprime avec une droiture, une vinosité et une vigueur dignes de mention. Aromatique et nuancé, il a certainement plus de tempérament que la moyenne des Aligoté. ☆☆☆ ②

Champy

Depuis son rachat en 1990, cette maison beaunoise n'a cessé de progresser. Habilement menée par Pierre Murgey, Champy offre aujourd'hui une vaste gamme de vins élégants et équilibrés.

Bourgogne Pinot noir 2008, Signature • (10516625) 22,20$
Habillé d'une nouvelle étiquette, le vin est un peu plus ferme que le 2007 et laisse pour le moment une impression carrée en finale. Laissons-lui quelques mois de repos. ★★→? ②

Chardonnay 2009, Signature, Bourgogne • (11293742) 21,80$
L'apport de la barrique est assez prononcé, mais le vin est assez bien équilibré et il a suffisamment de matière pour le supporter. Peut-être un peu plus plat que d'habitude, mais très nourri et rassasiant pour le prix. ☆☆☆ ②

Chanson

Ce domaine fondé en 1750 a été repris par la maison de Champagne Bollinger en 1999. Sans doute dans une phase ingrate de leur évolution, les deux vins dégustés récemment s'avéraient peu expressifs et présentaient une certaine dureté tannique qui les rendaient un peu austères.

Beaune Theurons Premier cru 2005 • (11214047) 52,75$
Plus droit, plus restreint et encore un peu sévère pour l'heure. On apprécie néanmoins sa finale persistante aux accents de fruits mûrs. ★★→? ② ▼ Ⓢ

Bourgogne Pinot noir 2008 • (10865112) 19,45$
Une moins bonne note pour ce vin vif et nerveux ; pas spécialement harmonieux, avec ses relents de rhubarbe. ★★ ②

Charlopin, Philippe

Parti de rien il y a une trentaine d'années, Philippe Charlopin exploite maintenant 25 hectares, de la Côte de Beaune jusqu'à Chablis. Les vins sont élaborés dans un style moderne, au sens noble du terme.

Charmes-Chambertin Grand cru 2009 • (11494317) 172,75$
Un vin plantureux, coloré et juteux, débordant de fruit et d'intenses saveurs de griottes. Puissant, assez corsé, long, complexe et savoureux. Son exubérance fruitée et sa texture veloutée ne doivent pas faire oublier qu'un vin de cette stature doit impérativement mûrir en bouteille. ★★★★ ③

Gevrey-Chambertin 2009, Les Évocelles • (11494384) 86,75$
Fort bien servi par le millésime, ce 2009 déploie une attaque franche et ferme, sans dureté, appuyée par des tanins mûrs. Un vin ample et structuré, doté d'une finale chaleureuse et persistante, aux accents délicatement torréfiés. Encore jeune, fougueux et doté d'une belle longueur, il semble fort prometteur... ★★★→★ ③

Marsannay 2009, En Montchenevoy • (11498967) 44,25$
Cette appellation située tout au nord de la Côte d'Or, à quelques kilomètres au sud de Dijon, est généralement connue pour ses vins souples, coulants et fruités. Sur un mode un peu plus ferme, celui de Charlopin est à retenir pour son étoffe et sa présence en bouche veloutée, gorgée de fruit mûr. À boire sans se presser au cours des six prochaines années. ★★★→? ②

Cuvée Prestige 2009, Bourgogne • (11494456) 29,80$
Même les amateurs de Bourgogne les plus exigeants trouveront du plaisir à goûter ce vin dense et fruité. De la chair, une solide charpente tannique et des saveurs qui laissent en bouche une sensation de plénitude. Beaucoup de style pour un Bourgogne générique. ★★★★ ②

Bourgogne blanc 2009 • (11494464) 29,80$
Moins d'enthousiasme pour ce vin blanc. Très bien en son genre, mûr, ample et nourri de saveurs de miel. Assez riche, mais un peu à court de tonus. ☆☆☆ ②

• • • dans le monde du vin • • •

UN SI GRAND MILLÉSIME ?
Plusieurs spécialistes considèrent 2009 comme un millésime de rêve dont on parlera longtemps. Le pinot noir a profité d'un été sec et de conditions idéales pendant les vendanges, mais la plus grande réussite du millésime promet d'être... le gamay ! La qualité des blancs est plus hétérogène. Les amateurs de vins de Bourgogne qui ont connu des déceptions avec de Grands crus blancs de 2002 et de 2005 l'ont parfois appris à leurs dépens, alors que plusieurs bouteilles ont vieilli précocement et se sont fatiguées avant de s'épanouir. Avant d'investir, soyez vigilant, et souvenez-vous que le nom du producteur fait souvent toute la différence.

Château de Chorey

Sous l'impulsion de Benoît Germain, décédé prématurément en 2010, ce domaine emblématique de Chorey-lès-Beaune a connu un essor notable au cours des cinq dernières années.

Corton Bressandes Grand cru 2009 • (11481057) 104$
Pour savourer les progrès accomplis, cet excellent vin s'affirme déjà par sa texture tendre et son tissu tannique suave, manifestement issu de raisins mûrs. Déjà fort complet, mais sa dimension aromatique, sa densité et sa longueur sont garants de longévité. ★★★→★ ③ Ⓢ

Château de Maligny

De manière générale, les vins issus du millésime 2009 se signalent par leur plénitude et leur dimension, alors que les 2010 affichent une allure plus linéaire.

Chablis 2009, La Vigne de la Reine • (560763) 23,20$
Jugé un peu sévèrement l'an dernier, ce vin m'a fait meilleure impression lorsque goûté de nouveau en juillet 2011. Sa vigueur, son volume en bouche et ses parfums de zeste d'agrumes donnent envie d'en boire à lampées. Excellent Chablis tout court ! ☆☆☆☆ ② ♥

Chablis Premier cru Homme Mort 2009 • (872986) 34,50$
La nature généreuse du millésime se manifeste dans la concentration et l'intensité des saveurs minérales très distinguées. Aucune rondeur ou vinosité excessive, plutôt une excellente tenue en bouche et une vitalité admirable. Belle réussite ! ☆☆☆☆ ②

Chablis Premier cru Homme Mort 2010 • (872986) 34,50$
Vif, tranchant et marqué d'une acidité très prononcée qui souligne ses saveurs franches de citron et de lime. ☆☆☆ ②

Chablis Premier cru Fourchaume 2010 • (480145) 35,50$
Fin et nuancé, ce Premier cru révèle le goût subtil évoquant la pierre à fusil dans les bons Chablis. Très bien tourné, fruité et désaltérant. ☆☆☆→? ②

Chablis Premier cru Montée de Tonnerre 2010 • (895110) 35,50$
Assez délicat et un peu moins typé, on appréciera avant tout ce vin pour la franchise de ses saveurs et sa netteté. ☆☆☆ ②

Chevalier Père & Fils

Depuis qu'il a pris les rênes du domaine familial de Ladoix en 1994, Claude Chevalier a tout mis en œuvre pour hausser la qualité des vins. Le vignoble compte aujourd'hui une quinzaine d'hectares dans la Côte de Beaune.

Côte de Nuits-Villages 2009 • (11496646) 34,25$
Interprétation sérieuse de cette appellation secondaire. Plus de chair que la moyenne, le tout est enrobé de tanins mûrs et savoureux et laisse une impression de plénitude en finale. Excellent dans sa catégorie, c'est l'un des bons Côte de Nuits-Villages vendus cette année. À apprécier au cours des cinq prochaines années pour profiter pleinement de son fruit. ★★★★ ②

Gevrey-Chambertin 2006 • (11011320) 73,75$
D'une petite parcelle de 0,45 hectare acquise en 2005, ce très bon Gevrey plaira aux amateurs de Bourgogne joufflus et pansus. Beaucoup de couleur et d'extraits, mais pas trop, juste assez pour donner du corps et soutenir sa chair fruitée mûre et savoureuse. Prix élevé. ★★★→? ③ Ⓢ

Ladoix Premier cru Les Gréchons 2009 • (11359502) 61,25$
À défaut d'avoir la tenue et la prestance en bouche du somptueux 2009 dégusté l'an dernier, ce vin opulent s'impose d'emblée par son volume aromatique et sa texture grasse, vineuse et enveloppante. Déjà flatteur et plein de charme. Aura-t-il l'acidité nécessaire pour vieillir en beauté? ☆☆☆→ ? ②

Colinot, Stéphanie, Anita et Jean-Pierre

Le domaine de la famille Colinot est le grand nom de cette appellation peu connue du nord de la Bourgogne, au sud-est d'Auxerre.

Irancy 2009, Les Mazelots • (11482922) 28,10$
Dans l'esprit de légèreté et de digestibilité des bons vins rouges d'Irancy, cette cuvée est issue de pinot noir et d'un soupçon (5%) de césar, une variété locale, cousine du pinot. Pas spécialement charnu, mais il compense largement par son équilibre irréprochable, par sa vitalité et ses saveurs franches de cerises sur un fond délicatement épicé. Tendre et désaltérant. ★★★★ ② ♥

Domaine des Perdrix

Depuis quelques années, la famille Devillard produit des vins de qualité très constante. Satisfaction garantie.

Nuits-Saint-Georges 2006 • (862854) 81,25$
Ni trop concentré ni trop tannique, il charme immédiatement par son attaque à la fois veloutée et charnue qui déroule en bouche de longues saveurs franches, traduisant à la fois le naturel fruité du pinot noir et l'expression du terroir. Déjà excellent, il sera à son meilleur jusqu'en 2016, au moins. ★★★★ ③ ▼

Bourgogne 2008 • (917674) 24,65$
Le caractère très juteux, presque bonbon de ce Pinot noir lui donne une allure un peu simple et unidimensionnelle. Malgré tout, il offre exactement ce qu'on attend d'un bon Bourgogne rouge : du fruit, une trame ronde et veloutée et un bon équilibre. ★★★ ②

Domaine Millet

Chablis Premier cru Vaucoupin 2009 • (11199351) 30,25 $
Mélange harmonieux de rondeur et de fraîcheur; ses saveurs de fruits mûrs sont accentuées par une légère amertume qui met aussi en relief des nuances de miel. ☆☆☆→? ②

Vieilles vignes 2009, Chablis • (11355464) 22,60 $
Des vignes âgées en moyenne de 60 ans donnent un vin mûr, nourri et ayant plus de tempérament que la moyenne des Chablis tout court. Gras et tonique tout à la fois. ☆☆☆ ②

Chablis 2009 • (10792216) 21,35 $
Vif, acidulé et agrémenté de parfums de citron, avec la vitalité propre à l'appellation. ☆☆ ①

Petit Chablis 2009 • (10516473) 18,20 $
Très bon vin droit, dans le style plus tendre imposé par le millésime. Pour profiter pleinement de son fruit, évitez de le servir trop froid. ☆☆☆ ②

Fougeray de Beauclair

Fondé en 1978 par Jean-Louis Fougeray, ce domaine réputé de la Côte de Nuits est aujourd'hui dirigé par son gendre, Patrice Ollivier.

Fixin 2009, Clos Marion •
(872952) 46,75 $
Issu d'un vignoble de 3 hectares, dont les ceps ont en moyenne une soixantaine d'années, ce Fixin est particulièrement charmeur cette année avec son attaque en bouche veloutée et caressante et ses saveurs intenses de fruits noirs et d'épices. Délicat et léger, mais pourtant savoureux et plein d'élan aromatique. L'une des belles réussites des dernières années. ★★★★ ②

Marsannay 2009, Saint-Jacques • (917302) 37,50 $
À peine moins nourri, cet excellent vin est élégamment articulé autour de tanins mûrs, tout en conservant une certaine nervosité qui laisse en bouche une impression franche et très rassasiante du terroir de Marsannay. Ni tapageur ni concentré, mais éminemment digeste et frais comme une baie dans laquelle on croque. Une valeur sûre ! ★★★★ ③

Marsannay 2009, Les Favières • (736314) 30,75 $
Plus modeste, mais fort séduisant avec ses parfums de cassis et son tissu tannique juste assez droit. Un vrai bon vin bourguignon de forme classique ; juteux et épuré. ★★★→? ②

Gagnard, Jean-Noël

Chassagne-Montrachet 2009, Cuvée L'Estimée • (11497665) 28,95 $
En plus d'exceller dans l'élaboration de vins blancs somptueux et raffinés, ce domaine très réputé de Chassagne signe un savoureux vin rouge dont la délicatesse et l'élégance ne font aucun doute. Pas spécialement profond, mais à prix relativement abordable, on a dans son verre un vin tout en dentelle et en détail aromatique. Bravo ! ★★★★ ② ♥

Goisot, Ghislaine & Jean-Hugues

Spécialiste des vins de l'Yonne, le couple Goisot cultive le domaine en biodynamie. Leurs vins sont certifiés Écocert et offrent une qualité impeccable à bon prix.

Sauvignon 2009, Saint-Bris • (10520819) 21,80$
Certainement le vin de Saint-Bris le plus complet offert à la SAQ. Cette appellation du nord de la Bourgogne mise sur le cépage sauvignon blanc, plutôt que sur le chardonnay. On en tire un vin particulièrement riche et étoffé en 2009. Quasi onctueux, nourri de longues saveurs de miel, et pourtant léger en alcool (12,7%). L'une des meilleures réussites des derniers millésimes. ☆☆☆☆ ②

Bourgogne Aligoté 2009 • (10520835) 20,40$
Tout aussi bon. Vineux, ample et riche de saveurs exotiques ; à la fois vibrant, tonique et nourri. C'est l'un des meilleurs Aligoté que l'on puisse trouver au Québec. ☆☆☆☆ ② ♥

Bourgogne Côtes d'Auxerre 2009, Pinot noir • (11259915) 21,95$
Bien qu'il soit plus nourri en 2009, ce vin s'inscrit tout de même dans l'esprit des bons Pinot de régions septentrionales, avec des accents épicés qui rappellent les vins rouges de la Loire. Mûr, juste assez fruité et appuyé sur un tissu tannique velouté. Singulier et savoureux. ★★★★ ② ♥

On trouve aussi des vins de ce producteur en importation privée. IP

Gros, Anne

Anne Gros n'avait que 22 ans lorsqu'elle a repris le domaine familial en 1988. Elle compte désormais parmi les noms les plus réputés de la côte d'Or.

Nuits-Saint-Georges Premier cru Les Damodes 2009 • (11496187) 62,25$
Bien qu'il soit plutôt atypique en raison des largesse du millésime, ce vin de Nuits possède un énorme pouvoir de séduction. Certes, l'amateur n'y trouvera pas le caractère strict propre aux vins de Nuits, mais il se régalera de son éclat aromatique, de sa chair dodue et de son attaque en bouche quasi sucrée tant le fruit est mûr. À boire entre 2012 et 2016. ★★★→? ③

Jobard, Rémi

En prenant la relève de l'entreprise familiale de Meursault au début des années 1990, Rémi Jobard a favorisé une diminution des rendements et converti le vignoble à l'agriculture biologique. La qualité d'ensemble est impeccable.

Volnay Premier cru Les Santenots 2009 • (11484021) 63$
Cet excellent vin déploie la densité et la fermeté caractéristiques de ce cru réputé de Volnay, situé dans la commune de Meursault. Concentré, mais sans la moindre dureté, tout en équilibre et en élégance ; le vin repose sur des tanins fins et distingués. Déjà savoureux grâce à sa finale longue et profonde aux parfums de fruits noirs, mais il atteindra son apogée vers 2017. ★★★★ ②

Bourgogne blanc 2009 • (11483992) 28,90$
Preuve qu'avec une viticulture soignée, on peut obtenir des vins blancs équilibrés et empreints de fraîcheur, même dans les années chaleureuses, ce Bourgogne générique est impeccable. On a su préserver toute la fraîcheur nécessaire et produire un vin minéral et distingué. Chapeau ! ☆☆☆☆ ② ♥

La Chablisienne

Fondée en 1923, avant même la création de l'appellation d'origine contrôlée, et regroupant aujourd'hui près de 300 viticulteurs, la coopérative de Chablis représente près du quart du vignoble chablisien et opère dans toutes ses appellations. Au fil des ans, tout a été mis en œuvre pour faire des vins blancs toujours plus complets, ce qui lui permet aujourd'hui de se hausser parmi les caves coopératives les plus performantes de France. Ce savoir-faire se manifeste également par un usage intelligent de la barrique qui vise uniquement à révéler ce que l'acier inoxydable ne suffirait pas à exprimer. La qualité des cuvées dégustées cette année était de nouveau irréprochable.

Chablis Grand cru Château Grenouilles 2007 • (11433223) 84,25 $
De l'avis de plusieurs, le Chablis est la quintessence du cépage chardonnay. Grâce à leur acidité naturelle et à leur équilibre, les meilleurs peuvent être conservés plusieurs années. Issu d'une parcelle située au cœur de la zone des grands crus, au pied du coteau de Grenouilles, ce domaine acquis en 2003 par la cave coopérative donne un vin blanc d'une profondeur et d'une tonalité minérale quasi inégalables. Les couches de saveurs se succèdent en bouche et offrent un rendez-vous assuré avec de grandes émotions. Pour en profiter à sa juste valeur, on voudra le laisser reposer au moins cinq ans encore. Grande bouteille ! ☆☆☆☆→? ③

Chablis Grand cru Blanchot 2007 • (11439668) 63 $
Sur un mode à la fois vineux, presque robuste, mais éminemment précis, ce vin encore jeune et fougueux est à apprécier pour sa structure, sa vigueur et ses saveurs fruitées amples et intenses. Le 2007 commence à s'ouvrir, mais il gagnerait à reposer encore jusqu'en 2015. ☆☆☆☆ ③

Chablis Premier cru Côte de Léchet 2009 • (869198) 31 $
Un élevage d'un an en petits fûts ajoute à la vinosité de ce vin ample et nourri, mais typiquement chablisien par sa droiture, sa franchise et son acidité tranchante qui accentue ses tonalités minérales. ☆☆☆☆ ②

Chablis Premier cru Fourchaume 2008 • (11094671) 31,50 $
Plus souple que le 2009, très franc, doté d'une agréable vinosité et d'une amertume délicate qui rehausse sa finale citronnée. ☆☆☆ ②

Les Vénérables 2008, Vieilles vignes, Chablis • (11094639) 26,95 $
Beaucoup de corps et de caractère pour un Chablis « tout court ». À apprécier tant pour sa vigueur, que pour ses saveurs vives et distinctives qui évoquent le goût du lieu. ☆☆☆☆ ② ♥

La Sereine 2008, Chablis • (565598) 21,85 $
Une très bonne note aussi pour ce vin inscrit au répertoire général. Vif et très sec, il a plus de style que la moyenne de l'appellation. ☆☆☆ ② Ⓒ

Laroche

En septembre 2009, Michel Laroche a conclu une entente de fusion avec le groupe languedocien Jeanjean. Cette transaction, qui s'élevait à plus de 50 millions d'euros, a donné naissance à l'une des plus grandes entreprises viticoles de France.

Chablis 2009, Saint Martin • (114223) 22,70$
Fruit d'un millésime particulièrement généreux, le Chablis courant est assez complet cette année. Mûr et nourri de parfums exotiques, avec la vivacité caractéristique de l'appellation. Tout à fait honnête. ☆☆☆ ② Ⓒ

Latour, Louis

Entreprise importante de Bourgogne, la société Louis Latour commercialise à elle seule 100 000 caisses de vins sous une centaine d'étiquettes différentes.

Corton Grand cru 2009, Château Grancey • (11334954) 99,75$
Le Corton Grancey est le porte-étendard de la maison Latour. Composé de lots de différentes parcelles du grand cru – Bressandes, Chaumes, Pougets, Perrières et Grèves –, le 2009 est porté par un tissu tannique de qualité, dont il émane une impression de finesse. Structuré, sans dureté, doté d'un bel équilibre d'ensemble et d'une finale chaleureuse qui goûte bon les cerises. Malgré tout, compte tenu du prestige de l'appellation et du prix, on reste un peu sur notre soif, du moins pour le moment. ★★★→? ②

Côte de Beaune-Villages 2009 • (10376520) 24,90$
Les arômes épicés de ce vin évoquent certains vins rouges de la Loire. Nerveux, assez riche en extrait, plus nourri que la moyenne de l'appellation. Saveurs précises de fruits noirs et de cannelle. À boire d'ici 2015. ★★★ ②

Pinot noir 2009, Bourgogne • (973214) 20,15$
Sans doute aidé par la nature généreuse du millésime, le Bourgogne rouge générique de Latour est plus fruité et guilleret cette année. Souple, coulant et facile à boire. ★★ ②

Pouilly Vinzelles 2008, En Paradis • (10864689) 22,35$
Exemple correct de cette appellation mâconnaise; frais et modérément aromatique. À boire d'ici 2014. ☆☆ ②

Pouilly Vinzelles 2009, En Paradis • (10864689) 22,35
Plus mûr, nourri et vineux. Rien de complexe, mais typique des vins du sud de la Bourgogne: gras et relevé de saveurs florales. ☆☆☆ ②

Chardonnay 2009, Bourgogne • (055533) 17,90$
Gras, vineux, un peu plat; conventionnel et convenu. ☆☆ ② Ⓒ

On trouve aussi des vins de ce producteur en importation privée. Ⓘ

Magnien, Frédéric

En plus de mener le domaine familial Michel Magnien, Frédéric Magnien opère une activité de négoce sous laquelle il produit plus d'une cinquantaine d'étiquettes différentes.

Fixin 2009 • (11457284) 27,90 $
Issu d'une parcelle située en bas de coteaux, ce Fixin se présente en bouche avec une attaque serrée qui lui donne une présence et une prestance notables pour le prix. Pas très persistant, mais charnu, coulant et fort agréable à boire. ★★★→? ② ▼

Maréchal, Catherine et Claude

Ce domaine créé en 1981 compte aujourd'hui une dizaine d'hectares de vignes dans six communes de la Côte de Beaune.

Pommard 2008, La Chanière • (10865382) 43,75 $
Ce Pommard n'est pas le plus charnu ni le plus intense, mais il faut souligner sa vitalité, son goût franc et expressif de pinot et son détail aromatique. Tellement bien équilibré et charmeur avec sa finale florale, qu'on le boit dès maintenant avec un plaisir gourmand. ★★★→? ②

Chorey-lès-Beaune 2008 • (917617) 30,75 $
Rien de bien profond ou d'exubérant, mais une expression toute délicate et très classique d'une appellation secondaire de la Côte de Beaune et une belle réussite dans un millésime plutôt hétérogène en Bourgogne. Saveurs franches et précises de cerises griottes, une texture à la fois franche et constituée de tanins fins et délicats. ★★★ ②

Michel, Louis & Fils

Chablis Grand cru Grenouilles 2008 • (11356459) 65 $
Les vins de ce domaine familial jouissent d'une très bonne réputation. Avec raison, si j'en juge par la race, l'élégance et la longueur de ce vin blanc somptueux. L'esprit des meilleurs Chablis ; c'est-à-dire fin et sans artifice, ce qui n'exclut pas l'intensité, la structure et la minéralité. Un vin sérieux à laisser reposer en cave sans crainte, pendant au moins cinq ans. ☆☆☆☆ ③

Mikulski, François

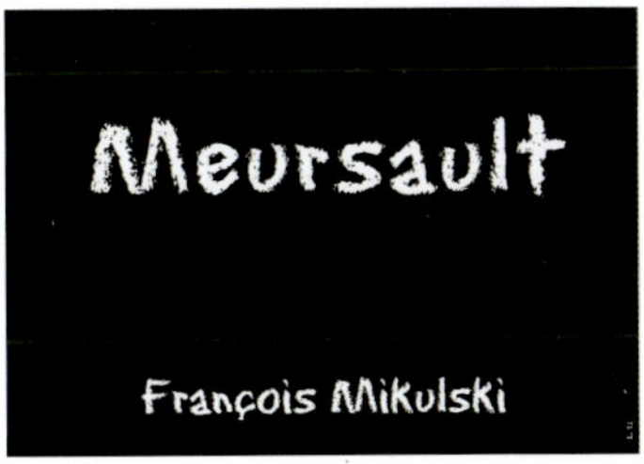

François Mikulski a la réputation d'être le maître du Meursault. À la vigne comme au chai, tout est mis en œuvre pour faire de somptueux vins de chardonnay qui reflètent ce grand terroir viticole.

Meursault 2009 • (11579100) 52,75 $
Compte tenu du millésime, il faut signaler la poigne et la tenue en bouche admirables de cet excellent vin, brillamment mis en valeur par un usage intelligent de la barrique. Un vin sérieux, dont le caractère minéral est aussi exquis que distingué. Bien qu'il affirme déjà sans peine sa richesse et sa profondeur, il ne sera à son apogée que vers 2016. ☆☆☆☆ ②

On trouve aussi des vins de ce producteur en importation privée. IP

Moreau, J. & Fils

Bourgogne Épineuil 2009 • (917336) 19,65$
De nouveau une bonne note pour ce vin rouge courant produit dans la partie septentrionale de la Bourgogne, environ 20 km au nord-est de Chablis. Rien de compliqué, mais des saveurs nettes de fruits rouges, une saine acidité et une texture coulante et caressante. Parfaitement recommandable à moins de 20$. ★★★ ② ♥

Réserve 2006, Croix Saint Joseph, Chablis • (10378470) 30,25$
Pour le charme de goûter un vin blanc évolué, ce 2006 révèle des arômes de noisettes et de cerises de terre. Encore assez frais et doté d'une bonne acidité. ☆☆☆ ②

Mortet, Denis

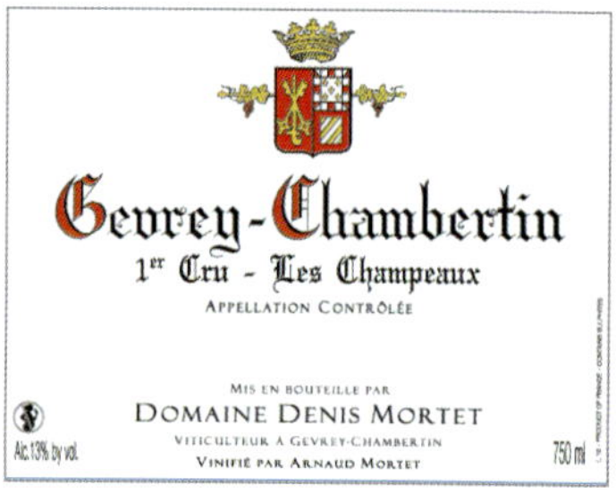

Décédé prématurément en janvier 2006, Denis Mortet était une figure emblématique de Gevrey-Chambertin. Fils de vigneron, il avait créé sa propre exploitation en 1993 et n'avait pas tardé à se forger une excellente réputation, grâce à des vins charnus et colorés, essentiellement élevés en fût de chêne neuf. Son fils Arnaud veille aujourd'hui sur le domaine qui compte 11,2 hectares répartis dans les communes de Gevrey-Chambertin, de Chambolle-Musigny et Vougeot.

Gevrey-Chambertin Premier cru Les Champeaux 2007 • (10832054) 180$
Ce vin issu d'une parcelle située dans la partie nord de la commune me semble le plus complet de la série. Pas spécialement robuste ni puissant, mais pourtant intense, nourri et très élégant avec son grain tannique velouté et sa longue finale à la fois volumineuse et cristalline, ponctuée d'accents minéraux. Déjà fort aimable, on peut aisément le laisser mûrir jusqu'en 2014. ★★★★ ③ Ⓢ

Gevrey-Chambertin Premier cru Lavaux Saint-Jacques 2007 •
(11201019) 179,25$
Sur un mode un peu plus puissant et structuré, ce Gevrey laisse une impression riche et onctueuse, presque capiteuse. Très charmeur et rempli en saveurs de cerises mûres, sans le détail et la subtilité qui faisaient le charme du précédent. ★★★→? ③ Ⓢ ▼

Gevrey-Chambertin Premier cru 2007 • (10555528) 180$
Cet excellent vin en devenir est le fruit d'un assemblage des premiers crus Cherbaudes, Petite Chapelle et Bel Air, situés respectivement aux limites des grands crus Mazis-Chambertin, Chapelle-Chambertin et Chambertin Clos de Bèze. Il en résulte un vin d'une classe certaine, aux tanins fins et satinés, indéniablement marqué par le terroir. Parfaitement équilibré, tout à fait dans l'esprit des meilleurs vins de l'appellation. ★★★→★ ③ Ⓢ

Gevrey-Chambertin 2007, En Champs • (11200956) 131 $
Même si le bois joue encore un rôle prédominant, avec des accents fumés et une certaine sécheresse tannique, ce vin jeune n'en est pas moins savoureux et agréable à boire. Certainement assez étoffé pour continuer de s'affiner au cours des cinq prochaines années, mais nettement trop cher pour un Gevrey communal. ★★★→? ③ ▼ Ⓢ

Gevrey-Chambertin 2007 • (11200884) 105 $
Une moins bonne note pour ce 2007 encore passablement marqué par les accents torréfiés de la barrique et dont l'attaque en bouche à la fois vive et chaleureuse laisse une impression moins harmonieuse. ★★→? ② Ⓢ

Gevrey-Chambertin 2006 • (10953112) 116 $
Encore très jeune comme en témoignent sa vigueur, son attaque fruitée généreuse, sa densité tannique et ses parfums boisés. Très bien, sans toutefois justifier un prix si élevé par rapport à la moyenne de l'appellation. ★★★→? ②

Paquet, Agnès

Créé de toutes pièces au tournant du millénaire, le petit domaine d'Agnès Paquet s'est vite taillé une bonne réputation avec des vins fins et coulants, sur la Côte de Beaune.

Auxey-Duresses 2009 • (11510292) 25,40 $
Cette appellation secondaire de la Côte de Beaune donne le plus souvent des vins souples, destinés à être bus jeunes. Celui-ci se situe au-dessus de la moyenne par son joli nez aux parfums de cerises, sa bouche chaleureuse et gorgée de fruit et sa finale persistante qui évoque le kirsch. Savoureux ! ★★★→? ②

Pinot noir 2009, Bourgogne • (11510268) : 18,90 $
À moins de 20 $, on ne peut que saluer ce savoureux vin générique, dont le joli grain tannique, les parfums purs et affriolants de fruits noirs et d'épices et la longueur plaisent à coup sûr. Beaucoup d'éclat fruité et une fine pointe d'amertume pour ajouter à son caractère. On aime ! ★★★★ ② ♥

Pavelot

À l'instar de Patrick Bize, Jean-Marc et Hugues Pavelot mettent en valeur les qualités encore trop souvent mésestimées de Savigny-lès-Beaune. Les plus récents millésimes sont élaborés dans un style plus gourmand et friand, sans maquillage ni excès de concentration.

Savigny-lès-Beaune 2009 • (11490404) 31,25 $
Ce vin authentique, sans maquillage ni excès de concentration, se présente avec beaucoup d'élégance et de pureté aromatique. Appréciable dès maintenant grâce à la délicatesse de son grain, à sa vigueur fruitée et à sa finale nuancée, mais facilement capable de tenir la route jusqu'en 2016. Quatre étoiles pour un excellent Savigny ! ★★★★ ②

On trouve aussi des vins de ce producteur en importation privée. (IP)

Perrot-Minot

Le domaine de la famille Perrot-Minot est une excellente adresse où trouver d'excellents vins de la Côte de Nuits, marqués du seau de l'élégance.

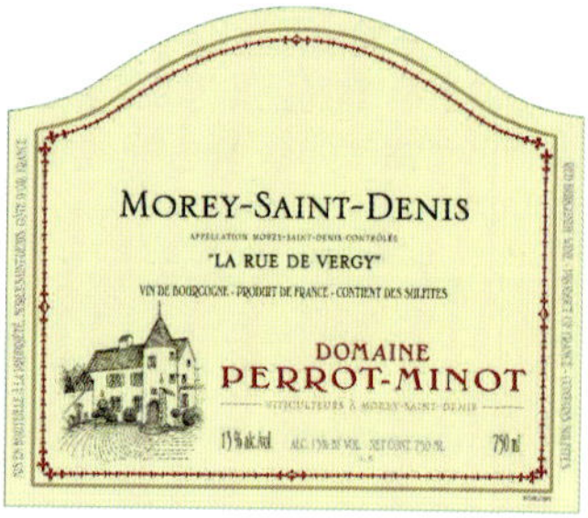

Morey-St-Denis 2007, La Rue de Vergy • (11442681) 65$
La couleur claire et le nez délicat, raffiné et nuancé donnent le ton et annoncent un vin éminemment distingué. On s'incline devant la minutie de la confection et on se régale des multiples couches de saveurs qui se dessinent en bouche. Quatre étoiles pour un Morey communal étonnamment racé. Bravo! ★★★★ ②

Gevrey-Chambertin 2007 • (10919045) 65$
À défaut de la puissance, ce Gevrey emprunte le chemin de la finesse. Un peu plus austère que le Morey-Saint-Denis par sa fermeté tannique, mais néanmoins un très bon vin dans un style dépouillé et la finesse de ses traits. Laissez-le reposer jusqu'en 2015. ★★★→? ②

On trouve aussi des vins de ce producteur en importation privée. IP

Prudhon, Henri & Fils

Saint-Aubin Premier cru Les Frionnes 2009 • (11482789) 29$
D'une appellation secondaire adjacente à Puligny-Montrachet, ce vin rouge de bonne tenue et goûtant bon les cerises est rassasiant, tant par sa chair que pas son équilibre d'ensemble. Jeune et ténu, il a suffisamment de mâche et de fruit en réserve pour s'épanouir jusqu'en 2015. ★★★→? ②

Rebourgeon-Mure

Ce domaine familial est implanté dans la commune de Pommard depuis la moitié du XVIe siècle.

Volnay Premier cru Santenots 2009 • (11510401) 49,50$
Des notes de torréfaction donnent à ce vin une allure un peu moderne, sans excès. Juste assez de poigne et de consistance et des saveurs de fruits noirs sur un fond délicatement vanillé. Plein, généreux et équilibré, sans toutefois avoir l'élégance des meilleurs Volnay, du moins pour le moment. ★★★→? ③

Rion, Armelle et Bernard

Nuits-Saint-Georges Premier cru Murgers 2006 • (11010407) 72$
Ce Premier cru a des saveurs distinguées qui mêlent harmonieusement le fruit au bois de chêne. Sa bouche ample et volumineuse, sa tenue ferme, sa finale séveuse et persistante sont autant de caractéristiques des bons terroirs de Côte de Nuits. Même s'il est déjà passablement ouvert, il continuera de se bonifier au cours des prochaines années. ★★★→★ ② ▼

Vosne-Romanée Premier cru Les Chaumes 2006 • (11010423) 81,50$
Plus sévère et sans doute dans un creux de vague, le 2006 est actuellement dominé par des tanins secs et une présence marquée de bois. Le temps devrait sans doute jouer en sa faveur. ★★★→? ② ▼

Robert-Denogent

Les millésimes se succèdent et Jean-Jacques Robert signe un superbe vin blanc qui exprime avec intensité le terroir de Pouilly-Fuissé.

Pouilly-Fuissé 2009, Les Reisses • (880625) 34,50 $
De vieilles vignes de plus de 50 ans et un usage de levures indigènes contribuent certainement à l'envergure de cette cuvée, qui connaît un parcours sans faute depuis une dizaine d'années. Contrairement à plusieurs vins blancs de ce millésime, on a su préserver une excellente acidité qui agit telle une colonne vertébrale pour le vin et lui confère une tenue en bouche exemplaire. Nul doute, il a toutes les qualités requises pour vivre au moins jusqu'en 2017. ☆☆☆☆ ②

Rodet, Antonin

Cette société de négoce de la côte chalonnaise a été vendue au géant Boisset en 2009.

Château de Mercey 2009, Bourgogne Hautes Côtes de Beaune • (11460336) 22,95 $
Correctement fruité et doté d'une fine amertume qui rehausse les parfums naturels du fruit. Encore jeune et nerveux ; sa finale désaltérante appelle la soif ! ★★★★ ② ♥

Pinot noir 2010, Bourgogne • (358606) 17,55 $
Vif, dépouillé et facile à boire, mais il manque un peu de chair. ★★ ②

Sérafin Père & Fils

Privilégiant comme toujours l'élégance et la délicatesse du pinot noir à la concentration, Christian Sérafin signe un très bon Gevrey.

Gevrey-Chambertin 2006 • (864504) 70,75 $
S'il n'a pas l'étoffe des meilleurs, ce vin se signale par sa vigueur et sa souplesse. Encore très jeune et un peu bourru pour l'heure, il pourrait se révéler davantage après quelques années en cave. À ce prix toutefois, il faut avoir la foi... ★★★→? ② ▼

Simonnet-Febvre

Cette entreprise chablisienne fondée en 1840 a été rachetée en 2003 par la maison Louis Latour.

Chablis Grand cru Les Clos 2009 • (11109618) 75,75 $
Assez généreux et tout à fait dans l'esprit du millésime. Riche d'une foule de saveurs intenses et chaleureuses de fruit, sur un fond délicatement minéral qui assure son caractère distinctif. Sa finale tendre et volubile le rend d'autant plus séduisant. ☆☆☆ ②

Chablis Premier cru Mont de Milieu 2009 • (11094751) 36,50 $
Après un 2008 plutôt ténu, le 2009 semble davantage à la hauteur des attentes que l'on peut avoir envers un Premier cru. Plutôt vineux, agrémenté de parfums exotiques et presque onctueux tant le fruit est mûr. ☆☆☆ ②

Chablis 2009 • (10864970) 22,55 $
Bon Chablis courant, net et équilibré, encore que plutôt modeste. ☆☆ ②

Valette

À des lieues des petits Mâcon ordinaires, la cuvée Vieilles vignes de Philippe Valette est une référence dans sa catégorie.

Mâcon-Chaintré 2008, Vieilles vignes • (10224526) 28,40 $
De nouveau impeccable en 2008. Sa riche couleur, son nez dense, sa plénitude en bouche et sa finale minérale et désaltérante le placent au-dessus de la moyenne de l'appellation. Une excellente bouteille à savourer sans se presser, au cours des cinq prochaines années. ☆☆☆☆ ② ♥

Verget

La maison de négoce du charismatique Jean-Marie Guffens étend son activité du nord au sud de la Bourgogne, depuis le Chablisien jusqu'au Mâconnais, et génère des vins de facture moderne et de qualité.

Vieilles vignes du Clos 2009, Mâcon-Bussières • (11479491) 24,85 $
Pas de saveurs boisées, mais beaucoup de fruit dans ce vin affriolant, gorgé de bons goûts de poires en sirop. Il manque peut-être un peu de vitalité, mais certainement pas de charme. ☆☆☆ ②

COMMENTÉS SOMMAIREMENT, D'AUTRES VINS DÉGUSTÉS

Ambroise, Bertrand ; Nuits-Saint-Georges 2006
(918375) 57,25 $
Nuancé et équilibré ; une matière chaleureuse, dense et charnue ; beaucoup de fruit, prometteur. ★★★→? ③ ▼

Côte de Nuits-Villages 2007
(918987) 36 $
Une vigueur fruitée, de la poigne et de la vitalité. À boire jeune pour profiter de son fruit. ★★★ ②

Bailly-Lapierre, Sauvignon blanc 2009, Saint-Bris
(10870211) 18,55 $
Cette cave coopérative propose une expression simple, mais sincère du Sauvignon de Saint-Bris. Vif et assez vineux, avec des notes de miel. Modeste, mais de bon aloi. ☆☆☆ ②

Bichot, Albert ; Chardonnay 2007, Vieilles vignes, Bourgogne
(10845357) 16,45 $
Quoique modeste, ce bon vin blanc suffisamment vineux et équilibré est à retenir parmi les bons vins blancs courants de Bourgogne. ☆☆☆ ② ♥ Ⓒ

Mercurey 2009
(11133327) 24,95 $
Ténu, vif, nerveux et à court de chair fruitée. ★★ ②

Pouilly-Fuissé 2008
(022871) 25,95 $
Vif et un peu pointu ; modérément aromatique, mais sec et désaltérant. ☆☆ ②

Chablis 2010
(017897) 21,95 $
Fluide, mince et sans caractère particulier. ☆☆ ②

Château de la Maltroye, Chassagne-Montrachet 2007
(872606) 60,75 $
Un vin blanc classique, équilibré, vigoureux, correctement boisé et assez persistant. Pas donné, mais il pourrait se bonifier d'ici 2015. ☆☆☆ ②

Darnat, Henri ; Meursault Premier cru Les Cras 2009, Clos Richemont Monopole
(11460731) 62$
Peu d'envergure, mais une bonne acidité et une tenue appréciable pour 2009. Malgré tout, court et sans conséquence. ☆☆ ②

Defaix, Bernard ; Chablis Premier cru Vaillons 2009
(10864953) 26,85$
Un peu creux en milieu de bouche, mais une acidité bien sentie qui assure sa fraîcheur et sa tenue. ☆☆☆ ②

Domaine Brintet, La Perrière 2009, Mercurey
(872655) 25,50$
Vif, assez satisfaisant, assez charnu, mais compte tenu du millésime, j'aurais espéré un peu plus d'éclat fruité. ★★★ ②

Domaine Chanzy, Clos de la Fortune 2009, Aligoté, Bouzeron
(868984) 19,30$
Un bon Aligoté de facture classique qui mise avant tout sur l'expression pure du fruit, avec une acidité bien dosée et de délicats accents minéraux. ☆☆☆ ②

Domaine de la Chapelle, Mâcon Villages Solutré-Pouilly 2009
(11460694) 19,20$
Le domaine de Pascal Rollet donne généralement des vins gracieux, harmonieux et fort distingués. Excellent vin de Mâcon, beurré, volumineux et appuyé par une franche acidité. ☆☆☆☆ ② ♥ ▼

Domaine de La Vougeraie, Beaune Premier cru Les Grèves 2006
(11310792) 67,25$
De délicates notes de bourbon traduisent l'élevage en fût neuf. Bel équilibre entre le bois, la chair fruitée et les tanins suaves et fondus. Finale relevée aux accents de fruits noirs, avec une touche délicatement fumée. ★★★→? ② Ⓢ

Gevrey-Chambertin Premier cru Bel Air 2006
(11310805) 70,25$
Une empreinte boisée encore marquée s'estompe avec l'aération. La bouche est construite sur des tanins un peu secs et l'ensemble laisse une impression un peu rustique. ★★→? ③ Ⓢ

Côte de Beaune 2008, Les Pierres Blanches
(10221034) 35,50$
Assez vif et porté par des tanins un peu secs qui laissent un fini quasi osseux. Léger et pas spécialement nourri ; le bois l'emporte sur les saveurs fruitées. ★★→? ②

Doudet Naudin, Savigny-lès-Beaune 2009
(526715) 33,25$
De nouveau favorisé par la générosité du millésime, ce domaine dont les vins impressionnent rarement présente un bon Savigny de facture traditionnelle qui mise avant tout sur une expression souple et franche du Pinot noir. À boire d'ici 2015. ★★★ ②

Drouhin, Joseph ; Domaine de Vaudon 2009, Chablis
(10524609) 29,25$
Sans doute en raison du millésime, la bouteille dégustée en août dernier manquait un peu de nerf. Riche et savoureux, mais un peu plat. ☆☆ ②

Côte de Beaune-Villages 2006
(10264886) 27,85$
Délicat et fruité, à défaut de profondeur. ☆☆ ②

Dubœuf, Georges ; Saint-Véran 2009
(134742) 19,95$
Bon vin blanc modeste ; plus mûr que d'habitude, mais somme toute anodin. ☆☆ ① Ⓒ

Féry, Jean ; Pernand-Vergelesses 2007, Les Combottes
(10788840) 36,75 $
Exercice de style ambitieux pour une appellation pourtant si bien servie par la simplicité et la sincérité. ☆☆→? ② ▼

Feuillat-Juillot, Montagny Premier cru Les Platières 2009
(11416343) 25 $
Françoise Feuillat-Juillot signe un bon vin blanc de Côte Chalonnaise, dont la vigueur et la franche expression d'agrumes sont à souligner. Vigoureux, sans doute plus complet en raison de la générosité du millésime et nourri par un élevage en fût de chêne. Idéal à l'apéritif. ☆☆☆ ②

Fichet, Mâcon-Igé 2009, Terroir de La Cra
(10339753) 33,75 $
Ce domaine familial surtout connu pour sa Cuvée London, élabore aussi ce vin gras et riche en saveurs florales, auquel il manque un peu de tonus. Linéaire et prévisible. ☆☆→? ②

Gay, François ; Chorey-lès-Beaune 2008
(917138) 29,10 $
François Gay reste attaché à la tradition bourguignonne et privilégie avant tout la pureté et la légèreté dans ses vins. En recul par rapport aux derniers millésimes, son 2008 m'a semblé plus vif et ténu. Coulant, délicat et facile à boire, mais un peu à court de chair fruitée. ★★→? ②

Grivault, Albert ; Bourgogne 2009
(11515237) 23,55 $
Nourri par les largesses du millésime, ce bon Bourgogne « tout court » est très mûr, ample et quasiment onctueux ; enjolivé de saveurs d'ananas et de notes boisées. ☆☆☆ ②

Jadot, Louis ; Pinot noir 2008, Couvent des Jacobins, Bourgogne
(966804) 19,95 $
S'il est un peu moins fruité et nourri en 2008, ce vin inscrit au répertoire général offre un certain plaisir par sa vitalité et sa pureté aromatique. ★★★ ©

Saint-Véran 2010, Combe aux Jacques
(597591) 19,55 $
Bon Saint-Véran courant ; vif, assez vineux et agrémenté de jolies notes florales. ☆☆ ②

Jaffelin
Cette société de négoce ne semble pas avoir profité du redressement qualitatif opéré par la famille Boisset, sur l'ensemble de ses propriétés.

Beaune Premier cru Les Cent Vignes 2009
(11496304) 50,25$
Expression fruitée vigoureuse. Dans le contexte du millésime, je m'explique toutefois mal cette vivacité et ce caractère presque pointu. ★★→? ②

Chambolle-Musigny 2009
(11496380) 68$
Une extraction tannique et un usage un peu trop poussé de la barrique laissent en bouche un fini sec qui ne rend pas justice à la finesse de ce grand terroir de la Côte de Nuits. ★★→? ②

Puligny-Montrachet Premier cru Hameau de Blagny 2009
(11473858) 90,50$
Expression unidimensionnelle d'un grand terroir. Le temps lui permettra peut-être de gagner en stature et en nuances. ☆☆→? ③

Saint-Aubin Premier cru sur Gamay 2009
(11472521) 41,25$
Bon vin blanc auquel le bois ajoute de la rondeur et des parfums de pain grillé. ☆☆ ②

Santenay Premier cru Passetemps 2009
(11473882) 39,75$
L'élevage en barrique se manifeste par des notes marquées de caramel. Le tout manque de tonus et de profondeur. ☆☆ ②

Juillot, Michel ; Mercurey 2007
(573402) 25,70$
Un vin jeune et fougueux, relevé d'un bon goût de fruits noirs et encadré de tanins à la fois souples et droits qui contribuent à sa fraîcheur. ★★★ ②

Luquet, Roger ; Pouilly-Fuissé 2008
(893008) 28,65$
Sec, modérément vineux, pas spécialement ample ni complexe, mais agréablement nourri par des bâtonnages sur lies. Bien proportionné. À boire d'ici 2014. ☆☆☆ ②

Manciat-Poncet, Pouilly-Fuissé 2008, La Maréchaude, Vieilles vignes
(872713) 27,40$
Rien de spectaculaire ni de tonitruant, mais un vin équilibré, qui déploie une texture modérément vineuse, égayée de bons goûts de fruits. À boire au cours des trois prochaines années. ☆☆☆ ②

Marquis de Jouennes, Château de Chamirey 2008, Mercurey
(962589) 27,80$
La constance de ce très bon Mercurey au cours des derniers millésimes mérite d'être signalée. En 2008, on a su tirer le meilleur du millésime : rien de spectaculaire, mais une étoffe notable, des saveurs précises de fruits noirs, beaucoup de fraîcheur. ★★★ ②

Bourgogne Aligoté 2010
(030155) 15,45$
Sur un mode un peu plus convenu, un bon vin vif et désaltérant aux accents de poire et d'agrumes. ☆☆ ② ©

Mestre-Michelot, Meursault 2007
(480194) 25,90$ – 350 ml
Meursault générique d'envergure moyenne. Correct, sans plus. ☆☆ ②

Moreau, Louis ; Chablis 2009
(11094727) 21,45$
Bon Chablis tout court. Plus aromatique en 2009 ; très sec et animé d'un vive acidité. ☆☆☆ ②

Muzard, Lucien
Au sud de Beaune, le domaine de Claude et Hervé Muzard compte une quinzaine d'hectares.

Santenay 2008, Champs Claude, Vieilles vignes
(10552415) 30,25$
Bon vin moderne mettant à contribution la barrique de chêne, qui l'assaisonne de notes fumées, mais laisse aussi en finale une texture un peu sèche et abrupte. ★★→? ②

Maranges 2009
(11484282) 27,60$
Bon vin issu d'une appellation secondaire du sud de la Côte de Beaune. Coloré, juteux, délicat et assez bien fait, quoique un peu à court de chair et d'éclat, du moins pour le moment. ★★→? ②

Santenay 2009, Champs Claude
(10327242) 31,25$
Plus mûr cette année, notes florales, attaque vineuse. ☆☆☆ ②

Potel, Nicolas
L'entreprise créée par le fils du regretté Gérard Potel, à la suite de la vente du Domaine de la Pousse d'Or, a été racheté par le négociant Labouré-Roi en 2004. Après en avoir assuré la gérance pendant cinq ans, Nicolas Potel a quitté ses fonctions pour se consacrer à Roche de Bellene, sa nouvelle société de négoce. À en juger par la série de vins dégustés cette année, la qualité d'ensemble est en déclin.

Nuits-Saint-Georges Premier cru Les Vaucrains 2009
(11217379) 73$
Rien de vraiment impressionnant dans ce vin anguleux, tannique et un peu trop osseux à mon goût. Terne, à court de fruit et sans profondeur. Déception! ★★→? ②

Beaune Premier cru Les Bressandes 2009
(725929) 34,75$
Vif et sans grande envergure; la bouche est marquée par des goûts lactiques plutôt désagréables et l'ensemble est à la fois ténu et brouillon. Encore jeune, il faudrait être bien optimiste pour lui prévoir un bel avenir... ★★→? ②

Monthélie Premier cru Les Champs Fulliot 2009
(11154321) 34,25$
Guère plus d'enthousiasme pour ce vin aux tanins secs, handicapé par une amertume très prononcée, qui évoque la peau d'un pamplemousse. Comment a-t-on pu, en 2009, obtenir des résultats aussi peu convaincants sur des terroirs de Premier cru? ★★ ②

Santenay 2009, Vieilles vignes
(725564) 27,30$
Une expression très sommaire du pinot noir. Plat et sans éclat particulier; à court de chair, de fruit et de détail. ★★→? ②

Bourgogne 2009, Vieilles vignes
(719104) 21,15$
Bien que modeste, l'ancien «Maison Dieu» est assez bien réussi cette année: plus charnu que d'habitude et des saveurs de cerises noires. Pas spécial, mais recommandable. ★★★ ②

Rapet Père & Fils, Savigny-lès-Beaune 2009, Aux Fourneaux
(11484223) 38,75$
Bel exemple de Savigny. Assez fin, avec un relief fruité délicat et une finale coulante et désaltérante. ★★★→? ②

Rion, Patrice; Pinot noir 2008, Bourgogne
(10220736) 25,45$
Un usage maladroit de la barrique vient gommer tout le fruit et la fraîcheur recherchés dans un Bourgogne générique. Fini vif et un peu sec. ★★ ②

Séguinot-Bordet, Chablis 2009
(926899) 22,15$
Assez nourri, pas de bois, mais une jolie trame aux saveurs d'agrumes, sur un fond floral. ☆☆☆ ②

Taupenot-Merme, Gevrey-Chambertin Premier cru Bel Air 2006
(10848911) 95,50$
Dans le style plutôt ferme affectionné par cette maison, un vin passablement boisé et structuré auquel il manque toutefois un peu de fruit et de rondeur. Quelques années de repos aideront peut-être à tempérer ses ardeurs. ★★→? ③ ▼

Tollot-Beaut & Fils, Chorey-lès-Beaune 2009
(11473209) 35,50$
Un Chorey dans la moyenne. Généreusement fruité, pas très fin, mais assez charnu et nourri par un usage senti de la barrique. Une amertume en finale le rend un peu rustique. ★★→? ②

D'AUTRES VINS BLANCS DE QUALITÉ MOYENNE ☆☆

Blason de Bourgogne, Saint-Véran 2009
(10834501) 20,95$

Mâcon-Villages 2009
(10667423) 15,55$ ©

Domaine Moillard 2007, Savigny-lès-Beaune
(11154793) 36,25$

Domaine Sorin de France, Sauvignon 2009, Saint-Bris
(10237554) 17,80$

Faiveley, Montagny 2006
(10897270) 21,55$

Philippe-le-Hardi, Bourgogne Hautes Côtes de Beaune 2009, Clos de la Chaise Dieu
(869784) 21,45$

Ropiteau, Meursault 2007
(112979) 52,50$

Chardonnay 2008, Bourgogne
(11293953) 20,15$

Talmard, Gérard et Philibert ; Mâcon Uchizy 2010
(882381) 18,70$

Vignerons des Terres Secrètes, Saint-Véran 2009, Les Plantés
(917740) 20,95$

D'AUTRES VINS ROUGES DE QUALITÉ MOYENNE ★★

Boisseaux-Estivant, Pinot noir 2010, Réserve de la Chèvre Noire, Bourgogne
(237875) 19,95$

Nudant, Aloxe-Corton 2008, Clos de la Boulotte
(730457) 43,25$

Ponnelle, Pierre ; Rully 2008
(495630) 19,95$

Beaujolais

Après des années à souffrir d'une mauvaise presse, restée accrochée à l'image du Beaujolais Nouveau, ce voisin pauvre de la Bourgogne est enfin en voie de réhabilitation. Les amateurs de vins fins qui souhaitent renouer avec le plaisir digeste des meilleurs crus du Beaujolais voudront profiter de la présence sur le marché des quelques 2009, millésime exceptionnel dans la région, et 2010, également très bon, dans un style plus classique. Chermette, Lapierre et Martray sont quelques noms à retenir.

Château de Pierreux

Au pied du mont Brouilly, cette propriété historique – dont certains vestiges remontent au XIIIe siècle – appartient à la maison Mommessin, elle-même acquise par le géant Boisset en 1997.

Brouilly 2010 • (10754421) 19,85 $
Bien qu'il présente une feuille de route déjà remarquable au cours des derniers millésimes, le vin courant de la propriété me semble atteindre un nouveau sommet en 2009. Une profusion de saveurs éclatantes de fruits et une texture charnue, mais aussi toute cette vivacité qui est la marque du terroir de Brouilly. Sa finale franche aux accents de cassis est rehaussée d'un léger reste de gaz, qui donne au vin une allure juvénile franchement irrésistible ! ★★★★ ② ♥

Brouilly 2009, La Réserve du Château • (10368001) 27,30 $
Une sélection de parcelles de vieilles vignes, nourries par la richesse d'un superbe été ont permis d'obtenir un vin imposant et chaleureux, auquel une richesse alcoolique (14,5 %) donne un fini de bouche quasi sucré. Très jeune, il semblait traverser une phase turbulente lorsque dégusté au printemps dernier. Quelques mois de repos lui auront sans doute été bénéfiques. ★★★→? ②

• • • dans le monde du vin • • •

VIN DE SOIF

Dans l'arrière-pays français, l'expression « vin de soif » désignait jadis la boisson vineuse qui accompagnait les repas des travailleurs. Celle que les paysans gardaient au frais afin d'avoir, à l'heure de casser la croûte, un breuvage désaltérant pour arroser le repas. Ce vin devait aussi être léger en alcool, afin de permettre à l'ouvrier de reprendre le travail reposé sans avoir à souffrir de ses effets néfastes. Aujourd'hui, l'expression « vin de soif » prend du galon auprès d'une nouvelle génération de consommateurs. La définition s'en est un peu élargie, mais l'esprit demeure le même : un vin souple, coulant et guilleret, que l'on boit avec grand plaisir par une journée d'été, et qui permet de se désaltérer simplement.

Chermette, Pierre-Marie

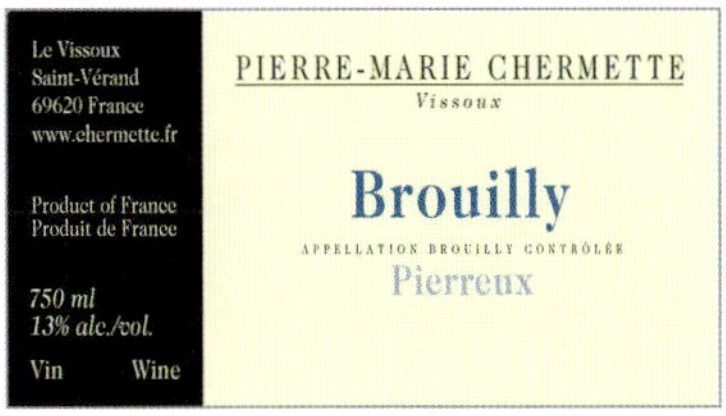

Pierre-Marie et Martine Chermette sont installés tout au sud du Beaujolais, mais ils possèdent aussi quelques parcelles dans le secteur des crus Fleurie, Brouilly et Moulin-à-Vent. Leurs cuvées sont élaborées avec l'usage unique des levures naturelles.

Pierreux 2010, Brouilly • (11305660) 22$
Sans surprise, le 2010 est un autre régal sur le thème de la suavité et des saveurs gourmandes de fruits mûrs. Pas le plus nuancé ni le plus subtil, mais très séduisant ; il a juste ce qu'il faut d'aspérités tanniques pour assurer sa tenue en bouche et lui donner un élan irrésistible. Miam ! ★★★★ ② ♥

Beaujolais 2009, Les Griottes • (11259940) 17$
Excellent vin doté d'une saine acidité et de bons goûts d'épices. Le Beaujolais « tout court » idéal, à servir de préférence légèrement rafraîchi, autour de 14 ° C. ★★★★ ② ♥

On trouve aussi des vins de ce producteur en importation privée. IP

Desvignes, Louis-Claude

Morgon 2009, La Voûte Saint-Vincent • (11299415) 19,80$
Dans un style plus musclé que celui de Lapierre, le Morgon de Desvignes s'affirme avant tout par sa tenue en bouche, qui encadre la matière fruitée et laisse la bouche fraîche. Le genre de Beaujolais que l'on peut laisser reposer en cave quelques années. ★★★→? ② ♥

Domaine Dupré

Depuis qu'il fut promu au statut de cru, en 1988, plusieurs critiques ont questionné la pertinence et la légitimité de l'appellation Régnié, soutenant que son terroir ne pouvait guère donner mieux que des vins légers et faciles.

Haute Ronze 2009, Régnié • (11399715) 17,40$
Quoi qu'il en soit, ce vin nouvellement arrivé à la SAQ prouve qu'avec de la rigueur et des conditions météorologiques favorables, on peut en tirer d'excellents vins. Équilibré, juteux, juste assez nourri et agrémenté par une délicate pointe saline en finale qui donne de l'élan à ses saveurs précises de fruits noirs et de poivre. Un très bon achat à moins de 20$. ★★★★ ② ♥

Fessy, Henry

Cette importante société de négoce a été acquise par la maison bourguignonne Louis Latour.

Moulin-à-Vent 2009 • (11589818) 21,15$
Généreux, bien servi par l'élevage en fût et conservant de bonnes proportions entre le fruit, la charpente et la fraîcheur. À revoir dans quelques années ou à apprécier dès maintenant pour son équilibre d'ensemble. ★★★ ②

Brouilly 2009 • (11589842) 19,95$
Riche en fruit, charmeur et correctement charnu. Rassasiant et généreux, mais sans l'éclat des meilleurs. ★★★ ②

Jadot, Louis

Cette grande maison bourguignonne apporte aussi un soin particulier à ses vins du Beaujolais. Après avoir racheté le Château des Jacques en 1996, la famille Gagey a fait appel à Guillaume de Castelnau pour assurer la gestion de son antenne beaujolaise. La totalité des vignobles détenus par l'entreprise est en processus de conversion à l'agriculture biodynamique.

Fleurie 2007 • (11153037) 25,30 $
Très bon vin, tout à fait dans l'esprit de l'appellation Fleurie ; c'est-à-dire friand, gorgé de fruit, mais aussi relevé de jolies notes poivrées et doté d'une bonne tenue en bouche. Plus cher que d'autres, mais les amateurs de Beaujolais vif et expressif y trouveront leur compte. ★★★→? ②

Sous les Balloquets 2010, Brouilly • (515841) 20,15 $
Belle réussite en 2009 pour ce vin ; gorgé de fruit, de saveurs franches et doté d'une chair fruitée assez dense. ★★★ ②

Janin, Paul et Fils

Le domaine créé par Paul Janin compte aujourd'hui 10 hectares répartis sur les appellations Moulin-à-Vent et Beaujolais-Villages.

Domaine des Vignes du Tremblay 2009, Moulin-à-Vent • (11305141) 19,90 $
À l'image du millésime 2009, un vin dense et solidement constitué, mais à la fois élégant et égayé d'un léger reste de gaz qui donne de l'élan à ses saveurs de fruits rouges. Dégusté un an plus tard, le vin se signalait toujours par la jeunesse de sa structure et de ses saveurs. Encore ferme et capable de tenir jusqu'en 2015, au moins. ★★★→★ ③ ♥

Lapierre, Marcel

Le regretté Marcel Lapierre, qui a tracé la voie pour de nombreux vignerons de la région, est l'un des précurseurs régionaux dans l'élaboration de cuvées naturelles, sans ajout de soufre. Son fils Mathieu assure désormais la relève avec la même rigueur.

Morgon 2010 • (11305344) 26 $
Bien qu'il soit moins nourri et opulent que le sublime 2009 récompensé d'une Grappe d'or l'an dernier, le Morgon de Lapierre trône toujours au sommet des vins du Beaujolais offerts à la SAQ. Sa dimension aromatique, ses couches de saveurs fruitées et le plaisir hautement digeste qu'il procure n'ont presque pas d'égal. Pas étonnant que depuis son arrivée au Québec, les bouteilles s'envolent toujours à la vitesse de l'éclair... ★★★★ ② ♥

Raisins Gaulois 2010, Vin de France • (11459976) 17,70 $
Lapierre élabore aussi un vin savoureux, issu essentiellement d'achat de raisins. Léger, coulant et agrémenté de saveurs précises de fruits. Bon vin de soif juteux et authentique. ★★★ ②

Beaucoup de bruit pour rien

Les vins à indication géographique de la Communauté européenne se divisent désormais en deux catégories : les AOP et les IGP.

Vous avez déjà eu vent de la refonte des systèmes d'appellations européens ? Les détails de cette réforme imposée par Bruxelles peuvent sembler banals voire inintéressants, mais ils font couler beaucoup d'encre et causent bien des soucis aux vignerons du Vieux Monde.

Jusqu'à tout récemment, les pays membres de la Communauté européenne veillaient individuellement à l'organisation de leurs systèmes de classement ainsi qu'à l'application des lois nationales. Or, depuis août 2009, afin « d'harmoniser la segmentation du marché européen du vin », le Parlement européen a mis en place une série de mesures administratives qui s'appliquent à tous les pays producteurs du continent.

Qu'est ce que cela change, concrètement ? Pas grand-chose, du moins pour le moment. Parmi les modifications majeures, on note, entre autres, l'abolition de la dénomination « vin de table », qui sera remplacée par le nom « vin », suivi de la mention du pays. Pour le reste, il faudra encore attendre quelque temps avant de voir changer les étiquettes de vos vins favoris.

Bien que la France ait adopté l'IGP (indication géographique protégée) et AOP (appellation d'origine protégée) en remplacement des vins de pays et des AOC, il n'existe aucune obligation pour les différentes entités régionales de se conformer à la nouvelle formulation avant la fin de l'année 2011. Cela explique, en partie, l'existence simultanée, en ce moment, des termes « IGP » et « Vin de Pays » sur les étiquettes de vins français. Hors France, l'Allemagne, l'Autriche et le Portugal semblent plus près d'accéder à une certaine unité quant à l'application de la réforme. L'Espagne et l'Italie en sont encore bien loin… Bref, la situation actuelle prend une allure beaucoup plus chaotique qu'harmonieuse.

Pour s'y retrouver, il faut avoir en tête que l'appellation n'est en aucun cas une garantie de qualité. Aujourd'hui, il est d'ailleurs de moins en moins rare que des vins (de table) et d'IGP rivalisent avec des vins d'AOP. La progression de ces catégories jadis banalisées est notamment attribuable à une poignée de vignerons réputés qui, las de l'immobilisme et des contraintes qu'imposent les organismes législateurs, ont renoncé à adhérer à leurs appellations plus prestigieuses. Au-delà de la nomenclature, la réputation du vigneron demeure, plus que jamais, le meilleur gage de plaisir.

Nadia Fournier

Affaires Plus, avril 2011

Martray, Laurent

Sur le coteau de Combiaty, adossé au mont Brouilly, Laurent Martray cultive 9 hectares de vignes – dont la moitié est louée au Château de la Chaize.

Les Feuillées 2009, Côte de Brouilly • (11153125) 21,10$
Très bel équilibre. Une bouche mûre, tonifiée par un caractère délicatement perlant, des notes d'épices et un grain tannique juste assez présent. Pas le plus guilleret des Beaujolais, mais il compense largement par sa personnalité affirmée et sa tenue en bouche. À boire idéalement entre 2012 et 2016. ★★★★ ② ♥

Vieilles vignes 2010, Combiaty, Brouilly • (10837373) 19,90$
Encore très jeune, délicat, franc et animé d'une saine vitalité. Un peu plus discret que l'an dernier certes, mais il compense par sa finale séveuse aux accents iodés. À revoir dans quelques mois. ★★★→? ② ♥

COMMENTÉS SOMMAIREMENT, D'AUTRES BEAUJOLAIS

Aufranc, Pascal ; Juliénas 2009, Probus
(11299351) 21,25$
L'effet conjugué du millésime et de vieilles vignes de gamay donne un Juliénas concentré qui plaira sans doute aux amateurs de vins costauds, mais laissera sur leur soif les amateurs de Beaujolais souples et friand. Plus imposant que désaltérant. ★★→? ②

Château de La Chaize 2009, Brouilly
(565663) 18,85$
De l'un des domaines les plus importants de l'appellation (un demi-million de bouteilles par an), un bon vin droit, épuré et plein de fraîcheur, à défaut de réelle personnalité. ★★ ©

Coquard, Juliénas 2009
(10838552) 18,10$
On sent la générosité du millésime 2009 : passablement charnu, fruité et animé d'une saine acidité. ★★★ ②

Saint-Amour 2009
(10838561) 19,45$
Bon vin souple, coulant et plutôt rudimentaire. ★★ ②

Domaine des Marrans, Chiroubles 2009, Vieilles vignes
(11153934) 20,45$
Bien que modeste, ce 2009 met en valeur le naturel fruité et la vitalité du gamay. Assez bien équilibré. ★★ ②

Dubœuf, Georges, Moulin-à-Vent 2007

(154864) 19,90 $
Encore jeune et marqué par l'élevage en barrique, le 2007 est suffisamment fruité et enrobé pour continuer de se développer au cours des prochaines années. Modeste, mais assez bon en son genre. ★★→? ② ©

Brouilly 2009
(070540) 18,95 $
Adéquatement fruité, mais sans envergure réelle ; souple, coulant et facile à boire. ★★ ② ©

Côte de Brouilly 2009
(162503) 17,60 $
Aidé par le millésime, un bon vin commercial plus substantiel que d'habitude, assez riche en fruit. ★★ ② ©

Saint-Amour 2008
(10481661) 18,90 $
Vif, léger et modérément aromatique. ★★ ②

Régnié 2008
(211185) 15,90 $
Rien de spécial ; du fruit et un bon équilibre, mais sans éclat. ★★ ② ©

Beaujolais-Villages 2009
(122077) 15 $
Correctement fruité, souple et facile à boire. ★★ ② ©

Beaujolais 2009
(212480) 14,10 $
Léger, fruité et rudimentaire. ★★ ② ©

Fun 2009, Beaujolais
(11459482) 13,95 $ ★★ ② ©

Beaujolais Blanc 2007
(147777) 15,05 $ ☆☆ ① ©

Tête, Louis ; Régnié 2009
(879932) 15,75 $
Sans doute favorisé par la richesse de l'été 2009, ce Régnié dégage de bons parfums de fruits et une agréable fraîcheur. Satisfaisant à ce prix. ★★★ ② ♥

La Madone 2009, Fleurie
(734764) 18,60 $
Un peu terne et à court de fruit. Loin du niveau de qualité général du millésime 2009. ★★ ②

Moulin-à-Vent 2009
(859173) 18,75 $
Vif, assez serré ; l'ensemble manque de chair autour de l'os. ★★→? ②

D'AUTRES BEAUJOLAIS DE QUALITÉ MOYENNE ★★

Domaine de la Côte des Charmes, Les Charmes 2009, Vieilles vignes, Morgon
(10838499) 19,75 $

Château de Pizay 2010, Morgon
(719393) 19,30 $ ©

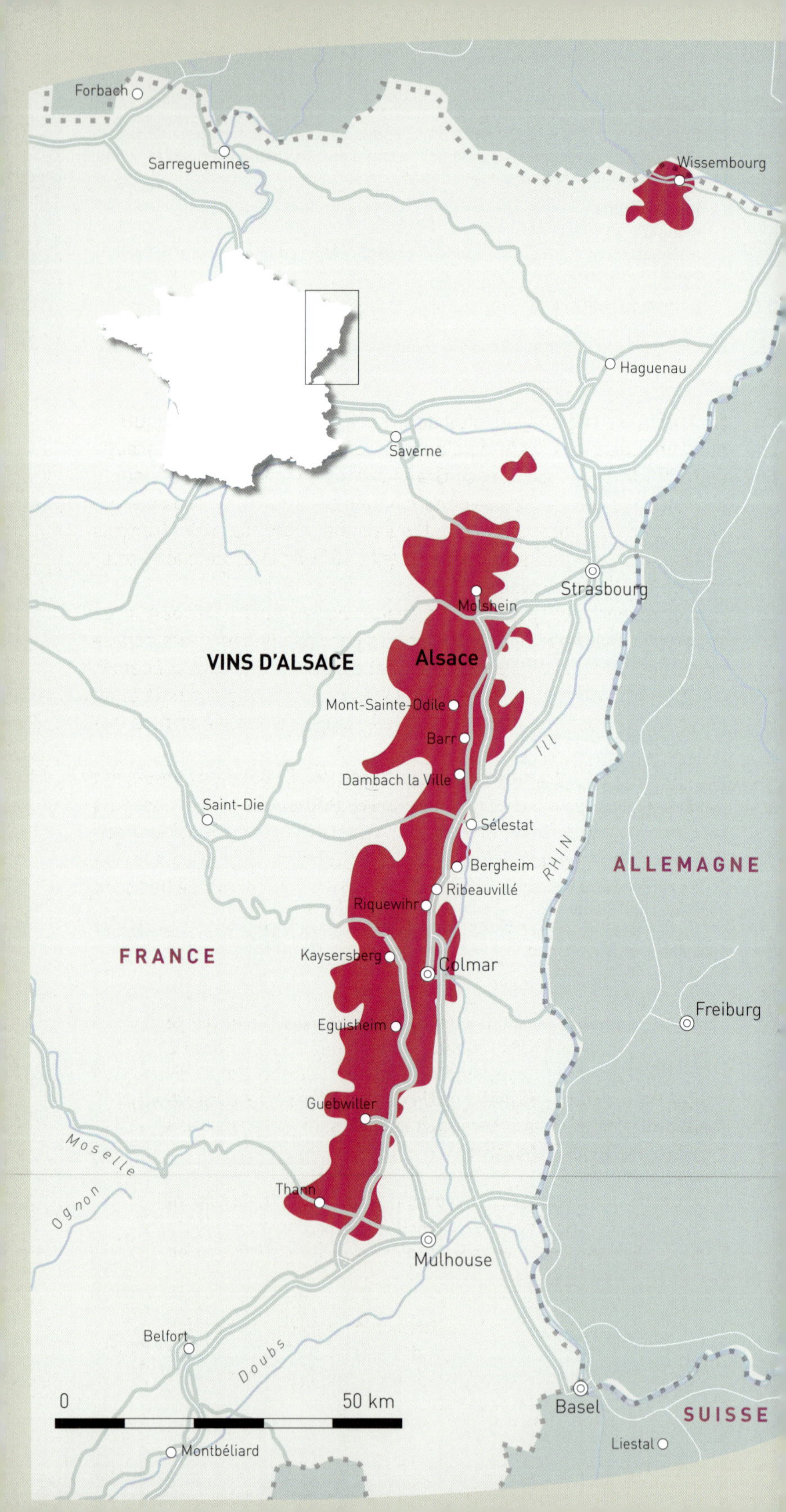

VINS D'ALSACE
Alsace
Forbach
Sarreguemines
Wissembourg
Haguenau
Saverne
Strasbourg
Molsheim
Mont-Sainte-Odile
Barr
Dambach la Ville
Sélestat
Bergheim
Ribeauvillé
Riquewihr
Kaysersberg
Colmar
Eguisheim
Guebwiller
Thann
Mulhouse
Saint-Die
Belfort
Montbéliard
Basel
Liestal
Freiburg
Ill
RHIN
Moselle
Ognon
Doubs
FRANCE
ALLEMAGNE
SUISSE
0
50 km

Alsace

De toutes les régions viticoles de France, l'Alsace est sans doute la plus singulière. Le système d'appellation est simple et ne regroupe que trois AOC : Alsace, Alsace Grand cru (parfois remise en question) et Crémant d'Alsace. Pas de dénomination communale, pas de hiérarchisation parcellaire complexe. L'Alsace est plutôt le jardin français des cépages aromatiques et représente 18 % de la production nationale de vins blancs tranquilles.

L'encépagement a beaucoup évolué au cours des 30 dernières années. Les variétés les plus affectées par ces changements sont le sylvaner et le chasselas – virtuellement absents du marché québécois – qui ont progressivement été remplacés par le pinot blanc et le pinot gris qui représentent, avec le riesling et le gewurztraminer, plus des trois quarts du vignoble.

Conquis par leur multitude de parfums, les Québécois demeurent fidèles aux vins alsaciens puisque le chiffre d'affaires des vins d'Alsace à la SAQ est en progression constante depuis plusieurs années, égalant presque celui des vins de la Loire. L'offre en succursales demeure un peu limitée, mais plusieurs bonnes bouteilles sont offertes en importation privée.

www.vinsalsace.com

bon à savoir

Certains producteurs laissent une dose perceptible de sucre résiduel dans leurs vins. Quelques maisons ont commencé à donner des informations relatives aux taux de sucre et d'acidité sur la contre-étiquette, mais cette pratique demeure assez marginale. Pour acheter des vins secs, retenez les noms de Beyer, Hugel et Trimbach.

L'appellation « Alsace Grand cru » n'indique pas nécessairement une qualité supérieure. Cette appellation fait l'objet de débats récurrents au sein de la profession. Plusieurs producteurs s'en excluent volontairement.

En raison de leur forte acidité, les grands vins secs de riesling ont besoin de temps pour atteindre leur sommet. Ils peuvent vivre très longtemps.

Beyer, Léon

À Eguisheim, la tradition familiale des Beyer se transmet depuis 1580. Aujourd'hui sous la gouverne de Marc Beyer et de son fils, Yann-Léon, la maison continue d'être un modèle de résistance à la tendance parfois racoleuse du sucre résiduel. Indépendants d'esprits, ils restent fidèles à l'idée du vin alsacien sec, pur et tranchant. Tout ce qui porte la griffe Beyer, du plus modeste au plus grand, est donc impeccablement précis et désaltérant. Lors d'une visite à Montréal en janvier dernier, Marc Beyer a proposé à la presse spécialisée, une verticale des Riesling Les Écaillers et Comtes d'Eguishem. Même le 1971, qui avait atteint l'âge vénérable de quarante ans, était une leçon de choses en matière de fraîcheur. Preuve que l'équilibre et la finesse sont davantage garants de longévité que la force ou l'exubérance...

Riesling 2004, Comtes d'Eguisheim, Alsace • (10844266) 49 $
Dans la continuité des millésimes précédents, ce monument alsacien, issu du grand cru Pfersigberg à Eguisheim, conjugue de façon majestueuse l'intensité, la profondeur et le raffinement aromatique du riesling. Même s'il comble déjà le palais avec son attaque cristalline, sa précision aromatique aux accents délicatement iodés et son équilibre irréprochable, il n'atteindra probablement pas son apogée avant 2014. Les amateurs plus patients peuvent sans craindre le laisser reposer une quinzaine d'années en cave. Grand vin ! ☆☆☆☆→☆ ③

Riesling 2004, Les Écaillers • (974667) 35 $
Fruit d'un millésime classique en Alsace, Les Écaillers 2004 distille, plus que jamais, l'essence inaltérée du Riesling franc, minéral et désaltérant. Des vertus qui ont depuis longtemps fait leurs preuves à table. Même s'il commence à révéler de délicates notes d'évolution, sa structure et son acidité lui permettront de vivre longtemps. ☆☆☆☆ ②

Gewurztraminer 2005, Alsace • (978577) 24,10 $
Le gewurz façon Beyer. À la fois onctueux, ample volumineux et parfaitement sec. Parfumé, sans toutefois être pommadé, avec des saveurs amples de fruits exotiques qui évoquent le litchi. Maintenant à point et bâti pour vivre encore de bonnes années. Excellent ! ☆☆☆☆ ② ♥

Riesling 2009, Réserve, Alsace • (081471) 17,75 $
Comme toujours, ce Riesling courant est un modèle de pureté et d'équilibre. Absolument sec, parfaitement désaltérant. ☆☆☆ ② ♥ Ⓒ

Deiss, Marcel

Ce grand domaine de la viticulture alsacienne est conduit en biodynamie par Jean-Michel Deiss.

Alsace 2009 • (10516490) 24,70 $
Chaque année, cet assemblage de pinot blanc, de riesling, de pinot gris et de gewurztraminer donne un vin très aromatique. Le 2009 m'a semblé un peu plus sec, sans doute en raison d'une acidité bien dosée qui harmonise l'ensemble et évite de verser dans la lourdeur. Simple, mais toujours agréable. ☆☆☆ ②

On trouve aussi des vins de ce producteur en importation privée. IP

Engel, Fernand

Avec 45 hectares de vignes en production, le domaine de la famille Engel est l'un des plus importants vignobles alsaciens exploités en agriculture biologique.

Riesling 2008, Réserve, Alsace • (10518591) 16,15 $
Ce vin commenté dans la trentième édition du *Guide* semble avoir gagné en nuances au cours de la dernière année. Vif, fruité, rond sans être pommadé, agrémenté de notes de miel et doté d'une tenue en bouche digne de mention. ☆☆☆ ②

Hugel & Fils

Décédé en 2009, Jean Hugel aimait répéter que l'on reconnaissait une grande maison par la qualité de son vin courant.

Riesling 2010, Alsace • (042101) 17,95 $
Rien de compliqué, mais une belle expression variétale du Riesling : sec, franc et droit. ☆☆☆ ② C

Gewurztraminer 2010, Alsace • (329235) 19,95 $
Modérément aromatique compte tenu du potentiel du cépage ; vif et arrondi par un poil de sucre. Correct, mais rudimentaire. ☆☆ ② C

Gentil 2010, Alsace • (367284) 17,15 $
Comme d'habitude, ce cocktail alsacien combine les vertus aromatiques des cépages gewurztraminer, pinot gris, riesling, muscat et sylvaner. Parfumé, affriolant et désaltérant. ☆☆☆ ② C

en peu de mots

Bordée à l'est par l'Allemagne et à l'ouest par le massif des Vosges, le vignoble alsacien s'étend sur une centaine de kilomètres entre Strasbourg et Mulhouse. Ses 15 500 hectares de vignes donnent annuellement un peu plus de 150 millions de bouteilles dont 90 % de vin blanc.

Sauf de très rares exceptions, le goût de bois est inexistant dans les vins d'Alsace. L'expression du cépage et du terroir est pleinement mise en valeur.

Ostertag

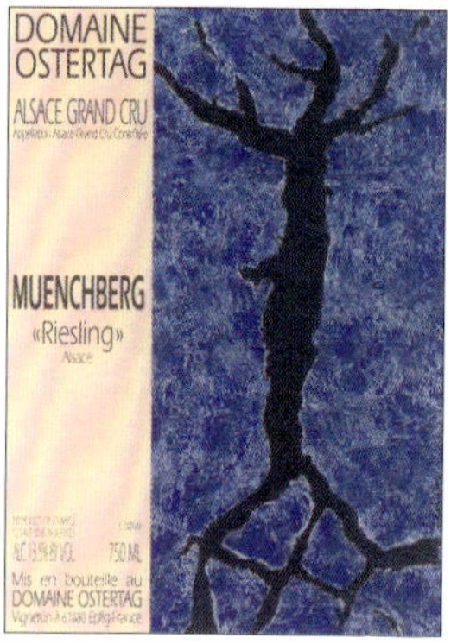

Innovateur et indépendant d'esprit, André Ostertag produit une gamme de vins distingués soigneusement élaborés. Il a eu l'audace de bousculer la tradition en conduisant certaines vinifications en barrique de chêne, une méthode empruntée à la Bourgogne où il a fait ses études d'œnologie.

Pinot gris 2008, Fronholz, Alsace • (924977) 39 $
Ample, volumineux, très sec et enveloppé par une texture vineuse, presque crémeuse et tonifiée par une acidité franche, garante de sa tenue en bouche. Un vin d'envergure à savourer à table, avec une cuisine indienne relevée. ☆☆☆☆ ②

Pinot gris 2009, Barriques, Alsace • (866681) 28,90 $
Savamment utilisé, le bois joue son rôle de faire-valoir et rehausse l'onctuosité du Pinot gris, sans en masquer les saveurs naturelles. C'est particulièrement vrai en 2009 alors que le fruit s'exprime avec beaucoup détails et de caractère. Excellent vin sec, vigoureux et apte à s'épanouir au cours des cinq prochaines années. ☆☆☆☆ ②

Riesling 2008, Muenchberg, Alsace Grand cru • (739821) 42,75 $
Dans la commune de Nothalten, le Riesling s'enracine dans les sols de grès rose qui composent le grand cru Muenchberg. André Ostertag en tire un vin aussi singulier que succulent. Ample et manifestement issu de raisins parfaitement mûrs, le vin révèle un spectre de saveurs distinguées et laisse sur une finale tonique et désaltérante. La grande classe ! ☆☆☆☆ ③

Riesling 2009, Heissenberg, Alsace • (739813) 37,25 $
Plus mûr et capiteux que d'habitude (14 % d'alcool), mais aussi doté d'une certaine charpente, avec des accents amers en finale qui rehaussent ses parfums floraux, typiques des Riesling mûris à point. Encore très jeune, il gagnera à reposer en cave quelques années. ☆☆☆→? ③

Riesling 2009, Vignoble E, Alsace • (11459984) 23,25 $
Bon Riesling variétal, vif, fringant et mettant en relief de jolis parfums d'écorce de citron. Sec et de bonne facture ; frais et arrondi par un poil de sucre. Beaucoup de fruit et de relief. Quatre étoiles pour un excellent Riesling courant. ☆☆☆☆ ② ♥

Gewurztraminer 2009, Vignoble E, Alsace • (870493) 28,60 $
En revanche, je m'explique assez mal cet exercice de style de la part d'André Ostertag. Très aromatique et exubérant certes, mais le sucre prend beaucoup de place et le vin n'a pas l'acidité nécessaire pour le supporter. Résultat, une impression lourde et pommadée dont on se lasse vite. On se demande d'ailleurs que faire avec un tel vin. Trop sucré pour l'apéro, trop lourd pour le plat principal et trop aromatique pour le dessert… ☆☆→? ②

Trimbach

Dans son domaine de Ribeauvillé, la famille Trimbach reste fidèle au style qui a fait la réputation de la maison auprès des amateurs appréciant les vins stricts et purs.

Pinot blanc 2008, Alsace • (089292) 16,05$
Pas le plus aromatique, typique du Pinot blanc, mais sec et agrémenté d'une finale saline qui le rend franchement désaltérant. ☆☆☆ ② ♥

Zind-Humbrecht

Léonard Humbrecht est une grande figure alsacienne et ses vins sont réputés pour leur richesse, leur complexité et leur individualité. Son fils Olivier est une « lumière » de la viticulture européenne. Qualité et authenticité assurées.

Pinot gris 2004, Clos Jebsal, Vendanges tardives, Alsace • (10810251) 95,75$
Un splendide vin doux qui déploie une ampleur aromatique saisissante et une texture irrésistiblement caressante. Le tout est soutenu par une acidité idéale. Du grand art! Et bon pour longtemps. ☆☆☆☆☆ ③

Pinot gris 2008, Heimbourg, Turckheim, Alsace • (10258064) 43,75$
À des lieues des Pinot gris patauds, ce vin est heureusement tonifié par un léger reste de gaz carbonique. Intense, vineux et ponctué d'une délicate amertume qui accentue ses accents d'écorce d'orange. Le Pinot gris conjugué au plus-que-parfait. Avec un cari thaïlandais, c'est le bonheur! ☆☆☆☆ ②

Gewurztraminer 2008, Heimbourg, Alsace • (10265192) 51,75$
De style pansu, tout en rondeur et agrémenté de quelques grammes de sucre résiduel, cet excellent Gewurztraminer se distingue par son élégance et son équilibre exemplaire. Parfumé sans être pommadé, avec une fine amertume propre au cépage qui atténue la sensation de sucrosité et donne du relief au fruit. Un vin multidimensionnel à savourer avec un plaisir gourmand. ☆☆☆☆ ②

Riesling 2008, Herrenweg, Turckheim, Alsace • (10836549) 43$
Peut-être traversait-il un creux de vague lorsque dégusté en août dernier, mais ce Riesling semblait un peu linéaire. Très sec, modérément aromatique et doté d'une saine fraîcheur, mais on s'attend à plus de profondeur, de tenue et d'éclat pour un vin de cette ambition. ☆☆☆ ③

Riesling 2009, Alsace • (11461101) 22,10$
Léger sucre résiduel, mais droit, vigoureux et bien équilibré. Très bon Riesling d'entrée de gamme. ☆☆☆ ②

D'AUTRES VINS D'ALSACE COMMENTÉS SOMMAIREMENT

Dopff & Irion, Sylvaner 2009, Crystal d'Alsace, Alsace
(043422) 14,05$
Bon vin simple, mais sec et de bonne facture à retenir avant tout pour l'originalité aromatique du cépage sylvaner. ☆☆☆ ② Ⓒ

Mader, Riesling Rosacker 2007, Alsace Grand cru
(11034572) 38,75$
Ce Riesling ne m'a pas paru à la hauteur de ce grand terroir d'Hunawihr. Sa présence moelleuse en bouche est certes relevée par une vive acidité, mais il m'a semblé manquer de profondeur et de nuances aromatiques. Prix élevé. ☆☆→? ②

Mann, Albert ; Pinot gris 2009, Hengst, Alsace Grand cru
(11343711) 36,25 $
Un reste important de sucre et des saveurs florales riches, donnent à ce Pinot gris un caractère un peu pommadé. Joufflu, mais sans finesse particulière. ☆☆ ②

Schlumberger, Pinot gris 2008, Les Princes Abbés, Alsace
(913897) 23,25 $
Assez sec, droit, plutôt bien fait, égayé de bons goûts d'ananas confit et enrobé d'un reste de sucre. ☆☆☆ ②

« S » de Schlumberger, Alsace
(10789869) 18,65 $
Un peu cocktail, léger reste de sucre. Modeste et un peu facile. ☆☆ ②

Vignerons de Pfaffenheim et Gueberschwihr, Riesling Gueberschwihr Goldert 2007, Alsace Grand cru
(11034652) 33,50 $
Bon Riesling ouvert et généreusement aromatique ; suffisamment sec, vif et bien équilibré, à défaut de réelle complexité aromatique. ☆☆☆ ②

Zeyssolff, Pinot blanc Auxerrois 2008, Alsace
(896530) 15,85 $
Très mielleux, vif ; modeste et sans personnalité. ☆☆ ②

D'AUTRES VINS D'ALSACE DE QUALITÉ MOYENNE ☆☆

Albrecht, Lucien ; Pinot gris 2009, Réserve, Alsace
(965962) 18,30 $

Gewurztraminer 2008, Bollenberg, Alsace
(710459) 24,40 $

Clos Sainte-Odile, Riesling 2009, Alsace
(914168) 18,35 $

Les Cigognes, Riesling 2009, Alsace, La Cave d'Obernai
(202259) 14,15 $ Ⓒ

Metz, Arthur ; Gewurztraminer 2009, Alsace
(10967451) 18,80 $ Ⓒ

Pinot blanc 2010, Alsace
(10967469) 15 $ Ⓒ

Pfaffenheim, Pinot gris 2009, Alsace
(456244) 15,65 $ Ⓒ

Pinot blanc 2009, Grande Réserve, Alsace
(11459677) 15,80 $ © LOGO

Pinot gris-Riesling 2009, Black Tie, Alsace
(11469621) 19,10 $

Gewurztraminer 2009, Cuvée Bacchus, Alsace
(197228) 19,85 $

Riesling 2007, Cuvée Jupiter, Alsace
(914424) 18,75 $

Pinot gris 2007, Steinert, Alsace grand cru
(729616) 25,75 $

Rieflé, Riesling 2007, Bonheur Festif, Côte de Rouffach, Alsace
(11034433) 26,25 $

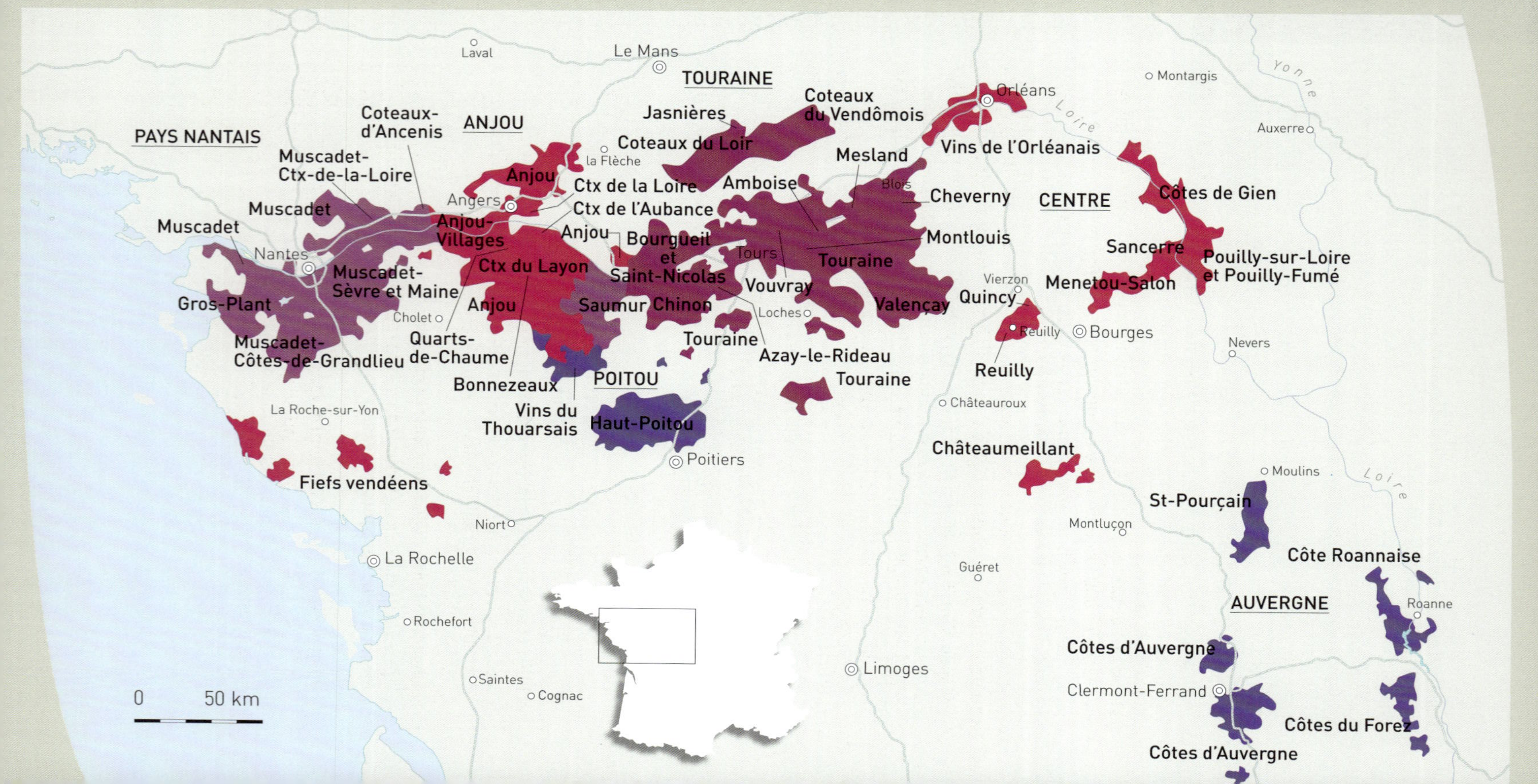

PAYS NANTAIS
ANJOU
TOURAINE
CENTRE
POITOU
AUVERGNE
Muscadet
Muscadet
Muscadet-
Ctx-de-la-Loire
Coteaux-
d'Ancenis
Gros-Plant
Muscadet-
Sèvre et Maine
Muscadet-
Côtes-de-Grandlieu
Anjou
Anjou-
Villages
Anjou
Anjou
Ctx de la Loire
Ctx de l'Aubance
Ctx du Layon
Quarts-
de-Chaume
Bonnezeaux
Vins du
Thouarsais
Saumur
Chinon
Bourgueil
et
Saint-Nicolas
Jasnières
Coteaux du Loir
Coteaux
du Vendômois
Amboise
Mesland
Cheverny
Montlouis
Touraine
Vouvray
Valençay
Touraine
Azay-le-Rideau
Touraine
Haut-Poitou
Fiefs vendéens
Vins de l'Orléanais
Côtes de Gien
Sancerre
Pouilly-sur-Loire
et Pouilly-Fumé
Menetou-Salon
Quincy
Reuilly
Reuilly
Châteaumeillant
St-Pourçain
Côte Roannaise
Côtes d'Auvergne
Côtes d'Auvergne
Côtes du Forez
Laval
Le Mans
la Flèche
Angers
Nantes
Cholet
La Roche-sur-Yon
Niort
La Rochelle
Rochefort
Saintes
Cognac
Poitiers
Tours
Blois
Loches
Orléans
Loire
Loire
Yonne
Montargis
Auxerre
Vierzon
Bourges
Nevers
Châteauroux
Montluçon
Guéret
Limoges
Moulins
Roanne
Clermont-Ferrand
0
50 km

Val de Loire

Le vignoble du val de Loire est le plus diversifié de France. Comptant quelque 75 000 hectares, il s'étend sur près de 1 000 km entre le massif Central et l'Atlantique, de part et d'autre du fleuve.

Le vin se décline en plusieurs temps : rouge, rosé, blanc, sec, moelleux, liquoreux, tranquille, mousseux. On a souvent dit de ses crus qu'ils étaient les plus français de tout l'Hexagone et que les Vouvray, Coteaux du Layon, Savennières, Chinon, Bourgueil, Sancerre, Pouilly-Fumé étaient parmi les plus civilisés du pays.

Avec 68 appellations d'origine contrôlée, la Loire est le troisième vignoble d'appellation de France par sa production.

Au Québec, la Loire ne rivalise pas avec les grandes régions, mais elle occupe une part de marché relativement stable et génère des ventes annuelles d'un peu moins de 26 millions de dollars. L'offre continue de se diversifier et l'on voit enfin apparaître en succursales quelques producteurs incontournables. L'amateur de vin de la Loire peut aussi trouver son compte avec le vaste choix de vins disponibles en importation privée IP.

bon à savoir

Grâce à leur forte acidité, les meilleurs vins blancs secs et moelleux issus de chenin – Vouvray, Montlouis, Coteaux du Layon, Savennières – peuvent vivre longtemps.

Les vins blancs secs de sauvignon : Sancerre, Menetou-Salon, Sauvignon de Touraine, etc., sont les compagnons parfaits des fromages de chèvre.

Même si l'étiquette ne le précise pas, certains vins blancs d'Anjou et de Touraine sont plus ou moins moelleux.

LES CINQ DERNIERS MILLÉSIMES

2010 Résultats variables selon les régions ; très satisfaisants dans le Muscadet, en Anjou ainsi qu'à Sancerre. De très bons vins rouges de cabernet franc en Touraine. Dans les Coteaux du Layon, à Vouvray et à Montlouis, pluies et pourriture ont compliqué la vie des vignerons.

2009 En dépit d'épisodes de sécheresse en Anjou et en Touraine, la qualité d'ensemble des rouges et des blancs donne satisfaction. Grêle à Sancerre.

2008 Millésime classique avec de très bons vins blancs secs – notamment dans le Muscadet – et des vins rouges charpentés en Anjou et en Touraine. Peu de vins liquoreux, en raison d'un mois de novembre pluvieux. Beaucoup de bons vins aromatiques à Sancerre et à Pouilly-Fumé.

2007 Après un été de misère et des problèmes généralisés de pourriture, les vignerons de Loire – de Nantes à Sancerre – ont pu enfin bénéficier d'un mois de septembre plus favorable. De bons vins blancs secs et liquoreux aux meilleures adresses. Des vins rouges de qualité moyenne destinés à une consommation rapide.

2006 Des conditions précaires et un millésime de qualité moyenne. Pas de *botrytis* et très peu de vins liquoreux. Des vins rouges d'assez bonne qualité.

DÉBOUCHER OU ATTENDRE ?

Val de Loire blancs • **De la cave, que boire en 2012?**

Muscadet, Sauvignon de Touraine sont bons à boire entre 1 an et 3 ans. Leur principal attrait repose sur le fruit et, à l'exception des plus grandes cuvées, il n'y a pas intérêt à les laisser vieillir. En revanche, Sancerre et Pouilly-Fumé peuvent vivre plus longtemps qu'on le pense. Les meilleurs vins de chenin blanc, secs, moelleux ou liquoreux (Anjou, Vouvray, etc.), exigent quelques années pour développer leur potentiel. Avant l'âge de 5 ans, ils sont souvent sévères et dénués de charme, et c'est seulement après quelques années en bouteille qu'ils dévoilent toute leur complexité. Les grands vins moelleux de la période 2007-2002 – surtout les 2005 – continueront de se développer et vivront longtemps. Il faut se rappeler que les meilleurs vins blancs de Vouvray, de Savennières et des Coteaux du Layon sont pratiquement indestructibles ; dans une cave fraîche, ils traversent les décennies sans broncher.

Val de Loire rouges • **De la cave, que boire en 2012?**

La plupart des vins rouges de Loire sont bons à boire jeunes, y compris les Chinon et les Bourgueil. Seuls les meilleurs vins des millésimes 2008 et 2006 peuvent encore mûrir. En 2012, on profitera des 2007 avant qu'il ne soit trop tard.

Alliet, Philippe

À Chinon, Philippe Alliet continue de parfaire sa maîtrise du cabernet franc – nommé « breton » dans la région – et obtient d'excellents résultats parmi les vins les plus fins, étoffés et équilibrés de l'appellation.

Vieilles vignes 2009, Chinon • (11510671) 28,85$
Plantées dans des sols graveleux, de vieilles vignes de cabernet franc donnent un vin parfaitement mûr, constitué de tanins dodus et caressants et relevé de saveurs éclatantes de fruits, ponctuées de francs accents d'épices. Tout ce que l'on peut espérer d'un Chinon. Bravo ! ★★★★ ② ♥

Amirault, Yannick

Dans son domaine d'une vingtaine d'hectares, ce producteur signe des vins très complets qui allient à la fois la finesse et la structure.

Le Grand Clos 2008, Bourgueil • (11154128) 27,05$
L'apport du bois ne nuit en rien à l'expression franche et nette de ce très bon vin dense et bien construit. Les tanins sont mûrs et le vin a du coffre, de la vigueur et beaucoup de charme. À boire dès maintenant ou à laisser reposer jusqu'en 2016. ★★★→? ③

La Coudraye 2009, Bourgueil • (10522401) 20,60$
Bien qu'il ne révèle pas son plein potentiel, ce vin jeune séduit déjà par ce naturel vivace et vibrant propre aux vins rouges de la Loire. Rien de spectaculaire, mais solide et authentique. À boire d'ici 2014. ★★★→? ②

Baudouin, Patrick

Coteaux du Layon 2004, Les Bruandières • (10985835) 46,75$
Ce vin taillé comme une pièce d'orfèvrerie procure un plaisir rare. Des vendanges successives et un tri minutieux pour ne cueillir que les raisins parfaitement botrytisés. Le 2004 affiche une couleur safran, un parfum racé et un fruité explosif sur un fond élégamment fumé. Tendre, onctueux et équilibré. Déjà succulent, mais il pourra tenir la route des dizaines d'années. ☆☆☆☆ ③

en peu de mots

Les Chinon et les Bourgueil sont tout le contraire des vins rouges concentrés et confiturés qui inondent le marché international. On les apprécie au contraire pour leur nature typiquement septentrionale : tenue, vivacité, fraîcheur et équilibre. Des qualités fort agréables à table.

Les vins de Loire, blancs ou rouges, ont rarement un caractère boisé. Les producteurs préfèrent mettre la matière première et l'expression du terroir en valeur.

Baudry, Bernard

Dans son domaine familial, Bernard Baudry signe une gamme de bons Chinon dont on ne peut qu'apprécier la constance.

Les Grézeaux 2008, Chinon • (10257555) 25,20$
Excellent vin strict, qui va droit au but et qui se caractérise par sa légèreté alcoolique à 12,5%, son caractère aromatique très franc, sans détour ni tape-à-l'œil. Une très belle texture, pas de parfum boisé, mais une expression sincère et inaltérée du terroir de Chinon. À laisser reposer en cave encore un an ou deux... ★★★→★ ③

Bourgeois, Henri

Véritable locomotive de Sancerre, la famille Bourgeois exploite un vaste domaine, ainsi qu'un commerce de négoce, dont elle tire une gamme étendue de vins blancs de bonne qualité.

La Demoiselle 2009, Pouilly Fumé • (702126) 41,25$
De l'autre côté du fleuve, dans la commune de Pouilly, l'entreprise produit un excellent vin empreint d'une personnalité affirmée qui va au-delà du goût du cépage. Assez riche et vineux, son jeu de nuances aromatique est mis en relief par une délicate amertume, qui évoque les écorces d'orange. ☆☆☆☆ ②

Jadis 2008, Sancerre • (10322142) 56$
Plus cher et plus ambitieux, ce vin provenant d'une parcelle de vignes de sauvignon âgées de plus 50 ans se signale avant tout par l'opulence de ses saveurs de fruits exotiques. Un peu moins distinctif que la demoiselle, mais ample, très mûr, enrobé et généreux. ☆☆☆→? ③

La Bourgeoise 2008, Sancerre • (702142) 40,25$
Une vinification et un élevage en barrique avec remuage sur lies assure une bonne tenue en bouche et suffisamment de volume à ce vin. En prime, de jolis accents de beurre qui persistent en finale. À boire entre 2012 et 2016. ☆☆☆→? ②

Le MD de Bourgeois 2009, Sancerre • (967778) 36,25$
Ce vin sec offre un certain caractère et des saveurs vives d'agrumes. Belle expression moderne du terroir de Sancerre. ☆☆☆ ②

En Travertin 2009, Pouilly-Fumé • (412312) 27,80$
Sec et désaltérant à défaut de réelle personnalité ; son acidité lui donne une poigne appréciable. ☆☆☆ ②

Le Prieuré des Aublats 2009, Menetou-Salon • (10265029) 24,35$
La générosité du millésime 2009 se fait sentir et laisse en bouche une impression chaleureuse, sans mollesse. Correct, mais pas spécial. ☆☆ ②

Les Baronnes 2010, Sancerre • (303511) 26,50$
Présenté dans une bouteille à capsule vissée, ce vin inscrit au répertoire général de la SAQ s'apparente davantage à un Sauvignon blanc générique qu'à un authentique Sancerre. Attendri par un reste de sucre et assaisonné de saveurs prévisibles de pamplemousse. ☆☆ ② Ⓒ

Les Baronnes 2008, Sancerre Rouge • (10267841) 29,50$
Plus complet que le 2006 commenté l'an dernier et misant à fond sur la souplesse du pinot noir, ce vin tendre déploie des parfums fruités assez nets. Malgré tout, un peu court. Son prix laisse songeur. ★★→? ②

Château Yvonne

Sous l'impulsion de son créateur, l'éditeur suisse Jean-François Lamunière, cette propriété de Saumur est devenue une référence dans l'art d'élaborer des vins blancs dotés d'une forte personnalité. Son nouveau propriétaire, Mathieu Vallée, poursuit dans la même optique.

Saumur 2010 • (10689665) 25,35$
Dans la continuité des derniers millésimes, le 2010 est impeccablement réussi. Très racé, mûr, juste assez enrobé et animé d'un léger reste de gaz qui le rend encore plus savoureux et met en valeur sa dimension aromatique et son éclat fruité. On mord dans la grappe. ☆☆☆☆ ② ♥

Chidaine, François

Tout comme Menetou-Salon avec Sancerre, l'appellation Montlouis évolue un peu dans l'ombre de Vouvray. Depuis une vingtaine d'années, François Chidaine n'a ménagé aucun effort pour redorer la réputation de ce terroir situé sur la rive sud de la Loire.

Les Choisilles 2007, Montlouis sur Loire • (11153176) 30$
Dans un style plus tendre que d'autres, mais sans mollesse, ce vin issu de chenin blanc déploie en bouche de fines notes minérales qui contribuent à sa prestance et à sa personnalité. À boire sans se presser, puisqu'il a les atouts nécessaires pour vieillir en beauté. ☆☆☆☆ ②

Vouvray 2009, Les Argiles • (11461056) 25,60$
À la faveur d'un millésime spécialement généreux, un très bon vin légèrement moelleux, soutenu par une acidité bien sentie. Déjà fort charmant, il continuera de s'ouvrir au cours des cinq prochaines années. ☆☆☆→? ③

••• dans le monde du vin •••

À PROPOS DU MUSCADET
Le Muscadet est sans doute l'un des vins blancs de France dont la réputation a le plus souffert de la vague de produits à saveur industrielle commercialisés au cours des deux dernières décennies. Pourtant, lorsqu'il est entre de bonnes mains, le melon de bourgogne – cépage de l'appellation – donne des vins savoureusement désaltérants qui n'ont rien à envier à d'autres bons vins blancs de France. Jo Landron (Domaine de la Louveterie*), Luneau-Papin et Guy Bossard (Domaine de l'Écu) sont quelques noms à retenir.
* Voir la section « Importation privée ».

Clos de la Briderie

Ce domaine exploité en biodynamie par Vincent Girault continue de cumuler les succès.

Vieilles vignes 2009, Touraine Mesland • (977025) 16,25 $
Cet assemblage de côt (malbec), de cabernet franc et de gamay séduit une fois de plus par son attaque en bouche franche, sa vigueur, sa légèreté alcoolique (12,5 %) et ses saveurs épicées. Servi autour de 15 °C, on ne saurait demander mieux à ce prix ! ★★★ ② ♥

Domaine de Bellivière

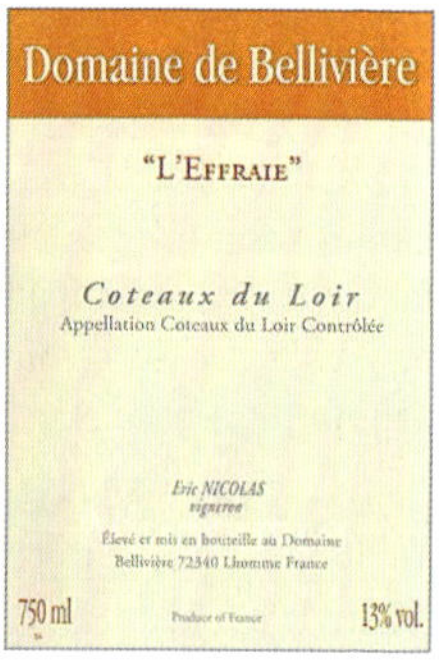

L'appellation Coteaux du Loir couvre à peine 70 hectares – la taille de certaines propriétés bordelaises – dans le département de la Sarthe. Elle mise sur l'originalité des cépages chenin, en blanc, et pineau d'Aunis, en rouge.

L'Effraie 2009, Coteaux-du-Loir •
(11495467) 27,55 $
Bien qu'il comporte un reste important de sucre, ce vin demi-sec n'accuse aucune lourdeur ni mollesse, grâce à la vitalité légendaire du chenin. Issu de culture biodynamique, le vin est un modèle de nuances et d'équilibre. Tendre, riche en goût de fruits mûrs et de fleurs, il résume à lui seul tout le charme des bons vins doux de la Loire. À boire sans se presser au cours des dix prochaines années. ☆☆☆☆ ② ♥

Domaine de La Charmoise

À propos du vin, son père disait : « Un bon verre en appelle un autre. » Henry Marionnet a bien retenu la leçon et signe un Gamay dont on a toujours soif.

Gamay 2010, Touraine • (329532) 16,40 $
Dans la lignée des derniers millésimes, le 2010 se signale par sa fraîcheur et ses saveurs friandes qui donnent l'impression de mordre à pleines dents dans la grappe. Léger en alcool et issu de l'agriculture biologique. Servi frais autour de 13-14 °C, avec une assiette de charcuteries… C'est le bonheur assuré en terrasse ! ★★★★ ② ♥

On trouve aussi d'autres vins de ce producteur en importation privée. Ⓟ

Domaine de la Garrelière

Adeptes de la biodynamie, Pascale et François Plouzeau cultivent un vignoble d'une vingtaine d'hectares et font ce vin aussi sensationnel que singulier.

Cendrillon 2009, Touraine • (10211397) 21,35 $
Déjà commenté l'an dernier, ce vin pur et sans artifice, composé à 85 % de sauvignon et de chenin, affiche une ampleur aromatique et une vinosité remarquables en 2009. Quatre étoiles bien méritées pour sa constance sans faille depuis son introduction à la SAQ. On achète les yeux fermés ! ☆☆☆☆ ② ♥

Domaine de Montcy

La petite appellation Cheverny s'étend au sud de la ville de Blois. Laura Semeria y élabore bon an mal an un très bon vin blanc.

Cuvée Clos des Cendres 2009, Cheverny • (919191) 18,05 $

Cette cuvée historique, nommée ainsi en raison de la silice grise qui recouvre la parcelle dont elle est issue, n'a nullement souffert de la chaleur de l'été 2009. Bien au contraire, le vin – composé de sauvignon et de chardonnay – est rassasiant de vinosité et de fraîcheur. Un très bon achat à ce prix ! ☆☆☆☆ ② ♥

Domaine de Reuilly

La minuscule appellation de Reuilly couvre à peine 185 hectares à l'ouest de Sancerre et de la ville de Bourges.

Les Pierres Plates 2009, Reuilly • (11463810) 22,35 $

Interprétation vive, légère et délicate du sauvignon blanc, néanmoins très agréable par sa tenue en bouche, à laquelle s'ajoute la vitalité propre au cépage. ☆☆☆ ②

Domaine des Roches Neuves

Thierry Germain est l'une des figures les plus respectées de Saumur-Champigny.

Saumur-Champigny 2009 • (10514312) 18,40 $

Un vin rouge coloré, charnu et gourmand dont la densité du fruit s'explique sans doute par la richesse du millésime. Délicieux et ficelé de tanins bien mûrs ; sa vigueur et ses saveurs franches en font l'un des plus agréables dégustés cette année. Jeune et servi frais, vous en aurez pour votre argent. Grand champion ! ★★★★ ② ♥

Domaine FL

Le domaine Jo Pithon a été repris en 2005 par l'industriel angevin Philip Fournier, qui l'a ensuite annexé au Château de Chambourea u (Savennières) sous l'étiquette Domaine FL.

Savennières 2007, Le Parc • (11305483) 23,70 $

Assez fidèle à la tradition et à une idée classique du chenin blanc, ce vin se veut modérément aromatique et arrondi par un léger reste de sucre, mais doté d'une certaine poigne grâce à l'acidité caractéristique du cépage. Il devrait gagner en nuances au cours des cinq prochaines années. ☆☆☆→? ②

Domaine la Moussière

Alphonse junior représente la 19e génération de cette exploitation familiale réputée de Sancerre.

Sancerre 2010 • (033480) 27,40$
Le cheval de bataille des Mellot remplit de nouveau ses promesses en 2010. Sa constance au fil des ans est irréprochable. Le 2010 s'exprime tout en fraîcheur, avec ces notes de fruits exotiques qui témoignent de baies mûries à la perfection et conservant une saine acidité. L'un des bons Sancerre vendus à la SAQ. Bravo ! ☆☆☆☆ ② ♥

Sancerre Rouge 2009 • (11472425) 49,25$
Aucune minceur dans ce vin parfaitement mûr, assez dense et structuré, auquel un élevage judicieux en fût de chêne confère de jolies notes grillées. Ferme et fruité, vanillé et épicé ; déjà délicieux malgré une certaine dureté attribuable à sa jeunesse. À mettre en cave pour trois ou quatre ans. ★★★→? ③

Domaine Mardon

Quincy 2010 • (11154241) 18,90$
Autre belle réussite en 2010 pour ce très bon vin issu d'une appellation peu connue située au sud-ouest de Sancerre et Menetou-Salon. Heureux mélange de vigueur et de vinosité, fringant et désaltérant, avec des goûts de fruits exotiques. ☆☆☆ ②

Domaine Pellé

Pionnière de l'appellation Menetou-Salon, la famille Pellé exploite 42 hectares de vignes, essentiellement dans le secteur prisé de Morogues. Les coteaux escarpés de cette commune, située dans la partie ouest de l'appellation, ont la réputation de donner des vins blancs particulièrement fins et racés.

Menetou-Salon 2009 • (872572) 24,05$
L'emploi exclusif de levures indigènes explique sans doute la singularité de cet excellent vin blanc issu d'une petite parcelle de 2,7 hectares, dont les vignes ont en moyenne 40 ans. Pas d'arômes boisés, mais une belle expression de fruits mûrs, vivifiée par une acidité du tonnerre. À ce prix, il vaut bien des Sancerre. ☆☆☆☆ ② ♥

Morogues 2010, Menetou-Salon • (852434) 21,40$
Plus modeste, mais très satisfaisant dans son genre. Vif, fringant et ponctué d'une fine amertume qui rehausse ses accents citronnés. ☆☆☆ ②

Domaine Sauger

Cheverny 2009 • (11154081) 15,50$
À prix d'aubaine, cet excellent vin rouge conjugue, dans des proportions irréprochables, les vertus complémentaires des cépages pinot noir et gamay. Équilibré, charnu et enrobé d'une mâche fruitée généreuse et dodue, sur un fond vibrant de parfums poivrés. ★★★★ ② ♥

Gilbert, Philippe

Menetou Salon 2008 • (11154988) 26,25 $
Issu exclusivement de pinot noir – comme le commande l'appellation Menetou-Salon –, cultivé selon les principes de la biodynamie. Discret et linéaire, mais bien proportionné et assez typique des Pinot noir de région fraîche avec des saveurs franches de cerises animées d'un reste perceptible de gaz. Il est conseillé de le passer en carafe au moins une heure avant de le servir. ★★★ ②

Jolivet, Pascal

Après quelques années creuses, les vins du producteur Pascal Jolivet reprennent du galon. La gamme complète semble en progression qualitative.

Pouilly-Fumé 2010 • (10272616) 26 $
Très bon vin sec dans lequel on retrouve certes, les parfums d'agrumes propres au Sauvignon banc, mais aussi une saine vinosité et une tenue en bouche digne de mention. J'ai particulièrement aimé sa finale légèrement amère qui donne une profondeur supplémentaire à l'ensemble. ☆☆☆ ②

Sancerre 2010 • (528687) 25,10 $
Dans le même esprit, un bon vin vif, sec, franc de goût et animé d'un léger reste de gaz. ☆☆☆ ②

Sauvignon blanc 2009, Attitude, Vin de Pays du Val de Loire • (11463828) 17,05 $
Expression variétale du sauvignon blanc. Pas caricatural, mais pas distinctif non plus. ☆☆ ②

Langlois-Chateau

Sans prétendre avoir la sève des meilleurs vins de Bourgueil et de Chinon, cette propriété de la société champenoise Bollinger produit une cuvée Vieilles vignes assez bien structurée.

Saumur 2009, Vieilles vignes • (857391) 25,20 $
Parfaitement ouvert, le 2003 est fidèle à l'esprit du millésime, c'est-à-dire d'une générosité marquée. Des saveurs très mûres, des tanins gras et dodus et une finale chaleureuse, presque capiteuse. Il est impératif de le servir rafraîchi à 14-15 °C, sans quoi il paraît lourd. ★★★ ② ▼

Saumur 2009, St-Florent • (710426) 15,45 $
Plus modeste. Court, plutôt mince et à court de chair. ★★ ②

Saumur blanc 2005, Vieilles vignes • (856674) 24,50 $
Très bon Saumur nourri par une vinification et un élevage en fût de chêne qui lui donnent une texture grasse et un joli relief de saveurs fruitées sur un fond de miel. À boire en cours d'année. ☆☆☆ ②

St-Florent 2009, Saumur • (962316) 15,85 $
Original et fidèle au style de sa région, un bon vin auquel le chenin apporte une nervosité qui le rend plus expressif et lui donne une agréable poigne. ☆☆☆ ② ♥

Lorieux, Pascal et Alain

Pascal et Alain Lorieux se font un point d'honneur de mettre en valeur les terroirs de Chinon et de Saint-Nicolas de Bourgueil. Tous exemplaires.

Thélème 2007, Chinon •
(917096) 22,45$
Dans un millésime hétérogène comme 2007, les frères Lorieux démontrent de nouveau leur talent à élaborer des vins rouges étoffés, élégants et racés. On a su tirer le meilleur du fruit pour obtenir juste ce qu'il faut de chair et de poigne. D'autant plus agréable à boire qu'il ne renferme que 12,5% d'alcool. Joie! ★★★★ ②

Saint-Nicolas de Bourgueil 2008, Les Mauguerets La Contrie •
(872580) 18,70$
L'exemple même du vin parfaitement civilisé que l'on veut boire à table. Digeste et désaltérant; aucune verdeur, mais toute la vitalité et l'expression croquante du cabernet franc de la Loire. ★★★★ ② ♥

Saint-Nicolas de Bourgueil 2009, Les Mauguerets La Contrie •
(872580) 18,70$
Tout aussi savoureux, mais sur un mode mûr et nourri, un peu plus dense et riche en goûts de fruits noirs. Encore un peu timide lorsque goûté cet été, il devrait être plus volubile au moment de sa mise en marché au début de l'année 2012. ★★★★ ② ♥

Louis, Éric

Sancerre 2010 • (10689729) 23,45$
Sauf erreur, c'est la première fois que je goûtais ce Sancerre élaboré par un domaine familial Thauvenay. Excellent vin parfumé et fruité, dont l'attaque en bouche friande, presque tendre, donne l'impression de croquer le raisin. Pas spécialement intense, mais sa netteté et sa fraîcheur ont beaucoup de charme. ☆☆☆→? ②

Moulin Touchais

Riche de réserves apparemment inépuisables, ce domaine spécialisé dans les vins doux d'Anjou offre une gamme de vieux millésimes à prix relativement abordables.

Coteaux du Layon 1999 • (739318) 44,50 $
Onctueux et très sucré, sans mollesse grâce à la fougue naturelle du chenin. Finale teintée de parfums d'orange amère. ☆☆☆→?

Coteaux du Layon 1997 • (11177418) 45,25 $
Moelleux sans être vraiment liquoreux ; très ouvert et soutenu par une franche acidité, caractéristique du cépage chenin. De la tenue et du volume en bouche ; finale persistante avec de légers accents de champignon. ☆☆☆☆ ③

Coteaux du Layon 1996 • (708628) 41 $
Couleur plus foncée que le 1992 et le 1997. La bouche est très ample, mûre et évoluée ; un peu moins de nerf, mais des saveurs riches de caramel anglais. ☆☆☆ ②

Coteaux du Layon 1992 • (854497) 29,55 $
Déjà passablement évolué. Le vin déploie des tonalités minérales, qui évoquent les hydrocarbures. La richesse de la jeunesse fait place à des saveurs plus nuancées et le vin a beaucoup de style. ☆☆☆☆ ②

Coteaux du Layon 1991 • (11427288) 48,50 $
Très bon vin encore en santé et n'accusant aucune fatigue prématurée. Très onctueux, riche en parfums d'écorces d'orange et soutenu par une bonne acidité. Le prix n'est pas excessif pour un vin de 20 ans. ☆☆☆☆ ②

Coteaux du Layon 1975 • (11427034) 81,25 $
Beaucoup de volume en bouche et des notes fumées. Le vin a conservé une acidité étonnante et a acquis une dimension aromatique digne de mention. Son onctuosité et ses accents de champignon forment un mélange harmonieux. ☆☆☆☆ ②

Pithon-Paillé

Les fidèles de Jo Pithon seront heureux de pouvoir renouer avec ce style racé et authentique qui a fait le succès pleinement mérité de ses vins d'Anjou. Après avoir vendu son entreprise à l'industriel angevin Philip Fournier, Pithon s'est associé à son beau-fils pour fonder un commerce de négoce « haute-couture » spécialisé dans l'élaboration de Chenin et de Cabernet franc, issus de l'agriculture biologique.

Anjou 2009 • (10525345) 23,85 $
Un Anjou aux parfums très typés et qui marie dans de justes proportions la vinosité et la poigne caractéristique du cépage. Excellent ! ☆☆☆☆ ② ♥

Anjou 2009, La Fresnaye • (10986942) 27,65 $
Cette cuvée parcellaire s'exprime avec une intensité supplémentaire, sans sacrifier la vigueur, le tonus et l'équilibre qui font le charme des meilleurs vins blancs angevins. ☆☆☆☆ ②

COMMENTÉS SOMMAIREMENT, D'AUTRES VINS DE LOIRE

Château De Fesles, Vieilles vignes 2009, Anjou
(710442) 18,15 $
Sur un mode plutôt technique, un bon vin correctement élaboré, auquel il manque un peu de caractère. ★★★ ②

Château de La Grille 2005, Chinon, Baudry-Dutour
(11440175) 27,15 $
Propriété de la maison champenoise Gosset jusqu'en 2008. Bon Chinon élevé en barrique pendant 15 mois. Assez droit, mais marqué par une amertume qui lui donne un air rustique. ★★★ ②

Château de Targé, Quintessence 2006, Saumur-Champigny
(11262760) 45 $
Saumur-Champigny, à la manière des vins de garage... Riche en extraits et copieusement boisé, sa texture dense et corpulente laisse en finale une impression plus brutale que vraiment distinguée. À vouloir trop en faire... ★★→? ② Ⓢ

Château de Villeneuve 2008, Saumur-Champigny
(10918958) 18,65 $
Solide et assez riche en extraits tanniques, le vin manque toutefois de chair fruitée pour enrober la charpente. Encore jeune, laissons-lui quelques mois. ★★→? ②

Colin, Patrice ; Pente des Coutis 2009, Coteaux du Vendômois
(11498107) 19,25 $
Peu d'affinités pour ce vin blanc lourd et pommadé auquel il manque le fil d'acidité qui rend le chenin si digeste. ☆☆ ②

Couly-Dutheil, Clos de l'Olive 2008, Chinon
(10264923) 25,45 $
En plus d'une importante activité de négoce, Couly-Dutheil est propriétaire du Clos de l'Écho et du Clos de l'Olive. Le 2008 n'est pas la meilleure réussite des dernières années. Épuré et linéaire, au point de paraître un peu mince. Du moins, pour le moment. ★★→? ②

Lafond, Claude ; Le Clos des Messieurs 2009, Reuilly
(11495272) 20,30 $
Très bel exemple de Reuilly qui propose une interprétation assez tendre du cépage sauvignon. Très net et enjolivé de délicates saveurs d'agrumes. ☆☆☆ ②

La Sablette, Sancerre 2010, Marcel Martin
(11469744) 26,25 $
Vin d'envergure moyenne aux parfums d'agrumes ; léger, vif et assez bien fait. ☆☆ ②

Legrand, René-Noël ; Les Terrages 2008, Saumur-Champigny
(852442) 17,95 $
Un vin de bonne facture, modeste et qui mise avant tout sur la vitalité et le caractère aromatique joliment poivré du cabernet franc Sa constance au cours des dernières années mérite d'être soulignée. ★★★ ②

Redde, Michel &Fils ; La Moynerie 2008, Pouilly-Fumé
(962340) 22,95 $
Une autre belle réussite pour ce Pouilly dont la finesse et la subtilité minérale le classe au-dessus de la moyenne de l'appellation. Très sec, pas de bois, une acidité idéale et une assez belle tenue en bouche. ☆☆☆ ②

Petit Fumé 2010, Pouilly-Fumé
(11365110) 19,20 $
Sec, vif, léger et facile à boire. Ses accents fumés et ses notes de miel ajoutent à son charme. ☆☆ ②

Roger, Jean-Max ; Cuvée le Charnay 2009, Menetou-Salon
(10690519) 21,05 $
Pas spécialement raffiné ni subtil en 2009, mais il compense par sa texture mûre et vineuse et ses saveurs généreuses d'agrumes. À boire dans les trois prochaines années. ☆☆☆ ②

Renou, René ; Bonnezeaux 2005, Les Melleresses
(S-10696304) 41,50 $
Tendre, fruité, délicatement aromatique et relevé par une franche acidité. Encore jeune, il devrait gagner en complexité d'ici 2013. ☆☆☆→? ③

D'AUTRES VINS BLANCS DE QUALITÉ MOYENNE ☆☆

Bougrier, Vouvray 2009
(11461970) 16,70 $

Château Chasseloir, Ceps Centenaires Muscadet-Sèvre et Maine sur lie 2007
(854489) 15,80 $

Château de Varennes 2008, Savennières
(11154216) 25 $

Chavet, Menetou-Salon 2010
(974477) 23,20 $

Chéreau-Carré Muscadet-Sèvre et Maine sur lie 2010
(365890) 13,90 $ ©

Clos de Nouys, Vouvray 2009, Demi-Doux
(10689745) 20,25 $

Domaine Bellevue, Sauvignon blanc 2010, Touraine
(10690404) 14,55 $

Domaine de la Bretonnière, La Sélection du Domaine 2008, Muscadet-Sèvre et Maine sur lie
(11153150) 26 $

Domaine du Salvard 2010, Cheverny, Delaille
(977769) 15,80 $

La Sablette, Muscadet-Sèvre et Maine sur lie 2010, Marcel Martin
(134445) 14,85 $

Touraine 2010
(10667239 : 14,25 $)

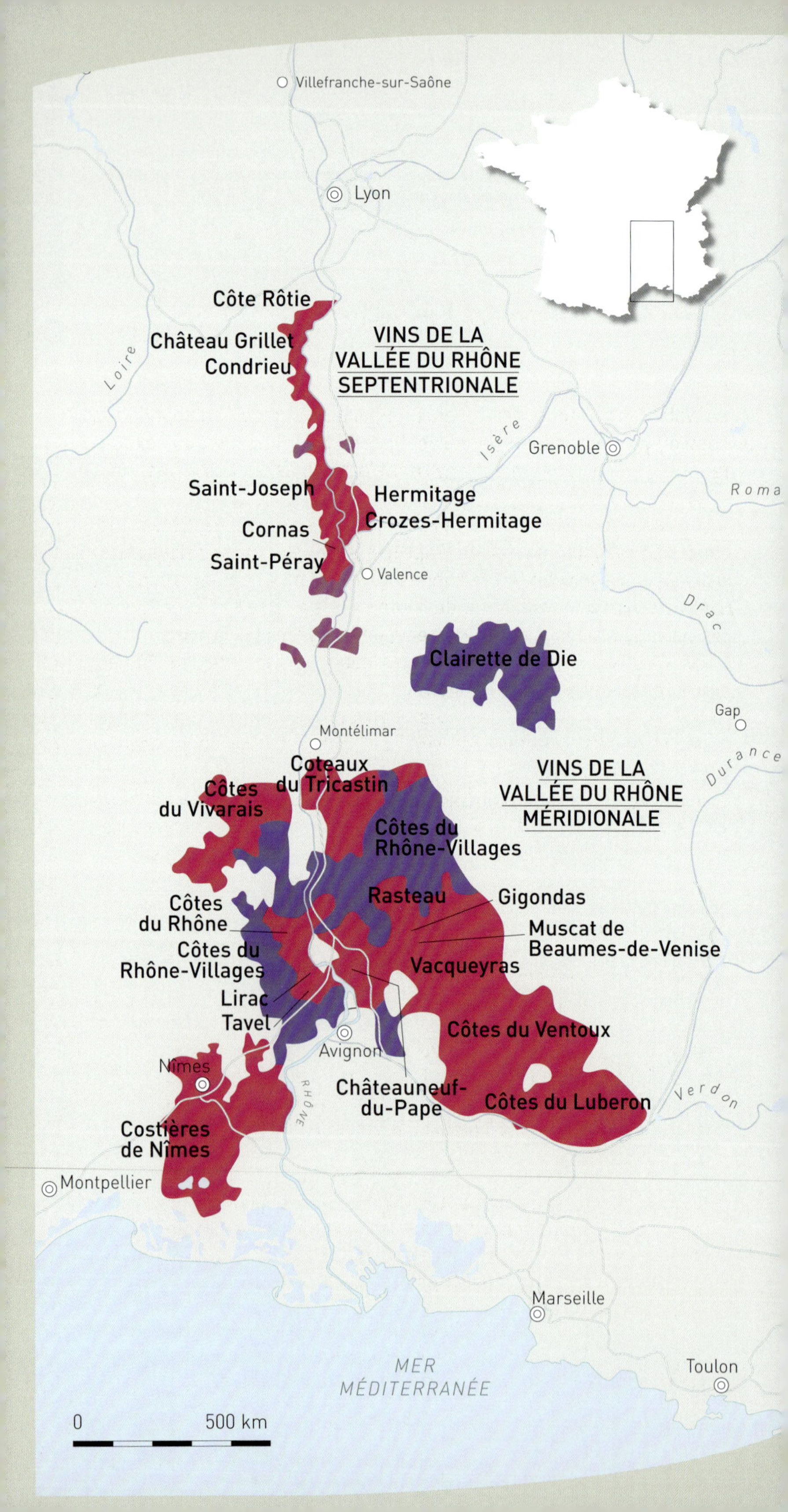
Villefranche-sur-Saône
Lyon
Côte Rôtie
Château Grillet
Condrieu
Loire
VINS DE LA
VALLÉE DU RHÔNE
SEPTENTRIONALE
Isère
Grenoble
Roma
Saint-Joseph
Hermitage
Crozes-Hermitage
Cornas
Saint-Péray
Valence
Drac
Clairette de Die
Gap
Montélimar
Durance
Coteaux
du Tricastin
Côtes
du Vivarais
VINS DE LA
VALLÉE DU RHÔNE
MÉRIDIONALE
Côtes du
Rhône-Villages
Rasteau
Gigondas
Côtes
du Rhône
Muscat de
Beaumes-de-Venise
Côtes du
Rhône-Villages
Vacqueyras
Lirac
Tavel
Côtes du Ventoux
Avignon
Nîmes
RHÔNE
Châteauneuf-
du-Pape
Côtes du Luberon
Verdon
Costières
de Nîmes
Montpellier
Marseille
MER
MÉDITERRANÉE
Toulon
0
500 km

Vallée du Rhône

La vallée du Rhône est le plus important vignoble d'appellation contrôlée de France, après Bordeaux. En 2009, quelque 6000 exploitations viticoles généraient environ 375 millions de bouteilles, dont 90 % de vin rouge.

Le vaste réservoir du Rhône regorge de très bons vins. Côte Rôtie, Hermitage et Châteauneuf-du-Pape demeurent les grands classiques, mais au cours des dernières années, le travail de viticulteurs doués et dynamiques a fait progresser de façon spectaculaire des appellations moins renommées, comme Rasteau, Vacqueyras et Cairanne.

Les avancées sont aussi notables dans les Costières de Nîmes, Grignan-les-Adhémar (anciennement Coteaux du Tricastin), le Ventoux et le Luberon. À elles seules, ces quatre zones représentent environ le quart de la production des vins du Rhône et regroupent environ 2000 exploitations viticoles.

Au Québec, avec près de 59 millions de dollars générés au cours de l'année financière 2010-2011, les vins de la vallée du Rhône représentent un peu plus de 10 % des ventes totales de vins français.

bon à savoir

La qualité du millésime 2007 dans la partie méridionale du Rhône est remarquable. Elle se reflète autant dans les vins d'appellations secondaires, qui présentent un excellent rapport qualité-prix.

Comme le 2007, le millésime 2009 a donné des vins particulièrement joufflus et gorgés de fruit. Il y a plusieurs aubaines à dénicher au rayon des Côtes du Rhône génériques et des appellations satellites (Ventoux, Costières de Nîmes, Côtes du Luberon, etc.)

Certains 2007, spécialement ceux originaires de la partie méridionale, traversent en ce moment une phase ingrate, un creux de vague. Souvent timides et à court de fruit, il est préférable de les laisser reposer en cave un an ou deux.

Exception faite des géants de la partie septentrionale – Côte Rôtie, Hermitage, Cornas –, il n'est pas nécessaire d'attendre longtemps pour apprécier les vins rouges à leur pleine mesure.

Rhône septentrional

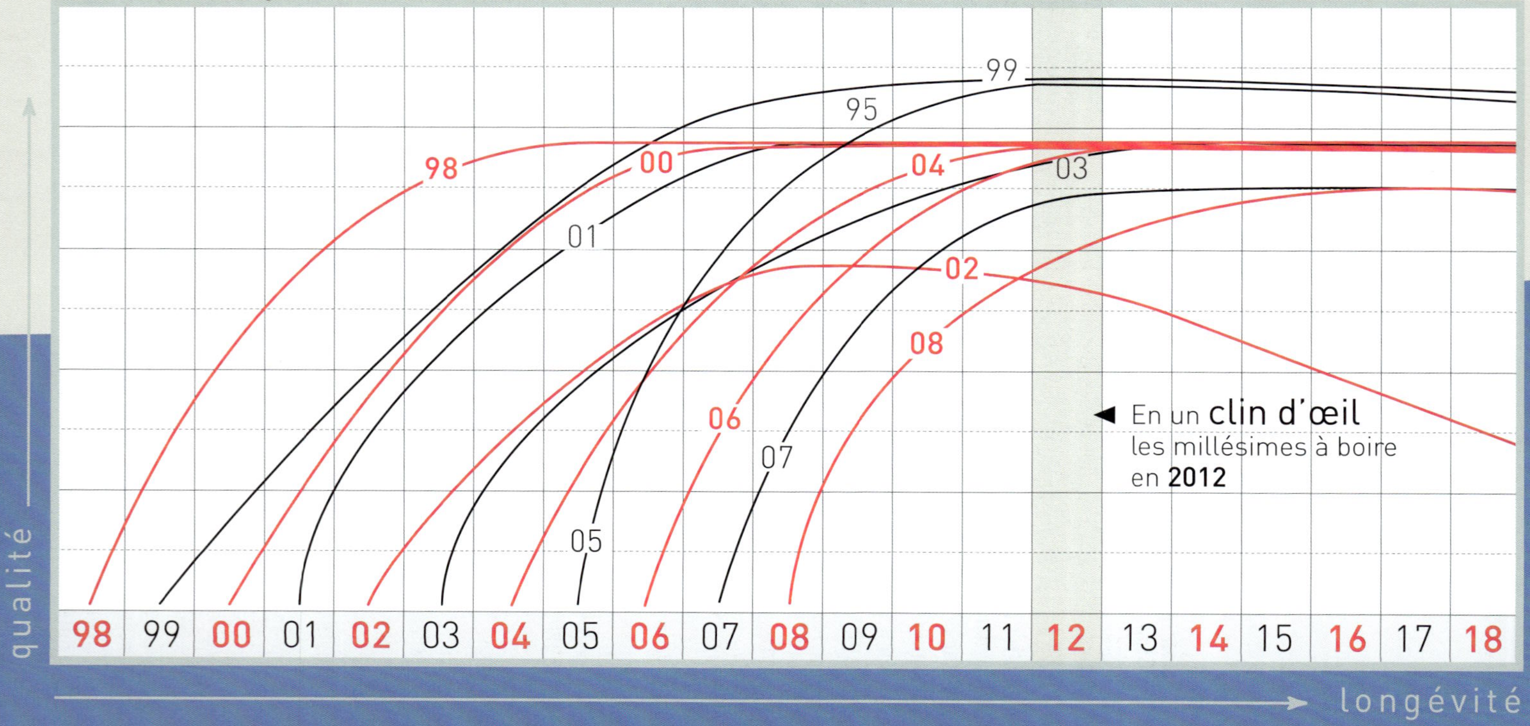

LES DIX DERNIERS MILLÉSIMES

2010 Une récolte déficitaire et de très bons vins de Côte Rôtie à Châteauneuf-du-Pape. Dans le nord, des rendements aussi faibles que 25 hl/ha ont donné des vins rouges concentrés, mais néanmoins harmonieux. On annonce des Condrieu très fins et équilibrés. Plusieurs réussites aussi dans le sud : vins rouges nourris et charnus.

2009 Millésime très satisfaisant, en particulier dans le nord où la syrah a donné des vins profonds et de longue garde. Été exceptionnellement sec et récolte déficitaire dans la partie méridionale ; plusieurs vins amples et puissants à Châteauneuf-du-Pape.

2008 Des conditions précaires dans toute la vallée. Au mieux, des vins souples et fruités destinés à être consommés dans leur jeune âge. La qualité des vins blancs est plus homogène.

2007 Qualité variable dans le nord ; au mieux, des vins rouges de qualité satisfaisante et d'évolution rapide. Scénario plus favorable dans le sud où les mois d'été ont été chauds et ensoleillés, et où grenache et mourvèdre ont bénéficié de conditions idéales ; une récolte abondante de vins rouges sphériques, charnus et généreux.

2006 Quatrième succès consécutif. Un mois d'août très sec et une récolte généreuse de vins rouges riches, solides et généralement d'une saine acidité. À Châteauneuf-du-Pape, les vins rouges sont nourris, puissants et bien équilibrés.

2005 Réussite générale autant dans le nord que dans le sud. Des vins rouges pleins, charnus et bien équilibrés. Très bons vins blancs généreux, à boire jeunes.

2004 Retour à un millésime plus classique après le caractère extravagant de 2003. Plusieurs Châteauneuf-du-Pape remarquables, les meilleurs depuis 2001. Dans le nord, la qualité est plus irrégulière ; dans les meilleurs cas, la finesse et la structure sont au rendez-vous.

2003 Millésime caniculaire. Dans le nord, des vins rouges riches en sucre, en tanins et parfois en notes confites ; si certains vins manquent d'acidité, les meilleurs s'imposent par leur puissance majestueuse. La qualité est plus variable dans le sud, où les terroirs les plus frais ont eu le meilleur et donné des vins remarquables par leur étoffe et leur équilibre.

Rhône méridional

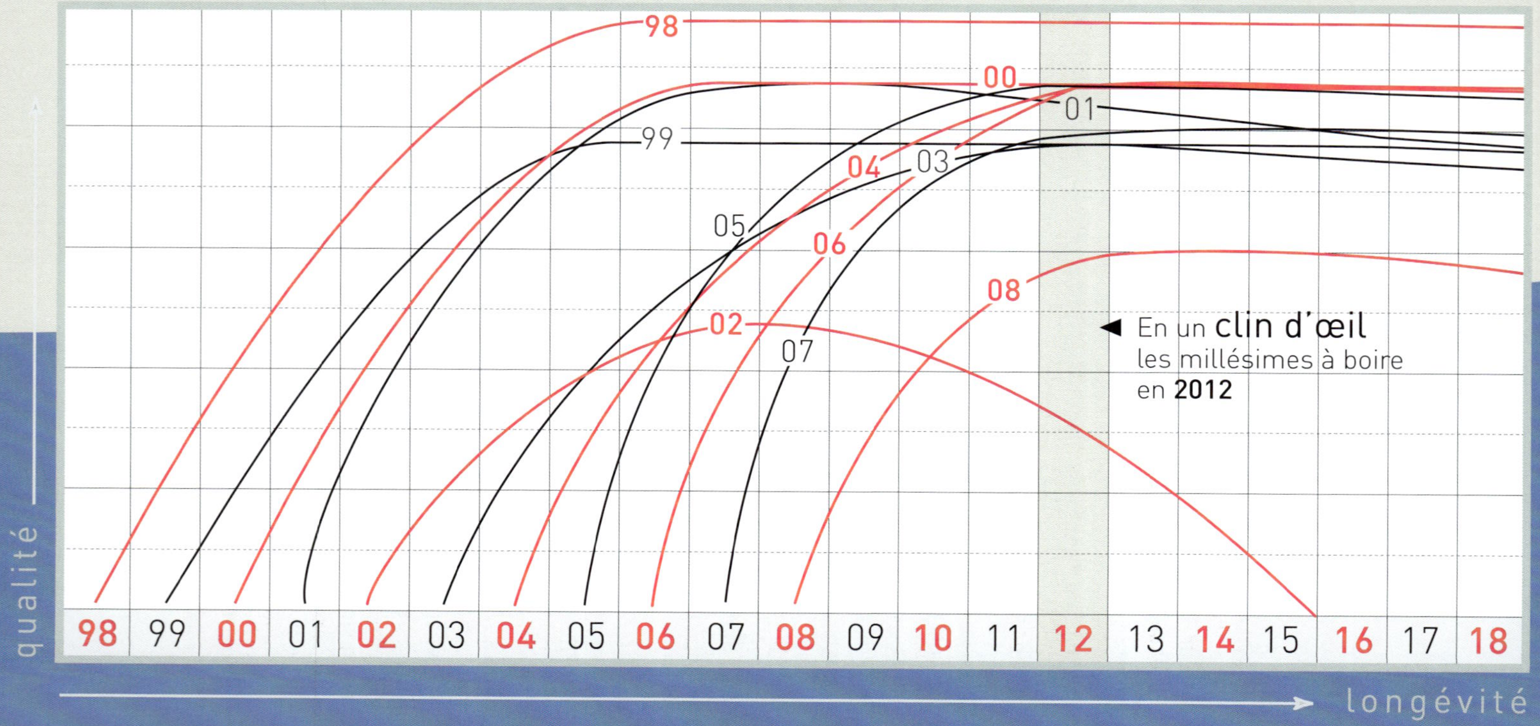

2002 Le millésime du déluge, avec l'équivalent de neuf mois de pluie tombée en deux jours à Châteauneuf-du-Pape. Au nord comme au sud, une année à oublier. Au mieux, des vins fluides, faciles à boire et sans avenir.

2001 Dans le nord, beaucoup de vins de qualité impeccable, y compris à Condrieu. Dans le sud, un mois d'août torride et un quatrième succès d'affilée : des vins puissants et de qualité souvent remarquable.

DÉBOUCHER OU ATTENDRE ?

Rhône blancs • De la cave, que boire en 2012?

Exception faite des vins de l'Hermitage – qui mettent plusieurs années à arriver au sommet – et des meilleurs vins de Saint-Joseph et de Saint-Péray, les vins blancs du Rhône doivent être bus avant l'âge de 3 ans. Les Condrieu sont généralement à leur meilleur avant leur troisième ou quatrième année. Méfiez-vous des vins plus vieux, surtout s'ils ont traîné longtemps sur les rayons.

Rhône rouges • De la cave, que boire en 2012?

Les grands vins du nord de la vallée du Rhône – Hermitage, Côte Rôtie, Crozes, Cornas, Saint-Joseph – sont riches en tanins et n'atteignent leur sommet qu'après avoir mûri parfois longtemps en bouteille. Les meilleurs vins de la période 2009-2007 doivent encore attendre. En 2012, on pourra commencer à déboucher les 2006 et les 2005, en s'assurant toutefois de conserver des bouteilles pour les années futures. En revanche, la plupart des 2004 et des 2003 sont arrivés à maturité. Les 2002 sont à boire sans attendre.

Au sud, les vins de Châteauneuf-du-Pape et des environs s'ouvrent plus rapidement. Les 2009, 2007 et 2006 méritent de mûrir. Les 2008 sont à boire jeunes, car ils n'iront jamais bien loin. Les 2004 et surtout les 2003 sont à point. Il n'y a aucun intérêt à conserver les 2002 plus longtemps. Bien qu'épanouis, les 2001 et les 2000 peuvent encore tenir la route.

Bernard, Louis

Châteauneuf-du-Pape 2005, Grande Réserve de Bonpas • (11223971) 47,75$
Parfums très mûrs de fruits, qui évoquent les cerises confites et le kirsch. Bouche assez bien équilibrée, pas lourde, dotée d'une tenue enviable. Déjà parfaitement ouvert, mais assez solide pour tenir la route jusqu'en 2015. ★★★→? ② ▼ Ⓢ

Château de Beaucastel

Propriété de la famille Perrin, ce domaine couvre une centaine d'hectares dont les trois quarts sont situés dans l'appellation Châteauneuf-du-Pape.

Châteauneuf-du-Pape 2008 • (520189) 89,25$
Grand seigneur de l'appellation, Beaucastel produit incontestablement l'un des vins les plus achevés de Châteauneuf-du-Pape. L'apport des 13 cépages autorisés par l'appellation n'est sans doute pas étranger à la tenue exemplaire de ce 2008, dont la forme est certes généreuse, mais avant tout élégante et empreinte d'un équilibre de plus en plus rare. Personnellement, j'apprécie le charme distingué que continue de promouvoir la famille Perrin. ★★★→★ ③

Coudoulet de Beaucastel 2009, Côtes du Rhône • (973222) 29,80$
Comme d'habitude, le «junior» de Beaucastel est un très bon vin de qualité constante. Très mûr sans être confit, équilibré et parfaitement rassasiant. Un peu plus de détail, et c'était quatre étoiles. ★★★ ♥

Coudoulet de Beaucastel 2009, Côtes du Rhône blanc • (449983) 29,75$
Viognier, marsanne, bourboulenc et clairette s'unissent pour donner un vin blanc ample et rond, égayé de parfums exubérants de fleurs qui traduisent bien la générosité du millésime 2009. Un peu moins désaltérant que d'habitude, mais il compense par son opulence. ☆☆☆ ②

Château des Tourelles

Cette cuvée commercialisée par la famille Durand, aussi partenaire dans L'Orpailleur au Québec, mise sur une bonne proportion de mourvèdre qui ajoute à sa tenue en bouche et à son caractère.

La Cour Glycines 2007, Costières de Nîmes • (919225) 17,90$
Très bien réussi en 2007, encore jeune, mais déjà fort savoureux par sa vitalité, ses saveurs concentrées de fruits noirs et son équilibre d'ensemble. Quatre étoiles dans sa catégorie. ★★★★ ② ♥

Château Fortia

Châteauneuf-du-Pape 2007 • (11171286) 33 $
Même s'il peine à s'imposer au milieu des vins puissants et flatteurs dégustés lors de la même séance organisée par la SAQ, le Château Fortia se distingue par son équilibre et sa sève très classique. Pas très concentré, mais on l'apprécie avant tout pour sa forme franche et dépouillée qui met en relief de délicieuses saveurs de kirsch et de chocolat. Encore un peu fermé, mais il pourrait se révéler davantage après quelques années de repos. ★★★→? ③

Château La Nerthe

Haut lieu de la viticulture rhodanienne, cette splendide propriété, longtemps gérée avec brio par Alain Dugas, est aujourd'hui sous la gouverne de Christian Voeux. Cet œnologue jadis à l'emploi du Château Mont-Redon poursuit dans le même esprit d'élégance qui a contribué au rayonnement de La Nerthe. Le vignoble est conduit en agriculture biologique depuis 1998.

Châteauneuf-du-Pape 2006 • (917732) 45,50 $
Déjà ouvert et très accessible, un vin friand, ample et rond, mettant en relief les notes gourmandes de cacao propres au grenache. Sa longue finale suave et veloutée lui confère un charme indéniable. ★★★★ ②

Châteauneuf-du-Pape blanc 2009 • (10224471) 46 $
À la faveur d'un été particulièrement chaleureux, les raisins destinés au vin blanc de la propriété ont été récoltés dès le 20 août. La récolte la plus précoce depuis 2003 ! Il en résulte un vin plein, ample et gorgé de saveurs exotiques, mais sans la moindre mollesse, puisqu'on a eu l'heureuse idée de bloquer les malolactiques, permettant ainsi au vin de conserver toute l'acidité nécessaire à son équilibre. En prime, une finale teintée de notes minérales qui le rendent encore plus désaltérant. L'une des belles réussites du millésime ! ☆☆☆☆ ②

Les Cadettes 2005, Châteauneuf-du-Pape • (702902) 119 $
La cuvée haut de gamme du domaine est constituée à 45 % de grenache, issu d'une parcelle plantée en 1893. Pour le reste, syrah et mourvèdre contribuent à son équilibre et à sa charpente. Le 2005 met d'ailleurs en relief le caractère aromatique délicatement iodé propre au mourvèdre dans l'appellation Bandol. Aucun doute, sa matière fruitée ample et généreuse et sa fibre tannique lui garantissent un brillant avenir. ★★★★→? ③ ▼ Ⓢ

Château Lamargue

Ce domaine situé au sud des Costières de Nîmes appartient au groupe Campari Spa, propriétaire notamment de la marque Campari et de la maison écossaise Glenfiddich.

Cuvée Aegediane 2006, Costières de Nîmes • (11421935) 18,40 $
La cuvée Aegediane combine les parfums floraux séduisants de la syrah (80 %) et la chair fruitée du grenache. Un vin charmeur, généreux, capiteux et pourtant parfaitement digeste. ★★★ ② ♥

Château Mont-Redon

L'indépendance d'esprit dont font preuve les propriétaires de Mont-Redon mérite une fois de plus d'être soulignée.

Châteauneuf-du-Pape 2007 • (856666) 39,25$
Certains reprochent aux vins de Mont-Redon de manquer d'étoffe. Au contraire, je trouve que leur dépouillement est précisément ce qui les distingue du lot de vins modernes qui ont la cote auprès d'une certaine presse. Cela est d'autant plus vrai en 2007, alors que l'on a obtenu un vin vibrant, équilibré et ayant tout le tonus nécessaire à sa fraîcheur. Bravo ! ★★★★ ②

Lirac 2009 • (11293970) 21$
Le « petit frère » de Mont-Redon a les mêmes qualités de discrétion et de retenue. Beaucoup de style, avec des notes un peu animales, une belle concentration fruitée et un équilibre d'ensemble notable. Savoureux et velouté. Un peu plus de longueur et c'était quatre étoiles... ★★★→? ② ▼

Château Mourgues du Grès

Après ses études d'œnologie, François Collard a fait un stage de six mois au château Lafite Rothschild à Pauillac, où il a manifestement bien appris son métier. Depuis près de 20 ans, ses vins rouges et blancs se classent parmi l'élite des Costières de Nîmes.

Les Galets Rouges 2009, Costières de Nîmes • (10259753) 16,40$
Comme toujours, la cuvée Les Galets Rouges est un vrai régal sur le thème de la générosité, de la rondeur et de la pureté du fruit. Un super achat, à boire dès maintenant avec un plaisir gourmand ! ★★★★ ② ♥

Galets Dorés 2010, Costières de Nîmes • (11095877) 16,15$
Cet excellent vin blanc composé de grenache blanc, de roussanne, de vermentino, de marsanne et de clairette effectue un retour à un style plus orthodoxe après un 2009 plantureux. Parfaitement méridional certes, riche en saveurs fruitées et florales, mais à la fois distinctif et désaltérant. Quatre étoiles bien méritées dans sa catégorie. ☆☆☆☆ ② ♥

• • • dans le monde du vin • • •

À PROPOS DE SAINT-JOSEPH
Saint-Joseph est la plus grande appellation. Parti d'une centaine d'hectares en 1970, le vignoble couvre maintenant environ 1 100 hectares sur la rive droite du Rhône. Résultat : la qualité est hétérogène, le meilleur côtoie le quelconque. Même situation à Crozes-Hermitage, où la vigne couvre 1 400 hectares. La réputation du vigneron fait souvent toute la différence. Il faut choisir avec discernement.

Château Signac

Sur la rive droite du Rhône, à la hauteur d'Orange, l'appellation Côtes du Rhône-Villages Chusclan compte à peine quelque 250 hectares de vignes en production, ce qui est bien peu comparativement aux 3100 hectares de Châteauneuf-du-Pape. Un trio d'enfer!

Le Secret 2005, Côtes du Rhône-Villages Chusclan • (10935846) 41,75$
Un élevage bien maîtrisé de 18 mois – dont 50% en fût de chêne neuf – lui donne un fini supplémentaire, sans jamais le dénaturer. Même s'il m'a semblé un peu ferme, sévère et sur la réserve, il est élégant et bien équilibré, des gages de longévité. À boire entre 2012 et 2015. ★★★→★ ③

Cuvée Terra Amata 2009, Côtes du Rhône-Villages Chusclan • (917815) 22,60$
Un excellent vin non filtré, plein de sève et de caractère, agrémenté d'une finale séveuse aux accents d'épices. Une chair fruitée très dense, concentrée, et pourtant sans lourdeur. Tous les éléments forment un équilibre dans l'opulence. Un régal! ★★★★ ② ♥

Combe d'Enfer 2007, Côtes du Rhône-Villages Chusclan • (917823) 19,05$
Plus charmeur encore et déjà passablement ouvert, ce vin met en relief le grain tannique suave et fondu et la chaleur tonique très caractéristiques du grenache cultivé sur les bons terroirs ensoleillés du Rhône. Une délicieuse finale chocolatée et persistante. Impeccable et vendu à prix d'aubaine. Un plaisir d'automne à servir avec un plat de viande braisée. ★★★★ ② ♥

Clos Saint Michel

Depuis qu'ils ont repris l'affaire familiale, les frères Frank et Olivier Mousset ont fait une référence du Clos Saint-Michel.

Châteauneuf-du-Pape 2007 • (11192247) 37,50$
Les frères Mousset n'ont pas adhéré à la mode Châteauneuf 100% grenache. Avec raison, si l'on en juge par l'éclat et le caractère hautement digeste de ce vin savoureux, issu d'un assemblage de grenache (40%), de syrah et de mourvèdre. Alors que de nombreux 2007 versent dans la lourdeur et les excès capiteux, celui-ci se distingue par sa tenue en bouche et son équilibre d'ensemble. Un autre franc succès! ★★★★ ②

Combier

En plus de mener avec brio ce vignoble familial aujourd'hui conduit en agriculture biologique, Laurent Combier se consacre aussi à Trio Infernal, un projet dans le Priorat développé en partenariat avec Peter Fischer (Château Revelette) et Jean Gerin (Côte Rôtie).

Crozes-Hermitage 2009 • (11154890) 31$
En 2009, Laurent Combier signe une fois de plus un Crozes éminemment élégant, fringant, fruité et riche des inimitables parfums de violette propres aux Syrah du Rhône septentrional. Sa texture veloutée, sa légèreté alcoolique (12,5%) et sa finale expressive et persistante donnent envie d'en boire à grandes lampées. ★★★★ ③

Cuvée du Vatican (Diffonty)

La famille Diffonty excelle dans l'art de produire des vins intenses et puissants qui ont l'heur de plaire.

Châteauneuf-du-Pape 2009 • (10918878) 43,25$
D'emblée imposant par son attaque en bouche capiteuse (15% d'alcool), intense et gorgée de goûts de fruits confits. Très charmeur, il s'inscrit tout à fait dans le style des cuvées modernes et opulentes, conçues pour plaire instantanément. ★★★→? ②

Réserve Sixtine 2009, Châteauneuf-du-Pape • (11194154) 62,50$
Encore plus chaleureuse, cette cuvée issue d'une sélection parcellaire repose néanmoins sur une charpente tannique assez solide pour encadrer la profusion de fruit et conserver un certain équilibre d'ensemble. Longue finale aux parfums d'eau-de-vie, qui rappelle sa richesse alcoolique (15,5%). À boire entre 2015 et 2019. ★★★→? ②

Delas

Propriété de la société champenoise Deutz depuis 1977 – elle-même dans le giron du groupe Roederer –, cette maison possède une trentaine d'hectares à Saint-Joseph, Hermitage et Crozes-Hermitage, en plus d'opérer une activité de négoce dans le sud de la vallée. Dans l'ensemble, la technologie est parfois un peu trop mise à contribution, ce qui donne des vins prévisibles.

Hermitage 2008, Marquise de La Tourette • (11566131) 45,50$
On pourrait croire à une aubaine pour un Hermitage vendu à moins de 50$, mais il n'en est rien. Le vin manque de cette grâce, de cette race et de cette individualité qui ont contribué à la réputation de l'appellation. Pour moitié moins cher, je connais des Crozes-Hermitage nettement plus significatifs... ★★→? ③

Condrieu 2009, Clos Boucher • (11544142) 68,75$
Pas le plus racé des Condrieu, mais assez bon dans un style généreux. L'amateur de vin blanc parfumé appréciera l'intensité de ses saveurs florales, enrobées d'une texture grasse, attribuable à un élevage en fût de chêne. ☆☆☆ ② Ⓢ

Cornas 2005, Chante-Perdrix • (10891505) 57,75$
Bon vin ferme et consistant auquel il manque cependant de chair fruitée. La syrah s'exprime sur un mode anguleux et un peu terne. On peut espérer qu'il continue de s'épanouir, mais cela me semble peu probable. ★★→? ②

Crozes-Hermitage 2009, Le Clos • (10992630) 50,25$
Plus cher que l'Hermitage, et pour cause (!), puisque le vin est nettement plus complet. Beaucoup de dimension, du grain, de la longueur et des saveurs profondes et pénétrantes. Bel exemple de vin du Rhône septentrional ample et généreux, mais surtout élégant, plein de relief et équilibré. Un passage en carafe est indiqué. ★★★→★ ③

Crozes-Hermitage 2009, Les Launes • (11544126) 22,50$
Ampleur, mâche et fruit concentré. Rien de spécialement profond pour l'heure, mais il semble avoir les atouts pour se bonifier au cours des cinq prochaines années. ★★★→? ②

Crozes-Hermitage 2009, Domaine les Grands Chemins • (11099587) 28,50 $
À défaut de profondeur, ce vin juteux et fruité donne l'impression de croquer dans la grappe bien mûre. Encore jeune et fougueux ; quelques mois de repos lui permettront de s'épanouir. ★★★ ②

Saint-Joseph 2009, Sainte-Épine • (10808361) 48 $
L'élevage en fût de chêne confère à ce vin des tonalités de vanille et de torréfaction, en plus de laisser en bouche un fini un peu dur. Aéré en carafe, il s'avérait encore plus strict et ferme, avec des tanins carrés et abrupts. On peut espérer que cela s'atténuera avec les années, mais je crains fort qu'il ne s'assèche avant de s'assouplir. ★★→? ②

Saint-Joseph 2009, François de Tournon • (11154806) 26,50 $
Quoique nourri de fruit mûr, ce vin laisse une impression un peu creuse en milieu de bouche et pourrait avoir plus de chair. Malgré tout assez bien équilibré, il devrait se présenter plus favorablement après quelques mois de repos. ★★→? ②

Saint-Joseph 2009, Les Challeys • (10912417) 28 $
Un peu plus austère, sec, anguleux et à court de fruit. Creux de vague? Peut-être bien. ★★→? ②

Vacqueyras 2009, Domaine des Genêts • (11194066) 23 $
Vigoureux et agrémenté de bons goûts de fruits ; simple et pas spécialement inspiré, mais agréable à boire. ★★★ ②

Domaine Belle

Dirigé par Philippe Belle, ce domaine de 25 hectares produit des vins de belle facture, dont la cuvée Louis Belle, dans les coteaux de Larnage.

Hermitage 2005 • (11154814) 70,75 $
Le 2005 s'impose par sa couleur profonde et par son nez intense et compact, qui annoncent une matière dense et concentrée. Un grain tannique tissé très serré, du volume aromatique et de la persistance. Encore très jeune et solidement construit, il continuera certainement de s'épanouir au cours des cinq prochaines années. ★★★→? ③ ▼

Les Pierrelles 2009, Crozes-Hermitage • (863795) 23,05 $
Belle réussite cette année : un vin mûr et bien en chair, à la fin de bouche savoureusement poivrée. Sans doute favorisé par la nature généreuse du millésime ; rassasiant et tout à fait recommandable. On se régale ! ★★★★ ② ♥

Crozes-Hermitage 2007, Cuvée Louis Belle • (917484) 26,65 $
Un peu moins complet que le précédent, ce Crozes est un peu timide pour l'heure, mais il a suffisamment d'étoffe et révèle d'agréables parfums de fruits noirs et de violette. Très bien, à condition d'être passé en carafe une bonne demi-heure avant de servir. ★★★→? ②

Crozes-Hermitage 2009, Les Terres Blanches • (11400958) 26,25 $
Très bon vin blanc au nez exubérant, riche en senteurs de fruits mûrs et de fleurs, ponctuées d'une touche boisée. Équilibré et très bien fait en son genre. ☆☆☆ ②

Domaine de Boissan

Christian Bonfils pratique une agriculture raisonnée, sans aucun désherbant chimique et avec un minimum de traitements de synthèse.

Côtes du Rhône-Villages Sablet 2009, Cuvée Clémence •
(712521) 17,90 $
Depuis plusieurs années, un excellent vin, tout à fait dans l'esprit de l'appellation Sablet, c'est-à-dire sans grande puissance, mais friand et gorgé de goûts de fruits mûrs. Sans doute favorisé par la générosité du millésime, le 2009 a plus de mâche que d'habitude ; charnu, beaucoup de fruit et des tonalités de cacao. Onctueux, généreux et rassasiant de fraîcheur. Extra ! ★★★★ ② ♥

Domaine de la Janasse

Terre d'argile 2008, Côtes du Rhône-Villages • (873661) 24,65 $
Propriété de la famille Sabon, ce domaine de Châteauneuf-du-Pape produit aussi un savoureux Côtes du Rhône-Villages sous l'étiquette Terre d'argile. Le 2008 a beaucoup d'étoffe, mais il se signale avant tout par sa fraîcheur qui accentue sa tenue en bouche et lui donne un élan aromatique supplémentaire. Savoureux, équilibré et agréable à boire dès maintenant, mais apte à se bonifier au cours des trois prochaines années. ★★★→? ②

Domaine Grand Veneur

Alain Jaume – Domaine Grand Veneur – a acquis cette propriété de Lirac en 2003. On retrouve dans ce vin l'étoffe à laquelle Alain Jaume nous a habitués avec ses Châteauneuf-du-Pape.

Clos de Sixte 2007, Lirac • (10919070) 23 $
Lorsque dégusté en août dernier, le vin semblait traverser une phase ingrate. Savoureux malgré tout, on sent qu'il ne manque pas de détail ni de profondeur, et sa finale concentrée en saveurs de fruits noirs est de bon augure. Laissons-lui quelques mois de repos... ★★★→? ②

Domaine La Garrigue

Au cœur de l'appellation Vacqueyras, ce domaine est entre les mains de la famille Bernard depuis six générations.

Vacqueyras 2008 • (11169741) 21,25 $
Souvent décevant au cours des dernières années, ce vin m'a semblé particulièrement convaincant en 2008. Nourri de jolies nuances poivrées, il a l'étoffe et la générosité typiques des vins de l'appellation, et sa longue finale capiteuse aux accents amers lui donne un certain panache. Bon maintenant et jusqu'en 2016, au moins. ★★★ ②

Le Rhône est divisé en deux zones distinctes : le nord et le sud. Les vins du nord sont généralement plus droits et plus fermes, et nécessitent parfois quelques années de mûrissement avant de se révéler pleinement. Ceux du sud sont souvent plus joufflus et chaleureux et, sauf quelques exceptions, prêts à être bus dès leur mise en marché.

NORD : En raison de sa situation géographique, entre Vienne et Valence, le vignoble du Rhône septentrional est plus soumis à l'effet du millésime que son voisin du sud. À flanc de coteaux et souvent aménagés en terrasses, les vignobles de petite superficie sont exposés au soleil et profitent d'un climat continental – et d'une longue période végétative – favorable à l'élaboration de vins raffinés. Quatre cépages y sont cultivés : la syrah en rouge, et le viognier, la roussanne et la marsanne en blanc.

Il regroupe huit crus : Château-Grillet, Condrieu et Saint-Péray ; Cornas, Côte Rôtie, Crozes-Hermitage, Hermitage et Saint-Joseph.

SUD : Près de 90 % des vins de la vallée du Rhône sont produits dans cette zone située au sud de Montélimar. Avec son climat chaud et le souffle constant du mistral, la région est un terrain de prédilection pour le grenache noir, le carignan, le grenache blanc, la clairette et le bourboulenc.

Beaucoup plus vaste que la partie nord, il regroupe :

les Côtes du Rhône-Villages : 18 noms géographiques peuvent être mentionnés sur l'étiquette ;

les appellations de la vallée du Rhône : Ventoux, Luberon, Grignan-les-Adhémar, Costières de Nîmes, Clairette de Bellegarde et Côtes du Vivarais ;

sept crus : Châteauneuf-du-Pape, Gigondas, Lirac, Rasteau, Tavel, Vacqueyras, Vinsobres ;

deux vins doux naturels : Muscat Beaume-de-Venise et Rasteau.

en peu de mots

Domaine Les Aphillanthes

Ce domaine de Cairanne est exploité en biodynamie.

Côtes du Rhône-Villages 2009, Vieilles vignes • (11461110) 26,90 $
En 2009, cela donne un excellent vin, solide et prometteur. Intense, puissant et capiteux (14,5 % d'alcool) ; vineux, articulé autour de tanins mûrs et gras, mais bien proportionné et laissant une impression harmonieuse en finale. ★★★★ ②

Domaine Soumade

André Roméro, propriétaire du Domaine Soumade, c'est Monsieur Rasteau. Ses vins sont considérés comme des exemples à suivre dans l'appellation.

Prestige 2007, Côtes du Rhône-Villages Rasteau • (850206) 26,45 $
Avec son attaque capiteuse, riche de 15 % d'alcool, et ses parfums intenses d'eau-de-vie, son 2007 ne fait pas dans la dentelle. Un léger reste de gaz apporte néanmoins une saine fraîcheur à l'ensemble et donne un élan supplémentaire à ses saveurs de fruits gorgés de soleil. Un vin intense et séduisant, à boire au cours des cinq prochaines années. ★★★→? ②

Dupéré-Barrera

En plus de mener avec aplomb leur propriété provençale (voir page 168), le duo Dupéré-Barrera opère un commerce de négoce haut de gamme dans le Rhône.

Côtes du Rhône-Villages 2009 • (10783088) 20,70 $
Depuis l'arrivée à la SAQ de son premier vin en 2006, le talent du couple franco-québécois ne s'est jamais démenti. Déjà noté l'année dernière dans le *Guide*, le 2009 était encore meilleur lorsque goûté au moment d'écrire ces lignes. Généreux, joufflu et débordant de saveurs fruitées, sur un fond joliment anisé. Que demander de mieux d'un Côtes du Rhône générique ? ★★★★ ② ♥

Costières de Nîmes 2009 • (10936021) 18,45 $
Équilibré, riche en saveurs mûres, avec juste ce qu'il faut d'aspérités tanniques pour assurer son tonus et sa fraîcheur. ★★★ ②

Gaillard, Pierre

Partenaire dans le projet des Vins de Vienne, Pierre Gaillard est aussi propriétaire de parcelles dans le nord de la vallée du Rhône et dans le Languedoc (voir page 137 et page 154). Ses vins sont fins, distingués et fidèles au caractère de leurs terroirs respectifs.

Côte Rôtie 2009 • (731133) 63,75 $
Heureux mariage de puissance, de richesse veloutée et de l'exubérance aromatique qui caractérisent cette appellation. Sans être le plus profond ni le plus racé, ce vin tendre et dodu se distingue par sa générosité et ses parfums intenses et vaporeux. ★★★→? ③

Saint-Joseph 2009 • (11231963) 35,25 $
Tous les Saint-Joseph ne naissent pas égaux… Raison de plus pour souligner la qualité impeccable de cet excellent vin. On aime sa matière dense et enrobée et ses francs goûts poivrés, autant que l'impression de fraîcheur et d'équilibre qu'il laisse en bouche. Déjà excellent, mais pour l'apprécier à sa juste valeur, on peut le laisser reposer encore quelques années. ★★★★ ③

Syrah 2009, la Dernière Vigne, Vin de Pays des Collines rhodanniennes • (10678325) 21,40 $
Dans la commune de Ternay, à 20 km au sud de Lyon, Pierre Gaillard cultive avec grand soin cette minuscule parcelle plantée de syrah, qui a survécu à l'essor démographique de la deuxième ville de France. Encore plus ouvert et épanoui que l'année dernière, le 2009 est sensationnel, et son caractère juvénile lui donne un charme fou. Juteux, gorgé de saveurs pures de fruits noirs et animé d'une saine acidité qui lui donne beaucoup de mordant. À boire maintenant et au cours des trois prochaines années. Bravo ! ★★★★ ② ♥

Condrieu 2009 • (861641) 54,75 $
Comment ne pas succomber instantanément aux charmes de ce Condrieu? Multidimensionnel, riche d'une foule de détails aromatiques qui témoignent de l'exubérance du millésime par leur caractère exotique. Sec et presque crémeux tant il est onctueux, ce vin riche comble le palais à coup sûr. Un vin plantureux à apprécier dès maintenant. ☆☆☆☆ ②

Saint-Joseph blanc 2009 • (11219606) 33,75 $
Issu exclusivement de roussanne, alors que la plupart des vins blancs de l'appellation sont composés de marsanne, ce vin ne semble pas avoir souffert de la chaleur de l'été 2009. Manifestement issu de raisins mûrs, mais à la fois doté d'une tenue en bouche admirable qui laisse une impression fort rassasiante. À boire au cours des trois prochaines années. ☆☆☆→? ②

Guffens-Verget

En plus de Verget, sa maison de négoce bourguignonne – dont l'activité s'étend depuis le Chablisien jusqu'au Mâconnais –, Jean-Marie Guffens veille sur une vaste propriété dans le Vaucluse, au sud de la vallée du Rhône.

Blanc Bien Entendu 2009, Chardonnay d'Aigle, Pays de Vaucluse • (11480089) 24,40 $
Tout à fait charmant dans un style spectaculaire et volumineux, ce vin blanc hors norme déploie en bouche une texture à la fois vineuse et empreinte d'une fraîcheur minérale. Généreux, riche en saveurs florales, mais tout à fait harmonieux. ☆☆☆☆ ② ♥

• • • dans le monde du vin • • •

AUTOUR DU VENTOUX
Reconnu appellation d'origine contrôlée dès 1973, le vignoble des Côtes du Ventoux – rebaptisé Ventoux « tout court » en 2008 – bénéficie d'un climat tempéré à la fois par la Méditerranée et par la proximité du mont Ventoux. Des découvertes archéologiques ont récemment démontré que l'implantation des vignes dans la région était parmi les plus anciennes de France.

Guigal

La famille Guigal est l'une des grandes ambassadrices de la vallée du Rhône. L'ensemble des domaines de la maison couvre aujourd'hui 45 hectares, mais l'essentiel des quelque six millions de bouteilles produites annuellement est issu du commerce de négoce.

Château d'Ampuis 2005, Côte Rôtie • (866509) 167,75 $
Sans sacrifier l'élégance et le raffinement propres à ce terroir historique, cette cuvée réputée déploie une sève particulièrement étoffée et profonde en 2005. Une impression mûre et un équilibre d'ensemble irréprochable. Encore jeune et marquée par l'élevage, quelques années en cave lui permettront de développer davantage de nuances et de subtilité. ★★★→★ ③ ▼

Hermitage 2003 • (10220875) 108,25 $
Sans doute en raison des excès du millésime, l'Hermitage n'offre pas toute l'envergure ni la finesse habituelles de cette grande appellation. Capiteux et puissant certes, mais un peu à court de détail aromatique. ★★→? ②

Crozes-Hermitage 2008 • (10520755) 24,45 $
Modérément aromatique et juste assez vineux ; une délicate amertume en finale ajoute à son caractère et laisse une impression désaltérante en fin de bouche. ☆☆☆ ②

Côtes du Rhône 2007 • (259721) 17,80 $
Une valeur sûre au rayon des Côtes du Rhône génériques. D'autant plus recommandable cette année que le vin est mûr, dodu, plein de fruit et de belle tenue ! ★★★ ② Ⓒ

Jaboulet Aîné, Paul

À la fois productrice et négociante, la célèbre maison rhodanienne fondée en 1884 a été rachetée en 2005 par la Compagnie financière Frey, déjà propriétaire du Château La Lagune dans le Médoc et actionnaire principal de la maison champenoise Billecart-Salmon. Les œnologues Caroline Frey et Denis Dubourdieu y ont depuis opéré un redressement qualificatif notable. De manière générale, les vins gagnent en finesse et en élégance.

Domaine de Thalabert 2007, Crozes-Hermitage • (11166487) 40,25 $
Jusqu'aux années 1990, Thalabert avait la réputation d'être le meilleur cru de l'appellation Crozes-Hermitage. Après quelques années dans les limbes, il semble en voie de retrouver son lustre d'antan. Séveux, dense et empreint d'une profondeur certaine, le 2007 s'inscrit dans la même lignée que le précédent et confirme, en quelque sorte, la résurrection de Thalabert. Un vin compact qui nécessitera quelques années pour se révéler pleinement. ★★★→★ ③

Saint-Joseph 2009, Le Grand Pompée • (185637) 29,80 $
S'il est un peu moins complexe et distingué, cet autre classique de la maison Jaboulet est tout à fait satisfaisant et n'a rien à envier à bien des Saint-Joseph sur le marché. Une expression intense et musclée de la syrah ; l'élevage ajoute à sa tenue en bouche et l'agrémente de parfums épicés fort agréables. Beaucoup de mâche et de tonus ; on devrait le laisser dormir jusqu'en 2014. ★★★→? ③

Crozes-Hermitage, Les Jalets 2008 • (383588) 22$
Sans avoir la complexité des meilleurs crus de l'appellation, ce vin conçu pour être bu jeune est vibrant et plein en bouche, et a juste ce qu'il faut de poigne pour donner de l'éclat à ses saveurs concentrées de fruits noirs. L'une des belles réussites des dernières années. ★★★→? ②

Plus modestes, deux autres manifestations des progrès de la maison Jaboulet au cours des cinq dernières années.

Les Traverses 2009, Côtes du Ventoux • (543934) 14,20$
Un très bon vin souple et juteux dont les arômes témoignent de raisins de grenache mûris à souhait. Un très bon achat! ★★★ ② ♥

Côtes du Rhône 2009, Parallèle 45 • (332304) 15,30$
La populaire cuvée de la famille Jaboulet prend une allure plus riche et concentrée en 2009, avec une attaque en bouche assez dense et charnue, relevée de parfums de fruits noirs. Simplement savoureux! ★★★ ② ♥ Ⓒ

Marrenon

Coopérative dynamique qui regroupe plus de 2 000 viticulteurs et 8 000 hectares de vignes, Marrenon produit annuellement près de 50 millions de litres de vin dans le Luberon et dans les Côtes du Tricastin.

Grand Marrenon 2009, Luberon • (10678157) 17,95$
Cet assemblage de syrah et de grenache offre une expression riche et gourmande du fruit, avec une finale agrémentée de délicates notes de fleurs et de cacao. Mûr et un peu capiteux, mais il ne manque pas de tenue ni de tonus. ★★★ ②

Grande Toque 2009, Luberon • (10803296) 10,10$
Un vin de bonne facture, agréable par sa rondeur fruitée et tout à fait satisfaisant à ce prix. ★★ ② ♥ Ⓒ

Montirius

Dans les appellations Vacqueyras et Gigondas, le vignoble de Christine et Eric Saurel est conduit en agriculture biodynamique certifiée depuis 1999.

Vacqueyras 2010 • (872796) 20,35$
Ce vin inscrit au répertoire général en impose par sa couleur profonde et par son nez intense et compact, annonçant une matière dense et charnue. Beaucoup de vigueur et de volume, des tanins serrés, et une tenue en bouche digne de mention. Rares sont les vins courants ayant autant d'étoffe. ★★★★→? ③ ♥ Ⓒ

Mousset, Guy

Depuis qu'ils ont repris l'affaire familiale, les frères Frank et Olivier Mousset ont fait du Clos Saint-Michel une référence. Sous l'étiquette Domaine Guy Mousset, ils élaborent aussi un excellent Côtes du Rhône-Villages.

Les Garrigues 2007, Côtes du Rhône-Villages • (11007208) 25,65 $

Particulièrement bien servi par les largesses du millésime dans la partie méridionale du Rhône, le 2007 est encore plus complet que par le passé. Riche, chaleureux (14,5 % d'alcool) et pourtant parfaitement équilibré, il déploie avec opulence et volupté le charme sphérique du cépage grenache. On se régalera particulièrement de ses saveurs persistantes de cacao et de fruits noirs, aux accents d'eau-de-vie. «*Yummy*», comme disent nos voisins ! ★★★★ ② ♥

Perrin

En plus de ses célèbres vins du Château de Beaucastel, la famille Perrin commercialise une gamme de vins de la vallée du Rhône.

Châteauneuf-du-Pape 2007, Les Sinards • (11208448) 38,50 $

Les Sinards est le véritable second vin de Beaucastel. Le vin est issu des jeunes vignes de la célèbre propriété ainsi que d'une parcelle voisine, exploitée en fermage. Le 2007 traversait une phase ingrate lorsque dégusté de nouveau en août dernier. Pour savourer pleinement sa texture nourrie et sa longue finale aux accents de violette et de kirsch, il serait préférable de l'attendre encore un an ou deux, afin de le découvrir à son plein potentiel. ★★★→? ②

Vacqueyras 2009, Les Christins • (872937) 23,40 $

Plus de relief que les autres vins de la gamme. Son attaque en bouche chaleureuse souligne sa richesse alcoolique à 14,5 %. Le vin n'accuse pourtant aucune lourdeur puisqu'il est encadré par une charpente tannique suffisamment solide, qui crée un ensemble harmonieux. Finale aux tonalités de réglisse. Excellent ! ★★★★ ② ♥

Gigondas 2008, La Gille • (10267905) 29,80 $

La famille Perrin exploite aussi une parcelle de vignes entre les célèbres Dentelles de Montmirail et l'Ouvèze, dont elle tire un vin ample, rond et généreusement fruité ; pas très corsé, mais savoureux. ★★★ ②

Vinsobres 2009, Les Cornuds • (11095981) 20,20 $

Dans l'esprit des vins de Vinsobres, c'est-à-dire savoureux, velouté, coulant et facile à boire. Juste assez de tenue en bouche pour assurer sa fraîcheur et rehausser ses saveurs de fruits noirs. ★★★ ②

Côtes du Rhône-Villages Rasteau 2009, L'Andéol • (10678149) 19,05 $

Généreux et riche en parfums de fruits noirs. Pas beaucoup de personnalité, mais un vin du Rhône de bonne facture. ★★★ ②

Côtes du Rhône-Villages Cairanne 2009, Peyre Blanche • (11400721) 19$
Assez représentatif du millésime et ayant plus de caractère que la moyenne. Il mise avant tout sur une expression ronde, généreuse et charnue des grenache, syrah et mourvèdre. ★★★ ②

La Vieille Ferme blanc 2010, Luberon • (298505) 13,95$
Parfumé comme il se doit, assez vineux, très agréable. Bon an mal an, c'est l'un des bons vins blancs courants distribués dans l'ensemble du réseau. ☆☆☆ ② ♥ ©

La Vieille Ferme 2010, Ventoux • (263640) 13,95$
L'image du bon vin technologique, toujours bien réussi, souple, fruité et agréable à boire. ★★ ② ©

Rostaing, René

Depuis qu'il a repris l'exploitation de son beau-père, le légendaire Albert Dervieux, René Rostaing fait partie de l'élite de Côte Rôtie.

Côte Rôtie 2007 • (11067016) 71,75$
Excellent 2007, ferme et pas spécialement volumineux ni aromatique, mais quel style ! Sa structure, son équilibre et ses fines notes minérales en finale s'inscrivent tout à fait dans l'esprit de subtilité et de délicatesse de cette grande appellation. À boire tout au long de la décennie. ★★★★ ② ▼

Rouge Garance

Dans le Gard, sur la rive droite du Rhône, l'acteur Jean-Louis Trintignant et ses associés, Claudie et Bertrand Cortellini, produisent des vins blancs, rouges et rosés dont la qualité est en progression constante depuis les cinq dernières années.

Côtes du Rhône 2009, Feuille de Garance • (11341759) 16,80$
Après avoir connu un franc succès en importation privée, la cuvée Feuille de Garance est maintenant offerte dans les succursales de la SAQ. Une nouveauté qui fera le bonheur des amateurs de vins du Rhône, puisque le 2009 est particulièrement satisfaisant avec ses saveurs gourmandes et sa texture coulante et veloutée. Tout le bon goût des cépages méditerranéens (grenache, syrah et carignan), à prix d'aubaine. ★★★★ ② ♥

Vignerons d'Estézargues

Cette petite cave rhodanienne créée en 1965 regroupe à peine une dizaine de vignerons qui ont à cœur de produire des vins de terroirs sur leurs 400 hectares de vignes. Leur cave des Vignerons d'Estézargues figure aujourd'hui parmi les plus en vue de France.

Domaine La Montagnette 2010, Côtes du Rhône Signargues •
(11095949) 16,15$
Dans la continuité des millésimes précédents, un vin rouge savoureux dont les parfums gourmands sont enrobés d'une matière charnue et généreuse, qui laisse en bouche une impression à la fois vibrante et rassasiante. Encore meilleur après une aération d'une demi-heure en carafe. Un achat du tonnerre à ce prix ! ★★★★ ② ♥ ♁

Vins de Vienne

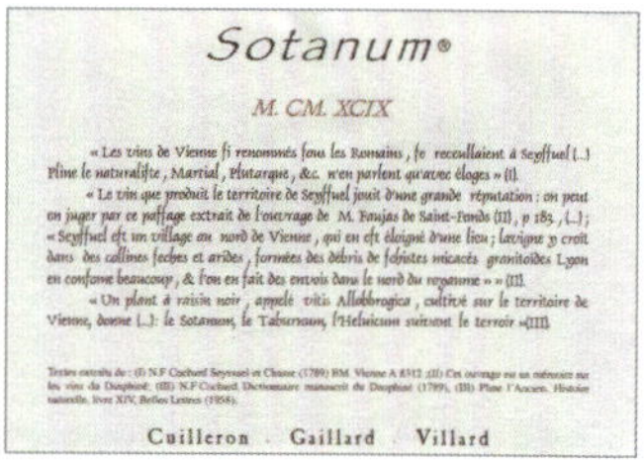

Cette marque est née d'un partenariat entre les vignerons Pierre Gaillard, Yves Cuilleron et François Villard. Après avoir recréé au sud de Lyon le vignoble de Seyssuel – un morceau de patrimoine viticole datant de l'époque romaine –, ils ont développé une activité de négoce haut de gamme dans le nord de la vallée du Rhône.

Sotanum 2009, Vin de France • (894113) 53,25$
Cette année, par sa profondeur et son volume en bouche, le Sotanum est spectaculaire. Non pas un gros vin foncé et tannique, mais irrésistiblement fruité, riche d'une foule de détails, soyeux et plein d'élan, avec cette persistance propre aux meilleurs vins du genre. Sa finale distinguée et vaporeuse fait vite oublier son prix... ★★★★→? ③

Héluicum 2009, Vin de France • (11635896) 37$
Deuxième vin du Sotanum. Également composé de syrah, dont il déploie avec beaucoup d'élégance les notes florales et poivrées caractéristiques. Très rassasiant, tant par sa mâche fruitée que par sa vigueur tannique, qui donne à l'ensemble tout le tonus nécessaire. Arrivée prévue en mai 2012 (*Cellier*). ★★★★ ③

Cornas 2008, Les Barcillants • (708438) 49$
Même si le millésime 2008 ne se prêtait pas à l'élaboration d'un vin très compact et riche en tanins, ce très bon Cornas demeure assez fidèle au style de l'appellation et offre a poigne, l'étoffe et la structure souhaitées. Un goût très affirmé et presque sauvage de syrah très mûre, une bouche vive et fringante. Il vaudrait mieux le laisser dormir encore quelques années. ★★★→★ ③

Saint-Joseph 2008, Arzelle • (707265) 33,25$
Cet excellent 2008 commenté dans *Le guide du vin 2011* est maintenant plus ouvert et épanoui. Une attaque en bouche franche, droite et assez nerveuse donne à ce Saint-Joseph un tempérament fort sympathique, assez représentatif des vins de régions fraîches. Passablement charnu, constitué de tanins fins et relevé de parfums très nets de poivre. ★★★★ ②

Saint-Joseph 2009 • (10783310) 27,25$
Encore jeune et sur un mode un peu strict, riche en aspérités tanniques, mais sans dureté. Pas de maquillage, mais une expression pure et fougueuse du Saint-Joseph. Pour l'apprécier pleinement, il serait préférable de l'attendre quelques mois. Les impatients pourront aussi le passer en carafe une heure avant de le servir. ★★★→? ②

Crozes-Hermitage 2009 • (10678229) 23,15$
Vin structuré et marqué par des arômes de réduction. Peut-être traverse-t-il un creux de vague, comme certains 2009 en ce moment. À revoir dans quelques mois... ★★→?

Cranilles 2010, Côtes du Rhône • (722991) 18,05$
Aussi un excellent vin courant: coloré, délicieusement fruité et mettant à profit les vertus conjuguées des cépages grenache, syrah et mourvèdre. À la fois charnu et frais en bouche, ses tonalités d'épices et de réglisse noire apportent beaucoup d'originalité et de relief. L'un des meilleurs achats dans sa catégorie. ★★★★ ② ♥

COMMENTÉS SOMMAIREMENT, D'AUTRES VINS DU RHÔNE

Cave de Rasteau, Côtes du Rhône-Villages Rasteau 2007, Cuvée Prestige
(952705) 21,45$
Assez fruité, relevé de goûts d'épices, mais surtout rustique et rudimentaire. ★★ ②

Côtes du Rhône-Villages Rasteau 2009, Tradition
(113407) 15,80$
Léger reste de gaz, rien de spécial, mais correctement fruité. ★★ ② Ⓒ

Chapoutier, Michel; Les Meysonniers 2009, Crozes-Hermitage
(10259876) 26,25$
Triste représentant de l'appellation Crozes-Hermitage. Creux en bouche, à court de chair et de détail. À ce prix, on trouve nettement mieux. ★★→? ②

Belleruche 2009, Côtes du Rhône
(476846) 17,50$
Très bien réussi en 2009, ce vin générique mise à fond sur le naturel gourmand et la rondeur du grenache. Avant tout joufflu et généreux, sans toutefois manquer de tonus. ★★★ ②

La Ciboise 2010, Luberon
(11374382) 13,95$
À prix d'aubaine, cet assemblage de grenache et de syrah commercialisé par le géant Chapoutier a tout pour plaire, avec ses saveurs de fruit mûr sur un fond de cacao. Simple, mais rassasiant et agréable à boire. ★★★ ② ♥ Ⓒ

Château Beaubois, Élégance 2010, Costières de Nîmes
(11095851) 16,45$
Au sud de la ville de Nîmes, la famille Mouret produit un vin délicieusement fruité mettant à profit les vertus complémentaires des cépages roussanne et viognier. Le 2010 combine les parfums, la vinosité, la tenue et la fraîcheur des bons vins blancs de la région, dans de bonnes proportions. ☆☆☆ ② ♥

Château de Campugnet, Invitation 2010, Costières de Nîmes
(919340) 13,65$
Bon vin modeste et désaltérant auquel les cépages roussanne, grenache blanc et viognier donnent une originalité aromatique sympathique pour le prix. ☆☆☆ ② ♥
On trouve aussi des vins de ce producteur en importation privée. Ⓘ

Château de la Gardine 2007, Châteauneuf-du-Pape
(022889) 35,75$
La famille Brunel produit un Châteauneuf d'envergure moyenne, toujours rassasiant par son fruit mûr, son équilibre et son toucher de bouche velouté. Sa constance qualitative mérite d'être signalée. ★★★ ②

Château de Nages, Cuvée Joseph Torres 2008, Costières de Nîmes
(567115) 19,95$
Jolie texture; le bois semble mieux intégré que par le passé, mais domine tout de même les saveurs naturelles de la syrah, dont le vin est composé à 100%. Souple, fondu et un peu prévisible. ★★→? ③

Nages 2009, Costières de Nîmes
(427617) 15,10$
Un vin rouge juteux et assez charnu; rien de bien complexe, mais facile à boire. ★★★ ②

Nages 2010, Costières de Nîmes blanc
(427609) 15,10$
Pas de bois, mais assez nourri et enjolivé des parfums originaux des cépages grenache blanc et roussanne. ☆☆ ②

Syrah 2009, Les Piliers, Costières de Nîmes
(11253759) 15,95$
Après un savoureux 2008 commercialisé plus tôt dans l'année, ce 2009 semble un peu convenu et stéréotypé. Charnu, mais inutilement chargé d'arômes vanillés. Dommage que le bois prenne autant de place, du moins, pour le moment... ★★→? ②

Château du Trignon 2006, Gigondas
(10935942) 28,80 $
Un Gigondas dans la moyenne, assez bien constitué, charmeur, mais sans l'étoffe des bons vins de l'appellation. ★★ ②

Sablet 2007
(11600909) 18,40 $
Vigoureux, droit et relevé de saveurs franches de fruits et de poivre. Moins opulent que d'autres 2007 offerts sur le marché, mais assez fidèle au style délicat de l'appellation Sablet. Arrivée prévue en février 2012. ★★★ ②

Château Saint-Roch 2009, Lirac
(574137) 18,30 $
Bon 2009 rond, charmeur et animé d'une saine vitalité qui rehausse ses saveurs chaleureuses. ★★★ ②

Colombo, Jean-Luc ; La Belle de Mai 2007, Saint-Péray
(10678190) 32,50 $
Très méditerranéen, le vin mise davantage sur la vinosité que sur la vitalité. Cet assemblage de roussanne et de marsanne ne manque certainement pas de charme et déploie une jolie trame aromatique teintée d'agréables nuances florales sur un fond beurré. ☆☆☆ ②

Les Abeilles de Colombo 2009, Côtes du Rhône
(11460088) 16,75 $
Assez typique de 2009 par sa rondeur fruitée, ses saveurs généreuses de grenache qui laissent en bouche une impression rassasiante tant par son volume que par sa chair dense. Un peu plus strict et corsé que d'autres, mais encore très jeune, il est probable qu'il soit un peu plus volubile d'ici quelques mois. ★★★→? ②

Château de Clapier 2009, Luberon
(10269396) 14,10 $
Un vin modeste, mais bien fait ; souple, friand et dodu. ★★★ ②

Domaine de la Citadelle, Le Châtaignier 2009, Côtes du Luberon
(880831) 15,30 $
Cette cuvée élaborée par un domaine réputé du Luberon a été vinifiée en cuve d'inox pour préserver la fraîcheur et l'expression aromatique des cépages syrah, grenache, carignan et mourvèdre. Simple et agréable à boire. ★★→? ②

Domaine de la Présidente, Grands Classiques 2009, Côtes du Rhône-Villages Cairanne
(10919125) 15,25 $
Franche expression de grenache ; joufflu, plein de fruit et d'accents de cacao. ★★★ ②

Domaine de l'Espigouette 2008, Vacqueyras
(11195632) 23 $
Vin musclé, chaleureux et plein de fruit m'a fait une très bonne impression. Plein en bouche, sur des notes de poivre et de réglisse, avec une finale chaleureuse. ★★★ ②

Domaine Duclaux 2007, Châteauneuf-du-Pape
(10273483) 35 $
Assez bien fait dans un style mûr, il était déjà passablement ouvert lorsque goûté en août. Pas très profond, mais de bon aloi. ★★★ ②

Ferraton, Crozes-Hermitage 2009, La Matinière
(11154953) 22,45 $
Plus substantiel et fruité que d'habitude, mais pas remarquable. Il manque de plénitude et laisse la bouche un peu creuse. ★★→? ②

Jaboulet, Philippe et Vincent ; Crozes-Hermitage 2006
(11154902) 30,75 $
À la suite de la vente du domaine familial, Philippe Jaboulet (Paul Jaboulet Aîné) a créé sa propre entreprise avec son fils Vincent. S'il est plutôt attrayant avec son nez concentré de fruits noirs et de vanille, le vin manque toutefois d'envergure en bouche. Correct, mais moins complet que d'autres et un peu rustique. ★★ ②

Versino, Jean et Jean-Paul ; Châteauneuf-du-Pape 2007, Sélection Laurence Féraud
(11385954) 40,50 $
Bien que j'apprécie généralement le vins de Jean-Paul Versino (Bois de Boursan), je dois avouer ma déception devant ce Châteauneuf plutôt terne et creux en milieu de bouche. Mauvaise bouteille ? Creux de vague ? ★★→? ②

Vidal-Fleury, Côte Rôtie 2005, Côte Brune et Blonde
(11154478) 71,25 $
Cette maison, qui appartient depuis 1984 à la famille Guigal, jouit d'une très bonne réputation. Pourtant, ce vin semble étonnamment fatigué à un âge très précoce. Bouteille défectueuse ? Choc du transport ? ★★→? ②

Vignobles David, Le Mourre de L'Isle 2009, Côtes du Rhône
(11574472) 18,30 $
Un vin ambitieux et de facture moderne. À défaut de profondeur, l'amateur du genre aimera sa charpente, son fini tannique un peu rugueux mais copieusement enrobé, et ses notes de vanille et de torréfaction, traduisant un élevage poussé en fût de chêne. ★★★ ②

On trouve aussi des vins de ce producteur en importation privée. IP

D'AUTRES VINS ROUGES DE QUALITÉ MOYENNE ★★ ET ☆☆

Brotte, Domaine Barville, Optimum 2009, Châteauneuf-du-Pape
(11339851) 57 $

Gigondas 2009
(11600706) 21,90 $

Château Mas Neuf, Compostelle 2007, Costières de Nîmes
(914325) 19,25 $

Château Redortier, Beaumes de Venise 2007, Cuvée des Trois Yeux
(11194111) 24,15 $

Domaine des Remizières, Crozes-Hermitage 2008, Cuvée Particulière
(871657) 25,75 $

Domaine du Vieux Lazaret, Cuvée Exceptionnelle 2007, Châteauneuf-du-Pape
(10676881) 47,25 $

Châteauneuf-du-Pape blanc 2009
(11095842) 31,50 $

Dubœuf, Georges ; Côtes du Rhône 2009
(134502) 12,95 $ C

Gamay 2010, Vin de Pays l'Ardèche
(319111) 11,95 $ C

Côtes du Rhône 2007
162404) 12,90 $ C

Quiot, Jérome ; Vinsobres 2006
(730473) 18,15 $

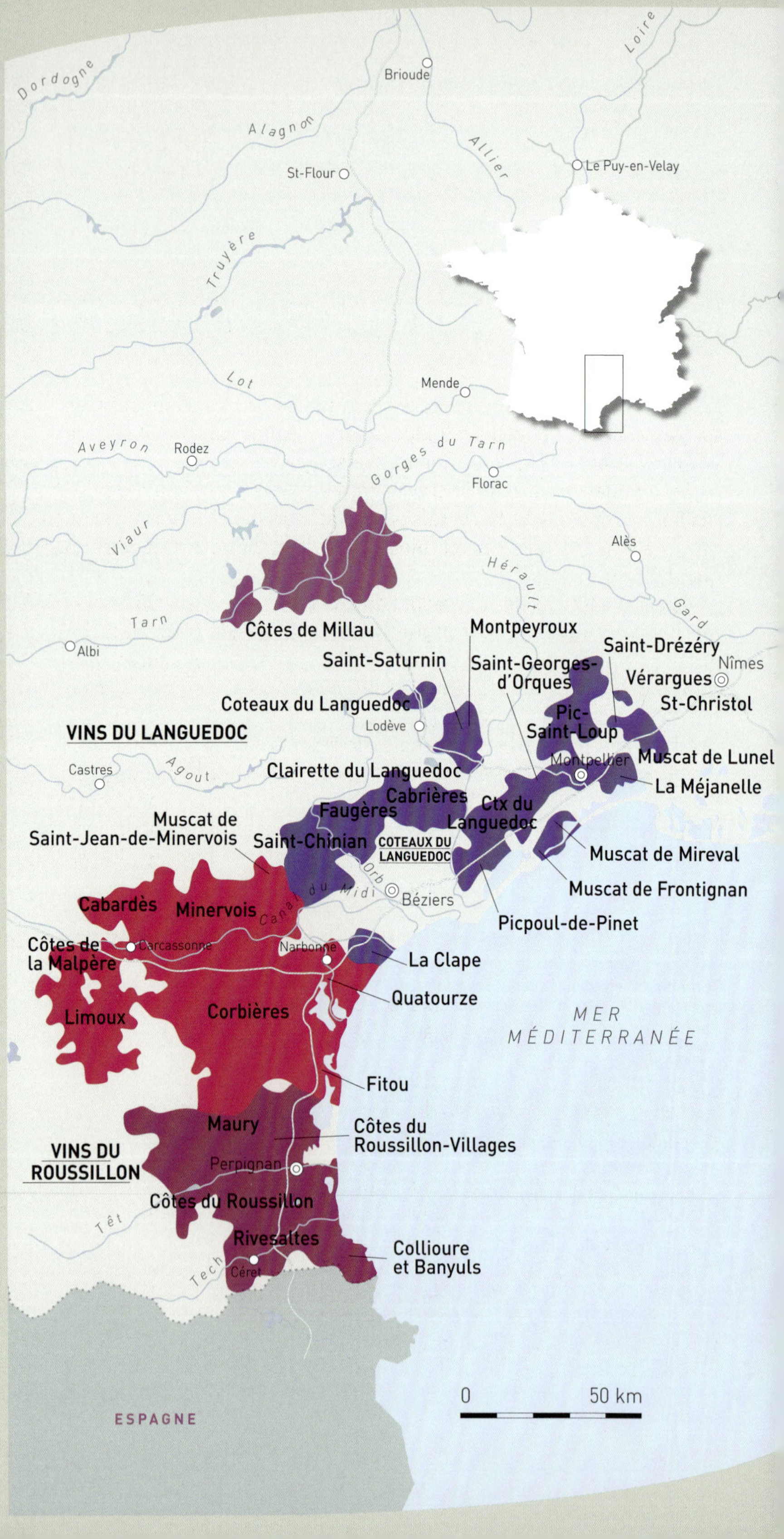
Dordogne
Brioude
Loire
Alagnon
Allier
St-Flour
Le Puy-en-Velay
Truyère
Lot
Mende
Aveyron
Rodez
Gorges du Tarn
Florac
Viaur
Alès
Hérault
Gard
Tarn
Côtes de Millau
Montpeyroux
Saint-Drézéry
Albi
Saint-Saturnin
Saint-Georges-d'Orques
Nîmes
Vérargues
Coteaux du Languedoc
St-Christol
Lodève
Pic-Saint-Loup
VINS DU LANGUEDOC
Castres
Agout
Clairette du Languedoc
Montpellier
Muscat de Lunel
La Méjanelle
Cabrières
Faugères
Ctx du Languedoc
Muscat de Saint-Jean-de-Minervois
Saint-Chinian
COTEAUX DU LANGUEDOC
Muscat de Mireval
Orb
Muscat de Frontignan
Béziers
Cabardès
Minervois
Canal du Midi
Picpoul-de-Pinet
Côtes de la Malpère
Carcassonne
Narbonne
La Clape
Quatourze
Limoux
Corbières
MER MÉDITERRANÉE
Fitou
Maury
Côtes du Roussillon-Villages
VINS DU ROUSSILLON
Perpignan
Côtes du Roussillon
Têt
Rivesaltes
Collioure et Banyuls
Tech
Céret
0
50 km
ESPAGNE

Sud de la France

Le Languedoc-Roussillon abrite le plus vaste vignoble au monde, avec une superficie de plus de 300 000 hectares. Bon an mal an, il génère environ le tiers de la production française de vin.

En un quart de siècle, le travail remarquable d'une foule de domaines indépendants a eu raison de l'image du « gros rouge qui tache », et a fait place à une industrie dynamique orientée vers la qualité.

Dans un contexte de surproduction mondiale, près de 6 000 viticulteurs – encouragés par les primes à l'arrachage – ont jeté l'éponge et cessé d'approvisionner les coopératives locales. Les autres producteurs ont multiplié les efforts et les investissements pour faire de meilleurs vins. Et ça se goûte !

Ce vaste croissant, qui s'étend de la frontière espagnole à la vallée du Rhône, constitue plus que jamais un rayon des aubaines pour l'amateur de bons vins généreux. Les amateurs d'ici l'ont sans doute compris puisque, de toutes les régions françaises, le Languedoc domine largement les ventes au Québec, avec des recettes de plus de 155 millions de dollars pour l'année financière 2010-2011.

bon à savoir

De manière générale, les millésimes 2007 et 2009 sont très réussis dans le sud de la France. Il y a là de véritables aubaines.

À 15 ou 25 $, un très bon vin du Languedoc est souvent aussi bon que des vins du Rhône plus chers.

La plupart des vins du pourtour méditerranéen sont prêts à boire dès leur commercialisation. L'exception est évidemment le Bandol, qui atteint la plénitude après cinq ou six ans.

Grâce à de meilleures connaissances du vignoble et à une maîtrise œnologique accrue, on produit maintenant d'excellents vins blancs secs en Provence, mais aussi dans le Languedoc et dans le Roussillon.

LES CINQ DERNIERS MILLÉSIMES

2010 D'un bout à l'autre du Languedoc, un été très sec et des rendements réduits ont été garants de qualité. Qualité générale très satisfaisante.

2009 Bel été et récolte précoce, mais des rendements de 10 à 40 % inférieurs à la moyenne. Beaucoup de bons vins rouges.

2008 Millésime comparable à 2007. On annonce beaucoup de bons vins charpentés dans le Languedoc. Qualité plus hétérogène en Provence, après des vendanges dans des conditions précaires.

2007 Comme ailleurs en France, le printemps a été pluvieux et les températures estivales plus basses que la normale. Le beau temps de septembre a généré beaucoup de très bons vins bien équilibrés. Millésime généralement excellent.

2006 Après des mois de juin et de juillet torrides, août a été frais, et quelques pluies ont compliqué les vendanges. Les producteurs vigilants et appliqués ont obtenu des résultats satisfaisants. Qualité hétérogène.

DÉBOUCHER OU ATTENDRE ?

Vins du Midi • **De la cave, que boire en 2012?**

Dans l'ensemble, les vins rouges du Languedoc-Roussillon et de Provence sont bons à boire dès leur jeune âge. Et même si les cuvées plus élitistes provenant des domaines de pointe offrent une tenue remarquable et passablement de charpente et de tenue, ils n'ont pas besoin de dormir en cave bien longtemps pour se révéler pleinement. On verra que la plupart des vins commentés dans les pages qui suivent sont à point. Exception à cette règle : certains titans comme Daumas Gassac, ou encore les merveilleux vins de Bandol, auxquels le mourvèdre confère un tempérament tannique et surtout une longévité digne des très bons Bordeaux.

Languedoc-Roussillon

Bergerie de l'Hortus

Jean Orliac a fait de son domaine de l'Hortus l'un des hauts lieux de la viticulture languedocienne.

Classique blanc 2009, Vin de Pays du Val de Montferrand • (10506937) 18,70$
Fermentés en cuve d'inox, les cépages roussanne, viognier, sauvignon blanc, sauvignon gris et chardonnay conservent un élan aromatique et une vitalité fort appréciables. Bel exemple des vins blancs originaux produits dans le midi de la France. ☆☆☆ ② ♥

Classique 2009, Coteaux du Languedoc, Pic-Saint-Loup • (427518) 18,60$
Gorgé de bons goûts de fruits et des accents de la garrigue, mais parfaitement digeste et désaltérant, grâce à une bonne acidité et à une touche d'amertume en finale. ★★★ ② ♥

Bertrand, Gérard

Gérard Bertrand a repris l'entreprise familiale en 1987. Aujourd'hui, la société qu'il a développée regroupe plus de 300 hectares de vignes répartis sur cinq propriétés.

Château l'Hospitalet 2008, Coteaux du Languedoc, La Clape, Réserve • (10920732) 19,95$
Cette propriété acquise en 2002 est de nouveau la source d'un vin gourmand, riche en parfums de fruits noirs et de garrigue, et appuyé par des tanins juste assez stricts pour assurer sa tenue et son caractère. ★★★→? ②

Château l'Hospitalet 2009, Coteaux du Languedoc, La Clape, Réserve • (10920732) 19,95$
Encore plus charmeur, le 2009 remplit la bouche de plantureux parfums de fruits compotés et de fleurs. Ample, exubérant, très languedocien et parfaitement digeste. À boire entre 2012 et 2016. ★★★→? ②

Domaine Haut St-Georges 2009, Corbières • (853796) 16,25$
Plus modeste, mais présentant lui aussi une feuille de route enviable au cours des dernières années, cet assemblage typique du midi de la France est joufflu, juteux et offre beaucoup de mâche fruitée pour le prix. ★★★ ② ♥

Autrement 2008, Coteaux du Languedoc • (11200972) 15,15$
Taillé pour plaire à un vaste public, avec une bouche souple dont la rondeur laisse une impression quasi sucrée. ★★ ②

Cave de Roquebrun

La coopérative de Saint-Chinian est une bonne adresse où trouver des vins de facture traditionnelle.

Seigneur d'Aupenac 2006, Saint-Chinian • (11475634) 30,25$
Un élevage prolongé en fût de chêne confère une étoffe et une tenue en bouche supplémentaires à cet assemblage de syrah, de grenache et de mourvèdre. Beaucoup de volume et de généreux accents de kirsch, portés par une matière fruité charnue. Pleinement rassasiant et apte à se bonifier au cours des cinq prochaines années. ★★★→? ③ ♙

Les Fiefs d'Aupenac 2008, Saint-Chinian • (10559166) 20,50$
Particulièrement généreux cette année, avec des notes gourmandes de fruits, sur un fond anisé ; mûr, bien en chair et d'une agréable consistance, mais aussi souple et coulant. ★★★ ②

Chemin des Olivettes 2009, Coteaux du Languedoc • (11193194) 17,15$
Plus modeste ; pas spécialement étoffé, et un peu linéaire. ★★ ②

Les Fiefs d'Aupenac blanc 2010, Saint-Chinian • (10559174) 18,70$
Retour à des formes plus harmonieuses, avec un usage mieux maîtrisé de la barrique, qui permet d'apprécier le potentiel aromatique des cépages roussanne et grenache blanc. ☆☆☆ ②

Cazes

En 2004, la famille Cazes a confié la commercialisation de sa production au groupe Jeanjean qui possède désormais la totalité des bâtiments. Les Cazes demeurent toutefois propriétaires et exploitants du plus vaste vignoble français à être conduit en agriculture biologique et en biodynamie.

Le Credo 2007, Côtes du Roussillon Villages • (11151939) 51,50$
Cette cuvée ambitieuse composée de cabernet sauvignon et de merlot a de l'ampleur en bouche, une trame tannique ferme et consistante et des saveurs parfaitement mûres, teintées d'individualité. Encore jeune et plein de chair, ce vin a de bonnes années devant lui. ★★★→★ ③

Château L'Argentier

François Jourdan est installé sur la propriété familiale de Sommières, où il favorise des vinifications traditionnelles sans usage de barrique.

L'Argentier 2009, Carignan, Vin de Pays du Gard • (11587927) 19,35$
Ce vin nourri, rond et flatteur tire sa personnalité affirmée et sa fibre purement languedocienne dans de vieilles vignes de carignan, plantées en 1935. L'échantillon dégusté durant l'été venait tout juste d'être embouteillé et semblait un peu secoué par le transport, mais on pouvait néanmoins en deviner le potentiel. Il sera intéressant de surveiller son évolution au cours des cinq prochaines années. ★★★→? ②

Château Coupe Roses

Au cœur du Minervois, dans la commune de La Caunette, Françoise Le Calvez gère avec rigueur et indépendance d'esprit ce domaine dont les origines remontent au XVIIe siècle.

Les Plots 2009, Minervois • (914275) 17,20$
(11067585) 13,30$ – 500 ml
Une combinaison gagnante de syrah, de grenache et de carignan donne un vin opulent, concentré et délicieusement fruité. Encore meilleur que d'habitude en 2009 ; on a su éviter la surmaturation et préserver la fraîcheur nécessaire à l'équilibre du vin. À boire entre 2012 et 2016. ★★★★ ② ♥

Granaxa 2009, Minervois • (862326) 19,90$
Cette année encore, ce vin composé exclusivement de grenache et nourri par un élevage d'un an en fût de chêne comble toutes les attentes. Chaleureux, corpulent et soutenu par des tanins ronds et dodus ; la plénitude et la concentration de son fruit sont remarquables. Le vrai bon goût du Sud ! ★★★★ ② ♥

Minervois blanc 2010 • (894519) 18,20$
La roussanne est un cépage merveilleux, à condition d'être entre bonnes mains et d'être planté au bon endroit. Cette année encore, il ne fait aucun doute que les raisins dont est issu ce savoureux vin blanc – 100% roussanne – ont profité de ces deux conditions. Ample et généreux, comme en témoigne sa couleur dorée, ses saveurs intenses et concentrées et sa texture onctueuse, mais pourtant digeste et très bien équilibré. Assez étoffé pour accompagner un plat de viande. ☆☆☆☆ ② ♥

en peu de mots

Les vins rouges du Languedoc sont souvent riches en alcool, mais sont beaucoup moins tanniques et astringents que ceux du Sud-Ouest (Madiran, Cahors, etc.). Ils sont principalement issus des cépages syrah, grenache, mourvèdre, cinsault, etc. Seule l'appellation Cabardès autorise l'utilisation du cabernet sauvignon et du merlot.

Afin de faciliter la consultation et aussi d'éviter de séparer les vins d'un même producteur en deux rubriques différentes, les Vins de Pays sont intégrés aux autres sections de la France. La carte de la France (page 32) vous aidera à mieux vous y retrouver.

Château de Cazeneuve

En plus de signer d'excellents vins complets et racés, André Leenhardt travaille depuis plusieurs années à faire reconnaître Pic-Saint-Loup comme une AOC à part entière, au même titre que Faugères.

Les Calcaires 2008, Coteaux du Languedoc, Pic-Saint-Loup • (881656) 21,95$
Issu de syrah, de grenache, de mourvèdre ainsi que de vieilles vignes de carignan et de cinsault, le 2008 fait preuve d'une fermeté et d'une concentration remarquables pour un vin de ce prix. Encore très jeune et un peu timide, la bouteille à peine débouchée, c'est le genre de vin qui ne se révèle pleinement qu'après quelques années de repos ou après un passage prolongé en carafe. Il déploie alors un éventail de saveurs racées, qui persistent en bouche et laissent une impression de plénitude. À boire entre 2012 et 2016. ★★★→★ ③ ♥

Château de Gourgazaud

Établi à Gourgazaud depuis 1973, Roger Piquet fut l'un des pionniers de l'essor des vins du Minervois et du Languedoc. Trente ans plus tard, son vignoble est toujours la source de très bons vins.

Réserve 2006, Minervois-La Livinière • (972646) 18,10$
Cette cuvée est depuis fort longtemps une référence au rayon du Languedoc. Comme le 2006 est particulièrement savoureux et qu'il est toujours offert à moins de 20$, toutes les raisons sont bonnes pour revisiter ce vin de forme classique qui conjugue le tonus et l'éclat fruité et poivré de la syrah avec l'étoffe tannique du mourvèdre. Déjà ouvert, il continuera de se bonifier jusqu'en 2016 aisément. ★★★★ ② ♥

Château de Lancyre

Cette vaste propriété de Pic-Saint-Loup fait preuve d'une régularité qualitative digne de mention.

Grande Cuvée 2007, Coteaux du Languedoc, Pic-Saint-Loup • (864942) 25,70$
Lorsque dégusté durant l'été, le 2007 portait encore la marque d'un élevage intensif en fût de chêne, avec des parfums de torréfaction et un fini tannique un peu anguleux. Vu la feuille de route de ce producteur, on peut espérer que les choses se replaceront au cours des prochains mois... ★★→? ③

On trouve également des vins de ce producteur en importation privée. IP

Château de Sérame

La maison champenoise Thiénot est un actionnaire majeur du négociant bordelais CVBG. Château de Sérame est l'antenne languedocienne.

Corbières 2007 • (10507121) 17,90$
Cet assemblage de syrah, de carignan et de grenache semble renouer avec une certaine recherche de fraîcheur et d'harmonie. Passablement nourri, agrémenté de notes fruitées chaleureuses et équilibré. ★★★ ②

Château Étang des Colombes

Ce domaine situé au nord de l'appellation Corbières produit des vins de très bonne qualité.

Bois des Dames 2007, Corbières • (896514) 18,95$
Passablement nourri en 2007, constitué de raisins mûrs et bien servi par un bon usage du bois de chêne qui lui confère, entre autres, de jolis accents de cèdre. Déjà ouvert; à boire entre 2012 et 2015. ★★★ ②

Château St-Martin de la Garrigue

Entre Béziers et Montpellier, Jean-Claude Zabalia gère avec une rigueur admirable cette vaste propriété de l'Hérault.

Grès de Montpellier 2009, Coteaux du Languedoc • (10268828) 22,85$
Cette cuvée est composée aux deux tiers de mourvèdre, dont elle arbore la fermeté et la droiture caractéristiques. Consistant et manifestement issu de raisins mûrs, le vin s'articule autour de tanins dodus et révèle des saveurs persistantes de fruits confits. Déjà excellent, il sera à son sommet vers 2017. ★★★★ ③ ♥

Bronzinelle 2009, Coteaux du Languedoc • (10268588) 16,70$
De mémoire, je n'ai jamais été déçu par ce vin savoureux, fruit d'une combinaison de syrah, de grenache, de carignan et de mourvèdre. Le 2009 est encore plus juteux et nourri que d'habitude, riche en saveurs fruitées bien mûres, mais toujours élaboré dans un esprit d'équilibre et de pureté. Excellent dans sa catégorie! ★★★★ ② ♥

Picpoul de Pinet 2010, Coteaux du Languedoc • (11460045) 17,45$
Le picpoul est une variété généralement connue pour donner des vins vifs et légers. Relevée et franchement savoureuse, cette cuvée ambitieuse offre une interprétation vineuse, généreuse et tout à fait hors norme du Picpoul. Le vin blanc idéal à l'apéritif ou en accompagnement de crustacés. ☆☆☆☆ ② ♥

Château Tour Boisée

Le domaine habilement géré par Jean-Louis Poudou produit un duo gagnant de Minervois, dont la qualité est généralement exemplaire.

À Marie-Claude 2007, Minervois • (395012) 21,70$
Autre manifestation éloquente de la qualité du millésime 2007 dans la région, cet assemblage de syrah, de grenache et de carignan est très complet cette année. Le vin est solide, mais il s'articule autour de tanins mûrs et a toute la fraîcheur voulue. ★★★★ ② ♥

Cuvée Marielle et Frédérique 2010, Minervois • (896381) 15,80$
Chaque année, ce vin essentiellement constitué de cinsault et de grenache se distingue des autres vins de sa catégorie par sa matière à la fois charnue et juteuse, et par la précision de ses saveurs de fruits noirs et d'épices. À ce prix, il figure parmi les bons achats que l'on puisse faire autour de 15$ au rayon du Languedoc. ★★★★ ② ♥

Domaine Clavel

À quelques kilomètres à l'est de Montpellier, le terroir de la Méjanelle est à plus basse altitude que le reste des coteaux du Languedoc. Pierre Clavel y façonne de superbes vins à la personnalité très affirmée.

Les Garrigues 2008, Terroir de la Méjanelle, Coteaux du Languedoc •
(874941) 18,15$
Assemblage de syrah, de mourvèdre et de grenache, il fait preuve d'une dimension remarquable dans sa catégorie de prix. À la fois gourmand et plein de fraîcheur, il offre, dans des proportions idéales, des saveurs vibrantes et intenses d'épices, et une matière fruitée pulpeuse et charnue. Un achat obligatoire ! ★★★★ ② ♥

Domaine Cottebrune

Le Rhodanien Pierre Gaillard (page 136) s'est aussi aventuré dans le Languedoc-Roussillon, où il signe des vins distinctifs.

Transhumance 2009, Faugères •
(10507307) 22,20$
Syrah, mourvèdre et grenache profitent d'un élevage partiel (25 %) en fût de chêne neuf, ce qui confère à ce vin une structure tannique bien sentie et des accents boisés qui s'estompent après une aération d'une heure. Il révèle alors sur des saveurs compactes de cassis et d'épices, et laisse une impression quasi austère qui lui donne une certaine prestance en bouche. À boire entre 2013 et 2017. ★★★→★ ③ ♥ ♙

Domaine d'Aupilhac

Montpeyroux est le cru le plus élevé des coteaux du Languedoc – 300 m d'altitude – et l'un des terroirs les plus intéressants de cette vaste région. Certains vignobles profitent encore de l'apport original de vieilles vignes de carignan. C'est surtout cette particularité qui a longtemps fait la distinction du Domaine d'Aupilhac, mené avec aplomb par Sylvain Fadat.

Les Cocalières, Coteaux du Languedoc, Montpeyroux 2008 • (11096108) 28,95$
Provenant d'un vignoble planté en altitude où de grandes amplitudes thermiques entre le jour et la nuit favorisent le long mûrissement des raisins, ce vin adopte une forme plus classique après un 2007 intense et corpulent. Il en émane une impression générale d'élégance, avec beaucoup de détail aromatique. Encore jeune et plutôt timide ; il gagnera sans doute à reposer jusqu'en 2014. ★★★→? ③

Coteaux du Languedoc, Montpeyroux 2008 • (856070) 19,85$
Typiquement méditerranéen par sa matière chaleureuse, son grain tannique mûr et sa solide constitution. Encore très jeune et marqué par des arômes de réduction, qui s'estompent après un passage en carafe et font place à une expression fruitée fort agréable. À moins de 20$, ce vin est à ranger parmi les valeurs sûres au rayon du Languedoc-Roussillon. ★★★★ ② ♥

Lou Maset 2010, Coteaux du Languedoc, Montpeyroux • (11096116) 14,95$
Toujours empreint d'une vitalité qui appelle la soif et qui met en relief un spectre de saveurs franches aux accents d'épices. Encore très nerveux lorsque dégusté en août dernier, le vin présentait un léger reste de gaz qui devrait certainement s'estomper au cours des prochains mois. L'archétype du vin quotidien à boire jeune, autour de 14 °C. ★★★ ② ♥

On trouve aussi des vins de ce producteur en importation privée. IP

Domaine de Bila-Haut

En plus de produire du vin dans presque toutes les appellations de la vallée du Rhône, Michel Chapoutier exploite aussi une propriété dans le Roussillon.

Occultum Lapidem 2009, Côtes du Roussillon-Villages •
(10895186) 23,70$
Cet assemblage de syrah, de grenache et de carignan est solide, généreux et riche en parfums mûrs, presque confits. Meilleur s'il est servi frais, autour de 15 °C. ★★★ ②

Les Vignes de Bila-Haut 2009, Côtes du Roussillon-Villages • (11314970) 15,95$
Belle trame tannique, du fruit et une saine fraîcheur. Modeste, mais agréable à boire. ★★★ ② C

Domaine de Mouscaillo

À une dizaine de kilomètres au sud de Carcassonne, cette région surtout connue pour sa Blanquette produit aussi de bons vins blancs secs.

Limoux 2008 •
(10897851) 22,85$
Le chardonnay, qui profite à la fois de l'influence climatique des Pyrénées et de l'Atlantique, s'exprime avec une grande pureté dans ce vin distinctif au bon goût de fruits mûrs. Le 2008 se distingue grâce à sa tenue en bouche et à son expression minérale évoquant presque certains vins de la Côte d'Or. Encore jeune, il gardera sans doute la forme pendant au moins trois ou quatre ans. ☆☆☆☆ ② ♥

Domaine du Clos des Fées

Hervé Bizeul est vite devenu une star du Roussillon, notamment pour sa cuvée Petite Sibérie, un vin culte vendu à plus de 300 $.

Vieilles vignes 2008, Côtes du Roussillon-Villages • (11177240) 35,50 $
Musclé sans être lourd, un vin d'inspiration moderne : pansu, imposant par son volume et sa chair mûre, chaleureux à souhait et surtout épicé, ample et expansif. Il est possible qu'il réserve de belles surprises d'ici 2015. ★★★→? ②

Domaine du Lys

Ce domaine appartient à un groupe d'investisseurs québécois. Au fil des ans, la qualité des vins continue de progresser.

Cuvée Pénélope 2008, Vin de Pays des Cévennes • (912105) 18,95 $
Issu de vignes de syrah âgées de 60 ans et élevé en fût de chêne pendant plus d'un an, le vin est assez fidèle au style des dernières années. Un bon équilibre, une tenue en bouche franche et droite, et des goûts concentrés de fruits noirs et de poivre. À boire entre 2012 et 2015 pour profiter pleinement de sa vigueur juvénile. ★★★ ②

Domaine Gauby

Le domaine de Gérard Gauby s'étend sur une quarantaine d'hectares dans le Roussillon. Le vignoble, essentiellement en coteaux, est mené en biodynamie et est reconnu pour ses vins authentiques exprimant avec précision leur terroir d'origine.

Côtes du Roussillon-Villages 2008, Vieilles vignes • (11225125) 45,75 $
Des ceps de grenache noir âgés de 55 ans, de carignan âgés de 125 ans, ainsi que de syrah et de mourvèdre dont les rendements sont limités à 20 hl/ha donnent un vin remarquablement intense et racé. Multidimensionnel, large et long en bouche, et surtout, doté de ces couches de saveurs et de parfums qui sont la marque des grands vins. À laisser reposer en cave au moins cinq ans. Le prix est élevé, mais justifié. ★★★★ ③

Les Calcinaires 2009, Côtes du Roussillon-Villages • (11222186) 24,60 $
En attendant la cuvée Vieilles vignes, on savourera ce somptueux 2009, que l'on croque autant que l'on boit tant il a de matière. Un vin vibrant et authentique ; serré et musclé, mais dont on ne cesse d'avoir soif. C'est tout le Roussillon résumé en une bouteille. ★★★★ ② ♥

Côtes du Roussillon blanc 2008, Vieilles vignes • (11225184) 44 $
Des vignes de macabeu, de grenache blanc, de chardonnay, de grenache gris et de carignan blanc, âgées de 30 à 100 ans, sont soumises à des rendements moyens minuscules (15 hl/ha) et donnent régulièrement l'un des meilleurs vins du Midi. De nouveau cinq étoiles pour ce vin exceptionnellement structuré, concentré et persistant, qui traduit avec beaucoup d'intensité, le caractère singulier de ce terroir méridional. À boire sans se presser au cours des dix prochaines années. ☆☆☆☆☆ ②

On trouve également des vins de ce producteur en importation privée. IP

Domaine La Madura

Après avoir participé à la gérance du Château Fieuzal à Bordeaux pendant près de 10 ans, Cyril Bourgne s'est installé dans le Languedoc en 1998, où il excelle dans l'élaboration de vins authentiques.

Tradition 2007, Saint-Chinian • (10682615) 17,65 $
Bien qu'il soit manifestement issu de raisins gorgés de soleil, ce Saint-Chinian ne manque vraiment pas de tonus ni de fraîcheur. Particulièrement complet en 2007, le vin est juteux, suave et caressant. Difficile de demander mieux à ce prix! ★★★★ ② ♥

Domaine La Tour Vieille

En plus d'exceller dans la production de Banyuls (voir page 157), Christine Campadieu et Vincent Candié élaborent un vin de table savoureux.

La Pinède 2008, Collioure • (914267) 20,95 $
Du grain, du corps; pas le plus costaud, mais quel charme! Son sens du détail, son caractère nourri, la rondeur de ses tanins et sa sève méditerranéenne en font un vin très civilisé. Plein d'élan aromatique en bouche, il déploie une élégance peu commune pour un vin de ce prix. ★★★★ ② ♥

Domaine Madeloc

En plus d'être impliqué dans le projet des Vins de Vienne et de mener ses domaines de Faugères et du Rhône septentrional, Pierre Gaillard a développé un partenariat dans le secteur de Banyuls.

Cuvée Serral 2007, Collioure • (11475491) 24,95 $
Des vignes de grenache (80 %), dont les rendements sont limités à 17 hl/ha, puisent dans les sols de schiste de Collioure une richesse typiquement méridionale dont raffoleront les amateurs de vin de soleil. Le 2007 affiche la générosité et le caractère tendre propres au grenache. Rassasiant, désaltérant et élaboré dans de bonnes proportions. Ses saveurs gourmandes de cacao et de kirsch évoquent le chocolat aux cerises. Miam! Miam! ★★★★ ② ♥

Dupéré-Barrera

En plus de leur domaine provençal (voir page 168), la Québécoise Emmanuelle Dupéré et Laurent Barrera opèrent un commerce de négoce dans le midi de la France.

Terres de Méditerranée 2008, Vin de Pays d'Oc • (10507104) 14,35 $
Résultat d'un travail d'artisan (sans filtration, ni collage, ni élevage en barrique), le Terres de Méditerranée est toujours très satisfaisant dans sa catégorie. Déjà commenté l'an dernier, le 2008 est maintenant ouvert et gorgé de saveurs de grenache, mises en relief par une saine vigueur tannique qui laisse en finale une impression rassasiante. Beaucoup de caractère pour le prix. ★★★★ ② ♥

Terres de Méditerranée 2009, Vin de Pays d'Oc • (10507104) 14,35$
Encore meilleur, le 2009 est l'une des plus grandes réussites des dernières années : un nez très franc de fruits noirs et d'épices, beaucoup d'élan en bouche, de l'étoffe et une tenue remarquable pour un vin à moins de 15$. En prime, un petit caractère rustique qui lui donne encore plus de personnalité. Une Grappe d'or pour un vin courant délicieux et rassasiant. Arrivée prévue en début d'année 2012... Soyez patient ! ★★★★ ② ♥

On trouve également des vins de ce producteur en importation privée. IP

Ferrer-Ribière

Depuis près d'une vingtaine d'années, Denis Ferrer et Bruno Ribière élaborent des vins très typés dans le Roussillon, au sud-ouest de Perpignan.

Tradition 2009, Côtes du Roussillon • (11096271) 16,55$
Autre franche réussite pour cette cuvée issue de syrah, de grenache, de carignan et de mourvèdre, dont les rendements sont limités à 35 hl/ha. Joufflu, gourmand, juste assez charnu, riche en fruit et en saveurs de réglisse noire. Surtout, on a su préserver toute la fraîcheur nécessaire. À ce prix, faites-en provision ! ★★★★ ②♥

On trouve également des vins de ce producteur en importation privée. IP

Hecht & Bannier

Gregory Hecht et François Bannier ont créé une maison de négoce « haute couture », spécialisée en vins du Languedoc-Roussillon.

Saint-Chinian 2009 • (10507323) 24,65$
Heureuse démonstration de la richesse du millésime 2009 et du savoir-faire de la maison, ce vin est à retenir, tant pour la générosité débordante de ses saveurs que pour son attaque en bouche joufflue, coulante et caressante. Beaucoup de vin dans le verre ! ★★★★ ② ♥

On trouve également des vins de ce producteur en importation privée. IP

L'Ostal Cazes

En plus de diriger avec brio ses propriétés médocaines (Lynch Bages, Les Ormes de Pez), Jean-Michel Cazes a acquis en 2002 deux domaines voisins à la Livinière, dans le Minervois.

Estibals 2007, Minervois • (11096212) 18,40$
Ce vin rond, charnu, généreusement fruité et bien proportionné offre une explosion de saveurs fruitées, sur un fond d'eau-de-vie de cerise. Pas très complexe, mais charmeur. ★★★→? ②

L'actualité
Plus frais. Moins cher.
2 numéros d'essai et 20 numéros pour 35 $ plus taxes.
lactualite.com / anniversaire
70A425A
20 numéros par an
La revanche de NEW YORK
35e ANNIVERSAIRE
RAFRAÎCHISSEZ VOS IDÉES
L'actualité
ROGERS

Mas de la Deveze

Au cours des dernières années, ce domaine du secteur de Tautavel, au nord-ouest de Rivesaltes, s'est imposé comme une nouvelle étoile du Roussillon.

«66» 2008, Côtes du Roussillon-Villages • (10970385) 19,70$
Composée de grenache, de carignan et de syrah, la cuvée 66 – allusion au numéro du département des Pyrénées orientales – offre la générosité caractéristique des vins du Roussillon, à la puissance 10. Charmeur, mais surtout capiteux, lourd (15,2% d'alcool) et presque sucré en bouche. Palais sensibles s'abstenir. ★★★ ②

Mas des Chimères

Guilhem Dardé a longtemps vendu ses raisins à la coopérative locale, mais il signe ses propres vins depuis 1993.

Coteaux du Languedoc 2009 •
(863159) 20,30$
Cet assemblage de syrah, de grenache, de mourvèdre, de carignan et de cinsault effectue un retour en force après un 2008 un peu plus ténu. Volumineux et riche d'une foule de détails aromatiques. Une finale séveuse et racée. Beaucoup de vin dans le verre pour le prix. Excellent ! ★★★★ ②♥

Mas Haut-Buis

Cultivées en biodynamie, les vignes d'Olivier Jeantet s'enracinent dans les sols de schiste des Terrasses du Larzac, un secteur réputé du Languedoc.

Les Carlines 2009, Coteaux du Languedoc • (10507278) 17,50$
Très vigoureux, charnu et relevé de bons goûts de kirsch. Une aération en carafe d'une demi-heure le rendra plus volubile et aidera à tempérer son ardeur juvénile. À boire d'ici 2015 pour profiter pleinement de son fruit. ★★★★ ② ♥

Mas Jullien

Les vins d'Olivier Jullien occupent toujours une place de choix dans le paysage des Coteaux du Languedoc, comme à l'étranger, où ils brillent sur les cartes des meilleurs restaurants.

Coteaux du Languedoc 2008, Terrasses du Larzac • (10874861) 37,25$
Bien qu'il soit encore jeune et dans sa coquille, ce vin distille tout de même une agréable chaleur méridionale, conjuguée à une solide constitution qui laisse entrevoir un excellent potentiel de vieillissement. Beaucoup de caractère, un tissu tannique dense mais sans dureté, et des saveurs distinctives de cuir et de tabac. À boire sans se presser entre 2014 et 2020. ★★★→★ ③

Les Vignes Oubliées 2009, Coteaux du Languedoc • (11460651) 24$
Un peu timide pour l'heure, animé d'un léger reste de gaz, trop jeune pour être apprécié à sa juste valeur. Compte tenu de la précision des saveurs, l'étoffe tannique et l'équilibre d'ensemble, on peut espérer qu'il continue de se bonifier au cours des prochains mois. ★★★→? ②

On trouve également des vins de ce producteur en importation privée. IP

Thunevin-Calvet

Créé en 2001, ce domaine de Maury est né d'un partenariat entre Jean-Luc Thunevin (Château Valandraud, Saint-Émilion) et Jean-Roger Calvet, un jeune vigneron local.

Cuvée Constance 2008, Côtes du Roussillon-Villages • (11096061) 18,60$
Le style moderne et flatteur affectionné par le roi du «vin de garage» réussit assez bien à cet assemblage de grenache noir et de carignan, nourri par le climat généreux du Roussillon. S'il a moins d'envergure que le 2007 commenté l'an dernier, ce vin ne manque vraiment pas de charme, avec ses parfums de kirsch et son appui tannique. À boire entre 2012 et 2016. ★★★ ②

Vignoble du Loup Blanc

Partenaires en affaires depuis plusieurs années déjà, Alain Rochard et Laurent Farre, propriétaires du restaurant Le Continental à Montréal, se sont improvisés vignerons en 2002 et ont acquis une exploitation viticole dans l'appellation Minervois. La gamme s'est diversifiée au fil des millésimes, et la qualité d'ensemble est en progression.

Les Trois P'tits C 2009, Vin de Pays du Val de Cesse • (10528239) 21$
Cet assemblage de tempranillo, de grenache, de carignan et d'alicante élevé pendant une vingtaine de mois en barrique m'a semblé être le plus complet offert à la SAQ. La structure tannique, la chair fruitée et l'acidité sont réunies dans des proportions harmonieuses et le vin a beaucoup de tempérament. Une délicate amertume en finale ajoute à sa prestance et à sa persistance en bouche. Excellent! ★★★★ ② ♥

Le Régal du Loup 2009, Minervois • (10405010) 19,20$
Plus modeste, ce vin se signale avant tout par ses saveurs concentrées de fruits noirs et par son enveloppe tannique juste assez corsée pour apporter du tonus. Assez étoffé pour se bonifier au cours des trois prochaines années. ★★★→? ②

La Mère Grand 2007, Minervois • (10528221) 22,55$
Sur un mode un peu plus strict, ce vin composé essentiellement de syrah est néanmoins fort agréable, avec son grain serré et ses parfums fumés et épicés. À boire entre 2012 et 2016. ★★★ ②

On trouve également des vins de ce producteur en importation privée. IP

COMMENTÉS SOMMAIREMENT, D'AUTRES VINS DU LANGUEDOC-ROUSSILLON

Anne de Joyeuse, La Butinière 2007, Limoux
(11096183) 17,95$
Plus bordelais par sa forme que vraiment languedocien, cet assemblage de merlot, de syrah, de malbec et de cabernet sauvignon possède une bonne charpente tannique, nourrie par un élevage en fût. Bien fait, pas très original. ★★ ② ♥

Borie de Maurel, Cuvée Sylla 2006, Minervois
(735324) 46,50$
Vin ambitieux issu exclusivement de syrah ; riche, costaud et marqué par des notes de torréfaction attribuables à un élevage en fût de chêne. Imposant, mais un peu fabriqué et sans grande originalité. ★★→? ③

Esprit d'automne 2010, Minervois
(875567) 16,95$
Plus modeste, ce vin encore très jeune séduit avant tout par la netteté de son fruit et par sa vigueur tannique. Pas spécial, mais recommandable à ce prix. ★★ ②

Bousquet, Jean-Noël ; Château Grand Moulin, Corbières 2007, Vieilles vignes
(721043) 16,05$
Plus complet en 2007, ce vin élevé en barriques (30 % neuves) est un peu prévisible et taillé pour plaire, mais bien fait dans son genre. ★ ② ♥

La Garnotte 2010, Corbières
(11374411) 13,70$
Nouveau au répertoire de la SAQ, un bon vin simple, nerveux, facile à boire et agrémenté de goûts d'épices. Tout à fait recommandable. ★★★ ② ♥ Ⓒ

Terre à Terre 2009, Corbières
(11374391) 14,65$
Plus modeste. Souple, rond, et somme toute un peu banal. ★★ ② Ⓒ

Château de Fontenelles, Cuvée Notre-Dame 2008, Corbières
(11476274) 17,50$
Fruit d'un assemblage typiquement méridional de syrah, de grenache, de carignan et de mourvèdre, ce vin musclé en impose par sa fougue, sa poigne tannique et sa charpente très solide. Plus de caractère que la moyenne de l'appellation, et une jolie finale parfumée de cassis et de tonalités animales. ★★★→? ②

Château des Karantes 2008, Coteaux du Languedoc, La Clape
(11476629) 25,55$
Ce vin de facture moderne semble tout offrir à profusion : saveurs confites, accents torréfiés, épaisseur tannique... Le Languedoc, version culturiste. Très peu pour moi ! ★★→? ②

Château de Pennautier, Cabardès 2008, Terroirs d'Altitude
(914416) 17,05$
Miren et Nicolas de Lorgeril ont su insuffler une poigne tannique considérable à ce vin. Coloré et taillé dans une masse tannique juste assez dense pour encadrer le fruit et donner du tonus à l'ensemble. Un bel exemple du terroir de Cabardès. ★★★ ② ♥

Château des Erles, Cuvée des Ardoises 2009, Fitou
(11367502) 18,85$
Un usage prononcé de la barrique masque les saveurs naturelles du fruit et laisse une impression trafiquée. ★★ ②

Château Dona Baissas, Côtes du Roussillon-Villages 2008
(966135) 17,40$
Saveurs généreuses de fleurs et de fruits mûrs, avec des accents de kirsch en finale. Expression opulente et très flatteuse du Roussillon. À boire sans se presser au cours des trois prochaines années. ★★★ ②

Château Maris, Minervois 2009
(10273133) 18,25$
Dans son domaine conduit en biodynamie, le Britannique Robert Eden produit un excellent Minervois, généreux, opulent, plantureux et très ample en bouche. Le 2009 manque un peu de longueur et de détail, mais il compense par sa générosité. ★★★ ②

Château Ventenac, Grande Réserve 2007, Cabardès
(11367537) 18,55$
Comme c'est souvent le cas, le terme « grande réserve » trahit davantage un usage ambitieux de la barrique, au détriment de l'expression sincère d'un terroir. Flatteur, taillé pour plaire et passablement structuré. Accordons-lui le bénéfice du doute... et quelques mois de repos. ★★→? ③

Domaine de Gournier 2010, Cévennes
(365957) 11,10$
Dans son vignoble des Cévennes, Maurice Barnouin signe chaque année un bon rouge charnu, équilibré et suffisamment fruité. L'idée du bon vin quotidien, façon Languedoc. ★★ ② ♥ Ⓒ

Domaine de Treille, Cuvée du Renouveau 2008, Limoux
(11096191) 17,95$
S'il est un peu moins complet que le 2007 commenté l'an dernier, cet assemblage de merlot, de cabernet franc et de syrah compense par sa vitalité, son attaque en bouche franche et son dépouillement. ★★ ②

Domaine du Ministre 2008, Saint-Chinian
(913178) 16,55$
Maintenant seul au gouvernail, François Lurton signe un bon vin typiquement méridional par sa forme musclée et charpentée, mais également maquillée par un usage poussé de la barrique qui lui confère un goût passablement boisé. Souhaitons que cela s'atténue avec le temps. ★★→? ②

Domaine du Silène, Grande Cuvée 2006, Coteaux du Languedoc, Grès de Montpellier
(10327980) 25,50$
Bon vin rouge de facture moderne ; bien servi par la technologie, à défaut d'être authentiquement languedocien. Tendre, soutenu par des tanins fondus et par un bon usage de la barrique. ★★★ ②

Domaine Lafage, Cuvée Centenaire 2009, Côtes du Roussillon
(11367490) 18,60$
Surtout composé de grenache blanc et d'un tiers de roussanne, un bon vin juste assez vineux, aux arômes de fleurs et de fruits frais. ★★ ②

Domaine Lerys 2007, Cuvée Prestige, Fitou
(976852) 16,45$
Partiellement issu de vieilles vignes de carignan âgées de plus de 70 ans, le vin d'Alain Izard s'impose une fois de plus par son envergure aromatique, qui évoque des saveurs gourmandes de confiture de cassis. Des formes généreuses habillées de tanins denses et une finale franche et nette. Un achat avisé, comme toujours ! ★★★ ② ♥

L'Opéra de Villerambert Julien 2007, Minervois
(488270) 13,20$
Dans la continuité des dernières années, un bon vin rouge souple, gorgé de saveurs de fruits noirs et de réglisse. Ouvert et prêt à boire. ★★★ Ⓒ

Minervois blanc 2009
(918730) 17,85$
Une moins bonne note pour ce vin blanc très riche et presque pommadé tant il est parfumé. ☆☆ ②

Les Verrières de Montagnac, Clos des Soutyères 2007, Coteaux du Languedoc, Grès de Montpellier
(11096319) 29,45$
Au cœur des Coteaux du Languedoc, dans le secteur des Grès de Montpellier – promu appellation régionale en 2003 –, ce vignoble de 22 hectares donne un vin à la fois suave, solidement appuyé et riche en saveurs mûres de grenache. Prix élevé. ★★★ ②

Mas Amiel, Notre Terre 2008, Côtes du Roussillon-Villages
(10779804) 21,75$
Ce domaine, réputé pour ses vins doux naturels de Maury, produit aussi un bon vin rouge composé majoritairement de grenache, cépage dont il met en relief la générosité fruitée et les arômes caractéristiques de cacao et de cerises confites. Pas de bois, mais une attaque en bouche chaleureuse et rassasiante. ★★★ ②

Mas Belles Eaux, Les Coteaux 2005, Coteaux du Languedoc
(10998986) 29,25$
Cette propriété du Languedoc fait partie du portefeuille d'AXA Millésimes. Solidement bâti, encadré de tanins mûrs et riche en extraits ; à la fois tannique et onctueux, ferme et persistant. Un scénario connu, mais bien fait. ★★★→? ②

Mas des Tourelles, Merlot 2009, Vin de Pays d'Oc
(11184870) 12,05$
Distribué dans l'ensemble du réseau et vendu pour une bouchée de pain, ce très bon vin quotidien est passablement charnu en 2009. Fruité, épicé et parfaitement équilibré. Un super achat à ce prix. ★★★ ② ♥ Ⓒ

> **Merlot-Syrah 2009, O' Terra, Vin de Pays d'Oc**
> (535005) 9,95$
> Plus modeste, un vin souple, rond et modérément fruité. ★★ ①

Moulin de Gassac, Grenache 2009, Pays d'Hérault
(11469736) 16,70$ – 1 litre
De concert avec la coopérative locale de Villeveyrac, la famille propriétaire du célèbre Mas de Daumas Gassac élabore, entre autres, ce très bon vin issu exclusivement de grenache, qui mise sur le caractère gourmand du cépage, avec une bonne tenue en bouche. Simple, mais de bon aloi. ★★★ ②

Renaud de Valon 2008, Saint-Chinian, Cave des Vignerons de Saint-Chinian
(873828) 18,95$
La coopérative de Saint-Chinian propose bon an mal an un vin assez consistant et correctement fruité, à défaut de réelle identité. Une bonne note pour sa constance. ★★★ ②

Vignerons et Passions, Grand Devois 2007, Coteaux du Languedoc
(11096052) 24,50$
Souple, rond et flatteur ; convenu et sans surprise. ★★ ②

D'AUTRES VINS ROUGES DE QUALITÉ SATISFAISANTE ★★★

Château Mire L'Étang 2009, Cuvée des Ducs de Fleury, Coteaux du Languedoc, La Clape
(859132) 17,20$

Château Ollieux Romanis, Cuvée Classique 2008, Corbières
(10507163) 18,10$

Château Puech-Haut, Saint-Drézéry, Prestige 2009, Coteaux du Languedoc
(10918894) 23,90$

Domaine La Croix d'Aline 2009, Saint-Chinian
(896308) 15,95$

Mas de la Barben, Les Sabines 2004, Coteaux du Languedoc
(11034441) 30,50$ ▼

D'AUTRES VINS DE QUALITÉ MOYENNE ★★ ET ☆☆

Château de Flaugergues, Cuvée Sommelière 2007, Coteaux du Languedoc, Méjanelle
(10897819) 17,75$

Château de Jau 2008, Côtes du Roussillon-Villages
(972661) 15,35$

Château des Estanilles 2008, Faugères
(10272755) 15,85$

Château du Grand Caumont, Impatience 2008, Corbières
(978189) 18,45$

Château Les Pins 2007, Côtes du Roussillon-Villages
(864546) 21,85$

Château Paul Mas, Clos des Mûres 2010, Coteaux du Languedoc
(913186) 19,75$

Vignes de Crès Ricards 2010, Terrasses du Larzac
(11573841) 17,95$

Vignes de Nicole, Vin de pays d'oc 2010
(10273416) 16,80$

Château Roubia 2007, Minervois
(912816) 13,95$

Château Sainte-Eulalie
La Cantilène 2008, Minervois-La Livinière
(917948) 20$

Plaisir D'Eulalie 2009, Minervois
(488171) 15,60$

Château Salitis, Cuvée Premium 2007, Cabardès
(875187) 15,15$

Comtes de Rocquefeuil, Coteaux du Languedoc, Montpeyroux 2008, Grande Cuvée
(11097944) 19,95$

Domaine de Boède, Les Grès 2007, Coteaux du Languedoc
(11096335) 32,75$

Domaine de Fabrègues, Le Cœur 2007, Coteaux du Languedoc
(11096280) 20,60$

Domaine de Fenouillet, Combe Rouge 2008, Grande Réserve, Faugères
(881151) 16,85$

Domaine des Aspes, Merlot 2006, Vin de Pays d'Oc
(882365) 15,60$

Domaine La Croix Chaptal, Cuvée Charles 2007, Coteaux du Languedoc, Terrasses du Larzac
(11096301) 21,85$

Foncalieu, Enseduna 2008, Réserve, Vin de Pays des Coteaux d'Enserune
(11338031) 18,20$

La Sauvageonne, Les Ruffes 2009, Coteaux du Languedoc
(914200) 14,65$

Latour, Louis ; Chardonnay 2009, Grand Ardèche, Vin de Pays de l'Ardèche
(10678211) 18,05$

Chardonnay 2008, Vin de Pays de l'Ardèche
(10935678) 15,70$

Magellan, Ponant 2007, Vin de Pays des Côtes de Thongue
(914218) 14,10$

Mas, Jean-Claude ; Les Faïsses 2009, Coteaux du Languedoc
(10507219) 18,50$

Réserve de la Condamine, Fitou 2008, Les Producteurs du Mont Tauch
(895847) 16,80$

D'AUTRES VINS DE QUALITÉ MOYENNE INSCRITS AU RÉPERTOIRE GÉNÉRAL. ★★ ET ☆☆ ©

Château du Grand Caumont, Corbières 2008
(316620) 12,90$

Comtes Rocquefeuil 2009, Coteaux du Languedoc Montpeyroux
(473132) 12,25$

Hob Nob, Pinot noir 2010, Vin de Pays d'Oc
(11253687) 15,10$

Merlot 2009, Vin de Pays d'Oc
(11133255) 13,95$

Chardonnay 2009, Pays d'Oc
(11133749) 14,40$

L'Esprit de Château Capendu 2009, Corbières
(706218) 15,90$

Les Jardins de Meyrac 2010, Pays d'Oc
(637850) 14,50$

Laroche,

3 Grappes Rouges 2009, De La Chevalière, Vin de Pays d'Oc
(642660) 11,55$

Pinot noir 2010, De La Chevalière, Vin de Pays d'Oc
(10374997) 14,40$

3 Grappes Blanches 2010, De La Chevalière, Vin de Pays d'Oc
(10324615 : 11,55$)

Chardonnay 2010, De La Chevalière, Vin de Pays d'Oc
(572636 : 13,95$)

Le Jaja de Jau, Sauvignon blanc 2010, Côtes de Gascogne
(11459693) 13,65$

Syrah 2010, Vin de Pays d'Oc
(11073361) 12,85$

Les Jamelles, G.S.M. 2009, Sélection Spéciale, Vin de Pays d'Oc
(11184861) 18,95$

Lulu B., Cabernet-Merlot 2009, Vin de Pays d'Oc
(11459095) 13,95$

Chardonnay 2008, Vin de Pays d'Oc
(10802875) 12,15$

Lurton, François ; Sauvignon blanc 2010, Fumées Blanches, Vin de Pays de Côtes de Gascogne
(643700) 13,95$

Mas, J.C., Cabernet Sauvignon-Merlot 2010, L'Arrogant !, Vin de Pays d'Oc
(10915319) 13,95$

Cabernet-Merlot 2010, Ribet Rouge Rural, Vin de Pays Oc
(11015881) 13,95$

Chardonnay-Viognier 2010, L'Arrogant !, Pays d'Oc
(10915301) 13,95$

Saint-Saturnin 2010, Le Clocher, Languedoc
(545756) 12,20$

Vignerons Catalans, Rafale 2010, Réserve, Côtes du Roussillon
(11459301) 14,65$

Provence et Corse

Château des Chaberts

Ce vignoble de propriété britannique s'étend à environ 350 m d'altitude sur les flancs de la montagne de la Loube.

Cuvée Prestige 2007, Coteaux Varois en Provence • (11556397) 18,30 $
Un vin d'ampleur moyenne, mais fort invitant par ses senteurs de cuir et de fruits noirs, par sa finale savoureuse et par sa texture tannique, à la fois franche et droite, propre au cabernet sauvignon. Prêt à boire. ★★★ ②

Château du Rouët

Le domaine de la famille Savatier est situé dans le secteur de Fréjus, au nord-ouest de Saint-Raphaël.

Forum Julii 2006, Fréjus, Côtes de Provence • (11095754) 24,75 $
Cette cuvée haut de gamme est issue de vignes de syrah, de grenache et de mourvèdre dont les rendements sont limités à 35 hl/ha. Le résultat a plus de style et de caractère que la moyenne. Suffisamment gras et charnu ; la structure du mourvèdre et ses saveurs de fruits confits ajoutent à son charme. ★★★ ② ▼

Château la Tour de l'Évêque

En plus de son célèbre Pétale de Rose, Régine Sumeire élabore depuis plusieurs années d'excellents vins qui ont valeur de référence dans son vignoble de la péninsule de Saint-Tropez.

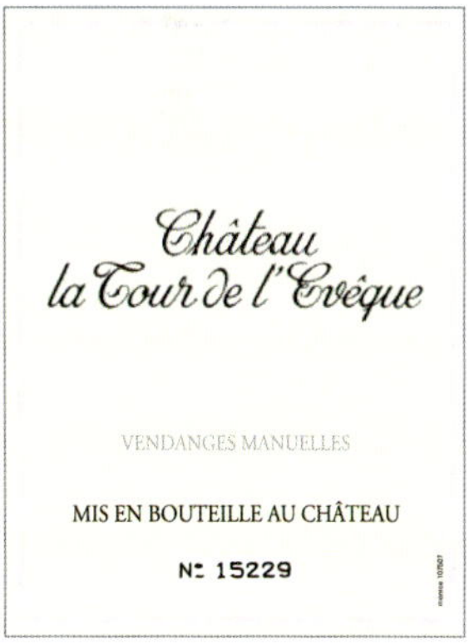

Côtes de Provence 2006 • (440123) 18,45 $
Toujours issu de syrah et de cabernet sauvignon, le 2006 est particulièrement bien réussi en ce qu'il offre à la fois une matière fruitée généreuse et des tonalités animales singulières, portées par une trame tannique souple, mais suffisamment dense pour donner au vin tout le tonus nécessaire à son équilibre. Déjà plein de charme et de caractère, mais il est possible qu'il continue de se bonifier au cours des quatre prochaines années. Encore meilleur après un passage en carafe. ★★★★ ② ♥

Château Revelette

Installé depuis longtemps en Provence, l'Allemand Peter Fischer a hissé son Château Revelette parmi les ténors de la région. Vendus régulièrement au Québec, ses vins forment un duo irréprochable.

Grand Rouge 2008, Vin de Pays des Bouches du Rhône • (10259745) 32$
Le 2008 est une autre grande réussite; très étoffé, plein et musclé, mais aussi nuancé et fort complexe. Sa texture veloutée et onctueuse caresse le palais et se prolonge en bouche en une longue finale vaporeuse. Toujours parmi les vins de Provence les plus sérieux sur le marché. Déjà succulent, et bâti pour vivre longtemps. ★★★★ ②

Coteaux d'Aix-en-Provence 2008 • (10259737) 18,30$
Même le vin d'entrée de gamme de Peter Fischer est remarquable, avec sa chair fruitée ample et sa dimension aromatique. Un vin original et savoureux qui a vraiment tout pour plaire. Encore meilleur s'il est servi frais, autour de 15 °C. ★★★★ ② ♥

Domaine Les Béates

En 2002, après quelques années à restructurer et à développer le domaine en partenariat avec la maison Chapoutier, Bernard Terrat et son fils Pierre-François ont acquis la totalité des parts de ce vignoble d'une cinquantaine d'hectares, cultivé en biodynamie.

Coteaux d'Aix-en-Provence 2006 • (11358260) 22,75$
Issu de vignes de grenache, de syrah et de cabernet sauvignon dont les rendements sont limités à 25 hl/ha, ce 2006 est une autre belle réussite. Excellent vin musclé et riche en extraits; serré en bouche, il dégage de vaporeux parfums de fruit et d'eau-de-vie. C'est du sérieux! ★★★★ ② ♥

Dupéré-Barrera

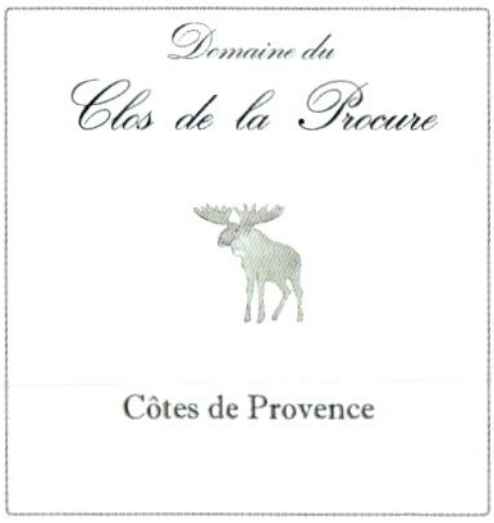

Dans leur domaine de Carnoules, dans le Var, le couple franco-québécois produit des vins de plus en plus achevés et louangés, à juste titre, par la critique.

Domaine du Clos de la Procure 2009, Côtes de Provence • (10783109) 23,65$
Une réussite triomphale! Le vin est plantureux, plein de tonalités fruitées à la fois riches et contenues, et de tanins mûrs; large d'épaules et en même temps très suave. On pourrait déjà s'en régaler, tant son équilibre est exemplaire, mais on peut aussi laisser reposer quelques bouteilles au cours des quatre prochaines années. ★★★★ ② ♥

Domaine du Clos de la Procure 2010, Côtes de Provence • (10783109) 23,15$
Le 2010 qui prendra le relais en cours d'année est tout aussi bon, quoique un peu sur la réserve lorsque goûté récemment. Moins opulent, mais non moins savoureux; le vin est encore très jeune, compact et plein d'avenir. ★★★→★ ③ ♥

Nowat rouge 2009, Côtes de Provence • (10783096) 29,10 $
Le couple produit notamment ce vin selon sa méthode Nowat, c'est-à-dire sans avoir recours à l'électricité et par intervention manuelle seulement. Issu de vieilles vignes de cabernet sauvignon, de syrah, de carignan et de mourvèdre. L'apport du cabernet se fait sentir par sa droiture, sa franchise et ses accents de cèdre. Très solide, beaucoup de corps, et une longue finale racée qui contribue à son envergure en bouche. ★★★★ ③

Nowat blanc 2009, Côtes de Provence • (11457313) 25,40 $
Très bon vin blanc exhalant les arômes originaux des cépages rolle, sémillon et ugni blanc. Tendre et assez typique des blancs du Midi, sans mollesse. ☆☆☆ ②

On trouve aussi d'autres vins de ce producteur en importation privée. Ⓘⓟ

COMMENTÉS SOMMAIREMENT, D'AUTRES VINS DE PROVENCE

Château de Roquefort, Les Mûres 2009, Côtes de Provence
(868687) 20,40 $
Très bon vin coloré et concentré, gorgé de fruits mûrs, et assez sphérique. Le nez présente des arômes de caoutchouc qui s'estompent après une demi-heure en carafe. ★★★ ②

Château La Lieue 2010, Coteaux Varois en Provence
(605287) 13,20 $
Syrah, grenache et cabernet issus de culture biologique donnent un vin juteux, coulant et plein de fruit. Simplement savoureux ! Dans sa catégorie, il mérite bien quatre étoiles. ★★★★ ② ♥ Ⓒ

Chardonnay 2009, Vin de Pays du Var
(10884655) 14,80 $
Interprétation méridionale et fort charmante du cépage chardonnay. Presque gras, ce très bon vin issu de l'agriculture biologique adopte une allure quasi exotique, avec des parfums floraux et de pêche-abricot. À moins de 15 $, l'amateur de vin blanc vineux et aromatique sera ravi ! ☆☆☆ ② ♥

Château Vignelaure 2005, Coteaux d'Aix-en-Provence
(11095703) 32,25 $
Fruit d'un assemblage de cabernet sauvignon, de syrah et de grenache, le 2005 n'est pas très puissant, mais compense par sa fraîcheur et son caractère fruité et minéral subtil. Droit, classique et à point. Distingué, mais pas donné. ★★★ ② ▼

Domaine Casabianca 2008, Corse
(11095623) 14,55 $
Ce bon vin simple et de facture classique puise dans les cépages locaux niellucciu et sciaccarellu – complétés de syrah – une originalité digne de mention. Son prix comme sa légèreté alcoolique le rendent drôlement sympathique. ★★★ ② ♥

Domaine de Torraccia 2007, Corse Porto-Vecchio
(860940) 18,45 $
Ce bon vin souple, mûr et coulant mise sur l'originalité des cépages locaux niellucciu et sciaccarellu, complétés de grenache et de syrah. Correct, mais pas spécial. ★★→? ②

D'AUTRES VINS ROUGES DE QUALITÉ MOYENNE ★★

Abbaye St-Hilaire, Les Cerisiers 2007, Coteaux Varois en Provence
(913558) 16,15 $

Domaine Houchart 2008, Côtes de Provence
(10884612) 14,40 $

Domaine Ludovic de Beauséjour, Tradition 2008, Côtes de Provence
(895854) 18,25 $

Perle de Roseline 2010, Côtes de Provence
(11251761) 15,10 $

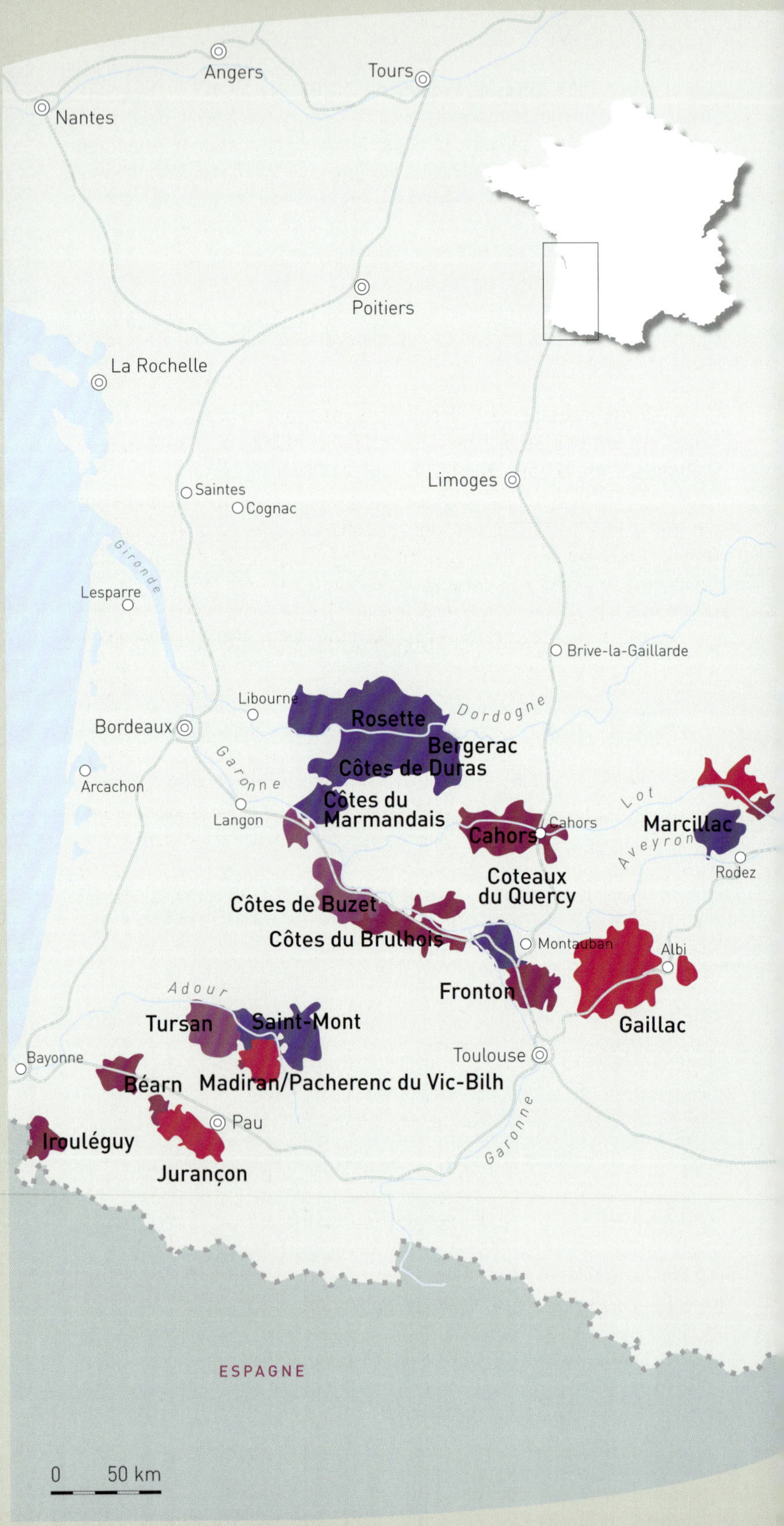

Angers
Tours
Nantes
Poitiers
La Rochelle
Limoges
Saintes
Cognac
Gironde
Lesparre
Brive-la-Gaillarde
Libourne
Dordogne
Bordeaux
Rosette
Bergerac
Côtes de Duras
Garonne
Arcachon
Côtes du
Marmandais
Langon
Lot
Cahors
Cahors
Marcillac
Aveyron
Rodez
Coteaux
du Quercy
Côtes de Buzet
Côtes du Brulhois
Montauban
Albi
Fronton
Adour
Tursan
Saint-Mont
Gaillac
Toulouse
Bayonne
Béarn
Madiran/Pacherenc du Vic-Bilh
Pau
Irouléguy
Jurançon
Garonne
ESPAGNE
0
50 km

Sud-Ouest

De la Dordogne jusqu'à la frontière espagnole, le vignoble du Sud-Ouest couvre une superficie de près de 50 000 hectares de vignes et s'étend sur dix départements.

Porté par une nouvelle vague de vignerons dynamiques, cet ensemble viticole a fait des progrès considérables. Les vins du Sud-Ouest n'ont jamais été aussi connus et reconnus qu'aujourd'hui. Longtemps considérés comme les voisins pauvres de Bordeaux, les Madiran, les Cahors, les Jurançon, les Gaillac et les Bergerac suscitent maintenant la curiosité d'une foule d'amateurs en quête de dépaysement et d'aubaines.

Même si le merlot et le sauvignon sont cultivés dans certaines zones, le Sud-Ouest est avant tout un jardin ampélographique dédié à des variétés anciennes, le plus souvent uniques à la région. Plantés sur les terroirs appropriés, les cépages négrette, mauzac, duras, manseng, len de lel, fer servadou, tannat, malbec et plusieurs autres sont autant de gardiens de l'originalité des vins du Sud-Ouest.

Au Québec, les vins du Sud-Ouest ont désormais leur panonceau individuel en succursales. Les ventes continuent de progresser et frôlaient les 54 millions de dollars pour l'année financière 2010-2011, une part de marché légèrement inférieure à celle de la vallée du Rhône.

bon à savoir

Les nombreux vins liquoreux du Sud-Ouest – Jurançon, Pacherenc du Vic-Bilh, Gaillac, Monbazillac – sont autant de solutions de rechange abordables au Sauternes.

Méfiez-vous des colosses. Quoi qu'en disent les amateurs du genre, l'équilibre ne s'acquiert pas avec le temps. Un vin bancal et abrasif risque de s'assécher bien avant de s'assouplir.

Plusieurs vins des appellations Cahors et Madiran affichent une acidité particulièrement prononcée en 2008. S'ils sont un peu moins charmeurs et accessibles pour le moment, les meilleurs spécimens devraient toutefois continuer de se bonifier au cours des cinq prochaines années.

• CAHORS ET MADIRAN •

LES CINQ DERNIERS MILLÉSIMES

2010 Des conditions misérables au printemps ont entraîné de fréquents problèmes de coulure. Résultat : une récolte réduite de vins parfois sauvés par une fin de saison favorable.

2009 Selon plusieurs, l'un des meilleurs millésimes des dernières années. Dans les deux appellations, les vins s'annoncent solides et structurés.

2008 Récolte déficitaire en bien des endroits. Après un été frais, une belle fin de saison laisse présager plusieurs bons vins.

2007 Millésime ingrat, ses vins ne passeront pas à l'histoire. Quelques producteurs ont su tirer profit du beau temps de l'arrière-saison. Qualité irrégulière.

2006 Millésime irrégulier avec des pluies pendant les vendanges. Le moment choisi pour récolter était un facteur crucial.

DÉBOUCHER OU ATTENDRE ?

Sud-ouest • **De la cave, que boire en 2012?**

En règle générale, les Buzet, Fronton, Gaillac et Bergerac sont prêts à boire avant leur cinquième année.

Grâce aux vinifications modernes, il n'est plus nécessaire d'attendre 10 ans pour déboucher les Cahors et les Madiran. Mais il est vrai que les meilleurs vins de ces deux appellations ont suffisamment de charpente et de richesse tannique pour vivre longtemps. Les meilleurs vins des millésimes 2005 et surtout 2009 pourront vivre plusieurs années.

en peu de mots

Surtout connu pour ses vins rouges, le Sud-Ouest produit de plus en plus de bons vins blancs secs. Bien servis par l'œnologie, ils puisent leur originalité dans des cépages uniques à la région.

Même si quelques rares vins rouges rudes et abrasifs sévissent encore, la plupart des vignerons réussissent à maîtriser la force tannique du malbec et du tannat pour en tirer des vins plus harmonieux.

En dépit de leur corps et de leur structure, et même si les meilleurs vins rouges de Cahors et de Madiran peuvent vivre plusieurs années, il n'est plus nécessaire d'attendre une décennie pour les boire.

Brumont, Alain

Alain Brumont propose depuis plusieurs années une belle déclinaison de vins rouges et blancs, issus des cépages locaux.

Torus 2008, Madiran • (466656) 16,10$
Jeune, fruité et relevé de goûts d'épices ; assez charnu et sphérique pour être apprécié dès maintenant. Simple, mais recommandable dans sa catégorie. ★★★ ② Ⓒ

Torus blanc 2009, Pacherenc du Vic-Bilh • (11098314) 16,70$
Ce 2009 est enrobé d'un reste perceptible de sucre qui lui donne une allure pommadée. ☆☆ ②

Gros Manseng-Sauvignon blanc 2009, Côtes de Gascogne • (548883) 13,05$
Bon vin vif et aromatique auquel le gros manseng apporte des parfums originaux. ☆☆ Ⓒ

Causse Marines

Indépendant d'esprit et volontairement provocateur, Patrice Lescarret s'indigne contre les politiques de l'INAO, qui refuse de reconnaître certaines variétés autochtones du vignoble gaillacois et qui favorise l'introduction de cépages « internationaux » dans sa région. Dans la commune de Vieux, Virginie Magnien et lui pratiquent une viticulture biologique ; leurs vins ne sont ni filtrés, ni chaptalisés, ni acidifiés.

Peyrouzelles 2010, Gaillac • (709931) 16,80$
Les cépages braucol – aussi connu sous les noms mansois et fer servadou –, syrah et duras composent un vin vibrant, gorgé à la fois de soleil et de fraîcheur. Un peu plus discret que le 2009, le vin brille avant tout par sa vigueur, son attaque franche et ses saveurs nettes de fruits et d'épices. Déjà savoureux, mais il gagnera sans doute à reposer en cave quelques mois, le temps de dompter la bête... ★★★→? ③ ♥

Les Greilles 2010, Gaillac • (860387) 17,40$
Lui aussi issu d'un assemblage bien local – mauzac, loin de l'œil et muscadelle –, ce vin blanc a beaucoup de personnalité. Après un 2008 un peu moins vibrant, ce désormais classique Gaillacois renoue avec une forme plus harmonieuse en 2010. À moins de 20$, peu de vins blancs offrent autant d'éclat et d'individualité. On s'en régale en toute occasion ! ☆☆☆☆ ② ♥

Grain de Folie 2010, Gaillac • (866236) 18,15$ – 500 ml
Pour clore le repas en beauté ou pour accompagner le fromage, un succulent vin liquoreux issu de raisins locaux (muscadelle, ondenc, loin de l'œil, mauzac et sémillon), cueillis un à un, à la fin de l'automne. Encore très jeune, le 2010 présentait de légers arômes de réduction qui le rendaient un peu plus strict et réservé. Sans être un défaut, cette particularité ajoutait à son tempérament et à sa poigne en bouche. On peut l'apprécier dès maintenant pour l'intensité de ses parfums de caramel brûlé et de figues confites, ou le laisser reposer en cave jusqu'en 2017, au moins. ☆☆☆☆ ② ♥

Château Bouissel

Interprète parfait du terroir de Fronton, la négrette est une variété très ancienne, qui donne des vins souples et aromatiques aux notes florales et épicées. Celui de Pierre Selle en est un bel exemple.

Classic 2008, Fronton • (10675888) 14,50$
À prix d'aubaine, son vin courant mise à fond sur la vigueur de la négrette (50%), qui assure son charme singulier. Un style affirmé, une attaque franche et un bon équilibre. Quatre étoiles bien méritées dans sa catégorie. ★★★★ ② ♥

Château Bouscassé

S'il n'a pas la même aura de prestige que le Château Montus – l'autre propriété de Brumont –, ce domaine est la source de vins de bonne facture.

Vieilles vignes 2004, Madiran • (904979) 36$
Fidèle au style qui a fait la renommée du producteur, c'est-à-dire musclé, concentré et tannique; un peu sec, mais pas sévère et témoignant d'un bon usage de la barrique. Les *fans* de Brumont pourront s'en régaler dès maintenant, bien qu'il ait encore beaucoup de matière en réserve... ★★★→? ②

Madiran 2007 • (856575) 19,35$
Plus flatteur et destiné à plaire à un vaste public, ce vin concentré est issu de raisins mûrs, sur un fond torréfié, et laisse en bouche une impression chaleureuse. ★★→? ② ©

Les Jardins de Bouscassé 2009, Pacherenc du Vic-Bilh •
(11179392) 21,90$
Modérément aromatique, vif, mais surtout prévisible et technologique. ☆☆ ②

Château de Viella

Après avoir longtemps produit des vins noirs et concentrés, Alain Bortolussi opte depuis quelques années pour un style plus souple.

Madiran 2007 • (881912) 24,20$
Assez bien constitué, charmeur, passablement fruité, charnu, généreux et bien équilibré. On peut l'apprécier dès maintenant, mais il tiendra la route jusqu'en 2014, au moins. ★★★ ②

••• dans le monde du vin •••

LE TANNAT EST L'INGRÉDIENT ESSENTIEL DU MADIRAN
Originaire du Pays basque, son nom évoque la concentration tannique des vins qu'il produit. Autrefois à l'origine de vins durs et brutaux qui devaient vieillir 30 ans avant d'être buvables, le tannat profite maintenant d'une viticulture et d'une œnologie mieux adaptées et donne des vins équilibrés. Malgré cela, les Madiran modernes ont toujours une couleur d'encre et conservent une épaisseur tannique à peu près inégalée. On retrouve ce cépage en Amérique du Sud, surtout en Uruguay, où il donne des vins plus souples.

Château du Cèdre

À Cahors, les frères Verhaeghe se sont taillé une solide réputation avec des vins séveux et solides, à la personnalité très affirmée.

Le Cèdre 2006, Cahors • (10268537) 56$
Ce vin ambitieux, issu de vieilles vignes de malbec et élevé en fût neuf, est à la fois puissant et concentré, mais élaboré dans des proportions heureuses. Juste ce qu'il faut de corps et de poigne tannique, sans aucune rudesse. Sa finale minérale lui donne une profondeur supplémentaire. ★★★→★ ③ ▼

Cahors 2007 • (972463) 22,95$
Commenté l'an dernier dans *Le guide du vin*, le 2007 était toujours au sommet de sa forme lorsque dégusté de nouveau cette année. Droit et franc, à la fois solidement encadré et parfaitement digeste. Encore jeune, sa fin de bouche relevée annonce de belles choses pour les années à venir. ★★★★ ② ♥

Chatons du Cèdre 2008, Cahors • (560722) 13,05$
Ce Cahors offre toute la chair fruitée, franche et savoureuse souhaitée dans un vin courant. Tenue en bouche et finale charmante aux accents floraux caractéristiques du malbec. ★★★ ② ♥ ©

Château Lamartine

Le viticulteur Alain Gayraud s'est imposé en chef de file de son appellation, avec des vins à la fois étoffés et équilibrés qui illustrent à merveille les vertus du Cahors moderne. La constance qualitative est remarquable.

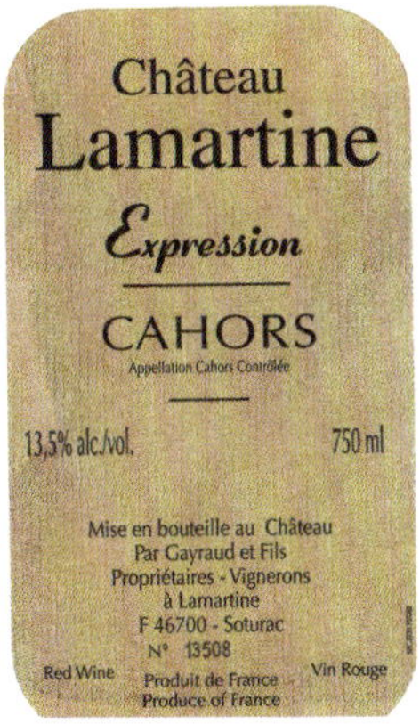

Cuvée Expression 2008, Cahors • (854661) 41,25$
Après un superbe 2007, la cuvée Expression adopte cette année une allure un peu plus stricte et présentait une acidité plutôt prononcée lorsque dégustée l'été dernier. Malgré tout, ses tanins denses et serrés créent une impression très rassasiante en bouche, sans aucune verdeur ni dureté. Un Cahors de facture classique, à la fois corsé et velouté, qu'il sera intéressant de voir évoluer au cours de la prochaine décennie. ★★★→★ ③

Cuvée Particulière 2008, Cahors • (862904) 20,95$
Particulièrement vif et tendu cette année, mais il compense largement par sa bouche à la fois suave, enveloppante et juste assez structurée pour donner un élan supplémentaire à ses saveurs précises de fruits noirs et de cannelle. ★★★★ ② ♥

Cahors 2008 • (11343404) 16,80$
Nouveau à la SAQ, le vin courant d'Alain Gayraud est tout aussi recommandable. Pas très volubile, mais juteux, plein de fruit et juste assez corsé. ★★★ ②

Château Montauriol

Nicolas Gelis est aujourd'hui propriétaire de trois domaines dans l'appellation Fronton, dont le Château Montauriol, acquis en 1998.

Mons Aureolus 2009, Fronton • (851295) 19,65$
Ce vin noir comme de l'encre profite d'un usage calculé de la barrique, qui ajoute à sa tenue en bouche et qui l'assaisonne d'arômes de torréfaction. Une interprétation flatteuse du vin de Fronton. Assez satisfaisant dans un style moderne. ★★★→? ②

Prestige 2008, Fronton • (11343359) 17,05$
Le cépage négrette donne au vin un certain style, mais ses tanins anguleux laissent avant tout une impression dure et rustique. On peut espérer qu'il évoluera favorablement, mais à mon avis, il risque de s'assécher avant de se bonifier. ★★→? ②

Tradition 2009, Fronton • (914127) 14,65$
Facile à boire, souple et correctement fruité. ★★★ ② Ⓒ

Château Montus

Produite pour la première fois en 1985, la cuvée Prestige avait propulsé Alain Brumont au firmament du Madiran, tout en lui attirant une légion de fidèles qui apprécient le style opulent et bien ficelé de ses vins.

Madiran 2002, Cuvée Prestige • (705475) 52,50$
Déjà âgé de près de 10 ans, encore noir comme de l'encre, tannique et bâti pour veiller tard. Les amateurs du style Brumont y retrouveront la carrure habituelle affectionnée par le vigneron et toute l'essence tannique propre aux vins de Madiran. Mieux vaut attendre encore quelques années avant de le servir. ★★★→? ②

Madiran 2006 • (705483) 27,60$
Dans la lignée des millésimes précédents, un vin concentré dont les tanins serrés laissent en bouche une impression plus imposante que vraiment complexe. Souhaitons que le temps joue en sa faveur. À boire entre 2012 et 2016. ★★★ ③

Pacherenc du Vic-Bilh 2008 • (11017625) 23,55$
Alors que plusieurs producteurs de la région misent sur le gros manseng pour assurer la personnalité de leurs vins blancs secs, Alain Brumont a choisi de mettre à profit l'acidité, le volume aromatique et la vinosité naturelle du cépage petit courbu. En 2008, cela donne un vin assez bien proportionné, auquel la barrique apporte des notes de noisettes grillées et de brioche. À boire entre 2012 et 2016. ☆☆☆ ②

Château Tour des Gendres

Acteur principal de Bergerac, le producteur Luc de Conti favorise une œnologie le moins interventionniste possible, notamment en ayant recours aux seules levures indigènes.

Moulin des Dames 2009, Bergerac • (701896) 20$
Sans doute en raison des largesses de l'été 2009, ce vin constitué de sauvignon et de sémillon est particulièrement nourri cette année, au point de paraître presque sucré. Moins complet et équilibré que par le passé, on appréciera avant tout sa profusion d'arômes exotiques et sa texture onctueuse, riche de 14,5% d'alcool. ☆☆→? ②

Cuvée des Conti 2010, Bergerac • (858324) 15,30$
Très bon vin blanc quotidien auquel la rondeur et la tenue en bouche propres au sémillon (70%) donnent beaucoup de style et de texture pour le prix. Élaboré dans des proportions harmonieuses et rehaussé de délicieuses notes de miel. ☆☆☆ ② ♥

Cosse Maisonneuve

Catherine Maisonneuve et Mathieu Cosse ont créé un domaine d'une vingtaine d'hectares dont les vins font de plus en plus d'adeptes. Leur philosophie n'est pas la recherche à outrance de raisins ultramûrs qui, de leur propre aveu, mène davantage à la production de vins de cépage que de véritables produits du terroir. Autant de sagesse inspire confiance.

Les Laquets 2006, Cahors • (10328587) 36$
Comme toujours, cette cuvée issue de vignes de malbec âgées de plus de 40 ans révèle une élégance peu commune à Cahors. Commenté l'an dernier, le 2006 semblait avoir gagné en profondeur et en détail après une année de repos. Un peu moins dense que d'habitude, il compense toutefois par la finesse de son tissu tannique et par sa longue finale. Très solide, bâti pour tenir la route encore cinq ans, au moins. ★★★★ ③

La Fage 2008, Cahors • (10783491) 23,40$
Acidité plus prononcée que dans les derniers millésimes ; belle charpente tannique. Encore un peu sévère pour l'heure, mais il a l'équilibre nécessaire pour se bonifier au cours des cinq prochaines années. À l'ouverture, le vin présentait aussi des arômes prononcés de réduction. Il serait avisé de l'aérer en carafe une heure avant de le servir. ★★★→★ ③

Combal 2007, Cahors • (10675001) 18,15$
Un exercice de style sur le thème de la légèreté – façon Cahors ! – et du plaisir fruité immédiat. Dégusté de nouveau un an plus tard, le 2007 avait perdu un peu de son éclat juvénile. Un très bon vin à retenir pour sa droiture, sa ligne tannique très pure et sa fraîcheur. À boire entre 2012 et 2015. ★★★ ②

Domaine Cauhapé

Au cours des dernières décennies, le producteur Henri Ramonteu a joué un rôle majeur dans l'essor remarquable de l'appellation Jurançon.

Chant des Vignes 2009, Jurançon sec • (10256675) 23,85$
Cette cuvée vinifiée exclusivement en cuve inox met en valeur le cépage local gros manseng, qui confère au vin des parfums singuliers et une acidité du tonnerre. Très sec, modérément aromatique et agrémenté d'une pointe d'amertume. À boire sans se presser au cours des cinq prochaines années. ☆☆☆ ②

Domaine du Cros

Dans l'Aveyron, à l'est de Cahors, Philippe Teulier produit un très bon vin sur cette appellation qui couvre à peine 200 hectares, plantés essentiellement du cépage local mansois.

Lo Sang Del Pais 2010, Marcillac • (743377) 13,65$
Retour à des formes plus classiques après un 2009 particulièrement nourri. Un vin droit, sincère, vif et correctement fruité. Grand style, petit prix. ★★★ ② ♥

Domaine Ilarria

Ce domaine est géré avec brio par Peio Espil, qui n'utilise aucun désherbant ni engrais chimiques.

Irouléguy 2007 • (10783694) 22,15$
Aux antipodes du vin concentré, cet Irouléguy révèle plutôt le charme subtil des cépages tannat, cabernet franc et cabernet sauvignon vinifiés à l'ancienne. Affichant 12% d'alcool, le vin est plein de vitalité et tout à fait digeste. Encore meilleur s'il est servi frais, autour de 14 °C. ★★★→? ②

Domaine Labranche Laffont

Propriétaire d'un vignoble d'une vingtaine d'hectares, Christine Dupuy peaufine son art depuis 1992 et produit des Madiran distingués et à prix abordables.

Madiran 2007, Vieilles vignes • (914192) 22$
Des vignes âgées d'une cinquantaine d'années et un élevage en fût de chêne donnent un vin sérieux et séveux, solidement constitué autour de tanins ronds et parfaitement mûris, très élégant et faisant preuve d'un équilibre irréprochable. Sa longue finale veloutée, qui embaume de parfums d'épices, de fruits noirs et de cèdre, donne déjà pleine satisfaction, mais il sera à son meilleur vers 2016. ★★★★ ③

Madiran 2008 • (919100) 15,80$
Plus austère que d'habitude et animé d'une acidité vive, mais non moins savoureux. À apprécier avant tout pour sa droiture, sa vigueur, son grain concentré, sa ligne tannique pure et sa finale relevée d'une fine amertume qui rehausse ses accents de graphite. Sans tape-à-l'œil ni fioritures inutiles, il a beaucoup de tempérament pour un vin de ce prix. ★★★★ ② ♥

Domaine Rotier

Rotier est un nom important de cette appellation du Sud-Ouest encore trop peu connue.

Renaissance 2007, Gaillac • (10273803) 19,90 $
Les cépages duras, braucol et syrah profitent d'un élevage d'un an en fût de chêne français (15 % neufs), ce qui nourrit la texture de ce vin et lui confère de jolis accents de cèdre. Jeune, vigoureux et porté par une ligne tannique épurée et un grain serré. Il pourrait gagner en détail et en subtilités au cours des prochaines années. À boire entre 2012 et 2016. ★★★→? ②

Hours, Charles

Dans son Béarn natal, ce véritable artiste de la profession élabore des vins secs et liquoreux qui comptent parmi les plus sérieux de l'appellation Jurançon. Sa fille Marie travaille avec lui depuis 2005.

Cuvée Marie 2010, Jurançon sec • (896704) 21,95 $
Ultra sec et d'une droiture exemplaire ; juste assez gras pour enrober la nervosité caractéristique du cépage gros manseng, ce vin laisse une impression rassasiante en bouche. Encore jeune, il gagne à être aéré en carafe une bonne heure avant de servir. D'ailleurs, même s'il est déjà savoureux, ce vin ne donne souvent son meilleur qu'après quelques années de mûrissement. Un 2001 dégusté récemment était toujours dans une forme resplendissante. ☆☆☆→☆ ③

Uroulat 2010, Jurançon • (709261) 17,35 $ – 375 ml
Issu de petit manseng, comme c'est la coutume dans le Sud-Ouest, ce Jurançon moelleux n'est pas aussi liquoreux que d'autres, mais il charme assurément par son agréable onctuosité, doublée de fraîcheur. À apprécier maintenant pour sa finale agrémentée de fines notes de crème et de pêches, ou à laisser mûrir en cave jusqu'en 2017. ☆☆☆☆ ②

Matha, Jean-Luc

Jean-Luc Matha est un acteur majeur de cette appellation située dans les montagnes de l'Aveyron, à une soixantaine de kilomètres à l'est de Cahors.

Cuvée Lairis 2009, Marcillac • (10217406) 15,90 $
De mémoire, ce 2009 est le plus achevé des vins de Jean-Luc Matha – et de Marcillac – jamais distribués à la SAQ. Un sommet de pureté et d'intensité aromatiques, mais toujours sous le sceau de l'équilibre propre aux bons vins de cette appellation, située au pied du Massif central. Sa texture délicate et coulante, ponctuée de parfums de cannelle, donne envie d'en boire. Encore meilleur s'il est servi autour de 14 °C. ★★★★ ② ♥

Pyrène

Sous la marque Pyrène, Lionel Osmin commercialise des vins de plusieurs appellations, du Pays basque au Massif central.

Nature 2009, Coteaux du Quercy • (11154523) 16,40$
Un vin gourmand, chaleureux, manifestement constitué de raisins mûrs, mais doté d'une agréable fraîcheur et soutenu par la poigne tannique propre au malbec. Jolie finale aux accents de cannelle. ★★★ ② ♥

Marcillac 2009 • (11154558) 15,90$
Sans doute à la faveur d'un été plus généreux, ce vin élaboré par la cave coopérative locale me semble un peu plus complet que par le passé. Franc, nerveux et délicatement poivré. À servir frais, au cours des deux prochaines années. ★★★ ②

Cuvée Marine 2010, Vin de Pays des Côtes de Gascogne •
(11253564) 12,50$
Bon vin blanc sec de facture technologique et prévisible, mais bien fait et facile à boire. ☆☆ ① ©

Union des producteurs Plaimont

En plus du succès de ses différentes cuvées, cette cave, longtemps menée par le charismatique André Dubosc, est aujourd'hui dirigée avec autant de rigueur par Olivier Bourdet-Pees, qui mène parallèlement des recherches visant la restauration de vieux cépages locaux.

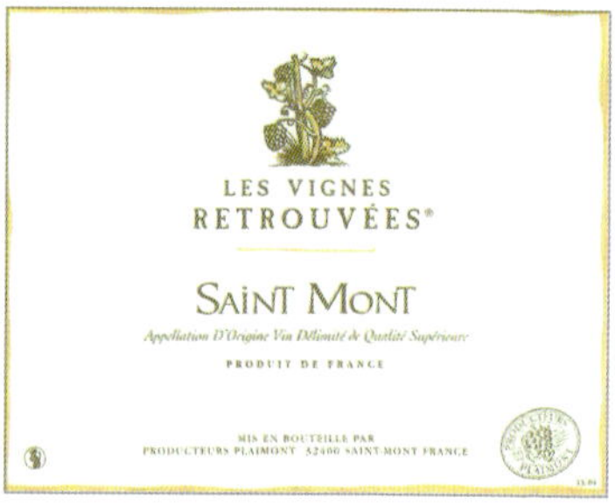

Les Vignes Retrouvées 2008, Saint-Mont • (10667319) 15,85$
Ce vin repose sur une composition originale de gros manseng, de petit courbu et d'arrufiac, une variété jadis menacée d'extinction et qui fut restaurée par André Dubosc au cours des années 1980. Un bon exemple modeste, mais sympathique et surtout sincère, de vin blanc du Sud-Ouest. ☆☆☆ ② ♥

Colombelle 2010, L'Original, Côtes de Gascogne • (11073299) 12,05$
Au répertoire général, bon vin vif et nerveux, composé essentiellement de colombard. Délicatement aromatique, il nous désaltère à prix d'aubaine. ☆☆ ② ©

COMMENTÉS SOMMAIREMENT, D'AUTRES VINS DU SUD-OUEST

Château Calabre 2010, Montravel
(10258638) 13,60 $
Pas de bois, mais beaucoup de fraîcheur dans ce vin sec et vif, qui offre le bon goût de miel du cépage sémillon sur un fond légèrement herbacé, attribuable au sauvignon (50 %). À ce prix, rien à redire. ☆☆ ② ♥

Château de Crouseilles 2007, Madiran
(968735) 24,25 $
La coopérative de Crouseilles élabore un vin de facture moderne, c'est-à-dire mis en valeur par un usage calculé de la barrique et assoupli par l'usage de la micro oxygénation. Pas trop de bois et une assez bonne tenue en bouche, à défaut de réelle personnalité. ★★★ ②

Mouchette de Crouseilles 2008, Madiran
(738427) 17,60 $
Plus modeste ; riche en extraits, mais surtout dur et marqué d'une amertume un peu grossière. ★★ ②

Château de Gaudou, Malbec 2009, Renaissance, Cahors
(10272093) 21,25 $
Cahors moderne privilégiant la souplesse et l'expression gourmande du fruit. Charmeur et taillé pour plaire, mais un peu trop rond, et maquillé de parfums vanillés qui lui donnent une allure plutôt rudimentaire. ★★→? ②

Tradition 2009, Cahors
(919324) 14,85 $
Concentré en parfums de fruits noirs et d'épices. Rien de transcendant, mais à ce prix, il réunit toutes les qualités de fraîcheur et de droiture auxquelles on s'attend d'un bon Cahors courant. ★★★ ② ♥

On trouve aussi des vins de ce producteur en importation privée. IP

Château Grinou, Réserve 2008, Bergerac
(896654) 16,10 $
Déjà dégusté l'année dernière, le 2008 semblait, cette année, avoir perdu un peu de sa générosité fruitée. Le bois est plus apparent, avec des tanins secs ; il manque un peu de chair autour de l'os. Creux de vague ? ★★→? ②

Château La Coustarelle, Grande Cuvée Prestige 2006, Cahors
(482240) 17,30 $
Peu de personnalité, mais une expression mûre, chaleureuse et charmeuse du Cahors moderne. ★★★ ②

Château Laffitte-Teston, Éricka 2009, Pacherenc du Vic-Bihl
(11154582) 20,75 $
Plus sec et moins pommadé que le 2008 commenté l'an dernier, avec un usage mieux dosé de la barrique. De délicates notes de miel et un bel équilibre d'ensemble. ☆☆☆ ②

Madiran 2008
(747816) 22,15 $
Issu de vieilles vignes de tannat âgées de 70 ans, ce vin costaud est actuellement un peu strict et sévère, mais il a suffisamment d'étoffe tannique et pourrait se développer au cours des prochaines années. ★★→? ②

Rêve d'Automne 2008, Pacherenc du Vic-Bihl moelleux
(10779855) 19,45 $ – 500 ml
Un vin liquoreux d'envergure moyenne, sans défaut majeur et sans distinction particulière. Assez bien structuré, mais manquant de fraîcheur et de netteté ; des relents de soufre n'ajoutent pas à son charme. ☆☆ ②

Château Lagrezette 2004, Cahors
(972612) 24,65 $
Costaud et concentré ; solidement construit, et appuyé sur des tanins serrés. ★★★ ②

Moulin Lagrezette, Malbec 2005, Cahors
(972620) 16,45 $
Bon vin charnu et modérément corsé, aux goûts d'épices et de fruits noirs. ★★ ② ©

Château Leret Monpezat, Cahors 2000
(912865) 18,55 $
Modeste et sans grande complexité, mais sa texture fondue, agrémentée de parfums de sous-bois et de champignon, le rend agréable à boire. À apprécier avant tout pour le plaisir d'avoir dans son verre un vin à point. ★★★ ②

Réserve 2007, Cahors
(918557) 14,20 $
Plus modeste, un peu rustique à cause de sa carrure et de son profil quasi osseux. ★★ ②

Château Les Tours des Verdots 2009, Bergerac sec
(10889675) 19,40 $
Sans doute mal servi par la richesse du millésime, ce 2009 paraît un peu lourd, avec un usage prononcé du bois qui y ajoute une amertume en bouche. Un exercice de style. ☆☆ ②

Château Monestier La Tour, Cuvée de Navarre 2005, Bergerac
(11096343) 20,90 $
Riche en fruit, mais un peu trop rudimentaire pour être recommandable. ★★ ② ▼

Château Triguedina 2004, Cahors
(746412) 22,45 $
La propriété de la famille Baldès est très connue à Cahors, et Triguedina demeure un classique dans l'appellation. Les amateurs apprécieront le style épuré de ce vin épanoui qui offre une palette de saveurs mûres, sur un léger fond animal. Un bon vin classique. ★★★ ②

Château Labrande 2008, Cahors
(517698) 13,20 $
Au répertoire général, ce vin offre une expression franche et droite du malbec. ★★ ② ©

Clos la Coutale 2009, Cahors
(857177) 14,35 $
En 2009, les habitués trouveront dans ce vin tout le fruit et la poigne tannique voulus. Bon vin quotidien, à boire au cours des trois prochaines années. ★★★ ② ♥ ©

Comte André de Monpezat 2008, Cahors
(221218) 13,25 $
Modeste, mais coloré, charpenté et égayé d'une belle finale mûre aux accents de fleurs. Un bon achat cette année. ★★ ② ♥ ©

Domaine Bellegarde, La Pierre Blanche 2006, Jurançon Sec
(11095287) 28,75 $
Assemblage de petit et de gros manseng. Plus délicat que puissant, mais rond et équilibré, il révèle de bonnes saveurs de raisins secs et de pâtisseries. ☆☆☆ ② ▼

Domaine du Tariquet
Avec un vignoble de 950 hectares et une production annuelle d'environ huit millions de bouteilles, la famille Grassa est une véritable locomotive de la Gascogne.

Les 4 Réserves 2009, Côtes de Gascogne
(11556320) 17,25 $
Un cocktail édulcoré composé de gros manseng, de chardonnay, de sauvignon et de sémillon. Parfumé, mais trop sucré pour être vraiment agréable à boire. ☆☆ ②

Sauvignon 2010, Côtes de Gascogne
(484139) 14,05 $
Technique, mais sec, frais et désaltérant. ☆☆ ①

Ugni blanc-Colombard 2010, Classic, Côtes de Gascogne
(521518) 11,75 $
Sec et vif, avec des notes de poires en sirop. ☆☆ ① Ⓒ

Domaine La Hitaire, Les Tours 2010, Côtes de Gascogne
(567891) 9,45 $
Simple et prévisible, mais vif, aromatique et vendu à bon prix. ☆☆ ② ♥ Ⓒ

Vigouroux, Georges, Château de Mercuès 2007, Cahors
(972471) 24,50 $
Pas beaucoup de profondeur, mais il a la carrure typique du malbec, et offre des parfums nets et francs de fleurs et de fruits noirs. ★★→? ②

Château de Haute-Serre 2006, Cahors
(947184) 22,90 $
Plus enrobé, moderne et séduisant. Droit au but et sans détour. ★★→? ②

Les Comtes de Cahors 2007, Cahors
(315697) 13,90 $
Vif, fruité et animé d'un reste de gaz. ★★ ② Ⓒ

D'AUTRES VINS ROUGES DE QUALITÉ MOYENNE ★★

Château Belingard 2007, Cuvée Champlain, Alliance, Bergerac
(10922439) 18,45 $

Château Eugénie 2007, Cahors
(721282) 14 $

Château Haut Marsalet 2007, Bergerac
(521526) 14,80 $

Château Peyros, Vieilles vignes 2006, Madiran
(488742) 18,35 $

Domaine de Chantelle 2007, Cahors
(866392) 17,35 $

Domaine du Crampilh, Vignes Vieilles 2001, Madiran
(10675028) 18,95 $

Les Vignerons du Brulhois, Château Grand Chêne 2006, Côtes du Brulhois
(10259770) 16,95 $

Jura

Bourdy, Jean

La famille Bourdy veille depuis le XVe siècle sur ce domaine historique du village d'Arlay.

Côtes du Jura 2006 • (11195747) 21,25$
Fruit d'un assemblage de pinot noir, de poulsard et de trousseau issus de l'agriculture en biodynamie, ce vin rouge de facture traditionnelle est vif, friand et léger (12,5% d'alcool), mais pourtant doté d'une assez bonne tenue en bouche et relevé de parfums de sous-bois et de poivre. Avec une assiette de charcuteries, c'est un bonheur! ★★★ ②

Domaine de la Renardière

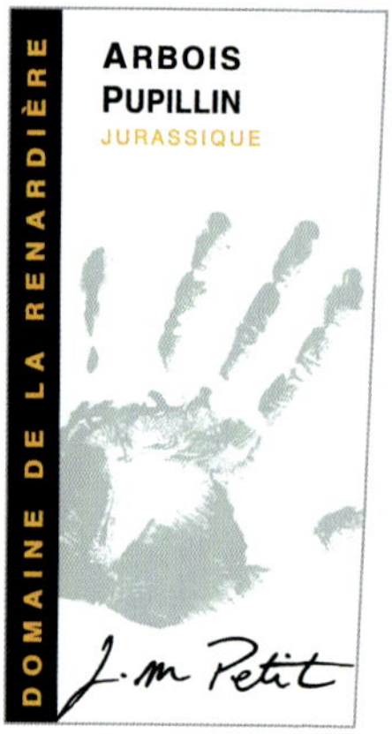

Fils de vigneron coopérateur, Jean-Michel Petit a créé ce domaine en 1990. Il exploite aujourd'hui un vignoble de 6 hectares dans l'appellation Arbois-Pupillin.

Jurassique 2008, Arbois-Pupillin •
(11472628) 21,05$
Sa cuvée Jurassique est un vin idéal pour s'initier, à peu de frais, aux saveurs uniques des meilleurs Chardonnay du Jura. À des lieues des vins technologiques, le 2008 charme tant par son attaque en bouche vineuse que par sa vitalité mettant en relief des saveurs précises d'agrumes, sur un fond délicatement minéral. À ce prix, le dépaysement a encore meilleur goût! ☆☆☆☆ ② ♥

On trouve également des vins de ce producteur en importation privée. IP

en peu de mots

Le chardonnay représente environ 70% de l'encépagement en blanc, contre 30% pour le savagnin.

Le cépage savagnin porte également le nom de traminer. Il appartient à la même famille que le gewurztraminer.

Le poulsard donne des vins généralement fruités et guillerets, relevés de parfums d'épices. Bien qu'ils demeurent aussi légers et fringants, les vins de trousseau ont souvent un meilleur potentiel de vieillissement.

Le Savagnin non ouillé présente des saveurs semblables à celles du Vin Jaune. De plus en plus de producteurs élaborent aussi des cuvées de Savagnin ouillé (donc non oxydatif), dont les parfums plus frais évoquent les agrumes et les fleurs.

Domaine de Montbourgeau

Les origines du nom de la commune de L'Étoile sont nébuleuses. Certains affirment qu'il s'agit d'une référence aux cinq collines qui l'entourent, d'autres disent qu'il serait plutôt attribuable aux fossiles étoilés que l'on trouve dans les sols du village.

L'Étoile 2008 • (11557541) 21,90 $
Quoi qu'il en soit, ce vin blanc élaboré par Nicole Deriaux est impeccable ! Sec, doté d'une agréable tenue en bouche, accentué de notes minérales distinguées et apte à vieillir en beauté. Que demander de mieux à ce prix? ☆☆☆☆ ② ♥

On trouve également des vins de ce producteur en importation privée. IP

Domaine Labet

En plus de travailler aux côtés de son père Alain au domaine familial, Julien Labet élabore, depuis 2003, quelques cuvées parcellaires qu'il commercialise sous son propre nom.

Fleur de Savagnin 2008, Côtes du Jura • (10783248) 26,95 $
Un vin teinté de finesse et d'élégance, racé et très singulier, sans être trop dépaysant ni marqué par des notes oxydatives. Une texture crémeuse à la fois riche et animée par une bonne acidité, qui laisse une sensation de fraîcheur en finale. Le vin de gastronomie par excellence ! ☆☆☆☆ ② ♥

On trouve également des vins de ce producteur en importation privée. IP

Domaine Rolet

Cette cave familiale créée il y a plus de 60 ans élabore une gamme très complète de vins du Jura, dont un savoureux crémant commenté à la page 448.

Trousseau 2007, Nos Vendanges, Arbois • (11194592) 21,70 $
S'il n'est pas particulièrement charnu ni profond, ce vin issu du cépage trousseau charme par son attaque en bouche souple et coulante, joliment fruitée et ponctuée de notes poivrées. Rien de bien grand, mais léger et désaltérant. ★★★ ②

dans le monde du vin

LE MYSTÈRE DU VIN JAUNE
Le Vin Jaune mérite une mise en contexte. Cette curiosité locale issue du cépage savagnin est certainement le représentant le plus célèbre du Jura. Après la fermentation, le vin est mis à vieillir en fût, sans que l'on «ouille» la barrique (voir la capsule concernant l'ouillage, page 187). Au cours de six années et trois mois d'élevage, il se forme à la surface du vin une mince couche de levures (le voile) qui le protège et lui confère des parfums très particuliers, que l'on appelle le «goût de jaune».

Essencia

Le vigneron de renom Jean-François Ganevat s'est associé à son ami Philippe Bouvret, caviste à Poligny, pour produire un Côtes du Jura, issu d'achat de raisins.

Les Compères 2005, Côtes du Jura • (11544003) 25,55$
S'il n'a pas la dimension habituelle des vins de Ganevat, ce 2005 se signale néanmoins par son caractère typiquement jurassien et par ce goût délicat de noisettes grillées. Plein de charme et d'élan, à défaut de volume et de profondeur. ☆☆☆ ②

On trouve également des vins de ce producteur en importation privée. IP

Tissot, Stéphane

Lorsqu'il a repris le domaine de ses parents, Stéphane Tissot a progressivement entrepris une conversion à la viticulture biodynamique. Avec sa femme Bénédicte, il produit de nombreuses cuvées toutes vinifiées avec des levures indigènes, ce qui ajoute à leur individualité. La qualité exceptionnelle de leurs vins leur assure une position de chef de file dans la région.

Chardonnay 2008, Les Graviers, Arbois •
(875500) 36,25$
Dans les collines du Jura, le Chardonnay prend une dimension aromatique distinctive, qui lui confère une personnalité unique. Nourri par un élevage bien dosé, le 2008 était particulièrement vigoureux lorsque dégusté au printemps dernier. Une matière à la fois vineuse et tendue, cousue d'un fil d'acidité qui lui donne une allure un peu stricte, mais surtout très pure et agrémentée de fines notes minérales. Il a certainement tout le tonus nécessaire pour vivre plusieurs années. Excellent! ☆☆☆→☆ ③

Pinot noir 2008, En Barberon • (10269661) 34,50$
Ce vin robuste – issu d'une vendange entière, sans égrappage – offre une synthèse idéale de la fermeté et de la rondeur. Pas très aromatique ni volubile pour le moment, mais sa texture ample, serrée et caressante, et sa longueur en bouche augurent pour le mieux. ★★★→? ③

Spirale 2005, Passerillé à l'Ancienne • (10322521) 61,25$ – 375 ml
Une curiosité locale vendue à prix d'or, puisque produite à grands frais. Sur la contre-étiquette, on peut lire: «Moût de raisin partiellement fermenté issu de raisins passerillés.» Les raisins de savagnin et de poulsard sont mis à sécher sur de la paille selon une méthode jurassienne traditionnelle, mais comme le vin ne titre que 8% d'alcool, il ne peut être nommé «vin de paille», puisque le taux minimal d'alcool toléré par le décret d'appellation se situe à 14,5%. Quoi qu'il en soit, le Spirale 2005 est certainement l'un des meilleurs liquoreux de la région. Incroyablement riche (320 g de sucre par litre), onctueux, intensément aromatique et doté d'une longueur exquise. À consommer avec gourmandise, à dose homéopathique! ☆☆☆☆☆

On trouve également des vins de ce producteur en importation privée. IP

Savoie

Château de Ripaille

Vin de Savoie 2010 • (896720) 15,65 $
Comme toujours, ce vin blanc sec, produit en bordure du lac Léman, revêt le caractère fringant et désaltérant des bons vins de montagne. Modérément aromatique, original et abordable. ☆☆☆ ② ♥

Domaine Dupasquier

André et Michel Quénard cultivent leur vignoble en terrasses, perchées à flanc de coteaux, à quelque 300 m d'altitude. Les fermentations sont conduites avec l'usage exclusif des levures naturelles.

Mondeuse 2007, Vin de Savoie • (11549040) 19,95 $
Une foule de détails qui se traduisent par une qualité impeccable, avec une mention particulière pour cette savoureuse Mondeuse, juste assez charnue, avec une matière fruitée à la fois coulante et très rassasiante. Un régal de précision et de fraîcheur. ★★★★ ②

• • • dans le monde du vin • • •

UNE OPÉRATION SÉCULAIRE

L'ouillage consiste à remplir régulièrement le fût. Le vin en fût a tendance à diminuer de volume, surtout au cours des mois froids suivant la vendange. On assiste aussi à une évaporation à travers le bois, de l'ordre de 1 % par mois. Un creux se forme alors dans le haut de la barrique, et le vin s'oxyde au contact de l'air. Il faut donc procéder régulièrement à l'ouillage, c'est-à-dire au remplissage du fût.

RÉPUBLIQUE TCHÈQUE
ALLEMAGNE
LIECHTENSTEIN
SUISSE
AUTRICHE
Lac Balaton
HONGRIE
Lac Léman
Trentin-Haut-Adige
Frioul-Vénétie julienne
Val-d'Aoste
SLOVÉNIE
CROATIE
SERBIE
Lombardie
Vénétie
Vérone
Venise
Piémont
Parme
Émilie-Romagne
Ligurie
Bologne
BOSNIE
FRANCE
SAINT-MARIN
Florence
Toscane
Marches
Ombrie
MER ADRIATIQUE
Corse (FRANCE)
ROME
Abruzzes
Latium
Molise
Campanie
Pouilles
Naples
Sardaigne
Basilicate
Golfe de Tarente
MER TYRRHÉNIENNE
Calabre
MER IONIENNE
Détroit de Sicile
MER MÉDITERRANÉE
Sicile
Pantelleria (It.)
TUNISIE
MALTE
0
400 km

Italie

Bien que les vins de table et les vins de pays (IGT) représentent toujours plus des trois quarts de la production nationale, l'Italie excelle désormais dans l'élaboration de vins fins, souvent destinés au marché des exportations. Entre la fraîcheur des montagnes au nord et les régions méridionales chaudes et arides, en passant par les Apennins au centre, le pays regroupe une multitude de sols et de climats, et bénéficie d'une immense diversité biologique, avec plus de 450 cépages répertoriés.

Malheureusement, avec les effets conjugués d'une baisse de la consommation domestique et de l'effondrement du marché du vermouth, plusieurs viticulteurs du centre du pays peinent à vendre leur récolte. Pour remédier à cette situation, l'Union européenne a instauré il y a deux ans un programme de primes à l'arrachage. L'avenir nous dira si cette initiative aura le même impact qu'il a eu sur son voisin et rival commercial de toujours, la France.

Au Québec, l'Italie n'a jamais été aussi bien représentée. Le vaste éventail de vins offerts à la SAQ n'est certainement pas étranger à la progression de 22,5 millions de dollars enregistrée au cours de l'année financière 2010-2011.

bon à savoir

Personne ne nous oblige à dépenser toutes nos munitions pour les gros canons vendus épisodiquement. Solaia, Ornellaia, Sassicaia sont très bien, mais on peut aussi acheter les Vistorta, Fontalloro, Vigna del Sorbo et combien d'autres, beaucoup moins coûteux.

À cause de la vivacité naturelle de nombreux cépages italiens, il est préférable d'aérer les vins jeunes dans une carafe évasée une heure avant de les servir.

Profitez des vins de Toscane du millésime 2006. Plusieurs professionnels estiment qu'il s'agit de l'une des meilleures réussites du dernier quart de siècle.

Plusieurs vins semblent avoir souffert des excès de chaleur de l'été 2009.

Italie Piémont

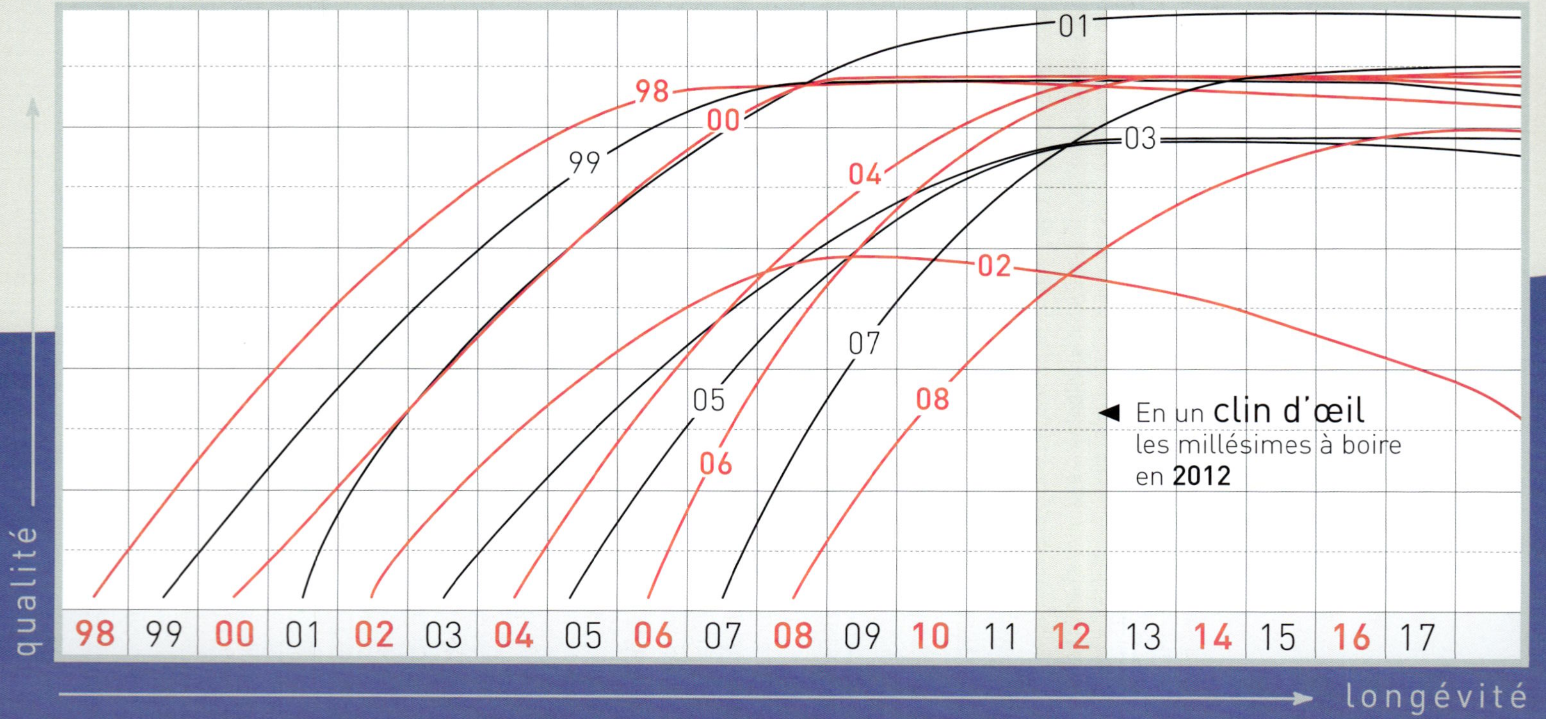

LES DIX DERNIERS MILLÉSIMES

2010 Récolte déficitaire et qualité hétérogène dans le Piémont ; la signature du producteur sera un critère de choix. Même scénario en Toscane – incluant Bolgheri – où des problèmes de pourriture ont causé des soucis à plusieurs. La région de Montalcino semble avoir profité de conditions plus propices. En Vénétie, les vins rouges de Valpolicella joueront – à défaut de puissance – la carte de la légèreté et de l'équilibre ; les bons Amarone seront rares.

2009 Dans l'ensemble, bon millésime dans tout le nord du pays. Été très chaud dans le Piémont et récolte très satisfaisante de nebbiolo ayant donné beaucoup de bons vins. Grand succès annoncé dans le Valpolicella. Très belle fin de saison en Toscane ; qualité générale prometteuse.

2008 Un été chaud et sec dans le Piémont ; des Barolo et des Barbaresco apparemment de fort belle qualité. Chaleur et sécheresse en Toscane ont aussi conduit à un troisième succès d'affilée, après 2007 et 2006. En Vénétie, des conditions idéales pour le Valpolicella et l'Amarone.

2007 Grand succès dans le Piémont ; une récolte de vins structurés, déficitaire d'environ 25 % (grêle à Barolo). Dolcetto et barbera ont aussi donné des vins très satisfaisants. Excellent millésime en Toscane, que plusieurs comparent à 2004 et à 2001. Grand succès aussi à Bolgheri, où le cabernet sauvignon semble avoir eu le meilleur sur le merlot. Bonne qualité en Vénétie, surtout chez les producteurs patients qui ont attendu le beau temps.

2006 Excellent millésime dans le Piémont en dépit de conditions climatiques parfois extrêmes. Grande année en Toscane. Remarquable en Vénétie, en particulier pour les Amarone.

2005 Millésime hétérogène. Dans le Piémont, six jours de pluie consécutifs à compter du 2 octobre ont gâché bien des espoirs. En Toscane – autant dans le Chianti Classico qu'à Montalcino –, les températures fraîches de la fin de l'été n'ont pas favorisé le mûrissement idéal souhaité. À Bolgheri, les conditions climatiques ont été sensiblement plus favorables.

Italie Toscane

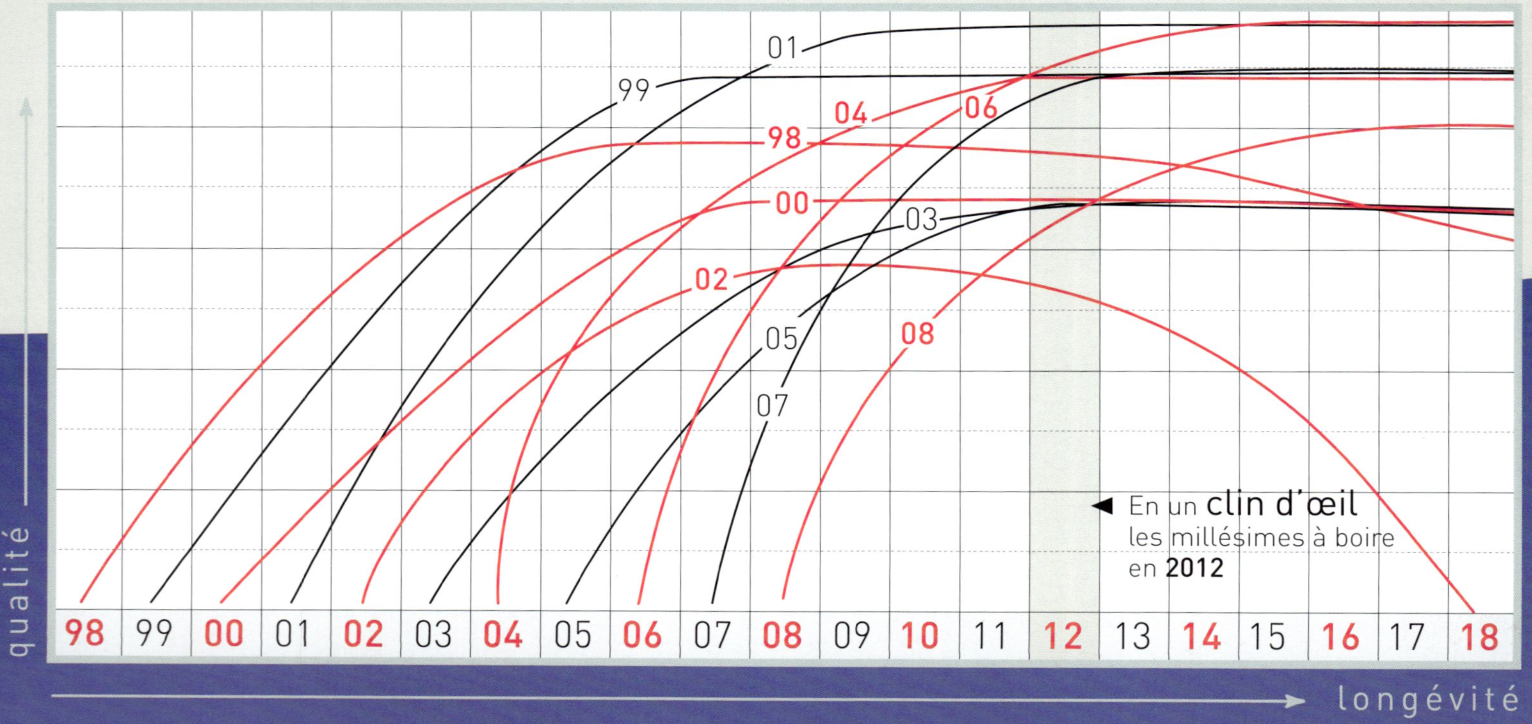

2004 Récolte abondante dans le Piémont. Les producteurs qui ont su contrôler les rendements ont obtenu des vins solides. Conditions idéales dans le Chianti Classico et qualité remarquable à Montalcino. Qualité au-dessus de la moyenne à Bolgheri.

2003 Dans le Piémont, les meilleurs vins de nebbiolo sont riches et exubérants, mais n'égalent peut-être pas la splendide série 1997-2001 ; le barbera a donné plusieurs vins remarquables. Beaucoup de bons vins généreux et relevés en Vénétie et dans le Trentin. En Toscane, la canicule n'a pas toujours été propice à l'équilibre. Qualité disparate aussi à Bolgheri, où la météo excessive a parfois donné des vins lourds manquant de fraîcheur.

2002 Année misérable, autant dans le Piémont qu'en Toscane. Des vins à boire tôt, qui ne passeront pas à l'histoire. Sur la Côte méditerranéenne – Maremma et Bolgheri –, les conditions ont été moins difficiles ; ni puissants ni spécialement concentrés, les vins sont charmants et ont un bel équilibre.

2001 Des quantités de vins riches et structurés dans le Piémont. Excellent millésime en Toscane où le temps a été clément jusqu'au début d'octobre. Millésime classique et généralement très réussi à Montalcino. Des conditions idéales à Bolgheri ; vins puissants et charpentés.

DÉBOUCHER OU ATTENDRE ?

Vins d'Italie • **De la cave, que boire en 2012 ?**

Dans les bons millésimes, les meilleurs Chianti Classico et Brunello demandent un peu de temps pour se révéler pleinement. Il faut donc laisser les 2006 et surtout les 2007 développer tout leur potentiel. En 2012, on pourra commencer à ouvrir les 2005 ainsi que les 2004. Les 2003 sont à boire sans trop attendre. Maintenant à point, les 2001 devraient néanmoins tenir la route plusieurs années.

Les Barolo et les Barbaresco des grandes années demandent du temps pour arriver à pleine maturité. On devra donc impérativement laisser les 2008, 2007 et 2006 continuer de mûrir. Les 2005 et les 2004 se révèlent progressivement. Tout ce qui est antérieur – à commencer par les 2003 – devrait, en 2012, faire le bonheur des amateurs de vins piémontais.

Piémont

Chiarlo, Michele

Michele Chiarlo fait du Barolo depuis plus de 50 ans. Les vins qu'il signe aujourd'hui, avec sa femme et ses deux fils, sont généralement bien servis par la technologie moderne.

Barolo 2004, Cerequio • (10221579) 74,50 $

Un Barolo de gros calibre, qui provient du cru Cerequio dans La Morra, et dont le nez évoque les saveurs mûres et les parfums caractéristiques de champignons et de sous-bois. Le vin en impose par sa stature et par son style à la fois ferme et très épuré. Il vaudrait mieux le laisser dormir encore quelques années. ★★★→? ③ ▼

Barolo 2004, Brunate • (11039314) 64 $

Fidèle au style chaleureux et moderne de la maison, ce vin offre une généreuse matière dans une franche enveloppe tannique. ★★★→? ③ ▼

Clerico, Domenico

Domenico Clerico est un artiste de la viticulture piémontaise.

Dolcetto 2008, Visadi, Langhe • (10861120) 22,15 $

Son Dolcetto se situe dans une classe à part. Constitué de tanins fins et parfaitement mûrs qui apportent juste ce qu'il faut de tenue et laissent en bouche une impression irrésistiblement suave. Déjà très aimable avec son naturel fruité et vigoureux, mais capable de se bonifier au cours des cinq prochaines années. ★★★★ ② ♥

On trouve également des vins de ce producteur importation privée. Ⓟ

Conterno, Aldo

L'un des grands noms du Piémont, et une bonne adresse où trouver des vins à l'enseigne de l'équilibre et de l'authenticité.

Nebbiolo 2006, Il Favot, Langhe • (11447431) 55 $

Si ses meilleurs Barolo s'inscrivent dans un style très classique, Aldo Conterno favorise toutefois des vinifications plus modernes pour son Favot. Loin d'être un défaut, cela permet d'apprécier dès aujourd'hui l'étoffe, la poigne tannique, la concentration fruitée et la vigueur de cet excellent Nebbiolo. À boire avec grand plaisir en attendant les grands crus. Cher, certes, mais il n'a rien à envier à bien des Barolo. ★★★★ ②

On trouve également des vins de ce producteur importation privée. Ⓟ

Conterno, Paolo

Paolo Conterno – ne pas confondre avec Aldo Conterno – dirige cette petite propriété familiale de Monforte.

Barbera d'Alba 2009, Ginestra • (11035831) 20,75 $
Sur les conseils de Beppe Caviola, il produit, entre autres, ce vin de facture plutôt classique par sa droiture, sa vigueur et sa retenue. Moins exubérant que d'autres, mais tellement désaltérant à table. ★★★→? ②

Fontanafredda

Depuis son arrivée en poste il y a une dizaine d'années, l'œnologue Danilo Drocco a redonné ses lettres de noblesse à l'ancienne propriété du roi Victor Emmanuel II. Sous l'étiquette Tenimenti Fontanafredda, l'entreprise commercialise essentiellement des vins de propriété, davantage axés sur l'expression du terroir.

Barolo 2004, Vigna La Villa, Paiagallo • (11191404) 74,75 $
Très bon Barolo moderne, c'est-à-dire un peu plus souple que la moyenne et conçu pour être apprécié dès son jeune âge. Charmeur, stylé et enrobé de tanins polis. Trop cher, toutefois, et sans la sève des meilleurs. ★★★→? ②

Barbera d'Alba Superiore 2007, Papagena • (11213423) 25,25 $
Fruit d'un assemblage de différentes parcelles situées dans la commune de Serralunga d'Alba, ce Barbera se présente sous un jour plutôt moderne – riche en fruit, très mûr –, sans toutefois sacrifier la vigueur et l'éclat aromatique propres au cépage. Un Barbera sérieux qui pourrait se bonifier d'ici 2013. ★★★→? ②

Barolo 2007 • (020214) 31,50 $
Le Barolo courant de Fontanafredda défend bien la réputation de la maison. Souple, ouvert et équilibré, avec juste ce qu'il faut de tenue. À boire dès maintenant et d'ici 2015. ★★★ ② Ⓒ

D'autres vins plus modestes qui n'ont rien de vraiment attrayant.

Barbera d'Alba 2009 • (038174) 15,10 $ ★★ ② Ⓒ
Briccotondo 2009, Barbera, Piemonte • (11315024) 16,15 $ ★★ ② Ⓒ

Grasso, Silvio

La famille Grasso produit du vin depuis 1927, mais elle n'a commencé à embouteiller qu'au milieu des années 1980, au moment où Alessio Federico a succédé à son père, Silvio.

Barolo 2006, Pì Vigne • (11195801) 46,75 $
Issu d'une menue parcelle située dans la commune de La Morra, cet excellent vin adopte toujours le même style strict, vigoureux et sans détour, qui constitue l'essence des bons Barolo vinifiés à l'ancienne. À retenir, tant pour sa finale franche et persistante aux accents de cerises que pour son prix, fort attrayant. ★★★→? ③

On trouve également des vins de ce producteur en importation privée Ⓘ.

La Spinetta

Réputés pour leurs vins de Barbaresco, Giuseppe et Lidia Rivetti produisent notamment cette somptueuse cuvée, issue d'un cru du même nom, situé au nord de l'appellation.

Barbaresco 2003, Vigneto Starderi, Vürsù • (10781824) 125 $
Maintenant parfaitement ouvert et à point, le 2003 est ample, vibrant et volumineux. Sa longue finale est empreinte de profondeur et dotée de cette troisième dimension qui est la marque des meilleurs. Bon dès maintenant et pour longtemps. ★★★★ ②

Mascarello, Giuseppe E Figlio

Mauro Mascarello dirige cette propriété familiale créée en 1881 par son ancêtre Giuseppe. À ne pas confondre avec Bartolo Mascarello.

Scudetto 2006, Barbera d'Alba Superiore • (11472361) 24,80 $
Typiquement piémontais par son tempérament fougueux et sa rusticité de bon aloi. Un Barbera à prendre au sérieux : riche et étoffé, vif en bouche, pénétrant et tonique. Beaucoup de style et de race pour le prix. Arrivée prévue à l'hiver 2012. ★★★★ ② ♥

Olim Bauda

Dans le secteur d'Asti, la famille Bertolino s'applique, depuis une quarantaine d'années, à la mise en valeur du barbera.

Barbera d'Asti Superiore 2007, Nizza • (11383570) 34,25 $
Tout aussi savoureux que le 2006 (primé d'une Grappe d'or en cours d'année sur le site www.michelphaneuf.com), le Nizza 2007 réunit de nouveau toutes les qualités recherchées dans un Barbera sérieux : gorgé de saveurs fruitées, juste assez charnu, ponctué de délicates notes salines et animé de cette vigueur typique qui rend les vins piémontais si désaltérants à table. C'est l'un des bons Barbera sur le marché. ★★★★ ②

Paitin

À Nieve, au cœur du Barbaresco, la famille Pasquero jouit d'une bonne réputation.

Sori Paitin 2006, Barbaresco • (11338007) 50,50 $
Vin concentré et constitué de tanins très fermes qui laissent en bouche un fini un peu sec et anguleux. Pas le plus volubile des Barbaresco, mais le vin est encore jeune et pourrait révéler de belles surprises d'ici 2016. ★★★→? ②

Paitin, Barbaresco 2000, Sori Paitin • (10387350) 78 $
Au moment d'écrire ces lignes, on pouvait encore trouver en succursale quelques bouteilles de cet excellent vin, qui en impose par son caractère profond, sa tenue et son équilibre. Ferme et solide, sans être dur ni inutilement tannique. À boire entre 2012 et 2015. ★★★★ ② ▼

Pelissero

Après plusieurs années à la tête de l'entreprise, Luigi Pelissero et sa femme ont passé le flambeau à leur fils Giorgio, qui effectue divers changements dans la propriété.

Barbera d'Alba 2008, Piani • (10856785) 23,45$
Bel exemple d'un Barbera nourri, qui conserve l'acidité propre au cépage. Vigoureux, enrichi d'une matière fruitée gourmande et juteuse et agrémenté d'un joli relief de saveurs. Un peu plus d'éclat et c'était quatre étoiles. ★★★ ②

Dolcetto d'Alba 2009, Augenta • (10856793) 20,90$
Riche, très coloré et beaucoup plus dense que la moyenne, ce vin a certainement profité des largesses de l'été 2009. Fruité et savoureux, un peu moins vigoureux que d'habitude, mais il compense par son attaque en bouche ample et charnue. À boire d'ici 2015. ★★★→? ②

Pio Cesare

Pio Boffa dirige avec rigueur une entreprise familiale fondée en 1881. Les vins de la gamme « classique » restent fidèles à la tradition piémontaise, alors que les crus Ornato (Barolo) et Il Bricco (Barbaresco) misent, de l'aveu même du producteur, sur une interprétation plus moderne et concentrée du nebbiolo.

Barbaresco 2006 • (905026) 53,75$
Agréable mariage de maturité et de fermeté tannique, ce vin rond, suave et généreusement fruité laisse en finale une impression fraîche et franche. L'esprit des bons Barbaresco classiques à prix amplement mérité. ★★★→? ③ ♨

Poderi Colla

Faisant fi des tendances internationales, les Barolo et les Barbaresco de cette maison réputée n'ont rien de spectaculaire, mais leur fibre authentiquement piémontaise a tout pour faire un malheur à table.

Barolo 2004, Dardi Le Rose, Bussia • (10816775) 55$
Déjà commenté l'an dernier, ce vin présente le même dépouillement et la droiture qui est la marque des Barolo classiques. Leçon d'équilibre, de distinction et de puissance contenue, il s'illustre par sa longue finale nuancée, garante d'un avenir prometteur. Arrivée en décembre 2011. ★★★★ ② ♨

Barbaresco 2006, Tenuta Roncaglia • (11100120) 54,75$
Également commenté l'an dernier, ce 2006 a gagné en volume aromatique et en détail. Issu d'une parcelle voisine de Costa Russi et de San Lorenzo, vin franc et distingué doté d'une poigne tannique ferme et ayant encore plusieurs années devant lui. ★★★★ ③ ♨ Ⓢ

Bricco del Drago 2006, Langhe • (927590) 27,15$
Composé de dolcetto et de nebbiolo, et créé en 1969, le Bricco del Drago a été le premier supervin de table produit dans le Piémont. Bon 2006 riche en matière et suffisamment charpenté, heureux mariage de finesse et de plénitude. Très satisfaisant à moins de 30$. ★★★★ ②

Nebbiolo d'Alba 2008 • (10860346) 24,10$
Plus complet que par le passé, rien de vraiment profond, mais une expression variétale franche et sincère du grand cépage piémontais. ★★★ ②

Principiano, Ferdinando

Malgré son jeune âge, Ferdinando Principiano s'impose déjà comme l'un des vignerons les plus en vue dans le Piémont.

Barolo 2005, Serralunga • (11387301) 35,75 $
Offert pour la première fois à la SAQ, ce vin s'inscrit bien dans le courant du Barolo « moderne », c'est-à-dire savoureux, séveux et équilibré, mais aussi moins austère, plus friand et agréable à boire dès sa commercialisation. Le Barolo au goût du jour, sans compromis sur l'authenticité. Quatre étoiles bien méritées dans sa catégorie. ★★★★ ③

Produttori del Barbaresco

La coopérative de Barbaresco est certainement parmi les plus dynamiques de tout le nord du pays. Imperméable aux modes et aux effets spectaculaires de la barrique neuve, cette cave fondée en 1958 demeure une excellente adresse où trouver des vins piémontais de facture classique à des prix abordables.

Barbaresco 2005, Riserva, Ovello •
(11262639) 50 $
À des lieues des vins modernes et flatteurs, ce vin très classique s'affirme grâce à sa franchise tannique et à ses parfums caractéristiques de champignon et de sous-bois, rehaussés par une pointe d'acidité volatile, ce qui lui donne encore plus de caractère et d'éclat. Un vin sincère, à boire entre 2012 et 2017. ★★★★ ② ▼

Barbaresco 2006 • (10858182) 37,50 $
Le 2006 se signale par son tissu tannique à la fois raffiné et serré, qui laisse en bouche une impression franche, épurée et élégante. Le goût sans le coût ; que demander de mieux ? À boire d'ici 2016. ★★★★ ②

Nebbiolo 2009, Langhe • (11383617) 22,15 $
On ne peut que se régaler du caractère friand, guilleret et gorgé de fruit de cet excellent Nebbiolo. En prime, la poigne typique du cépage qui encadre le tout et laisse la bouche nette et franche. Authentique, juteux et vibrant. Bravo ! ★★★★ ② ♥

Prunotto

Depuis son acquisition par la famille Antinori en 1989, l'ancienne cave créée par Alfredo Prunotto en 1923 est devenue une référence dans le Piémont. Le porte-drapeau de la maison est le somptueux Barolo Bussia, un exemple de puissance et d'élégance qui provient d'un cru célèbre de la commune de Monforte.

Barolo Bussia 2006 • (326991) 69,50 $
Vin racé et vibrant dont l'intensité parfaitement dosée a valeur d'exemple. Très jeune, solidement construit et doté d'un registre de saveur complexe qui augure pour le mieux. Élégant et plein d'avenir. Arrivée prévue en février 2012. ★★★→★ ③

Barolo 2007 • (11563423) 39,75$
Bon vin d'ampleur moyenne, relativement typé et constitué de tanins fermes, mais sans rudesse. Solide, mais tout de même un peu timide et rectiligne. Quelques années de repos lui permettront peut-être d'acquérir les nuances qui lui font défaut à l'heure actuelle. ★★→? ②

Nebbiolo d'Alba 2007, Occhetti • (863597) 28,20$
Ce très bon vin issu de nebbiolo offre une heureuse alternative au Barolo. Strict, droit et sans détour, mais pourtant fin, plein de vitalité et égayé par des saveurs franches et distinctives. ★★★→? ② ▼

Nebbiolo d'Alba 2008, Occhetti • (11593876) 24,95$
Plein de fraîcheur, ouvert et coulant. Le 2008 est souple et gorgé de fruit, sans sacrifier la droiture propre au nebbiolo. On s'en régalera dès maintenant et au cours des quatre prochaines années. ★★★→? ②

Mompertone 2007, Monferrato • (10862616) 25,15$
Bien que sa composition – barbera et syrah – lui donne une allure plus moderne et internationale, ce vin n'en demeure pas moins très italien, par sa vigueur et sa fibre tannique serrée. À boire d'ici 2016. ★★★→? ②

Dolcetto d'Alba 2009 • (11593817) 18,95$
Déjà commenté l'an dernier, ce 2009 n'a rien perdu de sa nervosité ni de son côté fringant et juteux. Ses accents de fruits mûrs sont accentués par une légère amertume qui ajoute à son caractère. Encore meilleur après un passage en carafe d'une demi-heure. ★★★ ②

Barbera d'Asti 2009, Fiulot • (10862608) 19,95$
Également commenté l'an dernier, le Fiulot est toujours animé d'un reste important de gaz qui lui donne certes beaucoup de vigueur, mais qui laisse aussi une impression anguleuse en finale. ★★→? ②

Punset

Propriété de la famille Marcarino depuis des années, Punset est maintenant sous la gouverne de Maria Marcarino. Le vignoble est entièrement conduit en agriculture biologique.

Barbaresco 2003, Campo Quadro • (10816679) 66,75$
Provenant d'un vignoble situé à 450 m d'altitude, sur la plus haute colline de la commune de Nieve, le 2003 semble maintenant parfaitement ouvert, comme l'annonce sa couleur. Un peu plus court que d'habitude, avec des notes confites, sur un fond de champignons et de cuir. Déjà bon et encore au moins quatre ans ou cinq ans. ★★★→? ②

Barbera d'Alba 2009 • (10985747) 20,85$
À la fois strict et généreux, ce vin est une manifestation de la générosité du millésime 2009 et du profil strict et sans compromis qui fait le charme sincère des vins piémontais. Moins vif que la moyenne des Barbera, mais tonifié par un léger reste de gaz qui s'estompe après un bref passage en carafe. ★★★→? ②

Ratti, Renato

Renato Ratti fut l'un des grands promoteurs des vins piémontais. Depuis son décès, en 1988, ses successeurs s'occupent du domaine de La Morra et, plus récemment, du vignoble de Villa Pattono, près d'Asti.

Barolo 2007, Marcenasco • (896746) 50$
On ne peut qu'être charmé par ce vin ample et savoureux, offrant un mélange de subtilité et d'intensité. Sa chair fruitée bien enrobée et sa longue finale chaleureuse aux notes de fruits confits et de kirsch le rendent déjà fort agréable, mais il sera à son zénith vers 2016. ★★★★ ③

Sandrone, Luciano

Véritable artiste de sa profession, Luciano Sandrone est l'un des grands noms du Barolo. Son Cannubi Boschis est une référence.

Dolcetto d'Alba 2009 • (10456440) 22,35$
Bien qu'il n'affiche pas la légèreté habituelle du cépage, ce Dolcetto se distingue par sa tenue en bouche, sa persistance et ses saveurs intenses, particulièrement expressives en 2009. Un peu plus flatteur que d'habitude, mais néanmoins savoureux. ★★★→? ②

Settimo, Aurelio

Privilégiant une élégance à l'ancienne, la famille Settimo élabore de bons Barolo de facture classique.

Le Rocche 2004, Barolo • (10386664) 48,25$
Encore jeune, ce vin issu d'un cru réputé de La Morra présente un heureux mélange de saveurs fruitées et de notes évoluées qui évoquent les champignons. À apprécier pour la pureté de sa ligne tannique, pour son dépouillement et pour sa finale relevée. Très rassasiant pour le prix. ★★★★ ③

Vietti

Profondément ancré dans la tradition viticole piémontaise, ce domaine familial produit une série de vins de haute qualité, dont de somptueux Barbera d'Alba.

Nebbiolo 2008, Perbacco, Langhe • (10861031) 25,30$
Bien qu'il se distingue davantage par sa fraîcheur et par son cadre tannique fin et serré que par sa puissance, le Perbacco a au moins autant d'étoffe que bien des Barolo courants. Le fruit se dessine avec netteté et précision, et laisse en bouche une impression fort harmonieuse. À boire en attendant les Barolo et les Barbaresco. ★★★★ ② ♥

Vinchio & Vaglio

La cave coopérative des communes de Vinchio et de Vaglio Serra regroupe plus de 220 producteurs dans les collines de l'Alto Monferrato.

Tutti Per Uno 2005, Monferrato • (10872961) 31$
Cet assemblage de barbera, de cabernet sauvignon et de merlot s'affirme davantage par sa puissance que par son harmonie, mais laisse malgré tout une impression à la fois généreuse et charmeuse. Une belle réussite technique à défaut de race réelle. ★★★ ②

COMMENTÉS SOMMAIREMENT, D'AUTRES VINS ROUGES DU PIÉMONT

Beni di Batasiolo, Barolo 2005, Vigneto Corda della Briccolina
(10814631) 107$ – 1,5 litre
Dans ce minuscule vignoble situé à Serralunga d'Alba, cette importante entreprise piémontaise produit un vin assez étoffé, dont le souffle tannique s'inscrit dans la tradition des bons Barolo. Dégusté en juillet dernier, le vin était encore un peu fermé, mais devrait se bonifier d'ici 2015. ★★★ ③

Barbera d'Alba 2009, Sovrana
(10856751) 21,30$
Un Barbera de bonne facture, sans relief ni éclat particulier. ★★ ②

Chardonnay 2008, Vigneto Morino, Langhe
(327064) 16,20$
Assez bien fait, relevé de parfums de miel et doté de plus de vinosité que la moyenne. ☆☆☆ ②

Gavi 2010, Granée del Comune di Gavi
(10388109) 16,20$
À bon prix, une expression rudimentaire, mais franche et délicatement perlante, du cépage local cortese. ☆☆ ②

Castorani, Barbera d'Alba 2009, Follìa
(10966811) 15,05$
À prix attrayant, l'amateur de Barbera appréciera la vigueur et la chair fruitée de ce bon vin courant. Rien de compliqué, mais il a tout ce que l'on peut espérer d'un bon vin quotidien. Désaltérant, fringant et expressif. ★★★ ② ♥ Ⓒ

Marchesi Alfieri, San Germano 2007, Monferrato
(10872970) 36,50$
Ce vin est issu exclusivement de pinot noir, qui adopte ici une fermeté particulière. Il n'a ni la suavité du cépage bourguignon ni la fibre originale des cuvées piémontaises. Prix élevé. ★★→? ②

Villa Fiorita, Barbera d'Asti Superiore 2007
(10394007) 18,80$
À la fois souple, dodu et bien en chair, ce vin est imprégné de la vitalité et du caractère très expressif de la barbera mûrie à point, sans pourtant manquer de nerf. Satisfaisant à ce prix. ★★★ ②

Vigne Regali, L'Ardì 2006, Dolcetto d'Acqui
(10861146) 18,85$
Juteux et débordant de vitalité; à défaut de profondeur, on apprécie son fruit opulent, sa rondeur et sa fraîcheur. ★★★ ②

Voerzio, Gianni; Nebbiolo 2005, Ciabot della Luna, Langhe
(10860303) 35,50$
Remarquablement frais, ce vin étonne par son profil aromatique quasi exotique qui mêle harmonieusement les saveurs pures de fruits noirs à de subtiles tonalités vanillées. Son équilibre et sa finale persistante sont gages de longévité. ★★★★ ②

D'AUTRES VINS DE QUALITÉ MOYENNE ★★ ET ☆☆

Bersano, Barbera d'Asti 2006, Nizza
(10859821) 26,45$

Barbera 2010, Antara, Piemonte
(10803000) 12,40$ Ⓒ

Broglia, Bruno; Gavi 2008, Tenuta La Meirana
(11292512) 32$

Ricossa, Barbera d'Asti 2009
(11315446) 13,95$ Ⓒ

Terre da Vino, Barbera d'Asti 2008, La Luna e I Falo
(627901) 19,95$

Val d'Aoste

Podere Castorani

Mille Pendi 2007, Chambave, Valle d'Aoste • (10780418) 25,50$
En plus de son domaine des Abruzzes, le coureur automobile Jarno Trulli opère un commerce de négoce dans plusieurs régions italiennes. Dans le val d'Aoste, au pied du mont Blanc, Trulli et ses associés produisent ce bon vin friand issu majoritairement de petit rouge – une variété autochtone de la région – et de gamay. Le Mille Pendi est à la fois généreusement fruité et rehaussé d'une saine acidité. Simple, droit et à boire jeune. ★★★ ②

Lombardie

Ca' del Bosco

Durant les années 1970, Maurizio Zanella a créé Ca' del Bosco et en a fait un haut lieu de la viticulture lombarde. Ce magnifique domaine appartient aujourd'hui à l'importante société vinicole Santa Margherita, mais Zanella est toujours aux commandes et continue d'élaborer des vins de table et des *spumanti* remarquables.

Curtefranca 2007 • (214189) 28,40$
Cet assemblage de cabernet sauvignon, de cabernet franc, de merlot, de nebbiolo et de barbera profite d'un élevage qui lui donne du corps et lui confère une légère amertume, sans nuire à la pureté du fruit. À boire entre 2012 et 2016 ★★★→? ②

Curtefranca Bianco 2009 • (11155577) 28,40$
Cet assemblage de chardonnay et de pinot blanc est l'exemple même du vin blanc moderne, techniquement sans faute, mais dans lequel l'œnologie l'emporte sur l'individualité. Prix élevé. ☆☆ ②

Scarpa Colombi

Oltrepò Pavese Bonarda 2006, Marubbio • (11155235) 23,55$
Cette rareté lombardienne est constituée de croatina, un cépage local également nommé bonarda. Vin singulier au caractère très vivace et au goût fruité aimable. Rien de compliqué, mais très rafraîchissant à table avec du prosciutto. ★★★ ②

Trentin – Haut-Adige

Bossi Fedrigotti

Depuis quelques années, ce domaine historique des Dolomites est géré en partenariat avec la famille Boscaini, propriétaire de Masi.

Fojaneghe 2006, Vigneti delle Dolomiti • (11035954) 27,25$
Merlot, cabernet franc et teroldego, élevés en fût de chêne français, donnent un vin dont le nez végétal évoque le cabernet franc manquant de maturité. Les tanins sont un peu secs, sans dureté, mais l'ensemble manque de poli, de détail et de profondeur. ★★→? ②

Foradori

Dans les montagnes du Trentin, Elisabetta Foradori n'a plus à prouver son aptitude à faire des vins de qualité. L'une des vigneronnes les plus respectées du nord du pays.

Granato 2007, Vigneti delle Dolomiti • (898130) 58,25$
Ce vin demeure certainement l'expression la plus achevée du cépage teroldego. S'il n'a rien d'imposant ni de tonitruant, il se présente en bouche comme une caresse, avec son fini tannique satiné et velouté et ses saveurs longues et intenses, empreintes de raffinement. Pour en saisir toutes les subtilités, l'amateur en quête de volupté voudra le laisser reposer jusqu'en 2016. ★★★★ ③

Teroldego Rotaliano 2008 • (712695) 25,25$
Bien qu'il n'ait pas autant d'étoffe, le Teroldego courant de la maison n'en demeure pas moins impeccable. Élaboré dans un style épuré qui permet d'apprécier les subtilités aromatiques de ce cépage singulier, le vin a beaucoup de vivacité et d'élan aromatique. À boire au cours des cinq prochaines années avec un plaisir gourmand. ★★★★ ② ♥

On trouve également des vins de ce producteur en importation privée ⓘ.

La Vis

Depuis sa fusion avec la coopérative de Valle du Cembra, ce regroupement de 1300 producteurs est devenu le troisième producteur en importance dans le Trentin.

Rosso dei Sorni 2007, Trentin • (740720) 19,70$
Ce vin coulant et fruité est animé d'un léger reste de gaz qui lui donne une agréable vitalité. Sa légèreté alcoolique et les arômes singuliers que lui confèrent les cépages teroldego et lagrein ajoutent à son charme. À apprécier avant tout pour son caractère fruité juvénile. ★★★ ②

Pinot nero 2009, Simboli, Trentino • (927533) 17,95$
Souple, coulant et sans étoffe particulière ; un peu mince, mais agréable à boire. ★★ ②

Lageder, Alois

Adepte de la biodynamie et ambassadeur de sa région, Alois Lageder produit parmi les meilleurs vins blancs du Haut-Adige.

Chardonnay 2007, Lowengang, Sudtirol-Alto Adige • (10264608) 44$
Ce Chardonnay racé et remarquablement étoffé est le haut du panier de Lageder. Harmonieux et nourri par un usage avisé de la barrique, qui contribue à son volume et à sa tenue en bouche sans masquer la finesse et la précision de ses saveurs. ☆☆☆☆ ②

Chardonnay 2009, Gaun, Sudtirol-Alto Adige • (742114) 22,85$
Gaun est une parcelle de vignes au sein du vignoble Löwengang. Les raisins sont cultivés en altitude et donnent un Chardonnay tout à fait remarquable, par sa fraîcheur et par la subtilité de ses saveurs de crème et de beurre, mises en relief par une pointe minérale. Impeccable ! ☆☆☆☆ ② ♥

Pinot grigio 2009, Porer, Sudtirol-Alto Adige • (10248712) 24,90$
Autrefois appelé Benefizium Porer. Le nom a changé, mais le vin conserve le même style ample et vineux, relevé de franches tonalités d'épices. Certainement parmi les meilleurs Pinot gris, et pas le plus cher... ☆☆☆☆ ②

Pinot bianco 2009, Haberle, Sudtirol-Alto Adige • (898395) 24,20$
La délicatesse aromatique du pinot blanc est mise en valeur par une viticulture soignée. Un bon vin d'ampleur moyenne, à retenir avant tout pour sa fraîcheur et pour son équilibre d'ensemble. ☆☆☆☆ ②

Gewurztraminer 2009, Sudtirol-Alto Adige • (10780400) 24,20$
Le caractère cristallin, subtil et nuancé de cet excellent Gewurztraminer est une autre manifestation éloquente du talent de Lageder. Parfaitement sec, il joue avec brio la carte de la vitalité et laisse en bouche de délicates notes salines, qui le rendent encore plus désaltérant. Tout indiqué à table comme à l'apéritif. ☆☆☆☆ ②

Beta Delta 2009, Sudtirol-Alto Adige • (11534462) 23,95$
Fruit d'un assemblage de chardonnay et de pinot grigio, ce vin s'exprime sur un mode un peu plus vif que le Porer. Un vin d'envergure moyenne, équilibré et égayé de jolies notes d'agrumes. ☆☆☆ ②

Pinot bianco 2010, Sudtirol-Alto Adige • (11035911) 20,20$
Bon pinot blanc présentant des accents légèrement herbacés. Passablement vineux, et animé par la vitalité caractéristique des vins de montagne. ☆☆☆ ②

Cabernet Riserva 2007, Sudtirol-Alto Adige • (744011) 23,95$
Bien qu'il excelle davantage dans l'élaboration de vins blancs, Alois Lageder prouve qu'il sait aussi faire des vins rouges harmonieux et distingués. Son Cabernet 2007 est à retenir, tant pour sa fraîcheur que pour sa structure tannique droite et franche. En prime, une finale savoureuse aux accents de poivre et de tabac. Excellent ! ★★★★ ②

Vénétie

Accordini, Stefano

Le Ripasso de Stefano Accordini a valeur de référence pour quiconque apprécie la richesse caractéristique de cette spécialité vénitienne.

Valpolicella Superiore Classico 2008, Acinatico, Ripasso • (11027954) 25,85 $

Riche, velouté, chaleureux et relevé de parfums d'épices, sur un fond vanillé. On peut le boire maintenant pour apprécier son fruit, mais il a la structure nécessaire pour continuer de s'épanouir au cours des cinq prochaines années. ★★★→? ③

Allegrini

La famille Allegrini a acquis une importante notoriété en Vénétie, notamment grâce à ses vins des crus de La Poja et de La Grola. Les Amarone d'Allegrini jouissent aussi d'une très bonne réputation.

La Grola 2007, Veronese • (858753) 30 $

Issu d'un vignoble perché à 300 m d'altitude et composé de corvina, de rondinella, de syrah et de sangiovese, La Grola est un classique de Vénétie. Le 2007 est mûr, avec une attaque en bouche quasi sucrée, mais il a toute la structure nécessaire pour conserver un bon équilibre. Puisqu'il est encore très jeune, on devrait idéalement attendre quelques années avant de pouvoir en savourer toutes les subtilités. ★★★→★ ③

Palazzo della Torre 2008, Veronese • (907477) 24,95 $

Ce vin est issu à 70 % de raisins frais de corvina veronese, de rondinella et de sangiovese ; le reste provient de baies mises à sécher jusqu'en décembre. La recette donne un vin ample et plantureux, relevé de parfums de sirop de cassis. Une originalité vénitienne à savourer à la fin du repas, avec un vieux cheddar ou un fromage bleu. ★★★ ②

Valpolicella 2010 • (11208747) 15,95 $

Depuis quelques années, ce Valpolicella courant s'avère tout à fait satisfaisant. Simple, mais élaboré dans de justes proportions, souple et relevé de goûts d'épices. Bouteille à capsule vissée. ★★★ ② Ⓒ

Soave 2009 • (10705135) 17,05 $

Allegrini commercialise aussi ce très bon vin blanc délicatement parfumé, assez vineux et animé d'une saine vitalité. Tout à fait recommandable à ce prix. ☆☆☆ ② ♥

Anselmi

Dans sa cave de Monforte, Roberto Anselmi produit des vins parmi les plus achevés de la région. Comme il a abandonné l'appellation Soave en 2000, toute sa production est désormais commercialisée sous la dénomination Veneto.

Capitel Foscarino 2010, Veneto • (928218) 24,15 $
Toujours élaboré dans un style épuré et sans fioritures, privilégiant la finesse et la pureté du fruit, le Foscarino ne connaît aucun fléchissement. Son équilibre et sa finale vive, pleine d'esprit et hautement désaltérante, sont comme une leçon de choses. Excellent ! ☆☆☆☆ ② ♥

Capitel Croce 2009, Veneto • (928200) 23,50 $
Sur un mode plus vineux, nourri par un usage maîtrisé de la barrique de chêne, ce vin est une autre brillante réussite. Le bois ajoute des parfums d'épices qui agrémentent les saveurs naturelles du cépage local garganega. À boire maintenant ou à laisser reposer jusqu'en 2017. ☆☆☆☆ ②

San Vincenzo 2010, Veneto • (585422) 16 $
Maintenant élaboré avec une plus grande proportion de chardonnay, le vin courant de Roberto Anselmi m'a semblé encore plus complet cette année. Modérément aromatique, assez vineux et très désaltérant. Une excellente note, pour un vin quotidien irréprochable. ☆☆☆☆ ② ♥ ©

I Capitelli 2005, Veneto • (10908952) 28,10 $ – 375 ml
Ce vin doux est en fait un Recioto di Soave, sans le nom. Un produit sans égal dont l'onctuosité et l'envergure des parfums nuancés, alliant les accents de fumée et de pâtisserie, envoûtent littéralement. Classe et équilibre impeccable. ☆☆☆☆ ② ▼

Cecilia Beretta

Même si la production de son entreprise s'articule essentiellement autour de vins à saveur commerciale, la famille Pasqua continue de porter un soin jaloux à cette vaste propriété véronaise.

Amarone 2006, Terre Di Cariano, Pasqua • (10298234) 54 $
Toujours très bon et de qualité constante, cet Amarone déploie en bouche une texture chaleureuse et veloutée, dont se dégagent de jolis parfums floraux, sur un fond d'eau-de-vie de fruits. Équilibré et apte à vieillir jusqu'en 2018, au moins. ★★★→? ②

Picaie 2007, Veronese • (11034396) 24,90 $
L'amateur de Valpolicella se retrouvera en terrain connu avec cet assemblage de corvina, de cabernet et de merlot. Très satisfaisant par l'ampleur de ses parfums de fruits noirs, agrémentés d'une pointe d'acidité qui permet au vin de conserver un bon équilibre d'ensemble malgré ses 14,5 % d'alcool. Original et rassasiant. Il pourrait continuer à se bonifier d'ici 2016. ★★★→? ②

Dal Forno, Romano

Le vigneron-artiste Romano dal Forno ne fait pas de cadeau à ses clients. Ses prix sont astronomiques, mais en échange, il ne lésine sur aucun détail pour mettre en bouteilles la quintessence du terroir véronais.

Valpolicella Superiore 2004 • (11587142) 149,75 $
Exercice de style flamboyant et très réussi, son Valpolicella effectue un retour à sa forme habituelle, après un 2003 exceptionnellement chaleureux. Le vin est riche d'une multitude de détails aromatiques et embaume de parfums vaporeux de fruits et d'eau-de-vie. Concentré, très serré, aussi plantureux que complexe et doté d'un élan inimitable. Un vin que l'on peut aisément apprécier dès maintenant, mais qui n'atteindra son plein potentiel que dans une dizaine d'années. Arrivée prévue en janvier 2012. ★★★★★ ④

Inama

En 1997, Stefano Inama a rejoint l'entreprise familiale créée par son père, sur les terres volcaniques de Monte Foscarino. Il est aujourd'hui un acteur important du Soave.

Soave Classico 2008, Vigneto du Lot • (10542866) 33 $
Issu de raisins parfaitement mûrs, cette cuvée vinifiée et élevée en fûts de chêne – partiellement neufs – pendant six mois est certainement le triomphe d'Inama. Excellent Soave dont la vinosité, la tenue en bouche, l'équilibre et la définition aromatique méritent d'être signalés. Finale distinguée aux accents de calcaire. À boire entre 2012 et 2016. ☆☆☆☆ ②

Soave Classico Superiore 2008, Vigneti Foscarino • (907428) 25,10 $
Un bon vin qui se distingue avant tout pour sa retenue et pour son profil aromatique original aux accents de noisettes grillées. À défaut d'avoir l'éclat habituel, son style légèrement austère ajoute à sa prestance et à son caractère. ☆☆☆ ②

Soave Classico 2010 • (908004) 18,75 $
Plus modeste, mais tout à fait recommandable dans sa catégorie, un Soave de bonne facture. Juste assez vineux, frais et aromatique. ☆☆☆ ② Ⓒ

Carmenère 2008, Piu, Veneto • (11389074) 20,50 $
Nouvellement inscrit au répertoire de la SAQ, cet excellent vin rouge mise sur le caractère singulier de la carmenère, qui était jadis confondue avec le cabernet franc dans le nord de l'Italie. Il en résulte un vin dense et structuré, n'accusant aucune verdeur. Beaucoup de sève, du grain et de délicats arômes floraux. Robuste et prometteur. ★★★→★ ③

Maculan

Fausto Maculan a fait de la cave familiale de Breganze un leader de la viticulture de Vénétie.

Cabernet 2009, Breganze • (11028261) 17,75$
Retour en forme après un 2007 un peu bancal. Le 2009 regorge de saveurs épicées et d'une saine vigueur qui rappelle certains vins rouges de la Loire. Encore très jeune et animé d'un léger reste de gaz ; il est préférable de l'aérer une demi-heure en carafe. ★★★→? ② ♥

Brentino 2009, Breganze • (10705021) 17,25$
S'il est un cran moins structuré, cet assemblage de merlot et de cabernet sauvignon s'avère fort charmeur par sa suavité et sa souplesse. À boire jeune pour profiter de son exubérance juvénile. ★★★ ②

Pino & Toi 2010, Veneto • (10218935) 16,80$
Bon vin d'ampleur moyenne qui mise avant tout sur l'éclat aromatique des cépages tocai, pinot blanc et pinot gris. Rien de complexe, mais original et agréable à boire. ☆☆☆ ② ♥

Dindarello 2010, Veneto • (850420) 30,50$
Ce vin de muscat m'a semblé un peu moins réussi en 2010. Aromatique, certes, mais sans la vigueur et l'équilibre habituels. Malgré tout, un très bon vin de dessert, riche et onctueux. ☆☆☆ ②

Torcolato 2007, Breganze • (710368) 28,90$ - 375 ml
L'onctuosité et l'originalité de ce vin sont incomparables. Issu de raisins déshydratés et atteints partiellement de pourriture noble, auxquels une fermentation en fût de chêne apporte des parfums exquis d'épices et de fruits exotiques confits. À boire sans se presser d'ici 2017, au moins. ☆☆☆☆ ③

Masi

Avec une production annuelle de près de sept millions de bouteilles, Masi est l'une des locomotives de la Vénétie. Sandro Boscaini s'est toujours farouchement opposé à l'introduction des cépages internationaux dans sa région. Son fils Raffaele reste fidèle à la même philosophie et signe une vaste gamme de vins qui sont autant de reflets du terroir véronais.

Vaio Armaron 1995, Amarone della Valpolicella, Serego Alighieri • (11232704) 124$
Maintenant parfaitement ouvert et à point, le vin révèle des parfums de champignons, de prunes confites et de fumée, portés par une texture à la fois franche et capiteuse. À boire sans trop tarder. ★★★ ② ▼

Vaio Armaron 1997, Amarone della Valpolicella, Serego Alighieri • (11232931) 127,25$
Au moment d'écrire le *Guide du vin 2004*, le Vaio Armaron 1997 était « substantiel, puissant, musclé et capiteux, avec une longue finale chaleureuse, presque sucrée ». Sept ans plus tard, le vin s'est considérablement assagi. La richesse est toujours là et le vin est encore jeune et intense, mais les tanins serrés et les saveurs de raisins secs des débuts ont laissé place à une texture onctueuse et à des notes complexes de champignons séchés et de fruits confits. Excellent ! ★★★★ ② ▼

Vaio Armaron 2000, Amarone della Valpolicella, Serègo Alighieri • (462812) 83$
Beaucoup plus jeune, ce vin ample est soutenu par une bonne dose d'acidité qui contribue à son équilibre et le rend étonnamment harmonieux. À revoir dans trois ans. ★★★→? ③ ▼

Vaio Armaron 2003, Amarone della Valpolicella, Serègo Alighieri • (10896197) 71,25$
Cette cuvée produite en partenariat avec la famille Serègo Alighieri est élevée en partie dans des fûts ayant servi à l'élaboration de Xérès. Le 2003 est plantureux et doté d'une attaque sucrée, mais soutenu par un cadre tannique qui atténue sa sensation alcoolique. ★★★★ ② ▼

Amarone della Valpolicella Classico 2007, Costasera • (317057) 39,75$
Au répertoire général, un Amarone quasi sucré, puissant et généreux. À défaut de finesse et de profondeur, les amateurs du genre aimeront ses accents de torréfaction et sa nature chaleureuse à 15% d'alcool. À ce prix, il y a mieux. ★★→? ② Ⓒ

Brolo di Campofiorin 2007, Veronese • (583369) 26,55$
Ce vin, qui provient d'un seul vignoble (*Brolo*), est en quelque sorte une version haut de gamme du Campofiorin inscrit au répertoire général. Dans la continuité des millésimes précédents, un vin mûr et généreux, à mi-chemin entre un Valpolicella courant et un Amarone, auquel il emprunte la puissance. Imposant, mais pas spécial. ★★→? ②

Toar 2007, Veronese • (10749736) 23,35$
Un vin original composé à 75% de corvina et d'oseleta, un ancien plant autochtone qui avait pratiquement disparu. Dommage que ses subtilités aromatiques soient masquées par d'évidentes notes torréfiées apportées par un usage un peu trop appuyé de la barrique. Malgré tout, assez vigoureux et doté d'une bonne tenue en bouche. ★★→? ②

Modellissimo 2007, Rosso del Veneto • (11254604) 15,95$
Bon vin technologique d'envergure moyenne, correctement fruité, mais pas spécial. ★★ ② Ⓒ

Masianco 2010, Veneto • (10439404) 16,95$
Pinot grigio et verduzzo. Une boisson aromatique, simple et facile à boire. ☆☆ ② Ⓒ

Possessioni Bianco 2007, Vino bianco secco del Veneto, Serègo Alighieri • (409862) 14,65$
Bon vin de sauvignon blanc et de garganega. Original et agrémenté de notes discrètes de pâte d'amandes. Frais et léger ☆☆☆ ① Ⓒ

Nicolis

À quelques kilomètres à l'est du lac de Garde, la famille Nicolis exploite un vignoble d'une quarantaine d'hectares.

Ambrosan 2005, Amarone della Valpolicella Classico • (896860) 63 $
Toujours robuste, puissant – 16 % d'alcool ! –, mais aussi racé et fort distingué, le Ambrosan m'a semblé plus élégant et nuancé en 2005. Chaud et capiteux, très rassasiant et consistant, mais aussi empreint de relief aromatique, comme en témoigne sa longue finale généreuse. À la fin du repas avec un fromage bleu, un régal ! ★★★→? ③

On trouve également des vins de ce producteur en importation privée ⓘⓟ.

Pieropan

Leonildo Pieropan entretient avec rigueur la tradition laissée par ses ancêtres, établis à Soave depuis le XIXe siècle. Depuis 1999, ses fils Andrea et Dario, qui assurent aujourd'hui la relève, ont aussi développé Ruberpan, un domaine dédié à la production d'excellents vins rouges dans la zone de Valpolicella.

Calvarino 2008, Soave Classico • (11440212) 49,75 $ – 1,5 litre
Sans surprise, cette cuvée produite pour la première fois en 1971 est un autre triomphe d'équilibre, de nuances et de densité. Une interprétation très classique et sans artifices du terroir du Soave, qui se traduit par un relief de saveurs minérales et par une personnalité très affirmée. Un modèle du genre. Prix mérité pour un magnum. ☆☆☆☆ ② ♥

Sant'Antonio

Depuis qu'ils ont pris les rênes de la petite entreprise familiale, les frères Castagnedi en ont quadruplé la superficie et porté la production annuelle à 600 000 bouteilles.

Amarone 2006, Campo di Gigli • (11301511) 75 $
Moins harmonieux que le 2005 commenté l'an dernier. Un bon vin, certes, mais dans lequel le bois prend un peu trop de place, laissant en bouche des goûts de torréfaction et une amertume prononcée. Malgré tout, il a suffisamment de chair fruitée et d'étoffe pour révéler de belles surprises d'ici 2016. Prix élevé. ★★★→? ③

Amarone 2007, Selezione • (10704984) 40,75 $
Plus modeste, mais néanmoins fort bien structuré. Pas très volubile pour le moment, mais sa trame tannique et son équilibre semblent porteurs de belles choses. ★★★→? ③

Valpolicella Superiore 2007, La Bandina • (10705207) 28,65 $
Une version achevée et distinguée du Valpolicella. Évidemment, rien pour rivaliser avec ceux de Quintarelli ou de Dal Forno, mais, pour une fraction du prix, l'amateur a dans son verre un vin complet et franchement savoureux. Le 2007 semble un peu plus nourri, mais il conserve cette délicate amertume qui accentue son détail aromatique. Un achat avisé. ★★★★ ②

Valpolicella 2008, Monti Garbi, Ripasso • (10859855) 19,10$
Fidèle au style de cette spécialité véronaise, le Monti Garbi affiche une onctuosité et une concentration bien dosées, avec juste ce qu'il faut d'acidité pour harmoniser le tout et pour mettre en relief sa finale aux accents de kirsch et de fruits confits. Tout aussi charmeur que lorsque dégusté l'an dernier, et il demeurera au sommet de sa forme pendant au moins cinq ans. ★★★★ ③ ♥

Valpolicella Superiore 2009, Monte Manfro • (11027971) 19,30$
Sans doute en raison de la générosité du millésime, ce 2009 est particulièrement opulent et étonne par la richesse de son fruit. Beaucoup de volume en bouche, et un léger reste de gaz qui donne de l'éclat et du nerf à l'ensemble. ★★★ ②

Soave 2008, Monte Ceriani • (11028025) 19,30$
Davantage marqué par l'apport de la technologie, un bon Soave nourri d'un goût de poires en sirop. Pas le plus typé, mais bien fait en son genre. ☆☆☆ ②

Soave 2009, Monte Ceriani • (11028025) 19,30$
Encore plus riche et agrémenté de parfums d'ananas qui lui donnent des airs exotiques. Vineux et savoureux, même si un peu plus de tonus ne ferait pas de tort. Arrivée prévue en février 2012. ☆☆ ②

Zymé

Œnologue-conseil et gendre de l'illustre Giuseppe Quintarelli, Celestino Gaspari a fondé ce domaine il y a près de 10 ans avec Francesco Parisi, également consultant.

The base of... 2004, Veneto • (11027680) 43$
Ce vin passablement étoffé en impose grâce à son volume et à ses saveurs relevées, enveloppées de tanins fermes. Un très bel équilibre entre le fruit et la masse tannique laisse en bouche une impression harmonieuse. À boire entre 2012 et 2016. ★★★→? ② ▼

COMMENTÉS SOMMAIREMENT, D'AUTRES VINS DE VÉNÉTIE

Campagnola, Corte Agnella 2008, Corvina Veronese
(11028295) 16,15$
À prix fort aimable, cette interprétation jeune, souple et épurée du cépage corvina a beaucoup de charme. Des notes épicées se mêlent aux saveurs fruitées, la texture est coulante, mais ne manque pas de tenue. ★★★ ② ♥

Cesari, Gerardo ; Bosan 2008, Valpolicella Superiore, Ripasso
(11355886) 25,90$
Assez bien fait, dans le style plantureux de cette spécialité véronaise. Modérément corsé, beaucoup de fruit, pas très long, mais satisfaisant. ★★★ ②

Mara 2009, Valpolicella Superiore Classico, Ripasso
(10703834) 17,40$
Assez vigoureux, mais sans relief particulier. ★★ ②

Tedeschi, Valpolicella Superiore 2008, Capitel dei Nicalo, Appassimento
(11028156) 16,70$
La technique véronaise de l'appassimento concentre les saveurs et donne au vin une ampleur supplémentaire. Vigoureux, authentique et fort satisfaisant à ce prix. ★★★ ② ♥ Ⓒ

Valpolicella Superiore 2008
(537316) 14,60$
Ce vin vif et nerveux semble un cran plus complet cette année, avec une chair fruité vigoureuse, égayée de saveurs poivrées et d'un léger reste de gaz. ★★★ ② Ⓒ

Valpolicella Superiore 2008, Ripasso, Capitel San Rocco
(972216) 21,05$
Ce Ripasso présentait un reste de gaz lorsque dégusté de nouveau en août dernier. Cela contribuait à son tonus et rehaussait ses arômes, mais l'ensemble manquait un peu de poli. À revoir dans quelques mois. ★★→? ③

Villa Sandi, Marinali 2007, Marca Trevigiana
(11305838) 22,95$
Fruit d'un assemblage de cabernet franc et de cabernet sauvignon, ce vin élaboré par un producteur important de Prosecco se signale avant tout par ses saveurs confites, accentuées d'une acidité vive. Persistant et équilibré. ★★★→? ②

D'AUTRES VINS DE QUALITÉ MOYENNE ★★ ET ☆☆

Bolla, Valpolicella Classico 2010
(016840) 15,10$ Ⓒ

Soave Classico 2010
(017640) 10,95$ Ⓒ

Botter Carlo, Pinot nero delle Venezie 2010, Santi Nello
(11254313) 10,15$ Ⓒ

Vivolo di Sasso, Merlot 2010, Veneto
(485565) 11,45$ Ⓒ

Conte di Lucca 2009, Il Passo, Veronese
(11254583) 16,15$ Ⓒ

Danzante, Pinot grigio delle Venezie 2009
(10705151) 14,95$

Folonari, Valpolicella Superiore Classico 2009, Ripasso
(10669189) 18,45$ Ⓒ

Valpolicella 2010
(10270442) 14,60$ Ⓒ

Verona Rosso 2010, Provincia di Verona
(11133212) 12,95$ Ⓒ

Pinot grigio delle Venezie 2010
(10915108) 14,85$ Ⓒ

Soave 2009
(176461) 11,10$ Ⓒ

Gabbiano, Pinot Grigio delle Venezie 2010
(11133141) 13,95$ Ⓒ

Pasqua, Sagramoso 2009, Valpolicella Superiore Classico, Ripasso
(602342) 21,80$

Santa Margherita, Pinot grigio 2010, Valdadige
(964601) 17,95$ Ⓒ

Santi, Valpolicella Superiore Classico 2008, Solane, Ripasso
(726687) 22,15$

Sa' Solin, Valpolicella 2009, Ripasso, Terre Di Verona
(11462041) 19,75$ Ⓒ

Zonin, Il Giangio 2009, Gambellara
(642744) 14,25$

Frioul – Vénétie Julienne

Attems

La famille Frescobaldi s'est aventurée pour la première fois hors de sa Toscane natale et a acquis la propriété historique du comte Douglas Attems, dans le Frioul.

Pinot grigio 2010, Venezia-Giulia • (11472409) 19,95$
Preuve que le pinot gris peut donner de très bons résultats lorsqu'il est planté au bon endroit et qu'il est soigneusement cultivé. Un très bon vin blanc, à la fois vineux, modérément aromatique et plein de vigueur. Tout à fait recommandable. ☆☆☆ ②

Collavini, Eugenio

L'importante firme Collavini – 1,5 million de bouteilles annuellement – est principalement connue pour ses vins frais et légers, généralement vendus à prix abordables.

Broy 2008, Collio • (10780531) 52,75$
L'entreprise confectionne aussi ce vin blanc haut de gamme issu de chardonnay, de friulano et de sauvignon blanc, auquel le guide italien *Gambero Rosso* a accordé la note maximale de «*Tre Bicchieri*». Peut-être suis-je tombée sur une bouteille fatiguée, mais le vin dégusté cet été ne m'a pas semblé à la hauteur de tant d'éloges. Certes imposant, gras, agrémenté de parfums intenses d'amandes amères et d'une finale délicatement iodée, mais l'ensemble manquait un peu de tonus et d'éclat. À revoir... ☆☆→? ②

Felluga, Livio

Les descendants de Livio Felluga veillent avec beaucoup de sérieux sur la vaste propriété familiale.

Pinot grigio 2009, Colli Orientali del Friuli • (11450074) 24,35$
Cet excellent vin déploie en bouche une texture riche et volumineuse qui ne laisse pas indifférent. Sa jolie palette aromatique témoigne de raisins à parfaite maturité. Bel exemple de Pinot grigio. ☆☆☆☆ ② ♥

La Tunella

Dans leur propriété de 80 hectares non loin de la frontière slovène, les frères Zorzettig produisent des vins dont la réputation est grandissante.

Campo Marzio 2006, Colli Orientali del Friuli • (11035920) 32,75 $
Composée de friulano et de ribolla gialla cueillis à surmaturité, et fermentée puis élevée en barrique pendant 18 mois, la cuvée Campo Marzio se caractérise par son opulence aromatique et par sa richesse. Ce vin ample et généreux ne manque pas de personnalité ; il continuera à se développer au cours des prochaines années. ☆☆☆→? ③

Schiopetto

Jusqu'à son décès en 2003, Mario Schiopetto a été une figure de proue de la viticulture frioulienne. Ses enfants ont repris le flambeau.

Rivarossa 2007, Venezia Giulia • (11035946) 26,75 $
Lorsque dégusté en juillet dernier, ce vin issu d'un assemblage de merlot, de cabernet sauvignon et de cabernet franc dégageait des senteurs de caoutchouc brûlé assez prononcées qui lui donnaient une allure rustique. En bouche cependant, la texture est franche, solidement constituée et réunit tous les éléments de manière juste et proportionnée. Laissons-lui quelques mois de repos. ★★★→? ②

Friulano 2008, Collio • (11450066) 25,05 $
Quoique bien servi par la technologie moderne, ce vin sec, modérément aromatique et bien équilibré m'a semblé un peu rudimentaire. Correct, mais à ce prix, on souhaiterait un peu plus de caractère. ☆☆☆ ②

On trouve également des vins de ce producteur en importation privée. IP

Vistorta

Avec les conseils de Samuel Tinon et de Georges Pauli (Château Guaud-Larose), le Vénitien Brandino Brandolini gère de main de maître la splendide propriété acquise par ses ancêtres en 1780.

Merlot 2007, Friuli Grave, Conte Brandolini d'Adda • (10272763) 23,95 $
Ne cherchez pas un Merlot de facture internationale ni une copie de Pomerol ; le Vistorta a sa personnalité propre, et c'est tant mieux ! Dans la continuité des derniers millésimes, le 2007 séduit immédiatement par son harmonie et son élégance. À la fois charnu, compact, équilibré et digeste. Qualité de nouveau impeccable et prix toujours aussi attrayant. Joie ! ★★★★ ② ♥

D'AUTRES VINS DE QUALITÉ MOYENNE

Ca'Bolani, Pinot grigio 2010, Friuli Aquileia
(10780397) 15,95 $ ☆☆

Santa Pazienza, San Martin 2009, Venezia Giulia
(10780371) 14,90 $ ★★

Émilie-Romagne

Bonzara

Le Carrate 2007, Colli Bolognesi Superiore • (11030803) 20,70$
À défaut d'originalité, Le Carrate mise à 100% sur l'exubérance aromatique et la fraîcheur naturelle du cépage sauvignon blanc. Très net et doté d'une belle finale franche aux tonalités d'agrumes. ☆☆☆ ②

San Valentino

En bordure de la mer Adriatique, le vignoble de Roberto Mascarin jouit d'une influence maritime qui permet une maturation lente des raisins.

Scabi 2009, Sangiovese di Romagna • (11019831) 17,40$
Encore plus ample et généreux cette année; juteux, riche en saveurs de fruits confits et en alcool (14,5%), tout en conservant la vigueur tannique propre au sangiovese. Gourmand et équilibré. ★★★ ② ♥

Tre Monti

Ce domaine créé au début des années 1960 par la famille Navacchia produit des vins de facture moderne, au sud de Bologne.

Petrignone 2005, Sangiovese di Romagna Superiore, Riserva • (908442) 22,60$
Moins ambitieux, ce vin déploie des saveurs franches enrobées de tanins mûrs. Pas complexe, mais correctement élaboré et vendu à prix convenable. ★★★ ②

Campo di Mezzo 2009, Sangiovese di Romagna Superiore • (11034353) 15,90$
Très mûr, rond, fruité et flatteur. ★★ ②

Trerè

En plus de constituer l'épine dorsale des grandes appellations toscanes, le cépage sangiovese est implanté en Émilie-Romagne.

Sangiovese di Romagna 2007, Amarcord d'un Ross • (10780485) 24,25$
Déjà commenté l'an dernier, ce bon vin charnu et rassasiant était encore plein de fraîcheur lorsque dégusté en août 2011. Il pourrait continuer de se bonifier au cours des prochaines années. ★★★→? ②

D'AUTRES VINS DE QUALITÉ MOYENNE ★★ ET ☆☆

Cesari, Umberto; Yemula 2008, Rubicone
(11039787) 27,50$

Colle del Re 2010, Albana di Romagna
(10780354) 14$

Golinelli, Massimo; Cubera 2006, Sangiovese di Romagna superiore
(11030846) 17,25$

Toscane

Altesino

Niché dans les collines au nord-est de Montalcino, ce beau domaine a été racheté en 2002 par Elisabetta Gnudi Angelini, qui possède aussi Tenuta Caparzo. Depuis quelques années, les vins semblent avoir adopté un style plus pansu et moderne.

Brunello di Montalcino 2004, Montosoli • (10221683) 105$
Le vin « haut de gamme » d'Altesino est riche, concentré, charmeur et porté par des tanins ronds et dodus. On souhaiterait qu'il ait plus de finesse et de profondeur. Laissons-lui quelques années de repos. ★★→? ②

Brunello di Montalcino 2005 • (10221763) 50,75$
Pas plus d'affinités avec l'attaque en bouche sphérique – presque sucrée – et les saveurs intenses de sirop de cassis de ce 2005. Sans mollesse, mais aussi sans cet équilibre classique qui constitue, à mon avis, le charme des meilleurs Brunello. Un peu facile et rectiligne, pour le moment. ★★→? ②

Rosso 2009, Toscana • (10969763) 18,65$
Une meilleure note pour cet assemblage de sangiovese, de merlot et de cabernet sauvignon, qui donne un vin particulièrement rassasiant grâce à ses saveurs concentrées de fruits noirs, à sa vigueur et à sa texture suave et caressante. Déjà savoureux, il devrait continuer de s'ouvrir au cours des prochains mois. Très bon achat à moins de 20$. ★★★ ②

Rosso di Montalcino 2009 • (11472345) 23,90$
Peut-être mal servi par le contexte de la dégustation, ce Rosso semblait un peu racoleur. Particulièrement mûr, souple et rond, mais conservant tout de même une certaine acidité. Il faudra le revoir dans quelques mois. ★★→? ②

Antinori

Au cours des 40 dernières années, le marquis Piero Antinori s'est imposé en chef de file de la renaissance viticole toscane. Maintenant entouré de ses trois filles, il dirige un véritable empire qui s'étend du nord au sud de l'Italie, jusqu'au Chili, en passant par la côte Ouest américaine, la Hongrie et l'île de Malte. Malgré tout, le nom d'Antinori reste indissociablement lié au Chianti, et son Tignanello demeure l'un des plus illustres produits de la viticulture toscane moderne.

Solaia 2008, Toscane • (10821064) 241,75$
Créé en 1978 et toujours issu du même assemblage (cabernet sauvignon à 75%, sangiovese et cabernet franc), le Solaia acquiert une sève supplémentaire à chaque millésime. Les travaux effectués il y a quelques années sur le vignoble de la Tenuta Tignanello portent fruit et le vin est à la hauteur des attentes. Plus encore, il offre en prime – quoique cette prime ne soit pas gratuite – des saveurs intenses qui comblent le palais. Rien de tapageur, mais tout y est, dans des proportions idéales. Très chic et d'une race incontestable. À boire sans se presser au cours des quinze prochaines années. ★★★★→? ③

Tignanello 2008, Toscane • (10820900) 99 $ • (10547245) 59 $ – 375 ml
Par son authenticité, sa droiture et son élégance, ce vin emblématique demeure la quintessence du Sangiovese de Toscane. Bon an mal an, il conserve une élégance souveraine. Sa ligne tannique très pure et son grain serré le distinguent du lot de supertoscans surmûris et gonflés à la barrique neuve. Jeune et vigoureux, il serait sage de le laisser reposer jusqu'en 2016. ★★★★ ②

Chianti Classico Riserva 2006, Marchese Antinori • (278671) 29,15 $
Sorte de deuxième vin des propriétés Tignanello et Badia a Passignano auquel on ajoute une petite proportion de merlot. Le 2006 semble avoir gagné en étoffe depuis l'année dernière. Pas très exubérant, mais doté d'une certaine fermeté tannique qui accentue ses goûts de fruits noirs. Rassasiant tant par sa mâche que par sa fraîcheur. À boire jusqu'en 2015, au moins. ★★★→★ ②

Chianti Classico Riserva 2007, Marchese Antinori • (278671) 29,15 $
Sans doute un peu jeune et dans sa coquille en ce moment, le 2007 était un peu sévère lorsque dégusté en août 2011. Structuré, dense et bien proportionné, il devrait être plus volubile dans quelques mois. ★★★→? ③

Badia a Passignano 2007, Chianti Classico, Riserva • (403980) 41,50 $
Élaboré dans un style plus moderne, ouvert et flatteur, ce très bon vin ne manque toutefois ni de poigne ni de caractère. Encore très jeune, il gagnera à mûrir en cave encore quelques années. Les impatients peuvent aussi l'aérer pendant une bonne heure en carafe. ★★★→? ②

Pèppoli 2008, Chianti Classico • (10270928) 23,60 $
Conçu pour être bu dès sa mise en marché, ce Chianti Classico mise avant tout sur la souplesse et la rondeur, sans basculer dans la mollesse. Une assez bonne tenue en bouche et une chair fruitée rassasiante. ★★★ ②

Villa Antinori 2007, Toscana • (10251348) 23,95 $
Déjà commenté dans *Le guide du vin 2011*, cet assemblage de sangiovese à 55 %, de cabernet sauvignon, de merlot et de syrah révèle des saveurs fort séduisantes de bois de cèdre et de boîte à cigare. Déjà ouvert, mais assez structuré pour tenir la route jusqu'en 2015. L'un des vins de Toscane les plus complets inscrits au répertoire général de la SAQ. ★★★ ② C

Santa Cristina 2009, Toscana • (076521) 14,95 $
Toujours assez bien réussi, un bon vin courant à apprécier au quotidien pour son caractère fruité et pour sa vitalité. À boire au cours des deux prochaines années. ★★★ ② C

Santa Cristina 2009, Chianti Superiore • (11315411) 16,95 $
Une moins bonne note pour ce vin correctement fruité, mais rudimentaire et un peu terne. ★★ ② C

Pour clore le repas :

Vin Santo del Chianti Classico 2005 • (11355510) 36,75 $
Déjà âgée de 5 ans, cette curiosité locale (voir capsule, page 224) déploie des parfums subtils de caramel et de champignons, portés par une bouche à la fois ample, plantureuse et empreinte de fraîcheur. Un très bel exemple de la tradition séculaire toscane ! ☆☆☆☆ ②

Argentiera

Créé au tournant de la décennie, aux limites sud de l'appellation Bolgheri, cet ambitieux projet est né d'un partenariat entre les frères Corrado et Marcello Fratini, d'importants entrepreneurs florentins, et le marquis Piero Antinori. Bien que le vignoble soit encore très jeune, les efforts commencent à porter fruit, et les vins dégustés récemment annoncent pour le mieux.

Bolgheri Superiore 2007 • (11547378) 68 $
La couleur foncée ainsi que le nez compact à dominante de fruits noirs et de cuir annoncent un vin intense et concentré. Son attaque ferme, musclée et chaleureuse donne la sensation d'avoir beaucoup de vin dans la bouche. Saveurs pénétrantes et finale bois de cèdre. Encore trop jeune pour être apprécié pleinement, il vaudrait mieux l'attendre jusqu'en 2016. ★★★→? ② Ⓢ

Villa Donoratico 2008, Bolgheri • (10845074) 27,35 $
Le deuxième vin d'Argentiera étonne par son coffre et sa droiture. Rien à voir avec beaucoup de vins flatteurs produits à Bolgheri. Celui-ci est plutôt un vrai bon vin de gastronomie, certes intense et structuré, mais élaboré dans un esprit d'équilibre et doté d'une finale persistante aux parfums de graphite. Un excellent achat à ce prix ! ★★★★ ②

Poggio ai Ginepri 2008, Bolgheri • (11161299) 20,65 $
Bien en chair, gorgé de fruit et conçu pour être bu dès sa mise en marché. Très bien en son genre, mais pas spécial. ★★★ ②

Barbi

Sourde au modernisme qui a gagné Montalcino depuis une dizaine d'années, la famille Colombini continue de produire des Brunello dans un esprit traditionnel et dépouillé, ce qui contribue à leur singularité.

Brunello di Montalcino 2004, Riserva • (10215793) 84 $
Ce vin de facture très classique peut sembler un peu ténu et austère pour l'amateur de Brunello moderne, mais sa sobriété et ses parfums singuliers de sous-bois le gratifient d'un charme tout autre. Plein de relief et typiquement toscan, avec sa fibre tannique bien dosée qui contribue à son tonus et ajoute à son relief. Un peu plus de longueur, et c'était quatre étoiles. Laissons-lui encore quelques années... ★★★→★ ③

Brunello di Montalcino 2005, Vigna del Fiore • (10217300) 61,75 $
À peine moins savoureux que le superbe 2004 commenté l'an dernier, ce Brunello issu d'un vignoble situé aux limites sud de l'appellation n'a toutefois rien à envier aux grands canons de cette dernière. Séveux et constitué de tanins tendres et fondus, mais il conserve cette fraîcheur propre aux meilleurs vins de sangiovese. Bravo ! ★★★→★ ②

Brunello di Montalcino 2005 • (11213343) 42,75 $
Bien qu'il semble un peu ténu, ce vin ne manque absolument pas de chair ni de charme. À apprécier pour son dépouillement, sa fraîcheur et son caractère digeste. ★★★ ②

Belguardo

Après avoir donné ses lettres de noblesse à Fonterutoli, la famille Mazzei lance et compte dans Maremma où elle a développé, durant les années 1990, un vignoble d'une trentaine d'hectares.

Bronzone 2007, Morellino di Scansano • (10542090) 29,95 $
Majoritairement composé de sangiovese, le Bronzone s'avère tout aussi séveux que lorsque dégusté l'an dernier. Ferme, droit, soyeux et doté d'une longue finale caressante qui lui donne une classe et une personnalité fort appréciables. À boire entre 2012 et 2017. ★★★★ ②

Serrata 2008, Maremma Toscana • (10843394) 23,95 $
Bien qu'il soit essentiellement fait de sangiovese, ce vin, déjà commenté l'an dernier dans *Le guide du vin 2011*, doit aussi un peu de son originalité aromatique à une proportion d'alicante (20 %). Franc, frais et équilibré. Un élevage de 12 mois en fût de chêne lui donne juste ce qu'il faut de corps et de tenue, sans masquer sa jolie sève fruitée. À boire entre 2012 et 2016. ★★★★ ② ♥

Brancaia

Propriété suisse depuis 1981, ce domaine produit de très bons vins modernes, avec les conseils du célèbre œnologue Carlo Ferrini. La propriété est aujourd'hui menée avec rigueur et dynamisme par Barbara Widmer et son mari, Martin Kronenberg.

Il Blu 2007, Toscana • (10769622) 73 $
Un vin composé de sangiovese, de merlot et de cabernet sauvignon, issus majoritairement de la Maremma, et complété de raisins de la propriété de Chianti Classico. Résultat : le vin est charpenté et constitué de tanins fins et élégants, présentant beaucoup de relief en bouche. Déjà ouvert et abordable, mais apte à vieillir jusqu'en 2016, au moins. ★★★★ ③ ♁

Campo Alla Sughera

Arnione 2006, Bolgheri Superiore • (11338015) 47,50 $
Lauréat de la mention « *Tre Bicchieri* » dans l'édition 2010 du guide italien *Gambero Rosso*, ce vin massif m'a semblé plus imposant que distingué. Néanmoins, son attaque en bouche quasi sucrée, son épaisseur tannique et sa finale chaleureuse procurent un plaisir immédiat. À boire sans se presser au cours des cinq prochaines années. ★★★ ②

Caparzo

Situé au nord de l'appellation, Caparzo est un domaine réputé de Montalcino.

Brunello di Montalcino 2006, La Casa • (11098752) 70,25 $
Un vin de bonne facture, généreux et bien constitué. Riche en saveurs de cerises confites et de kirsch, sur un fond de torréfaction. Sans être le plus profond, il offre cependant toute la consistance voulue. À boire au cours des cinq prochaines années. ★★★→? ②

Rosso di Montalcino 2009 • (713354) 18,75 $
Bon Rosso d'envergure moyenne, mais assez charnu et équilibré. ★★★ ②

Capezzana

À l'écart des Chianti Classico – la zone de Carmignano est située à l'est de Florence –, la famille Bonacossi produit une gamme de vins de qualité, au style plus charnu et plus structuré depuis quelques années.

Ghiaie della Furba 2005, Toscana • (745232) 38,75 $
Cette cuvée composée de cabernet, de merlot et de syrah charme assurément par sa présence en bouche gracieuse, suave et délicate, qui la rend presque irrésistible. Classique, et tout à fait dans l'esprit des meilleurs supertoscans ; sa solide structure tannique lui donne beaucoup de vigueur et de tonus. Un heureux mélange de puissance et d'harmonie. ★★★★ ②

Carpineta Fontalpino

Située sur les Colli Senesi – les collines de Sienne –, cette *fattoria* familiale est habilement gérée par l'œnologue consultante Gioia Cresti et son frère Filippo.

Do ut des 2008, Toscana • (10214441) 42,25 $
Do ut des signifie : « On récolte ce que l'on sème. » Issu à parts égales de merlot, de sangiovese et de cabernet sauvignon, c'est de nouveau l'un des plus complets du genre. Pas le plus volubile de tous, mais ce bon vin est très jeune et la qualité de son tissu tannique, sa longueur, son équilibre et sa profondeur sont garants de longévité. À boire sans se hâter d'ici 2018. ★★★→★ ③

Chianti Classico Riserva 2007, Fontalpino • (11355827) 39,75 $
À l'extrémité sud de l'appellation, le tandem élabore aussi ce Chianti Classico Reserva dont la profondeur, la générosité et la complexité ne font aucun doute. Ample, relevé de saveurs intenses de réglisse et de fruits noirs, et affichant un cadre tannique solide, mais parfaitement mûr. Très jeune et encore marqué par l'élevage en fût, il a tous les atouts pour se bonifier au cours des cinq prochaines années. Bravo ! ★★★→★ ③ ▼

Chianti Colli Senesi 2010 • (10854085) 17,95 $
La constitution et l'ampleur aromatique de ce vin donneront pleine satisfaction à l'amateur de Sangiovese. Coloré, juste assez charnu et nourri de saveurs franches de fruits noirs. Il n'a rien à envier à bien des Chianti Classico vendus plus cher. ★★★ ② ♥

Casa di Terra

Moreccio 2009, Bolgheri • (10830649) 21,25 $
Dans le secteur de Castagneto Carducci, à quelques kilomètres au sud de Bolgheri, la famille Frollani produit un bon vin moderne avec de jeunes vignes de sangiovese, de merlot et de cabernet sauvignon. Le 2009 est encore plus imposant, avec son attaque en bouche capiteuse et ses parfums boisés omniprésents. Pas mal, mais un peu rudimentaire. ★★→? ②

Casanova di Neri

Au cours des dernières années, le domaine créé en 1971 par Giacomo Neri s'est imposé comme l'une des locomotives de Montalcino. L'œnologue florentin Carlo Ferrini y élabore des vins riches et denses.

Brunello di Montalcino 2004, Cerretalto • (10851141) 229 $
Monument d'étoffe et de prestance, intense sans être trop puissant, à la fois très large en bouche et marqué par la souplesse caractéristique du Brunello moderne. Le vin impressionne déjà par son intensité, mais il est encore très jeune et certainement apte à garder la forme pour les dix prochaines années. Séveux et nuancé, mais hors de prix. ★★★★ ③

Brunello di Montalcino 2005 • (10961323) 55,75 $
Pas d'excès de bois ni de tanins secs, mais plutôt un très bon vin ample et chaleureux, aux tonalités de prunes confites sur un fond légèrement fumé. Un vin riche et structuré, auquel la fougue du sangiovese confère un tonus appréciable. Belle réussite technique. ★★★→? ②

Rosso di Montalcino 2009 • (10335226) 25,30 $
Sans surprise en 2009, le simple Rosso déploie une étoffe et une concentration nettement supérieures à la moyenne de l'appellation, sans verser dans l'excès. Une matière fruitée riche, tendre et suave, un joli cadre tannique qui lui donne tout le tonus nécessaire, et une finale relevée aux accents de réglisse. Un achat tout à fait avisé à ce prix. À boire entre 2012 et 2016. ★★★★ ② ♥

Colle Massari

Créée en 1998, l'appellation Montecucco est située à mi-chemin entre les DOCG Brunello di Montalcino et Morellino di Scansano.

Lombrone 2005, Riserva Montecucco • (11293911) 45,50 $
Déjà passablement ouvert, comme en témoignent ses parfums de prune et son fini tannique souple, ce 2005 m'a laissé une impression un peu capiteuse et bancale en bouche. Creux de vague ? Il serait intéressant de le déguster de nouveau au cours des prochains mois. ★★→? ②

Fèlsina

Dans son domaine de Castelnuovo Berardenga, situé à l'est de Sienne, l'ancien professeur de littérature classique Giuseppe Mazzocolin élabore des vins de qualité remarquable.

Fontalloro 2007, Toscana • (11269419) 56,25 $
Non pas racoleur, ce vin issu de vignes de sangiovese situées à 410 m d'altitude, aux limites extérieures de la zone d'appellation Chianti Classico, se distingue par sa ligne tannique très pure et son grain serré. Encore jeune et très vigoureux, sa finale racée et son équilibre exemplaire sont garants de longévité. Superbe ! ★★★★ ③

Folonari, Ambrogio e Giovanni

En 2000, l'empire Ruffino a été divisé en deux. Une partie de la famille a conservé l'entreprise commerciale et la marque, tandis qu'Ambrogio Folonari et son fils Giovanni sont devenus les propriétaires de nombreux domaines et vignobles dans le Frioul et en Toscane.

Campo Al Mare 2008, Bolgheri • (10542305) 30,50 $
Sans être spécialement complexe ni original, cet assemblage de merlot, de cabernet sauvignon et de cabernet franc est une belle illustration du caractère de Bolgheri : à la fois méditerranéen par ses saveurs mûres et typiquement toscan par sa tenue en bouche et sa vigueur. Franc et savoureux. ★★★→? ②

Fonterutoli

Ce vaste domaine, idéalement situé dans la partie sud du Chianti, est dirigé par la famille Mazzei, qui bénéficie des conseils de l'œnologue Carlo Ferrini. Un nom à retenir pour l'amateur de vins toscans modernes.

Chianti Classico 2008 • (856484) 24,95 $
Belle expression nette et franche du Chianti. Des tanins mûrs et veloutés et une agréable fraîcheur donnent un vin très charmeur. Quelques mois de repos permettront d'atténuer ces nuances boisées. ★★★ ②

Badiola 2009, Toscana • (897553) 17,45 $
L'exemple même du bon vin quotidien, façon toscane : une attaque fruitée généreuse, une assez bonne charpente, et toute l'acidité nécessaire à sa fraîcheur. ★★★ ② ♥ Ⓒ

La famille Mazzei produit aussi des vins à Maremma (voir p. 219) et en Sicile (voir page 251).

Fontodi

Dans son domaine de Panzano, en plein cœur du Chianti Classico, Giovanni Manetti est une star de la viticulture toscane. Les vins sont remarquables et témoignent d'un travail rigoureux.

Chianti Classico 2007 • (879841) 27,85 $
Toujours impeccablement réussi, le simple Chianti Classico se dessine avec une élégance et une digestibilité remarquables et dégage de bons parfums d'épices qui lui donnent une personnalité d'enfer ! ★★★★ ② ♥

Frescobaldi

Propriétaires de 1 000 hectares de vignes répartis dans 9 propriétés, les marquis de Frescobaldi sont parmi les plus importants producteurs de vins toscans. La famille est aussi propriétaire d'Ornellaia et de Luce.

Mormoreto 2008, Toscana • (864512) 57 $
Parfois dessiné à gros traits au cours des dernières années, ce vin composé majoritairement de cabernet sauvignon profite d'un usage du bois plus harmonieux en 2008. On semble avoir privilégié l'équilibre et la finesse des tanins. Mûr, nourri et amplement charnu, sans aucune sécheresse. Assez ouvert pour être apprécié maintenant, mais il continuera de se développer. ★★★→★ ③

Castello di Nipozzano, Montesodi 2007, Chianti Rùfina Riserva 2006 • (204107) 49,75 $
Dans le même esprit que le 2006, ce vin fait preuve de davantage de nuances et de finesse que par le passé. Pas trop puissant ni concentré, mais enrichi de saveurs pénétrantes et persistantes ; équilibré et solidement constitué autour de tanins mûrs. ★★★→? ③

Ammiraglia 2006, Maremma Toscana • (11212480) 55 $
Gommeux, riche en alcool et arrondi par la barrique au point de laisser une impression de sucrosité en bouche. L'amateur de vin toscan traditionnel restera sur sa soif. ★★→? ②

Pietraregia dell' Ammiraglia, Riserva, Morellino di Scansano 2007 • (11356977) 25,25 $
Produit à l'intérieur des terres, dans le secteur de Magliano. L'acidité vive contraste avec ses formes rondes et chaleureuses. Correct, mais à ce prix, il y a mieux. ★★→? ②

Morellino di Scansano 2008, Santa Maria • (11224456) 19,80 $
Le 2008 laisse une impression guère plus favorable que lorsque goûté l'an dernier. Vif et carré, au point de paraître râpeux. ★★ ②

Nipozzano, Chianti Rùfina Riserva 2007 • (107276) 22,95 $
En 2007, ce vin, généralement de bonne facture, est marqué par des tonalités végétales un peu rustiques. Vif et un peu trop pointu pour être recommandable. ★★→? ©

Pater 2009, Toscana • (409496) 15,40 $
Simple, fruité et sans grande personnalité. ★★ ② ©

Albizzia 2010, Toscana • (541235) 14,95 $
Bon vin blanc moderne « tout aller ». ☆☆ ②

Sur les flancs des Apennins toscans, les Frescobaldi élaborent aussi ces très bons vins blancs.

Castello di Pomino, Benefizio 2009, Pomino Riserva • (420216) 32,50 $
Depuis quelques années, ce vin blanc « haut de gamme » renoue avec des proportions plus harmonieuses, sans excès de maturité ou de goûts boisés. Il en résulte désormais un très bon vin blanc sec, à la fois gras, vineux, et doté d'une tenue en bouche appréciable et d'une finale généreuse. ☆☆☆ ②

Castello di Pomino 2009, Pomino • (065086) 18,95 $
Dans un registre plus simple, ce vin blanc léger et guilleret met en relief de délicates notes florales. Trois étoiles pour l'un des bons vins blancs italiens offerts au répertoire général de la SAQ. ☆☆☆ ② ©

Friggiali

Brunello di Montalcino 2004, Centolani • (11294809) 40,75$
Un très bon Brunello qui plaira aux amateurs de vins toscans classiques. Ample, onctueux et coulant, sans cette texture tannique sèche qui afflige encore certains vins de l'appellation. Pas très persistant, mais ouvert, équilibré et offert à prix juste. ★★★→? ②

Gagliole

Cette jeune propriété de Castellina in Chianti a été acquise par Thomas et Monika Bar, un couple d'origine suisse.

Rosso 2007, Colli della Toscana Centrale • (11565091) 69,50$
Arrivée prévue lors du lancement du magazine *Cellier* de novembre 2011 pour cet assemblage de sangiovese et de cabernet, qui présente l'opulence et la densité typiques des bons rouges modernes de Toscane. Mis en valeur par une saine fraîcheur et nourri par un usage intelligent du bois de chêne, il se distingue tant par son équilibre que par la persistance de ses saveurs. Attendre idéalement jusqu'en 2016 pour le savourer. ★★★→★ ③

Guado al Tasso

L'immense domaine de la famille Antinori à Bolgheri compte quelque 300 hectares de vignes en production.

Guado al Tasso 2007, Bolgheri Superiore • (977256) 86,75$
Dans un style quasi bordelais, le 2007 offre un mélange harmonieux de concentration, d'envergure tannique et d'élégance. La barrique affine le vin et lui confère des arômes persistants d'épices orientales, qui le rendent particulièrement charmeur et original. Très bien fait en son genre. ★★★→? ③

Il Bruciato 2008, Bolgheri • (11347018) 27,75$
Seconde étiquette de la propriété. Vin moderne, charnu et sans rudesse, que l'on apprécie tant pour la rondeur et la souplesse de ses tanins que pour son profil aromatique généreux. À boire jeune, autour de 15 °C. ★★★ ②

Vermentino 2010, Bolgheri • (11499126) 19,95$
Plus vigoureux cette année. Une belle réussite technique ; sec, modérément aromatique et désaltérant. ☆☆☆ ②

• • • dans le monde du vin • • •

UNE TRADITION SÉCULAIRE
Le Vin Santo est produit avec des raisins séchés dont le jus est mis dans des petits fûts de 50 litres, appelés caratelli, contenant un peu de vin des années précédentes. La fermentation est lente, et le vin doit séjourner pendant au moins trois ans dans les fûts. Le Vin Santo peut être sec ou doux, fruité ou légèrement oxydatif, selon la préférence de chaque maison.

I Greppi

Le grand vin de cette jeune propriété de Castagneto Carducci est issu d'un assemblage de merlot, de cabernet sauvignon et de cabernet franc, élevé pendant 18 mois en fûts de chêne français et américain.

Greppicaia 2006, Bolgheri Superiore • (11463369) 47,75$
Équilibré et costaud, mais sans lourdeur, bâti autour de tanins gommeux et mis en valeur à l'aide d'un judicieux usage de la barrique. Une belle réussite sur le thème de la générosité fruitée. Déjà passablement ouvert, mais apte à vieillir en beauté. ★★★→? ②

La Braccesca

Créé par Piero Antinori au début des années 1990, ce domaine de quelque 370 hectares donne aujourd'hui de très beaux fruits.

Vino Nobile di Montepulciano 2006 • (11324895) 24,65$
Maintenant parfaitement ouvert et à point, le 2006 révèle le charme sincère des bons vins de Montepulciano. Ses saveurs amples et généreuses sont portées par une trame tannique tendre, caressante et empreinte de fraîcheur. Finale chaleureuse et nuancée. ★★★★ ② ♥

Vino Nobile di Montepulciano 2008 • (11324895) 24,65$
Peut-être un peu moins complet que le 2006, mais néanmoins fort agréable par sa fraîcheur tannique et ses bons goûts de fruits noirs. À boire au cours des quatre prochaines années. ★★★→? ②

Syrah 2008, Achelo, Cortona • (11208085) 20,15$
Toujours aussi friand, juteux et gourmand, le 2008 donne l'impression de croquer dans le fruit. Très méditerranéen et dans l'esprit de la maison Antinori, c'est-à-dire idéalement équilibré. Charmant! ★★★ ② ♥

Bramasole 2007, Syrah, Cortona • (10379771) 37,75$
La syrah sous son jour le plus charmeur. Un vin compact et serré, imposant sans être brutal, et riche en parfums de violette et de poivre. Impossible de rester indifférent à tant de concentration et de panache. Encore jeune, il semble prêt à affronter les années. ★★★→? ②

La Massa

Quelques années seulement ont suffi à Giampaolo Motta pour apprendre à faire du bon Chianti. Ce Napolitain installé en Toscane depuis 1992 est l'une des *stars* de la région.

Giorgio Primo 2006, Toscana • (10986053) 82,75$
Comme d'habitude, ce supertoscan se distingue avant tout par sa concentration et par ses saveurs opulentes. Les arômes, comme le toucher de bouche quasi sucré, évoquent les fruits confits, et l'ensemble est dessiné à gros traits. Pas particulièrement complexe, mais solidement constitué, persistant et relevé. ★★★→? ③

La Massa 2009, Toscana • (10517759) 26,55$
En 2009, le vin courant de La Massa se signale par son ampleur et sa générosité, de même que par l'intensité de ses saveurs de fruits noirs confits. Opulent, mais assez structuré pour conserver un bon équilibre. À boire entre 2012 et 2016. ★★★→? ②

Le Macchiole

Cette jeune propriété située en bordure de la mer Tyrrhénienne est menée avec beaucoup de rigueur par Cinzia Merli. L'œnologue vedette Luca d'Attoma agit à titre de consultant.

Paleo 2007, Toscane • (11369081) 95,50$
De toute évidence abondamment nourri par le soleil de la Toscane, ce vin composé exclusivement de cabernet franc s'exprime avec générosité, mais sans la moindre mollesse. Un relief de saveurs longues et distinguées, des tanins fins et tissés serrés et une impression générale fort harmonieuse. À apprécier dès maintenant et jusqu'en 2017. ★★★★ ②

Bolgheri 2009 • (11098285) 27,60$
Vin de facture moderne, nourri par un usage bien senti de la barrique, qui contribue à sa rondeur et l'agrémente de parfums vanillés. Taillé pour plaire. ★★★ ③

Luce della Vite

Le projet Luce a été repris dans sa totalité par la famille Frescobaldi à la suite du démembrement de l'empire Mondavi. Les vins sont produits avec les raisins des domaines de Nipozzano (Chianti Rufina) et de Castelgiocondo (Montalcino).

Brunello di Montalcino 2005 • (10959688) 99$
Une impression guère plus favorable que lorsque dégusté l'an dernier en prévision du *Guide du vin 2011*. Le bois est moins apparent, mais le vin s'impose toujours avec sa fermeté et sa puissance, au détriment de l'harmonie et de l'élégance. ★★→? ②

Luce 2007, Toscane • (10222766) 97,75$
Déjà commenté l'an dernier, le 2007 m'a laissé une impression encore moins favorable en août 2011. Les parfums boisés se sont estompés, pour laisser un vin sec, terne et anguleux dont les arômes végétaux traduisent une certaine verdeur et un manque de maturité. Ceux qui en ont déjà fait provision voudront le boire sans tarder, avant qu'il ne s'assèche davantage. ★★→? ②

Lucente 2009, Toscane • (860627) 35$
Le deuxième vin est issu d'un assemblage de sangiovese, de merlot et de cabernet. Encore plus chaleureux en 2009, servi par un usage calculé de la barrique, quoiqu'un peu unidimensionnel pour l'heure. ★★→? ②

Magliano

Cette *fattoria* est établie à l'emplacement d'un village médiéval portant le même nom, tout au sud de la Toscane, dans la vaste région côtière de Maremma.

Poggio Bestiale 2007, Maremma Toscana • (10845091) 34,25$
Cet assemblage bordelais révèle de bons accents de poivrons propres au Cabernet, sans toutefois verser dans la caricature. Solidement constitué autour de tanins mûrs et bien proportionné. Bel exemple de Maremma. ★★★→? ②

Sinarra 2009, Maremma Toscana • (11191447) 21,65$
Moins complet, ce vin issu de sangiovese à 95% et de petit verdot mise avant tout sur la rondeur du fruit. Pas concentré ou boisé outre mesure, mais un peu banal. Parfumé comme un bonbon aux fruits, à défaut de réelle distinction. À revoir dans quelques mois. ★★→? ②

Ornellaia, Tenuta dell'

Le domaine développé à Bolgheri par Lodovico Antinori durant les années 1980 appartient maintenant à la famille Frescobaldi. Avec les conseils de Michel Rolland, l'œnologue Axel Heinz élabore des vins rouges modernes, manifestement taillés pour plaire.

Masseto 2008, Toscane • (10816636) 475 $
Produit pour la première fois en 1986, ce vin composé exclusivement de merlot provient d'un vignoble de 8 hectares, dont les sols argilo-sableux évoquent le célèbre plateau de Pomerol, sur la rive droite de Bordeaux. En toute justice, il faut admettre que le résultat est particulièrement impressionnant en 2008. Un vin d'envergure, concentré et complexe, des parfums intenses de fruits noirs ; aucune mollesse, une tenue exemplaire et une longueur impressionnante. Pour en savourer à fond toute la sève et la race, il faudra attendre au moins jusqu'en 2016. ★★★★ ④

Ornellaia 2008, Bolgheri Superiore • (11250718) 180 $
Cette année encore, les inconditionnels d'Ornellaia y trouveront le style flatteur, sphérique et corpulent qui a contribué à son succès. Un peu moins de tonus que le 2007, il me semble, mais néanmoins savoureux et apte à se bonifier au cours de la prochaine décennie. ★★★→? ③

Le Serre Nuove 2009, Bolgheri • (10223574) 59 $
En 2009, le deuxième vin d'Ornellaia m'a paru dénué de détail et dessiné à gros traits. Pour le prix, pas impressionnant du tout. ★★→? ②

Le Volte 2009, Toscane • (10938684) 29,95 $
Volumineux, assez bien encadré et conçu pour plaire. L'exemple même du vin techniquement irréprochable, mais sans âme. Une impression de « déjà bu ». ★★→? ②

Pian delle Vigne

Depuis 1995, la famille Antinori a développé un domaine à Montalcino, où elle élabore des Brunello de style moderne, mais équilibrés et élégants.

Brunello di Montalcino 2006 • (11097733) 65,75 $
Le 2006 semble avoir bien profité de la générosité du millésime dans le sud de la Toscane. Son grain tannique mûr est tonifié par une agréable fraîcheur qui rehausse ses parfums d'eau-de-vie de fruits. ★★★→? ③

Brunello di Montalcino 2005 • (11097733) 64 $
Le 2005 présente une légère teinte vermillon et déploie des parfums invitants d'épices, caractéristiques du sangiovese. Sa finale à la fois chaleureuse, digeste et relevée de notes de chocolat à la menthe le rend encore plus séduisant. Bravo ! ★★★★ ②

Poggio Antico

La Milanaise Paola Gloder a fait de Poggio Antico l'un des domaines de pointe de Montalcino.

Brunello di Montalcino 2006 • (11300375) 64,25 $
Nourri par les largesses d'un millésime très généreux à Montalcino, ce vin déploie une attaque en bouche dense et mûre, mais portée par des tanins satinés qui lui donnent une classe certaine. Cette année encore, c'est l'un des Brunello les plus complets sur le marché. ★★★★ ③ ♁

Brunello di Montalcino 2003, Altero • (10698377) 85 $
Dans un esprit plus moderne, l'Altero est plus plantureux que jamais en 2003. Un grain éminemment mûr, des saveurs intenses, nuancées et persistantes, et une longue finale vaporeuse. Excellent vin, que l'on devrait laisser reposer encore quelques années pour l'apprécier dans toute sa splendeur. ★★★★ ③ ▼

Poggio Foco

Vaste propriété de Maremma, dont une douzaine d'hectares seulement sont consacrés à la culture de cabernet sauvignon, de merlot, d'alicante et de sangiovese.

Sesà 2006, I Vigneti di Maremma, Toscana • (10538728) 39,50 $
Fabriqué dans le même moule que beaucoup de vins de cette région, c'est-à-dire coloré, riche en extraits, avec un usage du bois calculé pour plaire à un vaste public. À défaut d'originalité, le vin est fort bien tourné, structuré comme il se doit et assez persistant. À boire sans se presser au cours des six prochaines années. ★★★→? ③

Poliziano

Federico Carletti compte parmi les producteurs les plus renommés de Montepulciano, notamment grâce à sa cuvée haut de gamme Asinone.

Vino Nobile di Montepulciano 2007 • (11194832) 26,35 $
Difficile de résister au charme et à l'élégance de cet excellent Vino Nobile. Caressant, relevé de saveurs franches et persistantes de sangiovese, il déploie la fibre tannique caractéristique des meilleurs vins de l'appellation. Relevé, épicé, à la fois robuste et subtil, ce 2007 ne manque pas de panache. Son équilibre exemplaire et sa longue finale sont garants de longévité. ★★★★ ②

Depuis la fin des années 1990, l'entreprise a aussi développé le vignoble Terre del Poliziano, dans la région côtière de Maremma.

Lohsa, Terre del Poliziano 2009, Morellino di Scansano • (11194808) 20,90 $
Ce vin fort charmant est le fruit d'un assemblage de sangiovese et de ciliegiolo, une variété autochtone maintenant reconnue comme l'un des parents du sangiovese. L'attaque en bouche à la fois mûre et charnue révèle de délicieuses saveurs de cerises qui donnent l'impression de croquer dans la grappe. Excellent, dans un style moderne. ★★★★ ② ♥

Renieri

Les propriétaires de Castello di Bossi veillent aussi sur ce vaste domaine situé dans la partie sud de Montalcino.

Re di Renieri 2007, Toscana • (11306881) 37,25 $
Merlot, cabernet sauvignon, cabernet franc, petit verdot composent ce vin épicé et pansu, assez solidement constitué autour de tanins gras, mais également doté de cette vivacité naturelle donnant tant de fraîcheur aux vins de Toscane. À table, avec un plat de viande braisée... Hmmm ! ★★★→? ②

Riecine

Sous la gouverne du Britannique John Dunkley, Riecine a acquis la réputation méritée de produire d'excellents vins toscans. Déjà associé de Dunkley auparavant, c'est aujourd'hui Sean O'Callaghan qui mène la barque.

Chianti Classico 2008 • (134833) 30,25 $
Dans la continuité des millésimes précédents, son Chianti Classico déploie en bouche une matière fruitée mûre, et typiquement toscane par sa fermeté, qui séduira à coup sûr les amateurs de Sangiovese moderne, dans le bon sens du terme. ★★★→? ②

San Fabiano Calcinaia

Guido Serio et sa femme ont racheté cette belle propriété, située dans le secteur de Castellina in Chianti, en 1983. L'œnologue-consultant Carlo Ferrini y élabore des vins amples et séveux qui ont l'art de plaire.

Cerviolo 2006, Toscana • (10542516) 42,75 $
Cet excellent supertoscan est composé essentiellement de sangiovese cultivé à 250 m d'altitude. Il en résulte un vin d'ampleur moyenne qui à la fois fait preuve de beaucoup de sève et de tenue, et conserve une allure franche, stylée et élégante. Déjà ouvert, mais bon pour plusieurs années. ★★★★ ③ ♗

San Felice

Grâce aux efforts conjugués des œnologues Enzo Morganti et Leonardo Bellacini, cette vaste propriété située au sud-est de l'appellation Chianti Classico a grandement contribué à la remise en valeur de variétés autochtones de Toscane.

Pugnitello 2007, Toscana • (10873673) 46 $
Parmi celles-ci, le pugnitello, un cépage prometteur dont on a retrouvé la souche mère entre Montalcino et Maremma, et dont on tire aujourd'hui un vin savoureux, gorgé de fruits mûrs, passablement dense et charnu, et égayé par cette vigueur typique de la région. Encore très jeune, mais plein de sève et apte à se bonifier au cours des cinq prochaines années. ★★★→? ② ♗

Chianti Classico Riserva 2007, Il Grigio • (703363) 26 $
À des lieues des Chianti Classico boisés et concentrés, Il Grigio se distingue toujours par son dépouillement et par son attaque en bouche à la fois souple et franche. Très bien en son genre. ★★★ ②

Chianti Classico 2007 • (245241) 20,20 $
Toujours le même bon Chianti de facture traditionnelle. Simple, mais assez nourri, frais et agréable à boire. ★★★ ② Ⓒ

San Guido (Sassicaia)

Le domaine de la famille Incisa della Rocchetta continue de dominer le paysage de Bolgheri.

Guidalberto 2009, Toscana • (10483384) 46 $
Commercialisé pour la première fois dans le millésime 2000, ce vin provient de terrains contigus à la DOC Sassicaia, et plantés de cabernet sauvignon, de merlot et de sangiovese. Le 2009 ne m'a pas semblé spécialement réussi. Très mûr et capiteux, à court de tonus et gorgé d'accents confits rustiques ; pas spécialement profond ni complexe. Creux de vague ? Fatigué d'un transport récent ? Il pourrait se révéler sous un meilleur jour au cours des prochains mois. ★★→? ② ⚗

Sette Ponti

Avec l'aide de l'œnologue-consultant Carlo Ferrini, la famille Moretti – propriétaire de Sette Ponti – a récemment développé un nouveau vignoble, voisin d'Ornellaia, dans le secteur prisé de Castagneto Carducci.

Oreno 2008, Toscane • (10297047) 68,25 $
Bien qu'il soit davantage le reflet d'un savoir-faire œnologique que l'expression naturelle d'un terroir, ce 2008 s'impose par sa structure et son volume. Particulièrement savoureux grâce à son relief fruité, enrobé de tanins fermes, et à sa finale séveuse aux accents de graphite. Un bel exemple du genre, à laisser reposer jusqu'en 2017. ★★★→★ ③ ⚗

Oreno 2009, Toscane • (10297047) 68,25 $
Dans un registre plus généreux, ce vin déploie une attaque en bouche très sphérique et capiteuse, sans doute attribuable à la nature du millésime. Ses saveurs prononcées de vanille et son épaisseur tannique laissent une impression un peu prévisible et rudimentaire, du moins pour le moment. Arrivée en mars 2012. ★★★→? ③ ⚗

Orma 2007, Toscane • (11298842) 59 $
Produit pour la première fois en 2005, l'Orma demeure fidèle au style qui a fait le succès de Sette Ponti, avec une attaque en bouche intense, volumineuse et riche en saveurs mûres. Heureusement, le tout est soutenu par un solide cadre tannique qui apporte au vin la fraîcheur nécessaire et met en relief sa finale distinguée aux accents de graphite. À boire idéalement entre 2013 et 2018. ★★★→★ ③ ⚗

Crognolo 2008, Toscana • (10297039) 31,25 $
Majoritairement composé de sangiovese, auquel s'ajoute une petite proportion de merlot. Dense, agrémenté de saveurs mûres et servi par une agréable fraîcheur. Encore jeune, il a de bons atouts pour se développer encore d'ici 2015. ★★★→★ ③ ⚗

Crognolo 2009, Toscana • (10297039) 31,25 $
Un moins bon résultat pour le 2009, auquel des notes à la fois confites et végétales donnent une allure rustique. L'attaque en bouche est massive et le vin semble un peu pataud, pour le moment du moins. Arrivée prévue en mars 2012. ★★→? ③ ⚗

Poggio Al Lupo, Morellino di Scansano 2009 • (11177717) 20,15 $
Nettement plus mûr et opulent que le 2007 commenté l'an dernier, au point d'accuser une certaine lourdeur. Des tanins gras, un peu lourd et épais. ★★→? ②

Tenuta di Valgiano

Ce domaine perché à 200 m d'altitude dans les collines de la ville de Lucca, au nord de Pise, produit des vins de qualité.

Palistorti 2008, Colline Lucchesi • (897678) 26,20 $
Assemblage de sangiovese, de merlot et de syrah, partiellement élevés en fût de chêne. Vin d'abondance, assez consistant et agrémenté de jolies notes florales en finale. À boire dès maintenant ou à laisser reposer en cave jusqu'en 2015. ★★★→? ②

Val di Suga

Important propriétaire terrien avec plus de 170 hectares de vignes, le groupe familial Angelini possède trois domaines viticoles en Toscane : San Leonino (Chianti Classico), Tre Rose (Montepulciano) et Val di Suga, à Montalcino, où l'on produit la cuvée Vigna Spuntali.

Brunello di Montalcino 2004, Vigna Spuntali • (10816767) 79,75 $
Bel exemple de Brunello moderne. Sa structure flatteuse et élégante, combinée à sa finale aux accents chaleureux de fruits noirs lui donne un certain charme. Déjà prêt à boire et au moins jusqu'en 2014. ★★★→? ② ▼

Brunello di Montalcino 2004 • (897017) 45 $
Déjà commenté dans *Le guide du vin 2011*, ce très bon 2004 est à retenir avant tout pour son style à l'ancienne, avec des goûts de fruits secs, des tanins vifs et une finale chaleureuse aux accents de kirsch. Bon Brunello courant à boire d'ici 2014. ★★★ ②

Viticcio

Chianti Classico Riserva 2007 • (10379296) 34,25 $
Surtout réputé pour un excellent supertoscan appelé Prunaio, ce domaine, situé au cœur de la zone du Chianti Classico, a produit un excellent 2001 tout à fait représentatif de la qualité du millésime. Dans un style classique, bien proportionné, avec une jolie finale aux accents de graphite. ★★★→? ②

Volpaia

Giovanella Mascheroni Stianti a participé activement à la renaissance du Chianti au cours des années 1980. Son domaine est toujours la source de vins sincères et élégants.

Chianti Classico Riserva 2007 • (730416) 30,25 $
Un autre grand succès marqué du sceau de l'équilibre et de la puissance contenue. Jeune, coloré, riche en fruit et très invitant grâce à son nez compact et nuancé. Grande fougue, bonne consistance, et un grain tannique serré. Beaucoup de classe et un bon potentiel de vieillissement. Le goût de la Toscane en bouteille... Impeccable ! ★★★★ ③

Chianti Classico 2008 • (10658262) 22,80 $
Plus modeste, mais non moins savoureux grâce à sa belle définition fruitée, sa franchise de goût et son profil très digeste. Encore nerveux et animé d'un reste de gaz. Une brève aération en carafe aidera à tempérer sa fougue juvénile. ★★★→? ②

On trouve également des vins de ce producteur en importation privée (IP).

COMMENTÉS SOMMAIREMENT, D'AUTRES VINS DE TOSCANE

Banfi, Summus 2005, Sant'Antimo
(10268959) 69,50 $
Assemblage de sangiovese, de cabernet sauvignon et de syrah, vinifiés et élevés séparément en fût de chêne français. Il en résulte un bon gros vin aux saveurs torréfiées, chaleureux et teinté d'amertume. Correct, mais à ce prix, on est en droit d'attendre plus de finesse et de distinction... ★★→? ② ▼

Biserno, Insoglio del Cinghiale 2009, Campo di Sasso, Bibbona Toscana
(10483405) 27,75 $
Le millésime 2009 semble avoir moins bien réussi à cet assemblage de cabernet franc, de merlot et de syrah produit au nord de Bolgheri. Tout en rondeur, au point de paraître presque sucré. Le temps permettra peut-être d'harmoniser le tout, mais pour l'instant, un seul verre suffit. ★★→? ②

Carpineto, Farnito 2006, Cabernet sauvignon, Toscana
(963389) 27,95 $
Plus international. Sa tenue en bouche, sa solidité tannique et sa vivacité méritent néanmoins d'être soulignées. Un bon Cabernet comme tant d'autres, généreux, mais sans distinction réelle. ★★→? ②

Chianti Classico 2009
(478891) 20 $
À la fois moderne et rustique. L'appellation Chianti Classico produit des vins nettement plus complets. ★★ ② ©

Dogajolo 2010, Toscana
(978874) 16,90 $
Au répertoire général, cet assemblage de sangiovese et de cabernet sauvignon offre une constitution assez solide pour le prix, mais rien de notable. ★★ ② ©

Il Grillesino, Ciliegiolo 2009, Maremma
(10845146) 16,45 $
Comme d'habitude, un très bon vin frais, juteux et gorgé de fruit. Assez charnu, animé d'un léger reste de gaz et vendu à prix d'aubaine. Servir frais, autour de 14 °C. ★★★ ② ♥

Isole E Olena, Chianti Classico 2008
(515296) 27,05 $
Après un 2007 rustique et bancal, Paolo di Marchi, œnologue toscan de renom, récidive avec un 2008 puissant et surdimensionné dont les parfums intenses de crème de cassis détonnent avec le classicisme habituel de la maison. Pas aussi satisfaisant que de coutume. ★★→? ②

La Serena, Brunello di Montalcino 2006
(11208173) 58,75 $
Arrivée prévue en février 2012 pour ce vin surdimensionné, capiteux, presque épais en bouche et nourri de saveurs de sirop de cassis. L'amateur de Brunello moderne et confituré aimera peut-être ; moi, je passe mon tour. ★★→? ②

Lamole di Lamole, Chianti Classico 2008
(953489) 20,65 $
La légèreté, la texture raffinée, les saveurs franches et le caractère authentique de ce Chianti élaboré par la famille Grassi ont beaucoup de charme. À servir frais et à boire au cours des cinq prochaines années. ★★★ ②

Ludovica Fabbri, Chianti Classico Riserva 2006, Savignola Paolina
(10835378) 34,75 $
Un bon Chianti Classico qui met davantage l'accent sur le caractère fruité du sangiovese que sur l'identité du terroir. On appréciera avant tout son attaque tannique flatteuse et sa finale chaleureuse aux accents de fruits mûrs. ★★★ ② ▼

Monteti, Caburnio 2007, Maremma Toscana
(11305580) 19,30 $
Cabernet sauvignon, alicante et merlot. Malgré tout très italien par ses arômes et sa forme tannique à la fois franche et chaleureuse. Nettement mieux équilibré que le 2006 dégusté l'an dernier. Beaucoup de caractère pour le prix ! ★★★ ② ♥

Moris Farms, Vermentino 2010, Maremma Toscana
(11337952) 18,55$
Savoureux, délicatement aromatique, animé d'un léger reste de gaz. Vigoureux, plein d'élan et de fraîcheur. ☆☆☆ ②

Nardi, Silvio ; Brunello di Montalcino 2004, Manachiara
(11062522) 87$
Sous la gouverne d'Emilia Nardi, ce vaste domaine a connu une renaissance formidable. Un Brunello d'une qualité impeccable, complet et construit dans des proportions idéales. Racé, profond, intense ; il a la sève des grands. ★★★★ ② ▼

Palazzo, Brunello di Montalcino 2004
(10380166) 57$
Guère plus d'enthousiasme que l'an dernier pour ce 2004 un peu sec et déjà bien évolué, comme en témoignent ses saveurs de sous-bois et de fumée. Assez bien fait dans un genre strict, mais un peu court en finale. On reste sur sa soif... ★★→? ②

Poggio al Tesoro, Vermentino 2009, Solosole, Toscana
(11337995) 29,25$
Bon Vermentino parfumé comme il se doit. Assez ample et vineux, avec une richesse alcoolique de 14 %, mais à la fois suffisamment frais et équilibré. ☆☆☆ ② ▼

Ricasoli, Rocca Guicciarda 2008, Chianti Classico Riserva
(10253440) 26,95$
Fringant, relevé et généreux, mais à court de finesse. À boire d'ici 2014. ★★→? ③

Brolio 2009, Chianti Classico
(003962) 24,45$
Au répertoire général, ce Chianti semble plus concentré en 2009, au point de paraître un peu sévère. Beaucoup de fruit, et des arômes prononcés de torréfaction. ★★ ② Ⓒ

Campo Ceni 2009, Toscana
(10286161) 15,30$
Souple, joufflu, riche en fruit, mais un peu banal. Servir frais. ★★ ② Ⓒ

Riguardo, Brunello di Montalcino 2005
(875203) 39,25$
Charmeur, avec ses parfums très nets de cerises noires. L'ensemble manque cependant un peu de profondeur et de complexité. ★★→? ②

Rocca delle Macie, Roccato 2006, Toscana
(11449882) 40,50$
Le Roccato est le porte-étendard de ce domaine qui commercialise annuellement quelque 4,5 millions de bouteilles. J'ai peu d'affinités avec cette interprétation racoleuse, rustique et imposante du vin de Toscane. Volumineux, riche en saveurs de fruits confits, mais l'ensemble manque de structure et de fraîcheur. ★★→? ③ ▼

Ruffino, Ducale Oro 2005, Chianti Classico Riserva
(10254063) 45,25$
Bon Chianti classique solide et charpenté. Il manque toutefois un peu de chair autour de l'os. Prix élevé pour un vin sec et anguleux. ★★ ②

Riserva Ducale Oro 2006, Chianti Classico Riserva
(11517380) 45,75$ ★★→? ③

San Cristoforo, Carandelle 2009
(11546922) 23,75$
Ce vin ambitieux et imposant, constitué de sangiovese adopte plutôt des airs de Zinfandel californien. Riche en saveurs confites, très vigoureux et doté d'une attaque en bouche quasi sucrée tant le fruit est mûr. Rassasiant et original, à défaut d'être typiquement toscan. ★★★ ②

Villa Cafaggio, Chianti Classico 2008
(571539) 24,10$
L'ancienne propriété de Stefano Farkas a été acquise en 2005 par Cantina La Vis, une importante cave coopérative du Trentin. On y produit un bon Chianti courant, assez fringant, droit et franc de goût. ★★★ ②

D'AUTRES VINS ROUGES DE QUALITÉ MOYENNE ★★

Castellani, Burchino 2008, Chianti Superiore
(741272) 16,90$

Castello d'Albola, Chianti Classico 2007
(11472337) 21,40$

Fanti, Brunello di Montalcino 2005
(11191885) 51,25$

Fornacina, Brunello di Montalcino 2004
(11195325) 43,50$

Gabbiano; Castello di Gabbiano, Chianti Classico Riserva 2008
(10843298) 22,95$

Le Filligare, Chianti Classico Riserva 2005, Maria Vittoria
(10379317) 38,50$

Machiavelli, Chianti Classico Riserva 2005, Vigna di Fontalle
(963843) 27,75$

Ser Niccolo 2006, Toscana
(705897) 28,75$

Chianti Classico Riserva 2005, Vigna di Fontalle
(963843) 27,75$

Poggerino, Chianti Classico 2007
(878777) 22,90$

Rocca di Montemassi, Sassabruna 2009, Monteregio di Massa Marittima
(10538701) 23,45$

Vermentino 2009, Calasole, Maremma Toscana
(10843482) 17,25$

Tenuta Sant'Alfonso, Chianti Classico 2008
(10324877) 22,15$

D'AUTRES VINS DE QUALITÉ MOYENNE, TOUS INSCRITS AU RÉPERTOIRE GÉNÉRAL ★★ ET ☆☆ ©

Botter Carlo, Conte di Lucca, Chianti 2010
(10845779) 14,35$

Fontella, Chianti 2009
(10382081) 14,80$

Gabbiano, Chianti 2009
(10754279) 14,95$

Rocca delle Macìe, Chianti Classico Riserva 2006
(10324543) 24,20$

Ruffino, Riserva Ducale, Chianti Classico 2007
(045195) 24,95$

Il Ducale 2007, Toscana
(11133204) 18,95$

Ombrie

Caprai, Arnaldo

Si l'on peut reprocher aux vins de Montefalco d'être parfois rustiques, on ne peut toutefois pas nier leur originalité.

Montefalco 2006 • (11098242) 31,75$
Façonné par un producteur dominant de l'appellation, le 2006 repose sur un assemblage de 70% de sangiovese, et de 15% de sagrantino – la spécialité locale – et de merlot. Costaud et tannique sans être abrasif, équilibré et agrémenté d'une finale épicée et rassasiante qui ajoute à son charme. Prix élevé. ★★★ ②

Castello della Sala

Durant les années 1980, Piero Antinori a développé un grand domaine dans le secteur d'Orvieto.

Bramito del Cervo 2010, Umbria • (10781971) 22,10$
Peu d'enthousiasme pour ce vin blanc moderne qui semble être davantage le fruit d'une recette œnologique que l'expression du terroir d'Ombrie. Rien à déclarer. ☆☆→? ②

San Giovanni della Sala 2009, Orvieto Classico Superiore • (11155294) 20,85$
Orvieto à saveur technologique. Bien fait, mais alourdi par un reste de sucre. Rien de spécial pour le prix. ☆☆ ②

Santa Cristina, Campogrande 2010, Orvieto Classico • (018838) 13,95$
Vin blanc sec et léger, suffisamment aromatique. Aimable et désaltérant. ☆☆ ②

Falesco

Riccardo Cotarella est un œnologue consultant parmi les plus réputés du pays. Son frère Renzo est le directeur technique de la maison Antinori. Ensemble, ils ont développé la marque Falesco, en Ombrie et dans le Latium.

Marcilliano 2007, Umbria • (11155614) 49,75$
Cette cuvée réunissant cabernet sauvignon et cabernet franc est le porte-étendard de leur domaine. Encore très jeune et assez discret au nez, le vin se fait valoir avant tout par son harmonie en bouche, avec une très belle constitution tannique, de la vigueur et des saveurs raffinées de cuir et de graphite. Corsé et élégant. ★★★→? ③

Vitiano 2009, Umbria • (466029) 15,95$
Comment résister au charme de cet assemblage de merlot, de cabernet et de sangiovese qui conserve malgré tout une forme typiquement italienne par ses saveurs épicées, sa bouche charnue et sa vigueur? À ce prix, que demander de plus? ★★★ ② ♥

Lungarotti

Avec une production annuelle de près de trois millions de bouteilles et plus de 300 hectares de vignes en production, la famille Lungarotti joue un rôle prédominant à Torgiano. Le célèbre auteur britannique Hugh Johnson a d'ailleurs souvent dit d'elle qu'elle a mis l'Ombrie sur la carte. L'œnologue bordelais Denis Dubourdieu consulte depuis 1999.

Rubesco Riserva 2005, Vigna Monticchio, Torgiano • (10295789) 42,25 $
Cuvée emblématique de la maison et classique de la viticulture italienne, ce vin privilégie la grâce à l'ancienne plutôt que la puissance des vins modernes. Le 2005 adopte cette même sobriété, avec davantage de corps et de matière fruitée. L'attaque tannique très suave porte la signature de Dubourdieu, sans que cela ne compromette sa fibre italienne. Son équilibre et sa puissance contenue sont garants d'un long et brillant avenir. ★★★→★ ②

Rubesco Riserva 1977, Vigna Monticchio, Torgiano • (10976269) 302,25 $
Vendu en exclusivité dans les succursales Signature de Montréal et de Québec, ce vin, maintenant arrivé à parfaite maturité, illustre bien le fait que les crus toscans ne détiennent pas le monopole de la finesse et de la longévité. Hors de prix évidemment, mais il est rare de pouvoir savourer un vin d'Ombrie ayant atteint un tel degré de complexité. ★★★★ ① S

San Giorgio 2003, Umbria • (10298306) 49,75 $
La générosité de l'été 2003 a permis aux cabernet sauvignon, sangiovese et canaiolo de développer des saveurs riches et opulentes sans que le vin n'accuse de lourdeur. Prix élevé. ★★★ ②

Chardonnay 2008, Aurente, Umbria • (11155631) 27,95 $
Un autre Chardonnay à la texture grasse et aux parfums convenus de beurre. Simple et à court de vitalité. ☆☆→? ②

Torre di Giano 2010, Bianco di Torgiano • (049205) 15,70 $
Bon vin blanc de facture plutôt commerciale auquel les cépages trebbiano et grechetto donnent tout de même un certain style. ☆☆ ② C

en peu de mots

Les cépages indigènes comme le nero d'Avola en Sicile, l'aglianico en Campanie et le negroamaro dans les Pouilles sont de mieux en mieux maîtrisés par les viticulteurs. Dans les meilleurs cas, ils donnent des vins originaux, parfois aussi étoffés que le meilleur sangiovese. Plusieurs sont recommandés dans cette édition du *Guide* (voir « Des cépages originaux », page 244).

À quelques exceptions près – notamment quelques spécimens issus de variétés autochtones de Campanie –, les vins blancs secs les plus raffinés proviennent du Frioul, du Trentin et, plus rarement, de Vénétie.

Abruzzes, Marches, Pouilles et surtout la Sicile continuent de progresser et donnent de plus en plus de bons vins aux goûts distinctifs. N'hésitez pas à explorer ces régions.

Martinelli

Dans cette appellation où les vins rustiques foisonnent, la famille Martinelli pratique une viticulture soignée avec de faibles rendements.

Sagrantino di Montefalco 2004 • (11156422) 40,75$
Généreux et riche en saveurs de fruits mûrs, un vin compact dont la fermeté actuelle ne doit pas faire oublier la race ni la profondeur. On appréciera particulièrement sa finale tissée serrée et cette franchise propre au sangiovese. Pas donné, mais impeccable! ★★★★ ②

Novelli

La famille Novelli élabore un très bon vin rouge composé de sangiovese, de sagrantino, de merlot et de cabernet sauvignon.

Montefalco Rosso 2007 • (11155121) 20,40$
Du fruit, juste ce qu'il faut de poigne et de tanins; relief, équilibre et fraîcheur. Une légère amertume en finale rehausse ses bons goûts de cannelle et de poivre. Encore meilleur s'il est servi frais, autour de 15 °C. Un peu plus de longueur et c'était quatre étoiles. ★★★ ②

Salviano (Titignano)

Propriété de la marquise Nerina Corsini Incisa della Rocchetta, Salviano fait partie du vaste domaine de Titignano, situé dans un village médiéval, au cœur de la zone d'Orvieto Classico.

Orvieto Classico Superiore 2010 • (10782034) 14,50$
Légèrement perlant et plein de vitalité; juste assez vineux et agrémenté d'une délicate amertume qui ajoute à son caractère et à sa présence en bouche. Parfait pour l'apéro! ☆☆☆ ② ♥

Tudernum

La cave coopérative de Todi regroupe quelque 350 membres et produit annuellement plus d'un million de bouteilles.

Rojano 2007, Rosso dell' Umbria • (11155585) 24,40$
Sangiovese, sagrantino et un peu de merlot. Vin riche en parfums de fruits confits et de kirsch, avec une attaque en bouche quasi sucrée tant la chair est mûre et généreuse. Solidement encadré, mais les éléments semblent un peu désunis, pour le moment. ★★→? ②

Merlot 2009, Umbria • (10781963) 14,75$
Plus modeste et misant avant tout sur l'expression fruitée du cépage. Assez charnu, mais pas spécial. ★★ ②

Marches

Boccadigabbia

Cabernet sauvignon 2003, Akronte, Marche • (11200788) 69 $
Une extraction tannique quasi brutale et une générosité débridée à 15 % d'alcool, sans doute attribuable en partie à la nature excessive du millésime. Pour la subtilité, il faudra aller voir ailleurs. Je doute qu'il évolue favorablement. ★★→? ② Ⓢ

Moncaro

Cette coopérative dynamique est une force majeure de la région des Marches. L'œnologue Riccardo Cotarella – aussi propriétaire de Falesco avec son frère Renzo – y prodigue ses conseils.

Vigneti del Parco 2005, Rosso Conero, Riserva • (11156385) 28,40 $
Produit en bordure de l'Adriatique, près de la ville d'Ancône, ce vin s'impose d'emblée par sa couleur d'encre et son nez de fruits en confiture. En bouche toutefois, le vin étonne par son équilibre et sa structure franche. Une expression distinguée du cépage montepulciano. Déjà très séduisant, et apte à vieillir en beauté. ★★★→★ ③

Monte Schiavo

Coste del Molino 2005, Verdicchio dei Castelli di Jesi •
(10781998) 15,15 $
Bon vin qui tire profit de la technologie moderne. Il offre une bonne dose de fruit et une agréable fraîcheur. ☆☆☆ ①

Moroder, Alessandro

En plus de contribuer depuis longtemps à la finesse des Chianti de Fèlsina, l'œnologue Franco Barnabei apporte ses conseils à cette belle propriété des Marches conduite en agriculture biologique.

Moroder 2008, Rosso Conero • (11155307) 16,80 $
L'amateur de vins méridionaux sera comblé par l'attaque en bouche gourmande et par la fibre tannique de ce Montepulciano. Aucun parfum boisé, mais des saveurs franches et une finale rassasiante, tant par sa mâche généreuse que par sa fraîcheur. Une belle réussite ! ★★★ ② ♥

Oasi Degli Angeli

Kurni est le morceau de bravoure du couple Eleonora Rossi et Marco Casolanetti. Une démonstration brillante de ce que peut donner le cépage montepulciano lorsqu'il profite d'une viticulture en biodynamie, de rendements limités et de vinifications maîtrisées.

Kurni 2006, Marche • (11073993) 139 $
Bien sûr, ce vin quasi extrême (17,3 % d'alcool), qui fait l'objet d'un élevage de 200 % en fût de chêne neuf, ne joue pas dans la subtilité et s'impose plutôt par son intensité aromatique et sa sucrosité en bouche. Malgré tout, on est loin des bombes fruitées modernes. Une concentration tannique bien dosée apporte au vin toute la structure nécessaire à son équilibre et laisse entrevoir un excellent potentiel de vieillissement. Coûteux, mais c'est le prix à payer pour un vin « haute couture ». ★★★★ ③ Ⓢ

Umani Ronchi

Avec une production annuelle de plus de quatre millions de caisses, l'entreprise de la famille Bernetti est une dynamo pour la viticulture des Marches.

Cumaro 2007, Conero, Riserva • (710632) 28,35 $
Coloré, délicieusement fruité et mettant à profit l'originalité et la fougue naturelle du cépage montepulciano. Le 2007 est expressif, plein de sève et de mordant, avec une juste dose d'acidité qui accentue son caractère sauvage et ses saveurs de cannelle. Déjà excellent, mais il a tous les atouts pour gagner en nuances au cours des cinq prochaines années. ★★★★ ③

San Lorenzo 2008, Rosso Conero • (397174) 16,45 $
À prix d'aubaine, quelle belle façon de découvrir le charme fougueux du cépage montepulciano. À la fois corsé et enrobé d'un grain fruité généreux ; plein en bouche et plein de tonus. Son allure méridionale et son caractère juste assez rustique ne manquent pas d'attrait. ★★★ ② ♥

Medoro 2009, Sangiovese, Marche • (565283) 11,55 $
Aucun fléchissement pour ce Sangiovese courant. Droit, assez nourri et relevé des saveurs franches de fruits noirs. Avec des pâtes, un soir de semaine, c'est le bonheur au quotidien. Le 2009 se présente actuellement avec un léger reste de gaz et pourrait gagner à être passé en carafe. ★★★ ② ♥

Plenio 2007, Verdicchio dei Castelli di Jesi • (11294884) 22,85 $
Cet excellent Verdicchio profite d'une vinification partielle en fût de chêne et d'un élevage de 18 mois, comme le commande la dénomination Riserva. Plus vineux que d'autres et porté par une texture riche et onctueuse, mais non moins savoureux et équilibré. ☆☆☆☆ ② ♥

Casal di Serra 2010, Verdicchio dei Castelli di Jesi • (10254725) 16,70 $
Manque un peu de tonus. Revoir notes du passé. Pas de gaz, bon équilibre, acidité. ☆☆☆ ②

Jorio blanc 2007, Marche • (11573218) 16,45 $
Assemblage de verdicchio, de chardonnay et de sauvignon blanc technologique, mais frais et bien fait. Vif et correctement aromatique. ☆☆☆ ②

Verdicchio dei Castelli di Jesi 2009 • (10544790) 11,40 $
Au répertoire général, ce bon vin léger comporte un léger reste de gaz qui accentue ses saveurs fruitées. À ce prix, rien à redire. ☆☆ ② ♥ Ⓒ

Velenosi

Le domaine d'Angela et Ercole Velenosi est une étoile des Marches. On y produit une douzaine de vins différents, dont la qualité générale est assez bonne. Seul bémol : plusieurs de leurs bouteilles sont inutilement lourdes.

Ludi 2007, Offida Rosso • (11295060) 40 $
Produit pour la première fois en 1998, ce vin coloré, opaque et plein en bouche est habilement boisé et tourné pour faire de l'effet. Composé de montepulciano, de cabernet sauvignon et de merlot, il est appuyé par une charpente assez solide et pourrait s'affiner au cours des cinq prochaines années. Arrivée prévue au début de l'année 2012. ★★★→? ③

Roggio del Filiare 2007, Rosso Piceno • (10268326) 30,50 $
Un peu mieux équilibré que le 2006 commenté l'an dernier, mais néanmoins rustique et trop austère et rugueux pour être vraiment agréable à boire. Qualité douteuse pour un vin de ce prix. ★★→? ③

Il Brecciarolo Gold 2007, Rosso Piceno • (11155542) 22,65 $
Bon gros verre de vin généreux, au nez concentré d'accents de confiture ; joufflu et ponctué d'une légère amertume qui rehausse les saveurs primaires de fruits. ★★★ ②

Il Brecciarolo 2008, Rosso Piceno • (10542647) 13,95 $
Une mention spéciale pour cet habile assemblage de montepulciano et de sangiovese, à la fois juteux, charnu, gourmand et accentué de savoureux parfums d'épices. Une occasion économique de découvrir cette appellation peu connue des Marches italiennes. ★★★ ② ♥

Vigna Solaria 2010, Falerio • (11155032) 14,95 $
Trebbiano, peccorino et passerina. Reste de gaz, plus vineux, finale un peu saline qui rehausse ses parfums floraux. ☆☆☆ ② ♥

Pecorino 2010, Offida • (11155673) 14,80 $
Un peu moins de tonus, plus unidimensionnel, avec des notes florales charmeuses. ☆☆ ②

Verdicchio dei Castelli di Jesi Classico 2010 • (11155665) 13,55 $)
Bon vin blanc sec, quelque peu lessivé par l'usage de la technologie. ☆☆ ②

Abruzzes

Castorani

Situé près de Pescara, le domaine du pilote de Formule 1 Jarno Trulli produit des vins modernes, aptes à séduire un large public.

Jarno 2005, Colline Pescaresi • (10463025) 62,75$
Version abruzzaise de l'Amarone, ce 2005 est fait de raisins cueillis en octobre et partiellement mis à sécher pendant 50 jours, dans une salle équipée de la plus récente technologie et conçue spécialement pour l'élaboration de ce produit hors norme. Mûr, ample et riche en saveurs de fruits confits, mais à la fois doté d'une attaque en bouche franche et d'une solide poigne tannique qui le rendent fort agréable. Encore jeune et capable de se bonifier au cours des trois prochaines années. ★★★→? ②

Amorino rouge 2006, Montepulciano d'Abruzzo • (11131778) 23,25$
Assemblage de syrah, de cabernet sauvignon, de merlot et de montepulciano. Vin passablement charnu, fringant et savoureux avec ses tonalités de fruits sauvages. À boire au cours des trois prochaines années. ★★★ ②

Montepulciano d'Abruzzo 2004 • (10383113) 29,90$
Attendri par l'âge, celui-ci est mûr, ouvert, fondu et généreux, sans être réellement profond. Avec sa texture veloutée mais concentrée, il s'inscrit dans la veine des bons vins modernes des Abruzzes. ★★★ ②

Majolica 2009, Montepulciano d'Abruzzo • (10754252) 12,90$
Ce vin populaire, inscrit au répertoire général, semble particulièrement concentré en 2009. Très coloré, avec juste ce qu'il faut d'aspérités tanniques pour encadrer sa masse fruitée généreuse, aux accents de noyaux de cerises. ★★★ ② ♥ Ⓒ

Lolita 2008, Colli Pesaresi, Abruzzes • (10859599) 14$
Bon vin rouge souple et coulant qui mise avant tout sur l'expression fruitée juvénile du cépage montepulciano. À servir autour de 14 °C. ★★★ ② ♥

On trouve également des vins de ce producteur en importation privée. Ⓘ

Farnese

Cinque Autoctoni, Edizione 10 • (11096917) 32,75$
Présenté dans une bouteille inutilement massive, cette cuvée numérotée et non millésimée est une composition ambitieuse de cinq variétés autochtones – montepulciano, primitivo, sangiovese, negroamaro et malvasia nera – cultivées dans les régions méridionales des Pouilles et des Abruzzes. Comme l'an dernier, aucun enthousiasme pour ce vin tapageur, doté d'une attaque sucrée et maquillé de senteurs vanillées. Un vin à l'image de son contenant : lourd et encombrant. ★★→? ②

Don Camillo 2010, Terre di Chieti • (10946326) 16,45$
La même note pour ce vin technologique et prévisible, attendu au printemps 2012 dans les succursales SAQ Dépôt. ★★ ②

Illuminati

Depuis qu'il est à la direction de ce domaine situé dans le nord des Abruzzes, aux limites des Marches, Dino Illuminati a pris tous les moyens pour améliorer la qualité des vins.

Pecorino 2009, Colli Aprutini • (11355851) 15,75 $
En plus d'une vaste gamme de vins rouges, l'entreprise élabore un très bon vin blanc qui met en relief l'originalité aromatique du cépage local pecorino. Rond, frais et charmeur. ☆☆☆ ② ♥

Riparosso 2009, Montepulciano d'Abruzzo • (10669787) 13,65 $
Plus modeste, ce vin inscrit au répertoire général est assez fruité et ponctué de notes épicées. ★★ ② Ⓒ

Masciarelli

Décédé en 2008 à l'âge de 53 ans, Gianni Masciarelli était l'un des hommes forts des Abruzzes. Ses cuvées haut de gamme comptent parmi les plus achevées de la région.

Marina Cvetic 2006, Montepulciano d'Abruzzo • (10863766) 27,55 $
Baptisée du nom de sa femme et collaboratrice d'origine serbe, la gamme Marina Cvetic compte quatre vins, dont cet excellent Montepulciano qui fait preuve d'une élégance peu commune. Sa fraîcheur, ses tanins à la fois droits et suaves et sa finale vaporeuse aux accents de fleurs laissent en bouche une impression très harmonieuse. ★★★★ ② ♥

Villa Gemma 2003, Montepulciano d'Abruzzo • (10863782) 76,25 $
Une couleur profonde, un nez dense et compact; des saveurs intenses et des tanins serrés lui confèrent beaucoup de tonus et de consistance. Très distingué et encore jeune, il conservera toute sa richesse pendant plusieurs années. Encore disponible en très petites quantités dans le réseau. Dégusté pour la dernière fois en septembre 2010. ★★★★ ② ▼

Montepulciano d'Abruzzo 2008 • (10863774) 15,25 $
Le vin courant de la propriété mise avant tout sur la vigueur du cépage montepulciano qui met en valeur ses parfums de fruits noirs et d'épices. Simple, mais bien fait. ★★★ ②

Umani Ronchi

Dans les hauteurs des collines abruzzaises, la maison Umani Ronchi produit ce vin gourmand et coloré auquel le cépage montepulciano confère un caractère distinct.

Jorio 2009, Montepulciano d'Abruzzo • (862078) 16,70 $
Fruité, fougueux et rustique comme il se doit, ce vin a beaucoup de personnalité pour le prix. À boire jeune et à servir autour de 15 °C. ★★★ ② ♥

Tajano 2009, Montepulciano d'Abruzzo • (11372918) 14,95 $
Un peu plus modeste et flatteur, ce vin nouvellement inscrit au répertoire général de la SAQ est à retenir avant tout pour sa masse fruitée généreuse, agrémentée des saveurs poivrées. ★★★ ② ♥ Ⓒ

Valle Reale

Valle Reale figure parmi les grands noms de la viticulture abruzzaise.

San Calisto 2007, Montepulciano d'Abruzzo • (11046717) 40$

Ce vin est confectionné selon une recette connue, qui mise sur des raisins très mûrs et un élevage prolongé en fût de chêne neuf. Résultat : un vin dessiné à gros traits dans lequel tout semble réuni, mais à la puissance dix... Plus imposant qu'élégant, même si l'acidité vive, la charpente tannique et les saveurs concentrées de fruits noirs forment un certain équilibre. Laissons-le reposer un an ou deux, le temps de tempérer ses ardeurs. ★★★→? ③

Zaccagnini

La Cuvée dell'Abate 2009, Montepulciano d'Abruzzo, Salis Castrum • (908954) 16,90$

Ce vin généralement souple, coulant et facile à boire adopte un caractère étonnamment dense, concentré et structuré en 2009. Pour l'apprécier pleinement dès maintenant, il est avisé de le passer en carafe une heure avant de le servir. Les amateurs plus patients peuvent aisément le laisser reposer en cave quelques mois, le temps de modérer sa fougue juvénile. ★★★ ② ♥

D'AUTRES VINS ROUGES DE QUALITÉ MOYENNE ★★

Bosco, Nestore ; Pan 2006, Montepulciano d'Abruzzo
(907436) 20,15$

Farnese, Casale Vecchio 2010, Montepulciano d'Abruzzo
(10921276) 13,60$ Ⓒ

Sangiovese 2010, Terre di Chieti
(10669331) 9,35$ Ⓒ

Monregale, Montepulciano d'Abruzzo 2009
(11374374) 14,75$

• • • dans le monde du vin • • •

DES CÉPAGES ORIGINAUX

Las du chardonnay et du sauvignon? Une expédition dans le sud de l'Italie représente un dépaysement garanti, grâce à des cépages autochtones jalousement préservés par les viticulteurs de Campanie et de Sicile. **Fiano** : cépage classique de Campanie (Fiano di Avellino) qui donne des vins légers et délicatement aromatiques. **Greco di Tufo** : variété de Campanie donnant des vins étoffés au caractère affirmé, et à boire jeunes préférablement. **Falanghina** : cépage souvent utilisé pour le Lacryma Christi. Son acidité marquée apporte fraîcheur et vitalité. **Inzolia** : principal cépage blanc de Sicile. Cultivé avec rigueur et aux bons endroits, il donne des vins vineux et relevés. **Grecanico** : autre cépage sicilien typique apprécié pour son caractère aromatique et original.

Latium

Falesco

Les frères Riccardo et Renzo Cotarellla ont développé ensemble la marque Falesco, un projet expérimental qui couvre près de 400 hectares de vignes en Ombrie et dans le Latium.

Montiano 2008, Lazio • (728758) 39,75$
Exclusivement issu de merlot, ce vin est coloré, compact, riche en fruit mûr et servi par l'usage de la barrique, qui ajoute à sa tenue en bouche et l'assaisonne de parfums vanillés et chocolatés. Peut-être gagnera-t-il en nuances au cours des prochaines années, mais pour le moment, j'ai peu d'affinités avec ce vin imposant, de style plus international qu'italien. ★★→? ③

Ferentano 2008, Lazio • (10782085) 24,40$
Sans être spécialement dépaysant, ce vin blanc sec fait de roscetto est nourri par un élevage en barrique qui lui donne une certaine envergure en bouche et des notes beurrées un peu convenues. Encore jeune, il se révélera peut-être avec plus de subtilité dans quelques années. ☆☆☆ ③

DEUX AUTRES VINS ROUGES DE QUALITÉ MOYENNE ★★

Fontana di Papa, Calathus 2008, Castelli Romani
(10782051) 13,85$

Poggio del Cardinale, Syrah-Montepulciano 2009, Lazio
(11315420) 13,95$ Ⓒ

Campanie

Mastroberardino

Cette entreprise familiale a joué un rôle déterminant dans la préservation des cépages autochtones de Campanie.

Cento Trenta 1999, Riserva, Taurasi • (11355771) 54,25$
Pour souligner son 130e anniversaire, l'entreprise a produit une cuvée spéciale composée exclusivement d'aglianico et issue d'un excellent millésime dans la région. Le résultat est remarquable. Sa forte personnalité, son intensité et son équilibre naturel illustrent très bien les vertus de ce cépage unique, l'un des plus originaux du sud de l'Italie. Juste assez de structure et de poigne, des notes d'épices et une finale minérale aux accents de graphite et de cèdre. À point, mais encore en très bonne forme. ★★★★ ② ▼

Pouilles

Pervini

I Monili 2010, Tarantino Primitivo • (577684) 10,15 $
Ce vin des Pouilles ne connaît aucun fléchissement et demeure l'exemple même d'une boisson quotidienne : fringant, digeste, original et offert à prix d'aubaine. ★★★ ② ♥

Rivera

La famille De Corato est l'un des leaders de cette appellation des Pouilles.

Nero di Troia 2007, Violante, Castel del Monte • (11451923) 17,50 $
On se régale pour pas cher avec ce vin généreux et relevé de savoureux parfums de réglisse et de violette. Parfait exemple de l'adaptation des cépages autochtones au climat chaud des Pouilles. Quatre étoiles pour l'originalité et la pureté de ses saveurs, plus que pour sa profondeur. ★★★★ ② ♥

Il Falcone 2006, Riserva, Castel del Monte • (10675466) 24 $
Ce vin typiquement méditerranéen est majoritairement composé de nero di troia – une variété propre à Castel del Monte – et nourri par un élevage de 12 mois en fût de chêne français qui ajoute à son étoffe tannique et lui confère de jolis parfums d'épices. Toujours ample, équilibré et assez corsé. Un peu plus de profondeur, et c'était quatre étoiles. ★★★→? ②

Taurino Cosimo

Cosimo Taurino a été un pilier de la viticulture des Pouilles. Son fils Francesco assure aujourd'hui la relève et signe de très bons vins, témoins éloquents des progrès accomplis dans le sud du pays.

A64 2004, Salento • (11355835) 25,30 $
Les amateurs du Notarpanaro, souvent primé dans *Le guide du vin*, seront en terrain connu avec cette cuvée composée essentiellement de negroamaro. Une petite proportion (15 %) de cabernet sauvignon ne nuit en rien à son identité régionale et ajoute au vin une poigne supplémentaire qui crée un ensemble harmonieux et parfaitement désaltérant, malgré ses 14,5 % d'alcool. Beaucoup de vin dans le verre, pour le prix. Excellent ! ★★★★ ② ♥

Notarpanaro 2004, Rosso del Salento • (709451) 19,55 $
Tout aussi savoureux que le 2001, lauréat d'une Grappe d'or dans *Le guide du vin 2009*, cet assemblage de 85 % de negroamaro et de malvasia nera illustre brillamment l'acclimatation des cépages indigènes à leur terroir. Copieusement nourri par le soleil méditerranéen, charpenté et pourtant rassasiant de fraîcheur. Excellent, surtout s'il est servi légèrement rafraîchi autour de 15 °C. ★★★★ ② ♥

Tenute del Sole

Negroamaro 2008, Salento • (11253960) 15,75$
Typique des bons vins rouges du sud de l'Italie, par ses arômes un peu rustiques et par sa tenue en bouche à la fois chaleureuse et fringante. Rien de complexe, mais distinctif et abordable. ★★★ ② ♥ Ⓒ

Tormaresca

Déjà omniprésente en Toscane et en Ombrie, la famille Antinori a développé cet important domaine dans les Pouilles avec l'intention de sauvegarder les cépages autochtones de la région. Deux belles invitations à découvrir un visage différent du vin italien.

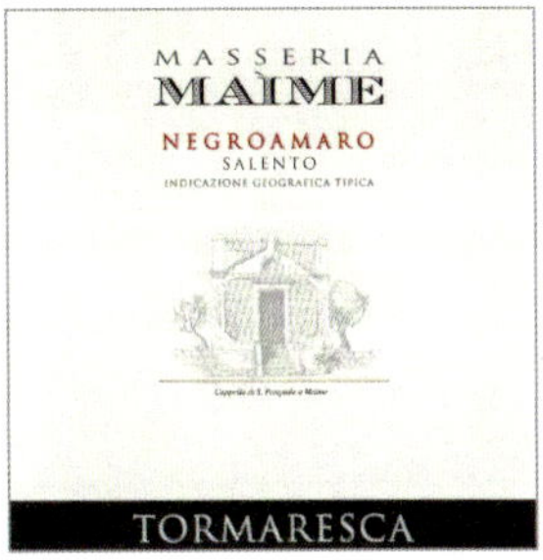

Masseria Maime 2007, Salento • (10675386) 29,90$
Ce vin composé exclusivement de negroamaro est particulièrement complet en 2007. Beaucoup d'envergure et une race affirmée. Sa finale chaleureuse et persistante est nourrie de notes florales distinguées. Quatre étoiles pour une expression très achevée du negroamaro. Savoureux! ★★★★ ②

Trentangeli 2009, Castel del Monte • (11355843) 22,90$
Fruit d'un assemblage d'aglianico (65%), de cabernet sauvignon et de syrah, le Trentangeli est en quelque sorte le second vin du Boca di Lupo. Bien qu'il se signale d'emblée par sa richesse fruitée et son volume aromatique, le vin demeure parfaitement digeste et équilibré. Juste ce qu'il faut de poigne tannique et une légère amertume en finale, qui ajoute à sa personnalité. Un achat avisé à ce prix. ★★★→? ③

Torcicoda 2008, Primitivo, Salento • (10542073) 19,80$
Dans un registre plus moderne, ce 2008 est rond, très coloré et assaisonné d'accents vanillés rudimentaires. Malgré tout, il présente une tenue en bouche notable et un certain caractère. ★★→? ②

Torcicoda 2009, Primitivo, Salento • (10542073) 19,80$
Nettement plus harmonieux. Ses aspérités tanniques encadrent une chair fruitée généreuse et donnent de l'élan à ses bons goûts de fruits sauvages et d'épices. L'un des bons vins de primitivo dégustés cette année. À boire entre 2012 et 2016, au moins. ★★★→? ②

Torre Quarto

Au cours des dernières années, Stefano Cirillo Farrusi a déployé des efforts considérables pour restaurer ce vignoble créé en 1847 et qui appartient à sa famille depuis les années 1930.

Negroamaro 2007, Sangue Blu, Puglia • (10675933) 16,10$
Rustique, mais fort sympathique, ce vin est riche en saveurs de fruits confits, mais aussi relevé d'une pointe d'amertume qui équilibre le tout. Une quantité importante de sucre résiduel (6,3 g par litre) lui donne des petits airs d'Amarone du Sud. ★★★ ②

D'AUTRES VINS ROUGES DE QUALITÉ MOYENNE ★★

A-Mano, Primitivo 2006, Puglia
(908079) 14,45$

Leonardo, Luigi; Primitivo 2009, Salento
(643544) 12,85$ ©

Mezzo Mondo, Negroamaro 2009, Salento
(11254452) 9,95$ ©

Pasqua, Primitivo 2009, Lapaccio, Salento
(610204) 13,95$ ©

Sangiovese 2010, Puglia
(545772) 10,40$ ©

Vigne & Vini, Primitivo 2007, Tatu, Tarantino
(10675992) 15$

Sardaigne

Argiolas

La maison Argiolas est une force de la viticulture sarde et met uniquement à profit des cépages locaux pour produire des vins singuliers, tous élaborés avec soin.

Turriga 2005, Isola dei Nuraghi • (718627) 63,75$
Beaucoup de relief et une identité affirmée dans cette cuvée composée majoritairement de cannonau, auquel s'ajoutent un peu de malvasia nera, de carignan et de bovale. Précis, équilibré, savoureusement méditerranéen et porté par un fil tannique très droit, qui laisse une impression à la fois franche et irrésistiblement gourmande. Quatre étoiles pour le meilleur vin sarde offert à la SAQ. Malheureusement, ce n'est pas donné... ★★★★ ②

Costera 2009, Cannonau di Sardegna • (972380) 18,30$
Plus que jamais en 2009, le Costera met en relief les saveurs généreuses et la richesse du cépage grenache, appelé cannonau en Sardaigne. Affichant 14% d'alcool, pansu, charmeur et pourtant digeste. Le vin idéal pour se réchauffer par une froide soirée d'hiver. Arrivée prévue au début de l'année 2012. ★★★★ ② ♥

Perdera 2009, Monica di Sardegna • (424291) 14,55$
Un autre franc succès pour ce vin sarde dont l'originalité repose sur le cépage monica, une variété ancienne, inconnue ailleurs dans le monde. Plus vigoureux et expressif que d'habitude; gorgé de fruits mûrs, et encore meilleur s'il est servi frais. ★★★ ② ♥

S'elegas 2010, Nuragus di Cagliari • (10675159) 14,80$
Bien que le nuragus – cépage autochtone dont les origines remontent au temps des colonies phéniciennes – soit réputé pour donner des vins insipides et sans grand intérêt, celui-ci est très satisfaisant et bien nourri. Ses saveurs évoquant la pêche sont égayées par une bonne acidité. Une occasion économique de sortir des sentiers battus. Arrivée prévue à la fin de l'année 2011. ☆☆☆ ② ♥

Costamolino 2009, Vermentino di Sardegna • (10675095) 16,55$
Belle interprétation sarde du cépage vermentino. Très sec, pas de bois, bonne acidité; une légère amertume en finale lui donne passablement de tempérament. ☆☆☆ ② ♥

Sella & Mosca

Sella & Mosca est une force majeure de l'industrie viticole sarde.

Cannonau di Sardegna 2007, Riserva • (425488) 16,75$
Ce vin courant composé exclusivement de grenache (localement appelé cannonau) revêt le même caractère vif et rustique, mais à la fois relevé de parfums d'épices qui lui donnent une personnalité affirmée. ★★★ ② Ⓒ

Capocaccia 2006, Sardegna Alghero • (11254268) 16,30$
Vin mince et dénaturé car dominé par le bois. Dommage... ★★ ② Ⓒ

Sicile

Baglio di Pianetto

L'homme d'affaires Paolo Marzotto est parmi les nombreux investisseurs qui ont flairé le grand potentiel vinicole de la Sicile.

Ramione 2007, Nero d'Avola-Merlot, Sicilia • (10675693) 19,20$
Dans la continuité des derniers millésimes, cet assemblage éprouvé de merlot et de nero d'Avola est toujours aussi savoureux, et encadré par un tissu tannique juste assez serré pour assurer sa fraîcheur. Sa finale séveuse et riche en parfums de fruits noirs est accentuée de délicates notes iodées qui lui donnent encore plus de caractère. ★★★★ ② ♥

Nero d'Avola 2008, Sicilia • (11097346) 17,75$
Plus modeste, mais néanmoins fort charmant par son expression fougueuse, ses saveurs gourmandes et son tonus. Juste assez rustique et fort agréable à boire, surtout s'il est servi autour de 15 °C. ★★★ ②

Syrah 2009, Sicilia • (10960734) 17,80$
Plus mûr que d'habitude, doté d'une attaque en bouche quasi sucrée tant la chair est mûre. Néanmoins, il a toute la poigne voulue et conserve un bel équilibre. ★★★ ②

Shymer 2008, Merlot-Syrah, Sicilia • (10859804) 18,45$
Du fruit à revendre, assez charnu, gros et volumineux. Séduisant, à défaut d'être original. ★★★ ②

Cos

Ce domaine phare de Vittoria a été développé dès 1980 par Giambattista Cilia, Cirino Strano et Giusto Occhipinti, l'oncle d'Arianna à qui il a transmis la passion du métier (voir Occhipinti en importation privée). Les vins sont élaborés de la façon la plus naturelle possible.

Cerasuolo di Vittoria 2008 • (11577391) 29,50$
Après plus d'une dizaine d'années d'absence sur le marché québécois, cet assemblage de nero d'Avola et de frappato effectue un retour en force. Plein d'éclat et nourri de jolies saveurs fruitées; sa texture vive, un brin rustique, et son tempérament sauvage ne laissent pas indifférent et ajoutent à son relief en bouche. Racé et parfaitement digeste. Quel agréable dépaysement! ★★★★ ② ♥

Donnafugata

Depuis 1983, Giacomo Rallo a insufflé une énergie et un dynamisme nouveaux à la Sicile. Son succès a incité plusieurs de ses pairs à revoir leurs méthodes désuètes. Aujourd'hui aidé par ses deux fils, il signe une gamme étendue de vins rouge, blanc et liquoreux, dont la qualité est irréprochable.

Mille e una Notte 2006, Contessa Entellina • (10223460) 70,25$
Au sud de Palerme, l'appellation (DOC) Contessa Entellina, créée en 1993, produit parmi les meilleurs vins de l'île. Commenté en 2010, ce 2006 n'avait rien perdu de son caractère vibrant lorsque goûté de nouveau en août dernier. Issu de nero d'Avola à 90%, il distille une plénitude et une authenticité irrésistibles. On a su éviter les excès de concentration pour privilégier l'intensité, la profondeur et l'équilibre. Toutes ces qualités, réunies dans des proportions idéales, donnent un vin quasi envoûtant. Il porte bien son nom! ★★★★ ②

Tancredi 2007, Contessa Entellina • (10542129) 30$
À peine moins étoffé, cet assemblage de nero d'Avola et de cabernet sauvignon brille toujours par son équilibre et par son originalité. Séveux, rassasiant et très complet, son cadre tannique et sa longue finale racée aux accents de tabac et de cèdre sont des gages de longévité. À boire sans se presser au cours des six prochaines années. ★★★★ ②

Sedara 2009, Sicilia • (10276457) 17,95$
Si, par le passé, j'ai parfois trouvé ce vin rustique et sans grand intérêt, je dois avouer que le 2009 est assez bien réussi, avec une matière fruitée généreuse, tonifiée par la vigueur naturelle du cépage local nero d'Avola. À boire maintenant et au cours des trois prochaines années. ★★★→? ② ♥

Angheli 2007, Sicilia • (11097354) 25,20$
Nero d'Avola et merlot. De la mâche, une belle expression fruitée, sur un fond épicé qui évoque la cannelle; juste ce qu'il faut de corps et de vigueur. ★★★ ②

La Fuga 2010, Contessa Entellina • (11580151) 19,95$
Offert à la SAQ à compter de janvier 2012, ce vin, étonnamment, a beaucoup de caractère pour un chardonnay. Pas de goût boisé, mais des saveurs fines, précises et délicates, rehaussées par une pointe d'amertume. Original et désaltérant. ☆☆☆☆ ②

Vigna di Gabri 2010, Contessa Entellina • (11098269) 21,55$
Expression rafraîchissante et raffinée du cépage ansonica, ce vin est un peu moins vineux que le 2009 commenté l'an dernier, mais il se distingue tout de même par son équilibre irréprochable et ses délicieux parfums de fleurs. Excellent! ☆☆☆☆ ② ♥

Polena 2010, Sicilia • (11355704) 18,15$
Une *polena* est une figure de proue, une statue située à l'avant d'un bateau. Fruit d'un assemblage très réussi de cataratto et de viognier, le 2010 est animé d'une acidité supplémentaire qui le rend encore plus savoureux. Pas le plus aromatique, mais fort désaltérant. ☆☆☆ ②

Anthilia 2010, Sicila • (10542137) 16,95$
À prix d'aubaine, cet assemblage d'ansonica – aussi nommé inzolia – et de catarratto est toujours aussi agréable par sa légèreté et son profil aromatique, qui évoque le muscat. ☆☆☆ ② ♥

Pour clore le repas en se sucrant le bec :

Ben Ryé 2008, Passito di Pantelleria • (11301482) 30$ – 375 ml
Produit sur l'île de Pantelleria, au large de la Tunisie, ce vin liquoreux est issu de raisins *passito*, c'est-à-dire passerillés ou desséchés, qui lui donnent une richesse spectaculaire et des goûts de fruits confits irrésistibles. Longue finale chaleureuse et parfaitement équilibrée. Une originalité à découvrir! ☆☆☆☆

Mazzei

La famille Mazzei est aussi active en Sicile, où elle signe depuis peu un excellent vin de nero d'Avola.

Zisola 2008, Sicilia • (10542225) 23,95$
Excellent! À la fois très marqué par la nature exubérante du cépage et la générosité du climat sicilien, mais dessiné avec beaucoup de nuances et doté d'un équilibre irréprochable. Un vin de caractère dont on se régalera entre 2012 et 2015. ★★★★ ② ♥

Morgante

Nero d'Avola 2006, Don Antonio, Sicilia • (10542903) 29,10$
Ce vin issu de vignes de nero d'Avola âgées de 30 ans et plantées à 500 m d'altitude m'a semblé plutôt surdimensionné cette année. Capiteux et enrobé d'une texture tannique gommeuse, qui déploie de puissants arômes de fruits confits. Servir autour 15 °C, sans quoi il paraîtra lourd. ★★→? ②

Nero d'Avola 2010, Scinthili, Sicilia • (11384492) 15,10$
Flatteur par son attaque quasi sucrée, ses tanins souples et sa texture suave. Rien de profond, mais il a tout pour plaire. ★★★ ②

Planeta

Véritable locomotive de la viticulture sicilienne, Planeta regroupe quatre domaines en production dans tout le sud de l'île. Même si l'entreprise a adopté quelques cépages internationaux, elle reste attachée aux variétés indigènes. La qualité générale est très satisfaisante.

Cerasuolo di Vittoria 2009 • (10553362) 23,40$
Assemblage de nero d'Avola et de frappato élaboré dans la région de Vittoria, au sud-est de la Sicile. Vin particulièrement généreux et gorgé de soleil, mais doté d'un bon équilibre. À boire jeune et à servir rafraîchi pour profiter pleinement de son fruit. ★★★★ ② ♥

Syrah 2007, Sicilia • (747097) 37,75$
Du style pansu et poivré typique du cépage rhodanien, bon vin ferme, ample, charnu et généreux, mais sans excès ni rudesse. Agréable, à condition de le servir à 15 °C maximum. ★★★ ②

La Segreta 2009, Sicilia • (898296) 16,70$
Un peu en recul par rapport aux dernière années, moins savoureux, et marqué de notes végétales rustiques. Bouteille défectueuse ? ★★ ②

Alastro 2009, Sicilia • (11034361) 20,70$
Très bon vin blanc composé de grecanico – une variété locale appréciée pour ses vertus aromatiques – et de chardonnay élevé partiellement en fût de chêne français. Le résultat est un vin gras, dont les saveurs de fruits exotiques ne manquent pas de charme. ☆☆☆ ②

Chardonnay 2008, Sicilia • (855114) 37,75$
Bien que le Chardonnay ne soit pas typiquement sicillien, celui-ci est assez bien réussi. Gras, rond et riche en parfums de beurre, attribuables à un élevage en barrique ; assez bien équilibré, mais tout de même prévisible. ☆☆☆ ②

La Segreta 2010, Sicilia • (741264) 16,70$
Une autre belle réussite pour ce vin courant issu de grecanico, de chardonnay, de viognier et de fiano. Suffisamment nourri, parfumé et ponctué d'une amertume en finale qui le rend fort charmant. ☆☆☆ ② ♥

Tasca d'Almerita

Grand nom de la viticulture sicilienne et toujours propriété familiale, Tasca d'Almerita produit des vins de facture traditionnelle.

Nero d'Avola 2008, Lamùri, Sicilia • (11029159) 21,55$
Toujours aussi savoureux, ce vin composé entièrement de nero d'Avola, et qui profite d'un élevage de 10 mois en fût de chêne français, impressionne par sa vigueur et par la pureté de son fruit. À boire avec un plaisir gourmand au cours des cinq prochaines années. ★★★★ ② ♥

Nero d'Avola-Merlot 2005, Camastra, Sicilia • (11031144) 27,25$
Plus cher et moins original que le Lamùri, le Camastra mise avant tout sur le charme facile du merlot. Il déploie une trame tannique à la fois souple et charnue, nourrie de saveurs de fruits confits. ★★★ ②

Regaleali Bianco 2010, Sicilia • (715086) 14,95$
La régularité qualitative de cet assemblage d'inzolia, de cattarrato et de grecanico mérite d'être signalée. Sec, bien servi par l'apport de la technologie et présentant une agréable originalité. ☆☆☆ ② ♥

COMMENTÉS SOMMAIREMENT, D'AUTRES VINS DE SICILE

Botter Carlo, Inzolia 2009, Era, Sicilia
(11015638) 15,60$
Ce vin est issu de l'agriculture biologique. Rien de complexe, mais friand, facile à boire et agréable à l'apéritif. ☆☆ ② ©

Corvo, Sciaranera 2010, Duca di Salaparuta
(10967725) 14,55$
Bon vin suffisamment fruité, vigoureux et charnu. Arrivée prévue au printemps 2012. ★★ ②

Corvo blanc 2010, Sicilia
(061168) 13,40$
Vin blanc technologique ; plus modeste, mais vif et parfumé. ☆☆ ②

Maccari, Nero d'Avola 2009, Saia, Sicilia
(11213474) 27,50$
Assez colossal pour s'imposer dans les compétitions, ce vin présente une épaisseur tannique redoutable et des saveurs confites intenses. Laissons-le reposer en cave pendant quelques années, le temps de tempérer son ardeur juvénile. ★★→? ③

D'AUTRES VINS ROUGES DE QUALITÉ MOYENNE ★★

Casa Girelli, Syrah 2008, Virtuoso, Sicilia
(10675538) 19,95$

Ceuso, Scurati 2009, Sicilia
(10675520) 18,70$

Fazio, Cabernet sauvignon 2006, Sicilia
(741561) 19,05$

Firriato, Santagostino 2008, Baglio Soria, Sicilia
(10327605) 23,95$

Mezzo Giorno, Nero d'Avola-Syrah 2008, Sicilia
(898783) 15,90$

Principi di Butera, Merlot 2008, Sicilia
(10675554) 15,60$

Syrah 2008, Sicilia
(10960161) 18,20$

Rapitala, Nero d'Avola 2010, Sicilia
(928739) 14,10$

Catarratto-Chardonnay 2010, Sicilia
(613208) 13,10$

D'AUTRES VINS ROUGES DE QUALITÉ MOYENNE, INSCRITS AU RÉPERTOIRE GÉNÉRAL © ★★

Botter Carlo, Nero d'Avola 2009, Zonello, Sicilia
(570127) 13,25$

Corvo 2009, Sicilia
(034439) 13,60$

Firriato, Nero d'Avola 2009, Primula, Sicilia
(606368) 10,85$

Mandrarossa, Syrah 2009, Sicilia
(11314996) 13,65$

OCÉAN
ATLANTIQUE
FRANCE
Bordeaux
Golfe
de
Gascogne
GALICE
Rias
Baixas
Rioja
Somontano
Golfe
du
Lion
Navarre
Costers del Segre
Vinho
Verde
Bierzo
Burgos
CASTILLE
ET LÉON
Èbre
CATALOGNE
Penedès
Braga
Douro
Duero
Campo
de Borja
Saragosse
Barcelone
Porto
Douro
Toro
Ribera
del Duero
Calatayud
Tarragone
Cariñena
Montsant
Dão
Rueda
ARAGON
Bairrada
Coimbra
MADRID
Priorat
Tage
PORTUGAL
CASTILLE
LA MANCHE
VALENCE
Valence
Alenquer
Tage
Portalegre
Valence
Utiel Requena
LISBONNE
Alicante
Evora
ESPAGNE
Valdepeñas
Yecla
Alentejo
Guadalquivir
Alicante
Jumilla
Cordoue
MURCIE
Séville
Montilla
Moriles
Faro
Golfe
de
Cadix
Cadix
Jerez
Malaga
GIBRALTAR
Détroit de Gibraltar
MER MÉDITERRANÉE
ALGER
Tanger
Oran
RABAT
Casablanca
ALGÉRIE
MAROC
0
500 km

Péninsule ibérique

Espagne

L'Espagne est un géant : son vignoble est le plus vaste du monde et occupe un peu moins de 15 % de la superficie mondiale plantée. Il y a quelques années, l'État a aussi autorisé un assouplissement des règles de production afin de permettre aux entreprises d'être plus concurrentielles face aux pays du Nouveau Monde.

L'Espagne s'est aussi dotée de tous les atouts nécessaires pour faire face à ses rivaux de toujours, la France et l'Italie. Seule ombre au tableau : les étés caniculaires de plus en plus fréquents. Depuis quelques années, de nombreux scientifiques se penchent sur les conditions climatiques de l'Espagne, que l'on craint de voir se désertifier. Ces derniers préconisent un retour à la viticulture en altitude. Pour l'heure, les vignobles sont plantés à un maximum de 800 m d'altitude. Mais selon Juan Francisco Cacho, professeur à l'Université de Saragosse, cette limite devra être repoussée à 1 100 m d'ici 15 ans. « Les grandes caves, souligne-t-il, sont déjà en train d'acheter des terrains en hauteur. »

Au Québec, l'Espagne se situe au quatrième rang des meilleurs vendeurs, en volume. Le succès des vins espagnols semble toutefois essentiellement attribuable à des produits bon marché. Le prix moyen d'une bouteille vendue au Québec au cours de l'année 2010-2011 était d'environ 9,70 $. C'est bien peu si l'on compare à la France, pour laquelle le prix moyen d'une bouteille vendue se situe autour de 14,90 $.

www.winesfromspain.com

LES CINQ DERNIERS MILLÉSIMES

2010 Rendements réduits dans la Rioja et dans Ribera del Duero en raison des pluies printanières; le beau temps qui a suivi permet d'anticiper des vins solides. Année fraîche dans le Priorat, et plusieurs vins particulièrement harmonieux.

2009 Qualité satisfaisante un peu partout au pays. Très bons vins jugés équilibrés et de belle tenue dans la Rioja. Millésime caniculaire dans Ribera del Duero, où des pluies automnales ont été bénéfiques. Belle récolte dans les Penedès; grande chaleur aussi dans le Priorat où les vins manquent parfois d'équilibre.

2008 Qualité variable causée par un été frais, notamment dans la Rioja et dans Ribera del Duero. Dans ces deux régions ainsi que dans les Penedès, les résultats semblent variables, avec tout de même plusieurs vins satisfaisants.

2007 Récolte déficitaire de 30 % dans la Rioja, mais la qualité s'annonce fort satisfaisante. Grand succès dans les Penedès, des rendements inférieurs à la moyenne, mais des raisins à maturité idéale. Moins de chance dans Ribera del Duero où les vendanges ont eu lieu dans des conditions cauchemardesques; la plus mauvaise récolte depuis 1997.

2006 Millésime globalement favorable dans les principales régions. Beaucoup de bons vins dans la Rioja. Même chose dans les Penedès et dans le Priorat, où la qualité est généralement excellente. Des conditions plus difficiles dans Ribera del Duero, où le moins bon côtoie le meilleur.

en peu de mots

Le goût parfois fortement boisé de certains vins espagnols provient de l'utilisation de bois de chêne américain. Moins coûteux que le bois français, il peut communiquer des senteurs prononcées de vanille et de chocolat.

Le *vino de mesa* est l'équivalent du vin de table français; le *vino de la tierra* est l'équivalent du vin de pays. La *denominacion de origen* est l'équivalent d'une appellation d'origine contrôlée.

Les mentions *crianza*, *reserva* et *gran reserva* font référence au temps de vieillissement:

crianza: de deux à trois ans, dont au moins six mois en fût de chêne;

reserva: minimum de trois ans, dont au moins une année en fût de chêne;

gran reserva: minimum de cinq ans, dont au moins deux années en fût de chêne.

• GALICE •

Adegas Morgadio

La zone de Condado do Tea, voisine de O Rosal, est située sur la rive nord de la rivière Miño, face au Portugal.

Albariño 2010, Legado del Conde, Rias Baixas • (11155403) 20$
Dans un style plus mûr et vineux que d'autres vins de l'appellation, ce vin révèle des tonalités florales charmantes, à défaut d'étoffe réelle. ☆☆☆ ②

Dominio do Babei

Tout comme son voisin Bierzo, cette petite appellation Ribeira Sacra mise sur l'originalité du mencía. La talentueuse œnologue-conseil Sara Pérez exploite le cépage avec finesse et élégance.

Lacima 2005, Ribeira Sacra • (11157265) 72,50$
Son grain tannique serré lui donne passablement de caractère et assure sa fraîcheur en finale. Un franc succès qui se livrera pleinement dans trois ou quatre ans. ★★★→? ② Ⓢ

Godeval

Dans la partie sud-est de la Galice, non loin de Bierzo, l'appellation Valdeorras connaît depuis quelques années une véritable renaissance en raison, notamment, du succès du Godello. Ce cépage blanc indigène, qui était largement répandu dans la région avant la crise du phylloxéra, profite aujourd'hui d'un second souffle grâce à des vignerons comme Horacio Fernandez, qui s'y consacre exclusivement depuis 1985.

Godello 2009, Valdeorras • (11412959) 20,95$
Le 2009 est un bel exemple du genre. À la fois rond, vineux et empreint d'une touche quasi saline qui ajoute une dimension supplémentaire au vin et le rend savoureux et désaltérant. Le vin de terrasse par excellence! ☆☆☆☆ ② ♥

Terras Gauda O Rosal

L'appellation galicienne Rias-Baixas compte cinq zones de production. O Rosal, la plus méridionale, est située aux limites de la frontière du Portugal, sur la rive nord de la rivière Miño.

Rias-Baixas 2010 • (10858351) 22,90$
Ce n'est donc pas un hasard si l'on trouve dans les vins blancs de la région le même caractère sec, vif et fringant des Vinho Verde. Après un 2009 mûr et opulent, le 2010 renoue avec ce caractère vif et désaltérant, rehaussé d'une touche iodée propre aux crus de certaines régions maritimes. ☆☆☆☆ ② ♥

Valdesil

Godello 2009, Valdeorras • (11412941) 22,05$
Ce Godello semblait manquer un peu d'acidité lorsque dégusté cet été. Malgré tout, l'amateur de vin blanc nourri et aromatique appréciera certainement sa vinosité et ses saveurs amples de fruits exotiques. Un bon vin à boire idéalement en mangeant. ☆☆☆ ②

• CATALOGNE •

Abadal

Abadal est un nom important de cette appellation qui couvre à peine 500 hectares, au nord-ouest de Barcelone.

Cabernet-Syrah 2006, 3.9, Pla de Bages • (11463916) 32,50$
Un vin intense, noir comme de l'encre, riche en extraits, mais sans rudesse, avec des saveurs concentrées de fruits noirs. Encore très jeune et marqué par une acidité un peu vive qui dérange légèrement pour le moment. Sa charpente et sa longue finale sont toutefois de bon augure. ★★★→★ ③

Buil & Giné

Javier Buil est la force motrice de ce domaine familial fondé en 1998 dans la prestigieuse région du Priorat.

Baboix 2007, Montsant • (10856355) 22,95$
Quoiqu'un peu plus chaleureux et imposant en 2007, ce bon vin souple, qui mise avant tout sur l'expression suave et gourmande des cépages grenache, carignan, ull de llebre, cabernet sauvignon et merlot, ne manque pas de charme. Encore meilleur s'il est servi frais, après un passage d'une demi-heure en carafe. ★★★ ② ⚗

17-XI 2007, Crianza, Montsant • (11377090) 18,55$
Un élevage de six mois en fût de chêne confère à cet assemblage de grenache, de carignan et de tempranillo des accents de vanille assez prononcés, sur un fond généreux de fruits rouges confits. Chaleureux, mais il a la vigueur nécessaire pour assurer un bon équilibre. ★★★ ②

Giné 2007, Priorat • (11337910) 18,40$
Déjà commenté dans *Le guide du vin 2011*, cet assemblage de grenache et de carignan laissait une impression tout aussi capiteuse et rustique lorsque dégusté en août dernier. Malgré tout, le vin ne manque pas de caractère et se révèle davantage après un passage d'une heure en carafe. ★★→? ② ⚗

Giné 2008, Priorat • (11337910) 19,20$
Vif, vigoureux et animé d'un reste de gaz. Charmant, mais tout de même à court de détails et de finesse. ★★→? ②

Castell del Remei

Cet ancien domaine catalan a été ressuscité durant les années 1980.

Gotim Bru 2008, Costers del Segre • (643858) 17,50$
Cet assemblage de tempranillo, de garnacha, de cabernet sauvignon et de merlot, élevé en fût de chêne américain, ne surprend guère, mais on apprécie la générosité de sa chair fruitée. À boire au cours des trois prochaines années. ★★★ ②

Celler de Capçanes

La coopérative de Capçanes est un moteur principal de Montsant, une appellation créée en 2001 près du Priorat.

Costers del Gravet 2007, Montsant • (898551) 19,05 $
Bien proportionné, franc de goût et empreint de fraîcheur, il mise avant tout sur la structure du cabernet sauvignon, dont il est composé pour moitié. ★★★ ②

Costers del Siurana

Le Miserere est l'un de ces « supervins » créés en 1990 dans le secteur de Gratallops.

Miserere 2004, Clos de l'Obac, Priorat • (962852) 60,50 $
Le 2004 s'inscrit à merveille dans l'esprit de raffinement et d'harmonie des meilleurs crus de l'appellation. Déjà commenté l'an dernier, il est maintenant parfaitement ouvert et à point, et il déploie des parfums invitants de sous-bois et de champignon. Racé, élégant et persistant. À boire au cours des cinq prochaines années. ★★★★ ②

Cusiné, Tomàs

Tomàs Cusiné – la star de Costers del Segre – a développé son propre vignoble à El Vilosell, environ 100 km à l'ouest de Barcelone.

Vilosell 2008, Costers del Segre • (10858511) 21 $
Conçu dans un style moderne, destiné à être bu dès sa commercialisation, ce vin joufflu et gourmand est tout à fait réussi dans son genre. Charmeur et animé d'une fraîcheur enviable. Un peu plus de détails aromatiques et c'était quatre étoiles... ★★★ ②

bon à savoir

La plupart des vins rouges d'Espagne sont prêts à boire dès leur commercialisation. À part quelques exceptions, notamment les gros noms de la Rioja, du Priorat, de Toro et de Ribera del Duero, il n'est pas nécessaire d'attendre des années pour les apprécier.

Le développement accéléré de l'appellation Ribera del Duero fait en sorte que les vins ne tiennent pas toujours leurs promesses. Le meilleur côtoie le quelconque. La signature du producteur doit être le premier critère de choix.

Falset-Marça

Cette importante entreprise viticole de Montsant est née de la fusion des caves coopératives de Falset et de Marça.

Étim L'Esparver 2005, Montsant • (11213087) 49 $
Peut-être jugé sévèrement dans le contexte de la dégustation, cet assemblage de grenache, de syrah et de cabernet sauvignon accusait une certaine sécheresse tannique et une forte acidité qui laissent une impression un peu abrupte en fin de bouche. Il serait intéressant de le déguster à nouveau dans d'autres circonstances. ★★→? ②

Gratavinum

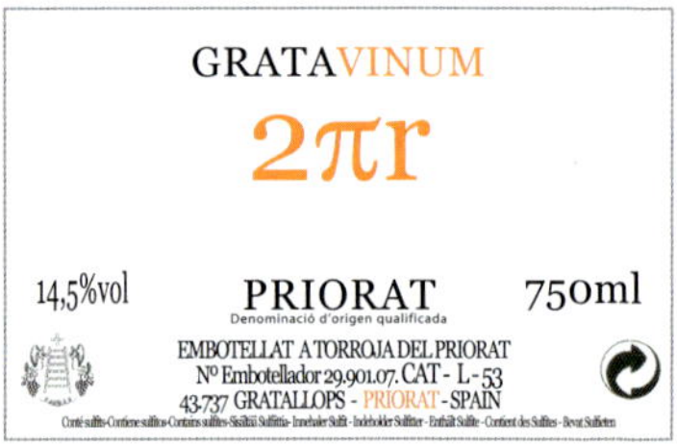

Développée en 2001 dans le secteur de Gratallops, cette *bodega* est le petit bijou de la famille Cusiné de Parés Baltà. Toujours un peu sévère en jeunesse, les vins de Gratavinum révèlent beaucoup d'étoffe et d'élégance après quelques années de vieillissement en bouteille.

2πR 2007 • (11307163) 35 $
Dans le flot de vins exubérants et puissants qui inondent le marché, cette cuvée séduit par sa retenue, son grain tannique très fin et sa précision. Toujours aussi séveux et intense lorsque dégusté de nouveau en août 2011, le vin a juste ce qu'il faut de poigne tannique pour créer un ensemble vibrant. L'un des bons vins du Priorat offerts cette année la SAQ, et pas le plus cher... ★★★→★ ③

GV5 2006, Priorat • (10857711) 65,75 $
Cet assemblage de grenache, de cariñena, de cabernet sauvignon et de syrah habilement élevé en fût de chêne a beaucoup de personnalité. Avec son grain fin, sa sève et sa richesse naturelle. Il s'impose comme l'une des grandes réussites du Priorat. À la fois relevé, élégant, racé et voluptueux. Épatant ! ★★★★ ② ▼

On trouve également des vins de ce producteur en importation privée. IP

Los 800

Le nom de cette entreprise fait allusion aux huit parcelles qui entrent dans la composition de son vin.

Los 800 2007, Priorat • (10860910) 19,05 $
Composée de grenache, de cariñena, de cabernet sauvignon et de syrah, cette cuvée présente un léger reste de gaz qui s'estompe assez rapidement après l'ouverture. Riche en fruit, charnu et relevé. Bon an mal an, c'est l'un des bons vins du Priorat que l'on puisse acheter à moins de 25 $. ★★★ ② ♥

Mas Igneus

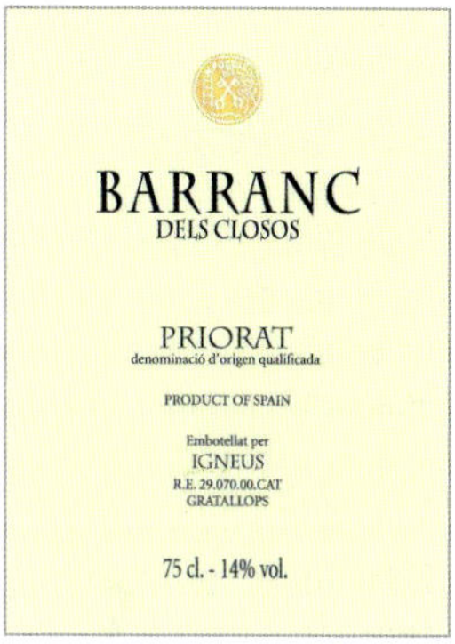

L'œnologue Albet i Noya pratique une viticulture biologique et produit trois vins rouges appelés FA – pour *fusta allier,* élevés en fût de chêne français. Pour les distinguer, on ajoute un numéro indiquant la durée de l'élevage et l'âge des barriques. À titre d'exemple, le FA 206 commenté ci-dessous a été élevé dans des fûts de deux ans (2) pendant six mois (06).

FA 206 2007, Priorat • (10358671) 27,60$
Assemblage de grenache, de carignan, de cabernet sauvignon et de syrah. Très méditerranéen par sa charpente, sa profusion fruitée et ses tanins fermes qui lui donnent beaucoup de fougue et de consistance. Longue finale expressive. ★★★★ ②

Barranc dels Closos 2009, Priorat • (10857999) 22,40$
Plus modeste, mais non moins charmant, ce vin de grenache (75%) et de cariñena est particulièrement mûr et nourri cette année, comme en témoignent ses parfums de fruits confits. Il conserve malgré tout une certaine vitalité, qui ajoute à son caractère et à son tonus. ★★★→? ②

Barranc dels Closos blanc 2009, Priorat • (10857729) 21,65$
En 2009, cet assemblage éprouvé de macabeu (50%), de grenache blanc, de pedro ximenez et de muscat révèle des parfums singuliers d'hydrocarbure qui évoquent les Riesling de la Moselle. Loin d'être un défaut, cette particularité lui donne encore plus de caractère et contribue à sa dimension aromatique. Mûr, ample et pourtant parfaitement sec et équilibré, il a beaucoup à offrir pour le prix. ☆☆☆☆ ② ♥

Sous une étiquette éponyme, Albet i Noya commercialise aussi :

Albet i Noya, Tempranillo 2009, Classic, Penedès • (10985801) 15,95$
Bon vin simple, fruité et facile à boire, auquel des aspérités tanniques bien dosées donnent juste ce qu'il faut de tenue en bouche. ★★★ ②

Mas Martinet

Le Mas Martinet est parmi les domaines de la première heure créés dans le mythique secteur de Gratallops au cœur du Priorat. Propriété de José Luis Pérez et de sa fille Sara, elle-même œnologue, le Mas Martinet couvre 10 hectares et ne produit que 3000 caisses par an.

Clos Martinet 2005, Priorat • (10860899) 72,50$
Le grand vin du domaine est issu de grenache, de syrah, de carignan et de cabernet sauvignon dont les rendements sont limités à 20 hectolitres à l'hectare. Le 2005 s'affirme davantage par son grain fruité chaleureux et par sa puissance que par sa complexité aromatique. Ample et volumineux, à boire entre 2012 et 2015, au moins. ★★★→? ③

Martinet Bru 2006, Priorat • (11155454) 36$
Nettement moins cher, il n'a toutefois rien d'une aubaine. Capiteux et concentré, mais un peu rudimentaire et marqué de senteurs rustiques. ★★ ② ▼

Palacios, Alvaro

Dans les montagnes du Priorat, Alvaro Palacios est une superstar de la viticulture espagnole.

Gratallops 2007, Priorat • (11337936) 54 $
Des vignes de carignan, de grenache et de cabernet sauvignon, cultivées en biodynamie et soumises à de petits rendements, donnent à sa cuvée Gratallops une envergure digne de mention. Un vin large qui en met plein la bouche avec une charge tannique imposante, des parfums confits exubérants et un usage calculé de la barrique. Très bien dans son genre, mais le tout manque cependant de subtilité... ★★★→? ② ▼

Parés Baltà

Grâce aux efforts constants de la famille Cusiné, ce domaine historique a énormément progressé au cours des vingt dernières années. La responsabilité technique relève aujourd'hui des épouses de Joan et Josep Cusiné, qui élaborent une vaste gamme de vins et de *cava*.

Calcari 2009, Xarello, Penedès • (11377225) 17,10 $
Le cépage catalan xarello – notamment utilisé dans l'élaboration de *cava* – tire des sols calcaires de la région une sève et un caractère aromatique peu communs pour un vin de ce prix. Pas de bois, mais une texture vibrante et un charme irrésistible. Quel bonheur ! ☆☆☆☆ ② ♥

Mas Elena 2008, Penedès • (10985763) 17,80 $
Issu de l'agriculture biologique, un vin rouge savoureux qui prouve que l'Espagne peut aussi donner des vins fins, équilibrés et digestes. Aucun arôme confit ni goût boisé, mais beaucoup de vigueur et de saveurs de fruits frais. Une excellente note pour sa fraîcheur exemplaire. ★★★★ ② ♥

Simó, Joan

Sentius 2006, Priorat • (11413644) 31,75 $
Sur les coteaux d'ardoise de la propriété ancestrale, Gerard Batllevell Simó produit un très bon vin rouge typique du Priorat, tant par sa composition que par ce mélange harmonieux de richesse et de vigueur tannique. En prime, une texture charnue qui tapisse la bouche et des parfums invitants de fruits mûrs. Un vin encore jeune et vigoureux qui devrait continuer de se développer jusqu'en 2015, au moins. ★★★→? ②

Torres

Avec 1850 hectares de vignes et une production annuelle d'environ 40 millions de bouteilles, la famille Torres exerce sans relâche un rôle de locomotive pour la viticulture espagnole, notamment par ses investissements importants dans la recherche et le développement, et par son implication dans différents projets de protection de l'environnement et du patrimoine naturel.

Pinot noir 2009, Mas Borràs, Penedès • (856039) 32,75$
Pas le plus volubile ni le plus nuancé des Pinot mais sa texture à la fois charnue et chaleureuse caresse le palais et laisse une impression très rassasiante. Au moins aussi bon que bien des Pinot noir du Nouveau Monde. Il est possible qu'il s'exprime avec plus de détail d'ici deux ou trois ans. ★★★→? ③

Nerola 2008, Catalunya • (10359252) 20,25$
Issu de l'agriculture biologique, ce vin combine les vertus de la syrah, qui lui confère des parfums poivrés, et du monastrell (mourvèdre), qui contribue à son tonus, à son caractère et lui donne des petits airs de vins du Rhône méridional. Très bien dans son genre. ★★★ ②

Gran Coronas 2007, Reserva, Penedès • (036483) 19,95$
Fidèle à lui-même, ce Cabernet de forme très classique est charnu, savamment boisé et porté par une assez belle étoffe tannique. Pas d'effet spectaculaire, mais un vin sincère qui offre toujours le même plaisir digeste. ★★★→? ② Ⓒ

Coronas 2008, Catalunya • (029728) 13,95$
Tempranillo et cabernet sauvignon donnent toujours le même bon vin de table franc, net, droit et digeste. Comme toujours, une valeur sûre au rayon des produits courants. ★★★ ② ♥ Ⓒ

Sangre de Toro 2009, Catalunya • (006585) 12,95$
Cet assemblage de grenache et de carignan offre de nouveau toute la chair fruitée, la vigueur et l'élan aromatique de la jeunesse. ★★ ② ♥ Ⓒ

Atrium 2009, Merlot, Penedès • (640201) 15,95$
De facture plus internationale, un vin moderne, rond et flatteur, destiné à plaire à un vaste public. ★★ ② Ⓒ

Fransola 2009, Penedès • (10270047) 25,25$
Ce savoureux vin blanc présente une feuille de route impeccable depuis sa création. Sans surprise, les habitués y retrouveront les parfums caractéristiques de fruits tropicaux, auxquels l'élevage en fût de chêne apporte de jolies tonalités de noix de coco, ainsi qu'une agréable vinosité. Quatre étoiles bien méritées pour sa constance au fil des ans. ☆☆☆☆ ② ♥

Gran Vina Sol 2010, Chardonnay, Penedès • (064774) 16,95$
Chardonnay et parellada. Vin coulant, facile à boire, agrémenté de saveurs exotiques et doté d'une certaine vinosité, attribuable à une fermentation partielle en fût de chêne. ☆☆☆ ②

Vina Sol 2010, Catalunya • (028035) 11,95$
La régularité de ce vin blanc aromatique composé de parellada mérite une mention spéciale. Vif et désaltérant. ☆☆ ② ♥ Ⓒ

Vina Esmeralda 2010, Catalunya • (10357329) 14,95$
Cocktail d'inspiration alsacienne composé de moscatel et de gewurztraminer. Une dose perceptible de sucre rehausse les arômes naturels des cépages, mais sans lourdeur. À servir très frais à l'apéritif. ☆☆☆ ②

Natureo 2009, Muscat, Vin d'Espagne • (11334794) 9,05$
Vin blanc désalcoolisé. Vif, très parfumé, pas trop sucré, vigoureux.

Vall Llach

En Catalan, «embruix» signifie «enchanter», au sens magique du terme. Avec raison, puisque les vins de Vall Llach ne laissent vraiment pas indifférent.

Embruix 2006, Priorat • (10508131) 33,75$
À l'opposé des vins espagnols standardisés et prévisibles, cet assemblage de garnacha, de cariñena, de cabernet sauvignon, de merlot et de syrah s'impose par sa forte personnalité, par sa vigueur et surtout par l'éclat de ses parfums d'épices et de fruits sauvages. Un vin vibrant, très original, juste assez structuré et apte à se bonifier au cours des dix prochaines années. ★★★→★ ③

Venus la Universal

En affaires comme dans la vie, Sara Pérez et René Barbier fils forment un duo d'enfer.

Dido 2008, Montsant • (11376994) 23,85$
Dans l'appellation Montsant, le duo produit notamment ce brillant assemblage de grenache, de merlot, de cabernet sauvignon et de syrah, dont les saveurs de fruits sauvages sont portées par des tanins fins et serrés, qui assurent sa fraîcheur et donnent au vin un trait digeste tout à fait enviable, malgré une richesse alcoolique de 14%. Un peu rustique et brouillon à l'ouverture, un passage en carafe d'une bonne demi-heure lui permettra de se révéler davantage. ★★★★ ② ♥ ▼♙

COMMENTÉS SOMMAIREMENT, D'AUTRES VINS DE CATALOGNE

Celler Piñol, Sacra Natura 2006, Terra Alta
(10985771) 22,10$
Un vin de cariñena, de merlot, de cabernet sauvignon, de syrah et de tempranillo; ample et bien proportionné, aux tonalités franches et précises de fruits des champs. ★★★ ②

Ludovicus 2009, Terra Alta
(11096909) 14,30 $
Correct, mais surtout prévisible. ★★ ②

Jaspi, Negre 2008, Montsant, Coca i Fito
(11387351) 17,60$
Assemblage de grenache, de carignan, de cabernet sauvignon et de syrah, élevé pendant trois mois en fût de chêne. À la fois riche, vigoureux et plein d'éclat aromatique. Un peu prévisible et technologique, mais bien fait dans un genre pansu. ★★★ ②

Laurona, 6 Vinyes de Laurona 2003, Monstant
(10855811) 58,50$
Un vrai vin du Sud, passablement structuré, charnu et chaleureux, presque confit; moderne, flatteur et chaleureux, à défaut de raffinement. ★★★ ② ▼ IP

• RIOJA •

Bodegas Riojanas

Fondée en 1890, cette *bodega* fait partie des classiques de la Rioja. Elle reste attachée à un style à l'ancienne.

Monte Real 2004, Reserva, Rioja • (856005) 28,05 $
Déjà ouvert et à point, un bon vin franc, dont l'attaque souple et les tanins fondus ont un certain charme. L'amateur du genre aimera son allure dépouillée. À boire entre 2012 et 2015. ★★★ ②

Bodegas y Vinedos Artadi

Figure très connue de la Rioja, Juan Carlos Lopez de la Calle a développé un projet dans la région d'Alicante où il cultive principalement du monastrell (mourvèdre).

Rioja 2006, Vinas de Gain • (701581) 32,50 $
Déjà commentée l'an dernier, cette cuvée élaborée exclusivement avec des vignes de plus de 25 ans s'inscrit dans la veine des bons Rioja modernes. Très mûr, solidement constitué et animé par une acidité bien dosée, sa texture veloutée et riche en goût de fruit révèle des saveurs franches d'épices. Encore jeune, il sera à son apogée dans quelques années. ★★★→? ② ▼

Finca Valpiedra

Propriété de Martinez Bujanda, le domaine de Finca Valpiedra est conçu à la manière d'un château bordelais. Ce vaste vignoble, planté il y a une trentaine d'années sur un coteau caillouteux au bord de l'Ebro, est devenu le porte-étendard de cette grande entreprise. On y produit à grande échelle, un vin très représentatif du Rioja moderne.

Reserva 1996, Rioja • (11427069) 37,75 $
Encore jeune et coloré, avec un nez assez complexe mariant le fruit sec et le sous-bois. Une belle charpente tannique empreinte de finesse et de fraîcheur et une matière fruitée étonnamment nourrie pour un vin de cet âge. Même s'il commence à montrer des signes d'évolution, rien ne presse et ce vin gagnera sans doute en complexité au cours des trois prochaines années. Prix tout à fait mérité pour un Rioja à point. ★★★★ ②

Reserva 1998, Rioja • (11427114) 37,75 $
Plus ouvert ; les tanins paraissent un peu asséchés, les notes primaires de fruit ont commencé à s'estomper et des goûts de torréfaction, de pruneaux et de caoutchouc prennent maintenant le dessus. À boire sans trop attendre. ★★★ ②

Reserva 2001, Rioja • (11427173) 37,75 $
Un vin d'envergure, puissant et vigoureux ; son style ferme, à la fois strict et généreux lui donne beaucoup de caractère et de présence en bouche. Pas du tout racoleur, il se distingue par sa forme à la fois stricte et très pure. Bon vin solide, apte à se bonifier au cours des dix prochaines années. ★★★→★ ③

Reserva 2004, Rioja • (11427245) 37,75 $
Les deux bouteilles dégustées avaient un défaut au nez. Malgré tout, la texture en bouche est assez élégante et le tissu tannique suave, charnu et velouté ne manque vraiment pas de charme. Il serait intéressant de le déguster de nouveau d'ici quelques mois. ★★→? ③

Ijalba

Cette cave dynamique de Logroño s'est donné pour mission de préserver le patrimoine viticole de la Rioja en y réintroduisant des variétés telles le graciano et la maturana tinta, que l'INDO – équivalent de l'INAO français – avait fait arracher au profit du populaire tempranillo.

Reserva Seleccion Especial 2001, Rioja • (705103) 47,25 $
Produit exclusivement dans les grandes années – quatre millésimes seulement depuis 1990! –, ce Rioja hors norme affiche une couleur remarquablement jeune, une matière riche et des tanins fins et très mûrs. Intense et pénétrant sans être lourd, ses goûts irrésistibles de réglisse et de fruits rouges laissent en fin de bouche une impression de plénitude. Exquis! ★★★★ ②

Reserva 2006, Rioja • (478743) 19,70 $
Offerte à la SAQ depuis plusieurs années, la cuvée Reserva ne connaît aucun fléchissement en 2006 et exhibe de nouveau toute la chair fruitée et la sève souhaitées. Le tout est encadré par des tanins juste assez solides pour équilibrer l'ensemble et donner au vin une allure harmonieuse. Déjà ouvert, il pourra facilement être apprécié au cours des cinq prochaines années. ★★★★ ②

Graciano 2009, Rioja • (10360261) 19,55 $
En 2009, ce vin généralement charnu et charmeur présente un nez particulier qui mêle les parfums de fruits noirs, de cèdre et de cuir. La bouche est franche et relevée d'une saine acidité, mais aussi marquée par l'apport de la barrique, qui masque un peu les saveurs naturelles du graciano. Sans doute encore trop jeune, il sera intéressant de le goûter de nouveau dans six mois. ★★★→? ③

Genoli 2010, Rioja • (883033) 13 $
Ce vin blanc composé exclusivement de viura charme toujours par sa fraîcheur, sa vitalité et son originalité aromatique. À table comme à l'apéro, on appréciera sa présence en bouche, à la fois friande et pleinement désaltérante. À ce prix, il demeure un *must* estival! ☆☆☆ ② ♥

Lan

Les *aficionados* de Rioja à l'ancienne feront leurs beaux jours avec ce très bon Reserva.

Reserva 2005, Rioja • (11414145) 23,90 $
Savamment boisé, charnu et porté par un tissu tannique à la fois solide et velouté. Déjà ouvert et savoureux, mais si l'on en juge par son équilibre et par sa jolie finale aux accents de fruits mûrs, il a encore de belles années devant lui. À boire entre 2012 et 2015. ★★★→? ② ▼

Marqués de Cáceres

Fondée en 1970, cette maison de la Rioja Alta a toujours façonné des vins équilibrés. Généralement moins boisés que d'autres, charpentés sans être lourds, ils ont été parmi les premiers Rioja à jouer la carte du fruit et de l'harmonie.

Rioja Gran Reserva 2001 • (865535) 38,50 $
L'exemple même d'un excellent Rioja de facture classique, c'est-à-dire sobre, net et équilibré, sans pour autant manquer de matière ni de chair fruitée. Il continuera de se développer favorablement au cours des cinq prochaines années, au moins. ★★★★ ②

Crianza 2007, Rioja • (103887) 17,95 $
Toujours un bon vin quotidien, souple, rond, agrémenté de saveurs confites et facile à boire. ★★ ② ©

Marqués de Murrieta

Fondé en 1872, Marqués de Murrieta est un nom réputé de la Rioja. Des plus grands aux plus modestes, les vins sont des modèles de qualité et de classicisme.

Dalmau 2003, Rioja • (10857577) 93,75 $
Depuis 1995, la famille Cebrián-Sagarriga élabore cette cuvée d'inspiration plus moderne, qui provient d'une petite parcelle du vignoble de Castillo Ygay. Excellent vin au fruit très mûr, mis en valeur par un savant élevage de 19 mois en barrique neuve. Cher, certes, mais infiniment flatteur et stylé. Extra ! ★★★★ ② ▼

Finca Ygay, Gran Reserva Especial 2004, Rioja • (11166647) 47,75 $
Cette cuvée prestigieuse élaborée uniquement dans les meilleurs millésimes – sept fois seulement depuis 1978... – a largement contribué à la renommée de Murrieta. Encore plus structuré et étoffé que le Dalmau, le vin est nourri par un élevage prolongé de 29 mois en fût de chêne américain, qui ajoute à sa dimension et à sa prestance en bouche et lui confère des accents de torréfaction qui s'harmonisent très bien à l'ensemble. À boire idéalement entre 2014 et 2020. Grand style ! ★★★★ ③

Finca Ygay, Reserva 2006, Rioja • (10823166) 25,85 $
Ce vin demeure l'un des modèles dans l'appellation. Séveux, ample et judicieusement boisé, avec une texture caressante et distinguée. Comme toujours, on achète les yeux fermés. ★★★★ ② ♥

Capellania 2006, Rioja blanc • (11463844) 27 $
Murrieta commercialise aussi un vin blanc sérieux issu exclusivement de viura – le cépage local –, élevé pendant 15 mois en fût de chêne français neuf. Ce qui lui confère une tenue en bouche et une vinosité supplémentaires, mais aussi des tonalités oxydatives qui évoquent un peu le caractère aromatique du Fino. Un vin blanc très substantiel, vigoureux et empreint d'un caractère très singulier qui ne plaira sans doute pas aux non-initiés, mais dont les amateurs de vins blancs évolués se régaleront. ☆☆☆☆ ② ♥

Palacios Remondo

La famille du célèbre œnologue Alvaro Palacios élabore de bons vins de facture moderne dans la Rioja Baja, à l'extrémité est de l'appellation.

La Montesa 2008, Rioja • (10556993) 20,05$
Un Rioja de consistance moyenne, sans grande personnalité, mais rond, dodu, constitué de tanins mûrs et plutôt bien ficelé. ★★★ ②

La Vendimia 2010, Rioja • (10360317) 16$
Bon vin moderne, plein de fruit et égayé de saveurs de réglisse noire. Taillé pour plaire et facile à boire. ★★★ ② ♥

Plàcet 2007, Rioja • (11318170) 30,50$
Bon vin aux senteurs d'agrumes qui le rendent presque exotique. Chaleureux, intense et flatteur, mais il manque un peu de race et de tonus pour le prix. ☆☆☆ ②

COMMENTÉS SOMMAIREMENT, D'AUTRES VINS DE RIOJA

Montecillo, Rioja 2007, Crianza
(144493) 17,70$
S'il n'a pas autant d'envergure que d'autres, ce vin de bonne facture a tout pour plaire à l'amateur de Rioja à l'ancienne. Charnu et adéquatement boisé, de façon à laisser le fruit s'exprimer. ★★★ ②

Rioja 2006, Reserva
(928440) 21,10$
Dans l'ensemble du réseau, un bon vin classique, souple, très mûr et parfaitement ouvert. ★★ ② Ⓒ

Tempranillo-Cabernet sauvignon 2008, Solaz
(610188) 12,10$
Un vin modeste et facile à boire ; tout en souplesse et en rondeur. ★★ ②

Muga, Reserva 2007, Rioja
(855007) 22,65$
Assez charnu, équilibré, pas trop de bois. Du fruit, des saveurs mûres et un meilleur tonus que la moyenne. ★★★ ②

Blanco 2010, Rioja
(860189) 16,60$
Vin constitué de viura (10%) et de malvasia ; vif, consistant, animé d'une bonne acidité. Le cépage malvasia ajoute juste ce qu'il faut d'élan aromatique. Le bois nourrit sans parfumer ni alourdir. ☆☆☆ ②

Palacios, Cosme Palacio, Rioja 2007
(237834) 17,75$
Au répertoire général, un bon vin assez habilement ficelé, savoureux et rassasiant. Rien de bien authentique, mais honnête pour le prix. ★★★ ② Ⓒ

• CASTILLE ET LÉON •

Beberide, Luna

À l'extrémité ouest de Castille et Léon, l'appellation Bierzo a été, pendant des décennies, le fief de grandes coopératives. Ces années de production industrielle ont néanmoins permis de conserver de très vieilles vignes de mencía, la grande originalité locale, aussi connue sous le nom de jaen dans la région portugaise du Dão.

Finca La Cuesta 2008, Bierzo • (11412650) 21,10$
Le Finca La Cuesta provient de vignes âgées d'une soixantaine d'années, cultivées en altitude, sans usage d'herbicides ou de pesticides chimiques. Il en résulte un vin riche en parfums floraux, ample et gorgé de fruit, mais également doté d'une finale minérale qui accentue sa présence et sa prestance en bouche. Excellent achat à ce prix! ★★★★ ② ♥

Bodegas Aalto

Cette étoile montante de la viticulture espagnole est née de la collaboration entre Javier Zaccagnini et Mariano Garcia, *winemaker* à Vega Sicilia pendant 30 ans.

PS 2006, Ribera del Duero • (10860872) 118,25$
Sorte de version espagnole du vin de garage, la cuvée PS est une bête féroce qui assaille le palais plus qu'elle ne le caresse. Un taux de 16% d'alcool, une profusion de tanins, des saveurs puissantes et une impression générale de démesure. Les amateurs de sensations fortes aimeront. ★★→? ③

Aalto 2008, Ribera del Duero • (10860864) 49,75$
Je dois aussi admettre avoir le palais trop sensible pour apprécier le fini en bouche épais et quasi abrasif créé par une extraction tannique poussée et un usage marqué de la barrique neuve. On peut espérer qu'il deviendra plus fin avec le temps, mais à ce prix, le pari demeure hasardeux. ★★→? ③

Bodegas Estefania (Tilenus)

Cette bodega d'une trentaine d'hectares a été fondée en 2000 par un important producteur laitier de la région de Burgos. Le porte-étendard de la maison est certainement le Pagos de Posada, une cuvée phare de l'appellation Bierzo. Les vins commentés sont exclusivement issus du cépage local mencía.

Pagos de Posada 2003, Bierzo • (10855889) 37,75 $
Maintenant plus ouvert et à point, ce vin, qui provient d'une parcelle unique dont les vignes ont atteint l'âge vénérable de 85 ans, révèle des saveurs profondes aux accents de cuir et de sous-bois. De la chair et du fruit, le tout encadré de tanins fins et serrés. ★★★★ ②

Crianza 2005, Mencía, Bierzo • (10856152) 23,10 $
Le goût particulier du mencía, conjugué à un cadre tannique raffiné, donne au vin une personnalité d'enfer pour le prix. Déjà savoureux, mais encore jeune et plein de potentiel, il pourrait reposer quelques années en cave. ★★★★ ② ♥

Crianza 2006, Mencía, Bierzo • (10856152) 24,10 $
Tout aussi savoureux, le 2006 qui prendra le relais au début de 2012, est plein d'élan aromatique, généreux (14,5 % d'alcool), mais pourtant très frais grâce à un fil d'acidité qui soutient l'ensemble. Déjà excellent, il sera sans doute à son meilleur dans deux à trois ans. ★★★→? ③

Buil & Giné

Nosis 2009, Rueda • (10860928) 18,75 $
Favorisé par la chaleur de l'été 2009, ce vin blanc normalement léger et guilleret s'avère particulièrement nourri en 2009. On devine sa richesse et sa vinosité rien qu'à sa couleur dorée et à ses arômes de fruits confits. Malgré tout, le vin est parfaitement sec et tonifié par un reste de gaz qui contribue à sa fraîcheur. L'un des bons Rueda dégustés récemment. ☆☆☆☆ ② ♥

Castro Ventosa

Après avoir étudié l'œnologie à Valence, le jeune Raúl Pérez – aussi vinificateur chez Bodegas Estefania (Tilenus) – est rentré à la maison avec l'intention de reprendre en main le vignoble appartenant à sa famille depuis 1750.

Castro de Valtuille 2007, Bierzo • (11155569) 25,90 $
Ce vin jeune, charnu et savoureux est constitué du cépage local mencía, qui révèle avec beaucoup de race et d'élégance l'empreinte singulière du terroir de Bierzo : salinité et sapidité. Son grain tannique mûr et enrobant ainsi que ses saveurs nuancées et persistantes le rendent particulièrement rassasiant. Très bon achat à ce prix ! ★★★★ ② ♥

Condado de Haza

Contrairement à de nombreuses stars de l'appellation, le producteur Alejandro Fernandez poursuit son chemin en faisant fi des modes.

Ribera del Duero 2007 • (978866) 24,40$
Quoiqu'un peu rustique, son 2007 a beaucoup de charme et d'individualité. Fougueux, correctement fruité et doté d'une bonne acidité. ★★★→? ②

Dehesa la Granja

Le créateur de Pesquera, Alejandro Fernandez, a fait l'acquisition en 1998 d'un vaste domaine à Zamora, juste au sud de l'appellation Toro.

Vino de la Tierra de la Castilla y Leon 2004 • (928036) 21,55$
L'amateur avisé voudra saisir cette belle occasion de goûter un vin espagnol de facture classique, ouvert et à point. Le nez commence à révéler des signes d'évolution et la bouche déploie une chair fruitée tendre, relevée d'arômes d'épices délicats et persistants. À boire d'ici 2015. ★★★★ ② ♥

Descendientes de J. Palacios

Après avoir contribué à la résurrection du Priorat, la superstar de la viticulture ibérique Alvaro Palacios s'est consacrée à la mise en valeur de Bierzo. Avec son neveu, Ricardo Pérez Palacios, il a racheté une quinzaine d'hectares de vieilles vignes de mencía – une variété aussi connue sous le nom de jaen dans la région du Dão – qu'il cultive en biodynamie. En plus du Villa Corullón, Palacios commercialise trois cuvées parcellaires qui mettent en relief le caractère typique distinct de leur terroir respectif.

Morcerbal 2006, Corullón, Bierzo • (11100277) 109$
Très bon vin stylé issu de vignes cultivées à 730 m d'altitude. Passablement structuré, séveux et bien proportionné, il conjugue des goûts généreux de réglisse, d'olives noires et d'épices. Plus cher que la moyenne des Bierzo, mais il augure un bel avenir. ★★★→★ ③ Ⓢ

Las Lamas 2006, Corullón, Bierzo • (11100269) 109$
Tout aussi structuré, ce vin provient d'une parcelle dont les sols au pH faible permettent de compenser pour l'acidité modérée du mencía. Cela donne un vin équilibré, au caractère affirmé, à la fois relevé et chaleureux, mais sans excès. Une aération prolongée en carafe est conseillée. ★★★→★ ③ Ⓢ

San Martin 2006, Corullón, Bierzo • (11100285) 85,25$
Plus flatteur, mais aussi un peu plus rustique, le vin charme tout de même par ses parfums exotiques de kirsch et de chocolat. Riche en extraits, sphérique et enrichi d'une finale opulente. ★★★→? ③ Ⓢ

Villa de Corullón 2006, Bierzo • (10823140) 41,75$
Lorsque dégustées il y a quelques semaines, les deux bouteilles de 2006 semblaient déjà passablement évoluées, avec une attaque vive et nerveuse, puis une impression capiteuse et bancale en finale. Le vin traverse peut-être un creux de vague en ce moment. À plus de 40$, il faut avoir la foi... ★★→? ② ▼

Pétalos 2009, Bierzo • (10551471) 21,60$
Plus abordable, le Pétalos est destiné à être bu dès sa mise en marché. Souple, rond et particulièrement chaleureux cette année, peut-être moins fin et digeste que d'autres, mais très rassasiant. ★★★ ②

Dominio Basconcillos

La famille Basconcillos est établie dans les hauteurs de la Ribera del Duero.

Roble 2006, Ribera del Duero • (11413441) 22,60$
Très bon vin flatteur et gourmand, qui donne l'impression de croquer dans le fruit. Rien de complexe, mais chaleureux, généreux et mis en valeur par un usage modéré du bois, qui laisse le fruit s'exprimer avec pureté. ★★★ ②

Dominio de Atauta

Ce nouveau nom de Ribera del Duero est la création du marchand de vin de Madrid, Miguel Sanchez, auquel se sont associés la superstar de la viticulture espagnole Alvaro Palacios (L'Ermita) et le Français Bertrand Sourdais.

Dominio de Atauta 2006, Ribera del Duero • (701805) 43,50 $
Durant les années 1990, Sanchez a ressuscité un vieux vignoble planté de ceps de tempranillo pré-phylloxériques. Il en tire aujourd'hui un vin d'envergure, concentré, mais harmonieux et surtout riche d'une grande complexité aromatique. Encore très jeune, le 2006 est dense, appuyé sur une trame tannique serrée, sans dureté ; il en émane des accents de torréfaction, attribuables à un élevage prolongé en fût de chêne. Déjà imposant et charmeur, mais il sera à son apogée vers 2015. ★★★→? ③

Dominio de Tares

Le vinificateur en chef de Dominio de Tares, Pedro González, est un acteur majeur de l'appellation Bierzo.

Exaltos 2007, Bierzo • (10858203) 25,40$
Ce vin original s'articule autour de tanins mûrs et fondus, avec juste ce qu'il faut de tonus pour assurer sa fraîcheur et rehausser ses parfums épicés. Déjà parfaitement ouvert, mais apte à vieillir encore jusqu'en 2014, au moins. ★★★ ②

Juan Gil

Shaya 2009, Rueda • (11377014) 18,45$
De très vieilles vignes de verdejo (certaines âgées de 112 ans) ne sont sans doute pas étrangères à la vinosité et au caractère affirmé de cet excellent vin blanc sec. Original, ample et plein de fraîcheur. C'est certainement l'un des meilleurs vins de Rueda offerts sur le marché. Excellent ! ☆☆☆☆ ② ♥

Maurodos

En 1998, après avoir contribué au rayonnement planétaire de Vega Sicilia pendant une trentaine d'années, l'illustre œnologue Mariano Garcia s'est consacré exclusivement à Mauro, une *bodega* historique acquise par sa famille en 1980 et désormais une icône de Ribera del Duero. Avec l'aide de son fils Eduardo, il se consacre également à San Román, où il élabore des vins sublimes, parmi les plus racés de l'appellation Toro.

San Román 2006, Toro • (11412852) 47,25 $
Le 2006 est riche en saveurs de fruits confits, sur un fond délicatement vanillé, mais aussi structuré, ferme et égayé d'accents minéraux qui le rendent encore plus complexe. Long, généreux et bâti pour tenir la route encore de longues années. Prix tout à fait mérité pour un vin aussi complet. ★★★★ ③ ▼

Prima 2008, Toro • (11412861) 21,10 $
Issu de jeunes vignes, le vin courant du domaine n'a rien de bien complexe, mais il offre une profusion de saveurs fruitées et vanillées, encadrées par une charpente tannique solide qui assure son tonus et son équilibre. Tout à fait recommandable à ce prix. ★★★→? ② ♥

Numanthia

Cette *bodega* créée en 1998 par la famille Eguren (Sierra Cantabria) a été acquise par le groupe LVMH en mars 2008.

Toro 2007 • (853275) 58,75 $
Difficile de prédire pour le moment si le changement de garde s'accompagnera d'une transformation de style. En attendant, je n'ai aucune affinité avec cette interprétation massive et brutale du tempranillo, appelée *tinta de toro* dans la région. Un vin de catégorie poids lourd, à des lieues de la finesse des grands Rioja et Ribera del Duero. On peut le laisser reposer en cave, mais il semble improbable qu'il évolue favorablement. ★★→? ③

Pesquera

Le succès international des vins d'Alejandro Fernandez n'est certainement pas étranger à l'essor qu'a connu la région de la Ribera del Duero depuis une vingtaine d'années. Fernandez possède aussi les *bodegas* Condado de Haza et Dehesa la Granja, en Castille et Léon.

Reserva 2007, Ribera del Duero • (10273088) 38,50 $
Les fans de Pesquera retrouveront dans ce vin solide, bien constitué et sans débordement inutile tout le caractère qui a contribué à son succès au cours des dernières décennies. Son profil classique, qui conjugue à merveille la concentration et la fraîcheur, le rend déjà fort agréable à boire, mais il sera à son meilleur vers 2015. Un peu plus de longueur et c'était quatre étoiles. ★★★→? ③

Crianza 2006, Ribera del Duero • (10273109) 26,05 $
Très coloré, relevé et friand ; ses tanins fermes sont enrobés d'une chair mûre et généreuse. Un peu convenu, mais satisfaisant. ★★★ ②

Pittacum

La jeune œnologue Elisa Gomez est à la tête de cette *bodega* créée en 1999.

Mencia 2007, Bierzo • (10860881) 19,10 $
Très bon vin rouge coloré, riche en matière fruitée, à la fois dodu, flatteur et encadré par des tanins juste assez fermes pour assurer sa poigne et sa présence en bouche. ★★★ ②

Prado Rey

La *bodega* Real Sitio de Ventosilla est un exemple du développement effréné de l'appellation Ribera del Duero en ce qu'elle produit annuellement quelque deux millions de bouteilles. Sans pouvoir les comparer aux meilleurs, ses vins sont tout de même de qualité satisfaisante.

Crianza 2006, Ribera del Duero • (929034) 20,20 $
Le version Crianza se distingue par l'usage du chêne américain qui l'assaisonne de notes épicées, sur un fond de torréfaction. Ouvert et riche en notes de fruits mûrs ; à boire au cours des trois prochaines années. ★★ ②

Ribera del Duero 2009 • (585596) 15,15 $
Plus modeste, ce bon vin juteux mise à fond sur le caractère fruité juvénile du tempranillo. Pas trop de bois ; simple et savoureux. ★★★ ②

Verdejo 2009, Rueda • (10856371) 15,20 $
Sec, désaltérant et suffisamment aromatique. ☆☆ ②

Rodriguez, Telmo

Telmo Rodriguez attire l'attention médiatique sur une région viticole dès qu'il y implante un projet.

Dehesa Gago 2009, Toro • (11157169) 17,35 $
Dans le style affectionné par le *winemaker* vedette, ce vin de facture moderne est nourri par un élevage bien dosé en fût de chêne, qui ajoute à son volume en bouche. Solidement constitué et aromatique. Une aération d'une heure aidera à tempérer sa fougue juvénile et le rendra plus volubile. ★★★ ② .

Torres

Hors de son royaume catalan, la famille Torres a développé un vignoble dans Ribera del Duero, à 900 m d'altitude.

Celeste, 2008 Ribera del Duero • (10461679) 20,95 $
Désormais inscrit au répertoire général de la SAQ, ce Ribera à la fois rassasiant et distingué s'inscrit parfaitement dans l'esprit qui a contribué au succès planétaire de Torres. Facile à boire, charmeur, constitué de tanins souples et veloutés, généreusement fruité et mis en valeur par un bel usage du bois. ★★★→? ② Ⓒ

Celeste 2007, Ribera del Duero • (11326946) 40,25 $ – 1,5 litre
Présenté dans un format magnum. On peut déjà l'apprécier pour sa texture soyeuse et ses saveurs élégantes de fruits noirs, mais il a toutes les qualités requises pour se bonifier au cours des prochaines années. ★★★★ ② ♥

Vega Sicilia

Le deuxième vin de l'illustre Vega Sicilia est élevé cinq ans avant d'être commercialisé, d'où la mention 5° sur l'étiquette.

Tinto Valbuena 2003, 5°, Ribera del Duero • (11028375) 163,50 $
Un vin à la fois plein d'envergure et doté d'une intensité aromatique incomparable, auquel un tissu tannique fin et caressant confère une élégance certaine. Multidimensionnel, persistant et infiniment racé. Bon à boire dès maintenant et bâti pour vivre longtemps. ★★★★ ②

COMMENTÉS SOMMAIREMENT, D'AUTRES VINS DE CASTILLE ET LÉON

Altos del Duraton 2007, Vino de la Tierra de Castilla y Leon
(11387343) 18,55 $
Un gros vin trapu issu de tempranillo, de syrah et de malbec. Puissant (14,7 %) et dessiné à gros traits. ★★→? ③

Elias Mora, Crianza 2006, Toro, Bodegas y Viñas Dos Victorias
(10856443) 31,50 $
Gros vin joufflu, charnu et généreux ; très méditerranéen certes, mais un peu carré et sans finesse, du moins pour le moment. Il vaut mieux attendre encore quelques années pour mieux en profiter ; prix élevé. ★★→? ②

Hermanos Lurton, Vino de la Tierra de Castilla y Leon 2008
(10359261) 15,15 $
Moins distinctif, riche en extraits et assez structuré pour le prix, mais un peu brutal et à court de chair fruitée. ★★ ②

Verdejo 2010, Rueda
(727198) 15,15 $
Très bon vin blanc issu de verdejo. Sec, juste assez parfumé, délicatement perlant et acidulé. En bouteille à capsule vissée. ☆☆☆ ② ♥

El Albar, Excelencia 2003, Toro
(10858457) 49,25 $
Surdimensionné et doté d'une concentration dont on est vite rassasié. Ce colosse aux saveurs caricaturales ne correspond pas à mon idée d'un vin fin. ★ ② ▼

Naia 2010, Rueda
(11465153) 18,75 $
Très bon vin blanc sec issu de verdejo. Beaucoup de style et de fraîcheur, avec en prime des saveurs généreuses de fruits exotiques. ☆☆☆ ② ♥

Palomero 2001, Ribera del Duero, Uvaguilera
(10856831) 91,75 $
Archétype des nouveaux vins espagnols spectaculaires vendus à prix d'or, le Palomero s'impose par sa couleur épaisse et ses notes de fruits ultra mûrs, marquées par un élevage en fût de chêne américain ; il en met plein la bouche. Est-ce ce qu'on appelle un grand vin ? ★★→? ② ▼

Ramiro's 2006, Vino de la Tierra de Castilla y Leon
(11157231) 89,25 $
Les lecteurs ne seront pas surpris du peu d'enthousiasme manifesté pour cette prouesse technique qui sacrifie toute notion de terroir au profit d'une concentration et d'une puissance stéréotypées. Son prix abusif n'arrange pas les choses... ★★→? ③ ▼

Rodriguez Méndez, Carmen ; Carodorum Issos 2006, Toro
(11414006) 21,20 $
Des goûts de fruits confits et une attaque en bouche chaude et puissante contrastent avec une acidité prononcée et laissent en bouche une impression de rudesse. Encore jeune, il pourrait néanmoins évoluer favorablement. ★★→? ②

• MURCIE •

Casa de la Ermita

À la hauteur d'Alicante, au bord de la Méditerranée, les producteurs de la région de Jumilla multiplient les efforts pour éliminer les vins brûlants aux accents confits. La Casa de la Ermita est un projet de création récente qui illustre le renouveau qui souffle sur la région.

Crianza 2007, Jumilla • (638486) 17,60 $
Les années passent, et on prend toujours autant de plaisir à boire ce gros vin à la fois généreux et plein d'élan fruité, issu de monastrell et de petit verdot. Rien de complexe, mais une attaque en bouche nourrie et juteuse qui procurera beaucoup de satisfaction à l'amateur de vin espagnol ! ★★★ ② ♥

On trouve également des vins de ce producteur en importation privée (IP).

Castaño

Avec la coopérative locale, Bodegas Castaño est l'un des acteurs majeurs de l'appellation Yecla, aux limites septentrionales de la région de Murcie.

Monastrell 2010, Yecla • (10946334) 11,95 $
À prix d'aubaine, on se régalera de ce savoureux vin rouge auquel le cépage mourvèdre donne un style et une poigne dignes de mention. Peu de vins offrent autant à moins de 12 $. ★★★ ② ♥

Pozuelo, Reserva 2007, Yecla • (725150) 17,10 $
Moins d'affinités avec ce vin issu de monastrell, élevé en fût de chêne pendant 20 mois. Riche en aspérités tanniques et assez sévère, pour le moment. ★★ ②

Chardonnay-Maccabeo 2009, Yecla • (10855758) 13,05 $
Bon vin blanc auquel le cépage macabeu apporte des tonalités aromatiques originales. Simple, mais recommandable à ce prix. ☆☆ ② ♥

Juan Gil

La famille Gil Vera est l'un des grands noms de l'appellation Jumilla, à une centaine de kilomètres au sud-ouest de Valence.

Monastrell 2008, Jumilla • (11401942) 40,50 $ – 1,5 litre
Cette cuvée vendue au Québec depuis quelques années déjà m'a semblé plus complète et harmonieuse que par le passé. Aucun excès boisé, mais une attaque fruitée généreuse et passablement charnue. Déjà savoureux, mais il pourrait continuer d'évoluer au cours des trois prochaines années. ★★★→? ②

Monastrell 2009, Silver Label, Jumilla • (10758325) 21,20 $
Toujours aucun intérêt pour ce vin qui sent la planche et la torréfaction à plein nez. Affichant 15 % d'alcool, des tanins durs et un fini rustique, est-il nécessaire d'en dire plus ? ★→? ②

Monastrell 2010, Vieilles vignes, Jumilla • (10858086) 14,60 $
Guère plus charmeur en bouche, avec un reste important de gaz et une attaque presque piquante. Néanmoins riche en fruit, pas trop boisé et assez bien constitué. Il pourrait s'épanouir au cours de la prochaine année... ★★→ ②

Luzon

Ce domaine de 700 hectares fondé en 1916 a été entièrement restauré vers la fin des années 1990, à la suite de son rachat par une importante entreprise du secteur agroalimentaire.

Altos de Luzon 2006, Jumilla • (10858131) 24,50 $
Déjà commenté l'an dernier, le porte-drapeau du domaine n'a rien perdu de sa vigueur. La trame tannique est encore mieux fondue et révèle des saveurs expressives et persistantes de fruits mûrs, sur un fond épicé. Riche, corpulent et typiquement méditerranéen, mais équilibré dans l'opulence. ★★★★ ②

Jumilla 2008 • (10858158) 13,95 $
Maintenant parfaitement ouvert, le 2008 révèle davantage l'originalité aromatique du cépage monastrell (mourvèdre). Bien en chair et pourvu d'une finale relevée et chaleureuse. ★★★ ② ♥

Organic 2008, Jumilla • (10985780) 14,75 $
Également commentée l'an dernier, la cuvée Organic se présente encore avec beaucoup de tonus et semble avoir gagné en détail et en subtilité. Rassasiant et désaltérant. ★★★ ② ♥

Taja

Reserva 2006, Jumilla, Mähler-Besse • (11474640) 15,45 $
La maison de négoce bordelaise Mähler-Besse commercialise aussi ce très bon assemblage de monastrell, de tempranillo, de cabernet sauvignon et de merlot. Coloré, juteux, rassasiant et gorgé du soleil de la Méditerranée. L'un des plus satisfaisants dans cette gamme de prix. ★★★ ② ♥

• ARAGON •

Atteca

Fondée en 2005, la *bodega* Atteca fait de plus en plus parler d'elle.

Old Vines 2009, Calatayud • (10856873) 20,45 $
Sans grande originalité, mais s'inscrivant tout de même dans la lignée des bons vins espagnols modernes, ce vin provenant d'une appellation peu connue déploie des saveurs riches de grenache gorgé de soleil. Assez corpulent, plein de fruit et fort séduisant. À boire entre 2012 et 2016. ★★★ ②

Borsao

Depuis quelques années, cette importante coopérative située dans l'appellation Campo de Borja, juste au sud de la Rioja, exporte au Québec des vins rouges particulièrement friands et vendus à des prix abordables.

Tres Picos 2009, Garnacha, Campo de Borja • (10362380) 21,75 $
En 2009, cette cuvée issue de vieilles vignes de grenache me semble dominée par le bois. Les saveurs naturelles du grenache se perdent dans une mer d'accents torréfiés qui donnent davantage l'impression de boire un mocacchino qu'un verre de vin rouge. Souhaitons que cela s'estompe avec le temps... ★★→? ②

Garnacha 2010, Campo de Borja • (10324623) 11,95 $
Le «*joven*» de Borsao offre à nouveau ce style joufflu et juteux qui a su conquérir de nombreux amateurs au cours des dernières années. Servir frais, à 14-15 °C. ★★ ② ♥ Ⓒ

Crianza 2008, Campo de Borja • (10463631) 14,65 $
À la différence du Garnacha Joven, le Crianza est élevé en fût de chêne, ce qui lui donne plus de structure, certes, mais le dépouille aussi du naturel gourmand qui fait le charme du vin courant. ★★ ② Ⓒ

Blanco 2009, Campo de Borja • (10856161) 12,95 $
Comme d'habitude, un bon vin blanc simple, désaltérant et modérément parfumé auquel le cépage macabeu apporte une touche d'originalité. ☆☆ ②

COMMENTÉS SOMMAIREMENT, DEUX AUTRES VINS D'ARAGON

Castillo de Monséran, Garnacha 2010, Cariñena
(624296) 9 $
Bon vin courant à retenir pour son expression vigoureuse et friande du cépage grenache. Modeste et prévisible, mais franc souple et agréable à boire. ★★ ② ♥ Ⓒ

Garnacha 2007, Vieilles vignes, Cariñena
(10898723) 14,80 $
Un peu trop ambitieux sur l'apport boisé et nettement moins avantageux que le vin courant. ★→? ②

• VALENCE •

Cellar del Roure

Les Alcusses 2007, Valencia • (11398915) 18,65$
Bon vin. Souple, facile à boire ; pas très original, mais franc de goût. ★★★ ②

• ALICANTE •

El Miracle

Monastrell 2009, Planet, Alicante • (11184941) 13,80$
Au répertoire général, un bon vin simple, mais assez charnu auquel le cépage monastrell confère une touche d'originalité fort agréable à ce prix. ★★ ② ♥ ©

El Sequé

Figure très connue de la Rioja, Juan Carlos Lopez de la Calle – Domaine Artadi – a développé un projet dans la région d'Alicante où il cultive principalement du monastrell.

Laderas de El Sequé 2009, Alicante • (10359201) 13,55$
Un assemblage de monastrell, de syrah et de cabernet sauvignon donne un produit consistant, généreusement fruité, et rassasiant tant par sa chair dense que par son équilibre d'ensemble. Un bon vin quotidien assez soutenu pour accompagner des grillades sur le barbecue. ★★★ ② ♥

Laudum Nature

Barrica 2009, Alicante, Bodegas Bocopa • (11015611) 14,45$
Les cépages monastrell, tempranillo et cabernet sauvignon issus de l'agriculture biologique sont à l'origine de ce bon vin joufflu, juteux, rond et savoureux, relevé de bons goûts de réglisse. Tout à fait rassasiant à ce prix. ★★★ ② ♥ ©

• ESTREMADURE •

Campobarro

Tempranillo 2010, Ribera del Guadiana • (10357994) 9,45$
À moins de 10$, ce bon tempranillo courant rappelle les vins rouges que l'on boit dans les *tabernas* locales. Simple, mais plein de fruit et passablement charnu pour le prix. ★★ ② ♥ ©

• CASTILLE – LA MANCHE •

Atalaya

Almansa 2007 • (11387335) 20,40 $
À mi-chemin entre Valence et Alicante, le vignoble d'Almansa n'a longtemps produit que des vins rouges très structurés, vendus en vrac. Cet assemblage constitué essentiellement de monastrell et de garnacha tintorera (alicante bouschet) met plutôt en valeur la texture fruitée généreuse et les saveurs confites propres aux vins méditerranéens. Riche, charmeur et taillé pour plaire. ★★★ ②

Canforrales

Dans la région espagnole de La Manche, le tempranillo emprunte le nom cencibel.

Gladium 2008, Crianza, La Mancha • (11155462) 16,25 $
Le vin adopte ici un caractère riche, fondant et capiteux, qui le rend fort charmant. L'amateur de bon gros vin juteux et moderne appréciera sa texture mûre et ses parfums de vanille certes prévisibles, mais séduisants. ★★★ ②

Dehesa del Carrizal

MV Azul 2007 • (11195958) 20,65 $
S'il laisse une impression un peu moins brutale qu'au printemps dernier, ce vin costaud et puissant, qui repose sur des tanins secs et carrés, ne m'a pas semblé vraiment plus convaincant lorsque goûté de nouveau quatre mois plus tard. Correct, à condition d'aimer la puissance brute. ★★ ②

Dominio de Eguren

Protocolo 2009, Vino de la Tierra de Castilla • (10754439) 11,95 $
À sa manière, le Protocolo est l'un des bons exemples de vin espagnol courant, à la fois rassasiant et digeste. Pas de parfums boisés inutiles, mais une bonne dose de fruit. Le tout à un prix alléchant. ★★ ② ♥ ©

Finca Antigua

Moscatel Dulce 2008, La Mancha • (11414604) 16,80 $ – 375 ml
Un vin parfumé et moelleux qui renferme juste ce qu'il faut de sucre et d'acidité pour mettre en relief de bons goûts de melon et de bonbon anglais. Aromatique sans être trop intense, et fort plaisant. ☆☆☆ ②

Sanchez Muliterno

Au sud-est de Madrid, cette *bodega* développée dès 1985 dans les hauteurs d'El Bonillo, à plus de 1000 m d'altitude, est devenue une référence dans la région.

Vega Guijoso 2009, Pago Guijoso • (11195851) 25,55 $
Le situation géographique du vignoble n'est certainement pas étrangère à la fraîcheur et à la légèreté alcoolique (13 %) de ce vin savoureux issu essentiellement de merlot. Très près du fruit, harmonieux et modérément corsé, il n'accuse ni sécheresse ni dureté tannique. Un peu monolithique pour l'heure, mais il devrait gagner en nuances au cours des cinq prochaines années. ★★★→? ③ ▼

D'AUTRES VINS BLANCS D'ESPAGNE DE QUALITÉ SATISFAISANTE ☆☆

Dona Dolça, Moscatel, Valençia
(11096618) 13,55$

Hoya de Cadenas, Blanco 2010, Utiel-Requena
(10357484) 11,30$

Vallformosa, Moscatel Bouquet d'Or
(898221) 7,30$ – 375 ml

D'AUTRES VINS ROUGES D'ESPAGNE DE QUALITÉ MOYENNE ★★

Anayon de Corona de Aragon 2004, Cariñena
(11155534) 44,25$

Azul Guelbenzu, Vino de la Tierra Ribera del Queiles 2007
(973248) 17,55$

Bodegas y Vinedos del Jalon, Viña Alarba, Grenache 2009, Vieilles vignes, Calatayud
(10856857) 13,35$

Cambra, Rafael; Dos Valencia 2008, Valencia
(11305598) 18,40$

Dominio del Bendito 2009, Toro
(11155251) 21,40$

El Bonhomme 2009, Valencia
(11157185) 18,35$

Espelt, Saulo 2010, Empordá
(10856241) 14,05$

Falset-Marca, Etim Negre 2009, Montsant
(10898601) 13,85$

Fontal, Tempranillo-Cabernet sauvignon 2007, Crianza, La Mancha
(10253651) 13,75$

Lopez Cristobal 2006, Crianza, Ribera del Duero
(642512) 23,50$

Magaña, Dignus 2005, Navarra
(864660) 16,40$

Marín, Old Vine Garnacha 2008, Cariñena
(11339384) 20,70$

Marqués de Riscal, Viña Collada 2009, Rioja
(11469761) 16$

Mas Que Vino, Ercavio Roble 2006, Viño de la Tierra de la Castilla
(11034783) 18,50$

Pago del Vicario, Penta 2007, Vino de la Tierra de Castilla
(11155500) 17,10$

    Merlot Dulce 2004, Vino de la Tierra de Castilla
    (11414401) 16,75$ – 500 ml

Palacio de Ibor, Reserva 2004, Valdepeñas
(11166604) 17,65$

Pirineos, Cabernet-Merlot 2006, Seleccion, Crianza, Somontano
(11305555) 17,65$

Real Sitio de Ventosilla, Recorba 2006, Crianza, Ribera del Duero
(10463826) 17,30$

Torrelongares 2003, Reserva, Cariñena, Covinca
(904615) 16,40$

Vallformosa, Gran Reserva 2003, Penedès
(744003) 21,85$

Cabernet sauvignon 2003, Penedès
(904524) 18,25$

D'AUTRES VINS DE QUALITÉ MOYENNE, TOUS INSCRITS AU RÉPERTOIRE GÉNÉRAL ★★ ET ☆☆ ©

Agarena, Tempranillo-Cabernet sauvignon 2010, Utiel-Requena
(620674) 8,50$

Bonal, Tempranillo 2007, Valdepeñas
(548974) 8,65$

Castillo Turis, Tempranillo 2009, Valencia
(639542) 9,80$

Corona de Aragon, Reserva 2005, Cariñena
(10462778) 17,15$

Dominio de Aranleon, Blés 2008, Crianza, Valencia
(10856427) 15,10$

Duque de Medina, Tempranillo-Garnacha 2008, Cariñena
(10325925) 10$

El Coto, Rioja 2007, Crianza
(11254188) 15,85$

Finca Antigua, Garnacha 2008, La Mancha
(11254225) 14,20$

Hoya de Cadenas, Reserva Privada 2007, Utiel-Requena
(11133108) 14,30$

Tempranillo 2007, Reserva, Utiel-Requena
(978387) 12$

Los Molinos, Tempranillo 2009, Valdepeñas
(548875) 8,05$

Raimat, Abadia 2007, Costers del Segre
(10463658) 13,80$

Portugal

Jadis isolé du reste du continent européen par sa situation tant géographique que politique, le Portugal continue de surprendre depuis son entrée dans l'Union européenne. Révélé au monde entier grâce à l'Exposition universelle de Lisbonne en 1998, cet ancien empire colonial promet de nous étonner dans le futur.

S'il fut longtemps considéré comme un handicap pour le développement de la viticulture, le régime conservateur qui a régné sur le pays pendant une quarantaine d'années a également tenu les vignerons portugais à l'écart de la tendance mondiale, qui favorisait la culture de cépages dits internationaux : cabernet sauvignon, merlot, chardonnay, etc.

Aujourd'hui, son vignoble de quelque 240 000 hectares abrite une cinquantaine de variétés autochtones sur lesquelles misent près de 7 000 vignerons pour assurer la singularité de leurs vins.

Au Québec, le Portugal occupe le huitième rang des meilleurs vendeurs, avec un chiffre d'affaires annuel de 43,5 millions de dollars, en hausse de 6,5 % par rapport à l'année précédente.

www.winesofportugal.ca

en peu de mots

Un grand millésime pour le Porto n'en est pas nécessairement un pour les vins de table du Douro, et vice versa.

D'abord connu pour le Porto, le Douro produit aujourd'hui plus de grands vins de table que toute autre région viticole portugaise.

La région d'Alentejo, située à une centaine de kilomètres à l'est de Lisbonne, connaît un développement remarquable depuis quelques années. Son vaste vignoble donne généralement de très bons vins, plus généreux et chaleureux que ceux du Douro.

Il n'y a aucune restriction sur l'utilisation de variétés internationales ; les conseils régionaux formulent plutôt des recommandations de cépages locaux appropriés au terroir. On peut ainsi boire un vin blanc du Douro issu exclusivement de chardonnay.

NHO VERDE •

Quinta do Ameal

Située près de la frontière espagnole, la sous-région de Ponte de Lima constitue un terrain de jeu idéal pour le cépage loureiro.

Loureiro 2009, Vinho Verde • (11459992) 18,10 $
On est vite séduit par l'éclat fruité, délicatement floral et citronné de ce vin très sec et original. Moins vif et plus nourri que la plupart des Vinho Verde ; 11 % d'alcool. ☆☆☆ ② ♥

• DOURO •

Altano

Les Symington – Graham's, Dow's, Warre's – sont, sans l'ombre d'un doute, les propriétaires terriens les plus influents de toute la région du Douro.

Reserva 2008, Douro • (10370814) 26,25 $
Sous l'étiquette Altano, ils produisent un très bon Reserva, étoffé par un élevage en fût de chêne qui lui confère aussi des arômes boisés prononcés, sans toutefois verser dans l'excès. Encore jeune et capable de tenir la route pour de bonnes années, mais déjà séduisant par son attaque en bouche charnue et généreuse. ★★★→? ②

Alves de Sousa

Spécialiste des vins de table du Douro, le producteur Domingos Alves de Sousa signe une vaste gamme de produits.

Quinta da Gaivosa 2003, Douro • (883462) 46 $
Composé des cépages locaux roriz, tinto cão, touriga nacional et touriga franca, ce vin a une puissance et une profondeur considérables. Son prix est élevé, mais sa qualité est au-dessus de la moyenne. ★★★★ ② ▼

Vale da Raposa, Reserva 2009, Douro • (11073758) 16,40 $
Le 2009 privilégie toujours la souplesse et la chair mûre. Sans perdre la couleur locale que lui confèrent les cépages régionaux, le vin profite d'un élevage en fût de chêne qui l'agrémente de notes vanillées. ★★★ ②

Quinta das Caldas 2009, Douro • (10865227) 13,70 $
L'attaque en bouche ronde et les saveurs florales de ce vin courant témoignent de raisins parfaitement mûrs et gorgés de soleil. À ce prix, il a tout pour faire un malheur. ★★★ ② ♥

Domingos 2009, Douro • (11372782) 14,65 $
Sur un mode plus souple, un vin de facture moderne, c'est-à-dire rond et taillé pour plaire ; charmeur, mais un peu facile. ★★ ② ⓒ

Branco da Gaivosa 2009, Douro • (902288) 18,25 $
Un élevage en fût de chêne français à 20 % agrémente les cépages malvasia fina, gouveio et viosinho de délicats parfums fumés, sans les alourdir. Modeste, mais fort agréable en son genre. ☆☆☆ ②

Casa Ferreirinha

Propriété du géant Sogrape depuis 1987, la maison de Porto Ferreira produit aussi une série d'admirables vins de table dans le Douro. Du plus modeste au spectaculaire Barca Velha – produit seulement dans les meilleurs millésimes –, tous ont en commun une individualité et une authenticité exemplaires. À noter que, jugeant son prix trop élevé (159 $), notre société d'État a refusé d'importer le Barca Velha 2000, pourtant sensationnel.

Quinta da Leda 2007, Douro • (10273213) 44 $

Outre le Porto, ce beau domaine d'une quarantaine d'hectares produit aussi un excellent vin de table composé de touriga nacional, de touriga franca et de tinta roriz élevés en fût de chêne français neuf. Dégusté en juin 2010, le 2007 affichait une concentration et une intensité aromatique remarquables. Dense et structuré, très riche en fruit et en arômes épicés, et profilé de manière très harmonieuse. À revoir dans trois ans. ★★★→★ ③ ▼

Vinha Grande 2008, Douro • (865329) 19,75 $

À défaut du Barca Velha ou du Quinta da Leda, on pourra se consoler à prix doux avec ce vin courant dont la qualité au fil des ans ne se dément pas. Le 2008 est peut-être un peu timide pour le moment, mais il demeure fidèle à l'idée qu'on se fait d'un bon vin de table misant avant tout sur l'équilibre, la droiture et la fraîcheur. À revoir dans quelques mois. ★★★→? ② ♥

Drink and Dreams

Cette entreprise créée en 2007 est née d'un partenariat entre le producteur espagnol Emilio Moro, la société portugaise Sogevinus et quelques autres actionnaires, dont le joueur de soccer Luis Figo.

D + D 2005, Douro • (11605540) 49,75 $

Vin ambitieux, séduisant, riche et techniquement profilé pour plaire. Certes savoureux et doté d'une agréable tenue en bouche, mais à près de 50 $, on souhaiterait tout de même plus de profondeur et d'individualité. Arrivée prévue en février 2012. ★★★→? ③

Lavradores de Feitoria

Cette coopérative du Douro regroupe une quinzaine de caves, depuis l'extrémité ouest de l'appellation, près de la ville de Pêso da Régua, jusqu'au Douro Supérieur.

Douro 2009 • (11076764) 12,80 $

À bon prix, ce vin passablement charnu et nourri de goûts de fruits confits a une allure un peu rustique, mais s'avère agréable à boire. À table, avec du poulet à la portugaise... Un petit bonheur quotidien ! ★★★ ② ♥

Niepoort

En plus de produire de somptueux Vintage, Dirk Niepoort signe une gamme de très bons vins de table. La fonction de maître de chais est assurée depuis cinq générations par la famille Nogueira.

Vertente 2008, Douro • (10371665) 24,45$
Fruit d'un assemblage de raisins de la Quinta de Nápoles et de vieilles vignes situées près de Pinhão, le 2008 est une autre manifestation du talent de la famille Nogueira à élaborer des vins d'une finesse exquise. Des tanins suaves et caressants, une acidité juste, des saveurs distinguées et une finale vaporeuse aux accents de fleurs. Ce vin a décidément un grand pouvoir de séduction. ★★★★ ② ♥

Odisseia

Le Français Jean-Hugues Gros (Paul Jacques) est installé depuis un bon moment au Portugal. En 2006, à la suite de la vente de la *quinta* qui l'employait, il a décidé de créer une affaire de négoce à petite échelle.

Reserva 2010, Douro • (11349056) 21,45$
Bon vin blanc du Douro issu de malvoisie et de viosinho qui sent bon le miel. Sec, peu aromatique, mais très bien fait en son genre. L'un des bons blancs du Douro goûtés récemment. ☆☆☆ ②

Poças

Fondée en 1918 par Manoel Domingues Poças fils, cette maison est l'une des rares propriétés familiales, demeurées portugaises.

Coroa d'Ouro rouge 2003, Douro • (743252) 13,85$
Marqué du sceau des cépages locaux touriga nacional, touriga franca, tinta roriz et tinta barroca, nourris par la chaleur d'un été caniculaire, le 2003 est tout aussi savoureux que d'habitude, avec sa bouche souple, gorgée de fruit et juste assez charnue. Un achat avisé à moins de 15$. ★★★ ② ♥

Coroa d'Ouro blanc 2010, Douro • (412338) 12,65$
Bon vin blanc sec issu majoritairement de malvasia fina. Fruité et ponctué d'une légère amertume en finale qui contribue à son caractère. Modeste, mais assez vineux et tout à fait recommandable à ce prix. ☆☆☆ ② ♥

Prats & Symington

Ce projet est né d'un partenariat entre la famille Symington et Bruno Prats, ancien propriétaire du Château Cos d'Estournel à Bordeaux.

Chrysea 2008, Douro • (11444070) 69,75$
S'il paraît un peu plus riche et costaud cette année, avec une attaque en bouche quasi sucrée tant le fruit est mûr, le haut du panier de Prats & Symington est heureusement encadré par une juste charpente tannique, qui assure son équilibre en bouche. Très volubile et au grand pouvoir de séduction. Encore très jeune, il devrait continuer de se bonifier au cours des dix prochaines années. Le prix laisse toutefois songeur... ★★★→? ③

Post-Scriptum 2009, Douro • (10838780) 27,95$
Nommé ainsi en raison des initiales des deux familles (P et S), ce deuxième vin n'a rien d'un prix de consolation. Une assez bonne tenue en bouche et des tanins fermes, enrobés d'une chair fruitée généreuse, aux accents nets et persistants de fruits noirs. ★★★→? ③

Depuis 2009, le tandem Prats & Symington est aussi propriétaire de cette quinta historique, qui appartenait à la famille Van Zeller depuis des générations :

Roriz, Prazo de Roriz 2009, Douro • (10688208) 19,95$
Élaboré dans un style moderne ; ample, rond et juteux, à défaut d'avoir la sève et la carrure typiques des bons vins de table du Douro. ★★★ ②

Quinta de la Rosa

La famille Bergqvist se consacre majoritairement à la production de Porto, mais signe aussi un excellent vin de table.

Douro 2008 • (928473) 20,10$
Un vin flamboyant qui puise dans les cépages tinta roriz, touriga nacional et touriga franca une sève riche et nourrie, presque capiteuse, mais heureusement encadrée d'une bonne charpente tannique qui contribue à son tonus et à sa fraîcheur. Sa finale volubile aux bons goûts de fruits noirs lui donne encore plus de charme. Déjà excellent et apte à se bonifier jusqu'en 2015, au moins. ★★★★ ② ♥

Quinta do Infantado

Outre ses excellents Porto, la famille Roseira commercialise de savoureux Douro.

Douro 2009 • (10371761) 19,85$
Sans doute favorisé par la nature généreuse du millésime, le 2009 adopte une allure particulièrement pansue, avec des saveurs de réglisse et de fruits confits, sans toutefois manquer de corps ni de tonus. Un peu atypique, mais fort agréable, dans un style gourmand et juteux. ★★★→? ③ ♥

Quinta do Noval

Dans les collines de Pinhao, cette splendide *quinta* appartenant à AXA Millésimes produit quelques-uns des meilleurs vins du Douro.

Douro 2007 • (11472661) 59,75$
Produit en quantité limitée, ce vin intense, très coloré et solidement constitué mise sur les vertus conjuguées des cépages portugais touriga nacional, tinta cão et touriga franca. Beaucoup de chair, de vigueur et de consistance, et une épaisseur tannique qui évoque presque celle d'un Vintage. Ses saveurs fruitées primaires le rendent déjà très attrayant, au point de laisser une impression un peu trop flatteuse, tirée à gros traits. Toutefois, le vin est très jeune et a encore beaucoup en réserve. Donnons la chance au coureur... ★★★→? ③

Quinta do Tedo

Cette petite *quinta* appartient au Bourguignon Vincent Bouchard qui en a fait l'acquisition en 1992.

Douro 2008 • (10371673) 17,15$
Son vin courant est juteux et volumineux, riche en parfums exubérants de réglisse noire et de fruits confits. Gourmand, à défaut de raffinement. ★★★ ②

Quinta do Vale Dona Maria

Cette *quinta* a été acquise en 1996 par l'œnologue Cristiano van Zeller.

Douro 2006 • (10540262) 43,50$
Très bon vin moderne et généreux qui profite d'un usage maîtrisé du fût de chêne neuf. Chaleureux, flatteur, élaboré avec doigté et sans aucune lourdeur. ★★★→? ② ▼

Ramos-Pinto

Propriété de la maison champenoise Roederer depuis 1990, cette entreprise vénérable est sous la gouverne de l'œnologue João Nicolau de Almeida depuis plus de 30 ans.

Duas Quintas 2009, Douro • (10237458) 16,95$
Tous les vins de Ramos-Pinto sont issus d'un assemblage des raisins de deux *quintas*, d'où le nom. Le 2009 ne manque pas de charme. Une attaque mûre et juteuse, des tanins ronds et gommeux. Un vin de consistance moyenne, mais bien enrobé et parfaitement recommandable à ce prix. ★★★ ② ♥ ©

Roquette & Cazes

Jean-Michel Cazes du Château Lynch-Bages à Pauillac s'est associé à la famille Roquette – Quinta do Crasto – pour développer ce projet d'envergure dans la région du Haut Douro.

Xisto 2004, Douro • (10838915) 55$
Fruit d'un assemblage de touriga nacional, de tinta roriz et de touriga franca, le Xisto – prononcer chistou – est élevé pendant 18 mois en fût de chêne français. Le résultat est un vin strict et pourtant intense et imposant, tant par sa forme tannique que par son ampleur aromatique. Vraiment, Xisto a beaucoup de classe et de potentiel. ★★★★ ② ▼

Sogrape

Numéro un de la viticulture portugaise avec 1200 hectares de vignes, la société Sogrape – qui englobe notamment Ferreira, Sandeman et Offley – ne vinifie que des cépages autochtones. Le succès du Mateus et des autres vins de Sogrape a permis à la famille Guedes d'étendre son empire sur trois continents.

Reserva 2008, Douro • (11325741) 19,95$
Comme l'ensemble des vins du portefeuille Sogrape, cet assemblage de touriga nacional, de touriga franca, de tinta barroca et de tinta roriz fait preuve d'une constance qualitative remarquable. Le 2008 semble encore plus gourmand, mais conserve un équilibre irréprochable. On achète les yeux fermés. ★★★★ ② ♥

Callabriga 2008, Douro • (10499773) 19,75$
La marque Callabriga regroupe des vins rouges de style plus moderne du Douro, du Dão et de l'Alentejo. Le 2008 est à la fois souple, juteux et chaleureux, mais également doté d'une saine acidité qui lui donne une certaine prestance en bouche. Pas complexe, mais tout à fait recommandable à moins de 20$. ★★★ ②

Vila Regia 2008, Douro • (464388) 10,10$
Comme toujours, un modèle de droiture, de fraîcheur et d'éclat fruité. Une expression modeste, mais sincère du vin du Douro. Sa constance mérite d'être soulignée. ★★ ② ♥ ©

Vale do Bomfim

Tinta barroca, tinta roriz, touriga nacional et touriga franca proviennent des mêmes vignobles du Haut-Douro qui approvisionnent la maison de Porto Dow, qui produit aussi ce vin de table.

Douro 2009 • (10838982) 15,95$
Pas étonnant que l'on retrouve dans ce vin courant une fermeté caractéristique et une certaine sévérité qui, loin d'être un défaut, donne au vin un panache digne de mention pour le prix. Jolie finale relevée d'accents de fleurs et de réglisse. À ce prix, l'amateur de vin du Douro voudra en faire provision. Excellent ! ★★★★ ② ♥

• BAIRRADA •

Marquês de Marialva

Baga 2007, Reserva, Bairrada • (10651755) 16,40$
En toute justice, ce vin un peu rustique est néanmoins fort agréable. Souple, flatteur et savoureux ; le cépage local baga apporte un ton original. Un bon achat à ce prix. ★★★ ②

• DAO •

Quinta da Ponte Pedrinha

Dans la partie est du Dão, entre Seia et Gouveia, cette *quinta* appartient à la même famille depuis le XVIIIe siècle.

Reserva 2005, Dao • (883645) 22,80$
Lorsque dégusté au moment d'écrire *Le guide du vin 2011*, ce vin laissait en bouche une impression quasi pommadée, tant il était parfumé. Un an plus tard, il semble mieux équilibré et révèle une expression aromatique très séduisante, avec des parfums de fleurs et de réglisse noire, encadrés par une texture suave et veloutée. Déjà ouvert, il devrait rester en forme pendant quelques années encore. *Mea culpa.* ★★★→? ②

Branco 2009, Dao • (10760492) 13,95$
Le vin blanc de la propriété mise sur l'originalité aromatique des cépages locaux cerceal, arinto et encruzado, une variété reconnue comme l'une des plus qualitatives du pays et cultivée presque exclusivement dans le Dão, où elle donne des vins gras et vineux. On appréciera son caractère désaltérant et ses nuances florales, accentuées d'une amertume lui donne à ce vin peu coûteux un charme certain. ☆☆☆ ② ♥

Quinta das Maias

Ce domaine appartient à Quinta dos Roques.

Dão 2008 • (874925) 15,85$
Principalement composé du cépage local jaen, un bon vin rustique, assez droit et agrémenté de notes de cuir et d'épices. Vigoureux, mais pas très fin. ★★→? ②

Quinta dos Roques

Dans leur domaine d'une quarantaine d'hectares, Manuel Lopes de Oliveira, et son gendre, Luis Lourenço, prônent une approche peu interventionniste.

Dão 2008 • (744805) 15,30 $

À des lieues des gros rouges tonitruants, ce très bon vin du Dão révèle le charme subtil des cépages touriga nacional, jaen et tinta roriz. Son attaque en bouche suave et sa finale ponctuée d'une délicate salinité laissent en bouche une impression fine et harmonieuse. Que des bons mots, surtout à ce prix. ★★★ ② ♥

Encruzado 2009, Dão • (903260) 21 $

Bon vin blanc modérément aromatique ; pas spécialement distinctif, mais aux senteurs de miel très invitantes. ☆☆☆ ②

Sociedade dos Vinhos Borges

Meia Encosta 2009, Dão • (250548) 10,85 $

Au répertoire général, ce bon vin du Dão offre une tenue en bouche fort appréciable pour le prix. Modeste, mais tout à fait recommandable. ★★ ② ♥ ©

Sogrape

Duque de Viseu 2008, Dão • (546309) 14,95 $

Dans le Dão, le géant Sogrape élabore ce très bon vin issu en partie de sa propriété locale, Quinta dos Carvalhais. Le Duque de Viseu est, bon an mal an, l'une des valeurs sûres de cette région en pleine croissance. ★★★ ② ♥

• TEJO •

Tercius

Vinho regional Ribatejano 2009 • (893107) 17,70 $

En 2009, le Tercius de Joao Ramos (l'une des stars de l'œnologie portugaise moderne) se dessine avec beaucoup d'étoffe et de poigne, sans la moindre rudesse. Les cépages locaux trincadeira preta, tinta roriz et touriga nacional s'expriment avec fougue, et leur caractère individuel est mis en relief par un grain tannique serré. Un vin savoureux à boire dès maintenant et jusqu'en 2017. Quatre étoiles pour le meilleur vin du Tejo offert à la SAQ. ★★★★ ② ♥

• ALENTEJO •

Cortes de Cima

Parti en voilier en quête d'un vignoble, le couple d'aventuriers américano-danois Carrie et Hans Kristian Jørgensen a débarqué dans cette région méridionale du Portugal au terme d'un long périple en mer. Depuis 1988, ils ont transformé la propriété en y introduisant notamment de la syrah et de l'aragonez (tempranillo, en Espagne).

Chaminé 2010, Vinho regional Alentejano • (10403410) 14,90 $
Fidèle au poste, cet assemblage d'aragonez et de syrah offre cette même expression juteuse et généreuse qui donne l'impression de mordre dans la grappe. Dans un style un peu plus international que d'autres, mais tout de même rassasiant et fort bien ficelé. Meilleur s'il est rafraîchi à 15 °C. ★★★ ②

Chaminé Branco 2010, Vinho regional Alentejano • (11156238) 13,90 $
Cet assemblage réunissant antao vaz, viognier, verdelho et sauvignon blanc forme un cocktail toujours aussi harmonieux et aromatique. Légèrement en recul par rapport au dernier millésime, mais néanmoins savoureux et quasi imbattable à ce prix. ☆☆☆ ② ♥

Fonseca, José Maria da

Periquita 2008, Vinho Regional Peninsula de Setubal • (025262) 11,90 $
Dans la lignée des millésimes précédents, ce classique portugais adopte une allure juste assez rustique qui contribue à sa personnalité. Assez charnu et rassasiant à ce prix. ★★ ② ♥ ©

Herdade das Albernoas

Herdade das Albernoas, Vinho Regional Alentejano 2009 • (10803051) 9,40 $
Encore plus nourri cette année, ce très bon vin quotidien mise à fond sur la générosité du fruit. Simple, mais frais et digeste. Une aubaine à savourer autour de 14-15 °C. ★★ ② ♥ ©

Herdade do Peso

À partir de 1997, le géant Sogrape a développé ce vaste domaine dans la sous-région de Vidigueira, au sud de l'Alentejo.

Vinha do Monte 2008, Alentejano • (501486) 12,85 $
L'usage des variétés portugaises comme l'aragonês et l'alicante bouschet donne à des vins comme le Vinha do Monte une singularité admirable. Difficile de demander mieux à ce prix. ★★★ ② ♥ ©

D'AUTRES VINS PORTUGAIS DE QUALITÉ MOYENNE ★★ OU ☆☆

Aveleda, Fonte 2010 Vinho Verde
(005322) 10,80$

Campo da Vinha 2010, Vinho Verde
(597542) 10,50$

Calem, Curva blanc 2006, Douro
(10839070) 21,95$

Cardal 2009, Vinho Regional Ribatejano
(10838675) 12,60$

Casaleiro, Reserva 2009, Vinho regional Ribatejano
(610162) 10,90 $

Castelinho, Reserva 2009, Douro
(11115073) 16,20$

Caves Velhas, Catedral 2007, Reserva, Dão
(739680) 12,95$

Herdade Monte da Cal, Terra Plana 2008, Vinho regional Alentejano
(11469795) 14,55$

Marquês de Marialva, Reserva 2008
(626507) 11$ Ⓒ

Messias, Quinta do Valdoeiro, Bairrada 2010
(10371681) 14,30$

Pegões, Adega de Pegões 2010, Vinho regional Peninsula de Setubal
(10838801) 13,85$

Fontanário de Pegões 2008, Palmela
(10432376) 13,35$

Vale da Judia, Moscatel 2010, Vinho regional Peninsula de Setubal
(10513184) 10,55$

Quinta do Soque 2008, Douro
(11510479) 21,05$

Vicente Leite de Faria, Animus 2008, Douro
(11133239) 12,90$ Ⓒ

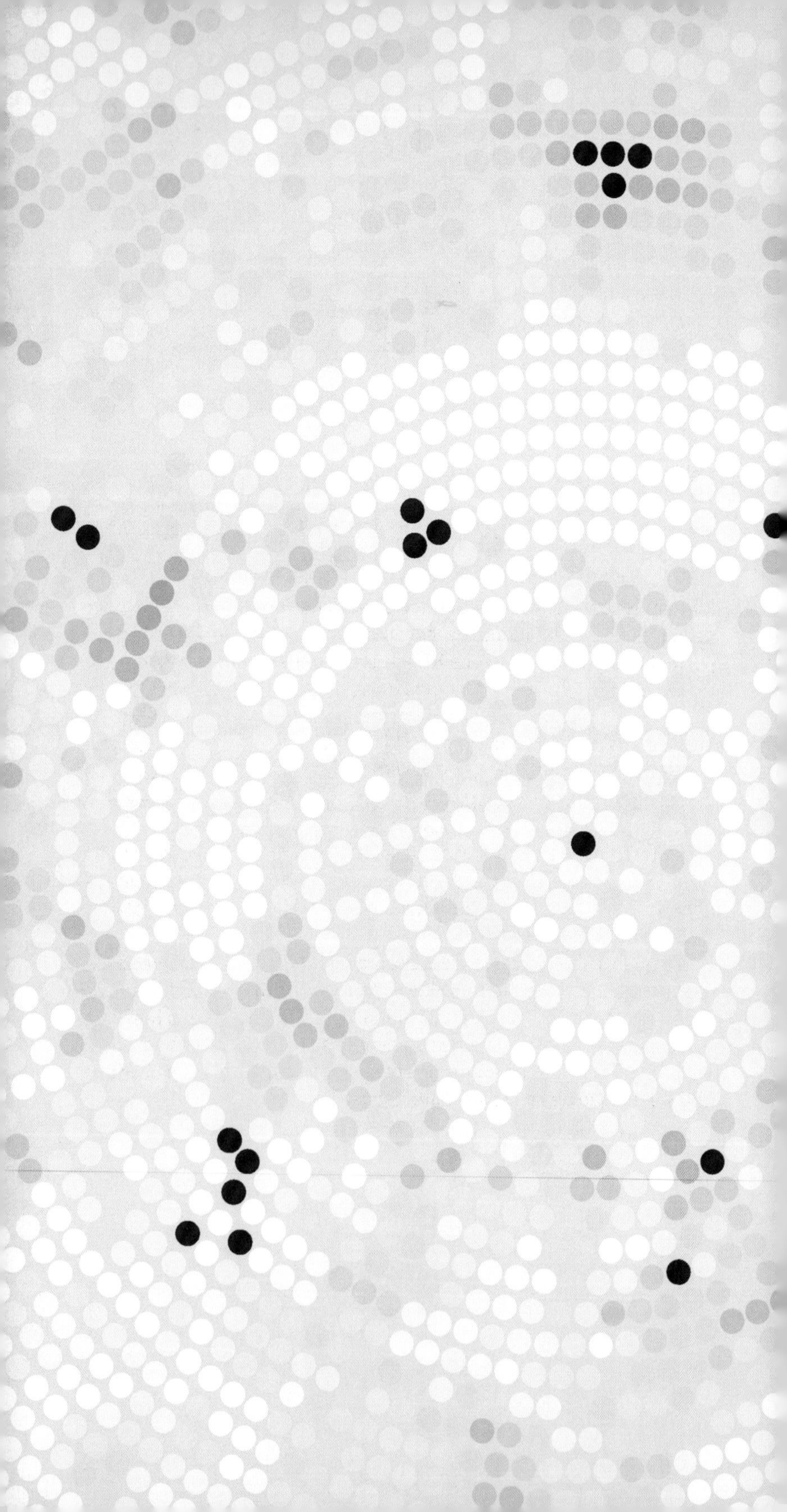

Quelques autres pays d'Europe

Allemagne

L'Allemagne produit annuellement un peu plus de un milliard de litres de vin, mais ses habitants en consomment plus du double et en exportent une grande partie. La RFA se place par ailleurs en tête du palmarès européen des pays importateurs, avant la Grande-Bretagne.

Afin de répondre à la consommation domestique, de plus en plus de vignerons s'adonnent aussi à l'élaboration de vins rouges. L'Allemagne est d'ailleurs le troisième plus important producteur de pinot noir, avec une surface plantée supérieure à celles de l'Australie, de la Nouvelle-Zélande et du Chili réunies.

La force du vignoble germanique demeure toutefois le vin blanc. Avec la montée en popularité du cépage riesling, le pays peine aujourd'hui à satisfaire la demande mondiale pour ces vins blancs uniques.

Au Québec, l'offre demeure assez limitée, mais tout de même satisfaisante, compte tenu du faible intérêt des consommateurs. Pourtant, ce pays viticole, célèbre pour la grâce et le style singulier de ses Riesling, a beaucoup à offrir. Cette année encore, les quelques vins commentés sont autant d'invitations à sortir des sentiers battus et à découvrir le charme unique des bons vins allemands.

LES CINQ DERNIERS MILLÉSIMES

2010 Des conditions météo précaires autant en Moselle que dans le Rheingau où, entre coulure et millerandage, les raisins ont souvent eu peine à mûrir. Petite récolte et qualité hétérogène.

2009 Floraison irrégulière et été tardif ; récolte déficitaire de 15 % par rapport à la moyenne. Belle récolte de raisins aromatiques cueillis à maturité idéale.

2008 Automne pluvieux, et vendanges dans des conditions difficiles. La rigueur de la sélection était déterminante. Qualité irrégulière, avec possiblement un avantage pour le Rheingau.

2007 Comme en France, juillet et août n'ont pas été brillants, mais le soleil de septembre est arrivé tel un baume. Au début d'octobre, et après une saison végétative exceptionnellement longue, on a pu ramasser des raisins riches en matière. Quantité et qualité sont au rendez-vous.

2006 Après des saisons au climat de rêve depuis 2001, les vignerons allemands ont composé avec un mois d'août frais et des conditions météo précaires en fin de saison. Petite quantité de vins, de qualité hétérogène.

Burg Ravensburg

Pinot noir 2008, Löchle GG, Baden • (11207779) 34 $
Dans un style dodu et très tendre qui évoque davantage les climats chauds que la fraîcheur caractéristique du terroir germanique, ce bon Pinot n'est pas spécialement profond, mais assez bien tourné et riche en goûts de fruits noirs. À ce prix, on reste toutefois sur notre soif... ★★→? ②

Dönnhoff

Depuis 1750, la famille Dönnhoff élabore du vin dans la Nahe, une vallée située une soixantaine de kilomètres à l'est de la Moselle. Du plus modeste au plus grand, les vins comptent parmi les plus achevés de la région, voire du pays.

Riesling Spätlese 2007, Felsentürmchen, Nahe • (11165089) 59,25 $
Ce vin produit pour la première fois en 2006 est issu d'une sous-partie du cru Felsenberg, appelée Felsentürmchen (vignes sous la tour). Il en résulte un vin intense, gracieux, plein de détail aromatique et tout à fait représentatif de l'aptitude du riesling à traduire les singularités d'un terroir. Les strates de saveurs se succèdent en bouche et l'équilibre est irréprochable. Déjà grandiose, mais les Riesling de cette trempe sont des vins quasi éternels... ☆☆☆☆→☆ ③ ▼

Riesling 2009, Allemagne • (10350776) 25,60 $
Très bon vin courant, arrondi par un reste de sucre, mais aussi débordant de vitalité et animé d'un reste de gaz. Sa netteté aromatique, son élégance et son équilibre impeccable lui valent bien quatre étoiles dans sa catégorie. Une occasion idéale de goûter à la griffe Dönnhoff sans se ruiner. ☆☆☆☆ ② ▼

On trouve également des vins de ce producteur en importation privée. IP

Généralement, les vins de Moselle sont plus vifs et plus minéraux, alors que ceux du Rheingau et de Pfalz sont plus opulents.

En 2008, le vignoble était planté à 63 % de cépages blancs et à 37 % de cépages rouges. Les climats généralement plus doux du Palatinat, de Bade et du Würtenberg permettent de produire de bons vins rouges.

En raison de sa situation septentrionale, le vignoble allemand est soumis à ce que l'on appelle l'effet millésime. La production varie sensiblement d'année en année, en fonction des conditions météorologiques et de la capacité des producteurs à s'y adapter.

LES ÉTIQUETTES DE VINS ALLEMANDS :

Les meilleurs vins allemands portent la mention *Qualitätswein mit Prädikat*, équivalent de l'appellation d'origine protégée.

Le système d'appellations germanique ressemble à celui de la Bourgogne :

Il existe 13 régions viticoles (*Gebiet*), définies par des critères géologiques et climatologiques. Elles sont situées dans le sud-ouest du pays, près des frontières de la France et du Luxembourg, et s'étalent essentiellement autour du Rhin et de ses affluents.

Ces régions se divisent en communes *(Bereich)*. Chaque *Bereich* rassemble plusieurs groupes de vignobles *(Grosslage)*, eux-mêmes divisés en crus (*Einzellagen)*. Les vins portent le nom du village, suivi du nom du cru. Par exemple, Ürzig Würzgarten : cru Würzgarten, dans le village d'Ürzig.

En plus du nom de la région d'origine et du cépage, les étiquettes indiquent l'état de maturité du raisin selon sa teneur en sucre, par l'un des termes suivants :

Kabinett : vendanges normales ; vin léger, un peu doux.

Spätlese : vendanges tardives ; vin plus mûr ; certains ont un bon potentiel de vieillissement.

Auslese : vendanges tardives de grappes sélectionnées, parfois botrytisées ; vin moelleux.

Beerenauslese : raisins botrytisés, cueillis un à un ; vin liquoreux.

Trockenbeerenauslese : raisins secs et botrytisés, cueillis un à un ; vin très liquoreux.

Eiswein : vin produit avec des raisins gelés cueillis sur le cep ; vin de glace.

* *Trocken* signifie sec ; *halbtrocken*, demi-sec.

Keller

S'il élabore essentiellement des vins blancs, Klaus Peter Keller compte aussi parmi les producteurs de Pinot noir germanique les plus réputés.

Riesling Trocken 2009, Rheinhessen • (10558446) 23,15 $
Ce vin sec mise avant tout sur la vitalité et la fraîcheur. Une acidité bien dosée laisse en bouche une impression désaltérante et donne de l'éclat aux saveurs citronnées. ☆☆☆ ② ▼

Kesselstatt

Ce vieux domaine historique de la Moselle – plus de 650 ans – est la plus vaste propriété viticole privée de la région, avec une quarantaine d'hectares de vignes plantés exclusivement de riesling.

Riesling Spätlese 2003, Scharzhofberger, Mosel-Saar-Ruwer • (11363472) 24,45 $
Pourtant déjà âgé de 8 ans, ce très bon vin n'a rien perdu de sa vigueur et de son éclat fruité. Léger en alcool (8 %) et riche en sucre, mais idéalement proportionné et doté d'une finale intense et persistante aux parfums de miel. Un bel exemple du potentiel de garde énorme des meilleurs Riesling allemands. Excellent ! ☆☆☆☆ ② ♥

bon à savoir

Les vins allemands classiques ont généralement une faible teneur en alcool – entre 7,5 et 9 % pour la plupart –, une forte acidité et une quantité plus ou moins importante de sucre résiduel. Cette légèreté les rend particulièrement agréables à l'apéritif.

En raison de leur moelleux et de leur fraîcheur, ces vins accompagnent agréablement les plats épicés, notamment les sautés à l'asiatique et les curry indiens et thaïlandais. Un petit bonheur d'été sur la terrasse : melon et prosciutto, servis avec un bon Kabinett bien frais.

Même si leur douceur charme rapidement, les meilleurs vins allemands exigent du temps pour développer tout leur potentiel. Les amateurs qui auront la sagesse et la patience de conserver quelques bouteilles seront récompensés dans 10 à 15 ans.

Müller-Catoir

L'entrée en fonction du propriétaire actuel, Jakob Heinrich Catoir, a marqué la fin de la longue tradition féminine de ce domaine. Fondé au milieu du XVIIIe siècle par une famille de huguenots, il est aujourd'hui encore un grand nom du Palatinat et un incontournable de la viticulture allemande.

Riesling Spätlese 2008, Haardter Bürgergarten, Pfalz • (11163649) 49 $
Fruit d'une vendange tardive, ce vin intense regorge de saveurs de pêche mûre, teintées de cette minéralité inimitable qui fait toute l'originalité du Riesling allemand. Gracieux, profond et enrobé de douceur, mais également léger en alcool (9 %) et remarquablement frais. Superbe ! ☆☆☆☆ ②

Schloss Lieser

Ce petit domaine produit de remarquables Riesling sur le vignoble Niederberg Helden.

Lieser Niederberg Helden 2005, Riesling Auslese, Mosel-Saar-Ruwer • (10687109) 27,45 $ – 375 ml
Ce savoureux vin doux traduit le caractère minéral unique et la nervosité des meilleurs vins de Moselle. Dense, pénétrant et pourtant léger (8,5 % d'alcool), c'est le vin allemand à son meilleur. Déjà ouvert et agréable, quoique ces vins à l'équilibre légendaire ont depuis longtemps prouvé leur capacité à vieillir en beauté. Grand succès ! ☆☆☆☆ ② ▼

Selbach-Oster

Décédé en 2004, Herr Selbach a fait de l'affaire familiale établie en Mittel Mosel l'une des entreprises viticoles les plus respectées d'Allemagne. Aujourd'hui, son fils Johannes est aux commandes et dirige aussi, parallèlement, une activité de négoce appelée J.H. Selbach.

Riesling Auslese 2007, Zeltinger Sonnenuhr, Mosel • (10750809) 36 $
Difficile de rester insensible à la richesse exquise de cet excellent vin, à la fois doux et pourtant plein de vigueur. Ses saveurs se dessinent en bouche avec beaucoup de panache et laissent en finale de délicieux accents de caramel au beurre. Prix justifié pour un vin de ce calibre. À laisser mûrir au moins jusqu'en 2017. ☆☆☆☆☆ ③

Riesling Spätlese 2008, Zeltinger Sonnenuhr, Trocken, Mosel • (904243) 26,20 $
Si la douceur caractéristique des vins allemands vous agace, il vous faut goûter ce Riesling issu de raisins récoltés tardivement (*spätlese*), mais présenté en version *trocken*, c'est-à-dire sans sucre résiduel. Parfumé, coloré, fruité et parfaitement sec en bouche. Ses saveurs singulières et son équilibre impeccable en font un vin de gastronomie par excellence ! ☆☆☆☆ ② ♥

Riesling 2009, Kabinett, Mosel • (10750841) 21,50 $
Particulièrement mûr et intense cette année, un vin très floral, à la fois nerveux et généreux. Un Kabinett atypique, mais non moins agréable à boire. ☆☆☆ ②

La gamme J.H. Selbach regroupe des vins de négoce, vendus à des prix plus abordables :

Riesling Kabinett 2010, Zeltinger Himmelreich, Halbtrocken, Mosel •
(927962) 16,25 $
Heureux mariage de légèreté et de raffinement, ce bon vin demi-sec (*halb-trocken*) constitue une très belle entrée en matière pour l'amateur souhaitant s'initier au Riesling de la Moselle. Tendre en bouche et pourtant très vigoureux, égayé de délicates tonalités minérales et bien équilibré. ☆☆☆ ② ♥

Riesling 2010, Mosel • (11034741) 13,95 $
À prix d'aubaine, l'amateur de Riesling allemand se régalera de ce bon vin blanc délicatement parfumé, arrondi par un reste de sucre et tonifié d'une vive acidité. ☆☆☆ ② ♥

D'AUTRES VINS BLANCS DE QUALITÉ MOYENNE ☆☆

Balthasar Ress, Hattenheimer Schützenhaus 2007, Riesling Kabinett, Rheingau
(10244551) 19,25 $

Bischofliche, Eitelsbacher Marienholz 2007, Riesling Kabinett, Mosel-Saar-Rüwer
(10228877) 20,80 $

Deinhard, Pinot noir 2009, Pfalz
(11254102) 13,95 $

Hanns Christof 2010, Liebfraumilch Rheinhessen
(003269) 11,95 $

Riesling 2009, Rheinhessen
(060004) 12,95 $

Dr Pauly-Bergweiler, Riesling Kabinett 2007, Bernkastel er Badstube, Mosel-Saar-Ruwer
(11034716) 25,75 $

Gunderloch, Riesling 2009, Auslese, Nackenheim
(11195878) 69 $

Riesling 2009, Cuvée Jean Baptiste, Rheinhessen
(10763589) 19,55 $

Riesling 2009, Fritz, Rheinhessen
(11387015) 14,45 $

Riesling 2010, Fritz, Rheinhessen
(11387015) 14,45 $

Prüm, Riesling Kabinett 2009, Wehlener Sonnenuhr, Mosel-Saar-Rüwer
(898841) 22,45 $

Suisse

Bonvin, Charles et Fils

Le domaine de la famille Bonvin est parmi les plus réputés de la région du Valais.

Petite Arvine 2008, Valais • (11339915) 34$
La petite arvine est un cépage quasi unique au Valais ; on en trouve un peu dans la vallée du Rhône et dans le Languedoc, notamment au célèbre Mas de Daumas Gassac. Cet excellent vin est un bel exemple du genre : très sec, nerveux, assez riche en extraits et agrémenté d'une délicate amertume en finale qui évoque la pelure d'un pamplemousse. Une belle occasion de découvrir cette originalité helvétique. À boire au cours des cinq prochaines années. ☆☆☆☆ ②

Clos du Château 2008, Dôle du Valais • (902957) 26,55$
Bon vin de pinot noir et de merlot ayant plus de chair et de mâche fruitée que la moyenne des vins rouges suisses, du moins parmi ceux distribués au Québec. À apprécier avant tout pour sa fraîcheur, pour la richesse de ses saveurs de cerise et pour sa texture veloutée. Équilibré et facile à boire. ★★★ ②

Rouvinez

Sur les flancs des montagnes de Sierre, au cœur du Valais, la famille Rouvinez produit une vaste gamme de vins originaux, essentiellement issus de cépages autochtones.

Pinot noir de Sierre 2009, Valais • (928929) 22,70$
Sans doute aidé par la générosité du millésime, ce vin prend une allure plus gourmande en 2009. Tout en souplesse, suave et coulant, égayé de notes de confiture de fraises et conservant toute l'acidité nécessaire. À boire jeune pour profiter pleinement de son fruit. ★★★ ②

Petite Arvine 2010, Château Lichten, Valais • (10867599) 32,75$
Expression modeste mais sincère du cépage emblématique du Valais. Correctement vineux, assez vif ; pas de bois, ce qui laisse place aux arômes singuliers de la petite arvine. ☆☆☆ ②

Fendant de Sierre 2010, Valais • (928937) 19,20$
Expression édulcorée du chasselas, finale alcaline peu ragoûtante ; pas désaltérant. ☆ ②

Salquenen

Pinot noir 2008, Cuvée des Chevaliers de Malte, Valais • (10790712) 26,95$
Tanins mûrs et fondus, avec des arômes marqués de la barrique. L'ensemble manque d'éclat et de vitalité. ★★ ②

Hongrie

Château Pajzos

Tokaji 2009, Furmint • (860668) 13 $
Le cépage furmint représente environ 70 % de la superficie totale du vignoble hongrois et contribue au caractère unique des vins Azsú. À prix attrayant, ce vin est mis en valeur par un bon usage de la technologie moderne, sans toutefois que l'individualité du cépage en soit sacrifiée. Frais, correctement vineux et tout à fait recommandable. ☆☆☆ ② ♥

Hunyady

Sur les rives du lac Balaton, la famille Hunyady se consacre à la viticulture depuis le XVIIIe siècle. Dépossédés de leur vignoble peu après la Seconde Guerre mondiale, ce n'est qu'en 1993, avec l'aide d'une famille d'investisseurs suisses, que József et Étienne-Henri Hunyady – petits-fils du marquis Mario Incisa della Rocchetta (Sassicaia) – ont pu se réapproprier une partie de leurs terres.

Tramini 2009, Kéthely • (11200526) 13,90 $
Tramini est le nom hongrois donné au gewurztraminer. Il n'est donc pas étonnant de retrouver, dans ce savoureux vin blanc, les traits aromatiques qui ont fait le succès de ce cépage germanique. Le 2009 est parfumé comme il se doit, sec, vineux et animé d'une saine acidité qui harmonise le tout. L'amateur du genre se régalera à peu de frais. ☆☆☆ ② ♥

Kékfrancos 2007, Kéthely • (10791379) 19,80 $
Sans être une aubaine, cette originalité composée du cépage local kékfrankos – équivalent du blaufränkisch autrichien – plaira aux amateurs de vin souple, franc et nerveux. À boire jeune et rafraîchi. ★★★ ②

Patricius

Tokaji Aszu 2000, 6 Puttonyos • (11258058) 137,25 $
Sans doute en raison du contexte de la dégustation, ce Tokaji ne m'a pas semblé avoir la complexité associée à cette grande spécialité hongroise. Moelleux, exubérant et plein de charme, mais sans la sève et la profondeur des meilleurs. ☆☆☆ ② Ⓢ

Royal Tokaji Company

Furmint 2009, Tokaji sec • (10790894) 16,75 $
Cette entreprise est née d'un partenariat entre le Danois Peter Vinding-Diers et l'auteur britannique Hugh Johnson. Comme chaque année ne peut être propice pour l'Azsú – le grand vin liquoreux hongrois –, les producteurs de Tokay utilisent parfois les raisins de furmint pour en faire un vin sec. Excellent Furmint, parfaitement sec, digeste et équilibré. Sa texture onctueuse et ses parfums opulents de fruits exotiques sont autant de raisons d'explorer cette facette peu connue du vignoble européen. Surtout à ce prix ! ☆☆☆ ② ♥

Teleki

Cabernet franc 2008, Villanyi, Csanyi • (11200446) 15,95 $
Le cépage cabernet franc s'est particulièrement bien adapté au terroir de la région montagneuse de Villányi, tout au sud du pays. À prix tout à fait correct, ce bon vin charnu met en relief les parfums poivrés propres au cabernet franc provenant de zones climatiques fraîches. Correctement fruité et relevé, sa poigne et sa vitalité lui valent une bonne note. À découvrir ! ★★★ ② ♥

Roumanie

Chevalier Dyonis

Merlot-Feteasca 2007, Negra Reserve, Roumanie • (11186787) 12,05 $
Inscrit au répertoire général, ce bon vin roumain combine la rondeur fruitée du merlot et l'originalité du cépage local feteasca. Rien de bien complexe, mais il présente tout de même un certain intérêt, dans une catégorie de prix où le mauvais côtoie souvent le quelconque. ★★ ② Ⓒ

Cramele Recas

Produit dans la partie occidentale du pays, à mi-chemin entre la Hongrie et la Serbie.

Cuvée Überland 2006, Roumanie • (11213095) 49 $
Cet assemblage de 80 % de merlot, de cabernet sauvignon et de feteasca – une variété locale rare qui couvrait environ 1 300 hectares en 2005 – illustre enfin le potentiel d'une région viticole en pleine expansion. Pas très exubérant ni puissant, mais doté d'un joli grain tannique. Sa finale aux accents fruités ne manque pas de charme ni d'originalité. ★★★→? ② ▼ Ⓢ

Prince Stirbey

Tămâioasă Românească 2007, Dealurile Olteniei • (11200892) 17,80 $
Tămâioasă Românească est le nom roumain donné au muscat blanc à petits grains. Il n'est donc pas étonnant de retrouver, dans ce savoureux vin blanc sec, toutes les qualités aromatiques de cette variété antique qui était déjà cultivée en France à l'époque romaine. Généreusement parfumé, mais aussi plein de vitalité et nullement pommadé. Les amateurs de vins aromatiques se régaleront à bon prix. ☆☆☆ ② ♥

Autriche

Heinrich

Gernot Heinrich est un acteur important de Burgenland, une région viticole tempérée par la proximité du lac Neusiedler, qui donne parmi les meilleurs vins du pays, qu'ils soient rouges, blancs ou liquoreux.

Blaufränkisch 2009, Burgenland, Neusiedlersee • (10768478) 20,80 $
Difficile de résister au charme discret de ce vin constitué de blaufränkisch, le cépage rouge le plus planté en Autriche, qui fut longtemps associé au gamay du Beaujolais. Vigoureux et animé d'une acidité bien sentie, qui donne de l'éclat aux franches saveurs de fruits et ajoute à son caractère vibrant. Le vin se révèle sous un jour beaucoup plus nuancé après un séjour d'une demi-heure en carafe. Servir frais autour de 14 °C. ★★★★ ② ♥

Huber, Hugo 2009, Grüner Veltliner • (10750032) 15,80 $
Vin blanc sec et vif est relevé de notes originales de citron. ☆☆ ②

Stadt Krems, Gruner Veltliner 2009, Lower Austria • (532440) 13 $
Ce très bon vin sec, aromatique et relevé de saveurs poivrées offre une version un peu simple et modeste du grüner veltliner, la spécialité autrichienne. Rien de complexe, mais tout à fait satisfaisant à ce prix. ☆☆☆ ② ♥

Slovénie

Dveri Pax

Sauvignon blanc 2008, Slovénie • (11195763) 21,05 $
Produit par l'une des *wineries* les plus modernes du pays, ce très bon vin blanc réunit la vitalité et les parfums d'agrumes propres à cette variété. Certes désaltérant et agréable à boire, même s'il ne rivalise pas avec des vins de Loire du même prix. ☆☆☆ ②

Movia

Situé de part et d'autre de la frontière italo-slovène (Frioul), le domaine d'Aleš Kristancic est certainement le mieux connu du pays.

Veliko 2002, Goriska Brda • (11213757) 39 $
Cet adepte de la biodynamie mise ici sur le merlot, le pinot noir et le cabernet sauvignon, qui donnent un très bon vin au caractère affirmé et original, quoique un peu ténu et discret. Sa vivacité naturelle en fait un bon compagnon de table. ★★★→? ②

Vila Marija, Merlot 2007, Slovénie • (11194867) 23,85 $
Trop de bois ; fini rustique et des arômes de résine. ★ ②

Bulgarie

Vinprom Yambol

Cette *winery* fondée en 1924 exploite un vignoble de 600 hectares sur les rives de la Tundza, dans l'est du pays.

Syrah 2008, Persona, Vallée de Thrace • (11200850) 12,70$
Sans rien révolutionner, ce vin souple, rond et friand est agrémenté de jolies notes anisées qui le rendent sympathique. Tout à fait recommandable à ce prix. ★★★ ② ♥

Cabernet sauvignon-Syrah 2007, Persona, Valle de Thrace • (11200825) 12,80$
Dégusté de nouveau un an plus tard, je n'ai guère une impression plus favorable pour ce vin tannique, un peu rugueux; à court de chair. ★ ②

Castra Rubra

En 2006, le propriétaire de Telish, Jair Agopian, a développé à grands frais le projet Castra Rubra, une *winery* à la fine pointe de la technologie. Le Français Michel Rolland y applique la recette qui a fait son succès planétaire.

Via Diagonalis 2007, Plaines de Thrace • (11200585) 17,90$
Un vin aussi racoleur que prévisible, concentré et riche en saveurs de fruits confits au point d'accuser une lourdeur certaine. Pour découvrir les traits du terroir bulgare, on devra chercher ailleurs... ★★ ②

D'AUTRES VINS DÉGUSTÉS CETTE ANNÉE

Provins Valais, Swiss Valley, Fendant 2009, Valais
(11194971) 18,70$ ☆☆

Rabl, Riesling 2009, Steinhaus, Kamptal
(10790341) 19,80$ ☆☆

Werewolf, Merlot 2008, Recas
(10791774) 13$ ★★

Pinot noir 2008, Recas
(10796495) 12,70$ ★★

SERBIE
ROUMANIE
BULGARIE
MACÉDOINE
Drama
TURQUIE
ALBANIE
Naoussa
MACÉDOINE
THRACE
Krania
Thessalonique
Pangée
Epanomi
ÉPIRE
MER
ÉGÉE
Rapsani
TURQUIE
THESSALIE
ÎLES
IONIENNES
ATTIQUE
Athènes
Markopoulo
MER
IONIENNE
Samos
Néméa
Mantinia
PÉLOPONNÈSE
SANTORIN
RHODES
MER
DE CRÊTE
MER
MÉDITERRANÉE
CRÊTE
0
100
km
LYBIE
ÉGYPTE

Grèce

Au cours de la dernière décennie, le vignoble grec a connu un développement important. Ce vent de renouveau est providentiel pour une activité vitivinicole qui accusait beaucoup de retard. Certaines régions du nord du pays, comme la Macédoine, en étaient encore à la reconstruction postphylloxérique du vignoble. Plus au sud, dans le Péloponnèse, les progrès vont bon train alors que l'on ne cesse d'accroître la qualité des équipements et les connaissances œnologiques. Il reste toutefois beaucoup de travail à accomplir dans le vignoble (voir encadré ci-après).

Bon an mal an, la Grèce produit un peu plus de 300 millions de litres de vin – 60 % de blanc, 40 % de rouge – et elle entend miser essentiellement sur la singularité de ses cépages pour faire sa place sur l'échiquier mondial.

D'ailleurs, si quelques producteurs privilégient les cépages internationaux, de nombreux viticulteurs restent fidèles à la kyrielle de variétés autochtones, vestige de 3 500 années d'histoire vinicole.

Au Québec, la part de marché des vins grecs a connu une croissance notable (11,7 %) au cours de la dernière année, pour atteindre des ventes de 4,4 millions de dollars en 2010-2011. L'offre se concentre encore essentiellement dans la région métropolitaine, mais certains vins commentés dans les pages suivantes sont distribués dans l'ensemble de la province. Un excellent prétexte pour découvrir un pan trop souvent ignoré de la viticulture européenne.

• • • dans le monde du vin • • •

AU SECOURS DE L'AGIORGITIKO

Selon Yiannis Paraskevopoulos, propriétaire de Gaia Estate et enseignant à la faculté d'œnologie de l'Université d'Athènes, la plupart des plants d'agiorgitiko – le cépage local de Nemea – seraient virosés. Ce virus aurait pour effet, entre autres, de nuire à la concentration du sucre et de la matière phénolique, et donc de donner des vins souples, souvent à court de poigne et d'étoffe tannique. Cette situation pourrait éventuellement changer puisque quelques domaines, dont Gaia, entreprendront bientôt la replantation de certaines parcelles avec des cultivars sains. « C'est un travail de longue haleine, explique Paraskevopoulos. Nous devons attendre que la vigne atteigne une dizaine d'années avant d'observer des résultats, mais je suis persuadé que cela en vaut la peine. Cela pourrait même changer radicalement le visage des vins de Nemea. » À suivre...

Argyros

L'île de Santorin est la source de vins blancs secs et liquoreux, aussi distinctifs que désaltérants. Longtemps connue exclusivement pour la qualité de son somptueux Vinsanto, la famille Argyros élabore aussi d'excellents vins de table qui relèvent avec éclat les vertus des cépages locaux.

Atlantis 2010, Vin de pays des Cyclades • (11097477) 17,10$
Cet assemblage d'assyrtiko, d'athiri et d'aidani est vite devenu un classique au rayon des vins blancs grecs. Avec raison, puisqu'il a tous les attributs pour plaire. À la fois vif, nourri, désaltérant et relevé de délicates notes citronnées et iodées. Quatre étoiles bien méritées ! ☆☆☆☆ ② ♥

Vinsanto 1989, Santorini • (11012568) 94,75$
Selon des connaisseurs, le Vinsanto d'Argyros serait le plus digne représentant d'une tradition qui remonte au XVIe siècle. Les raisins d'assyrtiko, d'aidani et d'athiri sont mis à sécher au soleil, puis vinifiés et élevés pendant de longues années en barrique de chêne. Le 1989 s'avère déjà fort distingué, avec une longue finale concentrée aux accents de prune et de fleurs de jasmin, qui sont sans doute attribuables au cépage aidani. Encore bon pour de longues années. Cher, mais exceptionnel. ☆☆☆☆☆ Ⓢ

Vinsanto 1990, Santorini • (11012568) 94,75$
Tout aussi savoureux, mais sur un mode plus « *earthy* », comme disent les Anglais. Des parfums de champignons qui évoquent les sous-bois, sur un fond de figues séchées. Irrésistiblement long et onctueux. Un pur délice ! ☆☆☆☆☆ ② Ⓢ

À surveiller également, l'arrivée de l'**Assyrtiko 2010, Santorini** (non boisé) durant la promotion des vins de l'été 2012. Dégusté lors d'un récent séjour sur l'île, le vin était dans une forme spectaculaire et déployait avec beaucoup de fougue et de poigne le caractère tranchant et minéral des meilleurs vins blancs de Santorin. Le goût des Cyclades, mis en bouteille...

Biblia Chora

Biblia Chora est né d'un partenariat entre les œnologues de renom Vangelis Gerovassiliou et Vassilis Tsaktsarlis. Fondé au tournant du millénaire dans leur Macédoine natale, leur domaine compte actuellement une quinzaine d'hectares et les résultats semblent fort prometteurs.

Ovilos 2010, Vin de Pays de Pangée • (10703594) 28,25$
Dans un style plus international, cet assemblage d'assyrtiko et de sémillon à parts égales est très réussi. Le 2010 est animé d'une acidité supplémentaire qui, loin d'être un défaut, s'harmonise parfaitement à sa texture riche et vineuse et ajoute à sa tenue en bouche. Pas donné, mais très complet. ☆☆☆☆ ② ♥

On trouve aussi des vins de ce producteur en importation privée. Ⓘ

Boutari

L'activité du géant Boutari s'étend dans la plupart des appellations grecques, de Naoussa jusqu'en Crête.

Grande Réserve 2005, Naoussa • (140111) 18,20 $
Bien qu'il n'offre pas la complexité des meilleurs vins de l'appellation, ce 2005 met néanmoins en relief l'originalité du xinomavro. Un vin à point, relevé de senteurs de fruits secs et porté par des tanins francs et droits. Bon vin à l'ancienne, sans excès, pas très dense, mais équilibré et original. ★★★ ②

Naoussa 2007 • (023218) 13,95 $
Modeste et marqué d'une forte empreinte technologique, ce vin représente toutefois un bel exemple de ce que peut donner le cépage xinomavro. Une attaque en bouche franche et vive et de bons goûts de cerise. À boire au cours des deux prochaines années, et à servir autour de 15 °C. ★★★ ② ♥

Merlot-Xinomavro 2005, Vin de pays de la Macédoine • (10701337) 18,75 $
Moins original que les autres vins de la gamme, mais très mûr, charnu et bien fait. ★★ ②

Santorini 2008 • (11097590) 17,70 $
Pas de bois, mais toute la vigueur, les tonalités iodées et le caractère hautement désaltérant de l'assyrtiko de Santorin. ☆☆ ②

en peu de mots

Contrairement à l'idée préconçue, la Grèce n'est pas un pays trop chaud pour produire du vin. La plupart des vignobles sont orientés vers le nord et établis dans des régions fraîches. Les vins ont souvent un caractère fringant et un pH faible, autour de 3,2.

On recense aujourd'hui plus de 250 cépages anciens en Grèce. En voici quelques-uns :

Agiorgitiko (saint-georges) : Cépage rouge de l'appellation Nemea, dans le Péloponnèse, il se caractérise par une texture souple, un caractère aromatique épicé et une saine acidité.

Xinomavro : Surtout cultivé dans le nord, près de la Macédoine, dans les appellations Naoussa, Goumenissa et Rapsani. L'un des rares cépages à maturation tardive du pays, il peut paraître un peu austère dans sa jeunesse, mais il a la réputation de vieillir en beauté.

Assyrtiko : Ce cépage blanc originaire de l'île de Santorin est maintenant planté sur l'ensemble du vignoble grec. Il est reconnu pour son profil très minéral et pour sa propriété à conserver une bonne acidité malgré les excès de chaleur du climat.

Malagousia : Cette variété ressuscitée il y a quelques années produit de très bons vins blancs aux parfums riches et intenses.

Moschofilero : Ce cépage blanc contribue au caractère floral unique des vins de l'appellation Mantinia, dans le Péloponnèse.

Santorin, la très belle

L'éruption volcanique qui a donné à Santorin sa forme actuelle serait, selon certains historiens, à l'origine de légendes comme la cité perdue d'Atlantide. Or, au-delà des mythes, la perle des Cyclades est aussi le site de l'un des vignobles les plus anciens et les plus singuliers de la planète. On y pratiquait la viticulture dès le XVIIe siècle av. J.-C.

Sur cette île que les Phéniciens avaient baptisée Kalliste (la très belle), les vignerons de l'Antiquité ont su jouer d'ingéniosité afin que la vigne s'adapte à des conditions climatiques extrêmes. Les plants d'assyrtiko – un cépage blanc indigène qui conserve une bonne acidité, malgré un climat très chaud – sont conduits de façon que les ceps prennent la forme de paniers près du sol. Cette méthode offre une protection contre les vents violents chargés de poussière volcanique et permet de mieux contenir la rosée matinale, source d'humidité providentielle dans une région qui ne reçoit qu'une trentaine de millimètres de pluie pendant l'été.

Forgés par des siècles de labeur et profitant maintenant des avancées de l'œnologie, les vins blancs de Santorin se révèlent aujourd'hui racés et originaux. Secs, vifs et tranchants, ils font aussi preuve d'une longévité surprenante.

Pourtant, ces vins uniques sont en péril. En seulement 50 ans, la surface cultivée a été réduite de moitié et les nouveaux établissements de villégiature continuent de gruger les vignobles puisqu'il n'existe aucune réglementation pour freiner l'ardeur des promoteurs. Préoccupés par cette menace pressante, une poignée d'irréductibles vignerons milite aujourd'hui pour que leur vignoble soit – à l'instar de celui de la vallée du Douro, au Portugal – inscrit au Patrimoine mondial de l'Unesco. Cette protection officielle pourrait assurer la survie du vignoble de Santorin et lui éviter d'être relégué, lui aussi, au statut de légende...

Nadia Fournier
L'actualité, septembre 2011

Domaine Hatzimichalis

Ambelon 2006, Vin de Pays d'Opountia Locris • (702373) 18,90$
Produit dans la vallée d'Atalante au nord d'Athènes, ce vin blanc fera le bonheur des curieux en quête de nouvelles saveurs. Le cépage robolla – un parent du ribolla cultivé dans le Frioul italien – lui donne cette couleur locale teintée de notes citronnées fort attrayantes. À moins de 20$, ce vin sec, vibrant, nourri et léger en alcool (12%) est une irrésistible invitation à découvrir une facette encore méconnue de la viticulture européenne. ☆☆☆☆ ② ♥ ▼

Gaia

Fondée en 1994 au nord du Péloponnèse par Yiannis Paraskevopoulos – aussi enseignant à la faculté d'œnologie de l'Université d'Athènes –, la maison Gaia s'est rapidement imposée avec des vins de belle facture, de style moderne et mettant en valeur les vertus des cépages helléniques.

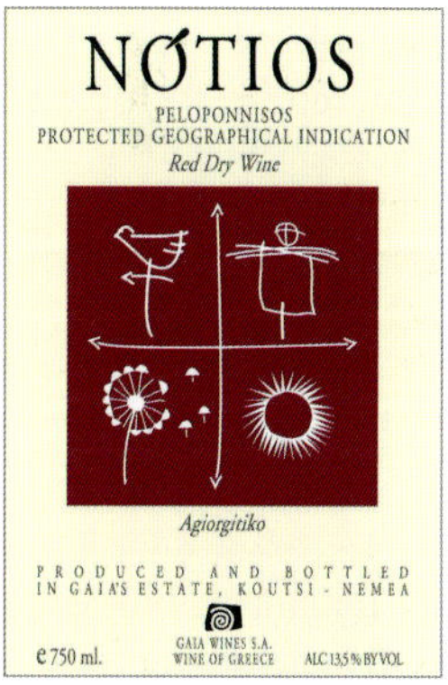

Agiorgitiko 2009, Nemea •
(11097426) 18,30$
Ce vin, qui provient d'un seul vignoble cultivé en coteaux, se distingue davantage en 2009 par son ampleur et son volume aromatique que par sa densité ou sa structure. Ses saveurs confites, ses tonalités de café et sa présence en bouche chaleureuses ont un certain charme, mais le rendent un peu moins distinctif que par le passé. ★★★ ②

Notios rouge 2010, Vin de Pays de Péloponnèse • (10700967) 15,35$
«Notios» signifie: celui qui vient du sud. Ce savoureux et abordable vin rouge est issu essentiellement d'agiorgitiko, qui lui confère un caractère particulièrement friand et charmeur. Sa rondeur et ses arômes nets de fruits rouges et d'épices évoquent même certains vins du Beaujolais. Un bon vin de soif que l'on gagnera à servir frais, autour de 14 °C. ★★★ ② ♥

Notios blanc 2009, Vin de Pays de Péloponnèse • (10700924) 15,35$
Bon vin sec auquel les cépages autochtones moschofilero et roditis, embellis par un usage modéré de la technologie, confèrent un caractère original. ☆☆☆ ②

Ritinitis Nobilis, Retsina • (11097434) 15,90$
Pour les amateurs intrépides, une spécialité grecque qui résulte de l'ajout de résine de pin au cours de la fermentation d'un vin blanc. Cette méthode séculaire donne au vin une saveur prononcée de sapinage, certes déconcertante, mais rassasiante par sa fraîcheur. À boire à l'apéritif ou en accompagnement de plats grecs. Plus chère que la moyenne, mais c'est de loin la meilleure Retsina sur le marché. ☆☆☆ ♥

Gerovassiliou

Après avoir œuvré à titre d'œnologue au Château Carras, Evangelos Gerovassiliou a fondé son domaine en Macédoine en 1981. Il élabore une série de vins de conception moderne et techniquement très au point.

Vin de Pays d'Epanomi 2010 • (10249061) 19,80$
Toujours excellent, il se distingue de la cohorte de vins à saveur internationale par sa composition originale d'assyrtiko et de malagousia. Encore très jeune, guilleret et relevé par un léger reste de gaz carbonique, le vin se signale actuellement par sa vitalité et par sa finale parfumée aux accents de fleurs et d'agrumes. Déjà agréable à boire, il devrait se révéler sous un jour encore plus vineux et nuancé après quelques mois de repos. ☆☆☆☆ ② ♥

Vin de Pays d'Epanomi 2006 • (10248931) 24,65$
Déjà commenté dans *Le guide du vin 2011*, cet assemblage de syrah, de merlot et d'un peu de grenache charme par ses saveurs mûres, sa texture suave et ses justes proportions. On appréciera sa finale gourmande aux accents anisés. ★★★ ②

On trouve aussi des vins de ce producteur en importation privée. IP

Katsaros

Le domaine de la famille Katsaros est établi à environ 600 m d'altitude, sur les coteaux du mont Kato Olympos, depuis 1978. Le vignoble, exploité en agriculture biologique, est essentiellement planté de cépages internationaux, mais on commence à y réintroduire des variétés autochtones.

Cabernet sauvignon 2006, Vin de Pays de Krania • (974725) 41,50$
Le 2006 est fidèle à ce style strict, voire un brin austère : couleur profonde, nez dense et riche en parfums d'épices, très fin, à défaut d'être exubérant. Une bouche droite appuyée sur des tanins compacts et une longue finale élégante aux accents de graphite. Bon dès maintenant et pour longtemps. Afin de révéler pleinement ses arômes complexes, il est souhaitable de le passer en carafe quelques heures avant de le servir. ★★★★ ③

La famille Katsaros produit aussi un somptueux Chardonnay, vendu en importation privée. IP

Kir-Yianni

Depuis 1997, l'aîné de la famille Boutari et son fils Stellios ont développé leur propre affaire dans le village de Yannakohori.

Ramnistia 2008, Naoussa • (11370517) 20,35$
Très bon Xinomavro de facture moderne, qui profite d'un élevage soigné en fût de chêne qui lui confère des notes torréfiées. Vin large d'épaules qui s'articule autour de tanins denses et un peu carrés, sans toutefois accuser de dureté. Encore jeune, assez vif et nerveux, il serait préférable de le laisser reposer encore trois ans en cave. ★★★→? ③

Paranga 2007, Vin de Pays de Macédoine • (11097418) 15,95$
Les tonalités de fruits noirs et de réglisse de cet assemblage de xinomavro, de merlot et de syrah sont rehaussées par une saine acidité qui laisse une impression de fraîcheur en fin de bouche. Rustique, mais original. ★★★ ② ♥

Inoubliable...
estiatorio Milos
5357 Ave. du Parc, Montréal, 514.272.3522
125 West 55th Street, New York, 212.245.7400
46 Vassilissis Sofias, Athènes, 210.724.4400

Lyrarakis

Fondée en 1966, cette entreprise familiale de Crête n'a commencé à commercialiser ses vins sous sa propre étiquette qu'en 1992.

Vilana, Crête • (11607553) 14,80$
Le vilana est le cépage blanc principal de l'île de Crête. Il donne ici un bon vin léger et facile à boire, mais relevé de jolies notes d'épices qui lui donnent une personnalité enviable pour le prix. ☆☆☆ ②

Kotsifali 2008, Crête • (10703818) 13,85$
Bon vin d'envergure moyenne qui mise avant tout sur la rondeur fruitée, la souplesse et la vigueur du cépage kotsifali. Original et parfaitement recommandable à ce prix. ★★★ ② ♥

Papagiannakos

Savatiano 2010, Vin de Pays de Markopoulo • (11097451) 15,90$
Cet important producteur de l'Attique obtient un résultat fort convaincant avec le savatiano, une variété apparemment sans lustre particulier, surtout connue pour ses vins blancs minces et très acides. Une viticulture soignée et des rendements limités donnent un excellent vin sec, substantiel, désaltérant et égayé de fines notes iodées. À l'apéro ou avec des huîtres, un régal d'originalité et de fraîcheur ! ☆☆☆☆ ② ♥

Sigalas

En 1991, après avoir longtemps enseigné les mathématiques à Athènes, Paris Sigalas est rentré à Santorin pour se consacrer au vignoble familial, où il élabore depuis des vins de forme classique qui ont valeur de référence sur l'île.

Santorini 2010 • (11034302) 22,80$
Vigoureux et désaltérant comme pas un, le 2010 met en relief la salinité qui est devenue la marque des vins blancs de cette île volcanique. Plus mûr et vineux que d'habitude il est vrai, mais sec et doté d'une personnalité d'enfer ! Encore jeune, il gagnera à être aéré en carafe pendant une bonne demi-heure. ☆☆☆☆ ② ♥

Santorini 2009 • (11034302) 22,80$
Plus vif et riche d'une acidité supplémentaire, le 2009 est franc de goût et égayé des tonalités iodées typiques. Déjà excellent, mais ce genre de vin a prouvé depuis longtemps sa capacité à vieillir en beauté. ☆☆☆☆ ② ▼

Assyrtiko-Athiri 2010, Santorini • (11607377) 17$
Sur un mode plus tendre et destiné à plaire à un vaste public, ce bon vin blanc tire du cépage athiri – dont il est composé à 25% – une rondeur et une onctuosité qui enrobent la vigueur parfois tranchante de l'assyrtiko. Un bon vin d'apéritif à servir frais, autour de 10 °C. ☆☆☆ ② ♥

On trouve aussi des vins de ce producteur en importation privée. IP

Naoussa : l'avenir de la Grèce

Le Xinomavro s'inscrit à merveille dans ce qu'il convient d'appeler « les vins de connaisseurs ».

Le vignoble grec est un musée. Un peu plus vaste que celui de Bordeaux, il mise aujourd'hui sur près de 250 cépages autochtones, aussi anciens que singuliers. Parmi eux, le xinomavro de Naoussa, qui couvre à peine 1 000 hectares, sur le flanc sud-est du mont Vermio.

Dans cette contrée située au cœur de la Macédoine, à environ 500 km au nord d'Athènes, point de maison blanche à flanc de falaise. Ses collines verdoyantes, son architecture et sa gastronomie évoquent davantage les Balkans que la Méditerranée. Les plats sont copieux et s'accompagnent essentiellement de Xinomavro, un vin rouge qui s'inscrit à merveille dans ce qu'il convient d'appeler « les vins de connaisseurs ». Par leur excellent potentiel de garde, leur profil strict, très vigoureux et parfois austère en jeunesse, plusieurs cuvées évoquent d'ailleurs le Nebbiolo piémontais.

Au XIXe siècle, alors que la Grèce était occupée par les Ottomans, ces vins étaient considérés parmi les plus fins de l'empire. Ils étaient alors servis dans les palais d'Istanbul aussi bien qu'en Autriche, en Russie et en Égypte.

Puis le vignoble a connu une longue période d'abandon. Plusieurs vieilles vignes de xinomavro ont été remplacées par des arbres fruitiers, jugés plus rentables. D'autres viticulteurs ont persisté, malgré les années de disette, à entretenir leurs vignobles, quitte à vendre leurs récoltes à perte aux négociants locaux.

Aujourd'hui, après une longue période d'inertie relative, ces vignes parfois centenaires profitent d'une seconde vie, grâce à une nouvelle génération de vignerons qui reprennent les exploitations familiales plutôt que de s'exiler vers la ville et qui favorisent le plus souvent des méthodes agricoles biologique ou biodynamique.

Apostolos Thymiopoulos et Kostis Dalamaras – 31 ans et 26 ans – sont les étoiles montantes de la région. Ils sont jeunes et talentueux, leurs yeux brillent lorsqu'ils parlent de leur région et leurs vins* sont délicieusement authentiques. En quelques années seulement, leur travail aura contribué à faire d'une appellation endormie la région viticole la plus en vue de tout le pays. Et puisque leur succès international fait déjà boule de neige auprès d'autres jeunes vignerons locaux, on peut croire que le meilleur reste encore à venir…

NADIA FOURNIER

Affaires Plus, octobre 2011

* Offerts en importation privée.

Thymiopoulos

À peine âgé de 31 ans, Apostolos Thymiopoulos est déjà l'un des vignerons les plus en vue du pays. L'authenticité, la pureté, la profondeur et l'équilibre de ses vins suscitent l'enthousiasme.

Jeunes vignes 2009, Naoussa • (11607617) 18$
On peut se réjouir de l'arrivée à la SAQ de ce vin de Naoussa. Issu de vignes de xinomavro âgées de 7 ans, le 2009 possède un immense pouvoir de séduction. D'emblée, la couleur pâle et le nez joliment fruité annoncent un vin guilleret, tout en légèreté et en délicatesse. Un vin rouge d'une grande « buvabilité », très sec, franc, coulant et accentué de savoureuses notes d'épices qui le rendent encore plus attrayant. L'une des belles découvertes de l'année ! Cinq étoiles pour un Xinomavro exceptionnellement bon. Hélas ! il faudra patienter jusqu'en janvier 2012 avant de pouvoir s'en procurer… ★★★★★ ② ♥

On trouve aussi des vins de ce producteur en importation privée. IP

Tsantalis

Sans doute le producteur grec dont les vins sont le plus largement distribués au Québec. Autrefois spécialisée dans la distillation d'ouzo, l'entreprise fondée en 1860 est maintenant active dans plusieurs appellations du nord du pays. Si les cuvées d'inspiration internationale sont plutôt banales, les vins issus de cépages locaux offrent un dépaysement à prix abordable.

Rapsani 2008 • (590836) 11,70$
Les variétés locales xinomavro, stavroto et krassato, nourries par le soleil méditerranéen, donnent un bon vin juste assez rustique, charnu et enrichi de saveurs de fruits et d'épices. Disponible dans l'ensemble du réseau et vendu à prix d'aubaine. Trois étoiles dans sa catégorie. ★★★ ② ♥ C

Rapsani Reserve 2006 • (741579) 17,60$
Issu des mêmes cépages, le Réserve est enrichi par un élevage de 12 mois en barrique. Le résultat est certes plus imposant, mais laisse en bouche un fini tannique plus sec et anguleux. Correct, mais moins distinctif que le vin courant. ★★→? ②

Nemea 2008 • (713602) 9,90$
Composé d'agiorgitiko, un vin sans prétention, tout en rondeur et doté d'une couleur locale sympathique. Servir frais, autour de 14 °C. ★★ ② ♥

Syrah 2007, Vin de Pays Ismarikos • (10249125) 16,25$
Une moins bonne note pour ce vin auquel des tonalités végétales et une rudesse tannique donnent un air rustique. ★→? ②

Thessalikos 2010, Vin de Pays Agioritikos • (861856) 14,10$
Léger, modérément aromatique et rafraîchissant. ☆☆ ① C

Tselepos

Yannis Tselepos a fait ses études d'œnologie à Dijon et a travaillé pendant plusieurs années en Bourgogne avant de fonder son propre domaine, avec sa femme Amalia.

Moschofilero 2010, Mantinia • (11097485) 19,55$
Plus que tout autre producteur, Yannis Tselepos a contribué à l'essor et à la mise en valeur du cépage moschofilero, qui constitue l'essence de l'appellation Mantinia, au cœur du Péloponnèse. Son vin mise avant tout sur la légèreté et le caractère guilleret du cépage. Pas de senteurs boisées, mais un léger reste de gaz carbonique qui accentue sa vitalité et met en relief ses accents floraux. Idéal à l'apéritif! ☆☆☆☆ ② ♥

Cabernet-Merlot 2007, Vin de pays de Tégéa • (965103) 21,15$
Des vignes plantées à 750 m d'altitude donnent un bon vin rouge de facture internationale, élevé en fût de chêne pendant 12 mois. Moins distinctif que d'autres, mais on apprécie sa texture charnue, constituée de tanins mûrs. À boire entre 2012 et 2016. ★★★→? ②

On trouve aussi des vins de ce producteur en importation privée. IP

D'AUTRES VINS GRECS DE QUALITÉ MOYENNE ★★ ET ☆☆

Boutari, Nemea 2008
(281956) 12,25$

Lac des Roches 2010, Vin de Pays Peloponnèse
(11389031) 11,35$

Kechribari, Retsina
(11370437) 7,80$ – 500 ml

Konstantinos, Ampelou Gis 2008, Vin de Pays Messinia
(10703797) 16,60$

Pavlidis, Sauvignon blanc-Assyrtiko 2010, Thema, Vin de Pays de Drama
(10701265) 19,10$

Skouras, Cuvée Prestige 2009, Vin de Pays de Péloponnèse
(10701281) 13,90$

Aghiorghitiko 2007, Saint George, Nemea
(11370525) 18,70$

Moschofilero-Roditis 2010, Cuvée Prestige, Vin de Pays de Peloponnèse
(11097469) 13,55$

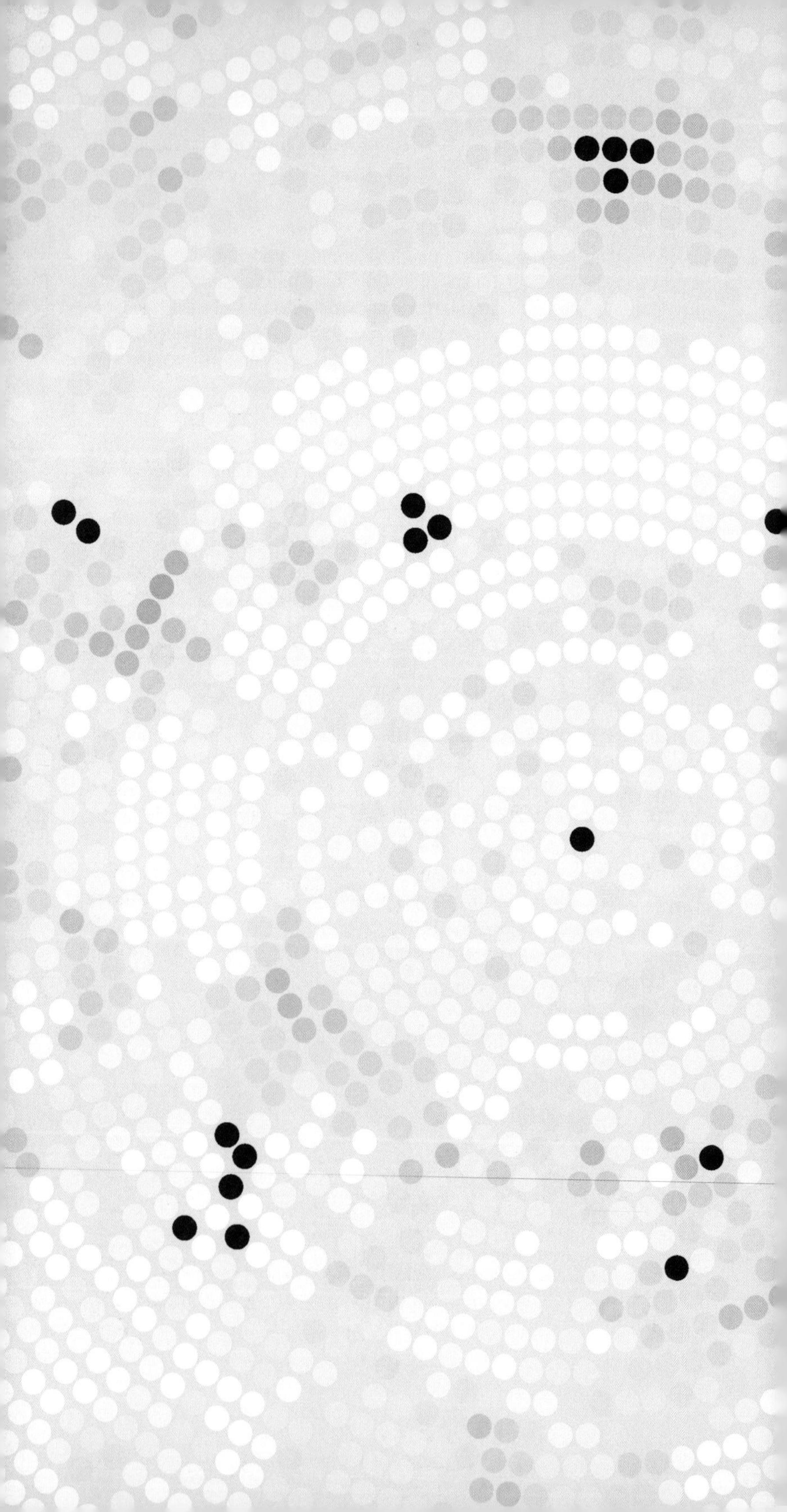

Autres pays

Liban

Bien que son histoire remonte au temps des Phéniciens, la viticulture libanaise telle qu'on la connaît aujourd'hui est relativement récente. Sur la vingtaine d'entreprises viticoles du pays, seules Musar et Ksara possèdent des vignes âgées de plus de 50 ans. Plantée essentiellement dans la vallée de la Bekaa, la vigne occupe environ 2000 hectares, l'équivalent de l'appellation Entre-deux-Mers.

Contrairement à la plupart des pays du Moyen-Orient arabe, le Liban n'a aucune restriction sur le commerce, la promotion ou la consommation d'alcool. En raison des crises politiques qui ont ravagé le pays, la viticulture libanaise a été forgée de victoires dans l'adversité. Dans des conditions aussi hostiles, la seule survie des vins de la Bekaa les rend encore plus précieux.

Au Québec, le répertoire de la SAQ compte une trentaine de vins libanais. Bien que leurs ventes aient progressé au cours des dernières années pour atteindre 2,5 millions de dollars au cours de l'année financière 2010-2011, la part de marché des vins du Liban demeure marginale (0,1 %).

en peu de mots

Kefraya et Ksara demeurent les chefs de file, avec près de 70 % de la production nationale.

Les principaux cépages cultivés sont d'origine méditerranéenne : grenache, cinsault, syrah, carignan, auxquels s'ajoutent le cabernet sauvignon et un peu de merlot.

Château Fakra

Blanc de blancs 2007, Vallée de Kfardebian • (11097602) 15,45$
Produit dans la partie ouest du pays, ce vin blanc vif et léger est un peu fluide, certes, mais l'originalité des cépages ugni blanc, muscat et clairette accroît son charme. ☆☆☆ ①

Château Kefraya

Avec Ksara, ce vaste domaine établi au pied du mont Liban est un pilier de la viticulture libanaise. Très bonne qualité d'ensemble.

Comte de M 2007, Vallée de la Bekaa • (722413) 47,75$
Haut de gamme de Kefraya, cet assemblage de cabernet sauvignon et de syrah à parts égales est toujours à retenir, et compte parmi les vins les plus achevés du pays. Stylistiquement plus bordelais que méditerranéen, il s'impose d'emblée par ses senteurs de cuir, subtilement teintées d'accents de cèdre, et par sa droiture en bouche. Ferme et pourtant si charmeur avec sa finale persistante aux bons goûts de fruits noirs. Pas très puissant et certes un peu cher, mais irrésistiblement civilisé. À boire sans se presser au cours des dix prochaines années. ★★★★ ③

Château Kefraya 2006, Vallée de la Bekaa • (964536) 26,10$
Déjà commenté dans *Le guide du vin 2011*, ce vin issu de vignes de cabernet sauvignon, de mourvèdre, de carignan, de cinsault et de grenache, plantées entre 950 et 1100 m d'altitude, paraît un peu aminci par rapport à l'an dernier. Aurait-il été surestimé ? Néanmoins, droit, sans fioritures ni lourdeur, il procure beaucoup de plaisir par ses saveurs fruitées et sa trame tannique parfaitement mûre. À boire entre 2012 et 2014. ★★★ ②

Les Bretèches 2008, Vallée de la Bekaa • (443317) 15,45$
Cet assemblage inusité de cinsault, de syrah, de cabernet sauvignon, de tempranillo, de carignan, de grenache et de mourvèdre donne, bon an mal an, un vin aussi original que savoureux. Mûr, relevé et suffisamment charnu. Un bon achat à ce prix. ★★★ ② ♥

Château Ksara

Fondée en 1857 par les pères jésuites, Ksara est la plus ancienne et la plus importante entreprise viticole du Liban, avec plus de 400 hectares répartis dans 7 parcelles différentes.

Château Ksara 2006, Vallée de la Bekaa • (857698) 23$
Comme d'habitude, ce vin de facture classique charme par ses saveurs de fruits gorgés du soleil méditerranéen et par ses proportions harmonieuses. Très complet, doté d'un bel équilibre entre la chair fruitée, la charpente tannique et l'acidité. Excellent ! ★★★→? ②

Cabernet sauvignon 2008, Vallée de la Bekaa • (927855) 22,60$
Pas la plus grande réussite de Ksara : vif, ténu et présentant une certaine verdeur. Rudimentaire et linéaire. ★★→? ②

Réserve du Couvent 2009, Vallée de la Bekaa • (443721) 14,90$
Des tanins un peu secs et une vivacité marquée donnent à cet assemblage de syrah, de cabernet franc et de cabernet sauvignon une allure bancale et rustique. ★★ ②

Prieuré Ksara 2009, Vallée de la Bekaa • (927848) 14$
Carignan, mourvèdre, cinsault et cabernet sauvignon composent ce vin droit, assez costaud et bien en chair. Des aspérités tanniques bien dosées assurent sa droiture et sa tenue en bouche. Original et vendu à un prix attrayant. ★★★ ② ♥

Clos St-Alphonse 2007, Vallée de la Bekaa • (11315171) 13,85$
Expression franche de cabernet sauvignon et de syrah, accentuée d'une légère amertume en finale. ★★ ② Ⓖ

Blanc de blancs 2010, Vallée de la Bekaa • (10210677) 16,55$
Chardonnay, sauvignon et sémillon donnent un bon vin simple, auquel le sémillon confère de jolis accents de miel. Sec, vif et équilibré. ☆☆☆ ②

Château Les Cèdres

Vallée de la Bekaa, Domaine Wardy 2004 • (927806) 22,15$
Le meilleur vin rouge du Domaine Wardy est commercialisé sous le nom de Château Les Cèdres. Un assemblage de cabernet sauvignon, de syrah et de merlot compose un vin un peu rustique, mais de bon aloi ; très consistant et large d'épaules, mais aussi enrobé d'une chair fruitée généreuse caractérisée par des arômes invitants de fruits confits. À boire d'ici 2014. ★★★→? ②

Château Marsyas

Vallée de la Bekaa 2007 • (11214522) 39$
Au Liban, l'industrie viticole représente aujourd'hui un chiffre d'affaires d'environ 40 millions de dollars et suscite l'intérêt d'une poignée d'entrepreneurs qui y voient un marché des plus florissants. C'est le cas de Johnny Saadé, qui a investi plus de 25 millions de dollars dans ce vignoble de la vallée de Marsyas, ancien nom de la vallée de la Bekaa. Produit avec les conseils de l'œnologue bordelais Stéphane Derenoncourt, cet assemblage de cabernet sauvignon, de syrah, de merlot et de petit verdot témoigne d'une maîtrise technique évidente. Judicieusement boisé, riche en extraits et solidement constitué, à défaut d'originalité et de subtilité. Actuellement un peu sévère, il pourrait s'ouvrir d'ici deux ou trois ans. ★★★→? ②

Clos St-Thomas

Domaine viticole créé en 1997 sur le versant est du mont Liban, à environ 100 m d'altitude.

Château St-Thomas 2006, Vallée de la Bekaa • (927830) 25,15$
Les amateurs de vins boisés et consistants apprécieront la facture traditionnelle de ce vin auquel une attaque tannique franche et des notes d'épices donnent beaucoup de tempérament. Sec et un peu râpeux, mais soutenu et satisfaisant. ★★★ ③

Les Émirs 2007, Vallée de la Bekaa • (927822) 16,80$
Un élevage assez bien maîtrisé en fût de chêne assure à cet assemblage de cabernet sauvignon, de syrah et de grenache une bonne tenue en bouche et des tonalités boisées modérées. À la fois généreux et digeste. ★★★ ② ♥

Les Gourmets 2007, Vallée de la Bekaa • (927814) 13,85$
Cabernet sauvignon, syrah et cinsault. Vin souple et rond, gorgé de goûts de fruits confits. Guilleret et facile à boire. ★★ ② ♥

Massaya

De retour dans leur Liban natal en 1998 après avoir respectivement séjourné aux États-Unis et en France, Sami Ghosn et son frère Ramzi se sont associés au Bordelais Dominique Hébrard et aux frères Brunier du Domaine du Vieux-Télégraphe à Châteauneuf-du-Pape.

Gold Reserve 2008, Vallée de la Bekaa • (10856929) 41 $
Élaboré dans un style résolument moderne, cet assemblage de cabernet sauvignon, de mourvèdre et de syrah est doté d'un pouvoir de séduction certain. Les fans de Massaya apprécieront ses saveurs exubérantes de fruits confits, sa matière tendre et veloutée et sa finale chaleureuse. Peut-être pas le plus distinctif des vins libanais, mais élaboré avec beaucoup de doigté. À boire entre 2012 et 2016. ★★★→? ③

Classic 2009, Vallée de la Bekaa • (10700764) 16,10 $
Fidèle à lui-même, le vin courant de Massaya offre une expression juteuse, coulante et vigoureuse des cépages cinsault, syrah et cabernet sauvignon. Pas de bois, mais une chair fruitée généreuse et fort rassasiante pour le prix. ★★★ ②

Maroc

Graillot, Alain

Syrocco 2008, Zenata, Domaine Ouleb Thaleb • (11375561) 20,55 $
Depuis ses débuts en 1985, Alain Graillot s'est rapidement imposé comme l'un des artisans les plus sérieux et les plus respectés du nord de la vallée du Rhône. Depuis quelques années, il s'est aventuré loin des coteaux de Crozes-Hermitage, sur les flancs du mont Zenata, à une cinquantaine de kilomètres au nord-est de Casablanca. Même s'il est issu d'un climat chaud, ce vin composé exclusivement de syrah demeure fidèle au style fruité très pur et raffiné qui est devenu la signature de Graillot. En 2008, il offre de nouveau une version originale et distinguée de la syrah, avec des saveurs intenses de violette et de poivre, et une structure tannique juste assez droite pour apporter du tonus à l'ensemble. Plein de caractère et hautement rassasiant. ★★★★ ② ♥

Mexique

Cetto, L.A.

Nebbiolo 2006, Reserva, Valle de Guadalupe • (10390233) 19,05 $
Avec plus de 600 hectares de vignes, ce domaine, fondé en 1926 par un immigrant italien, est le plus important producteur de vins du pays. Aussi dépaysante soit-elle, cette interprétation mexicaine du grand cépage piémontais ne manque vraiment pas de qualités. Le 2006 séduit par sa texture tendre, sans la moindre mollesse, et sa finale chaleureuse agrémentée de jolis parfums de fruits noirs et de fleurs. À ce prix, il n'y a aucune raison de se priver d'un tel vent d'exotisme. ★★★ ② ♥

Israël

Ella Valley Vineyards

Cette propriété située en périphérie de Jérusalem est avant tout reconnue pour la qualité de ses vins de chardonnay et de cabernet franc.

Merlot 2005, Samson, Collines de Judée • (11386711) 30,25$
Nouveauté à signaler cette année, un très bon Merlot dont la matière concentrée et le tissu tannique de qualité, à la fois ample et serré, laissent en bouche une impression harmonieuse. Sérieux et doté d'une finale persistante aux parfums de fruits noirs. ★★★→? ②

Chardonnay 2008, Samson • (10700561) 23$
Plus de caractère que la moyenne internationale des vins de chardonnay. Pas trop de bois, mais une bonne tenue en bouche et des saveurs franches. ☆☆☆ ②

Golan Heights

Cette *winery* située dans la commune de Katzrin, au cœur du plateau du Golan, commercialise annuellement quelque six millions de bouteilles. La gamme Yarden est le haut du panier.

Cabernet sauvignon-Merlot-Cabernet franc 2010, Yarden, Mount Hermon, Galilée • (10236682) 17,25$
Un vin courant fort bien tourné dont on apprécie les riches saveurs fruitées, appuyées par des tanins souples qui le rendent encore plus friand et aimable. Une belle interprétation des cépages bordelais en sol israélien. ★★★ ② ♥

Syrah 2005, Galilée • (11616097) 27,70$
Malheureusement disparu des rayons au moment d'écrire ces lignes, le 2005 dégusté en août dernier brillait par son étoffe, sa trame tannique suave et ses saveurs distinguées. En sera-t-il autant du 2007 qui lui succédera à la mi-décembre ? ★★★ ②

Chardonnay 2009, Galilée • (10236666) 18,85 $
Un autre Chardonnay non boisé, agrémenté de parfums de poire et de fruits exotiques, mais pas vraiment distinctif. ☆☆ ②

Teperberg 1870

L'ancienne *winery* Efrat, fondée en 1870, porte aujourd'hui le nom de ses créateurs : la famille Teperberg.

Riesling 2008, Silver, Vendanges tardives, Samson • (11375713) 21,20$ – 375 ml
En plus de quelques bons vins rouges, Teperberg commercialise ce Riesling liquoreux qui offre une expression riche et chaleureuse du cépage alsacien. Pas spécialement complexe ni aromatique, mais charmeur et enrichi d'une bonne dose de sucre. ☆☆ ②

IDAHO
OREGON
Mendocino County
Alexander Valley
Napa Valley
Tahoe City
UTAH
NEVADA
Point Arena
Sonoma Valley
Sacramento
Santa Rosa
Carneros
Sonora
San Francisco
Yosemite Village
Santa Cruz Mountains
Santa Cruz
CALIFORNIE
Monterey
Death Valley Junction
OCÉAN PACIFIQUE
ARIZONA
Paso Robles
Paso Robles
Mojave
Santa Barbara
Santa Barbara
Los Angeles
Santa Monica
Oceanside
San Diego
Tijuana
Mexicali
Ensenada
MEXIQUE
Puerto Penasc
San Quintin
0
300 km
Santa Rosalia

Amérique du Nord

États-Unis

Le vignoble américain a l'allure d'un géant en pleine croissance. Sa superficie a augmenté de plus de 20 % entre 1986 et 2010, pour atteindre près de 400 000 hectares. Cela tombe à point, puisque la soif de vin des Américains semble insatiable. La consommation totale de vin chez nos voisins a tellement progressé (30 % en 15 ans) que les États-Unis ont même détrôné la France au palmarès des nations consommatrices de vin !

La Californie arrive évidemment en tête des États producteurs, avec un vignoble d'un peu plus de 318 300 hectares, qui génère environ 90 % de la production nationale. D'autres régions côtières comme Washington (24 300 ha), New York (15 000 ha), l'Oregon (6 700 ha) et la Pennsylvanie (5 500 ha) connaissent un développement considérable depuis quelques décennies.

Au Québec, les ventes de vins américains ont réalisé une croissance fulgurante au cours de la dernière année, passant de 141,5 à près de 184 millions de dollars. Une hausse de 30 % ! Le pays occupe le troisième rang des meilleurs vendeurs, derrière la France et l'Italie.

www.wineinstitute.org

en peu de mots

Certains vins blancs, Chardonnay surtout, sont marqués par la présence soutenue de sucre résiduel. Les vins sont onctueux, mais manquent de vitalité et saturent vite le palais.

Les secteurs de Carneros, de Russian River et de Santa Barbara produisent d'excellents Pinot noir et Chardonnay.

Californie Cabernet sauvignon

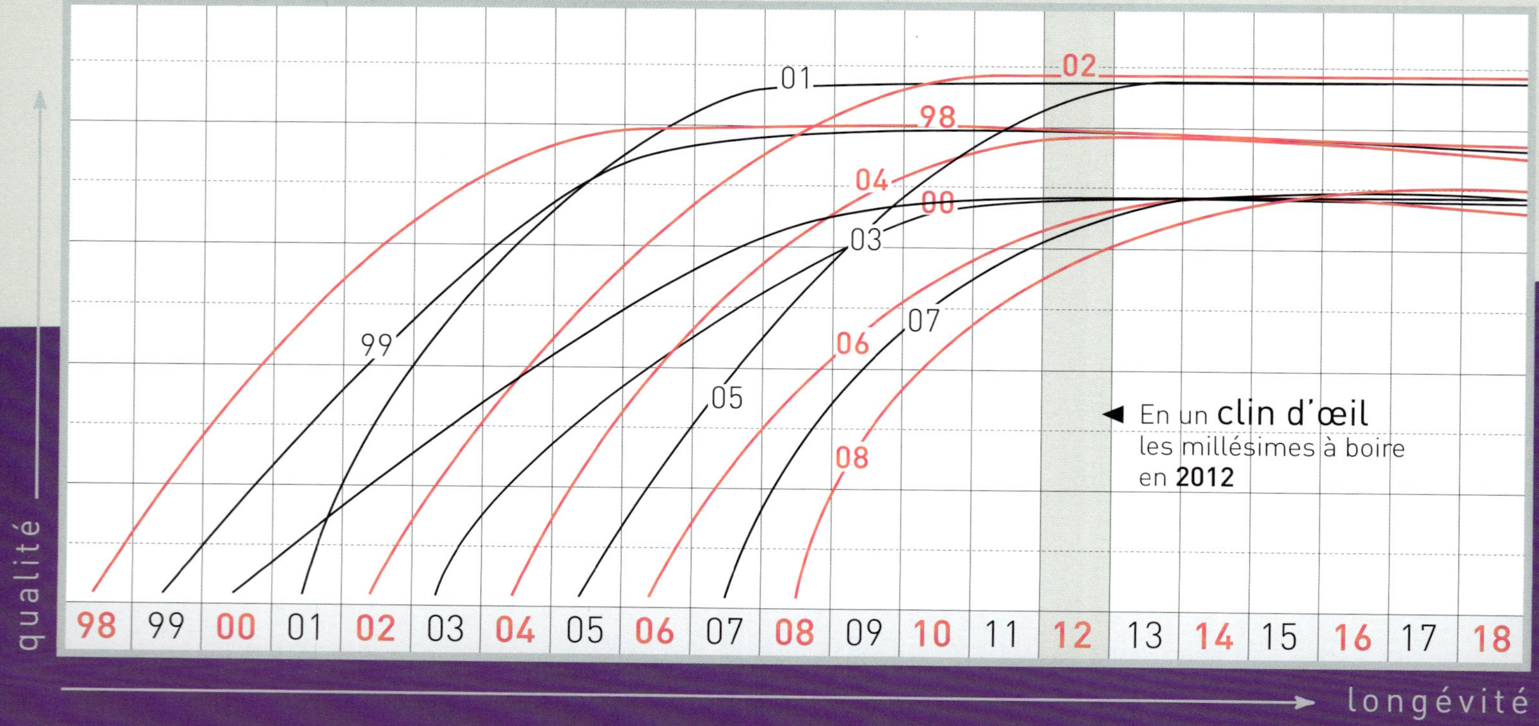

LES CINQ DERNIERS MILLÉSIMES

2010 De Napa à Santa Barbara en passant par Sonoma, ce fut l'année de tous les défis – et de tous les cauchemars ! Les vignerons ont dû composer avec un printemps pluvieux, un été frais et des pluies au moment des vendanges. Qualité aléatoire. Il faudra « séparer le bon vin de l'ivraie »...

2009 Des conditions climatiques idéales et sans excès ont été favorables à une qualité générale fort satisfaisante. On annonce des vins équilibrés aptes à vivre longtemps. Cabernet sauvignon et Zinfandel semblent particulièrement réussis.

2008 Récolte précoce et qualité hétérogène ; des vins aux tanins parfois verts. La rigueur et la réputation du producteur sont à considérer.

2007 Dans Napa, des conditions idéales en juillet et en août ont précédé un mois de septembre inhabituellement frais. Au final, des Cabernet sauvignon apparemment fins et bien équilibrés. Dans Sonoma et Santa Barbara, des rendements réduits ont donné des Pinot noir solides et charpentés.

2006 Millésime irrégulier et difficile, des conditions peu propices à une qualité homogène. Des pluies en juillet ont entraîné des problèmes de pourriture. Malgré tout, on annonce beaucoup de bons vins équilibrés, du moins chez les producteurs les plus rigoureux.

DÉBOUCHER OU ATTENDRE ?

Californie • **De la cave, que boire en 2012 ?**

Tous les Sauvignon californiens sont à boire jeunes. Cependant les avis sont partagés sur les possibilités de vieillissement des Chardonnay. Selon moi, la plupart sont bons à boire plutôt rapidement, et leur espérance de vie est le plus souvent limitée. Alors, la prudence s'impose. En 2012, on ne doit pas hésiter à déboucher les 2007 et les 2006. Tous les millésimes antérieurs sont à boire sans plus attendre.

Les meilleurs Cabernet sauvignon peuvent vivre plusieurs années. Les vins de la période 2007-2005 devraient mûrir encore. En 2012, on privilégiera les vins de la période 2004-2001.

• CALIFORNIE •

Arrowood

Propriété de Robert Mondavi, puis de Constellation, cette winery, fondée en 1986 par Richard Arrowood et Alis Demers, a été vendue à Kendall-Jackson. Arrowood est resté au gouvernail jusqu'en 2010, avant de céder son poste à Heidi von der Mehden au terme d'un mentorat de trois ans.

Cabernet sauvignon 2007, Sonoma County • (11089776) 59,25$
Fidèle au style de la maison, un excellent vin réunissant tout à la fois texture onctueuse, intensité, équilibre et finesse. Particulièrement riche et nourri, le 2007 séduit déjà par son intensité et son grain tannique mûr, mais il a toute l'étoffe pour gagner en complexité au cours des cinq, voire des dix prochaines années. ★★★→★ ③

Au Bon Climat

Depuis une dizaine d'années, le vinificateur Jim Clendenen est un leader dans Santa Barbara. Ses Chardonnay et Pinot noir ont fait de lui une référence en matière de cépages bourguignons, au sud de San Francisco.

Pinot noir 2007, La Bauge Au-Dessus, Santa Maria Valley • (11089936) 37,25$
En 2007, ce vin savoureux issu de l'agriculture biologique adopte un style un peu plus strict. Loin d'être un défaut, sa nervosité met en valeur la pureté de ses parfums de griottes et d'épices, et lui donne un panache certain. Aucun excès, mais beaucoup de caractère et de vitalité. ★★★★ ②

Belle Glos

Joseph Wagner a nommé son entreprise en l'honneur de sa grand-mère Lorna Belle Glos Wagner, cofondatrice avec son mari, le légendaire Charlie Wagner, de Caymus Vineyards.

Pinot noir 2008, Las Alturas Vineyard, Santa Lucia • (11363325) 45$
Difficile de résister à la richesse fruitée et au grain mûr, velouté et caressant de cet excellent Pinot issu de l'une des parcelles les plus élevées de Santa Lucia. Pas spécialement complexe ni profond, mais typiquement californien et équilibré dans son opulence. Il sera intéressant de le revoir dans quelques années. ★★★→? ③

Birichino

Malvasia 2010, Monterey County • (11073512) 18,60$
John Locke – anciennement vinificateur chez Bonny Doon – fait un bon vin blanc sec, friand et assez bien équilibré. Les amateurs du genre apprécieront l'exubérance de ses parfums floraux. Technologique, mais de bonne facture. ☆☆☆ ② Ⓒ

Blue Hall Vineyard

Situé au cœur de Howell Mountain – une sous-appellation de la vallée de Napa –, cette propriété a été développée au tournant du millénaire par Andrew Zolopa, un médecin spécialisé dans la recherche pour la prévention du sida. Avec l'aide de sa compagne québécoise, Annie Talbot, il cultive aujourd'hui un vignoble qui s'élève à plus de 500 m d'altitude.

Cabernet sauvignon 2005, Camiana, Howell Mountain • (11328538) 65$
Alors que de nombreux Cabernet californiens s'imposent par leur puissance brute, celui-ci – élaboré par Phil Steinschriber, ancien *winemaker* chez Diamond Creek Vineyard – brille par son équilibre et sa subtilité. Aucun excès boisé, mais une présence en bouche très franche qui met en valeur des arômes précis de fruits noirs et une profondeur étonnante pour un vin issu de vignes d'à peine cinq ans. Aucun doute, Camiana est un nom à surveiller... ★★★★ ③

Calera

Inspiré par un stage au domaine de la Romanée Conti au début des années 1970, Josh Jensen avait entrepris de trouver une terre d'accueil pour le cépage bourguignon en Californie. Avant tout soucieux de produire un vrai vin de terroir, il est, depuis plus de 30 ans, l'un des maîtres du pinot noir sur la côte Ouest américaine.

Pinot noir 2008, Central Coast • (898320) 28$
S'il n'a pas la profondeur des grandes cuvées vendues l'an dernier à la SAQ, le Pinot courant de Calera a néanmoins beaucoup plus de relief aromatique et de sève que la moyenne. L'archétype du bon vin jeune et vigoureux, agrémenté de saveurs franches de cerises noires et de kirsch. Sa matière fruitée généreuse et veloutée est suffisamment encadrée et conserve une bonne tenue en bouche, qui le rend encore plus rassasiant. ★★★★ ② ♥

••• dans le monde du vin •••

LES HAUTS ET LES BAS DU PINOT

Depuis la sortie du film américain *Sideways* (À la dérive), la popularité du cépage pinot noir ne cesse de croître. Hélas ! les courants de mode ont parfois de tristes répercussions dans le monde du vin. Au cours des dernières années, nombre de vins insignifiants, n'ayant de pinot que le nom, ont proliféré sur le marché. Les amateurs du grand cépage bourguignon ne devraient pas s'y laisser prendre : un bon Pinot noir bon marché, c'est rare, très rare !

Château St. Jean

Maintenant dans le giron du géant international Foster's, cette *winery* a connu son heure de gloire durant les années 1980, alors que les vinifications étaient conduites par Richard Arrowood.

Cinq Cépages 2006, Sonoma County • (902460) 93$
Cette cuvée ambitieuse composée de variétés bordelaises est davantage le fruit d'une recette œnologique que de l'expression sincère d'un terroir. Un vin qui s'impose davantage par sa corpulence et sa générosité que par sa complexité. Pour amateurs aux dents solides. ★★→? ③

Pinot noir 2008, Sonoma • (567420) 30$
Sans être spécialement raffiné ou complexe, ce Pinot est assez habilement tourné et met en relief des saveurs gourmandes de fruits noirs. Correct, sans être une aubaine. ★★→? ②

Cabernet sauvignon 2009, California • (10967397) 19,95$
Vin d'envergure moyenne, qui mise avant tout sur la rondeur du fruit. ★★ ② Ⓒ

Chardonnay 2009, Sonoma County • (897215) 19,95$
Bon vin classique. Rien de transcendant, mais de bonne facture. ☆☆ ② Ⓒ

Fumé blanc 2009, Sonoma • (897199) 24,85$
Sec, issu de raisins bien mûrs et égayé de parfums exotiques. ☆☆ ②

Cuvaison

Propriété suisse depuis 30 ans, cette maison, qui a contribué à l'essor de Napa, partage son activité entre la vallée de Napa et le secteur de Carneros.

Cabernet sauvignon 2007, Mount Veeder, Napa Valley • (903534) 38,25$
Des vignes plantées en coteaux, à 360 m d'altitude, donnent un Cabernet dense et coloré, typiquement californien par l'intensité de son fruit et par sa chair mûre, veloutée et enveloppante. Encore jeune, le vin était un peu dans sa coquille lorsque goûté en septembre dernier. L'idéal serait de le boire entre 2014 et 2019. ★★★→★ ③

bon à savoir

La technologie prend encore souvent le dessus sur le terroir et donne des produits stéréotypés à saveur industrielle, essentiellement vendus au répertoire général de la SAQ. En dehors des grandes corporations, on trouve toutefois de bons vins sincères, souvent abordables.

Les vins californiens à la fois satisfaisants et bon marché sont rares, voire rarissimes. Pour un vin de tous les jours, mieux vaut chercher ailleurs. On trouve toutefois quelques rapports qualité-prix attrayants, entre 25$ et 40$.

Dominus

Au cœur de la vallée de Napa, la création de Christian Moueix à Yountville est devenue une source garantie de vins complets et raffinés. Loin d'être une copie de Pomerol, Dominus est l'expression pure et dépouillée d'un formidable site viticole dont la qualité était déjà reconnue il y a plus de 50 ans, alors que se développaient les grands domaines historiques de Napa.

Dominus 2008, Napa Valley • (869222) 125$
L'arrivée prévue en février prochain pour le somptueux 2008 marque un autre franc succès sur le thème de l'équilibre et de la puissance contenue. Pas spécialement concentré, mais sa texture soyeuse, constituée de tanins mûrs et fins, recèle de multiples couches de saveurs qui persistent en finale. À boire sans se presser au cours des 15 prochaines années. ★★★★ ③

Napanook 2007, Napa Valley • (897488) 45,75$
Napanook provient de parcelles choisies afin d'en tirer un vin plus souple à boire plus rapidement. Dans la continuité des millésimes précédents, le 2007 s'exprime avec cette même franchise et cette pureté aromatique. Loin d'être un prix de consolation, ce vin bien constitué, persistant et rassasiant a au moins autant de sève que bien des grandes cuvées vendues plus cher. Excellent ! ★★★★ ③

Napanook 2008, Napa Valley • (897488) 54$
Vin tout aussi savoureux. Plein de sève, compact et intense, il me semble encore plus complet que le 2007. Belle bouteille ! À boire entre 2012 et 2017. Arrivée prévue en février 2012. ★★★★ ③

Foppiano

Dans le secteur de Russian River, à l'ouest de la vallée de Napa, la famille Foppiano signe de bons vins qui contribuent au regain de popularité du cépage petite syrah.

Petite Sirah 2008, Russian River Valley • (611780) 23,80$
Un autre belle réussite pour cet excellent vin plein de vigueur qui charme immédiatement par ses parfums intenses de fruits confits et par la sensation de plénitude et de richesse (15,2% d'alcool) qu'il laisse en bouche. Vibrant, relevé et doté d'un caractère très affirmé. Servir autour de 15 °C. ★★★★ ② ♥

Franus, Peter

Peter Franus a fondé cette entreprise en 1993, dans les coteaux de Mount Veeder. Bien qu'il ne possède aucune vigne, il s'approvisionne de raisins bonne qualité; ce qui lui permet de confectionner des vins riches, pleins de tempérament et de profondeur.

Zinfandel 2008, Brandlin Vineyard, Napa Valley • (897652) 37$
La puissance et l'intensité de cet excellent Zinfandel ne passent pas inaperçues. Un nez explosif de fruits gorgés du soleil californien, une bouche pulpeuse et gourmande et une longue finale, riche en nuances d'épices. Moins raffiné et plus puissant que ceux de Ridge, ou de Swan (voir la section « Importation privée »), c'est tout de même l'un des bons *zin* dégustés récemment. À savourer dès maintenant autour de 15 °C, ou à laisser reposer jusqu'en 2017. ★★★★ ②

Heitz Cellar

Décédé en décembre 2000, Joe Heitz a été un pionnier de l'histoire moderne du vin de Californie. Durant les années 1960, ses Cabernet – particulièrement le légendaire Martha's Vineyard – se sont imposés en ténors de la vallée de Napa, des vins relevés, au fort tempérament. Aujourd'hui, les héritiers de Joe Heitz, Kathleen et David, appliquent l'enseignement de leur père et signent d'excellents Cabernet, empreints d'une forte personnalité.

Cabernet sauvignon 2004, Martha's Vineyard, Napa Valley • (11165880) 207,25$
Le 2004 n'a rien perdu de son envergure et de sa forme. Ouvert, toujours aussi profond et complexe, avec beaucoup de volume et de plénitude, des saveurs denses et pénétrantes, et ce goût inimitable d'eucalyptus, propres à ce cru mythique de Napa. La quintessence du Cabernet californien. À boire tout au long de la décennie. ★★★★→★ ③ ▼ Ⓢ

Cabernet sauvignon 2004, Trailside Vineyard, Napa Valley • (10977819) 99,25$
Cette alternative «abordable» provient du secteur prisé de Rutherford. Très californien par sa sève ample, profonde et onctueuse, ce vin éminemment complexe fait preuve d'une grâce remarquable dans la générosité. Déjà passablement épanoui, on peut le boire sans se presser au cours des dix prochaines années. ★★★★→? ② ▼ Ⓢ

Cabernet sauvignon 2006, Napa Valley • (702092) 49,75$
Riche et pansu, certes, il a néanmoins juste ce qu'il faut de poigne tannique pour assurer son équilibre en bouche et mettre en relief ses saveurs de fruits noirs, sur un fond délicatement mentholé. La grande tradition de Napa, mise en bouteille. Dans sa catégorie, il mérite bien quatre étoiles. ★★★★ ②

Zinfandel 2007, Napa Valley • (11320288) 35$
À défaut d'avoir la sève des meilleurs *zin* californiens, le vin séduit par sa texture veloutée et juteuse, relevée d'accents d'épices. À ce prix, on souhaiterait toutefois plus de longueur. ★★★ ②

Une moins bonne note pour ces deux vins blancs. Corrects, mais sur un mode plutôt convenu et technologique : ☆☆ ②

Chardonnay 2008, Napa Valley • (11098816) 31$
Sauvignon blanc 2010, Napa Valley • (11319789) 29$

Markham

Fondée en 1978 par Bruce Markham, cette *winery* de Napa appartient à la société japonaise Mercian depuis une vingtaine d'années.

Sauvignon blanc 2009, Napa Valley • (892364) 23,45$
Une interprétation fraîche et modérément aromatique du sauvignon, avec des accents subtils de fines herbes et de poivre. Très bon en son genre. ☆☆☆ ②

Migration

Jadis deuxième vin de Goldeneye – un projet consacré à la mise en valeur du cépage pinot noir et développé par Dan et Margaret Duckhorn –, Migration est désormais géré de façon indépendante par le jeune *winemaker* Neil Bernardi, qui y élabore aussi quelques cuvées de Chardonnay.

Pinot noir 2007, Anderson Valley • (11320350) 34 $
Interprétation généreuse et gourmande du cépage bourguignon. À retenir pour son attaque en bouche séveuse, sa belle définition aromatique et sa longue finale ponctuée d'accents floraux. Opulent (14,5 % d'alcool), mais pas lourd. Une belle réussite ! À servir autour de 14-15 °C. ★★★→? ③

Mondavi

Fondée en 1966 par un visionnaire au nom universellement connu, l'entreprise vinicole la plus célèbre de Napa a été reprise par Constellation en 2004. Les vins s'avèrent généralement moins inspirés qu'auparavant. « *A corporate taste* », comme diraient les Anglais...

Fumé blanc 2008, Napa Valley • (221887) 23,70 $
En toute justice, ce classique de la gamme Mondavi s'avère tout à fait satisfaisant en 2008. Rien de complexe, mais le vin est sec, doté d'une certaine tenue en bouche et égayé de jolies saveurs fruitées. ☆☆☆ ②

Pinot noir 2009, Private Selection, California • (465435) 18,95 $
Simple, mais léger, guilleret et doté d'une bonne acidité qui accentue ses notes d'épices. ★★ ②

Chardonnay 2009, Private Selection, California • (379180) 18,95 $
Même s'il n'a rien de bien original, ce vin modeste et modérément boisé est assez bien fait en son genre. ☆☆ ②

Neal

Les vignobles de ce domaine situé dans le secteur frais de Howell Mountain sont conduits en agriculture biologique.

Cabernet sauvignon 2007, Napa Valley • (11575897) 49,75 $
Lorsque dégusté cet été, ce Cabernet ne m'a pas semblé spécialement complexe ni harmonieux. Imposant, chargé de saveurs de fruits confits et assorti d'une finale plutôt abrupte sans finesse, du moins, pour le moment. Malgré tout, la fibre tannique est dense et le vin ne manque pas de coffre. Il serait intéressant de le revoir dans un an ou deux. Arrivée prévue en mars 2012. ★★→? ②

Phelps, Joseph

Fondée en 1973, la *winery* de Joseph Phelps a grandement contribué à l'essor moderne des vins de Napa.

Cabernet sauvignon 2007, Innisfree, Napa Valley • (11419616) 32$
Innisfree est en réalité le troisième vin de la maison. En d'autres mots, un assemblage de vins jugés insatisfaisants pour entrer dans la composition du Insigna et du Cabernet sauvignon de Joseph Phelps. Malgré tout le respect que j'ai pour cette maison, je dois avouer ma déception devant ce vin rustique, unidimensionnel, plutôt bancal et un peu court. La poigne tannique est assez solide et dégage des saveurs intenses de cassis, mais aussi des notes végétales qui évoquent les tomates. Peut-être traverse-t-il une phase ingrate ? ★★→? ②

Qupé

Dans Santa Maria Valley, entre San Francisco et Los Angeles, le producteur Bob Lindquist a été un apôtre de la syrah sur la côte Ouest.

Syrah 2009, Central Coast •
(866335) 22,95$
Lindquist y élabore notamment ce bon vin dense, vigoureux et rassasiant, tant par son attaque charnue et juteuse que par sa fraîcheur. Juste ce qu'il faut de tanins pour lui donner du tonus et mettre en relief ses goûts de violette et d'épices. À boire au cours des cinq prochaines années. ★★★★ ② ♥

Radio-Coteau

Le New-Yorkais Eric Sussman a découvert les subtilités du pinot noir à l'occasion d'un séjour au Domaine Jacques Prieur en Bourgogne.

Pinot noir 2008, La Neblina, Sonoma Coast • (10921479) 55,25$
Sa cuvée La Neblina – brouillard en espagnol – mise à fond sur le caractère fruité du pinot noir, façon californienne. Gras, chaleureux et agrémenté de notes de confiture de fraises. Très charmeur, volumineux et rassasiant, même si tout ça manque un peu de détail et de profondeur pour le prix. ★★★ ②

Rutherford Hill

Cette *winery* réputée de Napa, fondée en 1972, fait partie du portefeuille du Terlato Wine Group (Alderbrook, Sandford) depuis une quinzaine d'années.

Cabernet sauvignon 2006, Napa Valley • (10354291) 40,25$
Bel exemple de Cabernet typiquement californien, c'est-à-dire coloré, intense et musclé. Heureux mariage de maturité, de générosité et de droiture ; complet, franc, persistant et bien servi par l'usage de la barrique. Déjà ouvert, et bon au moins jusqu'en 2016. ★★★→? ②

Sanford

Richard Sanford fut l'un des premiers à planter du pinot noir dans la région de Santa Barbara. Depuis, la région est devenue une généreuse terre d'accueil pour le cépage bourguignon. La belle *winery* qu'il a fondée en 1981 appartient aujourd'hui au Terlato Wine Group (Alderbrook, Rutherford Hill, etc.).

Pinot noir 2008, Santa Barbara • (10248528) 43,75 $
Le 2008 met avant tout l'accent sur la rondeur et la générosité du fruit, sans lourdeur. Son relief de saveurs est accentué par une délicate amertume en finale. À boire entre 2012 et 2016. ★★★ ②

St-Supéry

Créateur de Fortant de France, Robert Skalli a développé cette *winery* de Rutherford durant les années 1980.

Cabernet sauvignon 2006, Napa Valley • (423806) 33,50 $
Dans la continuité des millésimes précédents, ce très bon Cabernet allie la vinosité et la souplesse, et conserve une forme très classique. Mûr et bien servi par l'usage de la barrique, le vin repose sur une texture lisse et coulante qui le rend très charmeur. À boire entre 2012 et 2016. ★★★→? ②

Terre Rouge

Spécialiste des cépages rhodaniens, Bill Easton cultive la vigne à l'intérieur des terres, non loin de Sacramento, où il produit des vins au tempérament fort.

Tête-à-Tête 2007, California • (10745989) 22,55 $
Le deuxième vin de la cuvée Noir est issu d'un assemblage de syrah, de mourvèdre et de grenache. Bon vin californien aux accents méditerranéens, dont l'attaque en bouche opulente est tonifiée par une agréable fraîcheur. ★★★ ②

Zinfandel 2009, Amador County • (897132) 19,95 $
Bel exemple de Zinfandel qui mise avant tout sur l'originalité et la vigueur naturelle du cépage. Du fruit à profusion ; juteux, joufflu et séduisant. À boire au cours des trois prochaines années pour profiter pleinement de sa fougue juvénile. Dans sa catégorie, il mérite bien quatre étoiles. ★★★★ ② ♥

Syrah 2007, Côte de l'Ouest, California • (897124) 21,80 $
L'amateur de syrah appréciera la matière fruitée relevée et rassasiante de ce vin maintenant ouvert et prêt à boire. Servir autour de 14-15 °C, sans quoi il paraîtra lourd. ★★→? ②

Mourvèdre 2004, California • (921601) 27,20 $
Ouvert et à point, ce vin se rapproche emprunte un caractère provençal et se donne des airs de Bandol... façon culturiste ! Chaleureux, riche en parfums confits et porté par des tanins mûrs qui le rendent très flatteur, sans excès. Servir frais. ★★★ ②

Easton House 2008, California • (10744695) 16,95 $
Le vin de soif à la californienne. Gorgé de saveurs fruitées, vigoureux, plein d'élan et de tonus. D'autant plus agréable qu'il ne pèse pas plus de 13,5 % d'alcool. ★★★ ② ♥

Natoma 2009, Sierra Foothills • (882571) 18,75$
Sauvignon blanc typiquement californien, c'est-à-dire ample, vineux, agrémenté de parfums intenses de fruits exotiques, mais conservant néanmoins l'acidité nécessaire à son équilibre. ☆☆☆ ②

Enigma 2008, Sierra Foothill • (921593) 28,90$
Une composition de marsanne, de viognier et de roussanne donne un vin très aromatique et égayé de parfums floraux qui plairont sans doute à l'amateur de vins blancs du Rhône. Finale chaleureuse, à 14,5% d'alcool. ☆☆☆ ②

Muscat à Petits Grains 2008, Shenandoah Valley • (11576970) 23,30$ – 375 ml
Sur la contre-étiquette, on peut lire que ce Muscat a été élaboré à la manière de Beaumes-de-Venise, c'est-à-dire fortifié à l'eau-de-vie. Il en résulte un vin particulièrement généreux (16,5% d'alcool), très parfumé sans pourtant être pommadé, animé d'une bonne acidité et relevé d'accents épicés. Une friandise californienne à servir autour de 8 °C, à la fin du repas. ☆☆☆☆ ②

Togni, Philip

Cabernet sauvignon 2003, Napa Valley • (11056093) 156,25$
Après avoir passé une longue carrière à faire le vin des autres, notamment chez Mayacamas, Chappellet et Cuvaison, le Suisse Philip Togni a fondé son propre domaine à Spring Mountain, dans les hauteurs de Napa Valley. S'il est un peu moins achevé que le 2001 commenté l'année dernière, ce vin s'appuie sur des tanins ronds qui laissent une impression généreuse, tout en conservant le tonus nécessaire à sa fraîcheur. Savoureux, distingué, mais vendu à prix exorbitant. ★★★→? ② ▼

COMMENTÉS SOMMAIREMENT, D'AUTRES VINS DE CALIFORNIE

Antica, Chardonnay 2009, Napa Valley
(11603413) 44,25$
Propriété du Florentin Piero Antinori, qui produit, entre autres, ce bon Chardonnay de facture internationale : gras, boisé, beurré et animé d'une saine acidité. Les éléments semblent toutefois désunis et forment un ensemble plutôt bancal et rudimentaire. À ce prix... ☆☆→? ②

Bacio Divino, Cabernet sauvignon-Sangiovese 2005, Napa Valley
(714337) 78$
Exercice de style ambitieux... et coûteux ; du bois à profusion, des saveurs confites et une présence alcooleuse ; vieillira-t-il bien ?... ★★→? ② ▼

Call Me Crazy 2007, Napa Valley
(11105756) 29$ ★★ ②
Même recette que le précédent, moins de bois, mais pas plus d'enthousiasme.

Beringer, Cabernet sauvignon 2006, Napa Valley
(10754105) 34,75$
Bon vin riche et opulent, marqué d'une légère sucrosité, qui le rend très flatteur. Assez agréable dans son genre, sans être une aubaine. ★★→? ②

Chardonnay 2009, Founders' Estate, California
(534230) 20$
Un autre Chardonnay sucré et pommadé qui n'apporte rien de neuf dans le paysage. ☆☆ ②

Sauvignon blanc 2009, California
(534248) 19,90$
Prévisible et lessivé par la technologie. ☆☆ ①

La Crema
Cette *winery* de Sonoma spécialisée dans les cépages bourguignons appartient au géant Kendall-Jackson depuis 1993. Les vins rouges comme les vins blancs manquent de détail et accusent tous une certaine lourdeur.

Pinot noir 2009, Russian River Valley
(707380) 40$ ★★ ②

Pinot noir 2009, Sonoma Coast
(860890) 28,10$ ★★ ②

Chardonnay 2009, Sonoma Coast
(740084) 24,30$ ☆☆ ②

Chardonnay 2009, Monterey
(11368821) 26,80$ ☆☆ ②

Liberty School, Cabernet sauvignon 2008, Paso Robles
(856567) 19,70$
Le Cabernet de Liberty School demeure l'un des vins les plus populaires à la SAQ. Le 2008 me semble renouer avec une certaine droiture et laisse une impression générale à la fois rassasiante et digeste. Rien de trépidant, mais souple, aimable et généreux. Taillé pour plaire... et il réussit. ★★★ ②

Syrah 2008, Central Coast
(10355454) 19,70$
Une moins bonne note pour la Syrah qui manque un peu de tonus et d'éclat. Correct, sans plus. ★★ ②

Chardonnay 2009, Central Coast
(719443) 19,70$
Un autre Chardonnay ; rien à déclarer. ☆☆ ②

Ravenswood, Zinfandel 2009, Vintners Blend, California
(427021) 18,95$
En recul par rapport aux derniers millésimes ; rustique, plein de fruit, mais un peu moins rassasiant que d'habitude. ★★ ② ©

Raymond, Cabernet sauvignon 2008, Reserve, Napa Valley
(920777) 35,25$
Ce Cabernet boisé, charpenté et généreux a tous les atouts pour s'imposer dans les concours internationaux. Pas mal, sans être une aubaine. ★★→? ②

Chardonnay 2009, Reserve, Napa Valley
(707711) 22,75$
Un vin blanc sucré au point de faire mal aux dents. Aucune envie de boire ça ! ☆ ②

Rodney Strong, Pinot noir 2009, Russian River Valley
(11383502) 24,95$
Vin d'assez bonne facture et présentant une texture souple et une saine acidité. Les saveurs sont malheureusement masquées par un usage poussé de la barrique. ★★→? ②

Chardonnay 2007, Reserve, Russian River Valley
(11368839) 40,25$
Vin gras et vineux, mais sans lourdeur ; une pointe citronnée rehausse ses accents de beurre et ajoute à son caractère. ☆☆☆ ②

Chardonnay 2008, Reserve, Russian River Valley
(11368839) 39,75$
Arrivée prévue à l'hiver 2012 pour le 2008. Tout aussi nourri, à défaut d'avoir la vitalité qui rendait le 2007 charmeur. Généreux, mais on prendrait un peu plus de nerf. ☆☆ ②

Chardonnay 2008, Chalk Hill, Sonoma County
(11368847) 24,95$
Rien de plus qu'un autre Chardonnay classique et convenu. ☆☆ ②

Chardonnay 2009, Sonoma County
(10544714) 18,95$
Lui aussi banal et technologique. ☆☆ ©

Sebastiani, Secolo 2006, Sonoma County, Foley Estates
(11306734) 39,50 $
Charmeur et racoleur, sans l'envergure des bons vins californiens, avec une attaque en bouche chaleureuse, copieusement vanillée. ★★→? ②

Stags' Leap, Cabernet sauvignon 2007, Napa Valley
(962837) 55,25 $
À ne pas confondre avec Stag's Leap Wine Cellars, une icône de Napa. Cabernet marqué d'une certaine rondeur ; riche et charmeur, à défaut de poigne, de relief et de race. ★★→? ②

Chardonnay 2009, Napa Valley
(747444) 38,75 $
Dans la cohorte des vins blancs charnus et pansus produits dans Napa, ce Chardonnay a au moins le mérite de ne pas accuser d'excès boisé. À ce prix, ce n'est toutefois pas une aubaine. ☆☆ ②

Waterstone, Cabernet sauvignon 2006, Napa Valley
(11156211) 30,50 $
Style plutôt prévisible et rudimentaire qui laisse une impression de *déjà bu*. ★★ ②

On trouve aussi des vins de ce producteur en importation privée. IP

D'AUTRES VINS DE QUALITÉ MOYENNE ★★ ET ☆☆

Benziger, Chardonnay 2009, Carneros
(10352675) 21,55 $

Ca' Del Solo, Big House White 2009, California
(10354005) 16,95 $

Sangiovese 2006, San Benito County
(10268431) 20,10 $

Coppola, Francis, Cabernet sauvignon 2008, Claret, Diamond, Black Label, California
(863654) 26,75 $

Merlot 2008, Diamond, Blue Label, California
(541888) 25,75 $

Syrah 2009, Diamond, Green Label, California
(10355526) 23,75 $

Chardonnay 2009, Diamond, Monterey
(10312382) 21,75 $

Ghost Pines, Merlot 2009, California
(11461988) 19,95 $

Ironstone, Chardonnay 2007, California
(979294) 17,70 $

Kendall-Jackson, Cabernet sauvignon 2007, Grand Reserve, Sonoma County
(11091868) 35,25 $

Cabernet sauvignon 2008, Vintner's Reserve, California
(427153) 21,40 $

Chardonnay 2009, Vintner's Reserve, California
(504159) 21,15 $

Martini, Louis M. ; Cabernet sauvignon 2009, Sonoma County
(11462403) 20,95 $

St-Francis, Zinfandel 2007, Old Vines, Sonoma County
(421974) 26,10 $

D'AUTRES VINS DE QUALITÉ MOYENNE, TOUS INSCRITS AU RÉPERTOIRE GÉNÉRAL ★★ ET ☆☆ ©

Blackstone, Pinot noir 2009, California
(10544811) 17,95$

Cupcake, Chardonnay 2009, Central Coast
(11372791) 15,95$

RH Phillips, Syrah 2009, EXP, California
(864801) 18,95$

Chardonnay 2010, EXP, California
(594341) 17,75$

Santa Barbara Wine Company, Pinot noir 2009, California
(11372838) 20,95$

Woodbrige by Mondavi, Cabernet sauvignon 2009, California
(048611) 14,95$

Merlot 2009, California
(494492) 14,95$

Zinfandel 2009, California
(329110) 14,95$

Pinot grigio 2010, California
(11133167) 13,95$

Sauvignon blanc 2009, California
(040501) 13,95$

D'AUTRES VINS DE QUALITÉ PASSABLE, TOUS INSCRITS AU RÉPERTOIRE GÉNÉRAL ★ ET ☆ ©

Apothic Red 2009, California
(11315497) 15,95$

Folie à Deux, Ménage à Trois blanc 2010, California
(10709988) 19,75$

Ménage à Trois rouge 2010, California
(10709152) 19,75$

Mirassou, Pinot noir 2009, California
(10845681) 14,95$

Riesling 2009, California
(11315489) 14,95$

RH Phillips, Syrah 2009, California
(576272) 13,95$

Cabernet sauvignon 2009, California
(10355358) 13,95$

Chardonnay 2010, California
(594457) 13,75$

• OREGON •

A to Z

D'abord consultant pour différents vignobles d'Oregon – dont le Domaine Drouhin –, Bill Hatcher a développé sa propre affaire au début des années 2000.

Pinot noir 2008, Oregon • (11334073) 26,70$
Sur un mode fruité, rond et très charmeur, un Pinot nourri et modérément charnu. Pas le plus distingué de tous, mais son attaque juteuse et éclatante saura plaire à coup sûr. Arrivée en décembre. ★★★ ②

Pinot gris 2008, Oregon • (11334057) 21,70$
Très bon vin sec, franc, pas très aromatique, mais assez nourri et empreint d'une certaine finesse. ☆☆☆ ②

Pinot gris 2010, Oregon • (11334057) 21,70$
Plus nourri, onctueux et parfumé, mais surtout animé d'une fougue juvénile qui lui donne beaucoup d'élan en bouche. Idéal à l'apéritif ou pour accompagner les sushis. ☆☆☆ ②

Chardonnay 2009, Oregon • (11399678) 23$
Pas d'abus de bois, des saveurs précises de fruits blancs et de fleurs, une bonne acidité. ☆☆☆ ②

en peu de mots

Même s'ils couvrent environ la moitié du vignoble, les cépages blancs ne semblent pas particulièrement prometteurs dans l'État de Washington, à l'exception du riesling, qui donne des résultats étonnants.

La région compte aujourd'hui quelque 700 *wineries*, mais l'essentiel de la production (environ 90%) est assuré par quatre entreprises.

Même si les vins puissants et boisés persistent encore chez les gros opérateurs, on compte aussi bon nombre de domaines de moindre envergure, axés sur la mise en valeur du terroir et l'authenticité.

Contrairement à celle de l'Oregon, la viticulture de l'État de Washington s'étend essentiellement sur le versant est du prolongement de la chaîne des Cascades. Le climat y est beaucoup plus sec et les températures plus élevées. Cette différence géographique explique en partie l'impopularité du pinot noir dans cette zone pourtant plus septentrionale.

Cloudline

Le marchand de vin Dreyfus Ashby a fait appel à la Bourguignonne Véronique Drouhin (Domaine Drouhin, Oregon) pour l'élaboration de ses vins.

Pinot noir 2008, Willamette Valley • (11334161) 19,20$
Ce Pinot noir offre passablement de chair et de fruit pour le prix. Rien de complexe, mais parfaitement honnête. Encore meilleur après un bref passage en carafe. ★★★ ②

Cristom

Développé dès 1992 par Paul Gerrie, un ingénieur de Pittsburgh, Cristom est aujourd'hui une *winery* respectée des Eola-Amity Hills, au nord-ouest de Salem, la capitale de l'Oregon.

Pinot noir 2007, Jessie, Willamette Valley • (11120315) 53,50$
Bien qu'il ne soit pas spécialement exubérant, ce vin charme par sa texture mûre, veloutée et caressante, mise en valeur par un usage maîtrisé du bois de chêne (65% neuf) qui ajoute à son étoffe, sans masquer les subtilités aromatiques du cépage. Déjà fort agréable grâce à son équilibre d'ensemble et à sa finale persistante et nuancée, il atteindra sans doute son apogée vers 2015. ★★★→? ②

Pinot noir 2007, Eileen, Willamette Valley • (11316490) 53,50$
Ce vin issu de vignes âgées de 10 à 15 ans fait preuve d'autant de délicatesse, mais s'avère plus juteux, guilleret et aromatique. La bouche est franche, souple et passablement charnue. Le prix laisse toutefois songeur... ★★★ ②

Eola Hills

Pinot noir 2009, Oregon • (10947759) 24,80$
Un Pinot noir souple aux notes mentholées et un brin végétales ; fin courte et aigrelette qui nous laisse sur notre soif. À boire sans trop attendre. ★★ ②

Pinot noir 2008, Reserve, La Creole, Willamette Valley • (10947783) 26,65$
Plus substantiel et charnu, fruité et bien enrobé, à défaut de profondeur. Encore jeune et marqué par un élevage en fût de chêne. Il sera intéressant de suivre son évolution au cours des trois prochaines années. ★★★ ②

Pinot gris 2009, Willamette Valley • (11603501) 18,95$
Expression rudimentaire, sucrée et prévisible du pinot gris. Arrivée prévue en mars 2012. ☆☆ ②

Chardonnay 2009, Oregon • (11203591) 19$
Pataud, gras et sans éclat. ☆ ②

Sokol Blosser

Evolution, Lucky n° 9, Oregon • (10744708) 22,95$
Un assemblage inusité de neuf cépages (pinot gris, müller-thurgau, riesling, sémillon, muscat canelli, gewurztraminer, pinot blanc, chardonnay et sylvaner) donne à ce vin demi-sec une expression aromatique exubérante et fort singulière, mise en relief par une délicate amertume et par un léger reste de gaz. L'équilibre dans l'opulence. Avec un poulet à l'indienne, c'est le bonheur! ☆☆☆ ②

Willakenzie

En 1991, le Bourguignon Bernard Lacroute a quitté Silicon Valley, où il œuvrait dans les hautes technologies, pour développer son vignoble plus au nord, dans la région de Chehalem Mountains. Aujourd'hui, avec sa femme Ronni, il se consacre essentiellement aux différents pinots (noir, gris, blanc, meunier), ainsi qu'au gamay.

Pinot noir 2008, Pierre Léon, Willamette Valley • (11334129) 39,50 $

Tout aussi réussi que l'excellent 2007, lauréat d'une Grappe d'or l'année dernière, le 2008 se dessine avec beaucoup de finesse et de précision. Un nez engageant de fruits noirs ; net, frais et constitué de tanins mûrs qui lui donnent une texture très savoureuse. Sa finale délicatement iodée le rend encore plus digeste et désaltérant. ★★★★ ③

COMMENTÉS SOMMAIREMENT, D'AUTRES VINS D'OREGON

Belle Vallée, Pinot noir 2008, Willamette Valley
(10947839) 26,65 $
Parfums mentholés. Vin vif et marqué par des aspérités tanniques assez prononcées qui laissent une impression plutôt rustique, du moins pour le moment. ★★→? ②

Red 2006, Southern Oregon
(11208405) 17,35 $
Riche, épais et animé d'un reste important de gaz et de parfums étranges de tomates vertes. ★★ ②

Carabella, Pinot noir 2006, Chehalem Mountains
(11333791) 27,70 $
Pas spécialement réussi. Ne déploie pas le plein potentiel de la région. Finale creuse et abrupte qui nous laisse sur notre soif. ★★→? ②

Rex Hill, Pinot noir 2009, Willamette Valley
(10947855) 29,85 $
Plus mûr que certains, du volume et de bons arômes de fruits mûrs ; charmeur, mais sans la subtilité et la délicatesse propres au pinot. ★★→? ②

Willamette Valley Vineyards, Riesling 2009, Willamette Valley
(11202821) 19,70 $
Des accents herbacés, beaucoup de sucre (9 % d'alcool) et une acidité trop faible pour soutenir le tout. Pas convaincant, du moins pour le moment. ☆☆→? ②

Pinot noir 2008, Willamette Valley
(11333804) 28,75 $
Vif, végétal et constitué de tanins rudes et secs. ★→? ②

• WASHINGTON •

Andrew Will

Ce domaine créé en 1989 par Chris Camarda fait partie de l'élite de Washington.

Sorella 2007, Horse Heaven Hills • (11436791) 83$
Lorsque dégusté, cet assemblage bordelais semblait être dans sa coquille, très discret et un peu bancal. Certes charnu, pansu et riche en parfums de réglisse et de fruits confits, mais surtout délié et hétérogène. Peut-être gagnera-t-il en finesse au cours des prochaines années. À ce prix, le pari est risqué... ★★→? ③

Merlot 2004, Cuvée Lucia, Washington • (11036367) 58$
L'amateur de merlot appréciera ce vin avant tout pour son nez très invitant aux parfums de fruits très mûrs, pour sa fraîcheur et pour son caractère dépouillé. Aucun excès de concentration ni de barrique. Malgré tout, à ce prix, on souhaiterait un peu plus de profondeur. ★★★→? ② ▼

Château Ste-Michelle

Cette importante *winery* de Columbia Valley s'est récemment signalée par ses partenariats avec l'Allemand Ernst Loosen (Riesling Eroica) et avec l'Italien Piero Antinori (Col Solare), deux associations qui ont donné des vins jusqu'ici fort convaincants. Le reste de la gamme est avant tout conçu pour plaire à des palais américains en quête de sensations fortes...

Cabernet sauvignon 2008, Canoe Ridge Estate, Horse Heaven Hills • (10825962) 33,25$
Lorsqu'on lui demande d'expliquer l'impression de sucrosité qui transpire des vins de Ste-Michelle, l'œnologue Wendy Stuckey explique en toute franchise que ses vins sont conçus précisément pour satisfaire le goût des consommateurs américains, généralement friands de vins riches et plantureux. L'explication est tout à fait valable, mais ce Cabernet riche, surdimensionné et à court de tonus ne me plaît guère... ★★→? ②

Syrah 2007, Columbia Valley • (10960890) 18,65$
Encore moins d'enthousiasme pour cette interprétation flasque et racoleuse de la syrah. ★→? ②

Januik

Cabernet sauvignon 2008, Columbia Valley • (11335535) 39,25$
Vin riche, puissant, pas spécialement profond, et maquillé de parfums envahissants de torréfaction qui donnent l'impression de boire un mocaccino. Arrivée prévue au printemps 2012. ★→? ②

L'Ecole N°41

Cette *winery* réputée de l'État de Washington s'est imposée en commercialisant des vins aimables et dotés d'un fort pouvoir de séduction ; sauf que la notion de terroir s'éclipse au profit du simple goût du cépage.

Sémillon 2009, Columbia Valley • (10707077) 20$
Un bon vin blanc au caractère rond, vineux et capiteux (14,3% d'alcool), élevé partiellement sur lies pendant plusieurs mois. La barrique ajoute au caractère déjà onctueux du sémillon et accentue l'impression de sucrosité en bouche sans trop sacrifier l'équilibre. Un peu prévisible, mais agréable. ☆☆☆ ②

Syrah 2007, Columbia Valley • (10709030) 29,85$
En revanche, une moins bonne note pour ce vin riche, exubérant, corsé et maquillé d'accents boisés. Sa finale capiteuse aux tonalités de bourbon en impose et le rend certes rassasiant, mais pas vraiment distinctif. ★★→? ②

Lachini

Il Mulinello 2006, Klipsun Vineyard, Red Mountain • (11199561) 60,75$
Avant tout dédiés à la production de Pinot noir et de Pinot gris en Oregon, Ron et Marianne Lachini élaborent aussi quelques cuvées en Californie et dans l'État de Washington. Il Mulinello provient d'un vignoble prisé de l'appellation Red Mountain, où les vignes ont été plantées en 1984. Ce détail n'est sans doute pas étranger à sa précision aromatique, à la qualité de sa structure tannique et à sa finale distinguée. Encore jeune et dans sa coquille pour l'heure, il devrait continuer de s'affiner au cours des cinq prochaines années. ★★★→? Ⓢ

Long Shadows

Après avoir notamment formé des partenariats avec Piero Antinori (Col Solare) et Ernst Loosen (Eroica) à titre de pdg du Château Ste-Michelle, Allen Shoup a entrepris de réunir quelques-uns des œnologues les plus célèbres de la planète sous une même enseigne. Chaque *winemaker* apporte sa griffe, mais l'ensemble de la production est sous la responsabilité du Français Gilles Nicault.

Chester Kidder 2005, Columbia Valley • (11335501) 47$
Pas d'effet spectaculaire ni de maquillage inutile, mais une expression sincère des cépages bordelais et de la syrah. Passablement charpenté et constitué de tanins mûrs et fondus. Déjà fort agréable à boire, même s'il a l'équilibre nécessaire pour tenir au moins jusqu'en 2016. ★★★★ ②

Merlot 2007, Pedestal, Columbia Valley • (11202741) 65$
Le Pedestal porte la signature maintenant largement répandue de Michel Rolland. Suave, charnu et charmeur, avec une attaque en bouche très mûre, compensée par une touche d'amertume en finale qui harmonise l'ensemble. Pas dénué d'intérêt, mais à ce prix, on est en droit d'espérer plus de sève. Arrivée prévue au courant de l'hiver 2012. ★★★ ③

Feather 2006, Columbia Valley • (11335519) 60$
Déjà commenté dans la dernière édition du *Guide*, ce 100% Cabernet élaboré par le Californien Randy Dunn brillait encore par sa jeunesse lorsque goûté de nouveau en août 2011. Bien qu'il gagnerait à reposer encore quelques années, on peut néanmoins l'apprécier dès maintenant pour l'intensité de ses saveurs, sa concentration tannique et ses justes proportions. Très bon vin en devenir. Arrivée prévue en janvier 2012. ★★★→? ②

Saggi 2007, Columbia Valley • (11335527) 43,75$
Toujours aucune affinité avec cet assemblage de sangiovese, de cabernet sauvignon et de syrah, élaboré par les œnologues toscans Ambrogio et Giovanni Folonari. À la fois rond et un peu creux en milieu de bouche. Cette réinterprétation du supertoscan dans la vallée de Columbia ne convainc guère. ★★→? ②

Milbrandt

Merlot 2007, Traditions, Columbia Valley • (11335439) 21,30$
L'État de Washington a bâti sa réputation sur les marchés d'exportation grâce, notamment, à la qualité de ses vins de merlot. Hélas ! celui-ci n'offre guère plus qu'une interprétation stéréotypée du cépage bordelais. Sans lourdeur ni distinction. ★★ ②

Novelty Hill

Merlot 2007, Stillwater Creek Vineyard, Columbia Valley • (11335543) 38$
Plus de poigne et de mordant que le 2005, mais cette même sucrosité qui rend le vin pataud et vite lassant. Arrivée au printemps 2012. ★★→? ②

Merlot 2005, Stillwater Creek Vineyard • (11335543) 38$
Rond et souple, avec une attaque en bouche quasi sucrée, assaisonnée de parfums de vanille. Ambitieux, mais sans réelle distinction. ★★→? ②

D'AUTRES VINS DE QUALITÉ MOYENNE ★★ ET ☆☆

Columbia Crest, Merlot 2006, Grand Estates, Columbia Valley
(10748451) 22,25$

Cabernet sauvignon 2006, Columbia Valley
(10754164) 17,05$

Columbia Winery, Gewurztraminer 2009, Columbia Valley
(11208376) 18,75$

Hogue, Merlot 2006, Columbia Valley
(10709056) 19,85$)

D'AUTRES VINS DE QUALITÉ MOYENNE, TOUS INSCRITS AU RÉPERTOIRE GÉNÉRAL ★★ ET ☆☆ Ⓒ

Columbia Crest, Cabernet sauvignon 2008, Grand Estates, Columbia Valley
(11383668) 17,15$

Hogue, Syrah 2009, Genesis, Columbia Valley
(11372889) 19,90$

Gewurztraminer 2009, Columbia Valley
(11334751) 15,55$

Washington Hills, Merlot 2008, Columbia Valley
(10846641) 14,20$

• NEW YORK •

Dr. Konstantin Frank

Riesling 2010, Finger Lakes • (11036084) 22,05 $
Décédé en 1985, le docteur Frank fut le pionnier de la viticulture dans le nord-est des États-Unis. Son fils Willy poursuit aujourd'hui son œuvre. Particulièrement friand et parfumé cette année, le Riesling sec du domaine déploie des saveurs intenses de fleurs et de miel, animées par l'acidité propre au cépage. Agréable à boire et équilibré. ☆☆☆ ②

Lamoreaux Landing

Riesling 2006, Finger Lakes • (11036501) 21,50 $
Depuis 1990, Mark Wagner, avec une vaste gamme de vins, s'est taillé une réputation enviable sur la rive est du lac Seneca, juste en face du vignoble de Hermann J. Wiemer. Soigneusement élaboré et misant avant tout sur le fruit, ce Riesling charme par ses tonalités de miel. Une expression originale du cépage alsacien. ☆☆☆ ②

Wiemer, Hermann J.

Riesling 2006, Finger Lakes • (11039648) 23,85 $
Arrivé sur les rives du lac Seneca vers la fin des années 1970, l'Allemand Hermann J. Wiemer fut l'un des acteurs importants de la viticulture dans les Finger Lakes. Son Riesling 2006 illustre bien le potentiel de cette région viticole de l'État de New York. Fin et délicieusement fruité, rond et enrobé de nuances aromatiques assez distinguées. À boire entre 2012 et 2014. ☆☆☆☆ ② ▼

Canada

Il y a une dizaine d'années, le Canada a cessé de miser presque exclusivement sur le vin de glace. Depuis, son industrie viticole connaît un essor fulgurant. Le pays compte maintenant plus de 700 domaines viticoles qui se partagent environ 12000 hectares. L'Ontario arrive bonne première avec un vignoble d'un peu plus de 6500 hectares, suivie par la Colombie-Britannique et le Québec. La Nouvelle-Écosse sera aussi à surveiller au cours des prochaines années, notamment pour la qualité de ses vins effervescents.

Même s'il est encore dominé par l'empire Constellation-Vincor – Jackson-Triggs, Inniskillin, Sumac Ridge, Osoyoos-Larose, Clos Jordanne –, le vignoble canadien doit également son développement à de nombreux investisseurs, canadiens ou étrangers, qui déploient tous les efforts technologiques, humains et financiers pour obtenir des vins de classe internationale. De plus en plus de vignerons réussissent à tirer leur épingle du jeu et occupent une place de choix sur les cartes des meilleures tables du pays.

Au Québec, les vins canadiens actuellement offerts sont loin de refléter cet essor. À l'automne 2011, au moment d'écrire ces lignes, l'offre se limitait toujours essentiellement aux vins des grands opérateurs. Cela pourrait toutefois changer en cours d'année, puisque quelques noms importants de la péninsule de Niagara devraient être introduits à la SAQ lors d'une prochaine édition du magazine *Cellier*, en mai 2012.

En attendant, une visite dans un magasin LCBO (http://www.lcbo.com) – ou, mieux, dans les vignobles – vous permettra d'avoir une idée plus juste du vaste éventail de vins produits au Canada.

www.vqaontario.com et www.winebc.com

• ONTARIO •

Angels Gate

Le vignoble de cette *winery* située dans le secteur de Beamsville Bench a été planté dès 1996.

Riesling 2009, Süssreserve, Niagara Peninsula • (11576890) 16,50$
Léger en alcool (11,5%), arrondi par un léger reste de sucre et heureusement tonifié par une saine acidité, qui met en valeur ses notes de poivre, de citron et d'abricot. Rien de bien complexe, mais à ce prix, l'amateur de vins ronds et guillerets en aura pour son argent. Servi avec un sauté d'inspiration thaïlandaise, c'est un vrai petit bonheur ! ☆☆☆ ② ♥

Aykroyd, Dan

Cabernet-Merlot 2007, Discovery Series, Niagara • (10967426) 15 $
Sans rien révolutionner, ce vin signé par le célèbre acteur canadien a une certaine fraîcheur et un bon fruité. Souple, coulant et vendu à prix aimable. ★★ ② ©

Château des Charmes

Riesling 2007, Niagara-on-the-Lake • (11035778) 18,90 $
Installée dans un imposant bâtiment, la *winery* fondée en 1978 par le Français Paul Bosc est un haut lieu de la viticulture ontarienne. Un reste perceptible de sucre met en valeur le bon goût de miel de ce savoureux Riesling. Simple, mais original, friand et équilibré. ☆☆☆ ②

Clos Jordanne, Le

Le projet né d'un partenariat entre le groupe Boisset et la société canadienne Vincor semble prendre sa vitesse de croisière, alors que la qualité se manifeste même dans le vin courant de la propriété. Le Montréalais Thomas Bachelder a transmis le flambeau à l'œnologue bourguignon Sébastien Jacquey.

Chardonnay 2008, Claystone Terrace, Twenty Mile Bench • (10697331) 40,75 $
Le chardonnay du vignoble Claystone est devenu, à juste titre, l'emblème de Clos Jordanne. Retour à un style très classique après un 2007 mûr et volumineux. Sa sève singulière, ses accents de pierre à fusil et sa texture à la fois vineuse et tendue laissent en bouche une impression vibrante et hautement désaltérante. Un excellent vin blanc à classer parmi les plus complets de la péninsule. ☆☆☆☆→? ②

Chardonnay 2008, Village Reserve, Niagara Peninsula • (11254031) 26,45 $
Même le Chardonnay courant a une identité qui va au-delà des simples arômes du cépage. Un très bel équilibre entre l'acidité, le gras de l'élevage, etc. Quatre étoiles dans sa catégorie. ☆☆☆☆ ②

Si 2008 marque un nouveau sommet d'excellence pour les Chardonnay du Clos, on ne peut toutefois en dire autant des vins de pinot noir, du moins pour le moment…

Pinot noir 2008, Talon Ridge, Vinemount Ridge • (11451051) 37,50 $
Ce 2008 acidulé et nerveux met en relief l'expression fruitée, la matière et la texture serrée que l'on associe au pinot cultivé sous des climats frais. Pas le plus intense ni le plus charmeur, ce vin se distingue plutôt par sa fibre tannique très pure et la finesse de son grain. Encore jeune, vigoureux et doté d'une finale persistante, il serait sage de le laisser reposer encore quelques années. ★★★→? ③

Pinot noir 2008, Village Reserve, Niagara Peninsula • (10745487) 26,45 $
Après un 2007 gourmand et joufflu, jugé atypique pour la région, le 2008 est animé d'une acidité vive et adopte une forme plus dépouillée, au point de paraître presque mince. Peut-être encore un peu jeune et nerveux ; laissons-lui quelques mois pour s'assagir. ★★→? ②

Célébrer la fraîcheur

Ne cherchez pas à des milliers de kilomètres. Les Chardonnay les plus intéressants du Nouveau Monde pourraient bien provenir de la région de Niagara.

En juillet dernier, la péninsule de Niagara était l'hôte de la première édition du International Cool Climate Chardonnay Celebration (i4c). L'événement, comme son nom l'indique, se veut un rassemblement international de vignerons qui se consacrent à la mise en valeur du cépage chardonnay dans des régions fraîches.

Pour Thomas Bachelder, vice-président du i4c et ex-*winemaker* au Clos Jordanne, cela implique toutefois bien plus qu'une simple situation géographique. « Certes, la latitude et l'altitude des vignobles ont une incidence sur le style des vins, mais il y a aussi, et surtout, l'attitude... » Par cela, l'homme d'origine montréalaise entend toutes les manipulations avouables et inavouables faites à la vigne et dans les chais par quelques œnologues : surmaturation, chaptalisation, acidification, usage abusif des bâtonnages sur lies et du fût de chêne... « On peut produire des gros Chardonnay boisés un peu partout dans le monde, mais ce qui nous intéresse ici, ce sont des vins digestes qui traduisent les subtilités de leurs terroirs d'origine. »

Et pourquoi le chardonnay ? « Parce que c'est le cépage que toutes les *wineries* de notre région ont en commun, explique Bachelder. C'est autour de lui que nous souhaitons réunir nos collègues canadiens et étrangers pour célébrer, un peu comme le font les producteurs de l'Oregon lors du International Pinot Noir Celebration, cette variété qui nous unit. »

En conviant ainsi une cinquantaine de vignerons de divers horizons, depuis la Bourgogne et la Champagne jusqu'à la Tasmanie, en passant par la Nouvelle-Zélande, le Chili, l'Oregon et l'Autriche, les producteurs de la péninsule souhaitent attirer les projecteurs sur le Chardonnay de Niagara, que plusieurs spécialistes considèrent déjà comme la nouvelle star viticole canadienne. Matt Kramer, chroniqueur au *Wine Spectator* et porte-parole de l'événement, soulignait, à juste titre, la place de choix qu'occupent désormais les Chardonnay ontariens sur l'échiquier mondial. « Des vins d'envergure internationale qui ont leur caractère propre et qui sont, à mon sens, les Chardonnay les plus intéressants produits dans le Nouveau Monde. »

Est-il meilleur prétexte pour rendre visite à nos voisins ?

NADIA FOURNIER

Affaires Plus, septembre 2011

Henry of Pelham

Sur un site historique de St. Catharines dont leur ancêtre fut propriétaire dès 1794, la famille Speck produit des vins de bonne qualité.

Riesling Icewine 2007, Niagara Escarpment • (430561) 55,25$ – 375 ml
Encore une fois exemplaire par sa richesse aromatique et sa tenue en bouche irréprochable. Un Riesling sans détour et parfumé à la puissance 10, sans pour autant être pommadé. ☆☆☆☆

Riesling 2009, Reserve, Short Hills Bench • (283291) 15,95$
Vif et vigoureux, modérément aromatique ; tranchant et doté de cette acidité propre au cépage alsacien. ☆☆☆ ②

Baco Noir 2009, Ontario • (270926) 14,95$
En 2009, l'originalité aromatique de cette curiosité ontarienne est masquée par des saveurs boisées attribuables à un élevage d'environ 6 mois en fût de chêne américain. Dommage, puisque c'est cette singularité qui le rendait agréable. ★★ ②

en peu de mots

À ce jour, le pinot noir, le riesling, le chardonnay et le sauvignon semblent les cépages les plus prometteurs dans la péninsule du Niagara. Mais les expériences se multiplient, et d'autres variétés – cabernet franc, gamay, petit verdot et même savagnin – donnent déjà des résultats étonnants.

Environ 100 km au sud de Kingston, en bordure du lac Ontario, le secteur de Prince Edward County connaît un développement notable. On y produit déjà des vins blancs subtils et inspirés, de bons Pinot noir et d'excellents vins effervescents. Norman Hardie et Closson Chase sont deux noms à retenir (voir la section « Importation privée »).

Contrairement à celui de la péninsule du Niagara, le climat chaud de la vallée de l'Okanagan (Colombie-Britannique) n'est pas très favorable à la production de Pinot noir et de vins blancs. Les conditions quasi désertiques de la région conviennent mieux aux variétés bordelaises et à la syrah.

Le riesling donne des vins de glace et des vins de vendanges tardives plus racés que le vidal.

À part le vidal utilisé pour le vin de glace et quelques exceptions, les hybrides du passé – maréchal foch, de chaunac, baco noir, etc. – sont disparus de la péninsule du Niagara et ont été remplacés par des *vinifera*.

Inniskillin

La plus célèbre *winery* canadienne appartient maintenant au géant Constellation. L'œnologue Bruce Nicholson a pris les commandes et continue d'élaborer des vins de glace flamboyants et des vins de table toujours très fiables.

Vidal Icewine 2006, Commemorative Edition, Niagara Peninsula • (11039277) 65,75 $ – 375 ml

Cette édition commémorative commercialisée en vue des Jeux olympiques de 2010 ne passera probablement pas à l'histoire. Certes, le vin est riche et plein d'élan grâce à l'acidité et à la vigueur du vidal, mais il demeure tout de même rudimentaire et convenu. ☆☆☆

Konzelmann Estate, Vidal 2006, Select Late Harvest, Niagara Peninsula • (409474) 19,85 $ – 375 ml

La famille Konzelmann produit des vins doux impeccables, notamment celui-ci, savoureux, qui présente des accents caractéristiques de confiture de citrouille ; caressant, suave et bien équilibré. ☆☆☆ ②

Stratus

Sur la route menant à Niagara-on-the-Lake, cette *winery* ultramoderne est l'une des plus dynamiques de la péninsule. L'œnologue Jean-Laurent Groux élabore quelques cuvées monocépages, mais la philosophie de Stratus repose essentiellement sur l'art de l'assemblage.

Red 2007, Niagara-on-the-Lake • (11574430) 44 $

Les amateurs en quête de puissance et d'effets spectaculaires resteront certainement sur leur soif devant cet assemblage de cabernet sauvignon, de cabernet franc, de merlot et de gamay. Le 2007 est issu de raisins à parfaite maturité, mais conserve néanmoins cette acidité propre aux vins de régions fraîches. Les saveurs précises de fruits et de fleurs sont portées par une texture soyeuse, constituée de tanins fins et serrés, et le vin a beaucoup de tempérament. Encore jeune, il est possible qu'il se révèle davantage d'ici 2014. ★★★→? ③

Wildass, White 2007, Niagara Peninsula • (11098293) 24,20 $

Wildass est la seconde étiquette de Stratus. Cet assemblage réussi de chardonnay, de sauvignon blanc et de sémillon est vinifié et élevé en fût de chêne français. Le 2007 est nourri de saveurs franches de fruits exotiques et d'agrumes. Modérément vineux, nerveux et agréable à boire. ☆☆☆ ②

Riesling 2008, Icewine, Niagara • (10856937) 40,25 $

Jean-Laurent Groux ne concentre pas ses efforts sur le vin de glace dont les raisins sont achetés à des agriculteurs locaux. Son vin est néanmoins savoureux : onctueux, nuancé, mis en valeur par une saine acidité et parfaitement équilibré. ☆☆☆☆ ②

On trouve également des vins de ce producteur en importation privée. IP

L'exotisme à portée de main

Par leur vitalité et leurs saveurs cristallines, les vins du comté de Prince Edward traduisent à merveille le caractère des terroirs septentrionaux.

L'invitation était lancée : « Viens me rejoindre à Belleville, tu vas adorer. Non seulement le paysage est superbe, mais les vins sont super bons ! » Premier *a priori* : comment le littoral du lac Ontario peut-il être charmant en janvier ? Second *a priori* : comment peut-on faire de « super bons vins » à 350 km au sud-ouest de Montréal ? Résultat (3 h 45 de train et quelques kilomètres de voiture plus tard) : deux journées captivantes et plusieurs idées reçues balayées.

La viticulture n'est pas un phénomène récent dans le comté de Prince Edward. On estime que la vigne aurait été introduite dès la seconde moitié du XIXe siècle dans cette région située à mi-chemin entre Montréal et Niagara-on-the-Lake. Ce n'est toutefois que depuis une dizaine d'années que le « County » peut véritablement prétendre à une viticulture sérieuse. Le premier vignoble a été créé au milieu des années 1990, à l'est du village de Picton. On en compte aujourd'hui une trentaine qui se partagent quelque 350 hectares de vignes, ce qui en fait la seconde région viticole en importance de la province, après la péninsule du Niagara.

Plusieurs *wineries* sont nées sous l'impulsion d'investisseurs fortunés venus d'Ottawa et de Toronto, mais aussi de quelques passionnés qui ont bâti, à échelle humaine, des domaines viticoles fort prometteurs. Parmi eux, Norman Hardie, un ancien sommelier qui, après avoir sillonné trois continents pour approfondir sa connaissance du cépage pinot noir, est rentré au pays pour fonder son domaine éponyme à Wellington, près du secteur réputé de Hillier. Ses vignes n'ont pas encore dix ans, mais Norman Hardie en tire déjà des vins de classe internationale dont la vitalité et les saveurs cristallines, bien au-delà du simple goût du cépage, traduisent le caractère singulier des terroirs septentrionaux. Des vins d'exception ; à la fois multidimensionnels et parfaitement digestes.

Il est 16 h, les derniers rayons de soleil annoncent la fin d'un séjour bien trop bref et jettent sur l'immensité du lac Ontario des reflets orangés, qui contrastent avec le froid de cette journée d'hiver et lui donnent une allure presque féerique. Imaginez ce que cela peut donner avec le retour des beaux jours…

NADIA FOURNIER

Affaires Plus, février 2011

Tawse

Sur les rives du lac Ontario, cette *winery* est la fierté du financier torontois Moray Tawse, un amoureux de la Bourgogne qui n'a ménagé aucun moyen pour créer un domaine à la fine pointe de la technologie dans le secteur de Vineland.

Riesling 2009, Echos, Niagara Peninsula • (11156220) 20,70$
L'une des plus belles réussites de l'œnologue Paul Pender est sans doute le Wismer Lakeview Vineyard, un succulent Riesling vendu en importation privée). Bien que plus modeste, celui de la gamme Echos présente des goûts de bonbon acidulé. Arrondi par un reste appréciable de sucre et pourtant tonifié par une bonne acidité qui rehausse ses saveurs affriolantes de citron. D'autant plus appréciable que cette charmante friandise ne pèse que 10% d'alcool. ☆☆☆ ② ♥

Chardonnay 2009, Niagara Peninsula • (11039736) 23,70$
Issu exclusivement de chardonnay, le blanc de la gamme Bistro est animé d'une saine acidité qui met en relief ses saveurs d'agrumes et sa finale aux accents de caramel, attribuable à un élevage en fût de chêne. ☆☆☆ ②

Echos Bistro Red 2007, Niagara Peninsula • (11039744) 26$
Cet assemblage de cabernet sauvignon et de merlot n'est pas particulièrement étoffé ni profond. On l'apprécie avant tout pour sa droiture et sa franche expression fruitée. À boire jeune et frais. ★★★ ②

Ziraldo Estate Winery, Riesling 2007, Icewine, Niagara •
(11343594) 60,50$ – 375 ml
Après avoir contribué au rayonnement international d'Inniskillin, Donald Ziraldo a créé sa propre entreprise et agit aujourd'hui à titre d'œnologue consultant pour quelques vignobles de la péninsule. En parallèle, il commercialise aussi un très bon Riesling qui présente un équilibre idéal entre la richesse fruitée et l'acidité du cépage. ☆☆☆☆ ▼ Ⓢ

D'AUTRES VINS DE QUALITÉ MOYENNE ★★ ET ☆☆

Colio Estate, Cabernet franc 2005, CEV Reserve, Lake Erie North Shore
(11157222) 23,40$

Merlot Reserve 2002, Lake Erie North Shore
(10745516) 21,80$

Cabernet sauvignon 2005, CEV Reserve, Lake Erie North Shore
(11140404) 22,55$

Vidal 2006, CEV, Late Harvest, Ontario
(10809903) 12,70$ – 375 ml

Equifera, Chardonnay 2008, Niagara Peninsula
(11157046) 18,30$

Riesling 2009, Icewine, Niagara Peninsula
(11575951) 73,25$ – 375 ml

Pillitteri, Merlot 2002, Family Reserve, Niagara Peninsula
(10283411) 39,25$

• COLOMBIE-BRITANNIQUE •

Joie Farm

Chardonnay 2008, Un-Oaked, Okanagan Valley • (11264634) 26,90$
Sur leur petit domaine d'à peine plus d'un hectare, Michael Dinn et Heidi Noble produisent annuellement 7000 caisses de vin qui trouvent vite preneur. Sans rien révolutionner, ce Chardonnay non boisé se fait valoir grâce à ses parfums d'agrumes rehaussés d'une légère amertume en finale. ☆☆☆ ② ▼

Le Vieux Pin

Pinot noir 2006, Belle, Okanagan Valley • (11263210) 54,75$
Gros Pinot bâti d'une seule pièce et dont les notes de fruits noirs, d'épices et de bois s'ajoutent à une texture épaisse et au fini alcooleux. Oubliez la finesse proverbiale du pinot noir... ★★ ② ▼

Merlot 2006, Epoque, Okanagan Valley • (11263308) 49,75$
Particulièrement imposant, celui-ci se signale immédiatement par son caractère surmûri et ses tanins dodus ; plein et sphérique, de facture moderne et même un brin racoleur. Conclusion : deux vins ambitieux vendus à prix salés. ★★→? ②

Mission Hill

Installée à West Kelowna sur les rives du lac Okanagan, la spectaculaire *winery* d'Anthony von Mandl est emblématique de la viticulture britanno-colombienne. Cette année, peu d'enthousiasme pour ces trois cuvées ambitieuses présentées dans de grosses bouteilles lourdes.

Oculus 2007, Okanagan Valley • (10942456) 59,75$
Un colosse concentré et chargé de parfums confits, dont l'épaisseur tannique ne peut laisser indifférent. Personnellement, autant de puissance brute me gêne. À revoir dans quelques années, le temps qu'il gagne en nuances. ★★→? ③

Quatrain 2008, Okanagan Valley • (11140447) 44,75$
Lui aussi costaud, riche en extraits et exhalant des saveurs de fruits confits, de fleurs et de vanille. Pour le moment, les éléments semblent un peu désunis et le vin laisse une impression un peu brouillonne en bouche. À laisser reposer au moins un an ou deux, le temps que le bois se fonde. ★★→? ③

Compendium 2008, Okanagan Valley • (11262891) 37,50$
Le goût fortement grillé et la masse tannique de ce vin peuvent donner une illusion de grandeur. Or, cette profusion de bois neuf n'est que tape-à-l'œil pour impressionner. Et tant pis pour la subtilité. ★★→? ②

Shiraz 2008, Reserve, Okanagan Valley • (10960857) 25,25 $
L'un des plus complets de la gamme, et un bon rapport qualité-prix. Aucun excès ni maquillage inutile, plutôt une attaque en bouche franche et des saveurs fruitées très nettes, relevées d'accents de poivre. Franc, droit et savoureux. ★★★ ②

Merlot 2008, Reserve, Okanagan Valley • (11593551) 24,95 $
Une belle réussite pour cette cuvée de Merlot. À retenir avant tout pour sa droiture, sa jolie charpente tannique et sa finale concentrée en parfums de fruits noirs. À boire au cours des trois prochaines années. ★★★ ②

Cabernet sauvignon 2008, Reserve, Okanagan Valley • (11092051) 24,95 $
Moins complet que le précédent et beaucoup plus vif que le 2007 commenté l'an dernier. Des tanins carrés, presque verts, laissent une impression râpeuse et rustique en finale. ★★→? ②

Cabernet sauvignon-Merlot 2009, Five Vineyards, Okanagan Valley •
(10544749) 17,65 $
Correctement fruité et relevé de saveurs franches d'épices. ★★★ ② ©

Chardonnay 2008, Perpetua, Legacy Series, Okanagan Valley •
(11396881) 40,25 $
Peu d'enthousiasme pour ce Chardonnay annoncé comme le haut de gamme du domaine. Riche en parfums floraux et doté d'une attaque en bouche quasi sucrée qui le rend un peu lourd. On peut souhaiter que le temps corrige les choses, mais à ce prix... ☆☆→? ③

Chardonnay 2009, Perpetua, Legacy Series, Okanagan Valley •
(11396881) 40,25 $
Moins aromatique que le 2008, mais tout aussi gras, volumineux et dépourvu d'élégance et de fraîcheur. ☆☆ ②

Chardonnay 2007, Select Lot Collection, Okanagan Valley • (11140421) 26,95 $
Un autre gros vin caricatural, commercialisé dans une bouteille imposante et inutilement lourde. ☆☆ ②

Chardonnay 2009, Reserve, Okanagan Valley • (11092078) 19,95 $
Pas de bois, mais des parfums floraux intenses et une impression de fabriqué. ☆☆ ②

Sauvignon blanc 2008, Reserve, Okanagan Valley • (11593403) 19,95 $
Aromatique, sec et vif. ☆☆ ②

Pinot blanc 2010, Five Vineyards, Okanagan Valley • (300301) 15,95 $
Moins ambitieux et dans la continuité des millésimes précédents, un bon vin délicatement parfumé, sec, vif, et désaltérant. ☆☆☆ ② ©

Riesling 2010, Reserve, Okanagan Valley • (11092086) 19,95 $
Très aromatique, au point de paraître pommadé. Je doute que le véritable amateur de Riesling y trouve son compte... ☆☆ ②

Pour se sucrer le bec, Mission Hill produit aussi des vins de glace :

Riesling Icewine 2008, Reserve, Okanagan Valley • (10674033) 58 $ – 375 ml
Plus abordable – toute chose étant relative –, savoureux, onctueux, équilibré et empreint d'une certaine finesse. ☆☆☆ ②

Vidal Icewine 2008, Okanagan Valley • (11156262) 33,75 $ – 375 ml
Prix très ambitieux pour une expression banale et rustique du vidal. ☆☆ ②

Osoyoos Larose

Le projet d'Osoyoos Larose est né d'un partenariat entre le Groupe Taillan – Châteaux Gruaud-Larose, Ferrière, Chasse-Spleen – et la canadienne Vincor. Quelques millésimes ont suffi pour que ce domaine, établi en bordure du lac Osoyoos, au sud de la vallée d'Okanagan, n'atteigne sa vitesse de croisière.

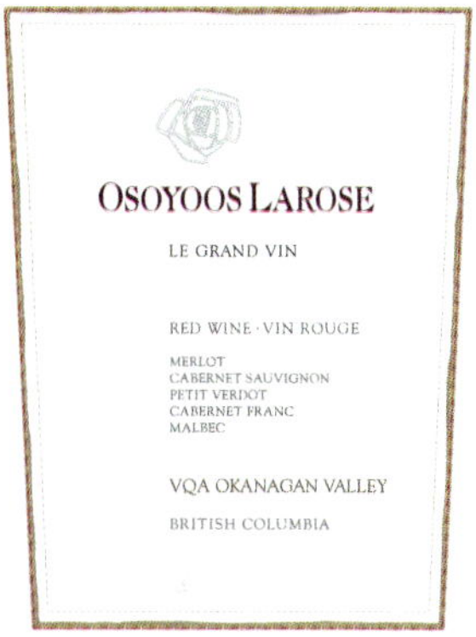

Le Grand Vin 2007, Okanagan Valley •
(10293169) 43,50 $
Le 2007 est issu d'un assemblage de merlot, de cabernet sauvignon, de cabernet franc, de petit verdot et de malbec, élevés en fûts de chêne français (neufs à 60 %) pendant 20 mois. Bien que les vignes n'aient pas encore 10 ans, le vin offre déjà une matière et une profondeur dignes de mention. Plus important encore, le vin commence véritablement à faire preuve d'un caractère individuel qui va bien au-delà de l'expression variétale des cépages bordelais. Plein de sève et de mâche fruitée, et constitué autour de tanins à la fois solides et raffinés, ce vin n'a pas dit son dernier mot et continuera aisément à se développer au cours des trois à cinq prochaines années. ★★★★ ②

Pétales d'Osoyoos 2008, Okanagan Valley • (11166495) 26,20 $
L'échantillon dégusté au cours de l'été 2011 était malheureusement défectueux. Compte tenu de sa feuille de route des dernières années, on peut espérer que le vin soit à la hauteur des attentes. ?

Paradise Ranch

Pinot noir Icewine 2005, Whistler, Okanagan Valley • (11140543) 50,75 $
Simple et racoleur, un vin liquoreux rosé issu de pinot noir. Cette boisson sucrée n'a ni la finesse du pinot noir ni l'intensité aromatique du vin de glace. ★★

Prospect Winery

Cette année encore, les vins de cette marque secondaire créée par Mission Hill n'avaient rien de bien impressionnant. Tous corrects et vendus à prix abordables, mais pas plus recommandables que bien des vins à saveur commerciale produits ailleurs dans le monde.

Merlot 2009, Major Allan, Okanagan Valley
(11315121) 15,95 $ ★★ Ⓒ

Chardonnay 2009, Townsend Jack, Okanagan Valley
(11140463) 15,45 $ ☆☆ Ⓒ

Sauvignon blanc 2010, Council's Punch Bowl, Okanagan Valley
(11140412) 14,95 $ ☆☆ Ⓒ

Quails' Gate

Fondé en 1989, le vignoble de la famille Stewart a notamment bâti sa réputation avec de très bons vins de chenin blanc dont les vignes seraient d'ailleurs les plus vieilles *vinifera* de la vallée d'Okanagan.

Chardonnay 2008, Reserve, Okanagan Valley • (11262946) 32,50$
Sur une note un peu plus internationale, ce vin profite d'un élevage bien maîtrisé en fût de chêne qui ajoute à sa substance et l'agrémente de parfums originaux d'épices. Charmeur et agréable à boire, mais peu compétitif à ce prix. ☆☆☆ ②

Merlot 2007, Okanagan Valley • (11262938) 26,70$
Bon vin rouge qui, à défaut de profondeur, offre une présence en bouche souple, juteuse et friande, assez bien équilibrée. ★★ ②

Township 7, Sauvignon blanc 2008, Okanagan Valley • (11263332) 21,90$
Sans être spécialement aromatique, ce vin blanc s'avère suffisamment net, droit et expressif. Sa vinosité et ses notes de fruits exotiques rappellent certains Sauvignon blanc de Californie. ☆☆☆ ②

• QUÉBEC •

Les vins dont le prix est indiqué entre parenthèses et sans code ne sont pas vendus à la SAQ. Vous trouverez à la fin de cette section les coordonnées des vignobles.

Clos Saragnat

Christian Barthomeuf est un pilier de la viticulture et de la cidriculture au Québec. On lui doit un gros morceau de l'essor du vignoble de Dunham depuis 1979, puis de celui du cidre de glace dès le début des années 1990. Son dernier-né est le Clos Saragnat, un domaine de 35 hectares développé en partenariat avec Louise Dupuis, anciennement au vignoble de la Chapelle Ste-Agnès. Leur propriété de Frelighsburg, au pied du mont Pinacle, regroupe à la fois un vignoble et un verger.

Domaine des Côtes d'Ardoise

Créé en 1981 par Christian Barthomeuf et Jacques Breault, le domaine des Côtes d'Ardoise est le plus ancien vignoble du Québec encore en opération. Jacques Papillon, qui en était propriétaire depuis 1984, a vendu la propriété en 2010. En plus d'une poignée de cépages hybrides, le vignoble est planté de riesling et de gamay noir, le cépage emblématique du Beaujolais.

Domaine des Météores

Ce vignoble, développé dès 2006 aux abords de la rivière Petite-Nation, non loin de Montebello, est certifié biologique par Québec Vrai.

La Couronne boréale 2010 • (16$)
Ce bon vin simple mais agréable à boire est issu exclusivement de frontenac gris, qui révèle de jolies notes de miel et de fruits blancs. À boire d'ici 2013. ☆☆☆ ② ♥

Fil d'Ariane 2010, rosé • (14 $)
Plus modeste, ce rosé issu de frontenac noir adoptait un profil un peu rudimentaire aux accents de jujubes lorsque goûté en août dernier. Assez généreusement fruité et doté d'une acidité mordante qui atténue l'impression de sucrosité. Encore très jeune, il faudra le revoir dans quelques mois. ★★→? ②

Domaine du Ridge

Les trois vins de ce producteur de Saint-Armand, dans les Cantons-de-l'Est, sont inscrits au répertoire général de la SAQ.

Vent d'Ouest 2009 • (928523) 14,75 $
Le cépage seyval donne à ce vin léger en alcool (12 %) une rondeur et une vivacité appréciables, qui rehaussent de jolis parfums de miel et de citron. ☆☆☆ ①

Clos du Maréchal 2009 • (10220373) 15,75 $
Moins d'enthousiasme pour ce vin rouge très vif et rustique issu du cépage hybride maréchal foch. ★★ ①

Domaine Les Brome

Léon Courville est persuadé qu'il est possible de faire de très bons vins au Québec, à condition bien sûr de prendre tous les moyens nécessaires. Cet ancien professeur d'économie et ex-banquier n'a donc ménagé aucun effort ni moyen financier depuis qu'il a créé son domaine en bordure du lac Brome, dans les Cantons-de-l'Est.

Saint-Pépin 2010, Réserve • (10919723) 32 $
La fierté de Léon Courville. Ce cépage importé du Minnesota donne un très bon vin gras et parfumé, nourri par un élevage de 12 à 18 mois en fût de chêne français neuf, qui semble mieux maîtrisé cette année. Sec, agrémenté de délicats parfums d'érable, et animé d'une saine acidité qui contribue à son tonus. ☆☆☆ ② Ⓢ

Vidal 2008, Réserve • (10919707) 22,45 $
Également vinifié et élevé en fût de chêne neuf, ce très bon Vidal me semble être le vin plus avantageux de la gamme cette année. Sec, vineux, équilibré et ponctué de tonalités de pain grillé qui lui donnent un certain caractère. ☆☆☆ ② Ⓢ

Vidal 2009 • (10522540) 18,05 $
Un reste important de sucre rehausse les saveurs rustiques, mais originales du cépage vidal. Très bon à l'apéritif, à condition d'être servi très frais. ☆☆ ①

Cuvée Charlotte 2009 • (11106661) 16,90 $
Sec et charmeur, une expression légère et timide des cépages seyval (80 %), geisenheim et chardonnay. ☆☆ ①

Cuvée Julien 2009 • (10680118) 16,20 $
Vif, assez fruité, mais surtout rustique. On ne peut toutefois pas lui reprocher de manquer d'individualité. Une bonne note pour ses saveurs mûres et son caractère friand. ★★★ ②

Vidal 2005, Vin de glace, Fûts de chêne • (10919731) 39 $ – 200 ml
Affiche une belle couleur dorée. Un vin aromatique et très doux, élevé en fût de chêne. Très bon, mais un peu trop boisé à mon goût. ☆☆☆ ②

D'autres vins sont en vente au vignoble, au Marché des saveurs du Québec ou en ligne :

Riesling 2009, Réserve • (27 $)
Plus achevé cette année, ce bon vin blanc sec, friand et modérément aromatique est fort agréable à boire. Original et assez bien tourné, mais pas donné. ☆☆☆ ②

Une moins bonne note pour ces trois vins rouges :

Baco 2008, Réserve • (21 $)
S'il est moins dénaturé par l'usage de la barrique en 2008, ce vin issu du cépage hybride baco noir demeure animé par une acidité vive qui fouette le palais. ★→? ①

XP 1 • (27 $)
Jouant à nouveau de beaucoup d'ambition, Léon Courville commercialise maintenant un vin issu du cépage hybride de chaunac, passerillé pendant trois mois, à la manière d'un Amarone. Certes, le vin est plus dense et charnu que la moyenne et riche en parfums confits, mais il est surtout animé d'une acidité très vive qui laisse en bouche une impression rustique. Il faudra surveiller les prochains millésimes pour voir si la recette portera fruit... ★★→? ②

Péché rosé 2009 • (15 $)
Bon rosé de seyval noir et de maréchal foch ; sec, légèrement perlant et modérément aromatique. ★★ ①

Domaine St-Jacques

Depuis 2005, Nicole Du Temple et Yvan Quirion gèrent cette vaste propriété de 30 hectares située à Saint-Jacques-le-Mineur, en Montérégie.

Vin de Glace Rouge 2009 • (11213600) 45,50 $ – 200 ml
En plus d'un savoureux rosé (commenté à la page 427), le domaine commercialise un vin de glace plutôt modeste, dont l'intérêt réside davantage dans l'originalité de sa composition de maréchal foch et de lucy kuhlmann – deux cépages rouges – que dans sa finesse. Ses saveurs vives de fruits sauvages et son onctuosité lui confèrent néanmoins un certain attrait. ★★★

L'Orpailleur

Rigoureusement mené par Charles-Henri de Coussergues et ses associés, ce domaine qui célébrait cette année son trentième anniversaire demeure le leader de la viticulture québécoise. On y produit une dizaine de cuvées, dont un somptueux vin de glace.

Blanc 2010 • (704221) 14,70 $
Le vin blanc courant de la propriété demeure incontestablement le cheval de bataille de L'Orpailleur. Toujours sec et désaltérant, le 2010 met en relief de jolies notes de fleurs et de citron. Le vin d'apéritif idéal, surtout à ce prix ! ☆☆☆ ② ♥

La Marquise de L'Orpailleur • (734780) 21,85$ – 500 ml
Ce vin apéritif est composé uniquement de seyval blanc, fortifié à l'eau-de-vie – à la manière d'un Pineau des Charentes – et dans lequel on a fait macérer des épices et des fruits. Le résultat est un vin doux ample, savoureux et tout à fait original. Servir très frais, autour de 8 °C. ☆☆☆

Vin de Glace 2008 • (10220269) 32,50$ – 200 ml
Un autre grand succès! Remarquable, tant par son onctuosité que par ses saveurs exquises, intenses et persistantes de fruits en confiture, portées par un équilibre irréprochable. Un vin d'envergure qui pourrait aisément soutenir la comparaison avec bien des *icewines* de Niagara. ☆☆☆☆

Également en vente au vignoble :

Cuvée Natashquan 2008 • (25$)
Le grand vin blanc sec de L'Orpailleur est produit en quantités limitées et vendu exclusivement au domaine. La vivacité naturelle du seyval est nourrie par un élevage bien dosé en fût de chêne français, qui ajoute à sa vinosité et à sa tenue en bouche, et il est agrémenté de jolies saveurs de beurre, sur un fond délicatement fruité. À boire au cours des quatre prochaines années. ☆☆☆ ②

Les Pervenches

Véronique Hupin et Michael Marler exploitent avec rigueur et dynamisme leur domaine de Farnham, certifié Écocert. Déjà inscrit sur la carte de plusieurs bonnes tables, leurs vins font partie de l'élite de la viticulture québécoise.

Chardonnay 2010 • (25$)
Produit exclusivement les meilleures années, c'est l'un des très rares vins d'ici à être issus exclusivement de *vitis vinifera*. Les conditions climatiques très favorables de l'été 2010, conjuguées à une vinification et à un élevage en fût de chêne français, apportent style et élégance à ce vin à la fois rond, vineux et volumineux. Probablement l'un des meilleurs vins québécois actuellement produits. Super! ☆☆☆☆ ② ♥

Vignoble de la Bauge

Dans une vaste propriété de Brigham, où l'on pratique aussi l'élevage de sangliers, de lamas, de yacks, d'émeus et d'autres animaux exotiques, la famille Naud exploite un vignoble 6,5 hectares planté depuis 1987.

Le Solitaire 2009 • (14$)
Un élevage en fût de chêne bourguignon âgé de deux ans ajoute à la vinosité et à l'étoffe de ce vin composé uniquement de seyval. Sec, franc de goût et agrémenté de jolis parfums de miel et de pain grillé. À boire entre 2012 et 2015. ☆☆☆ ② ♥

Vignoble du Marathonien

Dans leur domaine de Havelock, non loin de la frontière américaine, Line et Jean Joly élaborent des vins blancs et des rouges secs, mais leur réputation repose surtout sur la qualité remarquable de leurs vins liquoreux, qui ont déjà récolté de nombreuses récompenses sur la scène nationale et internationale. Le domaine produit un vin blanc sec aussi savoureux que désaltérant.

Vidal 2009, Vendange tardive • (28$) – 375 ml
Le savoir-faire de Jean Joly se manifeste de nouveau dans ce vin exubérant et multidimensionnel, merveilleusement soutenu par l'acidité typique du vidal. Une splendide couleur dorée, et des couches de saveurs qui montent en bouche et qui enchantent les papilles. Tendre, exquis, onctueux et doté d'un équilibre irréprochable. Dans une classe à part! Bon dès maintenant et pour longtemps. ☆☆☆☆☆ ② ♥

Vidal 2006, Vin de glace • (11398317) 50$ – 375 ml
Doux comme un sirop et parfumé comme une friandise. Un pur délice, à boire à dose homéopathique. Déjà charmant par son ampleur et son intensité, mais il devrait se révéler davantage dans quelques années. ☆☆☆☆ ③

Également en vente au vignoble :

Vidal 2008, Vin de glace • (11398317) 53,75$ – 375 ml
D'une richesse et d'une onctuosité incomparables, ce vin ne renferme que 9,9% d'alcool, mais il en mène pourtant très large en bouche. À défaut du caractère digeste qui fait le charme de la vendange tardive, l'amateur gourmand – et hypoglycémique! – se délectera de sa texture onctueuse et infiniment riche. Une friandise liquide à laisser reposer quelques années encore. ☆☆☆☆ ③

Seyval sec • (11398325) 14,15$
Afin d'assurer la constance de son vin sec au fil des années, Jean Joly assemble les cuvées de différents millésimes. Il en résulte toujours un bon vin blanc sec et désaltérant, qui mise sur l'originalité aromatique du cépage seyval. ☆☆☆ ② ♥

Vignoble Le Cep d'Argent

Le Canadien Denis Drouin s'est associé aux frères champenois Jean-Paul et François Scieur pour développer ce beau domaine dans le secteur du lac Memphrémagog.

Cep d'Argent 2010 • (741181) 14,05$
La générosité du millésime 2010, conjuguée à l'acidité naturelle du seyval, ont donné un vin blanc sec étonnamment complet. Ponctué de parfums de poire et déployant une tenue en bouche notable. Excellent dans sa catégorie! ☆☆☆☆ ② ♥

La Sélection des Mousquetaires, Méthode traditionnelle • (21$)
Les origines champenoises de deux des propriétaires ne sont sans doute pas étrangères à la qualité de cette savoureuse méthode traditionnelle, autrefois nommée « méthode champenoise ». Ce vin effervescent issu de seyval est rehaussé de saveurs franches de pommes qui contribuent à son charme. Sec, désaltérant et très bien tourné. ☆☆☆

Vignoble Le Mernois

En 2004, Lucille Mercier et Jean-Marc Harnois ont développé un vignoble dans le secteur de Joliette.

Trous de la Phine 2009 • (11575791) 14,05 $
Bon vin rouge souple, animé d'une vive acidité qui accentue les saveurs fruitées naturelles du cépage hybride sabrevois. Léger (11,6 %) et tout en fraîcheur. ★★ ②

Vignoble Les Diurnes

Chinook 2006 • (18 $)
Fruit d'un assemblage de sainte-croix et de sabrevois, ce vin rouge produit à Cowansville, dans les Cantons-de-l'Est, rappelle le caractère herbacé de certains vins de la Loire, avec des accents de fruits sauvages, de cuir et d'épices. Ouvert et prêt à boire. ★★ ②

Vignoble Les Petits Cailloux

Dans leur vignoble établi au pied du mont Yamaska, Martin Lavertu et Françoise Goudreau profitent des conseils de l'œnologue David Cottineau et élaborent cinq différentes cuvées, dont un vin rouge qui ne manque pas d'attraits.

Zéphyr 2008 • (17,50 $)
Fruit d'un assemblage de maréchal foch, de sainte-croix et de sabrevois, le Zéphyr charme par son caractère guilleret, léger et coulant, ses saveurs franches de fruits noirs et son équilibre d'ensemble. Encore meilleur s'il est servi frais, autour de 14 °C. L'un des bons vins rouges québécois dégustés cette année. ★★★ ② ♥

Vignoble Rivière du Chêne

Isabelle Gonthier et Daniel Lalande veillent sur ce vaste domaine de Saint-Eustache, qu'ils ont développé dès 1998.

William blanc 2010 • (744169) 14,50 $
Composé exclusivement de vandal cliche – dont une partie a été récoltée tardivement – et élevé sur lies fines. Deux détails qui confèrent au vin un volume et une dimension aromatique supplémentaires, sans toutefois le priver de sa vitalité. ☆☆☆ ② ♥ ©

Monde 2008, Vin de glace • (10419614) 51,75 $ – 375 ml
Moins d'enthousiasme pour ce vin de glace. Les saveurs rustiques et originales du vidal ont peut-être un certain charme, mais à ce prix, je doute que les amateurs de vins liquoreux soient pleinement satisfaits. ☆☆

Pour mieux apprécier les vins du Québec

Pour avoir plus de renseignements sur la distribution et les différents points de vente des vignobles québécois, vous pouvez visiter le site Web suivant : www.vignerons-du-quebec.com.

Montréal

Marché des saveurs du Québec
280, place du Marché
Marché Jean-Talon
Tél. : 514 271-3811
www.lemarchedessaveurs.com

Québec

Comptoir du Terroir, Marché du Vieux-Port
160, quai Saint-André, local 65
Tél. : 418 692-2517
www.marchevieuxport.com

Sherbrooke

Gourmet des Cantons
710, rue Minto, local 102-b • (gare)
Tél. : 819 566-5333
www.marchedelagare.com

UNE VISITE CHEZ LE VIGNERON

Les vins québécois ne sont pas encore bien distribués dans le réseau de la SAQ. Pour en acheter, rien ne vaut une visite à la propriété. La plupart des domaines accueillent les visiteurs tous les jours en période estivale, et pendant les fins de semaine, de décembre à la fin juin. Toutefois, pour éviter une mauvaise surprise, mieux vaut téléphoner avant de s'y rendre.

QUELQUES ADRESSES :

Chapelle Ste Agnès : 2565, chemin Scenic, Sutton.
Tél. : 450 538-0303

Domaine des Météores : 203, chemin du Lac-Grosleau, Ripon.
Tél. : 819 428-1652

Domaine du Ridge : 205, chemin Ridge, Stanbridge Station.
Tél. : 450 248-3987

Domaine St-Jacques : 615, route Édouard VII, Saint-Jacques-Le-Mineur.
Tél. : 450 346-1620

Le Cep d'Argent : 1257, chemin de la Rivière, Magog.
Tél. : 1 877 864-4441

Les Blancs Coteaux : 1046, route 202, Dunham.
Tél. : 450 295-3503

Les Côtes d'Ardoise : Route 202, Dunham.
Tél. : 450 295-2020

L'Orpailleur : 1086, route 202, Dunham.
Tél. : 450 295-2763

Vignoble de la Bauge : 155, des Érables, Brigham.
Tél. : 450 266-2149

Vignoble des Pins : 136, Grand Sabrevois, Sainte-Anne de Sabrevois.
Tél. : 450 347-1073

Vignoble du Marathonien : 318, route 202, Havelock.
Tél. : 450 826-0522

Vignoble Les Diurnes : 205, montée Lebeau, Cowansville.
Tél. : 450 263-1526

Vignoble Les Pervenches : 150, chemin Boulais, Farnham.
Tél. : 450 293-8311

Vignoble Les Petits Cailloux : 625, rang de la Montagne, Saint-Paul-d'Abbotsford.
Tél. : 450 379-9368

PÉROU
Puno
Arequipa
LA PAZ
R. Mamoré
Cuiaba
Santa Cruz
Tacna
Arica
Sucre
Iquique
Fortin Madrejon
Campo Grande
BOLIVIE
Tarija
Rio Pilcomayo
Paraguay
PARAGUAY
Concepcion
Antofagasta
San Salvador De Jujuy
Salta
Salta
Rio Teuco
ASUNCION
Coronel Oviedo
OCÉAN PACIFIQUE
CHILI
San Miguel De Tucuman
Resistencia
Rio Salado
La Rioja
BRÉSIL
ACONCAGUA
Aconcagua
Casablanca
San Juan
Cordoba
Tacuarembo
Paysandu
Valparaiso
Mendoza
Rosario
Maipo
SANTIAGO
Mendoza
Durazno
VALLÉE CENTRALE
Rapel
Curicó
Maule
San Rafael
BUENOS AIRES
URUGUAY
MONTEVIDEO
Itata
ARGENTINE
RÉGION DU SUD
Concepción
Bío-bío
Rio Colorado
Mar Del Plata
Bahia Blanca
Neuquen
Valdivia
Rio Negro
San Carlos de Bariloche
Puerto Montt
Patagonie
Rio Chubut
Rawson
OCÉAN ATLANTIQUE
Rio Chico
Comodoro Rivadavia
Puerto Santa Cruz
ÎLES MALOUINES (R.U.)
Rio Gallegos
PORT STANLEY
Punta Arenas
Ushuaia
0
500 km

Hémisphère Sud

Chili

Le Chili est la deuxième force viticole sud-américaine après l'Argentine, et le dixième producteur mondial.

Son vignoble couvre un peu plus de 117000 hectares, soit environ la taille du vignoble bordelais. Le cabernet sauvignon occupe toujours le premier rang des cépages nobles avec environ 40000 hectares. Viennent ensuite le païs (15 000 hectares), majoritairement destiné à la consommation domestique, puis le merlot et la carmenère. Virtuellement absente du pays il y a à peine 10 ans, la syrah s'étendait sur plus de 3500 hectares en 2007 et continue de gagner du terrain. Plusieurs experts considèrent qu'il s'agit désormais de la variété la plus prometteuse du pays.

Au Québec, le vin chilien poursuit sa progression alors que le pays occupe le septième rang, entre l'Argentine (sixième) et le Portugal (huitième), tant en volume qu'en valeur.

www.winesofchile.org

bon à savoir

Peut-être plus que tout autre pays viticole, le Chili est un boulevard aux aubaines.

Le prix n'est pas un indicateur de la longévité d'un vin. Même s'ils sont prêts à boire dès leur mise en marché, les meilleurs Cabernet sauvignon chiliens à moins de 25$ peuvent aussi vieillir harmonieusement.

Par leur naturel fruité et leur équilibre, les Syrah ou Shiraz chiliens s'apparentent plus aux vins rouges du Rhône qu'à ceux d'Australie.

Les vins blancs chiliens ont longtemps eu un goût stéréotypé. Cela change progressivement depuis quelques années grâce à l'émergence de nouvelles régions productrices comme Limarí, Leyda et Bío Bío, dont le climat frais, souvent océanique, est propice à une longue période de maturation.

DU NORD AU SUD, LE VIGNOBLE CHILIEN DÉMYSTIFIÉ

COQUIMBO

Vallée d'Elqui : Région viticole chilienne la plus septentrionale et la plus élevée (2 000 m d'altitude). Syrah et cépages blancs retiennent l'attention.

Vallée de Limarí : Au sud d'Elqui, les vignobles de Limarí situés en bordure de mer accueillent des cépages blancs et du pinot noir; ceux situés plus près des Andes sont mieux adaptés à la syrah.

ACONCAGUA

Vallée d'Aconcagua : La fonte des neiges qui recouvrent le mont Aconcagua (6 956 m) fournit une quantité d'eau providentielle pour l'irrigation des vignobles.

Vallée de Casablanca : Le climat de cette région côtière offre les conditions idéales pour la culture de pinot noir et de cépages blancs.

Vallée de San Antonio : Région minuscule qui regroupe la vallée de Leyda. Elle mise également sur le climat océanique pour cultiver du pinot noir, du sauvignon blanc et du chardonnay.

VALLÉE CENTRALE

Appellation générique qui regroupe les vallées de Maipo, de Rapel et de Curico.

Vallée de Maipo : Au sud de Santiago, cette région est le berceau de nombreux grands vins de cabernet sauvignon. Situés en altitude, les secteurs de Puente Alto et de Pirque sont réputés pour leurs vins complexes et structurés.

Vallée de Rapel : Appellation générique qui regroupe les vins issus d'un assemblage des raisins de Colchagua et de Cachapoal.

Vallée de Cachapoal : La partie nord de la vallée de Rapel se caractérise par des vins aux tanins plus souples que ceux de Colchagua. Le cabernet sauvignon représente plus de la moitié de la superficie du vignoble.

Vallée de Colchagua : La plus en vue des deux sous-appellations de Rapel. Des noms prestigieux comme Montes et Casa Lapostolle se sont installés aux limites nord de l'appellation, dans le secteur prisé d'Apalta.

Vallée de Curico : Deuxième région la plus plantée après Maule, Curico a été popularisée par l'arrivée du géant espagnol Torres dès 1979.

Vallée de Maule : Grâce à une viticulture adaptée et à une meilleure maîtrise œnologique, la plus importante région viticole du pays perd peu à peu sa réputation de ne produire que des vins rustiques.

en peu de mots

Altaïr

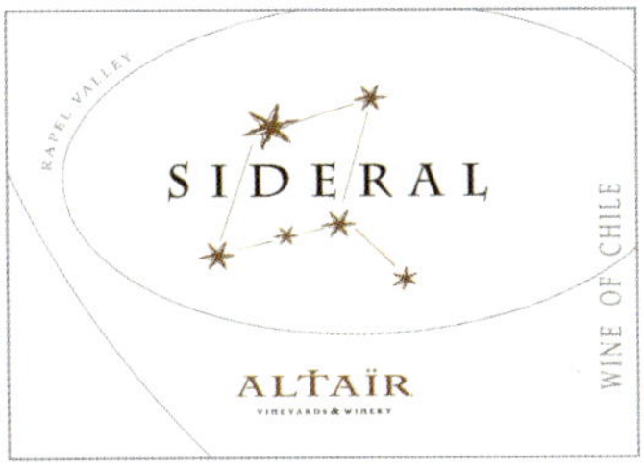

Ce projet a été créé en 2004 par le Château Dassault de Saint-Émilion en partenariat avec le géant chilien Viña San Pedro, qui a racheté la totalité des parts de l'entreprise en 2007. La direction technique est maintenant sous la responsabilité de la jeune œnologue Ana Maria Cumsille.

Altaïr 2004, Valle de Cachapoal • (11156086) 62$
Combinaison gagnante de cabernet sauvignon, merlot, syrah, cabernet franc, carmenère et petit verdot, ce vin a une finesse et une race dignes des meilleurs. D'autant plus appréciable que sa plénitude en bouche ne sacrifie nullement sa finesse et son équilibre. Déjà excellent, il continuera de se bonifier au cours des trois prochaines années. ★★★★ ② ▼

Sideral 2005, Valle del Rapel • (10692830) 26,40$
Déjà commenté l'an dernier, le deuxième vin de la propriété étonne toujours par la jeunesse de sa mâche fruitée et par l'exubérance de ses parfums de cassis. Ferme, mais sans dureté; on gagnera à le laisser reposer encore de deux à trois ans. Dans l'immédiat, un séjour d'une heure en carafe le rendra plus volubile. ★★★→? ③

Araucano

Collaborateurs globe-trotters depuis 1988, les frères Jacques et François Lurton ont mis fin à la plupart de leurs partenariats en 2007. Le projet de la vallée de Colchagua est aujourd'hui sous la responsabilité de François.

Clos de Lolol 2007, Valle de Lolol • (10689868) 23,85$
Maintenant à point, le 2007 séduit par sa chair, ses tanins ronds et sa fin de bouche chaleureuse. Vigoureux, ample et fondu. À ce prix, on souhaiterait tout de même un peu plus de profondeur. ★★★ ②

Carmenère 2008, Reserva, Valle de Colchagua • (10694413) 15,15$
Déjà commenté dans les éditions précédentes du Guide du vin, le 2008 est parfaitement ouvert et déploie un joli relief aromatique, porté par des tanins denses et soyeux. Toujours rien à redire à ce prix. Offert dans une bouteille à capsule vissée. ★★★ ② ♥

Cabernet sauvignon 2009, Reserva, Valle de Colchagua • (10693154) 15,15$
Un peu moins original, mais tout aussi agréable, avec sa structure franche et droite et ses saveurs nettes de fruits noirs. Un très bon Cabernet chilien. ★★★ ② ♥

On trouve également des vins de ce producteur en importation privée. IP

Carmen

Cette importante cave appartient au même propriétaire que Santa Rita, mais elle est gérée indépendamment. La qualité générale des vins est régulière et satisfaisante.

Carmenère 2008, Gran Reserva, Apalta, Valle de Colchagua • (856013) 19,15$
Une belle démonstration de ce que la Carmenère peut donner maintenant qu'elle profite de meilleures connaissances viticoles et œnologiques. Aucune verdeur, une attaque en bouche friande et séveuse, et une finale rassasiante aux parfums d'épices et de fleurs. Miam, miam! ★★★→? ②

Syrah 2008, Gran Reserva, Apalta, Valle de Colchagua • (568097) 19,15$
Belle réussite aussi pour cette Syrah qui présente la structure tannique serrée propre au cépage, sans verser dans la dureté. Le grain est mûr et l'usage du bois est bien dosé. Déjà fort agréable à boire, mais il est fort probable qu'il se bonifie au cours des trois prochaines années. ★★★→? ②

Chardonnay 2010, Casablanca Valley • (522771) 12,55$
À prix d'aubaine, un bon Chardonnay non boisé, modeste, mais de bonne facture; franc et tout à fait désaltérant. ☆☆☆ ② ♥

Château Los Boldos

En 2008, l'entreprise fondée par la famille alsacienne Massenez a été acquise par le groupe portugais Sogrape qui continue d'étendre son empire au-delà des frontières européennes: Finca Flichman en Argentine, Framingham en Nouvelle-Zélande, etc. Le vignoble de Los Boldos s'étend sur 275 hectares dans la vallée de Rapel, à 100 km au sud de Santiago.

Cabernet sauvignon 2008, Vieilles vignes, Alto Cachapoal • (10327592) 24,05$
Ce vin encore très jeune se distingue avant tout par sa forme tannique classique; c'est-à-dire franche, droite et tonique; juste assez enrobée et manifestement issue de raisins mûrs. Structuré et très net, il devrait continuer à se bonifier au cours des trois prochaines années. ★★★→★ ③ ♥

Merlot 2007, Vieilles vignes, Alto Cachapoal • (10693921) 23,35$
Une moins bonne note pour cette cuvée déjà bien commentée dans l'édition précédente du *Guide*. Flatteur et agréable à boire, mais sans le tonus, la sève et le caractère distinctif qui faisaient jadis son charme. Un peu facile à mon goût. ★★→? ②

Concha y Toro

Acteur principal de la viticulture chilienne, le domaine des familles Guilisasti et Larrain compte plus de 3 000 hectares dans la région de la vallée Centrale, au sud de Santiago. Le portefeuille de Concha y Toro regroupe plusieurs gammes de vins. Des plus modestes aux plus ambitieux, la constance est remarquable.

Don Melchor 1997, Valle del Maipo • (10755968) 89,75 $
Tout autant de tenue en bouche, il s'appuie sur des tanins satinés et termine sa présence en bouche sur une longue finale racée, ponctuée de tonalités fumées très élégantes. Déjà ouvert, même s'il fait encore preuve d'une jeunesse étonnante. ★★★★ ② ▼

Don Melchor 2004, Puente Alto • (11233740) 74,75 $
Très jeune, concentré et plein en bouche, mais sans le moindre excès. Pas de parfums prévisibles de cassis et d'eucalyptus. Plutôt un vin multidimensionnel dans lequel le terroir transcende littéralement le cépage. Complexe, équilibré et promis à un très bel avenir. ★★★★→? ③ ▼

Chardonnay 2008, Marques de Casa Concha, Valle de Limarí • (11416141) 19,15 $
Dans le secteur de Coquimbo, à plus de 600 km au nord de Santiago, la vallée de Limarí est le nouveau secteur de prédilection pour l'élaboration de vins blancs. Cette zone d'altitude bénéficie d'importantes variations de température entre le jour et la nuit, qui permettent d'obtenir des vins à la fois mûrs, équilibrés et désaltérants. À bon prix, on appréciera l'attaque en bouche ample, nourrie par un passage en fût et la franchise de ce très bon Chardonnay. ☆☆☆ ② ♥ ▼

Sauvignon blanc 2008, Vendanges tardives • (284240) 12,45 $ – 375 ml
Dans l'ensemble du réseau, ce vin moelleux toujours constant au fil des millésimes demeure bienvenu pour clore sans se ruiner le repas sur une note sucrée. Doux en bouche et sans complexité particulière, mais franc de goût et fort plaisant. ☆☆ ② ♥

Cousiño-Macul

Le domaine historique de Cousiño-Macul, au sud-est de Santiago, a été grugé par l'étalement urbain. Pressée par les investisseurs immobiliers et la classe politique, la famille Cousiño a développé un nouveau domaine viticole de 600 hectares ainsi qu'un centre de vinification ultramoderne près de Buin, dans la vallée de Maipo.

Cabernet sauvignon 2008, Antiguas Reservas, Valle del Maipo •
(212993) 17,90 $
Après avoir adopté un style un peu plus moderne au cours des dernières années, ce vin effectue un retour au style classique qui en a fait l'un des emblèmes de l'industrie viticole chilienne. Droit, franc, assez structuré et agrémenté des parfums de cassis et de menthol propres au Cabernet de Maipo. ★★★ ②

Merlot 2009, Antiguas Reservas, Valle del Maipo • (866723) 17,90 $
Tout en rondeur, coulant et gorgé de saveurs mûres ; l'ensemble manque toutefois de nerf. ★★ ②

De Martino

Marcelo Retamal est l'un des plus brillants œnologues chiliens de sa génération. Les résultats des multiples études des sols qu'il a menées sont désormais des références pour les nouvelles plantations. Persuadé que la cordillère des Andes représente l'avenir du vignoble chilien, il préconise un retour à la viticulture d'altitude. À noter que De Martino est aussi parmi les premières bodegas d'Amérique du Sud à avoir obtenu la mention environnementale « carbone neutre ».

Cabernet sauvignon 2009, Legado Reserva, Valle del Maipo • (642868) 16,65$
Le Cabernet courant de la propriété se démarque tant par son profil aromatique distinctif, sa précision et son équilibre d'ensemble que par sa tenue en bouche et sa finale florale étonnamment persistante. Peut-on trouver un meilleur vin chilien à ce prix? ★★★★ ② ♥

Edwards, Luis Felipe

Depuis leur premier millésime en 1994, Luis Felipe Edwards et son fils se sont dotés de tous les atouts techniques pour faire des vins de calibre international.

Cabernet sauvignon 2009, Gran Reserva, Valle de Colchagua • (10272510) 16,95$
L'amateur de Cabernet costaud et large d'épaules appréciera la couleur soutenue, la charpente tannique et le nez généreux et concentré de fruits noirs de ce vin. Déjà ouvert et prêt à boire, mais il a assez de chair pour tenir jusqu'en 2014. ★★★ ②

Chardonnay 2009, Gran Reserva, Casablanca • (10694093) 17,15$
Autre ajout à la liste déjà très longue de Chardonnay mûrs, amples et maquillés de saveurs caramélisées. ☆☆ ②

Errazuriz

Dans ce superbe domaine fondé en 1870 dans la vallée d'Aconcagua, Eduardo Chadwick et son équipe produisent des vins dont la constance ne se dément pas au fil des années.

Cabernet sauvignon 2009, Max Reserva, Valle de Aconcagua • (335174) 18,40$
Par son ampleur, son assise tannique solide et ses saveurs concentrées de cassis, le Cabernet Max Reserva demeure un incontournable dans sa catégorie. Équilibré et correctement boisé. ★★★ ②

Syrah 2009, Max Reserva, Valle de Aconcagua • (864678) 18,95$
Rond, ample, juteux et porté par une texture veloutée; savamment boisé et laissant percer des notes de fruits confits et de vanille. Bien fait en son genre. ★★★ ②

Plus modestes, les vins de la gamme Estate misent avant tout sur la fraîcheur et la souplesse:

Carmenère 2010, Valle de Aconcagua • (10673575) 14,95$
Typiquement chilien et relevé des saveurs caractéristiques du cépage carmenère lorsqu'il parvient à maturité, le 2010 séduit par l'originalité de ses arômes et par sa texture à la fois souple et charnue. Un achat avisé à moins de 15$. ★★★ ② ♥ ©

Cabernet sauvignon 2010, Valle de Aconcagua • (262717) 14,90 $
La constance de ce Cabernet grand public mérite d'être signalée. Toujours la même attaque franche et charnue, relevée d'accents de fruits noirs. ★★★ ② Ⓒ

Shiraz 2008, Valle del Rapel • (604066) 14,90 $
Plus modeste, un bon vin fruité et dodu, agrémenté de notes fumées. Correct, mais pas spécial. ★★ ②

Merlot 2010, Valle Central • (297887) 14,90 $
Rond, souple et facile à boire. ★★ ② Ⓒ

Aussi, deux bons vins blancs :

Fumé blanc 2011, Valle de Casablanca • (541250) 14,90 $
Vin aromatique auquel un élevage sur lies de trois mois ajoute de la substance. Adéquatement fruité et désaltérant. ☆☆ ①

Chardonnay 2010, Valle de Casablanca • (318741) 13,90 $
Bon Chardonnay conventionnel, sans défaut ni surprise. ☆☆ ①

Haras de Pirque

Dans les hauteurs de Maipo, la vaste propriété de l'entrepreneur chilien Eduardo Matte abrite aussi un ranch consacré à l'élevage de pur-sangs. De manière générale, l'œnologie prend beaucoup de place sur le plan stylistique.

Cabernet-Carmenère 2007, Character, Valle del Maipo • (11509540) 21,55 $
Sans doute encore trop jeune pour être apprécié à sa juste valeur, cet assemblage typiquement chilien est assez bien réussi, dans un style tapageur. Volumineux, joufflu, riche en parfums de confiture de cassis et taillé d'un seul bloc. Il gagnera à être aéré en carafe pendant au moins une heure. ★★★→? ②

Cabernet sauvignon 2007, Elegance, Valle del Maipo • (11602891) 37,75 $
Vin imposant, dont les saveurs mûres sont encadrées par une solide poigne tannique. Tout cela a malgré tout un goût de déjà-bu, du moins pour le moment. À revoir dans trois ans, le temps qu'il gagne en nuances. Arrivée prévue en février 2012. ★★→? ②

Albis 2005, Valle de Maipo • (10945008) 51,25 $
En partenariat avec le Florentin Piero Antinori, Eduardo Matte a aussi développé Albis, un projet d'envergure qui met à contribution le talent des œnologues Renzo Cotarella (Italie) et Alvaro Espinoza (Chili). Cette cuvée ambitieuse composée de cabernet sauvignon et de carmenère ne manque vraiment pas de sève ni de profondeur. Déjà fort agréable par son étoffe et sa finale vibrante, mais bâti pour vivre encore de longues années. Arrivée prévue en février 2012. ★★★→★ ③

Intriga

Cabernet sauvignon 2008, Valle del Maipo • (11446534) 21,95$
Ce domaine fondé en 1865 appartient au groupe Montgras qui possède aussi les *bodegas* Montgras et Ninquén dans Colchagua. Dans la continuité des millésimes précédents, ce vin produit à une vingtaine de kilomètres au sud de Santiago est un très bel exemple de Cabernet chilien de Maipo : dense et séveux, intense sans être trop puissant et juste assez structuré pour laisser en bouche une impression rassasiante et harmonieuse. On peut l'apprécier dès maintenant pour son équilibre et sa longue finale aux accents de graphite, mais il continuera à s'ouvrir au cours des cinq prochaines années. ★★★★ ② ♥

Matetic

Sauvignon blanc 2010, EQ, San Antonio • (10986361) 20,50$
Matetic est un nom important de San Antonio, une appellation émergente située à une vingtaine de kilomètres au sud de la vallée de Casablanca. Le Sauvignon blanc de la propriété offre de nouveau des saveurs assez franches, légèrement herbacées et relevées d'une note quasi saline qui contribue à son caractère désaltérant. Bel exemple des vins blancs secs que l'on peut aujourd'hui produire au Chili, grâce aux bienfaits conjugués d'un climat relativement frais et de la technologie moderne. ☆☆☆ ②

Montes Alpha

Aurelio Montes a fait sa marque avec des vins rouges modernes, opulents et généreux. Depuis quelques années, le célèbre vinificateur semble accorder plus d'importance à l'harmonie et à l'équilibre.

Montes Alpha, Syrah 2008, Valle de Colchagua • (10692872) 23,30$
Cette année encore, un exercice de style ambitieux, dont le résultat est plus imposant que réellement distingué. Sans doute encore trop jeune pour être apprécié à sa juste valeur. ★★→? ③

La gamme Sélection Limitée regroupe des vins plus souples et friands, destinés à être bus dès leur commercialisation :

Cabernet sauvignon-Carmenère 2008, Sélection Limitée, Apalta Vineyard, Valle de Colchagua • (11386842) 16,85$
Ce vin s'inscrit tant dans l'esprit de Montes que dans celui de son lieu d'origine. Chaleureux et volumineux, sans verser dans l'excès ; équilibré et agrémenté d'une finale nuancée aux accents distinctifs d'épices. Charmant et offert à prix très attrayant ! ★★★★ ② ♥

Pinot noir 2009, Vieilli en fût de chêne, Sélection Limitée, Valle du Curico • (10944187) 17,80$
Un passage de six mois en fût de chêne ajoute à ce très bon Pinot noir une certaine ampleur qui ne manque pas d'attrait. Coloré, charnu et doté d'une légère amertume en finale qui ne nuit en rien à sa fraîcheur ni à son naturel fruité. Encore jeune, il se révélera davantage après un passage d'une demi-heure en carafe. ★★★ ②♙

Montgras

Cette entreprise fondée en 1992 couvre plus de 400 hectares et regroupe aussi les marques Intriga et Ninquén.

Quatro 2010, Valle de Colchagua • (11331737) 17,95$
De nouveau fort satisfaisant, cet assemblage de cabernet, de malbec, de carmenère et de syrah – Quatro – se signale avant tout par son attaque en bouche franche et à son équilibre d'ensemble. Juste ce qu'il faut de générosité fruitée pour enrober sa mâche tannique. À boire dès maintenant avec une viande grillée. ★★★ ②

Sauvignon blanc 2010, Amaral, Valle de Leyda • (11464345) 16,95$
Bon vin blanc digeste et plein de fraîcheur, relevé de parfums herbacés qui appellent une bonne entrée d'asperges fraîches en vinaigrette. Sec, vif et animé d'un reste de gaz. Belle réussite ! ☆☆☆ ② ♥

Ninquén

Les propriétaires de la *bodega* Montgras ont aussi développé ce vignoble d'altitude, dont le nom signifie « le plateau sur une montagne » en dialecte autochtone. La qualité des deux vins offerts au Québec est remarquable.

Mountain Vineyard 2008, Valle de Colchagua • (928853) 26,70$
Depuis 2006, la syrah représente plus des deux tiers de l'assemblage de ce vin autrefois dominé par le cabernet sauvignon. Une heureuse modification, puisque le 2008 semble mieux réussi que jamais. Une expression à la fois très consistante, intense et pourtant élégante du vin de Colchagua. Sa couleur sombre, sa charpente tannique, la profondeur de ses saveurs et son équilibre irréprochables sont autant de gages de longévité. On peut ainsi le boire sans se presser au cours des dix prochaines années. Extra ! ★★★★ ②

Cabernet sauvignon-Carmenère 2009, Antu, Valle de Colchagua •
(11386885) 18,95$
Excellent vin très jeune et fougueux dont le caractère de fruit rôti et de tabac n'est pas sans rappeler de très bons Bordeaux. Velouté en attaque, charnu et plein, mais sans lourdeur ; à la fois généreux et aussi tout en nuances. Sérieux, à point, et bâti pourtant pour vivre longtemps. Rares sont les vins qui offrent autant de sève, de personnalité et de potentiel de vieillissement à moins de 20$. Joie ! ★★★★ ② ♥

Santa Rita

Avec 2 200 hectares de vignes dans tout le pays – plus que la région du Jura ! – et une production d'environ 15 millions de bouteilles, Santa Rita est le numéro deux de la viticulture chilienne, derrière Concha y Toro.

Triple C 2006, Valle del Maipo • (11386789) 47,75 $
Après un 2005 triomphal, d'ailleurs primé d'une grappe d'or dans *Le guide du vin 2011*, je dois avouer ma réserve à l'égard de ce vin qui m'apparaît moins complet et moins équilibré. Une masse tannique puissante, des parfums de fruits en confiture et une impression générale plutôt rustique et surdimensionnée. Encore très jeune, il a toutefois beaucoup de matière en réserve et pourrait peut-être gagner en complexité d'ici 2015. ★★→? ②

Cabernet sauvignon 2008, Medalla Real, Valle del Maipo • (217059) 19,45 $
Tout comme le 2007 commenté l'an dernier, un Cabernet solide et relevé de saveurs intenses de cassis. Imposant, mais sans profondeur. ★★ ②

Cabernet sauvignon 2009, Reserva, Valle del Maipo • (224881) 14,95 $
Rudimentaire, racoleur et formaté par l'œnologie. ★★ ② Ⓒ

Sauvignon blanc 2011, 120, Valle Central • (301093) 11,95 $
Bon vin boisson, aromatique et arrondi par un léger reste de sucre. ☆☆ ② Ⓒ

Seña

Seña est né d'un partenariat créé durant les années 1990 entre le Chilien Eduardo Chadwick et l'Américain Robert Mondavi. À la suite du rachat de la société californienne par Constellation, Eduardo Chadwick a repris la totalité des actions.

Seña 2007, Aconcagua • (898858) 70,25 $
Seña a gagné en finesse au cours des dernières années. La recette originale qui misait essentiellement sur le cabernet sauvignon a été révisée et intègre aujourd'hui une pluralité de variétés bordelaises. Le 2007 semble atteindre un nouveau sommet de profondeur et de plénitude. Les saveurs sont intenses et concentrées, la bouche est vineuse, passablement charpentée et s'articule autour de tanins parfaitement muris, mais pas trop. Déjà succulent certes, mais son équilibre et son relief aromatique indiquent qu'il a encore de longues années devant lui. Nul doute, Seña joue dans les ligues majeures ! ★★★★ ③

Tabali

Syrah 2009, Reserva, Valle del Limari • (10960072) 18,45 $
Dans le secteur de Coquimbo, à plus de 600 km au nord de Santiago, la vallée de Limarí n'a longtemps cultivé que des raisins destinés à la production de pisco, l'eau-de-vie nationale. Il y a une dizaine d'années, après avoir observé qu'une influence océanique favorisait une maturation lente des raisins, des vignerons ont entrepris d'y produire du vin. Encore très jeune, tant par sa couleur pourpre que par sa solide charpente tannique, le 2009 est bâti pour vivre pendant plusieurs années. Gorgé de fruits mûrs et stylistiquement plus près d'une Syrah que d'un Shiraz. Une illustration fort convaincante des progrès accomplis avec la syrah au Chili. ★★★★ ② ♥

Chardonnay 2010, Reserva Especial, Valle del Limarí • (11333361) 20,15$
Tirant profit du climat frais de Limarí, on a obtenu un très bon Chardonnay sec et doté d'une saine acidité ; les saveurs sont denses, joliment dessinées, et le fruit est savamment mis en relief par un boisé bien dosé. Beaucoup de style. L'un des bons Chardonnay chiliens actuellement offerts. ☆☆☆→? ②

Ventisquero, Vertice Apalta Vineyards 2006, Valle de Colchagua •
(11214012) 35$
Gros vin moderne et concentré dont les notes de confiture de cassis sont un peu prévisibles. Charmeur, mais un peu trop convenu à mon goût. ★★→? ②

Viña Arboleda

Depuis 2005, ce projet développé en partenariat avec le regretté Robert Mondavi est la propriété exclusive d'Eduardo Chadwick (Errazuriz).

Carmenère 2009, Valle de Colchagua •
(11331614) 19,65$
Produit au sud de la vallée de Rapel, où le climat convient particulièrement bien à la carmenère, ce vin s'avère tout aussi savoureux et séduisant en 2009. Pas d'arômes boisés, plutôt une expression suave et épurée du cépage emblématique chilien. Quatre étoiles pour son originalité. ★★★★ ② ♥

Cabernet sauvignon 2009, Aconcagua • (10967434) 18,95$
Typique du Cabernet chilien par sa fibre tannique, sa densité et ses parfums de confiture de cassis. ★★★ ② ©

Syrah 2009, Valle de Aconcagua • (11625671) 18,95$
Bon vin de syrah, passablement dense, charnu et sans excès boisé. Une belle réussite technique, mais sans éclat particulier, du moins pour le moment... Arrivée prévue en janvier 2012. ★★★ ②

Chardonnay 2010, Valle de Aconcagua • (11324289) 17,15$
Un Chardonnay mis en valeur par un bon usage du bois, qui lui confère une saine vinosité et de légères notes grillées. Moderne et un peu convenu, mais assez bien fait en son genre. ☆☆☆ ②

Sauvignon blanc 2010, Valle de Aconcagua • (11256626) 17,10$
Sans grande surprise, mais sec, techniquement bien fait et aromatique comme il se doit. ☆☆☆ ②

Viña La Rosa

Fondée en 1824, cette bodega située dans la partie ouest de la vallée du Cachapoal est l'une des plus anciennes du Chili.

Don Reca 2008, Valle de Cachapoal • (11305619) 22$
La gamme Don Reca – qui regroupait autrefois quelques vins issus d'un seul cépage – ne propose désormais qu'un seul vin issu d'un assemblage de cabernet sauvignon, de merlot, de syrah et de carmenère. Le 2008 est particulièrement costaud, au point de paraître un peu massif. Beaucoup de chair, même s'il semble un peu moins complet que ne l'étaient jadis les autres vins de la gamme. ★★→? ②

Sous l'étiquette La Capitana, l'entreprise commercialise des vins charnus qui marient la générosité fruitée et l'apport du chêne français. Les vins de la gamme La Capitana sont conçus pour être appréciés dans leur jeunesse.

Carmenère 2009, La Capitana, Valle de Cachapoal • (10694190) 17,15
De nouveau une belle expression du cépage national chilien. Sans verdeur, relevé de parfums d'épices et soutenu par une texture tannique franche et droite. Un bon achat à ce prix. ★★★ ② ♥

Merlot 2009, La Capitana, Barrel Reserve, Valle de Cachapoal • (10327955) 16,60$
L'une des belles réussites des dernières années, qui s'exprime ici avec franchise et droiture, ce qui met en valeur son naturel fruité charmeur. ★★★ ②

Shiraz 2009, La Capitana, Valle de Cachapoal • (10694165) 17,15$
Un Shiraz comme tant d'autres; rudimentaire et taillé d'un seul bloc. À revoir dans quelques mois. ★★→? ②

Viña Lomas de Cauquenes

Malbec-Syrah 2007, Valle de Maule • (11156158) 15,50$
Trop pauvres pour couvrir les frais d'une viticulture industrielle, les paysans de la coopérative de Cauquenes ont dû abandonner l'emploi des engrais et des pesticides au milieu des années 1990. Pionnière sans le vouloir, la cave qui regroupe quelque 300 membres fut ainsi, en 1997, la première entreprise chilienne à commercialiser du vin issu de l'agriculture biologique. L'un des bons vins chiliens dégustés récemment. Une personnalité assez affirmée, une franche expression fruitée et une structure fort satisfaisante pour un vin de ce prix. Servir autour de 15 °C. ★★★ ② ♥

Viu Manent

Dans la vallée de Colchagua, la famille Viu, originaire de Catalogne, commercialise du vin depuis 1966 sous l'étiquette Viu Manent.

Viu 1 2007, Valle de Cochagua • (11213714) 75$
Beaucoup de sève et de dimension dans ce vin de confection moderne issu essentiellement de malbec et d'une touche de petit verdot. Le cadre tannique est juste assez solide, le caractère boisé est bien intégré et précède une longue finale volumineuse et multidimensionnelle. Hélas! ce n'est pas donné... ★★★→? ③

Carmenère 2009, Reserve, Valle de Colchagua • (11156123) 17,40 $
Une interprétation ample et charnue du cépage carmenère. Une touche d'amertume et des aspérités tanniques bien senties lui donnent un air rustique. Modeste, mais suffisamment dense, coloré et riche en parfums de fruits noirs et en accents fumés. Un bon achat, à condition d'aimer les vins costauds. ★★★ ②

Malbec 2008, Reserve, Valle de Colchagua • (10756961) 17,40 $
Un peu court et sans caractère particulier. Le tout manque de nerf. ★★→? ②

Cabernet sauvignon 2008, Reserve, Valle de Cochagua • (10694325) 17,40 $
Des notes végétales trahissent un manque de maturité qui se manifeste en bouche par des tanins verts. Un cabernet massif et taillé d'un seul bloc. ★★ ②

COMMENTÉS SOMMAIREMENT, D'AUTRES VINS DU CHILI

Baron Philippe de Rothschild, Escudo Rojo 2009, Valle Central
(577155) 18,75 $
Un vin de bonne facture, ni trop chaleureux ni trop boisé. Un peu technologique, mais bien fait. ★★★ ②

Cabernet sauvignon-Carmenère 2010, Mapu, Valle Central
(10530283) 9,95 $
Frais, typiquement chilien par ses saveurs et par son attaque franche. Rien de compliqué, mais tout à fait honnête à ce prix. ★★ ② ♥

Caliterra, Sauvignon blanc 2011, Reserva, Vallée de Casablanca
(275909) 12,45 $
Un bon Sauvignon blanc comme il y en a tant. Vif, fringant et animé d'un reste de gaz qui rehausse ses accents d'agrumes. ☆☆ ② ♥ Ⓒ

Cono Sur, Pinot noir 2010, Vision
(10694309) 19,95 $
Vivacité et franchise tannique, sur un fond de sirop de cassis. Intéressant, certes, mais assez loin de mon idée d'un bon Pinot noir. ★★ ②

Viognier 2009, Vision, Vallée de Colchagua
(10694296 19,10 $
Vif et acidulé ; un peu à court de vinosité et de détail aromatique. ☆☆ ②

Santa Carolina, Carmenère 2008, Reserve de Familia, Valle del Rapel
(11386893) 20,20 $
Rond, flatteur et arrondi par l'élevage en fût. Correct, mais un peu prévisible. ★★ ②

Syrah 2010, Reserva, Valle del Rapel
(11315155 14,65 $
Charmeur, le chêne américain lui ajoute une certaine sucrosité. ★★ ② Ⓒ

AUTRES VINS ROUGES DE QUALITÉ MOYENNE ★★

Calina, Carmenère 2009, Reserva, Valle del Maule
(10692696) 16,20 $

Veramonte, Sauvignon blanc 2010, Reserva, Valle de Casablanca
(10694499) 16,15 $

Viña Chocalan, Chardonnay 2008, Malvilla, Valle de San Antonio
(11464361) 22,10 $

Viña Punto Alto, Cabernet sauvignon 2006, Valle Central, Laroche
(11156684) 23,90 $

Tarapaca, Plus 2009, Vallée de Maipo
(11133247) 18,95 $ Ⓒ

Veramonte, Merlot 2008, Reserva, Valle de Casablanca
(4545605) 13,95 $ Ⓒ

Argentine

Le Plan stratégique vitivinicole 2020, qu'a adopté l'Argentine en 2004 avec l'objectif de s'emparer de 10 % du marché mondial d'ici la fin de la prochaine décennie, semble avoir porté fruit. Après leur engouement pour le merlot et le pinot noir, les consommateurs américains n'en ont désormais que pour le malbec. En deux ans à peine, les exportations de vin argentin vers les États-Unis ont presque doublé de volume et de valeur.

Bien que la pénurie d'eau demeure un facteur limitatif, la vigne a gagné beaucoup de terrain au cours de la dernière décennie et occupe aujourd'hui 226 000 hectares, soit une superficie deux fois plus grande que celle du vignoble bordelais.

Au Québec, les ventes de vins argentins accusent un léger recul par rapport à l'an dernier, alors que l'on observe une diminution de plus de 10 %, tant en volume qu'en valeur.

en peu de mots

Dans la province de Salta, près de Cafayate, on produit aussi de très bons vins, souvent moins robustes que ceux de Mendoza. La maison Etchart est certainement le représentant le plus connu de cette région, dont les vignes – majoritairement torrontes, cabernet sauvignon et malbec – poussent parfois jusqu'à 2 400 m d'altitude.

La zone viticole de Mendoza représente environ 80 % du vignoble national, avec 160 000 hectares de vignes.

De l'autre côté des Andes, privé de l'influence maritime, le climat de l'Argentine est beaucoup plus chaud que celui du Chili. D'où le style généralement plus robuste et plus alcoolisé des vins rouges.

Alamos

Sous la marque Alamos, Nicolas Catena et sa fille Laura produisent des vins abordables ayant en commun charpente et générosité.

Bonarda 2009, Alamos, Mendoza • (10893885) 15,60$
Le naturel fruité du bonarda est mis en valeur par la générosité du climat de Mendoza et par le doigté de la famille Catena. Un vin de soif façon argentine, dodu, joufflu, plein de vigueur et de charme. ★★★ ② ♥

Torrontes 2010, Mendoza • (10693365) 15,65$
Plus délicat et léger que par le passé. Sec et relevé de parfums intenses de fleurs. ☆☆ ②

Altos Las Hormigas

Fondé au milieu des années 1990 par le *flying winemaker* Alberto Antonini et quelques partenaires, Altos Las Hormigas occupe plus de 200 hectares dans le secteur de Lujàn de Cuyo.

Malbec 2008, Reserva, Valle de Uco • (11166962) 26,05$
Un Malbec franc, très droit et structuré ; stylistiquement à mi-chemin entre l'opulence débordante de ceux de Mendoza et la puissance stricte de Cahors. À la fois mûr, juteux et nerveux ; assez structuré et ponctué de notes épicées. Équilibré et fort charmant, quoique un peu court en finale. ★★★→? ③

Malbec 2010, Classico, Mendoza • (10692477) 14,50$
Ce vin courant me semble plus boisé que par le passé. Dommage, puisque c'était précisément son éclat fruité qui le distinguait du lot de Malbec offerts à la SAQ, et qui le rendait si agréable à boire. À revoir dans quelques mois. ★★→? ②

Colonia Las Liebres, Bonarda 2010, Mendoza • (10893421) 12,75$
Le naturel souple et guilleret du cépage bonarda donne à ce vin argentin une allure franchement revigorante, surtout s'il est servi frais, autour de 13-14 °C. Aucun bois, que du fruit et une expression aromatique pure et franche. Un bonheur simple au quotidien. ★★★ ② ♥

Callia

Grand Callia 2006, Valle de Tulum, San Juan • (11331796) 35,25$
Au sud de la province de San Juan (au nord de Mendoza), le climat chaleureux et les longues heures d'ensoleillement dont bénéficie la vallée de Tulum en ont fait un lieu de prédilection pour la culture de la syrah. Hélas ! cet assemblage de shiraz, de tannat, de malbec et de merlot ne permet pas d'en juger. Vif, capiteux, puissant et un peu rustique. Il serait intéressant de le revoir dans quelques années. ★★→? ③ ▼

Catena, Nicolás

Catena Zapata 2006, Mendoza • (10954553) 79 $
Nicolas Catena a été un pionnier de la révolution viticole argentine. Très inspiré par la philosophie californienne, il a introduit dans Mendoza des méthodes visant à obtenir des vins amples et structurés qui ont vite attiré l'attention internationale. Bien qu'il se distingue par son exubérance et son intensité en bouche, cet assemblage de cabernet sauvignon et de malbec distille une race et une élégance certaines. Cher, mais complexe, profond, plein de relief et promis à un bel avenir. ★★★→★ ③

Chacra

Piero Incisa est le fils de Nerina Corsini Incisa della Rochetta – propriétaire du domaine Salviano en Ombrie (page 238) – et le petit-fils de l'illustre Mario Incisa della Rochetta, créateur de Sassicaia. Depuis 2004, il a commencé à acquérir de vieilles parcelles plantées de pinot noir dans la vallée du Rio Negro, au nord de la Patagonie. Les résultats sont déjà fort convaincants.

Pinot noir 2010, Cincuenta y Cinco, Patagonia • (11602867) 57,50 $
Le vignoble le plus au sud du continent américain serait-il la nouvelle terre promise du pinot noir dans l'hémisphère austral? Peut-être, du moins si l'on en juge par la finesse, le détail aromatique et la sève de cet excellent vin issu de vignes plantées en 1955, d'où son nom. Quoique encore très jeune et marqué par son séjour de 11 mois en fût de chêne français, le vin se présente avec beaucoup de sève et de substance. Sa finale minérale et sa longueur augurent pour le mieux. Laissons-lui quelques années de repos. Arrivée prévue en mai 2012. ★★★→★ ②

Pinot noir 2010, Barda, Patagonia • (11517515) 28,50 $
De jeunes vignes de moins de 20 ans donnent un vin plus simple qui mise avant tout sur la délicatesse du cépage. Droit, franc et offrant une agréable tenue en bouche. ★★★ ②

Bon à savoir

Comme au Chili, la méthode *innerstave* – des planches de bois immergées dans les cuves – est grandement répandue pour donner un goût boisé aux vins.

Plusieurs nouveaux entrepreneurs ont investi des sommes considérables dans le vignoble argentin. Pressés de faire leurs frais, ils demandent souvent des prix faramineux pour des vins ordinaires. Il faut se méfier des supposés nouveaux vins cultes.

Clos de los Siete

Mendoza 2008 • (10394664) 23,75$
Ce vin est l'œuvre de sept investisseurs français dont Michel Rolland et Benjamin de Rothschild, qui ont créé, dans le secteur de Vista Flores, un vignoble de près de 850 hectares. Chacun a son domaine et produit son vin individuellement, mais tous mettent des lots en commun pour commercialiser le Clos de los Siete. Moins convenu et unidimensionnel qu'à ses débuts, cet assemblage de malbec, de merlot, de syrah et de cabernet sauvignon a une assez bonne constitution tannique et révèle d'agréables saveurs de fruits noirs. Maintenant inscrit au répertoire général. ★★★ ② ©

Clos des Andes

Reserva 2006, Mendoza • (10689921) 25,40$
Initialement impliqués dans le projet Clos de los Siete, les Français Hélène Garcin et Patrice Lévesque ont racheté ce domaine viticole situé au pied de la cordillère des Andes. Moderne et profilé pour plaire, ce vin charnu et gommeux en met plein la bouche, mais ne surprend guère. À plus de 25$, davantage de profondeur aurait été bienvenue. ★★→? ②

Diamandes

Produit par la famille Bonnie, également propriétaire du Château Malartic-Lagravière et du Château Gazin Rocquencourt, à Pessac-Léognan.

Gran Reserva 2007, Valle de Uco-Mendoza • (11434533) 44$
Étant donné l'allure généralement classique et harmonieuse de leurs cuvées bordelaises, je m'explique mal cet exercice de style sur le thème de la concentration et de la puissance. Un vin riche en parfums confits, qui se présentait sous un jour pataud, lourd et quasi épais et monolithique lorsque dégusté en juillet dernier. Quelques mois de repos arrangeront peut-être les choses, mais j'en doute... ★★→? ②

Dominio del Plata

Anciennement à l'emploi de Nicolas Catena, l'œnologue Susana Balbo a créé sa propre affaire dans le village d'Agrelo, au sud de Mendoza.

Brioso 2006, Mendoza, Susana Balbo • (11307542) 38$
Cet assemblage de cabernet sauvignon (77%), de malbec, de merlot et de petit verdot est franchement remarquable en ce qu'il joue la carte à la fois de l'intensité aromatique, de la force tannique et de l'élégance. Fidèle à l'esprit d'opulence des vins de Mendoza, mais tourné de manière harmonieuse, dans des proportions idéales. Sa longue finale aux accents de fleurs et d'épices le rend irrésistible. À boire sans se presser au cours des cinq prochaines années. ★★★★ ③

Dona Paula

Propriété argentine du groupe chilien Santa Rita.

Malbec 2010, Estate, Malbec • (10692143) 16,95$
Le caractère nerveux et vigoureux de ce Malbec le rend certes un peu rustique, mais contribue aussi à mettre en relief des goûts de fruits noirs juteux et mûris à point. Savoureux! ★★★ ② ♥

Malbec 2009, Estate, Malbec • (10692143) 16,95$
Plus mûr, nourri de saveurs amples de fruits confits et tonifié par l'acidité nécessaire à son équilibre. Très rassasiant. ★★ ②

Malbec 2010, Los Cardos, Luyan de Cuyo-Mendoza • (10893914) 13,95$
Flatteur, un peu rudimentaire et prévisible. ★★ ②

Durigutti

Malbec 2008, Mendoza • (11467159) 19,60$
Dans un style moderne de taille XXL, ce vin noir comme de l'encre m'a semblé avant tout imposant, taillé d'un seul bloc et copieusement marqué par les parfums chocolatés de la barrique. Sans doute encore trop jeune pour être apprécié à sa juste valeur. Laissons-lui le bénéfice du doute... ★★→? ③

Finca Sophenia

The Blend 2007, Synthesis, Tupungato-Mendoza • (11213204) 45$
L'actuel président de Wines of Argentina, Roberto Luka, a fait appel à Michel Rolland et au jeune œnologue argentin Matias Michelini pour veiller sur son domaine de Tupungato, au nord de la vallée de Uco. Plutôt que de servir la sempiternelle recette de la concentration assaisonnée de parfums de chêne, ce vin, souvent primé par la presse tant britannique qu'américaine, offre une interprétation plus élancée et vibrante des cépages merlot, cabernet sauvignon et malbec. Assez ouvert pour être apprécié maintenant, mais apte à vieillir jusqu'en 2014. ★★★→? ③

Infinitus

En plus de ses vins de Mendoza, le domaine Vistalba a développé un vignoble dans le climat plus frais du Rio Negro, en Patagonie. Une heureuse initiative qui donne, bon an mal an, des vins équilibrés, purs et savoureux.

Malbec-Syrah 2008, Patagonie • (10326098) 15,95 $
En réunissant dans de justes proportions la structure du malbec et la rondeur de la syrah, cet habile assemblage prouve que l'Argentine peut aussi produire des vins digestes et équilibrés. On apprécie son attaque en bouche franche et sa finale chaleureuse aux tonalités florales. Un achat avisé, comme toujours ! ★★★ ② ♥

Cabernet-Merlot 2009, Patagonie • (883769) 16,10 $
Une bonne aussi note pour cet assemblage bordelais qui charme avant tout par sa texture franche et soyeuse, qui appuie de bons goûts de fruits noirs et d'épices. Un très bon achat ! ★★★ ② ♥

Torrontes 2010, Patagonie • (10394605) 15,90 $
Fidèle au style des millésimes précédents, ce très bon vin sec et juste assez aromatique fait preuve d'une certaine distinction. Une amertume en finale apporte un certain équilibre. À ce prix, les amateurs de vins parfumés seront conquis. ☆☆☆ ② ♥

Luca

La fille de Nicolas Catena, Laura, exploite aussi une belle propriété dans la vallée de Uco, au sud de Mendoza.

Chardonnay 2008, Mendoza-Valle de Uco • (11389058) 26,15 $
Les amateurs de vins blancs gras et mûrs aimeront sans doute l'exubérance aromatique teintée de notes caramélisées de ce Chardonnay. L'ensemble manque tout de même un peu d'éclat et n'offre rien de vraiment distinctif pour justifier son prix. Bouteille ridiculement lourde et volumineuse. ☆☆→? ②

Luigi Bosca

Malbec 2007, Single Vineyard, Lujan de Cuyo • (11332941) 20,75 $
Luigi Bosca est une marque créée en 1962 par la famille Arizu, originaire de la Navarre, en Espagne. Elle commercialise notamment ce très bon Malbec ample et plantureux, mais équilibré dans sa générosité. On apprécie sa finale soutenue et nuancée aux accents de fleurs. Agréable à boire dès maintenant. ★★★ ②

Masi Tupungato

Malbec-Corvina 2009, Passo Doble • (10395309) 16,80 $
Le spécialiste italien du Ripasso de Vénétie, Sandro Boscaini, a exporté son savoir-faire outre-Atlantique pour produire le même genre de vin dans le secteur de Tupungato, au sud de Mendoza. Ce produit original résulte d'une double fermentation de malbec et de corvina, le cépage classique du Valpolicella. Le 2009 est un peu moins riche que par le passé ; bien mûr, mais aussi revigoré par une saine acidité. Un métissage original et bien tourné. ★★★ ②

Pinot grigio-Torrontes 2010, Passo Blanco, Tupungato • (11097979) 14,95 $
Vin blanc sec, mince et banalisé par la technologie. ☆☆ ①

Mendel

Bodega née d'un partenariat entre Anabelle Sielecki et Roberto de la Mota, l'œnologue vedette argentin qui a notamment travaillé chez Terrazas de los Andes.

Unus 2007, Mendoza • (11143509) 37,50$
Issu d'un assemblage de malbec et de cabernet sauvignon élevés pendant 16 mois en fût de chêne français, le 2007 est un franc succès sur le thème de l'équilibre et de la puissance contenue. Robuste et très relevé par son relief tannique. Encore jeune, dense et nerveux, il devrait être à son apogée vers 2016, au moins. ★★★→? ③

Noemia

La comtesse Noemi Marone Cinzano et l'œnologue danois Hans Vinding-Diers se sont unis pour développer cette bodega dans la vallée du Rio Negro, en Patagonie. Le vignoble compte notamment une parcelle de vieilles vignes de malbec.

A Lisa 2008, Valle del Rio Negro • (11517460) 22,95$
Composé essentiellement de malbec, de merlot et de petit verdot, le deuxième vin présentait un reste considérable de gaz carbonique et des arômes de réduction assez marqués, lorsque dégusté en juillet dernier. Malgré tout, sa structure tannique franche et ses saveurs racées laissent croire que le vin devrait se révéler plus harmonieux après six mois de repos. ★★★→ ? ③

Norton

Malbec 2008, Barrel Select, Mendoza • (860429) 13,95$
Un peu moins distinctif que par le passé, encore que très bien fait. Mûr et charnu, il offre ces goûts de fruits noirs et de fleurs typiques du malbec. Satisfaisant à ce prix. ★★★ ② Ⓒ

Terrazas de los Andes

La maison champenoise Moët & Chandon est établie depuis fort longtemps en Argentine, où elle produit de bons vins mousseux sous l'étiquette Bodegas Chandon. En 1999, elle a créé un projet ambitieux dans le secteur de Lujan de Cuyo, à une vingtaine de kilomètres au sud de la ville de Mendoza.

Malbec 2008, Reserva, Mendoza • (10399297) 19,95$
Fruit d'une année fraîche, le 2008 s'avère encore plus digeste que d'habitude. Le vin, très jeune et enveloppé d'une matière fruitée généreuse, est toujours un peu marqué par un élevage prolongé en fûts de chêne français et américain. Cela ne nuit pourtant pas à l'expression aromatique du Malbec qui persiste en bouche en laissant de jolies notes florales. L'amateur de bon vin franc, droit et structuré s'en régalera dès maintenant et au cours des quatre prochaines années. ★★★→? ② ♥

Torino, Michel

Malbec 2009, Don David, Reserve, Valle de Cafayate • (11156043) 16,65$
Planté à environ 1 700 m d'altitude, le cépage malbec révèle des saveurs à la fois amples, précises et nuancées, portées par une bonne charpente tannique. Le 2009 est riche en saveurs de fleurs et de fruits, un peu vif et fringant en fin de bouche, ce qui le rend encore plus savoureux. Au moins aussi bon que bien des cuvées ambitieuses vendues trois fois plus cher. ★★★ ② ♥

Torrontes 2010, Reserve, Don David, Valle de Cafayate • (10894423) 16,10$
Moins d'enthousiasme en revanche pour ce vin blanc quasi pommadé qui embaume les parfums floraux propres au cépage torrontes. Les amateurs du genre aimeront sans doute. Pas moi. ☆☆ ②

Trapiche

Cette marque bien connue appartient à Peñaflor, un empire viticole qui occupe le premier rang des exportations et compte parmi les plus importants producteurs de vin au monde.

Malbec 2008, Broquel, Mendoza • (10318160) 16,80$
Bien qu'il ait plus de caractère que la moyenne avec une agréable tenue et de jolies notes florales et épicées, ce vin, déjà commenté très favorablement dans les éditions précédentes semble avoir un peu moins d'éclat que par le passé. Malgré tout, à ce prix, la proposition est tout à fait honnête. ★★★ ②

D'autres vins du même producteur de qualité moyenne, tous inscrits au répertoire général de la SAQ Ⓒ

Pinot noir 2010, Réserve, Fût de chêne, Mendoza
(10669533) 15,10$ ★★ ②

Cabernet sauvignon 2009, Réserve, Fût de chêne, Mendoza
(323295) 14,10$ ★★ ②

Syrah 2009, Réserve, Fût de chêne, Mendoza
(10893341) 15,15$ ★★ ②

Malbec 2009, Réserve, Fût de chêne, Lujan de Cuyo
(430611) 14,10$ ★★ ②

Chardonnay 2009, Réserve, Fût de chêne, Mendoza
(11133001) 14,05$ ☆☆ ②

Malbec 2010, Mendoza
(501551) 10,50$ ★★ ②

Cabernet sauvignon 2010, Mendoza
(530907) 10,50$ ★★ ②

Chardonnay 2010, Mendoza
(588004) 10,50$ ☆☆ ②

Enfin Trapiche produit sous l'étiquette Astica, trois autres vins de qualité moyenne :

Shiraz 2010, Astica, Superior, Cuyo
(10394584) 9,95$ ★★ ②

Merlot-Malbec 2010, Astica, Cuyo
(637876) 8,10$ ★★ ②

Sauvignon blanc 2010, Astica, Cuyo
(10394533) 8,10$ ☆☆ ②

ARGENTINE

Trivento,

Depuis 1996, le géant chilien Concha y Toro a développé un grand vignoble de 400 hectares dans Mendoza.

Malbec 2009, Tribu, Mendoza • (11254006) 10,95$
Si on peut leur reprocher d'être un peu standardisés, les deux vins actuellement offerts au Québec ont néanmoins tout ce à quoi on peut s'attendre à un tel prix. Le Malbec 2009 est trapu, relevé de notes florales et correctement fruité. ★★ ② ♥

Cabernet sauvignon 2009, Tribu, Mendoza • (11254022) 10,95$
Plus souple, sans molesse, avec un bon équilibre d'ensemble. ★★ ② ♥ ©

D'AUTRES VINS ROUGES DE QUALITÉ MOYENNE ★★

Kaiken, Malbec 2006, Ultra, Mendoza
(11156756) 23,20$

Pirca Negras, Malbec 2010, Famatina Valley
(11155972) 16,10$

Tikal, Patriota 2008, Mendoza
(11517507) 24,95$

Zuccardi, Malbec 2009, Zuccardi Q, Mendoza
(11218460) 18,45$

D'AUTRES VINS BLANCS DE QUALITÉ MOYENNE ☆☆

Norton, Cosecha Tardia 2009
(10692338) 11,95$

O. Fournier, Torrontes 2009, Urban Uco, Cafayate
(11156019) 14,35$

D'AUTRES VINS ROUGES DE QUALITÉ MOYENNE, TOUS INSCRITS AU RÉPERTOIRE GÉNÉRAL ★★ ©

Marcus James, Tempranillo 2010, Mendoza
(10398374) 9,95$

Nieto Senetiner, Malbec 2010, Reserva, Mendoza
(10669883) 14,30$

Norton, Malbec 2008, Barrel Select, Mendoza
(860429) 13,95$

Toso, Pascual; Malbec 2009, Mendoza
(10967320) 14$

Uruguay

Carrau, Juan

Cette bodega réputée pour produire parmi les meilleurs vins du pays propose une conception assez traditionnelle du tannat en Uruguay.

Tannat de Reserva 2006, Castel Pujol, Las Violetas • (10293847) 15,05 $
À des lieues des bombes de fruit modernes qui inondent le marché, ce Tannat affiche un profil classique fait de fermeté, d'angles tanniques – sans dureté – et de vivacité. Sa droiture et son style dépouillé lui confèrent un certain caractère. ★★★ ② ♥

Carrau Pujol 2007 • (439331) 14,30 $
Comme toujours, un bon vin souple, modérément aromatique et bâti autour de tanins mûrs. ★★ ②

Casa

Magrez 2006, Uruguay • (11213976) 59 $
Issu de rendements ridiculement faibles à 23 hl/ha, ce vin compact très tannique et copieusement boisé – 100 % barriques neuves – en impressionnera sans doute plusieurs. Mais sous le maquillage, on ne trouve rien de vraiment distingué ni subtil. Un exercice de style ambitieux comme il en existe tant. Ennuyant et trop cher. ★★→? ②

Don Pascual

Cette winery appartient à la puissante famille Deicas et doit son nom à Don Pascual Harriague, qui a introduit le cépage tannat en Uruguay.

Tannat 2009, Reserve, Juanico • (10299122) 12,55 $
Belle expression du cépage tannat, à la fois riche en fruit et passablement corsée, tout en conservant un bon sens des proportions. Très bon achat à ce prix. ★★★ ② ♥

Shiraz-Tannat 2009, Reserve, Juanico • (10748371) 12,75 $
La syrah apporte tout ce qu'il faut de saveurs juteuses et friandes pour enrober la force et la droiture du cépage tannat. À ce prix, il a tout pour plaire. ★★★ ② ♥

Tannat-Merlot 2010, Juanico • (10746501) 9,70 $
Plus modeste, un bon vin agréable à boire, mais sans éclat. ★★ ②

Chardonnay-Viognier 2010, Roble, Juanico • (11456484) 16,55 $
Nouveau à la SAQ, un exercice de style élevé en fût de chêne neuf. Le résultat charme par son opulence et l'intensité de ses saveurs, mais ne surprend guère. ☆☆ ②

Falcone, Leonardo

Tannat Roble 2008, Reserva Familiar • (10295359) 11,35$
À prix abordable, un bon Tannat correctement élaboré. Sans complexité, mais moins rustique et abrasif que la plupart des vins uruguayens dégustés récemment. ★★ ② ♥

Tannat 2008, Abuelo Domingo • (10295341) 10,50$
Sec, rustique. ★ ②

Toscanini

Tannat 2008, Paso Cuello • (10294866) 10,55$
Vif et riche en parfums de fruits confits. Correct, mais un léger reste de gaz le rend un peu rustique. ★★ ②

Varela Zarranz

Cabernet sauvignon 2009, Canelones, Cirlon • (10295181) 8,90$
Ni rustique ni trop boisé, mais somme toute banal. ★ ②

Brésil

Carraro, Lidio

Chardonnay 2009, Da'Divas, Sulbrasil • (11212973) 25$
Créée de toutes pièces en 1998, cette *bodega* située dans le secteur de Serra Gaúcha, à une centaine de kilomètres au nord-ouest de Porto Alegre a attiré l'attention sur les marchés d'exportation, notamment grâce à une interprétation singulière du cépage piémontais nebbiolo. L'entrepreneur Lidio Carraro n'a rien laissé au hasard et s'est doté d'un chai de vinifications ultramoderne meublé d'équipements à la fine pointe de la technologie. Cela donne ici un bon vin sec, gorgé de saveurs de fruits exotiques et empreint d'une saine fraîcheur. Charmant, mais pas très nuancé, et trop cher. ☆☆☆ ② ▼

Miolo

Quinta do Seival 2006, Castas Portuguesas • (10744812) 21,50$
Miolo est un leader de la viticulture brésilienne. Dans le secteur de Campanha – l'appellation la plus méridionale du pays, adossée à la frontière uruguayenne –, l'entreprise développe, depuis 2001, un projet d'envergure qui devrait s'étendre sur quelque 400 hectares d'ici 2012. L'œnologue Michel Rolland y appose sa griffe depuis quelques années et élabore un bon vin rouge qui combine les vertus des cépages portugais touriga nacional, alfrocheiro et tinta roriz, mis en valeur par un élevage en fût de chêne français neuf. Le résultat ne surprend guère, mais il plaira aux amateurs de vins suaves, chaleureux et passablement charpentés. ★★★ ②

Chardonnay 2009, Vale dos Vinhedos, Serra Gaucha • (11202345) 13,95$
Moins original, avec un boisé un peu convenu, néanmoins équilibré. ☆☆ ②

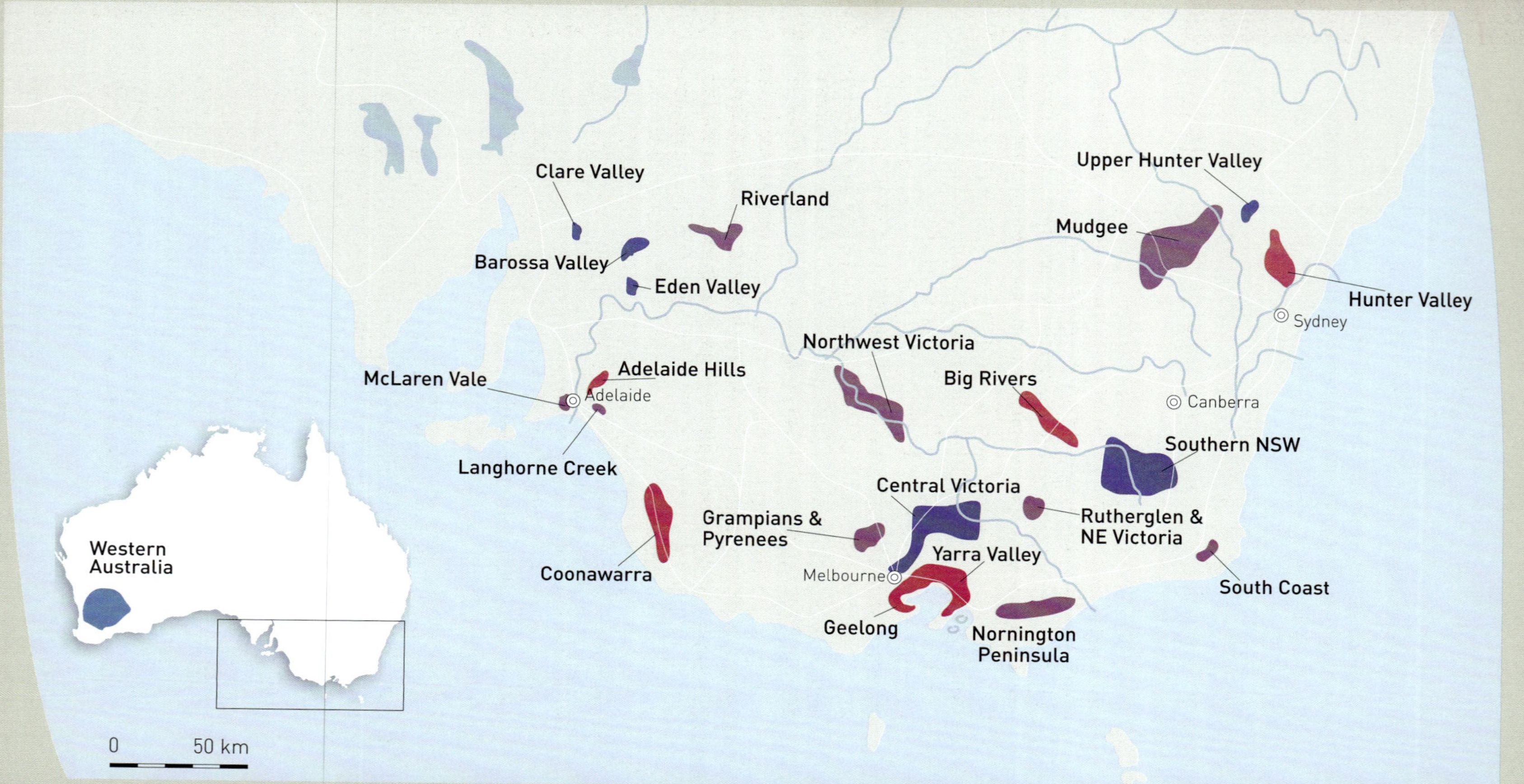
Clare Valley
Riverland
Barossa Valley
Eden Valley
Upper Hunter Valley
Mudgee
Hunter Valley
Sydney
Northwest Victoria
Adelaide Hills
McLaren Vale
Adelaide
Big Rivers
Canberra
Langhorne Creek
Southern NSW
Central Victoria
Grampians &
Pyrenees
Rutherglen &
NE Victoria
Yarra Valley
Western
Australia
Coonawarra
Melbourne
South Coast
Geelong
Nornington
Peninsula
0
50 km

Australie

Depuis plusieurs années maintenant, la situation économique de l'industrie viticole australienne inquiète et la relance tarde à venir.

Dans un premier temps, l'effet conjugué de la surproduction mondiale et d'un dollar australien plus fort a favorisé les importations et permis aux vins italiens, français et chiliens de gruger substantiellement la part de marché des vins domestiques.

Par ailleurs, la récolte de 2011 – en progression de 1 % par rapport à l'année dernière – inquiète Stephen Strachan, directeur général de la Fédération des Winemakers Australiens (WFA). La baisse de 3 % du volume des exportations représente un déficit de plus de deux milliards de dollars australiens durant la dernière année. Selon lui, les principaux acteurs de l'industrie doivent prendre des mesures pour diminuer le volume de la vendange et s'orienter vers la qualité. Rappelons que les trois géants australiens Foster's, BRL Hardy (Constellation) et Orlando Wyndham contrôlent environ les trois quarts de la production nationale.

Fort heureusement, en dehors de ces groupes, une multitude d'entreprises indépendantes semble tirer leur épingle du jeu, alors que leur rayonnement sur le marché international ne cesse de s'étendre. Avec raison, puisque la qualité est souvent au rendez-vous et traduit, avec authenticité, la richesse du terroir australien.

Au Québec, le vin australien poursuit sur sa vitesse de croisière et continue d'occuper le quatrième rang (en valeur), derrière les États-Unis.

en peu de mots

Les vignobles autour de Melbourne – Yarra Valley, Geelong, Sunbury, Mornington Peninsula – et ceux de Tasmanie produisent de plus en plus de bons Pinot noir et Syrah, et quelques Chardonnay bien proportionnés. La gamme offerte au Québec s'élargit depuis quelques années.

Les secteurs de McLaren Vale et de Eden Valley produisent maintenant d'excellents Riesling secs, délicatement aromatiques et non boisés.

Le goût boisé est presque disparu des vins blancs. Plusieurs producteurs migrent vers des vignobles en altitude et misent davantage sur la pureté et la fraîcheur.

B3

Riesling 2007, Eden Valley • (11034935) 23,45$
Dans le secteur de Barossa, Eden Valley est réputée pour ses excellents Riesling secs et aromatiques. Celui des trois frères Basedow – d'où le nom B3 – est bien équilibré et déploie des saveurs nettes et un caractère vineux reposant sur une acidité très bien dosée. J'ai particulièrement aimé sa finale pure aux tonalités minérales. À moins de 25$, les fans de Riesling seront ravis. ☆☆☆☆ ② ♥

Brokenwood

Cabernet sauvignon-Merlot 2008, McLaren Vale • (11304860) 30,50$
Ce domaine phare créé il y a près de 40 ans est particulièrement réputé pour la qualité de ses Sémillon de Hunter Valley. Beaucoup plus à l'ouest, dans le secteur de McLaren Vale, Brokenwood élabore un très bon assemblage d'inspiration bordelaise, à la fois exubérant par ses notes de fruits confits, mais aussi structuré et plutôt corsé. Sa solide constitution et sa finale persistante aux accents de violette laissent à penser qu'il peut continuer de se développer. ★★★→? ③

Brothers in Arms

Shiraz-Cabernet 2005, N° 6, Langhorne Creek • (10866730) 23$
Dans cette appellation située au sud-est d'Adélaïde, les vins de la famille Adams sont devenus un modèle du genre en ce qu'ils adoptent un style résolument australien, sans pourtant accuser d'excès. Personnellement, j'avoue avoir du mal à apprécier ce gros vin qui tapisse le palais d'une masse fruitée épaisse et laisse en finale une impression de lourdeur (15% d'alcool). Le genre de vin dont je me lasse après une ou deux gorgées... ★★→? ②

Coriole

Shiraz 2008, Redstone, McLaren Vale • (10831300) 20,10$
Cette *winery* de McLaren Vale jouit d'une bonne réputation, notamment pour sa cuvée Vieilles vignes de Shiraz. Quoique plus modeste, cet assemblage de syrah et de cabernet sauvignon (10%) a plus de caractère que la moyenne des vins de sa catégorie. Un très bon vin à boire au cours des trois prochaines années pour apprécier son profil dodu et ses parfums de fruits confits. Encore meilleur s'il est passé en carafe une demi-heure. ★★★→ ② ♥

• • • dans le monde du vin • • •

ENCORE DU CHARDONNAY !
Cette année, le chardonnay a dépassé la syrah et devient le premier cépage planté en Australie. Sa production est en hausse de 23% et représente désormais le quart du volume annuel de raisins australiens, soit 405 000 tonnes ! Il y a encore beaucoup de vins à saveur industrielle, mais ceux issus des vignobles en périphérie de Melbourne – Yarra Valley, Geelong, Sunbury, Mornington Peninsula – et ceux de Tasmanie sont généralement bien proportionnés.

d'Arenberg

Au sud d'Adélaïde, Chester Osborn produit surtout des vins rouges musclés et chaleureux, mais aussi des vins blancs originaux et distinctifs.

Mourvèdre 2007, Twenty-Eight Road, McLaren Vale • (10250804) 33,25$
Depuis quelques années maintenant, ce vin singulier me semble être le plus complet de la vaste gamme offerte à la SAQ. Les vieilles vignes de mourvèdre, cultivées en gobelet, semblent s'être parfaitement adaptées au terroir de McLaren Vale et donnent un vin original et racé qui traduit bien le caractère naturellement plus strict du cépage. Déjà excellent et apte à vieillir jusqu'en 2017. ★★★★ ②

Shiraz 2007, The Dead Arm, Mclaren Vale • (728170) 51,50$
Bien qu'il semble en recul par rapport au savoureux 2006 commenté l'an dernier dans *Le guide du vin 2011,* ce vin regorge de saveurs gourmandes de fruits confits, soutenues par une charpente tannique assez solide. Équilibré et assez persistant ; il lui manque toutefois l'éclat qui rendait le 2006 si charmant. Peut-être traverse-t-il un creux de vague. À revoir dans quelques mois. ★★→? ③

Shiraz-Viognier 2008, The Laughing Magpie, McLaren Vale 2007 • (10250855) 28,95$
Lorsque dégusté l'an dernier, ce vin, fruit d'une recette traditionnellement utilisée en Côte Rôtie – syrah et viognier –, était animé d'une vivacité qui accentuait ses angles tanniques et son fini rustique. Il semble aujourd'hui plus complet, avec une attaque en bouche opulente, très parfumée et encadrée par une structure tannique assez ferme. Servir frais autour de 16 °C. ★★★→? ②

Pinot noir 2009, The Feral Fox, Adelaide Hills • (11461128) 29,65$
Vin de consistance moyenne, un peu sec, rustique et à court de chair. Correct, mais pas spécial. ★★

The Stump Jump Rouge 2008, McLaren Vale • (10748418) 17,50$
S'il se présente cette année sous un jour plus mûr, avec des accents confits et une attaque quasi sucrée, ce bon vin courant demeure assez agréable dans son genre. Riche (14% d'alcool), gorgé de fruit et animé d'un léger reste de gaz. ★★★ ②

Roussanne 2009, Money Spider, McLaren Vale • (10748397) 23,65$
Preuve que l'Australie peut donner d'excellents vins blancs frais, secs et distinctifs. Vineux et nourri, sans jamais verser dans la lourdeur. Un achat avisé cette année encore. Bravo ! ☆☆☆☆ ② ♥

Viognier-Marsanne 2010, Hermit Crab, McLaren Vale • (10829269) 20,20$
Dans la continuité des millésimes précédents, un vin blanc stylé, constitué de raisins mûrs et animé d'un léger reste de gaz. Plus aromatique que le Money Spider, mais moins tonique. ☆☆☆

Riesling 2010, The Dry Dam, McLaren Vale • (11155788) 20,50$
Vin joliment réussi, assez léger en alcool (11,5%), arrondi par un reste de sucre et doté d'une acidité mordante. Agréable à boire. ☆☆☆ ②

The Stump Jump blanc 2009, McLaren Vale • (10748400) 17,45$
Bon cocktail aromatique et perlant qui conjugue les vertus des cépages riesling, sauvignon blanc, marsanne et roussanne. ☆☆☆ ②

Grant Burge

Autant les vins blancs de Grant Burge peuvent être harmonieux et équilibrés, autant ses vins rouges costauds et puissants ne font pas dans la dentelle.

Shiraz 2008, Filsell, Barossa • (11152931) 30,25 $
Sans être spécialement lourd, ce Shiraz est typique de Barossa par son épaisseur, son exubérance et sa masse fruitée. À ce prix, on prendrait toutefois plus de subtilité... ★★→? ②

The Holy Trinity 2007, Barossa • (10257871) 29,95 $
Plus complet, cet assemblage de grenache, de shiraz et de mourvèdre a tout d'un gros vin costaud de Barossa, sans toutefois manquer de détail et de fraîcheur. Fort charmeur et égayé de notes florales. ★★★ ②

Shiraz 2008, Miamba, Barossa • (10961008) 24,50 $
Un Shiraz chaud, typique de Barossa certes, mais surtout taillé d'une seule pièce, et sans distinction particulière. ★★ ②

Heggies

Chardonnay 2009, Eden Valley • (10344801) 23,50 $
La région de Eden Valley, au nord d'Adélaïde, fournit d'excellents vins blancs pleins de fraîcheur. Ce Chardonnay sec est à retenir pour son équilibre d'ensemble, sa matière nourrie par un apport maîtrisé du bois de chêne et sa finale franche, égayée d'accents citronnés. ☆☆☆ ②

Leasingham

Cabernet-Malbec 2007, Bin 56, Clare Valley • (478552) 23 $
Cette entreprise de Clare Valley, au nord d'Adélaïde, fait partie de l'empire Hardy's depuis une quinzaine d'années. L'amateur de gros vins australiens appréciera la couleur noire et la forme musclée et trapue de ce vin. Rien de complexe, mais une attaque franche et sans détour. ★★★ ②

Lehmann, Peter

Peter Lehmann est en quelque sorte le parrain de Barossa : un défricheur visionnaire dont le travail a influencé une région entière au cours des dernières décennies. L'entreprise est aujourd'hui cotée en Bourse.

Stonewell 2004, Barossa • (10517265) 74,75 $
Porte-étendard de l'entreprise, ce vin de facture australienne traditionnelle était encore étonnamment jeune lorsque dégusté en juin dernier. Multidimensionnel et puissant, avec un grain serré qui révèle une foule de détails. À boire sans se presser entre 2011 et 2016, car il a encore beaucoup en réserve. ★★★→? ③

Shiraz 2008, Barossa • (10829031) 20,10 $
Ce vin courant se distingue de la plupart des Shiraz de Barossa par sa forme plus droite, qui comporte juste assez d'aspérités tanniques pour apporter du tonus et un certain équilibre à l'ensemble. Robuste, ample et savoureux. ★★★ ②

Clancy's 2008, Barossa • (10345707) 18 $
Composé de shiraz, de cabernet sauvignon, de merlot et de cabernet franc. Bon vin souple et facile à boire. ★★ ② Ⓒ

On trouve également des vins de ce producteur en importation privée. Ⓘ

Marchand and Burch

Le Québécois Pascal Marchand s'est associé à Jeff Burch (Howard Park), une figure importante du paysage viticole de l'Australie occidentale, pour développer cette marque qui regroupe à la fois des vins australiens et bourguignons.

Chardonnay 2008, Southern Australia • (11216747) 52,75$
Ceux qui n'apprécient guère les Chardonnay exagérément boisés du Nouveau Monde apprécieront ce vin blanc sérieux qui fait preuve d'une certaine distinction. Intense, mais sans lourdeur et doté d'un bel équilibre. Encore jeune et construit pour traverser les années. ☆☆☆→?

On trouve également des vins de ce producteur en importation privée. IP

Mitolo

Cette *winery* de McLaren Vale créée en 1999 par Frank Mitolo ne possède pas de vignoble, mais achète plutôt ses raisins à prix fort auprès des meilleurs viticulteurs de la région. L'œnologue réputé Ben Glaetzer est partenaire depuis 2001 et élabore des vins costauds, surdimensionnés et parfois un peu imposants en jeunesse.

Shiraz 2007, Reiver, Barossa Valley • (11131891) 42$
Une grappe de syrah mûre et juteuse, mise en bouteille. Un vin explosif avec ses parfums exubérants de réglisse et de fruits confits, et qui a l'avantage de ne pas être racoleur ni mou en bouche. Au contraire, sa solide charpente lui confère une vigueur appréciable. Il se distille même une certaine élégance de cette profusion de saveur. À boire tranquillement d'ici 2017. ★★★→★ ③ S

Shiraz 2007, G.A.M., McLaren Vale • (10868524) 43,25$
Bien que son nez de fleurs et de melons laisse croire à un vin plus opulent, le G.A.M. était un cran plus sévère lorsque dégusté en juillet dernier. Malgré tout, l'ensemble n'a rien de brutal et sa bouche franche et robuste renferme un certain pouvoir de séduction. À boire idéalement entre 2013 et 2017. ★★★→? ③ S

Shiraz 2007, Jester, McLaren Vale • (10769411) 23,85$
Les fans de Shiraz australien aimeront l'attaque en bouche vigoureuse et la charge fruitée de ce vin. Sans détour et un peu évident, mais assez bien fait en son genre. Riche, mais sans excès. ★★→? ②

Cabernet sauvignon 2010, Jester, McLaren Vale • (11155681) 25,95$
Un peu moins complet que le Shiraz. Manifestement issu de raisins très mûrs, très rond, au point d'accuser une certaine mollesse. ★★ ②

On trouve également des vins de ce producteur en importation privée. IP

Mount Horrocks

Riesling 2010, Watervale, Clare Valley • (11465997) 25,80$
Ce vignoble développé en 1982 a été racheté par l'œnologue Stephanie Toole, qui y produit annuellement 4500 caisses et 5 différentes cuvées, dont cet excellent Riesling issu d'une parcelle unique située dans Watervale, une sous-région de la Clare Valley. Un vin sec, animé par un reste perceptible de CO_2 et doté d'une bonne acidité qui met en valeur sa finale franche, précise et délicate. Il se pourrait qu'il se présente sous un jour plus volubile et nuancé dans quelques années... ☆☆☆→? ②

On trouve également des vins de ce producteur en importation privée. IP

Ninth Island

Pinot noir 2009, Tasmania, Piper's Brook • (927954) 23,95$
Sous la marque secondaire Ninth Island, Piper's Brook commercialise un bon Pinot noir courant, que l'on apprécie avant tout pour sa souplesse et sa rondeur fruitée. Simple et facile à boire. ★★★ ②

Oatley, Robert

Shiraz 2007, Mudgee • (11368898) 21,20$
À une centaine de kilomètres au nord-ouest de Sydney, la métropole australienne, l'appellation Mudgee est réputée pour produire des vins rouges tendres et généreux. C'est exactement ainsi que l'on pourrait qualifier ce Shiraz passablement charnu, riche en saveurs de fruits noirs et de poivre. Robuste, mais équilibré. Tout à fait recommandable à ce prix. ★★★ ②

Penfolds

Outre son légendaire Grange, ce géant de l'industrie viticole australienne produit une gamme de vins rouges robustes, mais généralement bien proportionnés et de belle facture.

Shiraz 2008, RWT, Barossa Valley • (564278) 127,25$
Haut en couleur... et en saveurs! Un vin d'abondance, charnu, sphérique, plein et intense, avec juste ce qu'il faut d'aspérités tanniques pour assurer son relief en bouche. Très structuré, mais pas brutal, et relevé d'une longue finale aux accents mentholés. On pourrait sans craindre le laisser se reposer jusqu'en 2018. ★★★★ ③

Shiraz 2008, Magill Estate, Adelaide • (740126) 77,25$
Cette cuvée, produite pour la première fois en 1983, est issue de l'un des rares vignobles ayant survécu à l'expansion urbaine d'Adélaïde. Élaboré dans un style volontairement plus frais et élégant, le 2008 tapisse la bouche d'une texture veloutée qui révèle une profusion de saveurs fruitées avantagée pas une très belle définition aromatique. Nul doute que ses formes plantureuses trouveront de nombreux *fans*. ★★★★ ②

Cabernet-Shiraz 2008, Bin 389, South Australia • (309625) 37,50$
Un assemblage harmonieux de richesse et de charpente pour un vin stylistiquement très australien, c'est-à-dire costaud et équilibré dans son opulence. À boire sans se presser au cours des cinq prochaines années. ★★★→? ②

Shiraz-Cabernet 2008, Koonunga Hill, South Australia • (285544) 17,95$
Fidèle aux derniers millésimes, un bon vin simple, suffisamment fruité et équilibré. ★★ ② Ⓒ

Chardonnay 2010, Koonunga Hill, South Australia • (321943) 15,95$
Comme d'habitude, un bon vin technologique, assaisonné d'une touche boisée et animé d'un léger reste de gaz. Jamais grandiose, mais sec, assez vineux et satisfaisant. ☆☆ ② ♥ Ⓒ

On trouve également des vins de ce producteur en importation privée. (IP)

Pirie

Pinot noir 2009, South, Tasmania • (10947951) 24,60$
Avec un vignoble de plus de 300 hectares, Tamar Ridge est la plus importante entreprise viticole de Tasmanie. Située sur la rive gauche de la rivière Tamar, la *winery* est actuellement sous la direction d'Andrew Pirie, fondateur de Piper's Brook. Sous l'étiquette South, Pirie commercialise un Pinot noir avant tout fruité, rond et facile à boire. Rien de bien profond, mais une belle expression variétale du cépage bourguignon. ★★★ ②

Pirramimma

Cabernet sauvignon 2007, McLaren Vale • (11155729) 25,60$
La famille Johnston veille depuis plus d'un siècle sur cette propriété de McLaren Vale, où elle élabore notamment l'un des rares vins issus exclusivement du cépage bordelais petit verdot. Bien qu'il soit moins distinctif, ce très bon Cabernet se distingue par sa forme franche et droite qui lui donne une allure nettement plus élégante que la moyenne régionale. Finale persistante aux accents de fleurs. ★★★→? ②

Scotchmans Hill

Établie à Bellarine Peninsula dans le secteur de Geelong, au sud-ouest de Melbourne, cette *winery* fondée en 1978 par le couple Vivienne et David Browne est un haut lieu de la viticulture de Victoria.

Pinot noir 2009, Swan Bay, Victoria • (10748442) 20,80$
Très bon 2009 doté d'une saine vigueur et d'une bonne tenue en bouche mettant en valeur ses bons goûts de fruits noirs. Rien de complexe, mais pour le prix, le vin ne manque pas de caractère et laisse une impression fort rassasiante en bouche. ★★★ ②

Chardonnay 2009, Swan Bay, Victoria • (10748434) 21,15$
Très bon vin issu de raisins bien mûrs, comme en témoigne sa texture ample et onctueuse. Aucun excès de bois, plutôt une finale franche et désaltérante. ☆☆☆ ②

bon à savoir

La constance est un élément clé, surtout chez les gros producteurs. Pour s'en assurer et être en mesure de produire du vin en quantité industrielle, on ratisse large et on assemble des vins de diverses provenances. La mention South Eastern Australia signifie que le vin peut provenir d'Australie du Sud, de Victoria, des Nouvelle-Galles du Sud (New South Wales).

De nombreux vins australiens présentent une forte teneur alcoolique. Ces vins sont issus de raisins tellement mûrs qu'il faut ajouter de l'acide tartrique au moût pour obtenir une certaine fraîcheur. Cette pratique est généralisée et a parfois pour effet de laisser une impression bancale en bouche.

Tamar Ridge

Tamar Ridge est la plus importante entreprise viticole de Tasmanie. La winery est située sur la rive gauche de la rivière Tamar, à une dizaine de kilomètres au sud du détroit qui sépare l'île de Tasmanie du continent australien.

Pinot noir 2008, Kayena Vineyard, Tasmanie • (10947732) 29,90 $
Une belle interprétation du pinot noir et un exemple révélateur du potentiel de la Tasmanie pour produire des vins distingués. Généreux, mais à la fois empreint de subtilité, avec un fruit bien dessiné et une certaine profondeur qui le rend particulièrement complet. ★★★→? ③

Pinot noir 2009, Devil's Corner, Tasmanie • (10947741) 24,35 $
Des parfums rudimentaires de jujubes à la framboise ; un léger reste de gaz et une attaque fruitée généreuse, quasi sucrée tant elle est mûre. ★★→? ②

Terlato & Chapoutier

En 1998, le Rhodanien Michel Chapoutier et le Californien Anthony J. Terlato se sont unis pour développer ce projet d'envergure essentiellement voué à la syrah, dans les Pyrénées australiennes, environ 200 km au nord-ouest de Melbourne.

Shiraz 2006, Lieu dit Malakoff, Pyrenees • (10814585) 37,75 $
Le haut de gamme de la propriété est un vin ambitieux, ample et vigoureux ; soutenu par une bonne acidité et relevé de parfums de violette et de poivre, caractéristiques de la syrah. Très bon, même s'il témoigne davantage d'un savoir-faire technique que d'un goût du terroir. ★★★→? ③

Turkey Flat

La fierté de cette vieille propriété de Barossa est de pouvoir compter sur quelques vignes de syrah plantées en 1847.

Butchers Block 2008, Barossa Valley • (10968171) 27,70 $
Quoique rudimentaire, cet assemblage de grenache, de syrah et de mourvèdre est assez charmant, dans un style flatteur et chaleureux. Bien, sans être une aubaine. ★★★ ②

Marsanne-Viognier 2010, Butchers Block, Barossa Valley • (11155833) 25,25 $
L'amateur de vins blancs rhodaniens se retrouvera en terrain connu avec cet heureux assemblage mariant onctuosité et exubérance aromatique. Assez nourri et satisfaisant. ☆☆☆ ②

Two Hands

Shiraz 2009, Gnarly Dudes, Barossa Valley • (11457065) 31,25 $
Cette cuvée offeerte depuis cette année à la SAQ me laisse une impression nettement plus favorable que les deux vins dégustés précédemment. Un vin tendre et parfumé, riche en tonalités fruitées et en accents floraux, et s'appuyant sur grain tannique juste assez ferme pour donner du tonus à l'ensemble. Typiquement australien, mais pourtant digeste, à condition d'être servi autour de 14-15 °C. ★★★→? ②

Wedgetail

Le photographe canadien Guy Lamothe possède un vignoble de 5,5 hectares dans la vallée de Yarra où il cultive essentiellement du pinot noir et du chardonnay.

Shiraz 2008, Single Vineyard, Yarra Valley • (11155884) 34,25 $
L'usage unique de levures indigènes n'est sans doute pas étranger à la singularité de ce savoureux vin rouge qui profite d'un élevage bien dosé en fût de chêne français. Le 2008 est encore jeune et nerveux ; ses saveurs se présentent avec précision et son grain tannique velouté donne l'impression de croquer dans un fruit mûr. Une belle démonstration du potentiel de la vallée de Yarra pour produire des vins nuancés et équilibrés. À boire entre 2012 et 2016. ★★★→? ②

Chardonnay 2010, Single Vineyard, Yarra Valley • (11155892) 32,75 $
Plus modeste et sur un mode convenu, un Chardonnay de bonne facture, sans excès, mais sans grande surprise. ☆☆☆ ②

Yalumba

Dans la région de Barossa, l'Australien Robert Hill-Smith manifeste depuis longtemps un intérêt pour les cépages rhodaniens.

Grenache 2009, Bush Vine, Barossa • (902353) 19,95 $
Bon an mal an, ce savoureux vin issu de très vieilles vignes de grenache, cultivées en gobelet (*bush vine*), procure le même plaisir gourmand. Rien de complexe, mais toujours cette présence en bouche relevée, à la fois juteuse et coulante, et néanmoins pleine de vitalité. Une mention spéciale pour sa constance remarquable au cours des dernières années. ★★★★ ② ♥

Viognier 2010, The Y Series, South Australia • (11133811) 16,95 $
Vin séduisant issu d'un cépage capricieux qui donne peu de résultats intéressants en dehors de la zone septentrionale du Rhône, où il assure la personnalité des vins de Condrieu et de Château Grillet. Raison de plus pour souligner la qualité de cette cuvée offerte au répertoire général de la SAQ. Nourri et manifestement issu de raisins mûrs ; très expressif et soutenu par l'acidité nécessaire à sa fraîcheur. Un champion dans sa catégorie ! ☆☆☆☆ ② ♥

COMMENTÉS SOMMAIREMENT, D'AUTRES VINS D'AUSTRALIE

Barossa Valley Estate Winery
Créée en 1985, la cave coopérative de Barossa regroupe aujourd'hui quelque 80 viticulteurs.

Shiraz 2004, E & E Black Pepper, Barossa Valley
(898379) 89 $
Résultat d'une prouesse de concentration et de puissance, un vin bancal dont les goûts confits contrastent avec une finale vive et abrasive. Prix ridicule. ★★ ②

Shiraz 2008, E Minor, Barossa Valley
(11073926) 16,90 $
Saveurs confites et acidité mal intégrées. ★ ②

De Bortoli, Shiraz 2008, Vat 8, South Eastern Australia
(10829189) 18,15$
Le caractère à la fois riche et vif de ce gros vin rouge laisse en bouche une impression bancale, du moins, pour le moment. ★★→? ②

Petite Sirah 2009, Vat 1, South Eastern Australia
(903419) 17,15$
Assez bonne tenue, mais aussi rudimentaire, et relevée de parfums intenses de menthol et de cassis qui rappellent le goût des pastilles contre la toux... ★★→?

Elderton, Shiraz 2006, Barossa Valley
(11332836) 25,70$
S'il ne se distingue pas spécialement des autres vins australiens déjà offerts sur le marché, ce bon gros rouge élaboré par un domaine centenaire révèle des parfums de fruits confits et une attaque capiteuse. À ce prix, je passe mon tour. ★★ ②

Gemtree Vineyards, Shiraz 2008, Bloodstone, McLaren Vale
(11368901) 19,85$
Volatil, vernis à ongles, médicaments. Shiraz très australien par ses arômes et sa forme capiteuse. Rien de spécial. ★ ②

Katnook, Cabernet sauvignon 2008, Founder's Block, Coonawarra
(10831351) 20,10$
Techniquement bien fait, mais sans éclat. ★★ ②

Penley Estate, Shiraz 2008, Hyland, Coonawarra
(11332641) 22,20$
Nez de fruits confits et attaque en bouche puissante (15 % d'alcool), presque sucrée. D'un seul bloc, à court de finesse et de détails. Palais sensibles s'abstenir ! ★★→? ②

Rolf Binder, Riesling 2010, Highness, Eden Valley
(11155753) 23,40$
12,5 % d'alcool, du tonus, assez bonne tenue en bouche, amertume en finale et léger reste de gaz. ☆☆ ②

Thorn Clark, Shotfire 2007, Quartage, Barossa
(10339032) 25,40$
À défaut de réelle complexité, cet assemblage de cabernet sauvignon, de petit verdot, de merlot et de malbec déploie une masse fruitée généreuse, appuyée par une bonne charpente tannique. ★★★ ②

D'AUTRES VINS DE QUALITÉ MOYENNE (SPÉCIALITÉS) ★★ ET ☆☆ Ⓢ

Fonty's Pool, Pinot noir 2010, Pemberton, Western Australia
(10947804) 19,60$

Hewitson, Shiraz 2006, The Mad Hatter, McLaren Vale
(10680097) 43,75$

Langmeil, Shiraz 2008, Valley Floor, Barossa Valley
(10765891) 24,10$

Norman, Greg ; Cabernet-Merlot 2008, Limestone Coast
(552075) 22,95$

Chardonnay 2010, Eden Valley
(10329299) 23,50$

Rosemount, Pinot noir 2010, Diamond Label, South Eastern Australia
(184267) 17,15$

Pinot noir 2008, South Eastern Australia
(184267) 16,95$

Chardonnay 2008, Diamond Label, South Eastern Australia
(265132) 14,95$

Tait, The Ball Buster 2008, Barossa Valley
(10768451) : 24,05$

The Islander Estate, Yakka Jack 2005, Kangaroo Island
(10877471) 47,25$

Bark Hut Rd 2004, Kangaroo Island
(11034249) 28,60$

Wolf Blass, Chardonnay 2010, Yellow Label, South Australia
(226860) 16,15$

Yangarra, GSM 2006, Cadenzia, McLaren Vale
(10829357) 34$

Yellow Tail, Shiraz 2009, Reserve, South Eastern Australia
(10961163) 17$

D'AUTRES VINS DE QUALITÉ MOYENNE, TOUS INSCRITS AU RÉPERTOIRE GÉNÉRAL ★★ ET ☆☆ ©

Cliff 79, Cabernet-Shiraz, Australia
(11133036) 10,25$

Chardonnay, South Eastern Australia
(11529591) 10,95$

Deakin Estate, Shiraz 2009, Victoria
(560821) 11,95$

Hardy's, Shiraz-Cabernet sauvignon 2010, Stamp of Australia, South Eastern Australia
(10754586) 12,95$

Cabernet sauvignon-Merlot 2010, Stamp of Australia, South Eastern Australia
(10754578) 12,95$

Chardonnay-Semillon 2009, Stamp of Australia, South Eastern Australia
(10845971) 12,95$

Lindemans, Chardonnay 2010, Bin 65, South Eastern Australia
(142117) 11,95$

Shiraz 2010, Bin 50, South Eastern Australia
(145367) 12,95$

Pinot noir 2010, Bin 99, South Eastern Australia
(458661) 13,95$

McWilliams, Muscat, Hanwood Estate, South Eastern Australia
(11462147) 14,45$

Rosemount, Cabernet sauvignon-Merlot 2009, Diamond Label, South Eastern Australia
(552000) 14,95$

Shiraz 2009, Diamond Label, South Eastern Australia
(302349) 16,95$

Grenache-Shiraz 2007, South Eastern Australia
(10342266) 14,95$

Wolf Blass, Cabernet sauvignon 2009, Yellow Label, South Australia
(251876) 17,95$

Shiraz 2009, Yellow Label, South Australia
(506691) 17,95$

Shiraz-Cabernet sauvignon 2010, Red Label, South Eastern
(311795) 15,95$

Sémillon-Sauvignon 2010, Red Label, South Eastern Australia
(10340931) 13,95$

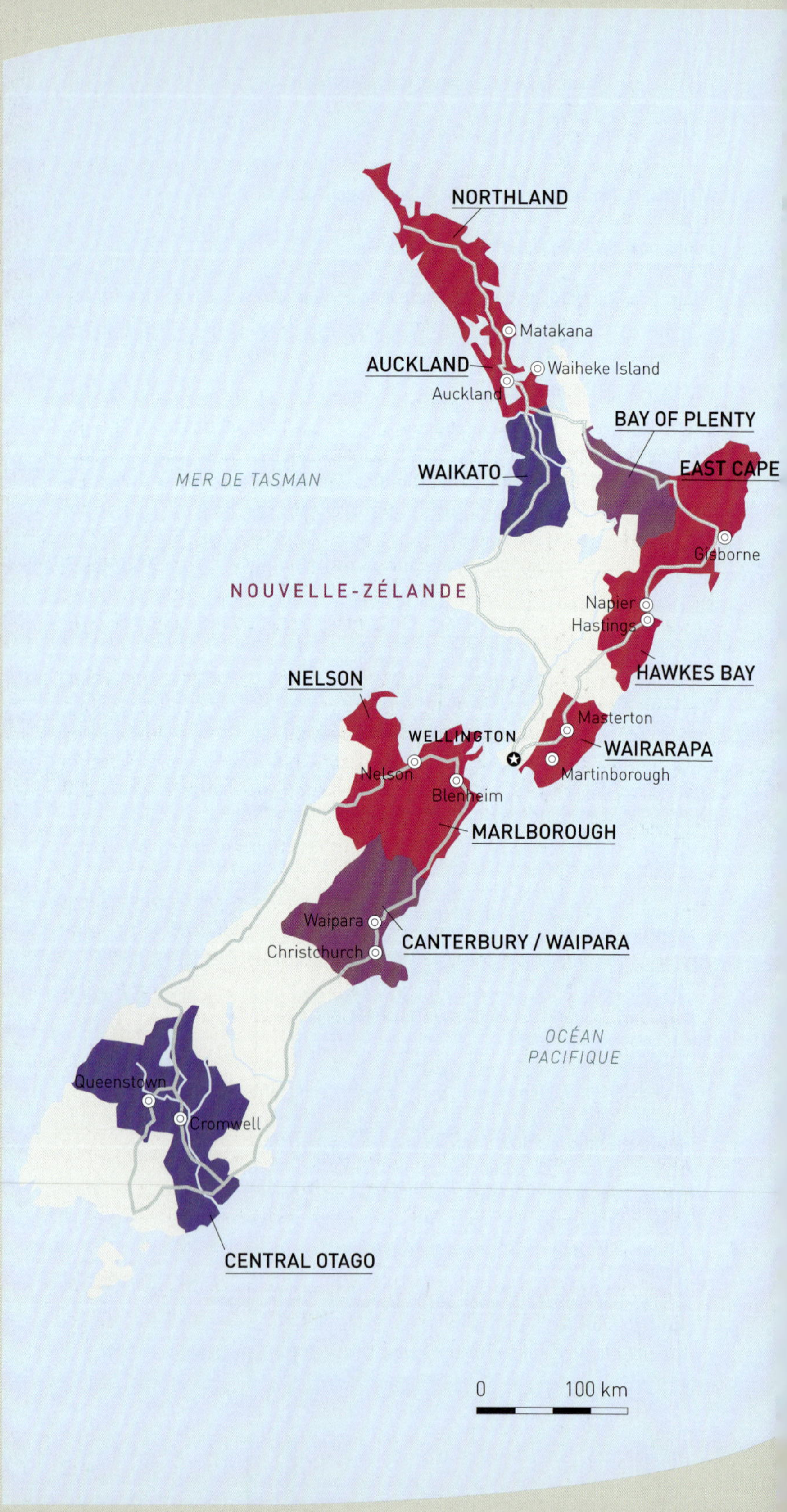

NORTHLAND
Matakana
AUCKLAND
Waiheke Island
Auckland
BAY OF PLENTY
EAST CAPE
WAIKATO
MER DE TASMAN
Gisborne
NOUVELLE-ZÉLANDE
Napier
Hastings
HAWKES BAY
NELSON
Masterton
WELLINGTON
WAIRARAPA
Nelson
Martinborough
Blenheim
MARLBOROUGH
Waipara
CANTERBURY / WAIPARA
Christchurch
OCÉAN
PACIFIQUE
Queenstown
Cromwell
CENTRAL OTAGO
0
100 km

Nouvelle-Zélande

L'essor phénoménal qu'a connu la filière viticole néo-zélandaise au cours des deux dernières décennies a eu un effet boule de neige. Devant ce succès, les *wineries* ne cessent de se multiplier. En 2008, on recensait deux fois plus d'établissements viticoles qu'en 1998. En 10 ans à peine, la taille du vignoble néo-zélandais a plus que triplé pour atteindre, en 2010, une superficie de 32 000 hectares.

Ce développement rapide pourrait toutefois avoir un effet néfaste pour l'image de prestige que la Nouvelle-Zélande a construit au fil des années. En 2010, on notait que le prix moyen du litre exporté avait chuté de 12 % en seulement une année.

Conscient des erreurs commises par son voisin australien, l'État néo-zélandais a toutefois entrepris de mieux planifier la croissance du vignoble. Cela semble avoir fonctionné, puisque le site Wine Alley (www.winealley.com) indiquait récemment que la Nouvelle-Zélande avait connu une stabilisation de la superficie de son vignoble en 2008 et 2009, pour atteindre 32 100 hectares en 2010.

Fort de l'engouement qu'il a connu sur les marchés internationaux, le sauvignon blanc occupe toujours la première position des variétés les plus plantées, avec plus de 62 % de la production totale de raisin néo-zélandais en 2009. Depuis quelques années toutefois, la popularité du pinot noir et du chardonnay ne cesse de croître.

Au Québec, la SAQ a enregistré une augmentation des ventes (en dollars) de 22 % au cours de l'année financière 2010-2011.

www.winesofnz.com

bon à savoir

La capsule vissée est très populaire en Nouvelle-Zélande, même pour les vins les plus fins. Un mode d'obturation parfaitement approprié qui permet aux vins blancs et rouges de conserver leur caractère fruité et leur fraîcheur juvéniles encore plus longtemps.

Il arrive que certaines bouteilles à capsule vissée renferment un reste de gaz carbonique. On peut facilement l'éliminer en mettant le vin en carafe pendant une heure.

Akarua

Pinot noir 2009, Central Otago • (10947960) 29,95 $
À l'est de la ville de Queenstown, Bannockburn est considéré comme l'un des secteurs les plus prometteurs de Central Otago. Cette cuvée autrefois nommée Gullies s'avère particulièrement opulente en 2009. Sa richesse fruitée est heureusement soutenue par un tissu tannique serré et mise en valeur par une saine vitalité qui lui donne un éclat notable. Encore jeune et marqué par l'élevage en fût, mais sa finale aux accents salins et son équilibre d'ensemble laissent entrevoir un bel avenir. À boire entre 2012 et 2016. ★★★★ ②

Alpha Domus

Créé de toutes pièces par une famille d'immigrants hollandais arrivés dans l'île du Nord au début des années 1960, ce vignoble compte aujourd'hui 35 hectares dans le secteur de Hastings.

The Aviator 2007, Hawkes Bay • (10866588) 41,50 $
Un bon usage du bois enrichit la structure, donne une étoffe supplémentaire au vin et l'agrémente de jolies notes de cèdre et de boîte à cigares. Beaucoup de style et de sève. Finale fraîche, franche et persistante. Déjà agréable grâce à son équilibre d'ensemble, mais il a toute l'étoffe nécessaire pour s'épanouir au cours des cinq prochaines années. ★★★→★ ③

The Navigator 2007, Hawkes Bay • (11305643) 22,85 $
Cet assemblage bordelais se distingue toujours par cet heureux mariage entre la rondeur du merlot et la structure tannique nette et franche, typique du cabernet cultivé en régions tempérées. Déjà très bon, mais on peut espérer qu'il gagnera en nuances au cours des trois prochaines années. ★★★→? ③

Chardonnay 2009, Hawkes Bay • (10955601) 19,90 $
Un Chardonnay de bonne facture ; modeste, mais assez net, digeste et désaltérant. ☆☆☆ ②

Amisfield

Depuis 2001, le Sud-Africain Andre Lategan gère cette vaste propriété sur les rives du lac Dunstan, dans l'île du Sud.

Pinot noir 2008, Central Otago • (10826084) 39,50 $
Légèrement en recul par rapport au savoureux 2007 commenté l'an dernier. Malgré tout, très bien tourné, avec des saveurs précises de fruits noirs et une fibre tannique franche et serrée. À défaut de réelle complexité, on appréciera sa couleur locale, témoin des progrès accomplis dans la région en quelques décennies. Encore jeune, il gagnera à reposer en cave quelques années. ★★★→? ③

Pinot noir 2009, Lake Hayes, Central Otago • (10948057) 32 $
Version plus fringante, relevée d'un reste perceptible de gaz carbonique qui contribue à son tonus et à son équilibre. Pour l'apprécier à sa juste valeur, il est préférable de l'aérer pendant une heure en carafe. ★★★→? ②

Pinot gris 2009, Central Otago • (10826076) 34,25 $
Un moins bon résultat cette année pour ce vin blanc auquel des notes herbacées et une amertume prononcée donnent une allure rustique et rudimentaire. ☆☆→? ②

Churton

Propriétaire d'un vignoble d'à peine 12 hectares à 150 m d'altitude dans le secteur de Marlborough, Sam Weaver jouit d'une très bonne réputation.

Pinot noir 2009, Marlborough • (10383447) 29,60 $
Bon vin frais, délicieux, qui mise avant tout sur une expression mûre du pinot noir avec des notes gourmandes de cerises confites, tonifiées par un léger reste de gaz qui contribue à sa fraîcheur. Pimpant et rafraîchissant comme il se doit. ★★★→? ②

Sauvignon blanc 2009, Marlborough • (10750091) 20,80 $
Le Sauvignon blanc de Weaver demeure l'un des plus recommandables sur le marché. Résultat d'une fermentation avec l'usage des levures indigènes, ce vin stylé regorge de saveurs d'agrumes mises en valeur par une attaque en bouche à la fois vive et nourrie. Succulent, fruité et rassasiant de fraîcheur. Un très bon achat ! ☆☆☆☆ ② ♥

Clos Henri

Le Français Jean-Marie Bourgeois et ses fils – domaine Henri Bourgeois dans la Loire – ont développé cette antenne néo-zélandaise au tournant du millénaire.

Pinot noir 2008, Marlborough • (10916493) 40,25 $
Commenté un peu sévèrement l'an dernier, le 2008 semble maintenant avoir digéré son élevage en fût et se présente sous un jour plus harmonieux. Fringant et vigoureux, il se distingue des autres Pinot noir de Marlborough en ce qu'il met en relief des parfums de fruits noirs et une matière franche, plus structurée que la moyenne. Hélas ! ce n'est pas donné... ★★★→? ②

Sauvignon blanc 2007, Marlborough • (10681938) 30 $
Quoique classique, ce Sauvignon blanc de bonne facture plaira aux amateurs de vin vif et aromatique. ☆☆☆ ②

Sauvignon blanc 2009, Petit Clos, Marlborough • (11459896) 19,10 $
Plus modeste, ce vin évoque le pamplemousse, tant par ses parfums que par son amertume marquée qui laisse une impression peu flatteuse en finale. ☆☆ ②

Cloudy Bay

Cette winery appartient au groupe français LVMH, le leader mondial des marques de luxe. Parfois caricaturaux à leur début, les Sauvignon de Cloudy Bay présentent maintenant un équilibre exemplaire.

Sauvignon blanc 2010, Marlborough • (10954078) 29,15 $
Un léger reste de gaz garantit la vivacité de cet excellent vin et lui donne un élan irrésistible. À la fois sec et très parfumé ; tout indiqué à l'apéritif, mais assez vineux et équilibré pour être apprécié à table. L'un des meilleurs spécimens du genre. ☆☆☆☆ ②

Bien qu'il n'existe aucune législation pour définir les cépages appropriés à chaque région viticole, le vignoble néo-zélandais est assez bien segmenté, et les wineries d'un même secteur concentrent généralement leurs efforts sur les mêmes cépages.

ÎLE DU NORD

Auckland : Plus du quart de la population néo-zélandaise (4 millions) habite dans la grande région d'Auckland. Mais le secteur compte tout de même un peu plus de 500 hectares de vignes. Kumeu River est la star de la région.

Hawkes Bay : La deuxième région en importance est surtout vouée aux cépages bordelais, dont on tire d'excellents vins dans le secteur recherché de Gimblett Gravels. La syrah y gagne de plus en plus de terrain et donne de fort beaux résultats.

Martinborough-Wairarapa : Outre la production de quelques bons Chardonnay et Sauvignon, ce petit secteur viticole situé près de Wellington, à l'extrémité sud de l'île du Nord, est la source de bons Pinot noir.

ÎLE DU SUD

Marlborough : Cette région située tout au nord de l'île du Sud, et qui compte pour plus de la moitié du vignoble néo-zélandais, est avant tout le fief du sauvignon. Le pinot noir y joue un rôle croissant, mais donne peu de résultats significatifs.

Nelson : Petit secteur viticole de 800 hectares à l'ouest de Marlborough. Chardonnay, pinot noir et sauvignon sont les trois principaux cépages cultivés.

Canterbury-Waipara : Située autour de Christchurch, la capitale, cette région qui couvre moins de 1 700 hectares donne des Pinot noir riches et veloutés, des Chardonnay tendus et racés, ainsi que de très bons Riesling.

Central Otago : En raison de son climat frais, cette région montagneuse, qui est aussi la zone viticole la plus au sud de la planète, est devenue la terre promise du pinot noir. Les vignes ont rarement plus de 15 ans et les vins n'ont donc pas la profondeur des grands Bourgogne, mais laissons-leur le temps... Le Riesling et le Pinot gris semblent aussi promis à un bel avenir.

en peu de mots

Dog Point

Ivan Sutherland et James Healy, respectivement ancien chef de culture et *winemaker* chez Cloudy Bay, se sont associés pour bâtir leur propre affaire. Aujourd'hui, avec l'aide de leurs femmes, ils mettent à contribution toute l'expérience acquise au cours des dernières décennies et produisent des vins étonnamment fins et équilibrés.

Sauvignon blanc 2010, Marlborough • (11200681) 22,95 $
Le 2010 est animé d'une acidité mordante qui accentue ses tonalités délicatement herbacées et met en relief la nature aromatique du cépage. Beaucoup de nerf, sec et désaltérant comme il se doit, et passablement vineux. Excellent ! ☆☆☆☆ ② ♥

Kumeu River

Au nord de l'île du Nord, la région métropolitaine d'Auckland abrite plus du quart de la population néo-zélandaise. Le secteur compte tout de même un peu plus de 500 hectares de vignes, dont le vignoble de famille Brajkovich à Kumeu River, réputé à juste titre pour produire quelques-uns des vins les plus fins du pays. Animé par la volonté d'obtenir un vin pur et fidèle au goût du lieu, Michael Brajkovich a opté pour une approche peu interventionniste, qui a certainement contribué au fort caractère individuel de ses cuvées.

Hunting Hill 2007, Auckland • (11416159) 37,50 $
Son Hunting Hill démontre avec éloquence la symbiose du chardonnay et d'un terroir de qualité n'est pas l'exclusivité de la Bourgogne. Minéral, doté d'une tenue en bouche admirable, judicieusement boisé et transcendé par la finesse et l'harmonie. Déjà sublime, mais capable de se bonifier au cours des cinq, voire dix prochaines années. Pour l'anecdote, lorsque dégusté de nouveau deux jours après l'ouverture de la bouteille, le vin n'avait rien perdu de son tonus. Au contraire, le vin n'avait rien perdu de sa forme et avait même plutôt gagné en nuances... Cinq étoiles pour un Chardonnay exceptionnel ! ☆☆☆☆☆ ② ▼

Chardonnay 2008, Estate, Auckland • (10281184) 30,50 $
Comme toujours, un vin blanc sec, vibrant et racé, qui apporte un vent de fraîcheur dans la cohorte des Chardonnay boisés et prévisibles qui abondent sur les étagères. Juste assez gras, doté d'une fine acidité et relevé d'une pointe minérale. Le prix est parfaitement justifié. ☆☆☆☆ ②

Mahi

Sauvignon blanc 2008, Marlborough • (11307315) 19,95 $
Brian Bicknell, ancien *winemaker* chez Seresin (page 412) signe un excellent Sauvignon blanc, aussi distingué que distinctif. Vinifié avec l'usage unique des levures indigènes, le vin déploie des parfums invitants de fruits exotiques, portés par une saine vinosité. Sa finale teintée d'accents salins le rend d'autant plus agréable à boire et lui donne une dimension supplémentaire. Rares sont les Sauvignon blanc du Nouveau Monde qui ont autant de sève et de style. Bravo ! ☆☆☆☆ ② ♥

Man O' War

Cette *winery* appartenant à la famille Spencer est située sur l'île de Waiheke, dans le golfe Hauraki, à une trentaine de kilomètres d'Auckland.

Syrah 2008, Dreadnought, Waiheke Island • (11615502) 49,75 $
Le 2008 est puissant, voire plantureux, et apparemment conçu dans un style moderne, privilégiant un usage intensif de la barrique neuve, ce qui lui confère un nez généreusement toasté et une bouche torréfiée, ample et charnue. Charpenté, à la manière d'un Cornas gonflé aux stéroïdes, mais tout de même un peu évident pour le moment. Le vin gagnerait sans doute à mûrir au moins cinq ou six ans, on saura alors si le temps aura réussi à dompter le fauve. À ce prix, le pari est tout de même risqué... Arrivée prévue en janvier 2012 dans les succursales Signature. ★★→? ② Ⓢ

Margrain

Pinot noir 2008, Martinborough • (10383261) 33 $
Déjà commenté l'an dernier, ce 2008 se caractérise avant tout par sa matière fruitée riche, dense et nourrie, au point d'accuser lourdeur et mollesse. Une finale marquée de notes amères lui donne par ailleurs des airs plutôt rustiques. ★★→? ②

Mount Nelson

Développé par les frères Piero et Lodovico Antinori, ce domaine commence à prendre sa vitesse de croisière.

Sauvignon blanc 2010, Marlborough • (10748469) 19,65 $
Techniquement correct, aromatique, sec et plein de vivacité, mais surtout issu d'une recette œnologique qui le rend un peu prévisible. Arrivée prévue en mars 2012. ☆☆☆ ②

Mt. Difficulty

Riesling 2009, Target Gully, Central Otago • (11334778) 25,60 $
Fondée en 1992 par John et Arna Verboeket, Mt. Difficulty est, à juste titre, l'une des *winery* les plus réputées de Central Otago. Le vignoble de Target Gully est consacré exclusivement à la culture des cépages pinot noir et riesling. Sur un mode germanique, c'est-à-dire léger en alcool (9,8 %), et accentué d'un reste perceptible de sucre, cet excellent vin blanc est à la fois riche en saveurs et soutenu par une saine acidité d'acidité qui le rend parfaitement digeste et désaltérant. Son équilibre et sa persistance aromatique semblent prometteurs. ☆☆☆→? ②

Nautilus

Pinot noir 2009, Marlborough • (11200737) 34,50 $
Marlborough n'est pas un secteur recherché pour la production de pinot noir. Celui-ci provient toutefois d'un secteur vallonné, plus frais et qui donne des vins assez structurés. On appréciera celui de Nautilus pour sa vivacité, qui met en relief ses saveurs précises de fruits rouges. Rien de complexe, mais une expression fort charmante du pinot noir. À boire jeune et frais pour savourer pleinement l'éclat du fruit. Hélas ! ce n'est pas donné. ★★★→? ②

Pask, C.J.

L'ancien pilote d'épandage Chris Pask a été le premier à introduire la vigne dans le secteur de Gimblett Road en 1981.

Cabernet-Merlot-Malbec 2007, Gimblett Road, Hawkes Bay • (11305601) 22,75 $
Nouveau à la SAQ, cet assemblage bordelais déploie un grain tannique très franc qui lui confère une agréable vitalité en bouche et met en relief des saveurs assez persistantes de fruits noirs et de cèdre. ★★★→? ②

Merlot 2009, Roy's Hill, Hawkes Bay • (10382727) 17,95 $
Très souple au point de paraître sucré tant le fruit est mûr. Un peu facile. ★★ ②

Prophet's Rock

Riesling 2006, Central Otago • (10955628) 36 $
Outre ses Pinot noir de rêve, ce petit domaine du secteur de Cromwell – à une quarantaine de kilomètres à l'est de Queenstown – fait un savoureux Riesling qui charme par sa pureté aromatique et sa droiture. Un vin très sec et intense, aux notes de miel et de pomme verte et aux senteurs inimitables de pétrole du cépage alsacien. Beaucoup de plaisir ! ☆☆☆☆ ② ▼

Saint Clair

Cette *winery* compte parmi les plus dynamiques de Marlborough. Neil et Judy Ibbotson exportent des vins dans environ 35 pays.

Pinot noir 2009, Pioneer Block, Doctor's Creek, Marlborough • (10947724) 27,20 $
Modeste, plein de fruit et charmeur, mais l'ensemble demeure plutôt monocorde. À ce prix, l'amateur de Pinot restera sur sa soif... ★★→? ②

Pinot noir 2009, Marlborough • (10826543) 20,70 $
Souple, coulant, fort agréable à boire et égayé de notes pimpantes de fruits rouges, typiques des Pinot noir de Marlborough. ★★★ ②

Sauvignon blanc 2010, Marlborough • (10382639) 17,95 $
Vin plutôt modeste et arrondi par un reste perceptible de sucre. ☆☆ ②

Schubert

Pinot noir 2008, Marion's Vineyard, Wairarapa • (10774288) 33 $

Les Allemands Kai Schubert et Marion Deimling se sont établis en Nouvelle-Zélande en 1998 après avoir cherché, partout dans le monde, un lieu idéal pour produire du vin. Ils ont choisi le secteur de Martinborough, situé à l'extrémité sud de l'île du Nord, près de Wellington, où ils produisent un savoureux Pinot noir typiquement néo-zélandais, c'est-à-dire doté d'une trame fruitée mûre, conjuguée à une bonne fraîcheur qui assure sa tenue en bouche. Excellente bouteille à boire dès maintenant ou à laisser reposer en cave quelques années. L'un des meilleurs dans sa catégorie. ★★★★ ②

Seresin

Pinot gris 2008, Marlborough • (11420078) 25,65 $
Le cinéaste néo-zélandais Michael Seresin a développé un vignoble dans Marlborough dès le début des années 1990. Bien qu'il élabore aussi quelques cuvées de sauvignon blanc, la production de Seresin s'articule surtout autour du pinot noir ainsi que quelques cépages blancs aromatiques comme le pinot gris. Un bon vin sec, frais et modérément aromatique qui bénéficiera d'une aération en carafe. ☆☆☆ ②

Spy Valley

Le domaine fondé en 1993 par Bryan et Jan Johnson compte aujourd'hui plus de 150 hectares de vignes dans le secteur de Wairau Valley, au sud de Marlborough.

Pinot noir 2010, Marlborough • (10944152) 23,65 $
Assez typique du Pinot de Marlborough, c'est-à-dire rond, souple et riche en saveurs fruitées, à défaut de détails et de complexité. Agréable dans un style pansu. ★★★ ②

Riesling 2010, Marlborough • (11035807) 21,80 $
Une pointe de sucre contribue sans doute au caractère friand et flatteur de ce très bon vin blanc. Sa finale est relevée par une délicate amertume qui met en relief ses saveurs minérales. ☆☆☆ ②

Te Awa

Cabernet-Merlot 2009, Hawkes Bay • (10382882) 23,75 $
Le millésime 2009 marque un autre franc succès pour le vin de cette *winery* de propriété américaine, dont le nom signifie « rivière de Dieu » en langue maori. La franche expression fruitée du merlot et la structure du cabernet sauvignon se marient dans d'heureuses proportions et le vin a une étoffe digne de mention. Agréable à boire dès maintenant, mais il pourrait se bonifier au cours des prochaines années. ★★★→? ③

Tohu

Première *winery* maori à exporter ses vins sur le marché international. Le vignoble de Tohu s'étend de Gisbourne, au centre de l'île du Nord, à Marlborough, au nord de l'île du Sud.

Chardonnay 2010, Unoaked, Marlborough • (11213520) 19,90 $
Pas de bois, comme le mentionne l'étiquette, mais une belle expression variétale du chardonnay, avec des parfums nets de fruits blancs et une agréable vinosité. Simple, mais bien fait. ☆☆☆ ②

Sauvignon blanc 2010, Marlborough • (10826156) 19,90 $
Une moins bonne note pour ce vin, auquel des relents d'asperges en conserve donnent une allure plutôt rustique. Assez sec, mais sans distinction. ☆☆ ②

Waimea

Pinot noir 2009, Nelson • (10826447) 22,85$
Waimea est l'une des propriétés les plus importantes du secteur de Nelson, à l'ouest de Marlborough. Encore plus savoureux que lorsque dégusté en préparation du *Guide du vin 2011*, le 2009 est assez typique de sa région d'origine en ce qu'il mise à fond sur le caractère dodu du pinot. Passablement vigoureux, gorgé de saveurs de cerises et avivé par un léger reste de gaz qui ajoute à son élan aromatique. Un bon achat! ★★★→? ② ♥

Wild Rock

Pinot noir 2008, Cupid's Arrow, Central Otago • (11386084) 21,70$
Très bon vin charmeur et racoleur, profilé pour plaire à un vaste public. ★★★ ②

Wild South

Sauvignon blanc 2010, Marlborough • (10826383) 17,95$
Sec, vif et agrémenté de parfums invitants de poivre et de citron. Rien de complexe, mais désaltérant. Plus original que la moyenne et vendu à prix d'aubaine. À retenir. ☆☆☆ ② ♥

D'AUTRES VINS DE QUALITÉ MOYENNE ★★ ET ☆☆

Coopers Creek, Riesling 2008, Marlborough
(11034409) 18,25$

Sauvignon blanc 2010, Marlborough
(10826316) 18,25$

Trout Valley, Pinot noir 2009, Nelson, Tyrrell's Wines
(11459861) 18,65$

D'AUTRES VINS DE QUALITÉ MOYENNE, TOUS INSCRITS AU RÉPERTOIRE GÉNÉRAL ★★ ET ☆☆ ©

Oyster Bay, Pinot noir 2010, Marlborough
(10826105) 22,05$

Merlot 2010, Hawkes Bay
(10826113) 19,15$

Chardonnay 2010, Marlborough
(10383691) 19,15$

Sauvignon blanc 2010, Marlborough
(316570) 19,15$

Crawford, Kim; Pinot noir 2009, Marlborough
(10754244) 22$

Sauvignon blanc 2010, Marlborough
(10327701) 19,95$

Chardonnay 2010, Unoaked, Marlborough
(10669470) 18,95$

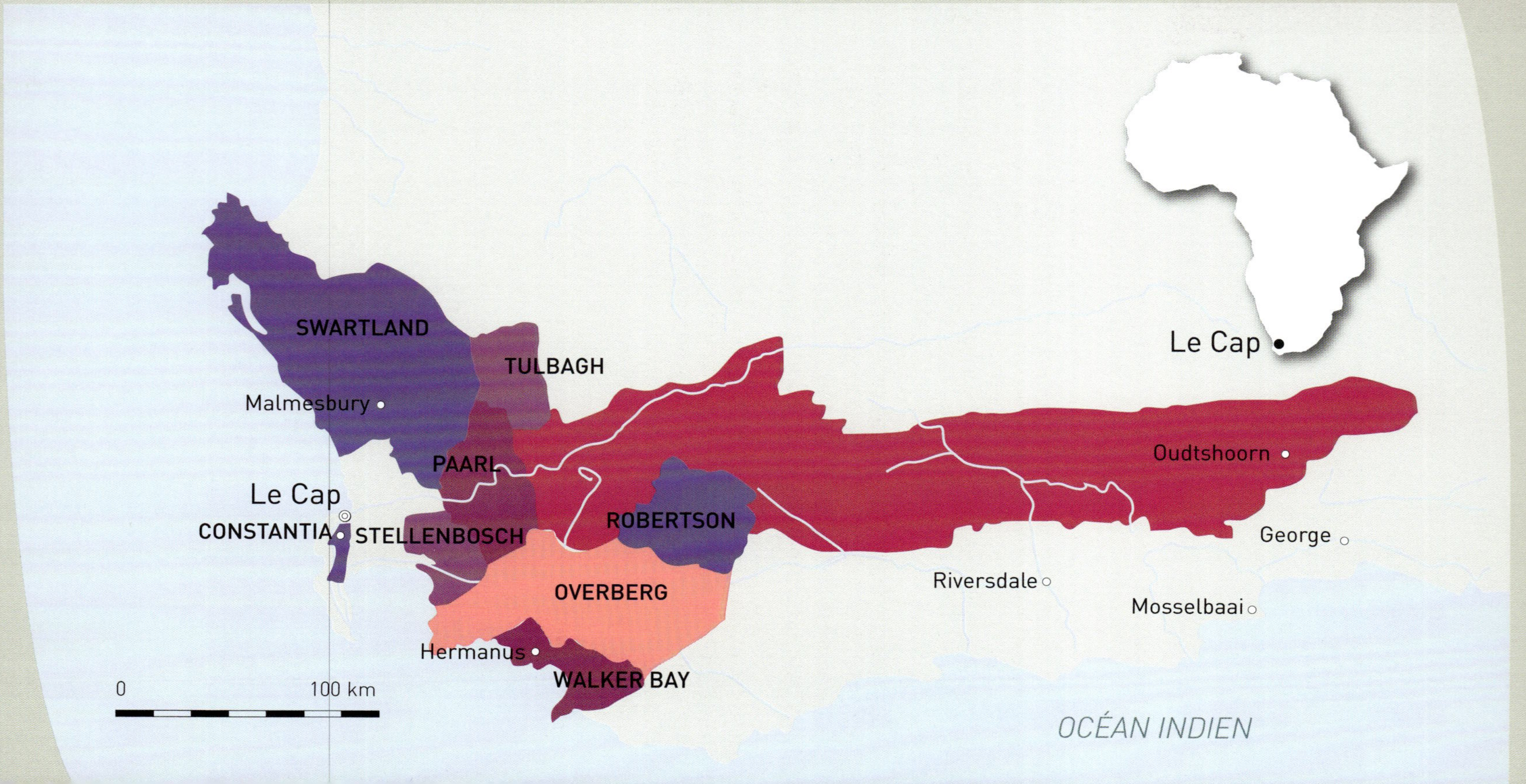
Le Cap
SWARTLAND
TULBAGH
Malmesbury
PAARL
Le Cap
CONSTANTIA
STELLENBOSCH
ROBERTSON
OVERBERG
Hermanus
WALKER BAY
Oudtshoorn
George
Riversdale
Mosselbaai
OCÉAN INDIEN
0
100 km

Afrique du Sud

En 2011, l'Afrique du Sud célébrait le vingtième anniversaire de la fin de l'apartheid, une période sombre qui a tenu le pays isolé du reste de la planète pendant quelques décennies. Depuis, le retard se rattrape à grande vitesse, et ce vignoble âgé de plus 350 ans ne cesse de s'étendre et les vins continuent de progresser sur les marchés d'exportation. Depuis le milieu des années 1990, les ventes outre-mer sont passées d'un faible 22 millions à près de 400 millions de litres en 2009.

Longtemps méconnus chez nous en raison de l'étroitesse de la gamme offerte, les vins d'Afrique du Sud ont connu une croissance de 28 % sur notre marché au cours de l'année financière 2009-2010, pour se stabiliser en 2010.

Malheureusement, le marché a aussi été inondé d'une pléiade de produits banals à saveur commerciale qui ont certes gonflé les chiffres de vente, mais ont aussi donné aux consommateurs québécois une impression peu révélatrice du potentiel du Cap.

Gardons espoir et souhaitons que de grands noms comme Sadie, Scali, Badenhorst, Lammershoek, Reyneke, Kanonkop et Beyerskloof trouvent bientôt place sur les tablettes de la SAQ...

Boekenhoutskloof

The Wolftrap 2010, Western Cape • (10678464) 15,90 $
Cette *winery* est aussi propriétaire de la marque Porcupine Ridge, déjà bien implantée chez nous. Le Wolftrap demeure le même bon gros vin gorgé d'arômes de fruits et de réglisse, opulent, mais doté d'une pointe d'acidité qui harmonise le tout. À servir à 14-15 °C, sans quoi il pourrait sembler lourd. ★★★ ② ♥ ©

Bon Cap

Cette entreprise familiale de la région de Robertson s'est convertie à l'agriculture biologique.

Pinotage 2009, Les Ruines, Eilandia • (10678501) 15,80 $
Sans être spécialement étoffée, ce vin charme par sa vigueur et par son caractère aromatique singulier aux accents de fruits noirs et de fumée. Une démonstration simple, mais fort sympathique du cépage pinotage. Encore meilleur s'il est servi frais, autour de 15 °C... et accompagné de grillades. ★★★ ② ♥

Syrah-Cabernet sauvignon 2010, Les Ruines, Eilandia, Robertson • (10985843) 15,40 $
Quoiqu'un peu moins original, ce vin goûteux et vigoureux est animé d'un léger reste de gaz carbonique qui rehausse ses saveurs de fruits rouges. Modeste, mais fort recommandable à ce prix. ★★★ ②

en peu de mots

À peu près grand comme le vignoble bordelais, le vignoble d'Afrique du Sud couvrait un peu plus de 100 000 hectares en 2010. La proportion occupée par les cépages blancs et rouges est sensiblement la même.

Tous les vignobles sont à l'intérieur des terres dans la province du Cap. Les deux plus importantes régions, en quantité, sont Stellenbosch et Paarl.

Le sauvignon blanc est un cépage en pleine croissance en Afrique du Sud. Dans le lot, peu de vins remarquables, sauf dans la région de Constantia, où il donne d'excellents résultats.

Si le pays est surtout connu pour ses vins rouges costauds aux accents fumés, on y produit également des vins de chenin blanc (secs et liquoreux) dont la qualité et l'expression aromatique méritent d'être signalées.

Bien qu'il jouisse d'un succès commercial croissant, le pinot noir ne semble pas convenir au terroir sud-africain. La plupart des vins qui en sont issus n'ont pas la finesse et la subtilité caractéristiques au cépage.

Dans la partie ouest du Cap, le secteur de Swartland dénombre encore plusieurs vieux ceps de chenin blanc, de cinsault et de syrah, qui donnent des vins complexes et substantiels mais, hélas ! toujours absents du répertoire de la SAQ.

Boschendal

Créée par des huguenots en 1685, le long des pentes de la montagne de Groot Drakenstein, cette vaste propriété est l'un des plus vieux domaines viticoles du secteur de Franschoek.

Cabernet sauvignon-Syrah 2009, The Pavillion, Coastal Region • (10649073) 16,10$
Bon vin fruité de consommation courante, gorgé de saveurs confites, sphérique et flatteur, au point d'accuser une certaine mollesse. ★★ ②

Chardonnay 2010, Coastal Region • (935833) 16,85$
Bien qu'il ne soit pas spécialement distinctif, ce Chardonnay boisé affiche une qualité constante depuis une dizaine d'années. Correct, mais prévisible. ☆☆ ②

Bouchard-Finlayson

La célèbre *winery* d'Hermanus n'appartient plus à la famille bourguignonne Bouchard, ni à Peter Finlayson. Ce dernier reste toutefois actif au sein de la propriété et continue de superviser la production.

Blanc de Mer 2010, Western Cape • (11460029) 20$
Les cépages riesling, viognier, sauvignon et chenin blanc composent ce bon cocktail aromatique qui témoigne de l'apport de l'œnologie moderne. On aimera ses notes franches d'agrumes et son caractère délicatement perlant. ☆☆☆ ②

Chardonnay 2009, Crocodile's Lair, Overberg • (11416108) 24,20$
Bon vin rond, mûr et onctueux qui conserve un équilibre digne de mention, grâce à une agréable acidité. Pas très original, mais bien fait en son genre. Arrivée prévue à la mi-novembre. ☆☆☆ ②

Sauvignon blanc 2010, Walker Bay • (11605849) 21,95$
Depuis quelques années, le sauvignon blanc est un cépage fort populaire en Afrique du Sud. Hélas ! Tous ne naissent pas égaux. Celui-ci laisse en bouche une impression de sucrosité qui, conjuguée à la nature aromatique du cépage, donne au vin un style un peu rudimentaire. Tout cela manque un peu de nerf et de personnalité. Arrivée prévue en mars 2012. ☆☆ ②

Cluver, Paul

La famille Cluver veille depuis 1896 sur cette propriété située dans la région fraîche de Elgin, environ 70 km au sud-est de Cape Town.

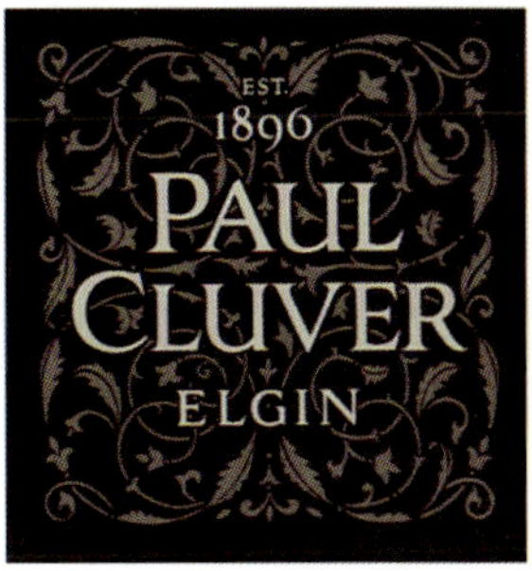

Pinot noir 2009, Elgin • (11379773) 28,20$
Des notes fumées et une attaque en bouche passablement solide donnent à ce Pinot noir, encore très jeune, une allure costaude et un peu rustique. On appréciera néanmoins sa suavité et sa finale persistante relevée de parfums d'épices. À boire entre 2012 et 2016. ★★★→? ③

Le mal aimé d'Afrique du Sud

Parfum de vernis à ongles ou de sueur ; rustique, râpeux, abrasif, etc. Le pinotage a suscité, au cours de sa brève existence, beaucoup de critiques, mais très peu d'éloges. L'heure serait-elle venue de nous raviser?

Ce cépage hybride, créé en 1924 par un professeur de l'Université de Cape Town, est issu d'un croisement entre le cinsault et le pinot noir. Faute de bonnes connaissances agricoles et œnologiques, il n'a longtemps donné que des vins rouges rudimentaires. Las des difficultés à percer le marché des exportations, plusieurs producteurs du Cap l'ont d'ailleurs abandonné au profit de cépages jugés commercialement plus prometteurs.

D'autres maisons, comme Kanonkop, reconnaissent, au contraire, que le rayonnement international de leur marque repose en grande partie sur le caractère unique de leurs Pinotage. Dans cette *winery* de Stellenbosch, Beyers Truter et son successeur Abrie Beeslaar se sont avant tout appliqués à façonner des vins intenses et structurés, dont l'aptitude au vieillissement est indéniable. Un 1993 et un 1999 dégustés lors d'un récent séjour au Cap étaient tout à fait sensationnels !

À l'opposé du spectre, une nouvelle génération de vignerons repensent leurs méthodes et élaborent des Pinotage plus délicats, destinés à être bus dès leur commercialisation. « L'erreur qui a longtemps été commise fut de pousser l'extraction tannique du pinotage, même dans certaines régions où il ne s'y prêtait pas, confie Willie De Waal, propriétaire du domaine Scali, dans la zone fraîche de Voor-Paardeberg. Ce que je recherche désormais ici, c'est l'élégance et la finesse, en jeunesse comme en maturité. » Et il y parvient admirablement.

Si cette hétérogénéité stylistique ajoute de la variété à la gamme, elle fait aussi le bonheur de certains détracteurs du Pinotage, qui y voient volontiers un autre défaut. « C'est dommage, conclut Abrie Beeslaar. Tous les cépages ont leurs faiblesses. Parce qu'il est unique à l'Afrique du Sud, le pinotage est toutefois la seule variété qui peut réellement nous permettre de nous distinguer des autres pays producteurs. » Plusieurs membres de la presse locale et internationale en sont désormais convaincus. Reste à convertir le reste du monde...

Nadia Fournier

Affaires Plus, été 2010

Dornier

The Pirate of Cocoa Hill 2009, Western Cape • (10679361) 14,70 $
Arrivés en Afrique du Sud en 1995, la famille Dornier – constructeur aéronautique de renom en Allemagne – a développé progressivement ce très vaste domaine de Stellenbosch. Fruit d'un assemblage de cabernet sauvignon, de merlot, de shiraz et de cabernet franc, le vin rouge courant de la propriété déploie une attaque mûre, nourrie de bons goûts de fruits, sur un fond délicatement fumé et tonifié par un reste de gaz. ★★★ ② ♥

Fairview

Fondé en 1693, ce domaine appartient depuis 1937 à la famille Back, un grand nom de la viticulture sud-africaine. Charles Back produit des vins puissants, mais assez bien proportionnés.

Chakalaka 2008, Spice Route, Swartland, Charles Back • (11385452) 26,55 $
Dans le secteur recherché de Swartland, Charles Back a créé la gamme Spice Route sous laquelle il commercialise notamment cet assemblage de syrah, de mourvèdre, de carignan, de petite syrah, de grenache et de tannat. Une composition inusitée dont les saveurs sont hélas ! Masquées par des arômes de bacon fumé résultant d'un usage prononcé de la barrique qui donne au vin des arômes de bacon fumé. Malgré tout, le vin est équilibré, riche, structuré, mais un peu trop puissant pour être apprécié dès maintenant. Laissons-lui encore quelques années, le temps de digérer son bois… et son bacon ! ★★★→? ③

Pinotage 2009, Paarl • (10678481) 18 $
Bon vin de facture moderne, à la fois copieusement enrobé d'une masse fruitée et nourri par un apport boisé qui ajoute à sa tenue en bouche. Juste assez rustique et rehaussé de tonalités fumées typiquement sud-africaines. Servir autour de 15 °C. ★★★ ②

Viognier 2009, Coastal Region • (10745559) 22,15 $
Une moins bonne note pour ce vin blanc à court de tonus et d'éclat. Très parfumé certes, mais l'ensemble manque de nerf. Prix élevé. ☆☆ ②

En clin d'œil aux vins de la vallée du Rhône, Charles Back a aussi lancé cette série en 1999.

The Goatfather 2009, Western Cape • (11096781) 17,60 $
Un peu plus de tonus et de structure contribue à l'équilibre de cet assemblage inusité de sangiovese, de barbera et de cabernet sauvignon. Rien de complexe, mais une expression nourrie et originale du vin sud-africain. ★★★ ②

Goats do Roam 2010, Western Cape • (11281397) 15 $
Moderne, prévisible, un peu court et presque sucré tant le fruit est mûr. ★★ ② Ⓒ

Glen Carlou

Chardonnay 2009, Paarl • (11155219) 17,75 $
Depuis 2003, le vignoble fondé – et toujours dirigé – par la famille Finlayson appartient au magnat suisse Donald Hess (Hess Collection en Californie). En plus de vins rouges veloutés et nourris, cette *winery* réputée de Paarl élabore aussi un très bon Chardonnay habilement nourri par un passage en fût de chêne ; juste assez pour lui donner une vinosité supplémentaire et de délicates notes de pain grillé. Un bon achat ! ☆☆☆ ② ♥

Hamilton Russel

Fondé en 1975 par Tim Hamilton Russell, cette propriété située à 3 km de l'océan Atlantique est le premier domaine viticole à avoir vu le jour dans le secteur de Walker Bay. Le vignoble, qui appartient aujourd'hui à son fils Anthony, est exclusivement dédié aux cépages bourguignons.

Pinot noir 2009, Hemel-En-Aarde Valley • (11155737) 39,75$
Question de goût sans doute, mais je n'ai aucune affinité avec ce genre de Pinot noir. Un usage maladroit de la barrique maquille le vin d'accents fumés envahissants qui gomment les saveurs naturelles du cépage et augmentent la charge tannique du vin, laissant en bouche un fini râpeux. Aucune envie de boire ça ! ★★→? ②

Klein Constantia

En reprenant ce domaine historique en 1980, la famille Jooste a fait revivre le légendaire vin de Constance, un affriolant Muscat dont raffolaient les riches et les puissants d'Europe aux XVIIIe et XIXe siècles, jusqu'à ce que le phylloxéra mette fin à sa production.

Sauvignon blanc 2010, Constantia • (504183) 19,85$
On y élabore aussi un très bon vin blanc sec, auquel une petite proportion de sémillon (5%) apporte un supplément de rondeur. Pas de bois, mais des saveurs précises d'agrumes et une finale minérale, hautement désaltérante. ☆☆☆☆ ② ♥

Laibach

The Ladybird 2009, Organic, Simonsberg-Stellenbosch • (10986408) 23,65$
Composé de merlot, de cabernet franc, de cabernet sauvignon, de malbec et de petit verdot, cet assemblage d'inspiration bordelaise provient d'un domaine voisin de Kanonkop où on produit une agriculture biologique. Vin corsé, doté d'une saine fraîcheur et typiquement sud-africain par ses tonalités confites et fumées. À boire entre 2012 et 2015. ★★★ ②

Le Bonheur

Un domaine réputé d'Afrique du Sud dont les origines remontent à la fin du XVIIIe siècle.

Cabernet sauvignon 2008, Coastal Region • (710731) 26,20$
Très bon rouge marqué par l'empreinte du cabernet : une couleur profonde, un nez épicé et une attaque en bouche mûre, mais pourtant très franche et vive. Encore jeune et marqué d'accents boisés, il s'affirme avant tout par sa droiture et son grain serré. Très bien, à condition d'aimer les parfums fumés de la barrique. ★★★→? ②

Chardonnay 2010, Coastal Region • (710780) 16,25$
Sans sortir vraiment de l'ordinaire, ce bon vin blanc sec présente une allure plus achevée que la moyenne du genre. À la fois vif et vineux ; des tonalités salines lui confèrent une agréable personnalité. Recommandable à ce prix. ☆☆☆ ② ♥

Meerlust

Rubicon 2006, Stellenbosch • (10219823) 26,85 $
Cette propriété historique fondée en 1756 dans le secteur de Heldreberg, a été remise sur pied en 1975 par la famille Myburg. Le *winemaker* Chris Williams y signe aujourd'hui une belle série de vins de facture classique, teintés d'élégance. Produit pour la première fois en 1980, cet assemblage de cabernet sauvignon, de merlot et de cabernet franc est le porte-étendard de la propriété. Le vin fait preuve d'une race certaine, avec une attaque en bouche dense et vigoureuse, qui révèle des accents de cèdre et de boîte à cigares. Encore étonnamment jeune, son équilibre et son intensité font espérer un excellent potentiel de garde. Un 2001 dégusté récemment lors d'un séjour dans la région n'avait d'ailleurs rien perdu de sa forme, et se présentait avec une grâce peu commune. D'autant plus recommandable qu'il ne semble pas soumis à la surenchère de prix dont font l'objet certains vins cultes. ★★★★ ③ ♥

COMMENTÉS SOMMAIREMENT, D'AUTRES VINS D'AFRIQUE DU SUD

Fleur du Cap, Cabernet sauvignon 2009
(969097) 15,80 $
Bon Cabernet courant, peu aromatique, mais doté d'une bonne tenue en bouche. ★★ ②

Chardonnay 2010
(340406) 14,45 $
Un vin blanc classique et sans surprise, mais satisfaisant à ce prix. ☆☆ ②

Robertson, Chenin blanc 2010
(10754228) 9,90 $
Au répertoire général et à prix fort abordable, ce bon vin blanc aromatique, sec, original et passablement vineux a tous les atouts pour plaire. Très bon achat ! ☆☆☆ ② ♥ ©

Shiraz 2007, Wolfkloof, Robertson
(10649111) 19,80 $
Gros vin très fruité, joufflu, tannique et sentant le raisin confit. Pas grossier, mais chaud (15 %) et rustique. ★★→? ②

Shiraz 2010, Robertson
(586149) 13,70 $
Moins étoffé que le Wolfkloof et moins avantageux que le Chapel Red. Néanmoins, un bon Shiraz d'envergure moyenne, offert à prix juste. ★★ ② ©

Chapel Red, Robertson
(10845568) 9,75 $
Bon vin non millésimé, suffisamment fruité, souple et agréable à boire. Tout à fait recommandable à ce prix. ★★ ② ♥

D'AUTRES VINS ROUGES DE QUALITÉ MOYENNE ★★

Kumala, Shiraz 2010, Western Cape
(10754236) 11,15 $

Merlot-Pinotage 2010, Western Cape
(10489743) 11,05 $

Mopaya, Shiraz-Cabernet sauvignon 2008, Stellenbosch
(11315454) 14,95 $

Vins rosés

Cette année encore, alors que le rosé a le vent dans les voiles – une augmentation des ventes de 11,9 % par rapport à l'an dernier – et qu'une foule de vignerons talentueux s'appliquent à lui redonner ses lettres de noblesse, la SAQ semble avoir raté une belle occasion d'en faire pleinement profiter les consommateurs québécois.

Outre quelques bons produits présentés dans le magazine *Cellier* de l'été 2011, l'offre demeure décevante et s'articule surtout autour de rosés de facture commerciale, plutôt que de bons vins fins, sincères et désaltérants.

L'amateur curieux sera néanmoins ravi d'apprendre qu'une vaste sélection de vins rosés est disponible en importation privée IP.

bon à savoir

On n'obtient pas du vin rosé en mélangeant du rouge et du blanc. Ce vin de teinte claire issu de raisins rouges est obtenu soit par une courte macération des baies, soit par un lent pressurage.

La plupart des pays du Nouveau Monde autorisent les assemblages de raisins rouges et blancs pour l'élaboration de vin rosé.

Sauf exception, le vin rosé doit être bu avant l'âge de 3 ans. Après, il risque fort d'avoir perdu son fruit et sa fraîcheur.

Les deux conditions essentielles à considérer dans le choix d'un rosé sont l'équilibre et l'absence de sucre résiduel. Le reste appartient au domaine subjectif du goût.

• FRANCE •

Brotte

Les Églantiers 2010, Tavel • (11445380) 19,05$
En plus de commercialiser la populaire Fiole du Pape, cette cave rhodanienne élabore un bon vin rosé de Tavel, passablement nourri, généreux, rond et volumineux, avec une richesse alcoolique de 14%. Assez bien structuré. Recommandable, quoiqu'un peu plus de fraîcheur serait bienvenue. ★★★ ©

Carrelot des Amants

Côtes de Brulhois, Les Vignerons de Brulhois 2010 • (620682) 11,55$
Un assemblage de merlot, de cabernet franc et de malbec donne à ce vin une belle couleur soutenue, de la droiture et une bonne tenue en bouche. Sec, frais et égayé de saveurs fruitées très nettes. Désaltérant et salin, avec une matière fort satisfaisante pour le prix. ★★★ ♥ ©

Château Bellevue La Forêt

Fronton 2010 • (219840) 15,30$
Ce très bon rosé de Fronton effectue un retour à un style plus droit, après un 2009 un peu trop pommadé à mon goût. Sec et franc, il offre suffisamment de tenue en bouche pour être servi à table, comme à l'apéro. ★★★ ©

Château de Lancyre

Coteaux du Languedoc Pic-Saint-Loup 2010 • (10263841) 15,05$
Depuis quelques années, cette propriété fait preuve d'une grande régularité, qui se reflète aussi dans ce rosé typiquement méditerranéen par sa couleur pâle et par la générosité de ses parfums de fruits. Net, franc, assez vineux et ponctué d'une délicate amertume, qui ajoute à son caractère et à sa tenue en bouche. Un achat avisé. ★★★★ ♥ ©

Château de Nages

Costières de Nîmes 2010 • (427625) 14,95$
Expression délicate et friande des cépages grenache (60%) et syrah. Rafraîchissant, mais assez vineux pour être apprécié à table, avec un pavé de saumon par exemple. ★★★ ©

Domaine Le Pive Gris

Vin de Pays des Sables du Golfe du Lion 2010 • (11372766) 14,15$
Un exemple modeste, mais tout à fait représentatif d'un bon rosé de pressurage direct, c'est-à-dire vinifié avec une macération très brève des baies dans le moût. Résultat, un bon vin sec, de couleur pâle, dont les saveurs délicates de fruits et la finale désaltérante ont tout pour plaire, surtout à ce prix. ★★★ ♥ ©

Mas Jullien

Le domaine fondé par le talentueux Olivier Jullien au milieu des années 1980 est toujours la source d'excellents vins, sincères et inspirés.

Coteaux du Languedoc •
2010 (11419595) 22,95 $
Le rosé de la propriété n'y fait pas exception. Issu d'une saignée, donc plus coloré que la moyenne, ce vin de gastronomie est certainement assez solide pour accompagner les plats de poisson et certaines viandes blanches. Un vin vibrant dont la tenue en bouche et l'équilibre d'ensemble ont valeur d'exemple. ★★★★ ♥

Pétale de Rose

Côtes de Provence 2010 • (425496) 18,95 $
Chaque année, la saison estivale amène, pour le meilleur et pour le pire, son lot de vins rosés à la SAQ. Certains vins ne font qu'une année, d'autres résistent aux modes et ne connaissent aucun fléchissement qualitatif. C'est précisément le cas du célèbre rosé de Régine Sumeire qui, depuis une vingtaine d'années, trône au rayon des produits courants. Un succès bien mérité, si l'on en juge par les vertus désaltérantes et aromatiques de cet excellent 2010. Après un 2009 opulent et ensoleillé, la grande dame de la viticulture provençale récidive avec un vin parfaitement sec, droit et précis. Un peu plus cher que la moyenne, mais impeccable, comme toujours. ★★★★ ♥ Ⓒ

• ITALIE •

Costaripa

En plus de contribuer au succès de Bellavista à titre d'œnologue, Mattia Vezzola veille sur la propriété qu'avait fondée son grand-père sur les rives du lac de Garde.

RosaMara 2009, Garda Classico Chiaretto • (11415121) 20,35 $
Il prouve avec aplomb que son talent ne se limite pas à l'élaboration de sublimes Franciacorta, mais s'étend aussi à des vins de table distingués, comme ce savoureux rosé composé de groppello, de marzemino, de sangiovese et de barbera. Vineux, ample, et ponctué de notes de pierre à fusil ; racé et parfaitement équilibré. Si un vin devait vous convaincre que le rosé n'est pas un produit de second ordre… ★★★★ ♥ ▼

On trouve également des vins de ce producteur en importation privée. (IP)

D'AUTRES VINS ROSÉS DE QUALITÉ CONVENABLE ★★ ©

FRANCE

Domaine du Tariquet, Rosé de pressée 2010, Vin de Pays des Côtes de Gascogne
(11445961) 14,40$

Grain d'Amour 2010
(11445689) 15,45$

Vieux Château d'Astros 2010, Côtes de Provence
(10790843) 15,25$

ITALIE

Carpineto 2010, Toscana
(10263189) 14,70$

Casa Girelli, Lamura 2010, Sicilia
(10510151) 12,45$

Cesari, Umberto ; Moma 2010, Rubicone
(11445208) 13,60$

Masi, Modello delle Venezie, Venetia
(10791803) 13,95$

Miglianico, Cerasuolo d'Abruzzo 2010, Montepulciano d'Abruzzo
(589606) 9,95$ – 1 litre

Ogio, Primitivo 2010, Puglia
(11445267) 10,05$

Vivolo di Sasso, Pinot grigio 2010, Veneto
(10790771) 11,55$

Voga, Rosa delle Venezie 2010
(11104788) 14,60$

ESPAGNE

Castillo de Almansa, Syrah 2010, Bodegas Piqueras
(11445988) 13,10$

Castillo de Liria, Bobal rosé 2010, Valencia
(897728) 8$

Hoya de Cadenas, Bobal 2010, Utiel-Requena
(11073011) 11,35$

Monte Castrillo 2010, Ribera del Duero
(11445996) 13,75$

Penascal, Tempranillo 2010, Vino de la Tierra de Castille-y-Leon
(11446016) 12,15$

Torres, Sangre de Toro 2010, Catalunya
(11278112) 13,15$

PORTUGAL

Casal Garcia 2010, Vinho Verde

(11445574) 12,10$

ALLEMAGNE

Villa Wolf, Pinot noir rosé 2010, Dr. Loosen, Pfalz
(11446008) 14,70$

ÉTATS-UNIS

Gallo, Ernest & Julio ; White Zinfandel 2010, Californie
(285767) 10,95$

Liberty School 2010, Californie
(11243446) 18,95$

Ménage à Trois, Folie à Deux, Californie
(10938861) 19,75$

CANADA

Mission Hill, Five Vineyards 2010, Okanagan Valley
(11445697) 18,75$

Vignoble de la Rivière-du-Chêne, Le Rosé Gabrielle 2010
(10817090) 15,50$

CHILI

San Pedro, Cabernet sauvignon-Syrah 2010, Leon de Tarapaca, Vallée Centrale
(11445970) 11,10$

Santa Rita, Cabernet sauvignon 2010, 120, Valle del Maipo
(266502) 11,95$

ARGENTINE

Fuzion Alta, Shiraz 2010, Mendoza
(10938781) 10,10$

NOUVELLE-ZÉLANDE

Crawford, Kim ; Pansy 2010, Hawkes Bay - Gisborne
(11447326) 18,20$

AFRIQUE DU SUD

Two Oceans, Shiraz 2010, Western Cape
(11278075) 12,10$

Champagne et vins mousseux

Champagne

Après avoir vu ses ventes chuter en 2008 et en 2009, la Champagne vit, depuis deux ans, une reprise qui lui a permis de justifier l'augmentation des rendements à l'hectare pour les vendanges de 2010 et de 2011. En 2008, alors que les stocks s'accumulaient dans les entrepôts et que certains Champagne étaient vendus à perte, l'INAO avait aussi accepté d'étendre les limites de la zone de l'appellation pour inclure 40 nouvelles communes.
L'avenir nous dira si ces mesures conjuguées affecteront la qualité de ce grand vin mousseux, dont la suprématie n'a jamais été démentie depuis des siècles.

Au Québec, la SAQ enregistrait une croissance des ventes de 9,5 % avec des ventes annuelles de près de 39 millions de dollars. Les vins mousseux produits à l'extérieur de la Champagne se portent tout aussi bien alors que l'on observe une progression de 14,5 %, pour un total annuel de 59,7 millions de dollars de recettes.

www.champagne.fr

en peu de mots

La mention « Blanc de blancs » s'applique à un vin mousseux issu exclusivement de raisins blancs, généralement de chardonnay. Ces vins se distinguent davantage par leur finesse que par leur vinosité.

L'indication « Blanc de noirs » désigne un vin composé de raisins noirs – généralement pinot noir et pinot meunier –, ce qui lui confère, en principe, plus de corps et de vinosité.

Les 12 plus grandes maisons de négoce sont responsables de la production de plus de la moitié des 350 millions de bouteilles commercialisées annuellement. Cinq groupes sont même cotés en Bourse.

LES PLUS RÉCENTS MILLÉSIMES COMMERCIALISÉS

2006 Beau mois de septembre et beaucoup de vins fins, mais aussi riches et généreux.

2005 Année de chaleur; bon millésime en général, mais sans la classe des meilleurs.

2004 Récolte plantureuse. Des vins fins de forme classique. Plusieurs cuvées millésimées.

2003 Millésime caniculaire peu propice. Vins atypiques, faibles en acidité.

2002 Excellent et abondant millésime qui a donné des vins riches, profonds et au caractère très mûr.

2000 Plusieurs cuvées millésimées. Très bon, mais pas une année exceptionnelle. Les meilleurs sont fins et vivront longtemps.

Agrapart

Minéral 2003, Grand cru Blanc de blancs •
(10812951) 82,75$
Cette cave familiale compte à peine 10 hectares de vignes, qu'elle soigne scrupuleusement. Le labour des sols est fait à l'ancienne, les fermentations sont conduites avec les seules levures indigènes et les vins profitent d'un élevage sur lies en fût de chêne. Issu exclusivement de vieilles vignes de chardonnay du village d'Avize, le 2003 témoigne brillamment de la richesse du millésime avec sa vinosité exquise, ses saveurs racées, pénétrantes et pourtant pleines de fraîcheur. Cinq étoiles bien méritées pour un vin remarquablement chic et vendu à prix juste. ☆☆☆☆☆ ②

Barnaut

Ce domaine conduit avec rigueur par Philippe Secondé compte parmi les maisons champenoises les plus en vue, selon l'auteur britannique Hugh Johnson. Le seul vin issu de ce domaine qui soit vendu à la SAQ est impeccable.

Grand cru, Blanc de noirs • (11152958) 46,25$
L'amateur de Champagne à l'affût d'aubaines sera immanquablement séduit par ce vin issu du terroir de Bouzy, à une vingtaine de kilomètres au sud-est de Reims. Une agréable vinosité teintée de fraîcheur, du caractère et une tenue en bouche digne de mention pour le prix. À moins de 50$, il est sans égal. ☆☆☆☆

Billecart-Salmon

Cette maison réputée de Champagne appartient majoritairement à la Compagnie financière Frey, aussi propriétaire du Château La Lagune à Bordeaux et de la maison rhodanienne Paul Jaboulet Aîné.

Brut Réserve • (10653339) 83,25$ • (11154603) 35,75$ – 375 ml
Fruit d'un assemblage de pinot noir, de pinot meunier et de chardonnay qui proviennent de trois différents millésimes et des meilleurs terroirs de la Marne. Le style est classique : des bulles très fines, un bouquet délicatement brioché et une très belle persistance en bouche. Aussi disponible en demi-bouteille. ☆☆☆

Brut rosé • (10866748) 53,25$ – 375 ml
Plus modeste. On reconnaît l'esprit de la maison, mais l'ensemble est un peu court et linéaire. À apprécier davantage pour ses notes fruitées délicates que pour sa sève. ★★★

Bollinger

Marque-culte, Bollinger est un grand nom de la Champagne. De nombreux amateurs dans le monde ne jurent que par ses vins riches et profonds, parmi les plus étoffés de la région. La maison reste fidèle à la tradition et, surtout, demeure attachée aux vinifications en fût de chêne qui ont tant contribué au style unique de ses vins.

Special Cuvée Grande Année 2000 • (145169) 139$
Un vin riche et complexe, vinifié en barrique, qui offre toujours cette vinosité typique de la marque. Sans surprise, il comble le palais par son intensité teintée de finesse, ses saveurs mûres et racées, et sa fraîcheur exquise. On peut en garder quelques bouteilles en cave, car ce fabuleux Champagne affronte les années avec une élégance rare. ☆☆☆☆ ②

Special Cuvée Brut • (384529) 64,25$
Toujours impeccable, cette cuvée est un modèle en matière de brut non millésimé. Plus consistant et structuré que la moyenne, une saine acidité rehausse ses arômes de noisette. ☆☆☆☆

Canard-Duchêne

Cuvée Léonie, Brut • (11154700) 55$
Depuis son rachat par Alain Thiénot, cette ancienne maison enregistre des progrès notables. Le Brut non millésimé est composé de pinot noir, de pinot meunier et de chardonnay. Fin et distingué, il offre une agréable vinosité et une jolie tenue. Un nom à surveiller. ☆☆☆

De Saint Gall

Fondée en 1966 à Avize, la coopérative Union Champagne est un regroupement de quelque 1860 vignerons qui exploitent 1200 hectares de vignes.

Cuvée Orpale 1996, Grand cru Brut Blanc de blancs • (10839686) 115$
Le fleuron de la marque se distingue par sa délicatesse, ses saveurs fines et son caractère subtilement brioché, sur un fond minéral. Excellent exemple de Blanc de blancs. Classique et raffiné. ☆☆☆☆

Premier cru Blanc de blancs, Brut • (542209) 57,50$
Distribuée dans l'ensemble du réseau, la cuvée Blanc de blancs non millésimée est tout à fait recommandable. Très bon vin charmeur, rond et facile à boire. ☆☆☆

La Champagne est dans sa bulle

En juillet dernier, le Comité interprofessionnel du vin de Champagne (CIVC) annonçait que les rendements de la vendange 2011 seraient fixés à 12,5 tonnes par hectare – une hausse de près de 20 % par rapport à l'année précédente – afin de répondre à la demande mondiale.

Bien que la nouvelle limite autorisée ne soit pas particulièrement excessive pour la région, cette annonce a suffi à réanimer le sempiternel débat des enjeux qualitatifs en Champagne. Car si leur aura de prestige ne connaît aucun fléchissement, les vins effervescents du vignoble le plus septentrional de France ne naissent vraiment pas tous égaux. Le bilan des dégustations mène souvent à la triste conclusion que la qualité générale des Champagne laisse encore à désirer.

Rappelons que les rendements du vignoble champenois sont considérablement plus élevés que la moyenne française, qui se situe autour de 7,5 tonnes par hectare. Il en résulte parfois des raisins à peine mûrs, dont on tire des vins dilués qui devront ensuite être corrigés par une série de procédés œnologiques, comme le dosage, qui consiste en l'ajout d'un mélange de vin et de sucre afin d'adoucir le Champagne.

Plusieurs maisons se complaisent ainsi dans le confort de leur appellation prestigieuse et osent encore vendre à prix d'or des vins de qualité quelconque, dans lesquels la notion de terroir est négligée.

Que faire, donc? délaisser le Champagne et s'en remettre désormais aux autres vins effervescents du monde? Ce serait dommage, puisqu'il existe aussi plusieurs grandes maisons et vignerons indépendants de Champagne voués à l'élaboration de vins authentiques et sincères, qui demeurent réfractaires aux modes et au laxisme des organismes législateurs. Agrapart, Barnaut, Bollinger, Drappier, Egly-Ouriet, Gimonnet, Krug, Larmandier-Bernier et Pol Roger sont quelques noms à retenir pour leur qualité irréprochable.

NADIA FOURNIER

L'actualité, octobre 2011

De Venoge

Après une récente période tumultueuse, cette ancienne maison champenoise a été reprise par le groupe Boizel Chanoine en 1998.

Cordon Bleu Brut • (11354568) 191,75 $ – 6 x 375 ml
Vendu dans un coffret de six demi-bouteilles, ce Champagne modérément vineux est doté d'un bon équilibre et égayé de francs arômes de pomme et d'agrumes. Pas très complexe, mais bien fait. ☆☆☆ ②

Delamotte

Cette petite maison de Champagne située à Le Mesnil appartient à la firme Laurent-Perrier.

Brut • (10839660) 42,75 $
Composé à moitié de chardonnay, ce vin n'est peut-être pas le plus exubérant, mais son équilibre, sa mousse fine et durable et sa finesse aromatique teintée de notes minérales laissent une impression élégante en bouche. Prix attrayant. ☆☆☆

Brut rosé • (10968306) 77,25 $
Majoritairement issu de pinot noir, qui lui donne une jolie couleur saumon, une bouche fraîche et élégante et des arômes fins et nuancés. Cher, mais c'est l'un des bons Champagne rosés sur le marché. ★★★★ ▼

Deutz

Cette cave champenoise de renom fut fondée en 1838. Elle appartient aujourd'hui à Roederer et est gérée par Fabrice Rosset.

Brut Classic (10654770) 55,25 $
La cuvée Brut Classic est composée de pinot noir, de pinot meunier et de chardonnay à parts égales. Le vin a un équilibre idéal. Plein de vitalité, il mise avant tout sur la pureté et la précision du fruit. ☆☆☆

Drappier

La famille Drappier exploite un vignoble de 55 hectares sur la commune d'Urville, au sud de l'appellation. Le Brut Nature offre parmi les meilleurs rapports qualité-prix à la SAQ.

Brut Nature, Pinot noir, Zéro dosage • (11127234) 43,50 $
Aucune liqueur d'expédition n'a été ajoutée après le dégorgement de cette cuvée composée exclusivement de pinot noir. Son onctuosité est donc attribuable à la maturité des raisins plutôt qu'à un procédé œnologique. Sec et désaltérant, il offre un plaisir certain grâce à son attaque en bouche franche et à ses notes délicatement briochées. Un achat d'enfer à ce prix ! ☆☆☆☆

Carte D'Or Brut • (734699) 40,75 $
Plus modeste, mais fort recommandable. Droit et doté d'une agréable vinosité. ☆☆☆

Duval-Leroy

Cette importante entreprise familiale fondée en 1859 possède 170 hectares de vignes.

Design Paris • (10516414) 62,75$
Présenté dans une bouteille élégante qui rappelle les lieux célèbres de la Ville lumière, cet assemblage est dominé par 60% de pinot noir, d'où son agréable vinosité et sa tenue en bouche. Un léger caractère brioché ajoute à son charme raffiné. ☆☆☆

Femme de Champagne Brut 1996 • (611814) 65$
Au sommet de la gamme Duval-Leroy, cette cuvée traduit avec justesse la qualité du millésime. Très majoritairement composé de chardonnay provenant des grands crus d'Avize, de Chouilly et d'Oger, le 1996 exprime avec beaucoup de précision des saveurs fines de fruits et un caractère quasi salin. Très chic et très... féminin! ☆☆☆☆

bon à savoir

La traditionnelle flûte à Champagne permet à la bulle de persister plus longtemps, mais elle ne rend pas toujours justice aux nuances exquises des meilleurs vins. Voilà pourquoi le verre Riedel Ouverture ou le Spiegelau Dégustation sont maintenant préférés par nombre d'amateurs et de professionnels.

L'amateur de Champagne en quête d'aubaines se réjouira certainement de l'arrivée au Québec d'une belle sélection de vins issus de petits «propriétaires-récoltants éleveurs», spécialisés dans le cousu main. Loin d'être inabordables, leurs cuvées offrent souvent un rapport qualité-prix plus avantageux puisqu'elles nécessitent un budget promotionnel nettement moindre. Pas étonnant que ces vins suscitent un intérêt croissant auprès des restaurateurs et des amateurs de Champagne de terroir.

Pour en profiter pleinement, le Champagne doit être servi entre 8 et 10 °C. Au-delà de 13 ou 14 °C, l'effervescence prend plus de volume et alourdit les sensations.

En principe, le Champagne est prêt à boire dès sa commercialisation. Cependant, des bouteilles de qualité, surtout des grands millésimes, peuvent non seulement conserver leurs qualités, mais se développer pendant quelques années en cave.

Le Champagne millésimé est l'équivalent du Porto Vintage. Il est produit seulement dans les grandes années et il est apte au vieillissement.

Egly-Ouriet

La famille Egly s'inscrit à merveille dans la grande tradition des vignerons champenois récoltants-manipulants, qui assurent l'élaboration de Champagne issus de leurs propres récoltes. De la vigne au chai, Francis Egly met tout en œuvre pour obtenir des vins racés, élégants et authentiques.

Tradition Grand cru, Brut • (11538025) 73 $
S'il n'est pas le plus volumineux, ce vin issu essentiellement de pinot noir se distingue aisément par l'élégance de sa texture et la délicatesse aérienne de ses bulles. Sec, doté d'un caractère minéral très racé et d'une fin de bouche pénétrante. Un Champagne remarquable, multidimensionnel, long en bouche, et surtout doté de ces multiples couches de saveur qui sont la marque des grands vins. Quelle exquise pureté ! ☆☆☆☆☆

Gimonnet, Pierre & Fils

Pierre Gimonnet veille sur cette vaste propriété qui appartient à sa famille depuis 1750 et qui s'étend sur les zones de grands crus et de premiers crus. Les dosages sont généralement limités ; ainsi, le fruit peut s'exprimer dans toute sa subtilité.

Cuvée Cuis Premier cru, Blanc de blancs • (11553209) 59,50 $
Présenté dans le magazine *Cellier* de novembre 2011, ce vin vibrant et expressif, élaboré sans élevage en fût de chêne, fait preuve d'une pureté exemplaire. Manifestement issu de raisins mûrs, sec, franc et naturellement vineux, il déploie en bouche des saveurs cristallines, minérales et persistantes. Belle bouteille ! ☆☆☆☆ ②

Premier cru Chardonnay 2004, Brut • (10230694) 76,75 $
Ce vin adopte un style plus vineux. Même s'il n'a pas l'intensité du 2000 commenté l'an dernier, on appréciera son équilibre d'ensemble, sa mousse crémeuse et ses jolies notes briochées, mises en relief par une délicate amertume. À boire entre 2012 et 2016. ☆☆☆☆ ②

Gosset

Jean-Pierre Cointreau veille sur cette vieille maison d'Aÿ depuis mars 2007.

Grande Réserve Brut • (10839619) 60,25 $
Une bonne proportion de pinot noir et de pinot meunier, majoritairement issus des terroirs de grands crus, ajoute à la tenue en bouche de ce vin une ampleur digne de mention. Prix tout à fait justifié pour un vin mûr, ouvert et équilibré. Qualité exemplaire. ☆☆☆☆

Heidsieck, Charles

Propriété du groupe Rémy-Cointreau, cette maison de Champagne fait preuve de beaucoup de rigueur.

Brut Réserve • (031286) 60,50 $
En plus de mentionner, sur la bouteille, la date de mise en cave, on a pris soin d'indiquer aussi celle du dégorgement. Ce vin, de qualité constante, se distingue par son élégante vinosité. Une marque fiable, et l'un des Champagne à retenir, dans un style vineux et nourri. ☆☆☆☆

Henriot

Cette maison fondée en 1808 par Apolline Godinot, veuve de Nicolas Simon Henriot, est également propriétaire de Bouchard Père & Fils et du domaine William-Fèvre en Bourgogne.

Blanc Souverain, Pur Chardonnay, Brut • (10796946) 64,50 $
Composé de chardonnay cultivé en partie dans la côte des Blancs, ce brut non millésimé a profité d'un élevage de cinq années sur lies. Sa profondeur, sa richesse et son style, teintés de jolies nuances de brioches, mettent en relief toute la finesse et la complexité d'un grand Champagne. ☆☆☆☆

Brut Millésimé 1996 • (10839627) 75,50 $
Un léger caractère *rancio* ponctué de fines notes de champignon ; assez fin et équilibré, mais il a perdu un peu de sa fraîcheur. ☆☆☆

Brut rosé • (10839635) 73,25 $
Encore frais et vigoureux ; fruité et délicatement aromatique, suffisamment de tenue et un bel équilibre. L'un des bons Champagne rosés sur le marché. ★★★

Jacquesson

Cuvée n° 730 (10758819) 60,25 $
Fondée en 1798 et reprise en 1974 par la famille Chiquet qui l'a brillamment remise sur les rails, cette cave est l'une des rares à conduire encore les vinifications en foudre de chêne. La Cuvée 730 est composée de raisins qui proviennent exclusivement de grands et de premiers crus. Fin, distingué et délicatement vineux. ☆☆☆

Krug

Grande Cuvée • (727453) 271,25 $
Cette entreprise mythique fait partie de l'empire LVMH. Ce Champagne d'exception déploie une richesse et une finesse uniques. Triomphe de vinosité subtile et d'équilibre, élaboré en petit fût de chêne – Krug est l'une des dernières maisons à s'offrir ce luxe –, ce qui lui confère des notes oxydatives subtiles et une race hors du commun. Pour goûter le meilleur de la Champagne. Du grand art ! ☆☆☆☆☆

Larmandier-Bernier

Pierre Larmandier cultive 15 hectares en biodynamie. Les vins dégustés au cours des dernières années se distinguaient tous par une expression à la fois mûre, minérale et épurée du chardonnay.

Terre de Vertus Premier cru • (11528011) 71 $
L'amateur de Champagne distingué et épuré sera immanquablement conquis par la race et les saveurs cristallines de cette cuvée issue exclusivement de chardonnay cultivé en coteau dans la commune de Vertus, dans la Marne. Un vin non dosé, parfaitement sec, dont la texture à la fois crémeuse et délicate est portée par des bulles très fines. Le Blanc de blancs façon haute couture. Sublime ! ☆☆☆☆☆

Champagne : le goût avant la marque

Grand symbole hollywoodien, incontournable du podium de la Formule 1, siège social dans un quartier chic de Paris... La Champagne détonne souvent dans le paysage traditionnel de la France viticole. Alors que la plupart des régions de l'Hexagone célèbrent le lien étroit entre le vigneron et son terroir, la Champagne parle de prestige, de positionnement de produits, d'image corporative. L'influence du marketing *sur la région est telle qu'elle laisse parfois l'impression que certains producteurs ont presque perdu contact avec l'essence de ce produit de la terre.*

Anselme Selosse, propriétaire-récoltant et éleveur, n'a que faire des caméras, du *glamour* et des célébrations ostentatoires. Sa définition de la Champagne en est une de peu de mots : elle se goûte. Adepte de la biodynamie, mais avant tout libre-penseur, il mise sur l'usage exclusif des levures indigènes, sur des vinifications parcellaires et sur un élevage en fût de chêne pour tirer le meilleur des sols crayeux dans lesquels s'enracinent ses vignes de chardonnay. Tous ses vins ont valeur d'exemple. L'illustre auteur britannique Jancis Robinson a d'ailleurs déjà écrit que tout amateur de vin devrait s'offrir, au moins une fois dans sa vie, l'occasion de déguster l'une de ses cuvées.

Bien qu'il soit, de loin, le représentant le plus connu de cette autre réalité de la Champagne, Anselme Selosse n'est pas un cas unique. Une poignée de vignerons indépendants suscitent un intérêt croissant auprès des amateurs et de la presse viticole, rivalisent avec les marques prestigieuses et occupent une place de choix sur les cartes des bons restaurants de ce monde.

Petit signifie-t-il nécessairement meilleur ? Cela dépend. Tout comme les vins des grandes maisons, les Champagne de vignerons indépendants présentent une qualité variable. Certains sont banals, d'autres majestueux. La réputation des producteurs demeure encore la meilleure garantie.

Quoi qu'il en soit, l'impact de ces derniers sur l'échiquier champenois est de moins en moins marginal. Et comme ils proposent un rapport qualité-prix souvent plus avantageux que celui des marques commerciales, soumises à de lourds budgets promotionnels, on peut prédire que les consommateurs avisés seront de plus en plus nombreux à explorer le visage moins connu de cette divine effervescence.

NADIA FOURNIER

Affaire Plus, décembre 2010

Moët & Chandon

Membre fondateur de l'empire LVMH, la maison Moët & Chandon a longtemps été, tout comme Mumm, une figure emblématique de la Champagne. Fort de son succès, Moët écoule annuellement plus de 25 millions de bouteilles dans le monde.

Grand Vintage rosé 2003 • (461160) 95,50$
Friand et arrondi par un léger reste de sucre; dominante de fruit rouge, délicatement parfumé, pas spécialement distingué. Bon, mais sans éclat particulier et, surtout, très cher. ★★★

Nectar Impérial • (509695) 68,25$
Champagne demi-sec tout indiqué pour accompagner le dessert. Ample, suave, doux et généreux, il exerce un certain charme. ☆☆☆

Les deux cuvées non millésimées de Moët sont correctes:

Impérial Brut • (453084) 62,75$ ☆☆
Impérial Brut rosé • (482026) 77,50$ ★★

Paillard, Bruno

Créée en 1981, la société Bruno Paillard produit annuellement un demi-million de bouteilles. Elle s'est vite taillé une réputation enviable, dans cette région où règnent des institutions centenaires.

Brut Première Cuvée • (411595) 53,75$
À point, vineux et généreusement brioché, mûr, ample et sec; une droiture et une franchise impeccables. Depuis 1985, cette maison indique systématiquement la date de dégorgement sur la contre-étiquette, une précision utile. ☆☆☆

Brut Première Cuvée, rosé • (638494) 65$
Plus délicat, assez fruité, équilibré et fort agréable. ★★★

Pascal, Franck

Depuis quelques années, Franck Pascal a opté pour une conduite biodynamique dans son vignoble de la Marne. L'ingéniosité ce vigneron inspiré donne naissance aujourd'hui à des vins impeccables qui témoignent d'un désir sincère de transmettre, avec authenticité, les subtilités du terroir.

Prestige 2002, Équilibre, Brut • (11552871) 64,75$
Encore étonnamment jeune et frais pour un vin âgé de 9 ans, cet excellent Champagne joue davantage la carte de la finesse que celle de la puissance. Sa mousse crémeuse et délicate laisse filtrer des notes minérales et fruitées très précises qui traduisent la nature crayeuse des sols de la région. Longue finale distinguée. ☆☆☆☆ ②

Tolérance, Brut rosé • (11552839) 61,50$
Les cépages pinot meunier et pinot noir ne sont certainement pas étrangers à la tenue en bouche de cet excellent rosé. Des saveurs pures et précises de fruits rouges, des bulles fines et une finale délicatement iodée. À ranger parmi les meilleurs rosés de Champagne dégustés cette année. Arrivée prévue lors du lancement du magazine *Cellier* de novembre 2011. ★★★★

On trouve également des vins de ce producteur en importation privée. IP

Piper-Heidsieck

Comme Charles Heidsieck, cette vieille maison de Reims fondée en 1785 a été acquise par le groupe Rémy Cointreau vers la fin des années 1980.

Rare Brut 1999 • (11055613) 250,75$
Au sommet de la gamme, le 1999 s'exprime avec finesse et élégance. Peut-être pas le plus vineux ni le plus impressionnant, mais ses nuances aromatiques et sa finale persistante doivent être soulignées. Un Champagne de garde que l'on peut, sans crainte, laisser reposer en cave pour les cinq prochaines années. ☆☆☆☆

Brut 2000 • (10968761) 85,50$
La vinosité et le profil épuré de ce vin lui donnent passablement d'envergure en bouche. Nourri, racé et plantureux, mais sans artifice inutile. Excellent! ☆☆☆☆

Brut • (462432) 59$
Plus modeste, tout en vitalité et en fraîcheur, et doté d'une belle netteté aromatique. Assez vineux et facile à boire. ☆☆☆

Rosé Sauvage Brut • (10840695) 77,75$
Par contre, beaucoup moins d'enthousiasme pour ce rosé qui contient un reste important de sucre. Saveurs rudimentaires et équilibre bancal. ★

Pol Roger

Cette entreprise restée familiale a conquis une foule d'amateurs sur tous les continents, qui ne jurent que par le raffinement, l'élégance et la précision de ses vins. Tous ont en commun un équilibre et une fraîcheur exemplaires.

Sir Winston Churchill 1999 • (892166) 206,25$
Cette superbe cuvée porte le nom du plus célèbre buveur de Pol Roger. Pendant les 10 dernières années de sa vie, l'ancien premier ministre britannique aurait bu 500 caisses de son Champagne préféré. La cuvée qui lui fait honneur est l'une des plus achevées. Un vin splendide qui déploie en bouche des couches de saveurs riches et complexes. Bien qu'il soit encore jeune, le 1999 appelle déjà tous les superlatifs. Long, suave, caressant et soutenu par un fil d'acidité parfaitement dosé; à la fois éminemment riche et épuré, comme en fait foi sa longue finale cristalline aux accents minéraux. Des vins d'une telle envergure ont besoin de temps pour s'épanouir; celui-ci devrait dormir en cave encore au moins trois ou quatre ans. ☆☆☆☆→☆ ③

Brut 2000 • (10663123) 87,75$
Composé de pinot noir et de chardonnay issus de 20 grands et premiers crus de Champagne, ce vin a profité d'un mûrissement de sept ans en cave avant d'être mis en vente. Le 2000 m'a semblé un peu plus nourri que le sublime 1999 qui l'a précédé. Volumineux et ponctué d'une pointe d'amertume qui ajoute à son caractère et à sa tenue en bouche. Il serait avisé de le laisser reposer encore quelques années. ☆☆☆☆ ③

Brut Blanc de blancs 1999 • (10663166) 93,75$
Dans le même esprit de raffinement, ce vin, qui provient exclusivement de grands crus de la côte des Blancs, joue davantage la carte de la finesse et de la fraîcheur. Superbe Champagne au chic fou, à la fois plein et suave. Avec l'équilibre et la complexité aromatique qui ont fait la réputation de Pol Roger. Sensationnel! ☆☆☆☆☆ ②

Pure • (11043487) 65$
Création récente au catalogue de Pol Roger, la cuvée Pure est un splendide Champagne non dosé, c'est-à-dire élaboré sans ajout de liqueur de tirage (sucre). Parfaitement sec et pourtant ample, généreux et friand. Le Champagne parfait pour accompagner les huîtres. Prix attrayant. ☆☆☆☆

Brut non millésimé • (051953) 60,75$
Plus modeste, mais toujours impeccable, le non millésimé compte pour 70% de toute la production de la maison. Pinot noir, pinot meunier et chardonnay à parts égales, proviennent de 55 crus différents. Les bulles sont fines; le vin est à la fois léger, tendre et vineux. Il demeure une référence. ☆☆☆☆ Ⓒ

Brut rosé 2000 • (10819562) 94$
À la fois tendre et nourri, c'est l'un des meilleurs spécimens du genre. Peu de Champagne rosés font preuve d'autant de classe. ★★★★ ▼ Ⓢ

Pommery

Depuis 1976, cette célèbre maison appartient à Vranken Pommery Monopole, deuxième groupe en importance derrière LVMH.

Brut Royal • (346106) 61,75$
Une quarantaine de crus et 20% de vins de réserve assurent la qualité et la constance de cette cuvée. Sa finesse aromatique, son délicat caractère brioché, son équilibre, sa vinosité et sa fraîcheur méritent d'être signalés. ☆☆☆

Brut rosé • (158543) 72,25$
Des notes de beurre et de fruits frais se marient à merveille dans ce vin équilibré et élégant. Frais et souple pour l'apéritif, suffisamment vineux pour la table. ★★★

Roederer

Cette maison renommée fait partie de l'élite et produit des vins de grande qualité, élaborés avec soin et maîtrise. Tout est bon.

Cristal Brut 2002 • (268755) 278,50$
Les inconditionnels de ce vin mythique retrouveront la vitalité, la délicatesse et les saveurs cristallines et complexes qui ont fait son succès. Grand vin, dont le style et la race parviendront peut-être à faire oublier son prix. ☆☆☆☆→? ②

Brut Premier • (268771) 65,25$
Une référence en Champagne non millésimé. La forte contribution de deux tiers de raisins noirs explique sa plénitude; des saveurs riches, une acidité finement dosée et une régularité à toute épreuve. ☆☆☆ Ⓒ

Brut rosé • (368415) 86,25$
L'un des bons rosés goûtés cette année. Un nez attrayant qui évoque le pain brioché et les levures, une attaque en bouche à la fois franche et onctueuse, et une belle mousse fine. ★★★

Ruinart

La plus ancienne des maisons champenoises appartient au groupe LVMH depuis 1988.

Dom Ruinart 1998, Blanc de blancs • (533851) 249,25 $
Réputé à juste titre pour sa finesse et sa somptueuse légèreté. De ce 1998 se dégagent des notes crayeuses et minérales ; la bouche est vive et accentuée de notes persistantes de mie de pain. L'amateur de Dom Ruinart retrouvera cette même forme classique, ronde et onctueuse. À savourer au cours des dix prochaines années. ☆☆☆☆

Taittinger

Cette propriété historique de Reims a été rachetée par le Crédit Agricole en 2006, mais est toujours dirigée par Pierre-Emmanuel Taittinger.

Les Folies de la Marquetterie • (10868452) 84 $
Hélas ! ce vin ne m'a toujours pas semblé être à la hauteur des attentes. Certes, on y reconnaît la délicatesse caractéristique de la maison, mais il manque de consistance et laisse une impression un peu diluée en fin de bouche. ☆☆☆

Brut Réserve • (10968752) 54 $
Le profil aromatique du Brut Réserve m'a semblé plus subtil que lorsque dégusté l'an dernier. Sans grande envergure, mais bien fait et assez harmonieux. ☆☆☆

Cuvée Prestige rosé • (372367) 68,75 $
Couleur saumon, fruité, vigoureux et relevé de fines notes d'épices. Pas très persistant, mais charmant et désaltérant. ★

Varnier-Fannière

Grand cru Blanc de blancs, Brut • (11528089) 53,50 $
Bon Champagne au caractère brioché caractéristique des vins issus de chardonnay ; pas spécialement complexe, mais ample en bouche, agréable à boire et vendu à bon prix. À boire sans trop attendre. Arrivée prévue en décembre 2011. ☆☆☆

Veuve Clicquot-Ponsardin

Rigoureusement menée par Dominique Demarville et son équipe d'œnologues, cette grande maison champenoise reste bien présente dans le peloton de tête. Autant La Grande Dame fait partie de l'élite, autant la simple cuvée Carte Jaune représente le brut non millésimé par excellence.

La Grande Dame 1998 • (354779) 248,50$
Superbement riche et intense, un mélange exquis de finesse et de vinosité caractéristiques de la marque. Sa plénitude en bouche et son harmonie ont une allure souveraine. Peut vivre aisément 20 ans, sinon plus. ☆☆☆☆☆

Vintage Reserve 2002 • (508614) 89$
Une référence incontournable en Champagne millésimé. Le 2002 joue la carte de la finesse, avec des saveurs délicates et un équilibre impeccable. Encore jeune, il se révélera peut-être davantage dans cinq ou six ans. ☆☆☆→? ③

Carte Jaune • (563338) 67,25$ • (572586) 134,50$ – 1,5 litre
Un classique. Pas le plus vineux, mais son équilibre et sa finesse compensent largement. Encore recommandable, quoique les quelques bouteilles débouchées cette année n'avaient pas autant de classe qu'auparavant. ☆☆☆

D'AUTRES CHAMPAGNE COMMENTÉS SOMMAIREMENT

Besserat de Bellefont, Cuvée des Moines, Brut rosé
(11154515) 58,75$
Très bon Champagne de couleur rose pâle, avant tout léger et délicat, avec une certaine tenue en bouche et un bel équilibre. ★★

Cuvée des Moines, Brut Blanc de blancs
(11551941) 69,75$
Assez dosé, avec des parfums de pain grillé et une présence de sucre perceptible. Un peu court en finale. Arrivée prévue en décembre. ☆☆

Boizel , Brut rosé
(10970650) 53,25$
Une jolie couleur rose pâle ; pas très exubérant, mais franc de goût. ★★

Devaux, Cuvée D, Brut
11551852) 62,75$
Le plus complet de la gamme ; crémeux, assez ample, notes de pain grillé et délicate amertume en finale qui rehausse ses notes minérales. ☆☆☆

Blanc de noirs, Brut
(871954) 48$
Quoique modeste, ce vin tire tout de même une assez bonne tenue du cépage pinot noir. Vif et assez bien fait. ☆☆

Grande Réserve, Brut
(11374315) 49$
Moins d'affinités pour ce vin d'ampleur moyenne, assez vif et fruité, mais pas très élégant ni vraiment complet. ☆

Goerg, Paul ; Brut Premier cru 2005
(439190) 52,25 $
Bon an mal an, cette maison commercialise un bon vin composé exclusivement de chardonnay. Pas très complexe, mais à ce prix, on apprécie sa fraîcheur et la netteté de ses arômes de levure. À boire au cours des deux prochaines années. ☆☆☆ ©

Lallier, Grande Réserve, Brut
(11374251) 46,75 $
Fruit d'un assemblage de chardonnay et de pinot noir issus de terroirs de grands crus, ce vin nouvellement inscrit au répertoire de la SAQ charme par son attaque en bouche franche et assez onctueuse et sa finale aux accents briochés, sans doute attribuables au dosage. L'un des rares Champagne à moins de 50 $. ☆☆☆ ② ©

Laurent-Perrier, Brut
(340679) 63,75 $
Saveurs très mûres, passablement vineux et crémeux, mais malgré tout un peu rudimentaire et unidimensionnel. ☆☆

Brut rosé
(158550) 98,50 $
Parfumé, rond et flatteur ; prix élevé. ★★

D'AUTRES CHAMPAGNE DE QUALITÉ MOYENNE ☆☆

Abelé, Henri ; Brut
(11469568) 59,75 $

Collet, Grand Art, Brut
(11460264) 49,50 $

Feuillatte, Nicolas ; Réserve Particulière, Premier cru
(578187) 46,75 $

Jacquart, Mosaïque 1999, Brut Blanc de blancs
(10653224) 75,75 $

Mumm, Cordon Rouge
(308056) 62,25 $

D'AUTRES CHAMPAGNE ROSÉS DE QUALITÉ MOYENNE ★★

Forget-Brimont, Brut rosé Premier cru
(10845883) 51,50 $ ©

Lanson, Rose Label, Brut rosé
(172130) 61 $

Ployez-Jacquemart, Brut Sélection rosé
(11010280) 72,50 $

Laurent-Perrier, Brut rosé
(158550) 98,50 $

Vins mousseux

• FRANCE •

Antech, George et Roger

Expression 2008, Crémant de Limoux • (10666084) 17,85$
Un peu de chenin ajouté au mauzac et au chardonnay donne un vin plein de vitalité, aromatique et fort agréable à boire. Un excellent vin sec et droit, et juste assez vineux. Parfaitement recommandable à moins de 20$. ☆☆☆☆ ♥

Château Moncontour

Cuvée Prédilection, Brut, Vouvray 2009 • (430751) 19,75$
La famille Feray produit un très bon vin mousseux auquel le chenin blanc apporte un trait original. La cuvée Prédilection est assez savoureuse et rehaussée par l'acidité propre au chenin blanc. Distinctif et désaltérant. ☆☆☆ ♥

Domaine Barmès Buecher

Crémant d'Alsace 2008 • (10985851) 22,65$
Adeptes de la biodynamie depuis 1998, Geneviève et François Barmès signent un excellent Crémant d'Alsace qui se distingue par sa délicatesse. La bouteille de 2008 dégustée cet été semblait avoir un peu moins d'éclat aromatique et de vibrance que ceux produits par le passé. Néanmoins, ce vin élaboré sans ajout de liqueur d'expédition est animé de bulles fines et repose sur une texture naturellement crémeuse, qui met en relief les accents d'hydrocarbures propres au riesling. Quatre étoiles puisqu'il domine toujours la catégorie des Crémant d'Alsace. ☆☆☆☆ ♥

Domaine de Fourn

Blanquette de Limoux 2009 • (220400) 18,75$
Particulièrement nourri en 2009, le vin charme par sa vitalité et par l'expression aromatique originales du cépage mauzac qui lui donne un caractère appréciable à ce prix. ☆☆☆

Domaine Langlois-Chateau

Brut rosé, Crémant de Loire • (11140631) 19,90$
Propriété de la maison champenoise Bollinger, cette entreprise de Saumur a été fondée en 1912 par le couple que formèrent Édouard Langlois et Jeanne Chateau. Bon rosé effervescent composé exclusivement de cabernet franc qui confère à l'ensemble une agréable fraîcheur, à défaut de distinction réelle. ★★

Sieur d'Arques

Première Bulle 2008, Blanquette de Limoux • (094953) 16,95$
Cette cave coopérative du Languedoc bénéficie des conseils du Bordelais Denis Dubourdieu. Vêtue d'un nouvel habillage, la cuvée courante de l'entreprise mise sur le potentiel aromatique des cépages mauzac, chenin et chardonnay qui donnent un bon vin, relevé de saveurs mûres et relativement frais. ☆☆☆

Tissot, André et Mireille

Crémant du Jura, Brut • (11456492) 21,75$
La famille Tissot est un pilier de la viticulture jurassienne. Il y a plusieurs années, André et Mireille ont transmis les rênes à leur fils Stéphane qui s'inscrit parmi les vignerons les plus talentueux de sa génération. Très bon Crémant, à la fois net, mûr, ample et très expressif. Aussi racé que savoureux. ☆☆☆☆ ♥

en peu de mots

Les meilleurs Crémant de Bourgogne empruntent au Champagne les mêmes cépages chardonnay et pinot noir, et rappellent parfois son caractère brioché.

Les cépages riesling, pinot gris et gewurztraminer entrent peu ou pas du tout dans la composition du Crémant d'Alsace. Ce sont surtout le pinot blanc et l'auxerrois qui sont mis à contribution, ainsi qu'un peu de chardonnay et de pinot noir.

La qualité des *cava* espagnols a beaucoup progressé. Codorniu et Freixenet demeurent les acteurs majeurs, mais on trouve aussi à la SAQ des vins de plus petites maisons, comme Parés Baltà, Gramona et Raventós i Blanc, dont la qualité est impeccable.

En Lombardie, au nord du pays, le Franciacorta est le Champagne des Italiens.

Dans la majorité des cas, il est inutile de conserver des vins mousseux plus de trois ans. Plus longtemps, ils risquent d'avoir perdu leur fraîcheur.

À son meilleur, le Prosecco di Valdobbiadene (prosecco est le nom du cépage) est un très bon vin léger et délicatement aromatique, doté d'une saine effervescence.

Gratien & Meyer

Cuvée Flamme, Crémant de Loire • (11177856) 19,70 $
Désormais commercialisée sous la dénomination Crémant de Loire, la Cuvée Flamme est le fruit d'un assemblage de 54 % de chenin blanc, de 33 % de cabernet franc et de 13 % de chardonnay. De la fraîcheur, des saveurs assez amples et une agréable tenue en bouche. ☆☆☆

Laurens

Crémant de Limoux 2008, Clos des Demoiselles, Domaine J. Laurens • (10498973) 20,45 $
Au sud de Carcassonne, le Champenois Michel Dervin produit un excellent Crémant conjuguant les vertus des cépages chardonnay, qui apporte une saine vinosité, chenin, qui accentue sa fraîcheur en bouche, et mauzac, qui contribue à l'originalité de ses saveurs. Le tout dans des proportions idéales. À classer parmi les meilleurs vins mousseux sur le marché. ☆☆☆☆ ♥

Moingeon

Crémant de Bourgogne, Prestige • (871277) 20,15 $
Propriété du domaine Bertagna, cette maison produit un Crémant de belle facture, très sec et droit en bouche ; frais et nerveux, un bon mousseux authentique. Pas le moins cher, mais la qualité est digne de mention. ☆☆☆

Monmousseau

Cuvée J.-M. 2006, Touraine • (223255) 16,50 $
Comme toujours, on apprécie le franc caractère fruité, la fraîcheur et l'agréable tenue en bouche de ce vin de chenin blanc. Sec, friand et parfaitement recommandable. ☆☆☆ ♥

Rolet

Crémant du Jura 2008, Brut • (10653380) 20,35 $
Connue dans le Jura pour ses vins tranquilles et son Vin Jaune, la famille Rolet produit aussi un excellent mousseux. Chardonnay, savagnin et poulsard donnent bon an mal an un très bon vin aromatique aux notes très franches de pomme verte ; modérément vineux et doté d'une saine fraîcheur. ☆☆☆

Sparr, Pierre

Crémant d'Alsace, Brut Réserve • (10464651) 21,35 $
Pinot blanc, pinot auxerrois et pinot noir donnent un mousseux à la fois sec, fruité et modérément aromatique. ☆☆☆

Union des producteurs de Die

Cuvée Titus, Clairette de Die • (333575) 18,60 $
De la vallée du Rhône, une Clairette traditionnelle principalement faite de muscat et ne titrant que 7 % d'alcool. Moelleux, léger, parfumé et savoureux, ce vin n'est pas sans rappeler l'Asti Spumante. À servir très frais au dessert ou après le repas. ☆☆☆

Wolfberger

Crémant d'Alsace, Cave vinicole d'Eguisheim • (732099) 18,20$
Très bon mousseux riche et imprégné du caractère aromatique naturel des vins alsaciens ; rond, fruité et aimable. Bonne qualité à ce prix. ☆☆☆

D'AUTRES VINS MOUSSEUX DÉGUSTÉS RÉCEMMENT ☆ ET ☆☆

Bestheim, Crémant d'Alsace
(11140682) 17,80$

Blason de Bougogne, Brut Réserve, Crémant de Bourgogne
(10970131) 19,05$

Bouillot, Louis ; Crémant de Bourgogne 2006, Perle Rare
(884379) 19,25$

Louis de Grenelle, Grande Cuvée, Saumur
(11140703) 19,40$

Picamelot, Louis ; Brut, Crémant de Bourgogne
(11140640) 18,50$

D'AUTRES VINS MOUSSEUX ROSÉS DÉGUSTÉS RÉCEMMENT ★ ET ★★

Ackerman, X Noir, Brut rosé
(11315251) 19,05$ Ⓒ

Bestheim Brut rosé, Crémant d'Alsace
(11445611) 19,10$

Blason de Bourgogne, Brut rosé, Crémant de Bourgogne
(10839125) 19,20$

Bouillot, Louis ; Perle d'Aurore, Crémant de Bourgogne
(11232149) 21,75$

Cave vinicole de Hunawihr, Calixte, Brut rosé, Crémant d'Alsace
(871921) 19,35$

• ITALIE •

Bellavista

Parmi les producteurs leaders de Franciacorta, cette entreprise réputée commercialise une gamme de vins mousseux de qualité exemplaire, dont certains rivalisent sans peine avec le Champagne.

Vittorio Moretti 2002, Franciacorta • (11064413) 149$
Au sommet de la hiérarchie, cette cuvée constituée à parts égales de pinot noir et de chardonnay – issus des meilleurs crus de l'appellation – est vieillie en cave pendant un minimum de sept années avant d'être commercialisée. Il en résulte un vin majestueux qui charme immédiatement par son nez aux parfums d'hydrocarbures et son attaque en bouche à la fois crémeuse et délicate. Brillante démonstration d'équilibre et de complexité. La quintessence du Franciacorta. En exclusivité dans les succursales Signature. Pour mieux percevoir la subtilité et la profondeur de ses arômes, on devrait idéalement le servir dans un Riedel Ouverture. ☆☆☆☆☆ Ⓢ

Gran Cuvée Pas opéré 2003, Franciacorta • (10540078) 71,75 $
Au moins aussi racé que de très bons Champagne, le 2003 se démarque par une vinosité et une richesse remarquables. La mention « Pas opéré » indique qu'aucune liqueur d'expédition n'a été ajoutée à la suite du dégorgement. Le vin est donc absolument sec. Issu d'un millésime très riche, le vin témoigne d'une vinosité et d'une complexité aromatique marquées par un caractère légèrement rancio et à la fois très élégant. L'un des meilleurs. ☆☆☆☆☆ ▼

Franciacorta Brut • (340505) 35,25 $
Le vin courant est tout aussi raffiné. Son caractère floral délicat a peu à envier à de nombreuses cuvées régulières de Champagne. Droit, sec et agrémenté de délicates notes florales. Impeccable ! ☆☆☆☆

Bisol

Crede 2010, Prosecco di Conegliano Valdobbiadene • (10839168) 19,75 $
Fondée au XIXe siècle, la vieille cave de la famille Bisol jouit d'une excellente réputation au sein de cette appellation vénitienne. Le nom Crede fait référence aux terrains argileux d'où les vignes de prosecco, de verdiso et de pinot blanc tirent leur sève. Un heureux mélange de vinosité et de fraîcheur, qui termine sur une note saline désaltérante. Quatre étoiles pour un Prosecco nettement supérieur à la moyenne. L'un des meilleurs *spumanti* vendus à la SAQ. ☆☆☆☆ ♥

Botter Carlo

Santi Nello, Prosecco di Valdobbiadene • (10540730) 15,45 $
Un mousseux de Vénétie que l'on appréciera pour sa légèreté, sa rondeur et l'originalité de ses saveurs. Modeste, mais suffisamment sec pour être recommandé. ☆☆ Ⓒ

Ca'del Bosco

Franciacorta Brut • (11008024) 33 $
Maurizio Zanella a été un artisan majeur de l'essor des vins de Franciacorta. Sa cuvée brut non millésimée est un classique. Un vin ni profond ni complexe, mais un très bon mousseux plein de finesse aromatique et de vivacité. Ses saveurs invitantes de pain brioché et sa belle mousse persistante donnent envie de prolonger l'apéritif. ☆☆☆

Montenisa

Si le nom Antinori demeure toujours étroitement lié à la Toscane, l'entreprise rayonne bien au-delà des collines florentines et a maintenant des antennes dans plusieurs pays. Depuis 1999, le tableau de chasse de Piero Antinori regroupe aussi quatre cuvées de Franciacorta, élaborées avec brio par sa fille cadette, Allessia.

Dizero, Franciacorta Brut Blanc de blancs • (11355528) 45,25$
Sur la contre-étiquette du Dizero, on peut lire: « Pas dosé. » La vinosité de ce Franciacorta ne repose donc pas sur l'ajout de sucre, mais plutôt sur des raisins de chardonnay récoltés à maturité et élevés sur lie pendant 30 mois. Plus cher que la moyenne, mais il a plus d'étoffe et de personnalité que certains Champagne... ☆☆☆☆

Brut, Franciacorta • (10678616) 33$
Assemblage de chardonnay, de pinot blanc et d'une petite proportion de pinot noir, le Montenisa Brut s'affirme tant par sa forme fine et délicate que par ses franches tonalités minérales et sa longue finale distinguée. Première qualité. ☆☆☆☆ ②

Nino Franco

Prosecco di Valdobbiadene • (349662) 18,30$
Dans les collines du nord de la Vénétie, Primo Franco produit de délicieux vins mousseux fruités et élégants. Son Prosecco est assez aromatique, arrondi d'un léger reste de sucre et néanmoins doté d'une saine fraîcheur. Une bonne note pour sa constance exemplaire au cours de la dernière décennie. ☆☆☆☆ ♥

D'AUTRES VINS DE QUALITÉ MOYENNE ☆☆ ET ★★

Bortolomiol, Banda Rossa 2009, Prosecco di Valdobbiadene
(10654956) 20,30$

Castello del Poggio, Brachetto, Casa Vinicola Zonin
(10970318) 20,85$

Ca'Bolani, Chardonnay Frizzante Delle Venezie, Casa Vinicola Zonin
(211847) 15,85$

Carpene Malvolti, Prosecco di Conegliano, Cuvée Brut
(591289) 15,40$ Ⓒ

Voga Pinot grigio
(11072894) 22,55$ Ⓒ

Zonin, Prosecco Special Cuvee, Brut
(10540721) 14,80$ Ⓒ

• ESPAGNE •

Codorniu

Pinot noir, Cava • (10499167) 16,20$
De nouveau fort satisfaisant, ce bon mousseux rosé issu à 100% de pinot noir offre en bouche une belle mousse, un fruité rassasiant et un bon équilibre d'ensemble. Rien de transcendant, mais à ce prix, l'amateur de mousseux rosé en aura pour son argent. ★★★ ♥

Codorniu, Brut Classico Cava • (503490) 13$
Le plus connu des *cava* espagnols est de qualité constante. Toujours agréable par sa fraîcheur, sa légèreté et ses saveurs franches. ☆☆ ♥ Ⓒ

Clasico Seco • (503508) 12,10$
Contrairement à ce que l'on pourrait penser, le terme «seco» ne signifie pas sec, mais fait plutôt référence à la vieille tradition anglaise des *dry Champagne* qui renferment généralement entre 35 g et 50 g de sucre par litre. Un bon vin simple et sans prétention, à boire à la fin du repas, avec le dessert. ☆☆ Ⓒ

Parés Baltà

Grâce aux efforts constants de la famille Cusiné, le domaine historique de Parés Baltà a énormément progressé au cours des 20 dernières années. Tous les vins disponibles au Québec sont irréprochables.

Brut Selection, Cava • (10896390) 29,90$
Issu de xarello, de chardonnay, de macabeo et de parellada cultivés à différentes altitudes, sur quatre vignobles distincts, cet excellent mousseux laisse en bouche une impression crémeuse infiniment séduisante. Minéral, franc, droit, d'une délicatesse et d'une élégance remarquables. Excellent! ☆☆☆☆

Brut, Cava • (10896365) 15,60$
Issu des mêmes cépages. Friand et relevé de bons goûts de fruits mûrs, tout en conservant une fraîcheur rassasiante. Une personnalité affirmée et un rapport qualité-prix remarquable! ☆☆☆☆ ♥

Raventós i Blanc

Le nom Raventós est intimement lié à l'histoire du *cava*. La famille actuellement propriétaire du géant Codorniu serait à l'origine de cette spécialité catalane. En 1986, suite à des divergences d'opinions sur l'avenir de l'entreprise, Josep Maria Raventós et son fils Manuel ont vendu leurs parts dans Codorniu et ont créé un domaine d'une centaine d'hectares, juste en face des installations ancestrales.

Brut Cava 2008, L'Hereu • (11140615) 18,55$
Vinifiés selon la méthode traditionnelle, autrefois nommée champenoise, les cépages macabeo, xarello et parellada adoptent ici une finesse et une vinosité admirables. Sec et désaltérant, le 2008 se signale par sa texture crémeuse et ses bulles persistantes qui révèlent des saveurs de brioches. On devrait toujours en avoir en réserve à la maison... ☆☆☆☆ ② ♥

De Nit 2008, Cava rosé • (11457196) 23,15$
Franc, droit, désaltérant, plus modeste que le précédent, mais agrémenté de jolies notes florales. ★★★

Segura Viudas

Brut Blanc de blancs • (158493) 13,75$
Bon mousseux aux saveurs soutenues et marquées. Sans complexité, mais il se défend tout de même très bien dans sa catégorie. ☆☆ ♥ ©

• HONGRIE •

Hungaria

Grande Cuvée Brut • (11463684) 12,15$
À prix d'aubaine, cette cuvée offerte depuis un certain temps à la SAQ m'a semblé assez bien réussie cette année. Un bon vin sec, auquel le chardonnay (60%) ainsi qu'une poignée de cépages locaux confèrent des saveurs originales de fleurs. Léger en alcool et recommandable à ce prix. ☆☆ ♥ ©

• ÉTATS-UNIS •

Domaine Chandon

Moët & Chandon a été la première entreprise champenoise à s'implanter en Californie en 1973.

Blanc de noirs, Carneros • (100693) 24,70$
Excellent mousseux au style plus vineux; le pinot noir lui confère un caractère presque brioché fort distingué et rassasiant. ☆☆☆☆

Brut Classic • (10542031) 23,65$
Un peu moins complet, mais ample, frais, velouté et relevé de nuances minérales très plaisantes en fin de bouche. Élégant et abordable. ☆☆☆

Gloria Ferrer

Brut, Sonoma County • (10839184) 23,15$
Gloria Ferrer est le nom de l'antenne californienne de la firme espagnole Freixenet. Sans être particulièrement achevé, le Brut compense par sa tenue en bouche et ses parfums de pinot noir. Simple, friand et facile à boire. ☆☆☆

Mumm

Cuvée Napa Brut • (265678) 28,95$
La société champenoise Mumm produit en Californie un vin bien proportionné et fort charmeur par sa vinosité et ses parfums de fruits mûrs. Une valeur sûre au répertoire général. ☆☆☆ ©

Cuvée Napa rosé, Blanc de noirs • (433144) 32$
La maison produit aussi un bon rosé équilibré, assez riche en fruit et plein de vitalité. Satisfaisant, sans être réellement complexe. ★★

Roederer Estate

Brut, Anderson Valley • (294181) 28$
À son arrivée en Californie au début des années 1980, Roederer s'est établie dans Anderson Valley. À une centaine de kilomètres au nord-ouest de Napa, le long de la côte du Pacifique, le climat plus frais semblait particulièrement propice à la production de vin mousseux. Dégusté annuellement, c'est l'un de mes préférés dans cette catégorie. Il se distingue par sa vinosité, sa finesse et son harmonie d'ensemble. On peut acheter les yeux fermés. ☆☆☆☆

• AUSTRALIE •

Blue Pyrenees

Chardonnay 2004, Midnight Cuvée, Australia • (11564987) 28,70$
Cette *winery* de Victoria élabore une gamme complète de vins effervescents, dont cette cuvée issue de raisins cueillis pendant la nuit afin de préserver la fraîcheur du fruit. Ce vin composé majoritairement de chardonnay, avec un peu de pinot noir, est élaboré selon la méthode traditionnelle champenoise. Ample, crémeux et enrobant, il met en relief la finesse du chardonnay, avec de délicates notes beurrées et une légère amertume en finale qui lui donne davantage de caractère. ☆☆☆☆

Greg Norman Estates

Chardonnay-Pinot noir, Rosé • (11163542) 24,35$
Le célèbre golfeur Greg Norman apporte son prestige à ce vin mousseux australien produit en réalité par le géant Wolf Blass. Lorsque dégusté récemment, le vin semblait moins convaincant que par le passé, en raison d'une certaine mollesse et de notes beurrées un peu convenues. Charmant, sans être spécialement avantageux. ★★★

Jansz

Premium, Non Vintage Cuvée, Tasmania • (11140586) 26,70$
Cette *winery* fondée en 1986 par la maison champenoise Roederer appartient aujourd'hui à Yalumba. Au nord-est de l'île, le chardonnay, le pinot noir et le pinot meunier profitent d'un climat frais et d'une longue période de maturation. Résultat : un vin savoureux, joliment brioché et bien équilibré. ☆☆☆ ②

• NOUVELLE-ZÉLANDE •

N° 1 Family Estate

Cuvée N° 1, Méthode Traditionnelle, Marlborough • (11140658) 33 $
Le Champenois Daniel Le Brun s'est installé en Nouvelle-Zélande dès 1975. Dans le secteur de Marlborough, il commercialise depuis 1999 cette cuvée entièrement composée de chardonnay, pleine de vitalité et d'éclat aromatique. Nourri, exubérant et désaltérant. ☆☆☆

Oyster Bay, Brut, New-Zealand • (11565023) 24,95 $
Arrondi par un reste perceptible de sucre, mais aussi animé d'une franche acidité. Correct, sans être une aubaine. ☆☆ ②

D'AUTRE VINS MOUSSEUX ☆☆

Caves Bernard Massard, Cuvée de l'Écusson, Luxembourg
(095158) 17,50 $

Cuvée de l'Écusson, Brut rosé
(11140674) 17,35 $

De Bortoli, Pink Moscato, Emeri, South Eastern Australia
(11278139) 17,80 $

Henkell, Trocken
(122689) 14,95 $ Ⓒ

Vins fortifiés

Cette section regroupe tous les vins auxquels de l'alcool a été ajouté au cours de leur élaboration. Le principe consiste à ajouter de l'eau-de-vie avant, pendant ou après la fermentation. Ajoutée avant et pendant, elle a pour but de préserver le sucre naturel du raisin ; ajoutée après, elle contribue à hausser le taux d'alcool du produit final.

Porto

Après avoir atteint des sommets de popularité à la fin des années 1990 et au début des années 2000, les ventes de Porto au Québec ont sensiblement ralenti depuis cinq ans. Alors qu'en 2001 les Québécois achetaient pour 56,6 millions de dollars de Porto, les ventes pour l'année financière 2010-2011 n'atteignaient pas tout à fait 34 millions de dollars. En quantité, le recul représente plus de 1,2 million de bouteilles entre 2003 et 2010. On peut toutefois présumer que la déclaration du millésime 2007 aura un impact positif sur les ventes.

www.ivp.pt

Porto Vintage

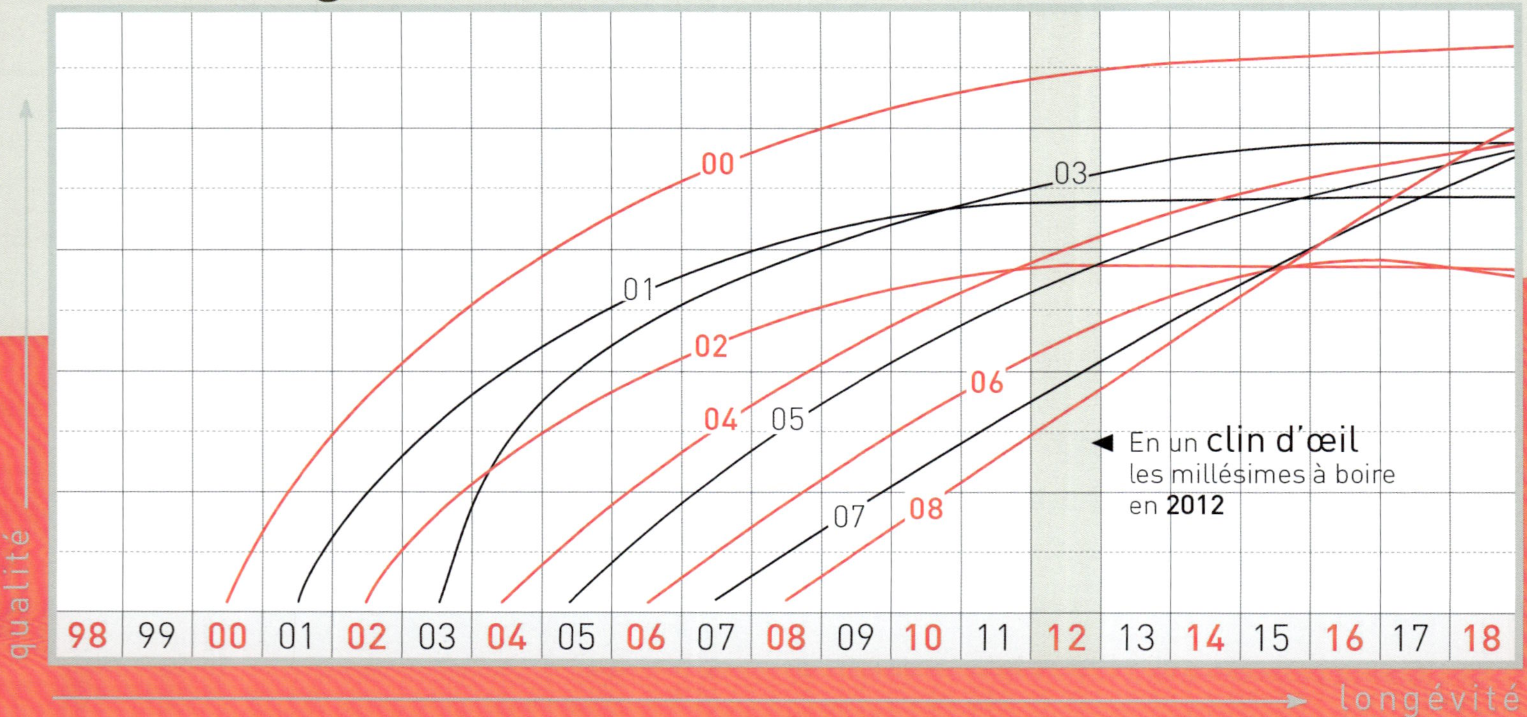

LES DIX DERNIERS MILLÉSIMES

2010 Autre année de sécheresse dans le Douro. Qualité jugée satisfaisante, mais les déclarations semblent peu probables.

2009 Mois d'août cuisant et sec, et vendanges commencées 15 jours plus tôt qu'en 2008. Qualité variable. Les vignobles en altitude ont donné les meilleurs vins. Peu de déclarations en perspective.

2008 Récolte déficitaire, jusqu'à 30 %. Qualité hétérogène, parfois très satisfaisante. On anticipe un certain nombre de déclarations, particulièrement pour les vins de Single Quinta.

2007 Récolte inférieure à la moyenne ; un été sec et des raisins de grande qualité. Plusieurs professionnels considèrent que 2007 est l'un des meilleurs millésimes des dernières décennies, à l'instar des 2000, 1994, 1977 et 1970. Déclarations généralisées.

2006 Des conditions difficiles aux vendanges et des vins de qualité moyenne, avec quelques bons succès. Très peu de déclarations.

2005 Troisième année de sécheresse, été torride. Des rendements de 10 à 40 % inférieurs à la moyenne et des vins colorés et charpentés. Peu de déclarations, mais plusieurs Single Quinta Vintage.

2004 Après une saison végétative en montagnes russes, les vendanges ont eu lieu sous le très beau temps de la fin de septembre. Des raisins en parfait état ont donné des vins très bien structurés. Année favorable à la production de Single Quinta Vintage.

2003 Un été torride et des vignes heureusement arrosées d'un peu de pluie, avant des vendanges débutées très tôt (1er septembre dans le Douro Supérieur). Qualité très satisfaisante ; vins colorés, puissants et concentrés, assez proches des 1997. Déclarations générales.

2002 Année moyenne. Un été sec, mais les vendanges ont été interrompues par les fortes pluies de septembre. De quoi produire quelques bons Single Quinta Vintage, mais pas de grands Vintage.

2001 Millésime abondant, soit 20 % de plus que la moyenne de la dernière décennie. Des conditions idéales aux vendanges et des vins très prometteurs. Un millésime à retenir pour les Single Quinta Vintage.

DÉBOUCHER OU ATTENDRE ?

Porto Vintage • **De la cave, que boire en 2012 ?**

La richesse et la générosité spontanée des Vintage jeunes peuvent faire oublier que ces vins puissants et concentrés atteignent réellement leur apogée après une quinzaine d'années, voire plus. Les 2003 ne seront vraiment à leur zénith… qu'en 2020. Les 2000 sont encore dans l'enfance et devraient dormir au moins jusqu'en 2015. Idéalement, il faudrait aussi laisser mûrir encore quelques années les vins des millésimes 1994 et surtout 1997. Même s'ils sont encore bien jeunes, les 1991 – ainsi que les 1992 de Taylor-Fonseca – commencent à dévoiler leurs atours. Les 1985 et 1983 seront délicieux en 2012.

Barros Almeida

Barros Almeida est l'un des plus gros producteurs de la région. L'empire comprend Kopke, Feist ainsi que Hutcheson et Feuerheerd, deux marques inconnues chez nous. Une grande partie de sa renommée repose sur le succès de ses Colheita.

Colheita 1997 • (10328034) 33,25$
Excellent Tawny millésimé, correspondant à un 10 ans d'âge. Les amateurs y retrouveront la texture veloutée et caressante des meilleurs vins de cette catégorie. Doux, tendre et long en bouche. ★★★★

Colheita 1996 • (618348) 42,75$
Aussi un excellent Tawny millésimé, correspondant environ à un 10 ans d'âge, qui offre les habituelles et combien exquises saveurs de caramel et de crème brûlée. Parfaitement recommandable à ce prix. ★★★★

bon à savoir

Les bouteilles de Porto Vintage et de Late Bottled Vintage, dit «traditional», sont toujours fermées d'un bouchon de liège pleine longueur. Par conséquent, elles doivent être entreposées en position horizontale et décantées avant l'usage. Les bouteilles scellées d'un court bouchon – aussi nommé *bar top* – doivent être conservées debout.

Les meilleurs Vintage arrivent rarement à maturité avant 15 ans.

Tawny, Late Bottled Vintage et Vintage doivent être servis entre 16 et 18 °C.

Il faut servir le Porto dans un vrai verre à vin – le modèle INAO est parfait – et surtout pas dans les petits verres à remèdes d'autrefois.

Une bouteille entamée de Ruby ou de Late Bottled Vintage ne doit pas être conservée plus d'une semaine. Trop peu de bars et de restaurants en tiennent compte. En revanche, un Tawny peut garder sa fraîcheur pendant un mois.

Le Porto est le compagnon idéal des fromages relevés : cheddar fort, parmesan, stilton, gorgonzola, autres fromages bleus, persillés, etc.

La mention Vintage Character est maintenant remplacée par les termes Reserve ou Reserva. Cette catégorie regroupe des vins plutôt jeunes, colorés, costauds et très fruités.

Burmester

Cette vieille maison d'origine allemande fondée en 1750 est dirigée depuis 2005 par le groupe espagnol Sogevinus. Le géant, qui possède déjà Calem et Barros, ne cesse d'élargir son portfolio et s'installe un peu partout dans le Douro.

Tawny 10 ans d'âge • (632349) 29,40 $
Excellent vin tendre et fondu ; sa texture veloutée et son caractère vanillé lui permettent de se comparer avantageusement à des marques plus connues. Tout à fait recommandable. ★★★

Sottovoce Reserve, Ruby • (632364) 17,25 $
Bon Ruby au goût de fruit mûr ; compact et tannique, une bonne texture et du grain. ★★★

Cockburn's

Fondée en 1815, cette marque appartient à l'américaine Fortune Brands (Jim Beam, Courvoisier, etc.). En juin 2006, l'entreprise a vendu tous les actifs – vignobles, *quintas*, équipements de production et stocks –, à l'exception de la marque, à la famille Symington.

Vintage 2000 • (709048) 83 $
Encore très jeune, fougueux et tricoté serré. Un vin massif s'imposant davantage par sa force que par son raffinement, du moins pour le moment. ★★★→? ③

Vintage 1997 • (892844) 113 $
Moins convaincant ; ferme, costaud et, surtout, contrastant étrangement avec la finesse et la classe des meilleurs vins de ce splendide millésime. ★★→★ ③

Tawny 10 ans d'âge • (156844) 30,25 $
Un vin de grande qualité, d'une couleur brillante, présentant des saveurs exquises de noisettes et de café ; modérément sucré, élégant et facile à boire. L'un des meilleurs et des plus avantageux de sa catégorie. ★★★★ ▼

Croft

Les origines de cette maison remontent aux débuts mêmes du vin de Porto. Fondée en 1678, la firme a été acquise par le groupe Taylor-Fonseca en 2001.

Vintage 2000 • (727701) 109 $
Sans doute moins imposant que d'autres vins du millésime 2000, mais fin et très épuré. Vintage ferme et tannique, au style strict et séveux. Impeccable et cher. ★★★→★ ③ ▼

Quinta da Roeda 1997 • (551242) 84 $
Mieux enrobé, cet excellent Vintage extrêmement fruité, imposant et puissant est doté d'une longue finale vaporeuse. Grand succès ! ★★★★→? ③

Porto rosé, Pink • (11305029) 20,15 $
Ce vin sucré s'apparente davantage à une boisson apéritive qu'à un Porto. ★★

Delaforce

Cette entreprise a été fondée en 1868 par une famille de huguenots londoniens. Elle est actuellement dirigée par les descendants de la famille Yeatman, en partenariat avec le groupe Taylor-Fonseca.

Vintage 1994 • (157669) 128 $
Même s'il n'est peut-être pas de la trempe des meilleurs, il s'avère tout de même plein et relevé en bouche. « Spirity », disent les Anglais, c'est-à-dire chaud et faisant bien sentir sa force alcoolique. Généreux et appuyé par des tanins doux. Prix dissuasif. ★★★→? ③

Dow's

Cette ancienne maison fondée en 1798 est dirigée depuis plus d'un siècle avec brio par la dynastie Symington. La marque a bâti sa réputation avec ses remarquables Vintage à la fois puissants et élégants.

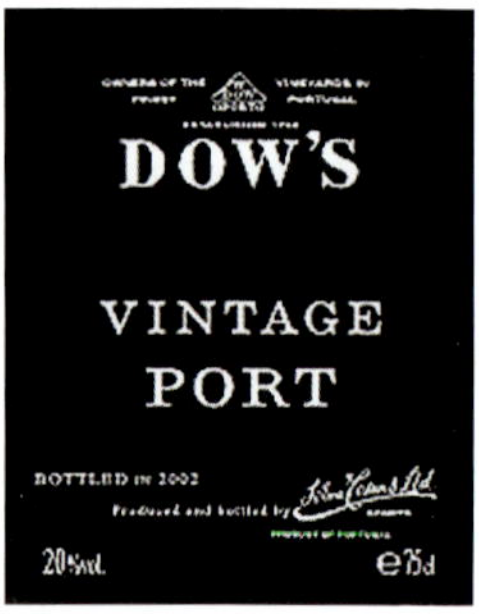

Vintage 2003 • (10456546) 84,25 $
Séveux et tannique ; ferme, droit et d'une harmonie exemplaire. Très distingué. Il faudra être patient, jusqu'en 2020 au moins. ★★★★→? ④

Vintage 2000 • (708917) 91 $
Également imposant et distingué, le 2000 a ce tempérament austère et sans fioritures, caractéristique de la marque, ce qui n'exclut pas la plénitude ni la longueur en bouche. La race des grands crus. Si Graham's est un peu le Mouton Rothschild du Vintage, Dow's en est le Lafite. Pas avant 2015. ★★★★→? ③

Vintage 1994 • (10320534) 109 $
Un splendide Porto qui a commencé à s'ouvrir et qui s'impose immédiatement par sa riche texture veloutée. Grand vin profond et racé que l'on peut commencer à boire, mais qui devrait gravir encore quelques échelons d'ici 2014. ★★★★→★ ③

Tawny 20 ans d'âge • (10658295) 59,75 $
Ce vin est en quelque sorte l'archétype du Tawny. Un vin exquis, aux irrésistibles senteurs de toffey ; plein, velouté et parfaitement fondu. ★★★★

Feist

Marque d'origine allemande faisant aujourd'hui partie du groupe Barros Almeida, et propriété de la société espagnole Sogevinus.

Colheita 1998 • (734632) 32 $
Très bon Tawny fin, frais et suave, auquel il ne manque que la profondeur des meilleurs. ★★★

Ferreira

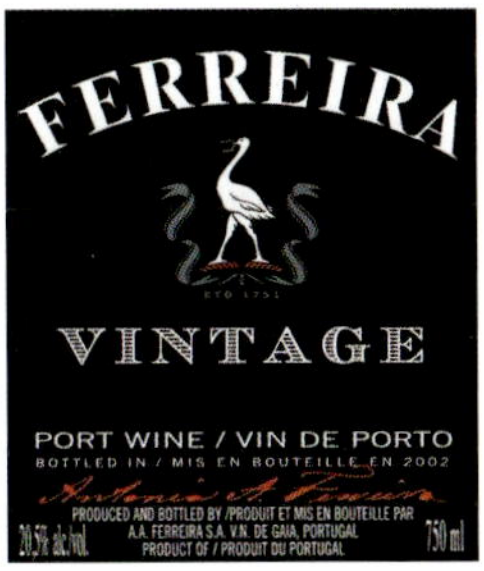

Cette firme portugaise appartenant au géant Sogrape – numéro un de la viticulture portugaise – produit toujours des Porto de grande qualité, des vins concentrés et solides provenant de quelques-uns des meilleurs terroirs du Douro.

Vintage 2000 • (718411) 78 $
Moins robuste que ceux des grandes marques britanniques, le 2000 est très caressant, riche en goût de fruits mûrs et idéalement équilibré. L'élégance avant la puissance. Les Vintage de Ferreira ont prouvé depuis longtemps qu'ils acquièrent une finesse exquise avec l'âge. ★★★→★ ③

Tawny Quinta do Porto, 10 ans d'âge • (082115) 37,50 $
D'un tout autre style, onctueux et caressant. Sa texture soyeuse et son goût subtilement caramélisé feront les délices des amateurs de Tawny. ★★★★ ▼

Dona Antonia Réserve Personnelle • (865311) 20,50 $
Bon Porto courant tendre et fruité, sa texture onctueuse charme immédiatement ; pas spécialement complexe ni profond, mais franc et savoureux. ★★★

Porto blanc • (571604) 14,80 $
Doré et très doux, à la texture tendre et onctueuse. Ne pas confondre avec le type de Porto Extra Dry. On peut le servir nature, très frais, à l'apéritif ou à la fin du repas, en guise de vin de dessert. ☆☆☆☆

Fonseca

Associée à Taylor Fladgate, cette entreprise produit des Porto – en particulier des Vintage – à faire rêver.

Vintage 2000 • (708990) 120,25 $
À mon avis, le plus complet de ce millésime : multidimensionnel, profond et pénétrant, un vin vraiment impressionnant. On voudrait accélérer le passage du temps pour le goûter dès maintenant à maturité, tel qu'il sera vers 2015-2018. Un placement sûr. ★★★★→★ ④

Tawny • (499145) 15,10 $
Franc de goût et facile à boire, assez généreux pour être recommandé, surtout à ce prix. ★★★ ©

Tawny 10 ans d'âge • (344101) 34,75 $
Mieux encore, le 10 ans d'âge offre une texture suave et caressante, marquée d'un goût de fruits secs très relevé. Une belle finale sucrée et vaporeuse. Impeccable. ★★★★

Porto blanc • (276816) 14,65 $
Dans un style moelleux très caressant, aux parfums d'amandes et de noisettes. ☆☆☆

Gould Campbell

Vieille maison britannique fondée en 1797 et rachetée par la famille Symington au début des années 1960. À retenir pour ceux qui veulent investir dans des Vintage sans devoir payer aussi cher que pour les noms plus célèbres.

Vintage 2003 • (10456466) 66$
Très bon Vintage ferme et tannique ; solide charpente et profusion de fruit mûr. Convaincant et prometteur. Pour 2012-2015. ★★★→★ ④

Vintage 2000 • (727214) 71$
Texture tannique ferme et solide, un bon vin long et nourri. Pas le plus profond des 2000, mais sa sève caractéristique est très rassasiante. ★★★→★ ④

Graham's

Porte-drapeau de l'empire Symington, cette entreprise tricentenaire est l'un des grands noms du Vintage et propose une gamme complète de vins, tous impeccables.

Vintage 2003 • (10456503) 96,50$
Graham's à son meilleur. Splendide vin à la fois gras et tannique, dont la dimension et la profondeur témoignent d'un grand millésime. Dans le peloton de tête, mais à laisser dormir au moins 15 ans. ★★★★→★ ③

Ces autres vins de Graham's sont tous recommandables :

Graham's Six Grapes • (208405) 22,95$ • (299727) 13,95$ – 375 ml
Particulièrement riche, noir comme de l'encre, sucré, presque épais en bouche et pleinement rassasiant avec ses parfums de violette.Probablement l'un des plus généreux de sa catégorie. Parfait ! ★★★★ ♥

Tawny 20 ans d'âge • (284216) 59,75$ • (284307) 29,95$ – 375 ml
Ce remarquable Tawny illustre avec éclat que 20 ans est sans doute l'âge idéal pour ce type de vin. Plus complexe et plus raffiné que le 10 ans, plus doux et plus charnu, et surtout beaucoup moins cher que le 30 et le 40 ans. À la fois puissant et velouté, très onctueux, vaporeux, et offrant cette finale typique teintée de vanille et de crème brûlée. Sensationnel ! ★★★★★ ©

Tawny 10 ans d'âge • (206508) 29,95$
Riche et fruité, aux délicieux accents chocolatés ; très nourri et parfaitement épanoui. Savoureux ! ★★★★ ©

Porto blanc • (192377) 18,95$
Bon, fruité, frais et relevé. À boire nature, ou coupé de tonic et de glaçons. ☆☆☆

Martinez Gassiot

Avec l'acquisition de Cockburn's & Smithes par la famille Symington en juin 2006, cette vieille firme hispano-britannique fondée en 1790 appartient maintenant à la famille Symington.

Tawny 10 ans d'âge • (297127) 36$
Une belle couleur fauve et un nez engageant de fines odeurs de caramel, de vanille et de noisettes. Une texture onctueuse et, surtout, des saveurs relevées, raffinées et persistantes. Impeccable ! ★★★★

Niepoort

Maison hollandaise fondée en 1842. Dirk Niepoort signe une gamme de très bons Porto ainsi que de remarquables vins de table. La fonction de maître de chais est assurée depuis cinq générations par la famille Nogueira.

Vintage 2003 • (10469291) 95$
Très costaud et tannique ; un vin concentré et massif qui aura sans doute besoin de beaucoup de temps pour s'exprimer pleinement. ★★★★ ③

On trouve également des vins de ce producteur en importation privée. IP

en peu de mots

VINTAGE Le Porto Vintage ne représente qu'une infime partie de la production et n'est élaboré, en moyenne, que trois fois par décennie, dans les grandes années, avec les raisins des crus les mieux cotés. La patience est de rigueur, puisqu'un vin aussi riche nécessite parfois quelques décennies pour développer son potentiel. Une fois arrivé au sommet, il peut affronter les années avec un aplomb rare.

LATE BOTTLED VINTAGE Vin issu d'une seule année et conservé en fût entre quatre et six ans, le LBV est prêt à boire dès sa commercialisation. Ses traits font penser à un Vintage, sans qu'il en ait la richesse, bien que certains, surtout les LBV traditionnels, soient remarquables. Offley et Ferreira, par exemple.

RESERVE (ANCIENNEMENT VINTAGE CHARACTER), CRUSTED ET RUBY Cette catégorie un peu floue regroupe différentes sortes de Porto qui ont en commun la jeunesse, la couleur, la vigueur et le caractère fruité intense. Jamais millésimés, mais souvent aussi vigoureux que les Late Bottled Vintage.

VIEILLI EN FÛT – TAWNY Au contact prolongé du bois, le vin prend une couleur fauve et tuilée, d'où le mot « tawny ». Il devient en même temps plus léger et un peu moins doux que le Vintage. Dans la barrique, le vin acquiert aussi un goût de noix et un caractère boisé plus ou moins prononcé. Les Tawny sont prêts à boire dès leur commercialisation..

Offley

L'ancienne firme fondée en 1737 par William Offley a été rachetée par Sogrape en 1996. Stylistiquement, les vins se situent entre ceux de Sandeman (plus costaud) et ceux de Ferreira (plus délicat), les deux autres maisons de Porto du portefeuille Sogrape.

Vintage Boa Vista 2000 • (718437) 71$
Très convaincant : vigoureux, gorgé de goût de fruits et très flatteur ; sa fin de bouche ample et franche ajoute à sa tenue. Prometteur. ★★★→★ ③ ▼

Vintage Boa Vista 1999 • (10236121) 55$
Davantage gorgé de fruit mûr ; suave, passablement souple et savoureux. Déjà très invitant, il ne sera pas nécessaire d'attendre 15 ans pour en profiter pleinement. ★★★→★ ③ ▼

Late Bottled Vintage 2005 • (483024) 20,95$
LBV de style traditionnel. Avec la concentration de son fruit, sa charpente tannique et son volume en bouche, ce vin a des allures de Vintage. On peut déjà l'apprécier pour sa pureté et son équilibre, ou le laisser reposer en cave quelques années afin qu'il gagne en nuances. ★★★★ Ⓒ

Les Tawny de Offley sont aussi excellents :

Colheita 1980, Baron de Forrester • (599944) 57,75$
Mis en bouteille en 2004. Ce long mûrissement en fût lui confère une onctuosité inimitable. Âgé de presque 30 ans et donc merveilleusement suave, allégé par les années et rehaussé de notes de caramel et de vanille. Pour être apprécié à sa juste valeur, il ne doit pas être servi à plus de 12-13 °C. ★★★★

Tawny 30 ans d'âge • (441618) 87,50$
Encore plus épanoui et combien racé, ce vin s'impose par sa vitalité et sa couleur soutenue. Riche, complexe et multidimensionnel, il fond littéralement dans la bouche. ★★★★★

Tawny 20 ans d'âge • (284224) 59,50$
Une texture veloutée irrésistible, une finale aux parfums subtils de champignons et de fumée. Qualité irréprochable. ★★★★ Ⓒ

Tawny 10 ans d'âge • (260091) 28,95$
Aussi très bon ; un joli relief fruité et une finale enveloppante aux accents d'épices. Très agréable. ★★★ Ⓒ

Porto Rei • (157438) 15,10$
Plus simple, mais tout de même typé, capiteux et bien équilibré. Fort honnête à ce prix. ★★ Ⓒ

Enfin, Offley produit un sensationnel Porto blanc :

Porto blanc Cachucha • (582064) 19,20$
Issu de vignes blanches portugaises – malvasia, codega, rabigato, etc. – plantées dans la Quinta de Cachucha, et mûri pendant six ans en fût de chêne. Riche et onctueux, et pourtant frais en bouche et facile à boire, doté d'une dimension aromatique remarquablement intense et persistante. Cinq étoiles bien méritées, car il domine dans la catégorie du Porto blanc. ☆☆☆☆☆ ♥ Ⓒ

Poças

Importante entreprise familiale aujourd'hui dirigée par les trois petits-fils du fondateur, Manoel Domingues Poças junior. Sa production annuelle s'élève à plus de 3 millions de bouteilles, dont plus de 80 % sont destinés à l'exportation. Cette maison relève avec brio le défi de produire, en grande quantité, une gamme de vins d'une qualité exemplaire.

Vintage 2001 • (718429) 53 $
Dans un millésime secondaire, un bon vin coloré, très doux et sirupeux, s'imposant immédiatement par sa rondeur et son velouté très enrobant. À défaut d'avoir la profondeur des grands millésimes, ce Vintage compense largement par sa rondeur et sa généreuse expression fruitée. On n'attendra pas 20 ans pour en profiter. ★★★→★ ③

Pink, Porto rosé • (11305299) 20,20 $
Un produit grand public de bonne facture ; simple, léger, souple et coulant. ★★

Quarles Harris

Marque de Porto établie depuis 1680 à Vila Nova de Gaia. Elle fut pendant une brève période une filiale de la marque Warre et appartient maintenant à la famille Symington.

Vintage 2000 • (727289) 63 $
Pas le plus puissant, mais ferme, trapu et capiteux. Généreux et solidement constitué. ★★★→★ ④

Quinta do Infantado

Après avoir longtemps vendu ses raisins à Sandeman et à Taylor, la famille Roseira commercialise ses vins sous sa propre étiquette depuis la fin des années 1970.

Vintage 2000 • (728790) 75 $
Une couleur profonde, plein de fruit et de chair, suave et nourri, à défaut de réelle profondeur, du moins pour le moment. ★★★→? ③

Late Bottled Vintage 2007 • (884361) 27,85 $
Plus ferme et plus sec que la moyenne des LBV, cet excellent Porto de type « traditional » s'impose par sa densité, sa poigne tannique et son fruit d'une pureté exemplaire. Sucré, plein, long et généreux. Plus cher que d'autres, mais sérieux ! Excellent ! ★★★★

Ruby Meio-seco • (612325) 14,90 $
Délicieux vin jeune, opaque, tannique, chaud et solidement charpenté. Sa finale chocolatée lui donne beaucoup de charme. Une aubaine à moins de 15 $. ★★★★ ♥ ©

Porto blanc • (884437) 16,30 $
L'étiquette indique sec, mais le vin est moelleux, moins toutefois que le Lagrima de Ramos Pinto ou le Cachucha de Offley. Un Porto blanc traditionnel, à la couleur topaze et aux notes épicées passablement subtiles. ☆☆☆

Quinta do Noval

Dans les collines de la vallée de Pinhao, cette splendide *quinta* appartenant à AXA Millésimes produit quelques-uns des meilleurs vins du Douro.

Vintage 2003 • (10449979) 62,25$
Rien de moins qu'un triomphe. Grand vin à la fois puissant, chic et velouté. Une richesse impressionnante et une classe exemplaire, une longueur et une race considérables. Cinq étoiles garanties, mais la patience s'impose. ★★★★→★ ④ ▼

Vintage Silval 1998 • (884650) 49,50$
Sorte de Vintage générique élaboré avec des raisins qui proviennent non seulement de Noval, mais d'autres vignobles des environs. Ce 1998 se caractérise par une trame tannique serrée et une forme très compacte. J'aime beaucoup son style direct, ferme et sans détour. On peut commencer à le boire sans se presser. ★★★★ ② ▼

Noval LB • (574921) 11,75$ – 375 ml
Dans la catégorie de ce qu'on appelait encore récemment Vintage Character. Un excellent vin sucré et généreux, au goût de chocolat et de réglisse ; dense, tannique et long en bouche. Au moins aussi bon que bien des LBV. ★★★★ ♥

Tawny 10 ans d'âge • (324137) 36,75$
Lui aussi impeccable. Une belle couleur ambrée et un nez chocolaté très fin, sur un fond de tabac et d'épices. Dense, harmonieux, plein de vitalité et de fraîcheur. ★★★★

Quinta do Vesuvio

Ce spectaculaire vignoble de 400 hectares surplombant le Douro a été principalement développé au XIXe siècle. Il appartenait alors à Dona Antónia Ferreira, l'une des figures légendaires de l'histoire du Porto. Après avoir été virtuellement laissé à l'abandon par ses héritiers, le domaine a été racheté en 1989 par la famille Symington, qui en tire depuis un splendide Vintage.

Vintage 2003 • (10456474) 84,25$
Ultra serré et doté d'une structure marquante ; beaucoup de grain, et laissant une impression de puissance. Ce vin promet de grandes choses, dans 15 ans. ★★★★→? ③ ▼

Vintage 1997 • (546333) 94$
Un autre de ces vins suaves, généreux et exquis dont les Symington ont le secret. Une vraie confiture de fruits enrobée de tanins dodus, beaucoup de sucre et de chair. Distinction exemplaire. Offert en très petites quantités dans quelques succursales Sélection et Signature. ★★★★→★ ③ ▼

Ramos Pinto

Surtout connue pour ses délicieux Tawny des *quintas* Bom Retiro et Ervamoira, la maison produit aussi des Vintage et des LBV très satisfaisants, alliant richesse et raffinement.

Late Bottled Vintage 2005 • (743187) 26,20 $
Très bon LBV plein, riche et savoureux ; persistant, doté d'un bon équilibre et vendu à un prix justifié. ★★★

Tawny 20 ans d'âge, Quinta do Bom Retiro • (133769) 72,25 $
Une référence dans sa catégorie. Couleur soutenue, ambrée et brillante ; un nez évolué et complexe, aux accents de fruits secs ; un goût de *toffey* savoureux et caressant. Cher, mais au sommet de sa catégorie. ★★★★★

Tawny 10 ans d'âge, Quinta da Ervamoira • (133751) 41 $
Remarquable vin. Son équilibre, sa vigueur et la plénitude de ses saveurs en ont fait un classique. Excellent comme toujours. ★★★★

Sandeman

Cette maison fondée en 1790 a subi une importante revitalisation depuis son rachat par le groupe Sogrape en 2002.

Vintage 1997, Vau • (11573162) 24,95 $
Stylistiquement à mi-chemin entre un Vintage et un LBV, le Vintage Vau est conçu pour être apprécié dès sa commercialisation. La couleur rubis du 1997 annonce un vin à point. Costaud, musclé et généreux, sans être particulièrement complexe. ★★★

Ruby • (023366) 14,80 $
Très bon Ruby simple et sans prétention, mais passablement charnu et doté d'une bonne dose de fruit. Prix invitant. ★★★ ♥ ©

Smith Woodhouse

Membre du groupe Symington, Smith Woodhouse est l'une de mes marques préférées. Moins prestigieuse que Graham's et Dow's, elle offre néanmoins des vins de qualité exemplaire à des prix plus abordables. Le Vintage 1977 est une pièce d'anthologie, à ranger avec les meilleurs vins du millésime.

Vintage 2003 • (10450021) 70,50 $
Deux fois moins cher que Fonseca et Taylor, il a pourtant bien peu à leur envier. Formidable Vintage puissant et multidimensionnel, considéré à juste titre comme l'un des meilleurs 2003. Un achat avisé. ★★★★→★ ③ ▼

Taylor Fladgate

Plus de trois siècles après sa création en 1692, Taylor Fladgate trône toujours au royaume du Porto. Cette grande maison doit son immense prestige à ses somptueux Vintage, profonds et indestructibles. Toute la gamme des Porto Taylor est d'une qualité exemplaire.

Vintage 2003 • (10455383) 135 $
Alors que les jeunes Vintage de Taylor s'imposent par leur concentration et par leur poigne du tonnerre, ce 2003 m'a semblé plus tendre et plus sphérique que d'habitude. Il offre néanmoins une finesse et une suavité incomparables. Excellent et sans doute prometteur. ★★★★→? ④

Vintage 2000 • (708966) 129 $
Un vin multidimensionnel dont le fruit mûr et doux est entouré de tanins serrés. Puissant et pourtant frais en bouche. Sa longueur impressionnante confirme la race et le potentiel de ce vin monumental. ★★★★→★ ④

Vintage Quinta de Vargellas 2001 • (10325010) 84,75 $
Niché dans les collines abruptes du Douro Supérieur, les vieilles vignes de Vargellas donnent un vin remarquablement étoffé, tellement complet et racé qu'il constitue toujours la colonne vertébrale des Vintage de Taylor. Dans les millésimes non déclarés, le vin est alors commercialisé sous le nom du cru, ce que les Anglais appellent un Single Quinta Vintage. Le 2001 est très achevé, dense et compact. Il devrait dormir encore au moins quatre ans en cave. ★★★→★ ④

Late Bottled Vintage 2005 • (046946) 20,95 $
Pour le quotidien, Taylor propose des Porto riches et savoureux à prix abordable, à commencer par celui-ci, toujours aussi riche en fruit, ferme et relevé. ★★★ ♥ Ⓒ

First Estate, Lugar das Lages • (309401) 17,50 $
Probablement l'un des meilleurs Porto à moins de 20 $, surtout si on aime ce style ferme, vigoureux et plein de fruit. Impeccable. ★★★ ♥ Ⓒ

Taylor Fladgate commercialise aussi une gamme de brillants Tawny.

Tawny 20 ans d'âge • (149047) 68,50 $
Splendide vin onctueux et subtilement parfumé de notes affriolantes de vanille et de cacao. La quintessence du Tawny. ★★★★★ Ⓒ

Tawny 10 ans d'âge • (121749) 36,50 $
Flamboyant, avec sa riche couleur fauve et sa complexité aromatique. Également inscrit au répertoire général. Excellent ! ★★★★ Ⓒ

Tawny 40 ans d'âge • (540260) 239 $
Au sommet de la hiérarchie, un vin sensationnellement velouté, doux comme une liqueur, tout en dentelle, et pourtant intense et pénétrant. Certes, il coûte trois fois plus cher que le 20 ans d'âge, mais n'est sans doute pas trois fois meilleur. C'est tout de même un produit d'exception à nul autre pareil. ★★★★★

Taylor propose aussi deux bons Porto blancs :

Chip Dry • (164111) 21,65$
Le cépage malvoisie apporte un caractère vaguement *rancio* et des goûts de noisettes à ce très bon vin. Idéal pour l'apéritif Porto blanc-tonic. ☆☆☆

Special White Port • (575969) 16,15$
Traditionnel, doux, aromatique, onctueux et fort rassasiant. L'un des bons Porto blancs sur le marché. ☆☆☆☆ ♥

Warre's

Fondée en 1670, Warre's est la plus ancienne compagnie exportatrice de Porto. Propriété de la famille Symington depuis 1905, elle est encore la source de vins remarquables. Ses Vintage et ses LBV ont l'étoffe des meilleurs.

Vintage 2003 • (10456458) 84,25$
Goûté à plusieurs reprises, toujours trop jeune, mais il faut bien se sacrifier... Le vin s'est avéré moins profond que celui de Graham's et de Dow's, mais chaque fois nourri et bien construit. ★★★→★ ④ ▼

Vintage 2000 • (708941) 86$
Probablement à ranger parmi les grands succès de ce millésime. Des couches de saveur, volumineux, et offrant une mâche particulièrement savoureuse. Parviendra à maturité autour de 2015. Dégusté en mai 2006. ★★★★→★ ④

Vintage 1994 • (10320542) 109$
Sans conteste, un superbe vin traduisant bien la densité et la profondeur de ce millésime. Très riche, beaucoup de force et de poigne. À laisser reposer encore jusqu'en 2014-2015. ★★★★→★ ④ ▼

Tawny Sir William, 10 ans d'âge • (320788) 25,95$
À prix abordable, cet excellent vin ne manque pas de qualité : une jolie couleur ambrée, un nez exquis de noisettes et de crème brûlée, tendre, fruité et soyeux en bouche. ★★★★

Dans un style créé pour séduire une clientèle plus jeune et lui faire découvrir les charmes du Porto, Warre's a créé la gamme Otima.

Otima Tawny 20 ans • (10667360) 39,75$ – 500 ml
Suave et parfumé, un vin dont la texture et le relief distillent un charme irrésistible. ★★★★ Ⓒ

Otima Tawny 10 ans • (565705) 24,95$ – 500 ml
Lui aussi soyeux, velouté et d'une tendreté vraiment alléchante. Warre's recommande de servir ces deux vins rafraîchis pour profiter, selon ses mots, de cette boisson idéale pour les journées plus chaudes. Entièrement d'accord ! ★★★★ Ⓒ

Porto blanc • (925461) 17,95$
Une invitante couleur topaze annonce un vin très à point ; un nez très fin, fruité et délicatement boisé, aux évocations de fruits tropicaux. À la fois onctueux et glycériné, mais sans aucune mollesse, avec de la tenue et de la profondeur. Un régal à prix économique. ☆☆☆☆

D'AUTRES RUBY, RESERVE ET LATE BOTTLED VINTAGE

Cabral Character Reserva, Vallegre
(10270717) 17,15$
Bon produit commercial; des goûts de pruneau et de fruits secs; assez bien structuré. ★★

Gran Cruz, Special Reserve Ruby
(10331778) 15,95$
Un vin commercial plutôt quelconque. ★ Ⓒ

Quinta do Castelinho, Late Bottled Vintage 1997
(884809) 23,40$
Embouteillé en 2001; fruité, sans détour et sans envergure particulière. ★★

D'AUTRES TAWNY

Cabral, Vallegre; Tawny 20 ans d'âge
(10682623) 51,50$
Droit et suave, moins onctueux et gras que d'autres, mais tout de même frais, expressif et savoureux. ★★★ Ⓒ

Tawny 10 ans d'âge
(10270741) 27,85$
Rond et fondu; un goût de caramel et de sucre brun; du charme à défaut de complexité; l'un des moins chers de sa catégorie. ★★

Reserva Especial
(625871) 17,10$
Un assemblage de vins de 7 ans; il s'agit en fait d'un Tawny courant, sans envergure particulière. ★★ Ⓒ

Calem, Tawny 10 ans d'âge
(943811) 32,25$
Bon vin d'envergure moyenne, fin, onctueux, coulant, au goût agréable de *toffey*. ★★★

Quinta de Santa Eufêmia, Tawny
(733378) 12,75$
Un bon vin courant au goût caractéristique de fruits confits; sans envergure particulière, mais tout à fait satisfaisant à ce prix. ★★★

D'AUTRES TAWNY PLUS COURANTS ★★

Messias 1991
(334771) 38,75$

Quinta delinho, Tawny 10 ans
(734079) 24,60$

D'AUTRES PORTO BLANCS DOUX ☆☆☆

Cabral, Porto Blanc, Vallegre
(10270733) 14,05$ Ⓒ

Quinta do Castelinho, Porto blanc
(907337) 14,30$

Madère

Le Madère provient de l'île du même nom, située à environ 600 km au large de l'Afrique, à la hauteur de Casablanca. Cas unique dans le monde vinicole, le vin est obligatoirement chauffé à 50 °C pendant trois mois avant d'être fortifié, d'où ce goût caractéristique de caramel et de fruits séchés.

Madeira Wine Company

Fondée au début du XXe siècle, cette compagnie est née d'un regroupement de plusieurs marques – Blandy's, Leacock's, Cossart Gordon, etc. – qui ont assuré la survie de leur entreprise en partageant les coûts de production et de promotion. Elle appartient aujourd'hui aux familles Blandy et Symington, qui ont multiplié les investissements pour rénover les installations.

Leacock's, 5 ans Dry Sercial • (10896664) 28 $
Officiellement sec, mais en réalité contenant une appréciable dose de sucre résiduel, ce vin dégage d'agréables notes de noisettes et de torréfaction. Un plaisir simple, à servir frais à l'apéritif. ☆☆☆

Leacock's Rainwater • (245530) 19,95 $
Délicieux vin léger, semi-doux et très frais en bouche. Son acidité naturelle met en relief son goût, si particulier, de noisettes et d'écorces d'orange. Très bon vin apéritif, à servir frais. ☆☆☆☆

Cossart Gordon, Bual Colheita 1997 • (10898731) 49,75 $
Un cran plus nourri, avec une poigne solide et une finale longue et succulente aux accents caramélisés. ☆☆☆☆

Cossart Gordon, Bual, 5 ans d'âge • (328070) 25,95 $
Doux, caressant et empreint de ce goût inimitable de caramel acidulé ; vaporeux et long en bouche. ☆☆☆☆

en peu de mots

Le Sercial est le Madère le plus sec. Ce cépage est à l'origine de son goût acide qui le rend très rafraîchissant. Le Verdelho est un peu plus doux, et le Bual est riche, moelleux et profond. Le plus doux de tous est cependant le Malmsey (malvoisie), qui est presque sirupeux.

Le Sercial et le Verdelho sont servis l'après-midi ou à l'apéritif. Le Bual et le Malmsey sont surtout appréciés en fin de repas. Comme le Porto, ils sont délicieux avec les fromages bleus.

Le Madère a une longévité remarquable. Une bouteille débouchée peut facilement être gardée réfrigérée pendant plus d'un an.

Blandy's, Bual 1977 • (10758341) 160$
Complexe, multidimensionnel et doté de ces multiples couches de saveurs et de parfums qui sont la marque des grands vins. Unique en son genre et possédant la poigne caractéristique des Madère, le Bual 1977 a la plénitude et la persistance des meilleurs. ☆☆☆☆☆

Blandy's, Malmsey, 10 ans d'âge • (10896701) 49,75$
Le plus riche de tous. Couleur marron foncé, parfums de torréfaction et de caramel brûlé; chaleureux sans être sirupeux, et nourri par une saine acidité qui soutient l'ensemble et laisse une finale harmonieuse. ☆☆☆☆ ▼

Casa dos Vinhos de Madeira • (087585) 18,95$
Bon Madère courant, sans mention de cépage, assez rond et fruité, pratique pour la cuisine, mais bu aussi par plaisir. Un produit standard. ☆☆

Xérès

L'authentique Xérès est sans aucun doute le plus mésestimé des grands vins du monde. En Espagne comme à l'étranger, les ventes sont en régression constante. Même si les marchés historiques restent fidèles – le Royaume-Uni, l'Espagne et la Hollande représentent environ 75% du marché –, les traditions se perdent, et la clientèle vieillissante est difficile à renouveler.

Pour séduire davantage de consommateurs, le Consejo Regulador encourage les producteurs à adopter la capsule vissée et prescrit la mention de la date de mise en bouteille sur l'étiquette.

en peu de mots

Le goût unique du Xérès résulte d'une méthode de production qui défie tous les principes de l'œnologie moderne. Au lieu d'élever le vin à l'abri de l'air, on le conserve dans des fûts remplis aux trois quarts. Tout autre vin s'oxyderait. Mais pas le Xérès, car la région est peuplée de levures particulières qui provoquent la formation de la *flor*. Ce voile blanchâtre qui se forme à la surface du vin le protège de l'oxydation et lui confère ce goût singulier de mie de pain et de noisettes.

Les dénominations Xérès, Jerez et Sherry désignent le même produit, en français, en espagnol et en anglais. Le Sherry anglais est un dérivé de *Sherish*, nom que les explorateurs arabes du XIIe siècle donnaient à la ville de Jerez.

Afin de distinguer et de certifier les Xérès mûris très longtemps en fût, le Consejo Regulador a créé deux catégories spéciales. La mention VORS (Very Old Rare Sherry) indique que les vins qui composent l'assemblage sont âgés d'au moins 30 ans, tandis que les vins de plus de 20 ans portent le label VOS (Vinum Optimum Signatum, ou Very Old Sherry).

Gonzalez Byass

Entreprise familiale de première importance en Andalousie et connue mondialement pour son Tio Pepe, Gonzalez-Byass commercialise une gamme complète de Xérès.

Tio Pepe • (242669) 17,40$ • (743997) 8,80$ – 375 ml
Le Fino le plus connu au monde est toujours aussi bon. Un Xérès jeune et frais en bouche, étonnamment facile à boire en dépit de son taux d'alcool de 14,5%. Aussi disponible en demi-bouteille. ☆☆☆ ♥ Ⓒ

Apostoles, Palo Cortado Muy Viejo • (459529) 52$
L'un des meilleurs Palo Cortado. Superbe vin demi-sec à la chatoyante couleur ambrée ; un nez affriolant qui mêle des notes de caramel, de mélasse, de fruits confits et d'épices. En bouche, un moelleux exquis s'appuie sur des saveurs riches et pénétrantes. Multidimensionnel et combien racé. ☆☆☆☆☆ Ⓢ

Lustau

Propriété du groupe Caballero, Lustau est un grand nom du Xérès. Du plus sec au plus doux, tous les vins sont admirablement typés et dotés d'une forte personnalité.

East India Solera, Xérès • (11414655) 29,60$
Excellent vin de couleur fauve d'une richesse et d'une race inimitables, mettant en relief des accents de fumée, de caramel brûlé et de dattes. Une invitation alléchante à découvrir (enfin !) ou à redécouvrir le charme exquis de cette spécialité andalouse. Miam ! Miam ! ☆☆☆☆☆

Puerto Fino, Solera Reserva • (10808901) 18,10$
Remarquable Fino élaboré à Puerto de Santa María, ville portuaire située tout près de Cádiz. Très sec, désaltérant et d'une complexité aromatique incomparable, que met en relief une acidité tranchante. L'un des meilleurs du genre. ☆☆☆☆☆ ♥

Papirusa, Manzanilla, Very Dry • (10896470) 9,65$ – 375 ml
Le Manzanilla est en fait un Fino qui provient exclusivement de Sanlucar de Barrameda, en bordure de l'Atlantique. Du fait d'un climat plus frais et de raisins légèrement moins riches en sucre, il est connu pour sa légèreté. Vin très sec et aérien dont la fraîcheur repose sur un équilibre parfait entre l'acidité et l'alcool. Superbe apéritif. ☆☆☆☆ ♥

Don Nuno, Oloroso Solera Reserva, Dry • (10896525) 14,55$ – 375 ml
Plus riche et plus vineux ; sec et relevé de notes complexes de torréfaction. Persistant et savoureux, un excellent compagnon pour les poissons grillés. ☆☆☆☆ ▼

Escuadrilla, Amontillado • (10896550) 14,20$ – 375 ml
Un Fino vieilli, d'où sa couleur ambrée et ses arômes évolués. Profond, complexe, arrondi par un poil de sucre et empreint d'un arôme inimitable de figues et de noix. À la fin du repas avec les fromages... Un délice ! ☆☆☆☆

Williams & Humbert

Dry Sack • (013565) 13,80$
Demeure le même bon Xérès riche, moelleux et facile à boire. Bon produit d'initiation, à prix d'aubaine. ☆☆☆ ♥

Canasta Cream Oloroso • (416966) 13,80$
Un bon Xérès doux, au goût de chocolat et de *toffey*. Un produit commercial rudimentaire, de bonne facture et bon marché. ☆☆☆

Les Fino et les Manzanilla sont des Xérès secs. On les sert frais à 10 °C environ, purs et sans glaçons.

Fino et Manzanilla sont agréables à l'apéritif, mais peuvent aussi accompagner des poissons grillés et des crustacés.

Une bouteille de Xérès sec ne doit pas rester entamée plus d'une semaine. Si possible, éviter d'acheter des bouteilles qui ont séjourné des mois sur les étagères. Surveillez les nouveaux arrivages.

Comme le Porto blanc avec du soda tonique, Fino et Manzanilla sont excellents lorsque coupés de moitié avec une boisson gazeuse sucrée et citronnée (Seven Up, Sprite) et servis avec des glaçons et des agrumes. Cette boisson estivale rafraîchissante, nommée *rebujito*, connaît une popularité croissante auprès des jeunes Andalous.

bon à savoir

Montilla Moriles

Les vins de Montilla Moriles sont produits à une centaine de kilomètres au nord-est de Jerez. Ils résultent des mêmes méthodes d'élaboration – *flor* et *solera* – et ont les mêmes dénominations : Fino, Oloroso et Amontillado. La différence est que le Montilla Moriles provient exclusivement de cépage pedro ximenez et qu'il n'est pas nécessairement fortifié. La richesse en sucre des raisins est telle que le vin atteint naturellement une teneur alcoolique de 18 %, et même de 19 %.

Alvear

Plus important producteur de Montilla Moriles, le spécialiste Alvear commercialise cinq vins à la SAQ. Tous sont franchement remarquables, du plus sec au plus doux.

Solera Cream, Montilla Moriles • (884874) 16,95 $ – 500 ml
Enrichi d'eau-de-vie et mûri pendant plus de 10 ans en barrique de chêne. Résultat : 18 % d'alcool et 120 g de sucre résiduel. Un vin riche et suave, merveilleusement doux et tendre, un peu à la manière d'un Porto Tawny. ☆☆☆☆ ♥

Pedro Ximenez, Solera, Montilla Moriles • (10261141) 22,60 $ – 375 ml
Solera démarrée en 1927. Au fil du temps, ce vin régénéré a développé un caractère antique aux goûts de caramel et de figues séchées. Sirupeux et plutôt épais en bouche tant sa densité en sucre est grande, c'est le vin que l'on savoure goutte à goutte. Une cuillerée sur une glace à la vanille, c'est exquis ! ☆☆☆☆

P.X. Reserva 1998, Montilla Moriles • (10808821) 49 $ – 500 ml
Ce vrai sirop épais – dont la consistance et la couleur évoquent presque la mélasse – contient probablement 1 000 calories par centilitre. Un produit authentique, hors norme, à boire à dose homéopathique. ☆☆☆☆

Muscat et autres vins fortifiés

Buller

Vin fortifié, Victoria • (10811106) 15,65 $
Rustique, doux et chaleureux. Buller est une entreprise australienne spécialisée en vins fortifiés. ★★★

Cave des vignerons de Beaumes de Venise

Muscat de Beaumes de Venise • (093237) 19,70 $
Ce Muscat, le seul du Midi qui soit inscrit au répertoire général, constitue toujours un rendez-vous avec l'exubérance typique de cette spécialité du sud de la France. Généreusement fruité, nuancé et d'une agréable fraîcheur. ☆☆☆ ©

Cazes

Ce vaste domaine de Rivesaltes, 200 hectares, s'est taillé une réputation enviable pour ses remarquables vins doux naturels.

Rivesaltes Ambré 1996 • (10810091) 21,45 $ – 375 ml
Tendre, onctueux et velouté, avec des goûts de fruits séchés qui persistent et s'éternisent dans la bouche. Équilibre exemplaire. ☆☆☆☆☆

Château Les Pins

Rivesaltes 2005, Primage, Dom Brial • (871897) 21,10 $
Bon vin doux, agrémenté d'arômes de sucre brun, à la fois tendre, franc et frais en bouche. Prix abordable. ★★★

Chapoutier

Rivesaltes 2000 • (11154831) 20,95 $
En plus d'être actif dans la quasi-totalité des appellations rhodaniennes, Michel Chapoutier produit des vins doux naturels dans le Roussillon. Bon vin moelleux du Sud, riche en fruit, très sucré en bouche ; flatteur, abordable, mais un peu simple. ☆☆

Coume del Mas

Galateo 2007, Banyuls • (11154347) 33,25 $
Philippe Gard a créé Coume del Mas en 2000 et exploite aujourd'hui une douzaine d'hectares sur la commune de Banyuls-sur-Mer. Ce vin puise sa sève dans de vieilles vignes de grenache plantées à proximité de la mer. Beaucoup de matière, une tonne de fruit, des goûts relevés de prune et de réglisse ; séveux, chaleureux et passablement structuré. Déjà très bon, mais on peut sans craindre le laisser reposer jusqu'en 2017. ★★★★ ③

De Bortoli

8 Year Old, Barrel Aged • (10809823) 25,70 $
Dans le domaine de 165 hectares que la famille de Bortoli a acquis dans Yarra Valley en 1987, Steve Webber renoue avec la vieille tradition australienne et fait un vin très doux dont le caractère savamment oxydé rappelle de vieux vins fortifiés. ★★★

Domaine de la Rectorie

Banyuls 2008, Cuvée Parcé Frères • (10322661) 20,80 $ – 500 ml
En plus de leurs impeccables vins de Collioure, les frères Parcé produisent un savoureux Banyuls coloré, intense et riche en matière fruitée. Un heureux mélange de puissance et de subtilité ; savoureux avec son grain fruité, ses tanins caressants et sa longue finale relevée. Déjà excellent, mais il est loin d'avoir dit son dernier mot. ★★★★ ③

Domaine La Tour Vieille

En 1982, Christine Campadieu et Vincent Candié ont uni leurs vignobles respectifs pour former l'un des domaines les plus dynamiques de Banyuls. Ils y signent d'excellents vins de table et des Banyuls de qualité indiscutable.

Banyuls, Reserva • (884916) 25,50 $
Parfaitement savoureux, droit et bien équilibré, il a des goûts distingués de fruits mûrs ; sa trame tannique lui assure une présence très affirmée. Vraiment excellent et valant pleinement son prix. Pour l'apprécier à sa juste valeur, il faut le servir à 13-14 °C. ★★★★

Rimage 2009, Banyuls • (884908) 22 $ – 500 ml
Sans être grand, le 2009 est souple, friand et égayé de notes fruitées délicatement confites. Un Banyuls de belle facture, à boire entre 2012 et 2016. ★★★ ②

Fonseca, Jose Maria da

Alambre 2006, Moscatel de Setúbal • (357996) 14,75 $
Spécialité de la maison da Fonseca – aucun rapport avec les Porto Fonseca –, cet excellent vin moelleux aromatique est une tradition de la péninsule de Setúbal, au sud de Lisbonne. Muscat, boal et malvoisie donnent un vin passablement parfumé, au bon goût de pêche mûre. Rien de complexe, mais équilibré et original. ☆☆☆ ♥

Le Dominicain

Hanicotte, Cuvée Augustin, Hors d'âge, Banyuls • (11154363) 44,50 $
Déjà parfaitement ouvert, ce vin, produit par la cave coopérative de Collioure, se distingue avant tout par sa couleur tuilée et ses tonalités caractéristiques de prunes confites. Une bonne note pour son relief aromatique et pour sa finale à la fois capiteuse et équilibrée. ★★★

Mas Amiel

Le magnat de l'industrie alimentaire Olivier Decelle a fait l'acquisition de cette belle propriété du Roussillon, où il produit une gamme exemplaire de vins de Maury.

Maury Prestige, 15 ans d'âge • (884312) 41$
La cuvée Prestige est un régal de douceur et de suavité, sur le thème des fruits confits. Ni puissant ni concentré, mais tellement bon. ★★★★

Maury Cuvée Spéciale, 10 ans d'âge • (11154785) 32,25$
Plus simple et un peu unidimensionnel, le 10 ans charme avant tout par ses parfums très mûrs de fruits secs sur un fond vanillé et chocolaté. Trop cher. ★★★

Vintage 2008, Maury • (733808) 18,55$
Commercialisé dans une haute bouteille effilée, un bon Maury de couleur violacée, relevé de notes de fruits secs et de pruneau. Pas très complexe, mais riche et équilibré. À laisser mûrir quelques années. ★★★ ③

Mas de Bellevue

Lacoste, Muscat de Lunel • (10272739) 17,45$
Le vignoble de Lunel couvre un peu plus de 350 hectares de vignes au nord-est de Montpellier. La famille Lacoste produit un affriolant Muscat gorgé de fruits, doux et parfaitement équilibré. Ce qui lui vaut un généreux relief aromatique aux accents de pêches ultramûres, doublé d'une fraîcheur irrésistible. On croque dans la grappe ! Mon préféré dans cette catégorie. ☆☆☆☆ ♥

Vignerons Catalans en Roussillon

Banyuls Grand Cru 2005 • (871772) 22,95$
Un vin d'ampleur moyenne ; doux, flatteur et doté d'une finale un brin alcooleuse. ★★

Yalumba

Muscat Museum, South Eastern Australia • (10366495) 24,20$ – 375 ml
Au nord d'Adélaïde, l'entreprise de l'Australien Robert Hill-Smith est depuis longtemps reconnue pour ses vins de qualité. Les amateurs se régaleront de ce riche et doux Muscat onctueux qui exhale de plantureux parfums de raisins confits. Caressant, doux et savoureusement aromatique. Superbe exemple d'une grande tradition australienne. ☆☆☆☆

Importation privée

En dépit d'un éventail considérable de vins qui s'est amélioré à la SAQ depuis quelques années, le choix dans les succursales peut paraître limité pour les amateurs à l'affût de découvertes et de raretés. Il suffit de consulter les cartes de nombreux restaurants pour dénombrer beaucoup de produits originaux absents du catalogue de la SAQ.

Pour l'heure, ces importations privées servent essentiellement à approvisionner les restaurateurs, mais plusieurs agences offrent aussi un service de commande directe sur le site Internet de leur entreprise. Les amateurs curieux désirant s'aventurer dans ce monde parallèle trouveront dans ces pages une liste de producteurs dont les vins sont accessibles en commande privée. Vous trouverez les coordonnées des diverses agences citées à la page 510.

Les listes ne sont pas exhaustives, mais elles proposent un bref aperçu de l'offre actuelle et privilégient des producteurs réputés.

IP plus Ce symbole indique des producteurs déjà présents à la SAQ, mais dont certaines cuvées sont offertes exclusivement en importation privée.

comment ça marche ?

Les agences présentent leur catalogue de vins en importation privée sur leur site Internet. Une fois que l'intéressé a fait sa sélection :

1. Il contacte l'agence par courriel ou par téléphone et passe sa commande.
2. L'agence valide les disponibilités avec lui et convient de la succursale de la SAQ où il souhaite prendre livraison de ses bouteilles.
3. Lorsque sa commande arrive à la succursale, un employé de la SAQ lui téléphone pour lui dire que ses vins sont arrivés.
4. Le paiement s'effectue lors de la prise de possession des bouteilles, au comptoir-caisse de la SAQ.

Les vins sont vendus en caisse de 6 ou 12 bouteilles.

• FRANCE •

Bordeaux

Bordeaux est certainement la région viticole la mieux desservie à la SAQ. Le site Internet de notre monopole recense plus de 1 000 produits... Voici tout de même quelques bonnes adresses pour sortir des sentiers battus.

Château Côtes de Cassagne

Cyril Chancelier a racheté cette propriété située sur le plateau de Ruch, juste à côté du Domaine de Courteillac, où il a produit son premier millésime en 1998. Ses vins – sa cuvée Fanny, entre autres – font déjà partie de l'élite des Bordeaux Supérieur. *Agence : Rézin*

Château Dalem

Au XVIIIe siècle, le vin de Fronsac dominait toute la région du Libournais et était vendu plus cher que des noms célèbres de Saint-Émilion. Les amateurs de Bordeaux authentiques apprécieront la chair et la texture nourrie du 2005 offert actuellement sur le marché. Pas le plus expansif, mais solide et de forme très classique, reposant sur un cadre tannique serré. *Agence : Sélection Caviste*

Château Falfas

Ce domaine des Côtes de Bourg exploité en culture biodynamique est rigoureusement géré par un couple franco-américain. La qualité générale des vins est exemplaire. *Agence : Raisonnance*

Château Graville-Lacoste

Adepte de la biodynamie, Hervé Dubourdieu met en valeur le terroir des Graves. Un très bon vin blanc vinifié avec les levures indigènes, sans passage en fût. Prix mérité pour un vin blanc sec et droit, auquel une proportion de sémillon ajoute une agréable rondeur. *Agence : Œnopole*

Château Lagarette

Olympe et Yvon Minvielle pratiquent une viticulture biologique depuis 1998, en biodynamie depuis 2003. Des vinifications naturelles, peu interventionnistes donnent des vins à la personnalité affirmée, dont le Cyrus, issu exclusivement de cabernet franc, vinifié et élevé en cuves d'inox. *Agence : La QV*

Château Mirebeau

À Pessac-Léognan, ce domaine travaillé en biodynamie depuis 2005 est la source de vins droits et épurés, souvent offerts à prix d'aubaine. Cyril et Florence Dubrey sont aussi propriétaires du Château D'Ardennes en Graves. *Agence : Primavin*

Château Tire-Pé

Il y a une dizaine d'années, Hélène et David Barrault ont acquis cette propriété de l'Entre-deux-Mers et se consacrent depuis à une réhabilitation du vignoble, sans engrais ni désherbant. La qualité des vins dégustés est excellente, avec une mention pour Les Malbec de Tire-Pé. *Agence : Réserve et Sélection*

Domaine de Jaugaret

Sur le minuscule vignoble de Saint-Julien appartenant à sa famille depuis 1654, Jean-François Fillastre n'a que faire des modes et des dégustations en primeur. Ses vins sont le reflet d'une tradition médocaine de plus en plus rare. Pas de merlot, de microbullage ou d'osmose inverse. Bâtis pour vivre longtemps, les vins sont issus de cabernet sauvignon, de petit verdot et de malbec dont certaines vignes ont plus de 100 ans. *Agence : Rézin*

Domaine de Viaud

À Lalande-de-Pomerol, ce domaine familial commercialise des vins de facture classique, dont quelques vieux millésimes qui permettent d'apprécier le charme discret d'un vin parfaitement ouvert. *Agence : Sélection Caviste*

Vieux Château Saint-André

Propriété de Jean-Claude Berrouet, l'œnologue maintenant retraité – mais toujours consultant – des Établissements Jean-Pierre Moueix (Pétrus, Magdelaine, Trotanoy), ce cru est l'un des plus réputés de Montagne. Maintenant aidé de Jean-François, son fils cadet, il signe un excellent vin teinté d'élégance et de suavité. Les bouteilles sont rares et on se les arrache. *Agence : Balthazard*

Vignobles Ouzoulias

À Saint-Émilion, le vignoble de la famille Ouzoulias, cultivé selon les normes de l'agriculture biologique depuis 1989, s'étend sur trois grandes propriétés. Une bonne adresse où trouver des vins de facture traditionnelle, offerts à bon prix.
Agence : Raisonnance

IP plus

Château L'Escart
Agence : A.O.C. et Cie

Château le Puy
Agence : A.O.C. et Cie

Cru Barréjats
Agence : Rézin

Bourgogne

Combier, Arnaud

N'eût été sa rencontre avec Philippe Valette, Arnaud Combier aurait peut-être suivi la voie de ses aïeux et acheminé ses raisins à la coopérative locale. Il a plutôt tenté l'expérience du vin nature. On l'en félicite, car les résultats sont bons et traduisent bien le caractère de ce terroir souvent banalisé du Mâconnais.
Agence : Symbiose

De Moor, Alice et Olivier

À Courgis, au sud de l'appellation Chablis, Alice et Olivier de Moor exploitent en culture biologique sept hectares de vignes, répartis sous quatre appellations : Chablis, Sauvignon Saint-Bris, Bourgogne Aligoté et Bourgogne Chitry. Leurs différentes cuvées expriment la typicité de leurs lieux d'origine.
Agence : Bergeron-les-Vins

Derain, Catherine et Dominique

Certifiées biodynamiques dès la première récolte en 1989, les vignes du domaine Derain s'étendent sur cinq communes de la Côte d'Or, de Gevrey-Chambertin à Puligny-Montrachet. Des vinifications naturelles – sans levurage, ni soutirage, ni filtration – donnent des vins blancs purs, droits et teintés d'accents minéraux, et des vins rouges élancés et pleins de fraîcheur.
Agence : Rézin

Domaine Méo-Camuzet

Un grand nom de la Côte de Nuits. Inspiré par l'enseignement d'Henri Jayer, Jean-Nicolas Méo signe d'impeccables Clos de Vougeot, Nuits-Saint-Georges, Richebourg et Vosne-Romanée, fins et élégants. L'entreprise opère aussi une affaire de négoce dont les vins – à prix plus abordable – sont commercialisés sous l'étiquette Méo-Camuzet frère et sœurs.
Agence : Le Maître de Chai

Fournier, Jean

Laurent Fournier a repris l'affaire de ses grands-parents en 2001, à Marsannay. Il y façonne aujourd'hui un très bon rosé, des vins rouges charnus qui traduisent bien le renouveau de cette appellation septentrionale, ainsi qu'un excellent Côte de Nuits Croix Violette dont l'étoffe s'apparente à de bons vins de Gevrey-Chambertin. Bon rapport qualité-prix.
Agence : Symbiose

Mugneret-Gibourg

La famille Mugneret est propriétaire de plusieurs parcelles de vignes sur les terroirs les plus prestigieux de la Côte de Nuits. Les vins s'affirment par leur suavité, leur finesse et leur profondeur. *Agence : Le Maître de Chai*

Murat, Hervé

En 2005, après avoir travaillé durant quelques années au Domaine Anne-Françoise Gros, Hervé Murat a développé sa propre affaire à Concœur, dans les Hautes-Côtes de Nuits. Il y signe maintenant d'excellents vins, dont un superbe Chambolle-Musigny, tout en subtilité et en finesse. *Agence : La QV*

Pacalet, Philippe

Philippe Pacalet a monté une affaire de négoce peu commune en Bourgogne. Non seulement il entretient des liens étroits avec ses viticulteurs, mais il cultive lui-même certaines parcelles. Il vinifie ses cuvées de la façon la moins interventionniste possible, pour obtenir un vin authentique, empreint du goût du lieu, et qui mise sur la pureté du fruit. *Agence : Rézin*

Richoux, Thierry

Thierry Richoux est l'un des incontournables de cette petite appellation située tout au nord de la Bourgogne. Contrairement à d'autres vins d'Irancy, ceux de Richoux ne contiennent pas de césar, un cépage local connu pour ses goûts parfois rustiques. Il mise plutôt sur une expression franche, légère et délicate du pinot noir. Un modèle du genre. *Agence : Vinealis*

Rossignol, Nicolas

Nicolas Rossignol a peaufiné son art dans la vallée du Rhône, à Bordeaux, puis en Afrique du Sud, avant de créer son domaine dans sa Bourgogne natale. Il possède aujourd'hui des parcelles dans plusieurs communes de la Côte de Beaune, dont Volnay, Pommard et Aloxe-Corton. *Agence : Balthazard*

Roty, Joseph

Philippe Roty et son frère résistent aux modes et élaborent d'excellents vins de facture traditionnelle. Leurs Marsannay, Gevrey-Chambertain et Côte de Nuits-Villages se distinguent par leur droiture, leur équilibre et leur long potentiel de garde. *Agence : Le Maître de Chai*

Tribut, Laurent

Excellents Chablis vinifiés selon les règles de l'art – peu ou pas de soutirage, fermentation malolactique en barrique –, mais d'abord issus de raisins très mûrs qui leur donnent une texture nourrie et des saveurs intenses et nuancées. *Agence : Œnopole*

Beaujolais

Breton, Guy

Comme plusieurs vignerons de la région, Guy Breton a fait ses classes aux côtés de Jules Chauvet à qui l'on attribue la paternité du mouvement des vins dits « naturels ». La qualité d'ensemble est irréprochable et le rapport qualité-prix – notamment celui de la cuvée Marilou – est fort attrayant. *Agence : GLOU*

Château Cambon

Sous la gouverne de Marie Lapierre, ce domaine exploité en agriculture biologique fait des Beaujolais tout court passablement substantiels, dotés d'une personnalité affirmée. *Agence : Rézin*

Coquelet, Damien

Le beau-fils de Georges Descombes en est à ses premières armes en tant que vigneron, mais il fait déjà parler de lui. Gourmands et savoureux, les 2009 qui arriveront à l'automne appellent la soif... et les bonnes charcuteries. *Agence : La QV*

Descombes, Georges

Georges Descombes applique la même philosophie peu interventionniste dans l'élaboration de ses Beaujolais, Brouilly et Morgon. Ses vins se déclinent en deux catégories : les génériques, qui misent davantage sur la rondeur fruitée, et les Vieilles Vignes, qui sont généralement plus étoffés et concentrés. *Agence : Rézin*

Domaine des Côtes de la Molière

À l'ouest de Fleurie et de Moulin-à-Vent, le village de Vauxrenard ne jouit pas du statut de cru, mais il peut donner des vins particulièrement étoffés. Isabelle et Bruno Perraud y pratiquent une viticulture biodynamique et misent sur des vinifications naturelles, sans intrant. Le couple élabore aussi de très bons vins blancs dans le Mâconnais.
Agence : Raisonnance

Foillard, Jean

Aussi élève du regretté Jules Chauvet, Jean Foillard est un nom important de l'appellation Morgon. Il façonne des vins plutôt raffinés, élégants et dotés d'un excellent potentiel de garde. La cuvée π 3,14 – un clin d'œil à la Côte de Py de Morgon – est à découvrir.
Agence : Rézin

Métras, Yvon

Yvon Métras est à Fleurie ce que Marcel Lapierre est à Morgon. Un ardent défenseur du vin naturel. Des cuvaisons longues, des vinifications sans ajout de levures ni de soufre donnent des vins de caractère.
Agence : Rézin

Pacalet, Christophe

Après quelques années dans la biochimie et la cuisine, le neveu de Marcel Lapierre a démarré sa petite affaire de négoce qui s'étend aujourd'hui sur six des 10 crus du Beaujolais. Les sources d'approvisionnement sont sensiblement toujours les mêmes, pour des vins tantôt souples et coulants, tantôt denses et substantiels, de style quasi bourguignon. *Agence : Rézin*

Thévenet, Jean-Paul

Jean-Paul Thévenet produit aussi d'excellentes cuvées sous les appellations Morgon et Beaujolais. La cuvée Morgon vieilles vignes est sensationnelle !
Agence : Bergeron-les-Vins

Vionnet, Karim

Karim Vionnet a appris aux côtés de son ami Guy Breton. Les quelques cuvées commercialisées au Québec se distinguent par leur attaque en bouche franche et friande. Sympathiques et vendues à bon prix.
Agence : Œnopole

IP plus

Chermette, Pierre-Marie
Agence : Le Maître de Chai

Demougeot, Rodolphe
Agence : Balthazard

Domaine de la Cadette
Agence : Œnopole

Domaine de la Pousse d'Or
Agence : Le Maître de Chai

Domaine Perrot-Minot
Agence : Le Maître de Chai

Giboulot, Emmanuel
Agence : Les vins Alain Bélanger

Goisot, Ghislaine et Jean-Hugues
Agence : Le Maître de Chai

La Soufrandière - Bret Brothers
Agence : Liquid Art

Maréchal, Catherine et Claude
Agence : Balthazard

Martray, Laurent
Agence : Le Maître de Chai

Mikulski, François
Agence : Vini-Vins

Muzard, Lucien
Agence : Le Maître de Chai

Pavelot
Agence : Le Maître de Chai

Perrot-Minot
Agence : Le Maître de Chai

Valette
Agence : Rézin

Alsace

Binner, Audrey et Christian

Des vins alsaciens classiques, droits, équilibrés et, surtout, sans excès de sucre résiduel. Christian Binner se familiarise progressivement avec les principes de la biodynamie et, lorsque les vins s'y prêtent, vinifie sans ajouter de soufre. *Agence : Plan Vin*

Boesch, Leon

Le cru Zinnkoepflé est situé dans le village de Westhalten, à une quinzaine de kilomètres de Colmar. La famille Boesch y puise d'excellents vins de vendanges tardives. Certifié biologique depuis 10 ans, le domaine est aujourd'hui conduit en biodynamie par Gérard et son fils Matthieu, qui produisent aussi des Riesling aux saveurs fines, précises et complexes. *Agence : La QV*

Domaine Loew

Lorsqu'il a repris le vignoble ancestral de Westhoffen en 1996, Étienne Loew s'est appliqué à la réhabilitation du cépage sylvaner, dont la surface plantée a radicalement diminué au cours des 30 dernières années. *Agence : Vini-Vins*

Frick, Pierre

Jean-Pierre et Chantal Frick cultivent leurs vignes à flancs de coteaux en biodynamie, et en tirent des vins d'une précision remarquable. *Agence : Primavin*

Kreydenweiss, Marc

Adepte de la biodynamie, Marc Kreydenweiss exploite une dizaine d'hectares dans le secteur d'Andlau, à une trentaine de kilomètres au sud-ouest de Strasbourg. La qualité d'ensemble est exceptionnelle, avec une mention spéciale pour le Pinot gris Moenchberg. *Agence : Mon Caviste*

Meyer, Julien

Patrick Meyer était à peine sorti de l'adolescence lorsqu'il a pris les rênes du domaine familial de Nothalten, à mi-chemin entre Strasbourg et Colmar. Il a converti le vignoble à l'agriculture biologique dès 1991, puis à la biodynamie en 1999. Si le style de ses vins, parfois puissants et dotés de notes oxydatives, connaît quelques détracteurs, de nombreux *fans* apprécient néanmoins leur tempérament affirmé. *Agence : Insolite Import*

Schueller, Gérard

Gérard et Bruno Schueller sont des adeptes de la viticulture biologique, car ils ont la conviction que c'est la condition *sine qua non* pour permettre au terroir de s'exprimer véritablement. Les différentes cuvées du domaine, situé dans les hauteurs d'Eguisheim, ont en commun la maturité, la tenue et la complexité aromatique propres aux meilleurs vins alsaciens. *Agence : Œnopole*

IP plus

Barmès-Buecher
Agence : Œnopole

Deiss, Marcel
Agence : A.O.C. et Cie

Domaine Bott-Geyl
Agence : Les vins Alain Bélanger

Kuentz
Agence : Réserve et Sélection

Ostertag, André
Agence : Rézin

Seppi Landmann
Agence : Le Maître de Chai

Val de Loire

Breton, Catherine et Pierre

Difficile de résister à la finesse et à l'élégance du couple Breton. Adeptes de la biodynamie – certification à l'appui –, ils produisent, sous l'appellation Bourgueil, une gamme complète de vins issus de cabernet franc. Du claret tout frais et guilleret aux vins de garde, en passant par La Dilettante – gorgée de fruits et vinifiée en macération carbonique à la beaujolaise –, il y en a pour tous les goûts. *Agence : Plan Vin*

Delaporte

La famille Delaporte est établie depuis le XVIIe siècle sur la commune de Chavignol, au cœur du Sancerrois. Jean-Yves et son fils Matthieu tirent, des sols de silex qui constituent la moitié du vignoble, des vins blancs intenses et racés. *Agence : Trialto*

Domaine de la Louveterie

Le travail qu'a accompli Joseph Landron a largement contribué à redonner ses lettres de noblesse au Muscadet. Sur les 50 hectares que comptent les deux vignobles du Domaine Landron, le melon de bourgogne est roi et la biodynamie est reine. Les vins – Amphibolite est le plus connu – conjuguent avec style la légèreté alcoolique, la finesse et les saveurs minérales propres à l'appellation. *Agence : Rézin*

Domaine du Briseau

Sur son vignoble de la Sarthe, Christian Chaussard traduit avec beaucoup de sincérité le caractère unique du chenin et du pineau d'Aunis, une variété historique de la Touraine, aussi nommée chenin noir. *Agence : Importation Insolite*

Domaine du Moulin, Hervé Villemade

Les cuvées de romorantin produites par Isabelle et Hervé Villemade comptent certainement parmi les plus réputées de la minuscule appellation Cour-Cheverny, laquelle totalise à peine 50 hectares au nord-est de la Touraine. Le domaine produit aussi d'excellents vins rouges. *Agence : Rézin*

Janvier, Pascal

Au sud du département de la Sarthe, le vignoble du Jasnières a été façonné dès le Moyen-Âge par les moines cisterciens. Ce n'est toutefois que depuis une vingtaine d'années, sous l'impulsion d'une poignée d'artisans comme Pascal Janvier, que cette minuscule appellation de 128 hectares (Vouvray compte environ 2000 hectares) suscite un intérêt réel au-delà des frontières de la région. *Agence : Vinealis*

Les Vins Contés

Sommelier de formation, Olivier Lemasson a pris goût au vin nature chez Marcel Lapierre. En 2002, il s'est associé à Hervé Villemade (Domaine du Moulin) pour créer une affaire de négoce qui s'approvisionnerait exclusivement auprès de viticulteurs respectueux des principes de l'agrobiologique. Maintenant seul à la barre, il continue de produire d'excellents vins dont on a toujours soif. *Agence : GLOU*

Mosse, Agnès et René

Si la robustesse et l'étoffe de ses Cabernet franc déroutent parfois les puristes, les vins blancs de René Mosse charment à tout coup par leur franche minéralité et leur caractère aromatique fougueux et original. *Agence : Vini-Vins*

Reau, Nicolas

Il y a une dizaine d'années, Nicolas Reau s'est improvisé vigneron, dans le secteur de Thouars, au sud-ouest de Chinon. On l'en félicite ! Ses vins de cabernet franc sont pleins, rassasiants, presque « virils » ; sa cuvée Attention Chenin Méchant s'affirme par son caractère tranchant et très minéral. *Agence : Primavin*

Thierry Puzelat, Le Clos du Tue-Bœuf

Dans le secteur de Cheverny, les frères Puzelat veillent sur la vieille propriété familiale et en tirent des vins singuliers et très digestes, dont la teneur en soufre est quasi nulle. Thierry Puzelat opère aussi, en parallèle, une petite activité de négoce sous sa propre étiquette.
Agence : Rézin

IP plus

Alliet, Philippe
Agence : Le Maître de Chai

Baudouin, Patrick ; Anjou
Agence : Les vins Alain Bélanger

Baudry, Bernard ; Chinon
Agence : Balthazard

Château Yvonne, Saumur
Agence : Rézin

Domaine de Bellivière, Coteaux du Loir
Agence : Le Maître de Chai

Domaine de la Garrelière, Touraine
Agence : Bergeron-les-Vins

Domaine Ogereau, Savennière
Agence : Le Maître de Chai

Pithon-Paillé, Anjou
Agence : Balthazard

Vallée du Rhône

Balme, Élodie

Depuis son premier millésime en 2006, cette ancienne « élève » de Marcel Richaud ne cesse de peaufiner son art. Ses Rasteau et Côtes du Rhône révèlent, à son meilleur, la nature pulpeuse du grenache. Un régal pour les papilles. Miam ! Miam !
Agence : Œnopole

Château de La Selve

La famille Chazallon veille sur cette superbe propriété de l'Ardèche qui abrite un château fort construit au XIIe siècle, ainsi qu'une vaste exploitation viticole menée en biodynamie. *Agence : Raisonnance*

Chaume-Arnaud

Ce domaine familial créé en 2005 s'impose déjà comme une référence de l'appellation Vinsobres. Le Petit Coquet (assemblage de grenache, de cinsault et de syrah) offre un rapport qualité-prix attrayant.
Agence : Insolite Importation

Dard & Ribo

Le profil aromatique fougueux et sauvage des Crozes-Hermitage et Saint-Joseph rouges de René-Jean Dard et François Ribo ne font pas l'unanimité chez les puristes. Leurs détracteurs reconnaissent toutefois la qualité des tanins qui tapissent la bouche d'une chair veloutée.
Agence : Rézin

Domaine de La Monardière

Vacqueyras foisonne de bonnes bouteilles vendues à prix mérité. Le domaine de Christian Vache en est un digne représentant. Les 2 Monardes et ses autres cuvées sont équilibrées et assez bien constituées pour tenir la route. *Agence : Le Maître de Chai*

Domaine du Coulet

Avec à peine 10 millésimes à son actif, Matthieu Barret est certainement parmi les jeunes vignerons les plus en vue de l'appellation Cornas. Son vignoble d'une dizaine d'hectares, essentiellement en coteaux, est cultivé en biodynamie et donne des vins rouges particulièrement denses et concentrés, aptes à vivre de longues années. *Agence : La QV*

Domaine Gerin

Ce domaine créé en 1983 produit d'excellents Côte Rôtie, Condrieu et vins de pays. Jean Gerin a par ailleurs développé un vignoble dans le Priorat (Trio Infernal), en partenariat avec Peter Fischer (Château Revelette, Provence) et Laurent Combier (Crozes-Hermitage). *Agence : Rézin*

Domaine Gramenon

Dans la Drôme, au nord du Rhône méridional, madame Aubery pratique une viticulture biologique. La réputation des vins de Gramenon repose avant tout sur leur rondeur irrésistible ainsi que sur la finesse et la précision des saveurs.
Agence : Rézin

Domaine Romaneaux-Destezet – Hervé Souhaut

En Ardèche, Hervé Souhaut s'inscrit aussi dans le courant du vin naturel. Les fermentations sont menées sans ajout de levures, et l'ajout de soufre est réduit au minimum. La cuvée Souteronne, issue de vignes de gamay âgées d'une soixantaine d'années, offre un régal de fruit aussi rassasiant que désaltérant. *Agence : Rézin*

Domaine Saladin

Les 20 générations qui se sont succédé au domaine Saladin n'ont jamais succombé à l'appel de la viticulture moderne. Ni herbicides, ni pesticides, ni engrais chimiques n'ont jamais envahi leur vignoble. Les vins y sont purs et authentiques.
Agence : Rézin

Domaine Viret - Clos du Paradis

Alain Viret et son fils Philippe produisent des Côtes du Rhône le plus naturels possible, sans nuire à leur équilibre. Sur la commune de Saint-Maurice, ils élaborent cette cuvée vinifiée en amphore d'argile, ce qui favorise la concentration du moût et permet d'obtenir ce goût unique.
Agence : Vini-Vins

Richaud, Marcel

Marcel Richaud est le vigneron artiste de Cairanne. Son vignoble est en conversion progressive à la biodynamie ; les vinifications sont conduites avec les levures naturelles, et les ajouts de soufre sont limités. Pour l'amateur à la recherche de grenache fruité, gourmand et désaltérant. *Agence : Rézin*

IP plus

Bois de Boursan
Agence : GLOU

Château Mas Neuf
Agence : La Céleste Levure

Château Mourgues Du Grès
Agence : Rézin

Domaine de la Mordorée
Agence : Le Maître de Chai

Domaine Gourt de Mautens
Agence : Œnopole

Domaine Rouge Garance
Agence : Anthocyane

Graillot, Alain et Maxime
Agence : Réserve et Sélection

Grand Veneur
Agence : Vitis

Vieux Donjon
Agence : Mon Caviste

Vignerons d'Estézargues
Agence : Rézin

Vignobles David
Agence : Isravin

Voge, Alain
Agence : La Céleste Levure

Languedoc-Roussillon

Clos du Rouge Gorge

Sur son vignoble au nord des Pyrénées-Orientales, Cyril Fhal applique avec soin les principes de la biodynamie et favorise des rendements très bas, entre 11 et 25 hectolitres à l'hectare. Ses vins sont concentrés et puissants. Leur équilibre et leur richesse tannique sont garants de longévité.
Agence : Œnopole

Cros, Pierre

Un vigneron un peu marginal dans son Aude natale. L'encépagement de son domaine du Minervois – aramon, alicante, picpoul noir, vermantino et de vieux ceps de carignan –, comme les méthodes qu'il utilise, le placent dans une catégorie à part. La cuvée Les Mal Aimés, vendue comme simple « vin de table », gagne à être connue.
Agence : Insolite Importation

Domaine d'Émile et Rose

Depuis 2004, Caroline Gisclard veille sur cette propriété de l'Hérault que lui ont légué ses grands-parents, Émile et Rose. Avec son mari Marcel, elle exploite aujourd'hui un vignoble d'une quinzaine d'hectares, où poussent notamment quelques raretés comme du carignan blanc et de l'aramon, une variété rouge quasi unique à l'Hérault. Deux belles invitations à sortir des sentiers battus.
Agence : Mondia Alliance

Domaine des Schistes

Au pied des Pyrénées, la famille Sire vinifie elle-même les fruits de sa récolte depuis 1989. Les rouges sont à la fois droits, équilibrés, chaleureux et concentrés ; les vins doux naturels, Muscat de Rivesaltes et Maury, sont plantureux et généreusement parfumés. Ils sont tous issus de l'agriculture biologique.
Agence : Les Trois Sommeliers

Domaine du Possible

Dans le Roussillon, Loïc Roure mise entre autres sur l'apport de très vieilles vignes de grenache blanc et de carignan dont il tire des vins rouges et blancs distinctifs, fidèles à leur lieu d'origine. *Agence : Œnopole*

Domaine Le Pas de l'Escalette

Julien Zernott (Henri Pellé, Menetou-Salon) a développé son domaine dans les hauteurs des terrasses du Larzac, au nord-ouest du Languedoc. Blancs ou rouges, ses vins sont excellents.
Agence : Balthazard

La Petite Baigneuse

Depuis 2008, Céline et Philippe Wies façonnent sur les sols de schiste de Maury, dans les côtes Catalanes, d'excellents vins de soleil au tempérament affirmé. À retenir, la cuvée Grand Largue : un assemblage de carignan et de lledoner pelut, un proche cousin du grenache noir, qui porte aussi le nom de grenache poilu.
Agence : Primavin

Magnon, Maxime

Dans la région Corbières, Maxime Magnon mise à fond sur l'originalité du cépage carignan pour l'élaboration de ses rouges. Les trois cuvées sont commercialisées sous la dénomination vin de pays de la vallée du Paradis : deux rouges, un léger (La Démarrante), un charnu (Rozeta) ; et un vin blanc (La Bégou), issu de grenache gris.
Agence : GLOU

Pithon, Olivier

En 2001, le frère de Jo Pithon, célèbre producteur de Loire, a repris un domaine de 15 hectares situé juste au nord de Perpignan. Sa cuvée D18 fait partie de l'élite des vins blancs du Midi. *Agence : Plan Vin*

Senat, Jean-Baptiste

Installé depuis 10 ans dans le Minervois, ce Parisien d'origine s'est taillé une réputation enviable avec des vins rouges qui conjuguent habilement la rondeur fruitée, la densité et la fraîcheur. Les raisins sont bio et l'apport en soufre est limité au minimum lors des vinifications.
Agence : Le Maître de Chai

Zélige-Caravent

À Pic-Saint-Loup, Marie et Luc Michel cultivent quelques cépages inusités et obtiennent des vins attrayants, tant à cause de leur originalité que de leur fruité et de leur fraîcheur.
Agence : Vini-Vins

IP plus

Alquier, Jean Michel
Agence : Vini-Vins

Château La Grave, Minervois
Agence : Sélections UVAS

Domaine d'Aupilhac
Agence : Bergeron-les-Vins

Domaine de la Madura
Agence : Rézin

Domaine de la Rectorie
Agence : Les vins Alain Bélanger

Domaine de Mouscaillo
Agence : Bergeron-les-Vins

Domaine du Loup Blanc
Agence : Plan Vin

Domaine Gauby
Agence : Bergeron-les-Vins

Domaine l'Oustal Blanc
Agence : Vini-Vins

Domaine Madeloc
Agence : Balthazard

Dupéré-Barrera
Agence : Le Maître de Chai

Ferrer-Ribière
Agence : Rézin

Gardiés, Jean
Agence : La Céleste Levure

Hecht & Bannier
Agence : LBV International

Mas Jullien
Agence : Bergeron-les-Vins

Vignobles les Tourelles
Agence : Les vins Alain Bélanger

Provence et Corse

Château Barbanau

Sophie Cerciello et Didier Simonini opèrent deux propriétés en agriculture biologique. La première compte une vingtaine d'hectares dans les côtes de Provence, la seconde est située dans l'appellation Cassis. Blancs, rouges et rosés sont excellents.
Agence : Bergeron-les-Vins

Château Sainte-Anne

À Bandol, Françoise et son fils Jean-Baptiste élaborent de très bons vins blancs parfumés, et des vins rouges aux tanins soyeux et fondus ayant l'équilibre et l'étoffe nécessaires pour vieillir avec grâce. *Agence : Vini-Vins*

Comte Abbatucci

Conduit en biodynamie depuis l'an 2000, le vignoble historique de la famille Abbatucci puise dans les arènes granitiques de la vallée du Taravo, tout au sud de l'île, une sève unique qui donne aux cépages locaux vermentino, sciacarello et nielluccio un caractère et une dimension inimitables. *Agence : Vini-Vins*

Domaine d'E Croce

Il y a quelques années, Yves Leccia a quitté l'entreprise familiale de Patrimonio et a fondé son propre domaine. Il continue d'exploiter une partie du vignoble de son père, notamment les parcelles E Croce et Partinelone. Les deux vins rouges, offerts en importation privée, misent sur la singularité du cépage local niellucio, qui lui donne du caractère.
Agence : Le Maître de Chai

Domaine Hauvette

Dominique Hauvette s'inscrit depuis une quinzaine d'année dans l'élite viticole de la Provence. Une viticulture biologique et des rendements naturellement limités lui permettent d'élaborer des vins rouges denses et soyeux, un vin blanc ample et racé et un rosé d'une complexité peu commune. *Agence : Vini-Vins*

Domaine La Suffrène, Bandol

Après avoir acheminé ses raisins à la coopérative locale pendant de nombreuses années, cette exploitation familiale s'est dotée de son propre chai de vinification et commercialise des vins sous sa propre étiquette depuis 1996. Les vins rouge, blanc et rosé de Cédric Gravier sont maintenant des références pour l'appellation.
Agence : Les Sélections Vin-Cœur

Domaine Milan

Ce domaine est situé au nord des Alpilles et dirigé avec brio par Henri Milan. Les vins rouges sont solidement constitués autour de tanins fins ; le Grand Blanc se révèle pleinement après une heure en carafe. *Agence : Rézin*

Domaine Tempier

Ce domaine fait partie des piliers de Bandol. Les descendants de Lucie Tempier et de Lucien Peyraud assurent aujourd'hui la relève, et cultivent une trentaine d'hectares répartis sur trois vignobles qui donnent naissance aux cuvées parcellaires La Tourtine, La Migoua et Cabassaou. Les vins de Tempier demandent du temps et de la patience pour se révéler pleinement.
Agence : Œnopole

IP plus

Arena, Antoine
Agence : Balthazard

Château Revelette
Agence : Rézin

Domaine Des Béates
Agence : La QV

Domaine La Bastide Blanche
Agence : Altovin International

Dupéré Barrera
Agence : Le Maître de Chai

Sud-Ouest

Château Lacapelle Cabanac

Sur la commune de Lacapelle-Cabanac, non loin du vignoble de Catherine Maisonneuve et de Matthieu Cosse, Thierry Simon et Philippe Vérax appliquent les principes de la biodynamie sur leur domaine de 18 hectares acquis en 2001. Leurs trois cuvées proposent autant de différentes facettes du Cahors d'aujourd'hui.
Agence : Importations Syl-Vins

Château Plaisance

Marc Penavayre exploite son domaine de Fronton sans engrais ni désherbants chimiques depuis 2000. Il défend avec force et conviction les vertus encore trop méconnues de la négrette. Ses vins, rouges, blancs et rosés, sont offerts dans un très bon rapport qualité-prix.
Agence : La Céleste Levure

Da Ros, Elian

Quelques années ont suffi à ce jeune producteur pour insuffler un dynamisme sans précédent aux vins des Côtes du Marmandais. Ses vins, rouges et blancs, sont autant de preuves qu'une viticulture attentionnée, des vinifications parcellaires sans ajout de levures et des élevages prolongés peuvent donner d'excellents résultats dans des appellations secondaires.
Agence : Rézin

Domaine Arretxea

Sur l'appellation Irouléguy, Michel Riouspeyrous exploite un vignoble de huit hectares en culture biologique. Ses vins rouges se distinguent par leur matière suave et veloutée ; ses vins blancs sont très riches et ont une sève distinctive. *Agence : Rézin*

Domaine du Souch

Si vous avez vu le documentaire Mondovino, vous vous souvenez peut-être de la première scène qui se déroule au pied des Pyrénées et qui met en vedette une dame qui parle avec sagesse de son amour du vin et de la vigne. Il s'agit d'Yvonne Hegoburu, « la grande dame de Jurançon ». Ses vins secs et liquoreux se distinguent par leur équilibre et leur personnalité affirmée.
Agence : Vini-Vins

Domaine Herri Mina

En plus de ses propriétés dans le Libournais (p. xx), Jean-Claude Berrouet a acquis un vignoble au pied des Pyrénées, dans son Pays basque natal. Depuis son premier millésime en 2001, Herri Mina est élaboré en étroite collaboration avec l'équipe du domaine Brana, qui assure notamment le travail de la vigne.
Agence : Balthazard

Mas del Périé

À Cahors, sur le plateau calcaire des causses du Lot, Fabien Jouves veille sur les vieux plants de malbec du vignoble familial depuis cinq ans. Il en tire des vins charnus et passablement structurés, mais aussi suffisamment enrobés pour séduire un vaste public.
Agence : Vinealis

Plageoles, Bernard

Le nom Plageoles est intimement lié à l'histoire récente du vignoble gaillacois. Les générations qui se sont succédé au domaine ont pérennisé le même combat contre la standardisation et contre les primes à l'arrachage de cépages autochtones. Leur conviction : la valeur du mauzac. Sec, liquoreux, tranquille ou effervescent, tout est singulièrement bon. *Agence : Vini-Vins*

IP plus

Château Gaudou, Cahors
Agence : Les Sélections Vin-Cœur

Domaine Berthoumieu
Agence : Vini-Vins

Domaine Cauhapé, Jurançon
Agence : Balthazard

Domaine Causse Marines, Gaillac
Agence : Rézin

Domaine Le Roc
Agence : Bergeron-les-Vins

Domaine Rotier
Agence : Le Maître de Chai

Jura

Bornard, Philippe

En 2005, motivé par son ami Pierre Overnoy, Philippe Bornard a cessé d'envoyer les raisins du vignoble familial à la coopérative pour commercialiser sous sa propre étiquette. On l'en félicite, puisqu'il signe aujourd'hui une gamme de vins rouges et blancs dont la qualité et l'authenticité ne font aucun doute. L'une des belles découvertes de l'année ! *Agence : Flavones*

Domaine Baud

Sur la commune de Le Vernois, les Baud étaient déjà vignerons de père en fils avant la Révolution française de 1789. Ils signent aujourd'hui des vins de facture classique sur trois des quatre appellations jurassiennes, soit Côte du Jura, l'Étoile et Château-Chalon. *Agence : Anthocyane*

Domaine Berthet-Bondet

Jean Berthet-Bondet s'est installé à Château-Chalon, au centre du vignoble jurassien, en 1984. La moitié du vignoble, qu'il gère aujourd'hui avec sa femme Chantal, est située dans l'appellation Château-Chalon, qui est la source de l'un des vins les plus originaux de France.
Agence : Symbiose

Domaine de la Pinte

Le domaine de la famille Marin est certifié Écocert depuis une dizaine d'années déjà. En 2009, avec l'arrivée de Bruno Ciofi (ancien œnologue de la maison alsacienne Pierre Frick), le vignoble a commencé la conversion en biodynamie. Les vins ont en commun une précision et un équilibre exemplaires. *Agence : Raisonnance*

Emmanuel Houillon (Pierre Overnoy)

À Arbois-Pupillin, Pierre Overnoy est une véritable légende qui a inspiré de nombreux jeunes vignerons, bien au-delà des limites du Jura. Artisan de longue date du vin « naturel », il a transmis tout son savoir à son héritier, Emmanuel Houillon. Si le vin rouge de poulsard évoque le jus de fruit, les vins blancs sont à prendre au sérieux. *Agence : Vini-Vins*

Ganevat, Jean-François

Rentré au pays après avoir fait ses classes de maître de chai à Chassagne-Montrachet en Bourgogne, Jean-François Ganevat a acheté les 7 hectares de son père qu'il a progressivement exploités en agriculture biologique. Excellentes cuvées parcellaires et un savagnin ouillé dont l'amateur de vins du Jura se régalera. *Agence : Rézin*

Tissot, Jacques

Jacques Tissot est le frère d'André son fils Philippe est donc le cousin de Stéphane, dont les vins sont déjà bien connus au Québec. En plus d'une gamme de vins tranquilles, dont un vin jaune sérieux, Philippe Tissot élabore un Crémant du Jura particulièrement savoureux.
Agence : Benedictus

Savoie

Bartucci, Raphaël

Entre le vignoble de Savoie et celui du Jura, l'appellation Bugey-Cerdon est probablement l'une des moins connues de l'Hexagone. La spécialité locale est un vin pétillant naturel issu de raisins de gamay et de poulsard, qui titre environ 8 % d'alcool et renferme un reste considérable de sucre. Celui de Raphaël compte parmi les plus connus. Le vin par excellence pour le brunch dominical.
Agence : Rézin

Cave Delalex

Les vins de Savoie ne sont pas nombreux au Québec. Raison de plus pour découvrir les cuvées de cette cave familiale. Une belle occasion de goûter le charme délicat et guilleret des vins de montagnes et du chasselas, une variété aussi connue sous le nom de fendant du Valais.
Agence : La QV

IP plus

Bourdy, Jean
Agence : La QV

Domaine de la Renardière
Agence : Symbiose

Domaine Dupasquier
Agence : Vinealis

Domaine Labet
Agence : Œnopole

Ganevat, Jean-François
Agence : Rézin

Magnin, Louis
Agence : Le Maître de Chai

Tissot, André & Mireille
Agence : Les vins Alain Bélanger

• ITALIE •

Piémont

Altare, Elio

Excellents Barolo de facture moderne, au sens noble du terme. La qualité des Langhe, des Dolcetto et Barbera est également indiscutable.
Agence : Le Maître de Chai

Braida

Dans le secteur d'Asti, ce domaine d'une quarantaine d'hectares a la réputation méritée de produire la quintessence du Barbera.
Agence : Balthazard

Ca' du Rabaja

À prix fort attrayant, cette maison piémontaise commercialise un très bon Barbera d'Alba, pas spécialement nuancé, mais rassasiant de fraîcheur.
Agence : Bellavita

Cascina Tavijn

Dans la province d'Asti, la jeune Nadia Verrua se spécialise dans la culture du ruché (prononcer rouqué), un cépage aux origines obscures que certains comparent au mourvèdre. Les vins sont issus de l'agriculture biologique et commercialisés sous l'appellation Ruché di Castagnole Monferrato. *Agence : Œnopole*

Deltetto

Tonino Deltetto excelle tant dans l'élaboration de vins rouges majestueux que dans celle de spumante Extra Brut et de vins blancs délicats d'arneis.
Agence : Le Maître de Chai

Vénétie

La Biancara - Angiolino Maule

Depuis son premier millésime en 1988, Angiolino Maule s'applique à poursuivre la tradition vinicole millénaire qui unit le cépage garganega à la Vénétie. Les vins qui portent sa griffe se distinguent par une race et une expression aromatique pure, distinguée et distinctive. Élaborés sans ajout de soufre. *Agence : GLOU*

Vignalta

Ce domaine réputé situé dans la zone des Colli Euganei, au sud-ouest de Padoue, propose un bel éventail de vins en importation privée, dont le Sirio, un savoureux Muscat sec, et l'Agno Tinto, composé exclusivement de petite sirah. *Agence : Enoteca di Moreno de Marchi*

Lombardie

Costaripa

En plus de contribuer au succès de Bellavista à titre d'œnologue, Mattia Vezzola veille sur la propriété qu'a fondée son grand-père, sur les rives du lac de Garde. Il prouve avec aplomb que son talent ne se limite pas à l'élaboration de sublimes Franciacorta, mais s'étend également à celle de vins rouges distingués. À noter aussi, un rosé succulent commercialisé l'été dernier à la SAQ. *Agence : Enoteca di Moreno de Marchi*

Frioul

Borgo San Daniele

Mauro Mauri redonne ses lettres de noblesse au pinot grigio. Ses autres cuvées sont tout aussi savoureuses, grâce à leur pureté et leur éclat aromatique. *Agence : Œnopole*

Toscane

Dei, Maria Caterina

Le domaine de Caterina Dei fait partie des noms majeurs de Montepulciano. L'œnologue Niccolò D'Afflito (Frescobaldi) y signe de savoureux vins de sangiovese amples et flatteurs, mais dotés d'une fibre toscane affirmée. *Agence : Le Maître de Chai*

La Rasina

Ce domaine familial est situé dans le secteur sud-est de Montalcino. Aujourd'hui élaborés par Marco Mantengoli, leurs Brunello s'affirment en bouche par une richesse aromatique et une ampleur considérables. *Agence : Altovin International*

Massa Vecchia

Dans la région côtière de Maremma, Fabrizio Niccolaini cultive avec rigueur un vignoble de 4,5 hectares, conduit selon les principes de la biodynamie depuis 1993. Les vins sont issus de rendements limités, vinifiés avec les levures indigènes, élevés en foudre de chêne et mis en bouteille sans collage ni filtration, avec des ajouts très modérés en soufre. Autant de détails se traduisent par des vins hors normes, éclatant de pureté et d'authenticité. *Agence : Œnopole*

Poggio Nardonne

Sans avoir l'étoffe et la profondeur des meilleurs vins de l'appellation, le Brunello di Montalcino élaboré par Tiziano et Alessandra Ciacci est assez charmant dans un style traditionnel : souple et suave, sans fioriture ni ostentation. *Agence : Sélection Caviste*

Poggio Scalette

En 1991, Vittorio Fiore a acquis un ancien vignoble dans le secteur de Greve in Chianti. Aujourd'hui, avec son fils, il élabore de somptueux vins rouges, dont Il Carbonaione, issu exclusivement de très vieilles vignes de sangiovese, plantées dès la fin de la Première Guerre mondiale. Un excellent vin intense et concentré, mais aussi éminemment suave. *Agence : Sélection Caviste*

Abruzzes

Marramiero

En bordure de la mer Adriatique, sur les collines qui entourent la ville de Pescara, la famille de Marramiero produit des vins rouges nourris et corpulents, typiques du cépage montepulciano, ainsi qu'un excellent trebbiano d'Abbruzzo, rond, vineux et nourri par un usage judicieux du bois de chêne. *Agence : Vins etcetera*

Pouilles

Guttarolo, Cristiano

Sur le plateau des Murges, à environ 400 mètres d'altitude, le jeune Cristiano Guttarolo exploite un vignoble de 5 hectares. Des vinifications conduites le plus naturellement possible permettent au Primitivo de s'exprimer avec beaucoup de personnalité et d'éclat aromatique. *Agence : GLOU*

Masseria Monaci

Au milieu des années 1990, l'œnologue Severino Garofano repris cette propriété d'une trentaine d'hectares dans les Pouilles et en a fait une icône de l'appellation Copertino. Ses cuvées issues de negroamaro et d'aglianico unissent avec grâce la générosité méditerranéenne et la fougue naturelle des variétés autochtones du sud de l'Italie.
Agence : Le Maître de Chai

Sicile

Occhipinti, Arianna

Petit vignoble de quatre hectares plantés de frappato et de nero d'Avola, cultivés sans produits de synthèse par une vigneronne âgée d'à peine vingt-quatre ans qui a appris le métier dès l'adolescence. Dans le secteur de Vittoria, tout au sud de l'île, elle crée des vins au profil élégant et raffiné.
Agence : Œnopole

IP plus

Argentiera ; Toscane
Agence : Mark Anthony Brands

Campagnola, Giuseppe ; Vénétie
Agence : Le maître de Chai

Clerico, Domenico ; Piémont
Agence : Le Maître de Chai

Costaripa
Agence : Enoteca de Moreno di Marchi

Foradori, Trentin
Agence : Balthazard

Fratelli Alessandria, Piémont
Agence : Œnopole

Jermann, Venezia-Giulia
Agence : Les Sélections François Fréchette

Mascarello, Bartolo ; Piémont
Agence : Œnopole

Piaggia ; Mauro Vannucci ; Toscane
Agence : Le Maître de Chai

Poliziano, Toscane
Agence : Balthazard

Podere Castorani, Abruzzes
Agence : Sélections François Fréchette

Produttori del Barbaresco, Piémont
Agence : Œnopole

Sandrone, Luciano
Agence : Balthazard

Schiopetto, Frioul-Vénétie Julienne
Agence : Balthazard

Sottimano, Piémont
Agence : Le Maître de Chai

Terrabianca, Toscane
Agence : Société Roucet

Zaccagnini, Abruzzes
Agence : Balthazard

• ESPAGNE •

Galice

Pazo de Barrantes

Propriété de Marqués de Murrieta (Rioja), cette bodega élabore d'excellents vins d'albariño, à la fois délicats, vineux et fidèles à leurs origines. *Agence : Bergeron-les-Vins*

Virxen de Galir

Les vins de cette bodega sont une bonne occasion de découvrir cette appellation émergente de Galice. L'originalité aromatique des cépages godello et mencia est mise en valeur par un apport bien dosé de la technologie. Les vins de la gamme Vila Nova offrent un excellent rapport qualité-prix. *Agence : Passion Gourmet*

Catalogne

Clos Mogador

Le Français René Barbier est un artisan qui a largement contribué au rayonnement du Priorat. Depuis maintenant 20 ans, son Clos Mogador trône au sommet de l'appellation. Plus modeste, le second vin, Manyetes, est une alternative plus abordable et passablement attrayante. *Agence : Le Maître de Chai*

Clos Mont Blanc

Bien qu'elle soit relativement peu connue, l'appellation catalane Conca de Barbera est depuis longtemps reconnue pour la qualité de ses raisins. Les deux grandes cuvées de Miguel Torres (Gran Muralles et Milmanda) en sont d'ailleurs issues. Depuis 1988, la famille Carbonell Figueras y élabore des vins de bonne facture, certes costauds et chaleureux, mais bien proportionnés. *Agence : Vins Etcetera*

Castilla

Finca los Alijares

Depuis sa plantation en 2005, le vignoble de José Luis Pérez Agudo n'a reçu aucun traitement avec des produits de synthèse. Quelques cuvées sont déjà disponibles au Québec, dont un savoureux Graciano Joven, à la fois joufflu, distinctif et offert à prix très avantageux. *Agence : Anthocyane*

Aragon

Jordan de Asso

Depuis une dizaine d'années, la famille Guelbenzu a donné un second souffle à une bodega historique située dans les hautes terres de la région de Cariñena. Elle y élabore aujourd'hui de bons vins rouges de facture moderne ainsi qu'un très bon Cava Brut nature. *Agence : Anthocyane*

Papa Luna

Projet développé par Norrel Robertson, *Master of Wine* établi dans la région de Calatayud depuis quelques années. Il y signe un vin d'envergure, constitué essentiellement de garnacha, dont il affiche la générosité caractéristique, sans être trop épais ni capiteux. Un peu technique, mais bien fait en son genre. *Agence : Vins Etcetera*

Valence

Bodega Mustiguillo

La situation très méridionale de l'appellation Utiel-Requena ne devrait pas faire douter de son potentiel viticole. Bien que très méditerranéens, les vins de la famille Sarrión Martinez brillent par leur équilibre et leur originalité aromatique, qui reposent avant tout sur le cépage bobal. Les efforts déployés, conjugués à une situation géographique favorable – 850 m d'altitude en moyenne –, ont même permis à Mustiguillo d'obtenir sa propre dénomination d'origine Vino de la Tierra del Terrerazo. *Agence : Le Maître de Chai*

Rioja

Bodeguera de Valenciso

Cette jeune bodega créée en 1998 fait de plus en plus parler d'elle en raison de la qualité de ses vins de Rioja. Issus exclusivement de tempranillo, ils se distinguent par leur intensité aromatique et leur forme classique.
Agence : Vini-Vins

Merino, Miguel

Miguel Merino dirige de main de maître ce petit domaine de Briones situé au cœur de la Rioja Alta. Il est réputé pour produire quelques-uns des vins les plus racés et les plus complexes de la région.
Agence : Le Maître de Chai

Rivière, Olivier

Établi dans la Rioja Alta depuis 2004, Olivier Rivière réussit, avec peu de moyens techniques, là où bien des bodegas dotées d'installations modernes échouent : faire des Rioja purs et authentiques qui reflètent la richesse de leur terroir. *Agence : Rézin*

Andalousie

Barranco Oscuro, Andalousie

Au début des années 1980, lorsqu'il a entrepris de planter de la vigne dans le secteur de la Sierra de la Contraviesa, à plus de 1300 m d'altitude, on a pris Manuel Valenzuela pour un rêveur, un illuminé. Il est aujourd'hui une référence espagnole de la viticulture écologique et de l'élaboration de vins naturels. Ses cuvées ont en commun la complexité aromatique et la « digestibilité » des vins de climats extrêmes. Une curiosité andalouse à découvrir sans tarder.
Agence : Symbiose

IP plus

Abadia Retuerta, Castille y Leon
Agence : Altovin International

Casa de la Ermita
Agence : Francs-Vins

Clos Figueras, Priorat
Agence : Le Maître de Chai

Dominio de Tares, Bierzo, Castilla y Léon
Agence : Balthazard

Gratavinum, Penedès, Catalogne
Agence : Altovin International

Ijalba, Rioja
Agence : Charton-Hobbs

Laurona, Montsant, Catalogne
Agence : Le Maître de Chai

Parés Balta, Penedès, Catalogne
Agence : Altovin International

Rodriguez, Telmo
Agence : Altovin International

• PORTUGAL •

Campolargo, Bairrada

Après avoir vendu ses raisins au négoce pendant plus de 70 ans, la famille Campolargo s'est dotée d'un cuvier ultramoderne en 2004. Le domaine connaît maintenant un certain succès avec ses vins rouges, notamment de baga, le cépage emblématique de la région de Bairrada.
Agence : Les vins Alain Bélanger

Casa de Mouraz, Dão

António Lopes Ribeiro et Sara Dionísio sont parmi les rares producteurs du Dão qui mettent en application les principes de la biodynamie. Bons vins blancs et rouges issus de variétés locales. *Agence : Plan Vin*

Casal dos Jordões

L'entreprise centenaire de la famille Jordão a entamé un virage vers l'agriculture biologique en 1994. À prix d'aubaine, le Guardião est un très bon vin de table qui mise avant tout sur la rondeur du fruit et sur le charme singulier des cépages portugais.
Agence : La QV

Mendes, Anselmo

Anselmo Mendes est l'un des acteurs importants de la sous-appellation Monção, au nord de la région du Vinho Verde. Il se spécialise dans l'élaboration d'Alvarinho nourris et singuliers, dont le style évoque certains Rias Baixas.
Agence : Balthazard

Poeira, Douro

En 2001, l'ancien vinificateur de Quinta de la Rosa, Jorge Moreira, a créé son propre domaine dans les hauteurs de Provesende. Ses vins du Douro sont solidement construits et pourtant élégants et équilibrés.
Agence : Les vins Alain Bélanger

IP plus

Alves de Sousa, Douro
Agence : Balthazard

CARM, Douro
Agence : Enotria Internationale

Odisseia, Jean-Hugues Gros
Agence : Tandem Wine Selection

Ramos Pinto, Douro
Agence : Mondia Alliance

Allemagne

Karthäuserhof

Sur la commune d'Eitelsbach, ce domaine historique de la Ruwer élabore des vins exceptionnels. Si les Riesling trocken sont droits et tranchants, les Auslese et les autres vins liquoreux sont remarquablement opulents.
Agence : Les vins Alain Bélanger

Richter, Max Ferd

Ce domaine étale ses vignes sur les parcelles les plus prisées de la Mittelmosel, dans le secteur de Mülheim. L'entreprise commercialise aussi des vins de négoce sous une étiquette secondaire.
Agence : Liquid Art

Autriche

Pichler, Rudi

Ce producteur est reconnu pour ses Riesling et Grüner Veltliner racés et intenses.
Agence : Les vins Alain Bélanger

Wenzel, Weinbau

Établie dans le Rust – une sous-région du Burgenland –, la famille Wenzel élabore de savoureux vins rouges et d'aussi bons vins blancs liquoreux.
Agence : Les vins Alain Bélanger

Wess, Rainer

Fort d'une expérience professionnelle – commerciale et vitivinicole – acquise notamment en France et en Allemagne, Rainer Wess a démarré sa propre affaire en 2003. Aujourd'hui, ses vins du Wachau et du Kremstal jouissent d'une bonne réputation.
Agence : Les vins Alain Bélanger

Grèce

Antonopoulos

Cette entreprise de Patras, réputée pour ses Moschofilero amples et étonnamment structurés, produit aussi des vins blancs et des vins rouges avec des variétés internationales.
Agence : Kolonaki Group

Dalamaras

Tout au nord de la Grèce, en Macédoine, le cépage xinomavro est le cœur de l'appellation Naoussa. Yiannis Dalamaras et son fils Kostis, exploitent leur vignoble en agriculture biologique et en tirent des vins rouges vigoureux et solidement constitués qui vieillissent admirablement bien.
Agence : Œnopole

Domaine Economou

Dans son domaine haut perché sur le plateau de Ziros, Yannis Economou demeure imperméable aux modes et aux procédés technologiques modernes. Son Sitia, issu de vieilles vignes de liatiko non greffées, est remarquable en son genre. Un vin rouge vibrant et vigoureux, à la fois charnu, gorgé de fruit et doté d'une fraîcheur admirable pour un vin produit à la même latitude que la Tunisie. *Agence : Œnopole*

Domaine Mercouri

Mercouri est un grand nom du Péloponnèse. Le vignoble est la source de bons vins blancs composés de roditis et de vins rouges savoureux et structurés, issus notamment de refosco – la mondeuse savoyarde – et de mavrodaphné, mais également de mourvèdre, qui adopte une allure très racée. L'une des belles découvertes de l'année ! *Agence : Œnopole*

Gerovassiliou

En plus des deux cuvées courantes (rouge et blanc) offertes à la SAQ, Evangelos Gerovassiliou – figure majeure de l'œnologie grecque moderne – produit une gamme complète de vins issus de variétés indigènes et internationales, dans son vaste domaine situé dans la région d'Epanomi, au sud de la ville de Thessalonique. Une mention spéciale pour la cuvée Avaton, un excellent vin rouge issu de limnio, de mavroudi et de mavrotragano.
Agence : Cava Spiliadis

Hatzidakis

Sur son minuscule vignoble de l'île de Santorini, Harydimos Hatzidakis produit des vins d'assyrtiko d'envergure à la personnalité affirmée, marqués de nuances oxydatives qui ajoutent à leur dimension aromatique.
Agence : Œnopole

Parparoussis

Dans le secteur de Patras, tout au nord du Peloponnèse, Thanasis Parparoussis a fait partie de la première vague de winemakers grecs formés à l'étranger. Aujourd'hui, ses filles travaillent à ses côtés et poursuivent la mise en valeur de variétés autochtones comme le sideritis. Une mention spéciale pour la cuvée The Gift of Dionysos.
Agence : Cava Spiliadis

Suisse

Favre et fils, René

Sur la commune de Chamoson, au cœur du Valais, les fils de René Favre poursuivent le travail de leur père. Ils produisent de savoureux vins qui mettent en valeur l'originalité aromatique de la petite arvine. Également de très bonnes cuvées de pinot noir.
Agence : Insolite Importation

IP plus

Allemagne

Dönnhoff, Hermann
Agence : Les vins Alain Bélanger

Selbach-Oster
Agence : Rézin

St-Urbans-Hof
Agence : Vinealis

Autriche

Bründlmayer
Agence : La Céleste Levure

Heinrich
Agence : Le Maître de Chai

Schloss Gobelsburg
Agence : Les vins Alain Bélanger

Grèce

Argyros
Agence : Œnopole

Biblia Chora
Agence : Cava Spiliadis

Gerovassiliou
Agence : Cava Spiliadis

Sigales
Agence : Kolonaki Group

Katsaros
Agence : Cava Spiliadis

Papagiannakos
Agence : Œnopole

Pavlidis
Agence : Kolonaki Group

Thymiopoulos
Agence : Œnopole

Tselepos
Agence : Œnopole

• ÉTATS-UNIS •

Californie

Avalon

Cette petite winery de Napa élabore des vins charmeurs, chaleureux et parfumés que ses fans s'arrachent. Prix relativement abordables. *Agence : Insolite Importation*

Barrel 27

Les winemakers McPrice Myers et Russell From se sont unis pour développer ce projet voué essentiellement aux variétés rhodaniennes. Ils y produisent notamment un savoureux Grenache de Santa Barbara, à la fois gourmand, suave et charnu, mais parfaitement équilibré et plein de détails aromatiques. *Agence : Insolite Importation*

Diamond Creek

Cette winery mythique, fondée en 1968 par Al Brounstein, est célèbre pour ses Cabernet de Gravelly Meadow, de Red Rock Terrace et de Volcanic Hill. Des vins intenses et coûteux, réputés pour leur longévité. *Agence : Liquid Art*

Etude

Le winemaker Tony Soter a raffiné son art et signe parmi les meilleurs Pinot noir de Napa. Leur production est limitée. *Agence : Foster's Wine Estates Canada*

Fess Parker

L'interprète de Davy Crockett a fondé cette winery dans le secteur de Santa Barbara. Son fils y élabore, entre autres, d'excellents Riesling et Pinot noir. *Agence : Le Maître de Chai*

Pahlmeyer

Ce producteur célèbre pour ses vins de merlot plantureux fait aussi des Cabernet solides aux larges épaules. *Agence : Réserve et Sélection*

Seghesio

Cette winery jadis célèbre pour son Chardonnay Barrel Fermented concentre aujourd'hui son énergie sur des Zinfandel et des Sangiovese dans les vallées d'Alexander et de Dry Creek. *Agence : Société Roucet*

Sky

Cette winery porte bien son nom puisqu'elle est perchée à 700 m d'altitude sur le sommet de la chaîne Mayacamas séparant Napa de Sonoma. À cette hauteur, des vignes en coteaux donnent un Zin vigoureux, distinctif et empreint de ce goût intense de fruits rouges propre du cépage. *Agence : Rézin*

Swan, Joseph

Joseph Swan fut une figure légendaire de Californie, un pionnier dont les vins de zinfandel et de pinot noir faisaient l'objet d'un véritable culte dans les années 1970. Aujourd'hui, la winery de Sonoma produit des Zinfandel et des Pinot noir distingués. *Agence : Rézin*

Oregon

La Bête Wines

Inspirés par un séjour en Bourgogne, John et Kay Kusy-Eliassen ont fondé une entreprise de négoce haute couture, et élaborent de très bons vins que l'on apprécie pour leur profil chaleureux et pour leur originalité. *Agence : Insolite Importation*

Washington

Boudreaux

Comme plusieurs de ses pairs, Rob Newsom a commencé à faire du vin dans son garage, avant de se doter d'un chai de vinification en 2001. Ses vins ont une finesse tannique inimitable. À mi-chemin entre un Cabernet californien et un Médoc, son Cabernet Reserve est riche d'une foule de détails aromatiques, caressant comme du velours, racé et persistant. *Agence : La Céleste Levure*

Cayuse

Arrivé à Walla Walla il y a une vingtaine d'années, le Champenois Christophe Baron cultive son vignoble en biodynamie et mise essentiellement sur les variétés rhodaniennes. Il en tire une gamme de vins aussi exquis que rarissimes.
Agence : La Céleste Levure

IP plus

Au Bon Climat
Agence : Rézin

Calera
Agence : Rézin

Foley
Agence : Altovin International

Franus, Peter
Agence : Rézin

Morgan
Agence : La Céleste Levure

Phelps, Joseph
Agence : La Céleste Levure

Sequoia Grove
Agence : Altovin International

Snoqualmie, Columbia Valley
Agence : Altovin International

Waterstone
Agence : Benedictus

• CANADA •

Ontario

Hardie, Norman

L'ancien sommelier Norman Hardie a créé son vignoble à Wellington, dans le secteur en pleine expansion de Prince Edward County. Il se spécialise dans le pinot noir et les vins blancs.
Agence : Vinealis

Lailey Vineyard

La famille Lailey jouit d'une excellente réputation. Son vignoble s'étend sur une dizaine d'hectares en bordure de la rivière Niagara et produit notamment du vin de chardonnay fin et élégant, ainsi que de savoureux vins rouges de cabernet franc et de merlot.
Agence : Sélection Caviste

Stratus
Agence : Rézin

Tawse
Agence : Importation Le Pot de Vin

Chili

Antiyal

Alvaro Espinoza est un des vinificateurs les plus habiles du Chili. En plus d'avoir contribué au succès de Viña Carmen dans les années 1990 et d'être l'actuel chef des opérations chez Haras de Pirque, il a fondé sa propre bodega dans le secteur de Maipo. L'agriculture biodynamique est de rigueur, et la qualité d'ensemble est excellente. *Agence : Liquid Art*

Bouchon, J.

Cette bodega fondée en 1892 par un immigrant bordelais produit une vaste gamme de vins dont le Mingre, une cuvée ambitieuse et imposante, mais équilibrée et dotée d'une certaine profondeur. Également, de bons vins courants à prix abordables. *Agence : Vins Etcetera*

Chono

Sous la marque Chono, l'œnologue vedette et adepte de la biodynamie Alvaro Espinoza commercialise des vins provenant de divers terroirs chiliens, de la vallée de Elqui à la vallée de Bío Bío. *Agence : Altovin International*

Montsecano

Situé à une dizaine de kilomètres de la côte dans la vallée de Casablanca, ce vignoble, mené entre autres par le vigneron alsacien André Ostertag, est déjà réputé pour ses Pinot noir fins et complexes. *Agence : Rézin*

Vina Casas del Bosque

Avec près de 250 hectares de vignes et une production annuelle d'environ 850 000 bouteilles, Casas del Bosque est une force majeure de la vallée de Casablanca. Très bons Sauvignon blanc, Pinot noir et Syrah Réserve. *Agence : Importation Épicurienne R.A. Fortin*

Argentine

Huarpe

Située dans le secteur réputé de Barrancas, cette bodega a été développée par les descendants de Pascual Toso en 2002, à l'endroit même où leur aïeul a planté ses premiers ceps il y a plus d'un siècle. La qualité générale des vins est impeccable. *Agence : Société Roucet*

Lorca

Mauricio Lorca mène avec rigueur ce petit vignoble, acquis en 1999 dans les hauteurs de la vallée de Uco. *Agence : Société Roucet*

Mendel

Outre son travail conjoint avec Pierre Lurton (Château Cheval Blanc) dans l'élaboration du Cheval des Andes, Roberto de la Mota élabore des vins sous sa propre étiquette dans les hauteurs de Lujan de Cuyo. De très vieux ceps de malbec francs de pied cultivés entre 900 et 1100 mètres d'altitude donnent des vins intenses et racés. *Agence : Altovin International*

Soluna

Développée en 2004 par un groupe de vignerons encore ébranlés par la crise économique qui a touché le pays de 1998 à 2002, cette bodega de Mendoza a adopté un système de production équitable. Quoique modeste, les quelques cuvées offertes au Québec proposent une expression nourrie et passablement corsée du Malbec argentin. *Agence : Direct Terroir*

IP plus

Cono Sur
Agence : Authentic Vins et Spiritueux

De Martino
Agence : Balthazard

Haras de Pirque
Agence : Mark Anthony Brands

Montgras
Agence : Société de Vins Fins

Australie

Bindi

Avec beaucoup de patience et un travail très méticuleux, la famille Dhillon produit des Pinot noir et des Chardonnay reconnus pour leur longévité. *Agence : Le Maître de Chai*

Dromana Estate

Fondé en 1982 par Garry Crittenden, Dromana Estate a été une force motrice pour Mornington Peninsula, une région au climat frais située à une heure au sud de Melbourne et réputée pour ses Pinot noir. *Agence : Société Roucet*

Galli Estate

Développé durant les années 1950 par Lorenzo Galli, un immigrant d'origine toscane, le vignoble de Galli s'étend sur les secteurs d'Heathcote et de Sunbury, deux sous-régions de Victoria. On y élabore notamment l'excellent Chardonnay Camelback, un brillant exemple des vins blancs racés et équilibrés produits dans les environs de Melbourne. *Agence : Vins Etcetera*

Kooyong

À Mornington Peninsula, la famille Gjergja produit d'excellents Pinot noir et des Chardonnay équilibrés, fins et nuancés. *Agence : Le Maître de Chai*

Osicka, Paul

Dans la vallée d'Heathcote, à une centaine de kilomètres au nord de Melbourne, ce vigneron artisan s'est bâti une réputation enviable. Ses vins ne sont pas les plus puissants, mais ils expriment bien le terroir.
Agence : Société Roucet

Pfeiffer Winery

La famille Pfeiffer est un nom important de Rutherglen. Une appellation située dans la partie septentrionale de Victoria, plus de 200 km au nord-est de Melbourne, surtout connue pour ses vins rouges massifs et ses somptueux vins fortifiés. *Agence : Benedictus*

Portet, Dominique

Après 25 ans à la barre de Taltarni, Dominique Portet – son père, André, a été le régisseur de Lafite-Rothschild pendant 20 ans – a fondé sa propre entreprise dans Yarra Valley. Ses vins sont bien étoffés et généreux.
Agence : Le Maître de Chai

Shaw and Smith

L'œnologue Martin Shaw, (Petaluma) associé à son cousin et premier Master of Wine d'Australie Michael Hill Smith, ont créé ce domaine de McLaren Vale, spécialisé dans la production de vins blancs distingués. La cuvée M3 est maintenant offerte en exclusivité dans les magasins Signature. *Agence : Altovin International*

Tyrrell's

La cave fondée par Edward Tyrrell en 1858 demeure l'une des rares entreprises indépendantes d'Australie. Les vins de sémillon de Tyrrell's sont certainement à classer parmi les meilleurs du pays. Aussi quelques bonnes cuvées issues de syrah.
Agence : Mark Anthony

Wedgetail

Le Canadien Guy Lamothe possède un vignoble de 5,5 hectares dans la vallée de Yarra, où il cultive essentiellement du pinot noir et du chardonnay.
Agence : Le Maître de Chai

IP plus

Frankland Estate
Agence : Benedictus

Henschke
Agence : Charton-Hobbs

Katnook
Agence : Charton-Hobbs

Mitolo
Agence : Société de Vins Fins

Penfolds
Agence : Foster's Wine Estates Canada

Pirramimma
Agence : Altovin International

Nouvelle-Zélande

Blind River

La vallée d'Awatere est une sous-région relativement fraîche de Marlborough, reconnue pour ses Sauvignon blancs au caractère plus minéral et herbacé. Planté dès 1999, le vignoble de Blind River mise à la fois sur le sauvignon blanc et sur le pinot noir. *Agence : Benedictus*

Delta

Cette winery récemment créée dans la région de Marlborough fait de plus en plus parler d'elle. Ses vins de pinot noir allient l'élégance et la générosité.
Agence : Altovin International

Kahurangi

Un domaine en pleine expansion dans le secteur de Nelson, à l'ouest de Marlborough. Le climat frais donne de bons vins blancs aromatiques et des Pinot noir souples et délicatement parfumés. *Agence : Univins*

Pyramid Valley

Le couple germano-américain Claudia et Mike Weersing s'est établi en 2000, dans le secteur de Waikari, environ 80 km au nord de Christchurch. Fort de plusieurs séjours en Alsace, en Allemagne et en Bourgogne – où il a notamment travaillé avec Hubert de Montille et Gérard Potel au Domaine de la Pousse d'Or –, Mike élabore aujourd'hui des vins éminemment élégants et légers en alcool, qui traduisent les subtilités du terroir de Pyramid Valley. Mention spéciale pour la cuvée Lion's Tooth, l'un des meilleurs Chardonnay néo-zélandais dégustés récemment. *Agence : Balthazard*

Afrique du Sud

Eikendal

Cette winery connaît depuis quelques années un franc succès, notamment avec ses Chardonnay. *Agence : ABVS*

Joubert-Tradauw

Dans la vallée Tradouw, au cœur de la région de Klein Karoo, la famille Joubert produit en très petite quantité (4000 caisses par an) d'excellents vins dont le raffinement, l'équilibre et la profondeur ont valeur d'exemple. *Agence : Société Commerciale Clément*

Kanonkop

Spécialiste incontestée du cépage pinotage, cette vénérable maison du Cap a été menée pendant une vingtaine d'années par Beyers Truter, qui dirige aujourd'hui son propre domaine : Beyerskloof. Aujourd'hui, le winemaker Abrie profite pleinement de toute son étoffe et de sa complexité, il serait avisé de le laisser reposer en cave de 5 à 10 ans. *Agence : Balthazard*

Raka

Actif dans plusieurs régions viticoles, le producteur Piet Dreyer s'est surtout fait connaître par ses cuvées Biography (un puissant Shiraz) et Figurehead, un vin d'assemblage bordelais complété d'un peu de pinotage. *Agence : Sélections UVAS*

Sadie Family

Adepte de la biodynamie et élève de Charles Back (Fairview), Eben Sadie est un viticulteur réputé du Cap. L'emblème de la propriété est la cuvée Columella, un vin intense et raffiné qui illustre bien les progrès accomplis en Afrique australe. *Agence : Liquid Art*

Thelema Mountain Vineyard

Propriété de la famille de Gyles Webb, Thelema est un domaine très renommé du Cap. Blancs ou rouges, tous les vins sont remarquables. *Agence : John Lovett*

Tokara

Sous la gouverne de Gyles Webb (Thelema), ce superbe domaine qui surplombe Stellenbosch produit d'excellents Sauvignon blanc et Meritage. *Agence : John Lovett*

IP plus

Nouvelle-Zélande

Craggy Range, Martinborough
Agence : Altovin International

Felton Road
Agence : Altovin International

Isabel, Marlborough
Agence : Altovin International

Mount Nelson, Marlborough
Agence : Altovin International

Prophets Rock, Central Otago
Agence : Univins

Schubert, Wairarapa
Agence : Authentic Vins et Spiritueux

Spy Valley
Agence : Le Maître de Chai

Villa Maria
Agence : LCC Vins et Spiritueux

Afrique du Sud

Beck, Graham
Importation Epicurienne R.A. Fortin

Boschendal
Agence : John Lovett

Ernie Els
Agence : John Lovett

Fairview
Agence : John Lovett

Meerlust
Agence : Altovin International

Vergelegen
Agence : John Lovett

Israël

Flam

Inspirés par un voyage en Toscane, Golan et Gilad Flam ont décidé de développer leur domaine viticole dans les collines de Judée, au sud du pays. Le Cabernet Reserve disponible au Québec semble prometteur et élaboré avec sérieux. *Agence : Isravin*

Pelter

Ce jeune domaine créé en 2005 par Tal Pelter, dans les hauteurs du plateau de Golan, commercialise, entre autres, le Trio, un vin rouge juteux, velouté et fort bien tourné, issu de cabernet sauvignon, de merlot et de cabernet franc. *Agence : Isravin*

Tulip

Cette winery située dans le nord du pays, et qui emploie essentiellement des jeunes ayant des difficultés d'adaptation, est notamment la source de vins denses et musclés issus de syrah. *Agence : Isravin*

Vitkin Winery

Ce domaine familial créé en 2001, dans le village de Vitkin, se distingue des autres vignobles du pays en misant sur une poignée de cépages plus distinctifs que les sempiternels cabernet, merlot et chardonnay. On y cultive, entre autres, du carignan, du viognier, du cabernet franc et de la petite syrah. *Agence : Isravin*

Ella Valley Vineyards
Agence : Isravin

Golan Heights
Agence : Isravin

Teperberg
Agence : Isravin

Turquie

Doluca

Ce domaine est situé dans la région septentrionale de Thrace, mais son approvisionnement en raisins provient surtout de Denizli, au sud-ouest du pays. L'équilibre entre la richesse tannique et la générosité très méditerranéenne des vins de Doluca évoque le caractère de certaines cuvées produites dans la vallée de la Bekaa, au Liban. *Agence : Natech*

Kavaklidere

Fondée en 1929, à Ankara, la capitale turque, Kavaklidere est la première entreprise viticole privée du pays. Forte d'un vignoble de plus de 500 hectares, répartis dans la plupart des régions viticoles, l'entreprise élabore une vaste gamme de vins issus de cépage locaux et internationaux, sous les conseils de l'œnologue bordelais Stéphane Derenoncourt. À prix d'aubaine, la cuvée Yakut est un très bon prétexte pour découvrir ce pan de la sphère viticole. *Agence : Natech*

Mousseux

Bartucci, Raphaël (Bugey-Cerdon)

Raphaël Bartucci est certainement parmi les meilleurs ambassadeurs de cette curiosité produite autour de la commune de Bugey, dans le département de l'Ain, au pied des Alpes françaises. Ce vin rosé naturellement pétillant, arrondi par un reste de sucre et léger en alcool (environ 8 %), connaît un bon regain de popularité depuis quelques années. Il est issu des cépages poulsard et gamay, qui assurent son éclat fruité et son originalité. En apéro ou au dessert, c'est un vrai régal ! *Agence : Rézin*

Château Tour Grise

Lorsqu'ils ont repris le vignoble familial en 1990, Françoise et Philippe Gourdon ont d'abord entrepris un virage à la culture biologique, puis biodynamique dès 1998. En plus de leurs vins de table rouges, blancs et moelleux, ils commercialisent des vins mousseux originaux.
Agence : La QV

Champagne

Diebolt-Vallois

Jacques Diebolt et Nadia Vallois sont établis à Cramant, dans la Côte des Blancs, berceau champenois du chardonnay. Ils y cultivent une dizaine d'hectares dont ils tirent des vins onctueux et équilibrés, qui mettent en relief le caractère crayeux souvent associé aux meilleurs Blanc de blancs. *Agence : Mon Caviste*

Fleury

Avec moins de 200 hectares certifiés biologiques sur un total de 34 000, la Champagne fait pâle figure à côté des autres régions viticoles françaises en matière de développement durable. Ce simple détail rend la maison de Champagne Fleury exceptionnelle, puisque son vignoble de la côte des Bars est cultivé en biodynamie depuis 1989. A fortiori, les vins sont impeccables. Quelques cuvées sont offertes en importation privée, en plus du Brut millésimé 1996 disponible à la SAQ

Lallement, Jean

Sur le versant nord de la Montagne de Reims, la commune de Verzenay est une terre de prédilection pour le pinot noir. Jean-Luc Lallement n'utilise que les levures naturelles, et tire de son vignoble de quatre hectares des vins amples, crémeux et structurés, typiques des bons Blanc de noirs.
Agence : Bergeron-les-Vins

Lassaigne, Jacques

Le viticulteur Emmanuel Lassaigne a quitté la cave coopérative, banni les désherbants et prouvé à tous que l'Aube – souvent considéré comme le parent pauvre de la Champagne – pouvait donner des vins inspirés.
Agence : Œnopole

Prévost, Jérôme

Jérôme Prévost fait partie d'une nouvelle génération de vignerons qui, par leur indépendance d'esprit et par leur désir de bousculer les idées reçues, apportent un vent de fraîcheur sur la Champagne. Jadis coopérateur, il n'exploite que 2,2 hectares et mise exclusivement sur le cépage pinot meunier pour l'élaboration de sa superbe cuvée La Closerie Les Béguines. *Agence : Vini-Vins*

Selosse, Jacques

Véritable artiste de sa profession – ce qui n'exclut pas la rigueur –, Anselme Selosse a inspiré et formé quelques-unes des étoiles montantes de la Champagne. Par leur authenticité et leur sève affirmée, ses vins offrent une expérience à la fois intellectuelle et hédoniste. Ici, pas de recettes ni d'image de marque. Seulement la recherche sincère, depuis 1974, d'une expression de terroir. *Agence : Œnopole*

Tarlant

À Œuilly, la famille Tarlant exploite 14 hectares de vignoble divisé en 55 parcelles, réparties sur quatre crus différents. L'une de ces parcelles est plantée de très vieilles vignes de chardonnay non greffées, qui ont résisté au phylloxéra. La qualité d'ensemble est excellente.
Agence : Insolite Importation

Vouette & Sorbée

L'un des premiers domaines à recevoir la certification biodynamique Demeter en 1998. Bertrand Gautherot prend soin de son petit domaine de quatre hectares dans la Côte des Bar (Aube). Il en tire des vins racés, intenses et distingués, fermentés sans ajout de levure et souvent élevés en fûts de chêne. *Agence : Rézin*

IP plus

Fleury
Agence : La QV

Gimonnet, Pierre & Fils
Agence : Rézin

Pol Roger
Agence : Balthazard

Rosés

Cette année encore, plusieurs classiques manquaient encore à l'appel dans la sélection de rosés disponibles à la SAQ.

Pour pallier les lacunes de l'offre en succursales, voici quelques suggestions de bons vins rosés disponibles en importation privée.

Birichino, Vin gris 2010, Californie

Le coloré Randall Grahm du vignoble Bonny Doon a décidé de cesser la production de son populaire Vin gris de Cigare. John Locke et Alex Krause, tous deux employés chez Bonny Doon, ont décidé de poursuivre sa production sous l'étiquette Birichin. Les raisins (cinsault, grenache et rolle) sont issus du même vignoble, vinifiés par les mêmes winemakers, et le vin demeure fidèle au style élégant et épuré qui a contribué à son succès. *Agence : Réserve et Sélection*

Brumont, Alain ; Tannat Rosé 2010, Vin de Pays de Gascogne

La locomotive de Madiran commercialise aussi un très bon rosé sec et désaltérant, composé de tannat, de syrah et de merlot. Un bon achat à ce prix. *Agence : L.C.C.*

Domaine Clavel, Mescladis 2010, Coteaux du Languedoc – Pic Saint Loup

À quelques kilomètres à l'est de Montpellier, Pierre Clavel façonne d'excellents vins à la personnalité affirmée, dont un rosé assez soutenu, gourmand et plein d'éclat, issu de syrah (70 %) et de grenache. Bouteille coiffée d'une capsule vissée. *Agence : Rézin*

Domaine d'Alzipratu, Fiumeseccu Rosé 2010, Corse Calvi, France

Dans le nord-ouest de l'île, à huit kilomètres au nord de Calvi, Pierre et Cécilia Acquaviva élaborent un excellent vin rosé d'inspiration provençale, c'est-à-dire léger en couleur et vinifié presque comme un vin blanc. Frais, coulant, désaltérant et doté d'une personnalité singulière grâce au cépage sciaccarello, une variété unique à l'Île de Beauté. *Agence : Œnopole*

Domaine des Béates, Les Béatines, Coteaux d'Aix en Provence

En 2002, après quelques années à restructurer le domaine en partenariat avec la maison Chapoutier, la famille Terrat a acquis la totalité des parts de ce vignoble cultivé en biodynamie. Les Béatines est un très bel exemple de rosé de Provence, par sa couleur pâle, ses saveurs très pures et sa finale minérale, portées par une vinosité semblable à celle de très bons vins blancs. *Agence : La QV*

Domaine Rouge Garance, Rosé de Garance 2009, Côtes du Rhône (19 $)

Dans le Gard, sur la rive droite du Rhône, l'acteur Jean-Louis Trintignant et ses associés, Claudie et Bertrand Cortellini, produisent un savoureux vin rosé issu de l'agriculture biologique et composé de syrah, de cinsault et de grenache. Ample, vineux et doté d'une bonne tenue en bouche, mais parfaitement sec et désaltérant.

Du même producteur, le Little Garance rosé 2010 ; mise davantage sur une expression souple, friande et rafraîchissante du cépage syrah. Un léger reste de gaz donne encore plus d'éclat à ses parfums fruités.
Agence : Anthocyane

Dupéré-Barrera, Côtes de Provence 2010

En plus des quelques cuvées déjà offertes à la SAQ, le couple franco-québécois élabore, sur son domaine de Carnoules, dans le Var, un excellent rosé. Typiquement provençal, tant par sa couleur que par la délicatesse de ses parfums de mourvèdre, de cinsault, de syrah et de vermentino.
Agence : Le Maître de Chai

Guado al Tasso, Scalabrone 2010, Rosato, Bolgheri

Dans le secteur de Bolgheri, la famille Antinori produit depuis plusieurs années un très bon rosé de saignée – issu de cabernet sauvignon, de merlot et de syrah – qui rend hommage à Scalabrone, un Robin des bois qui vécut dans la région au XIXe siècle. Couleur soutenue, assez bonne tenue en bouche et fraîcheur.
Agence : Mark Anthony Brands

Masciarelli, Montepulciano d'Abruzzo 2010

Produit pour la première fois il y a 30 ans, le rosé de cette cave vénérable des Abruzzes est, à sa manière, un classique. Droit, sec, friand et désaltérant.
Agence : Le Maître de Chai

Muga, Rioja rosé 2010

Ce très bon rosé élaboré par une cave réputée de la Rioja Alta a longtemps été distribué à la SAQ. Généralement très franc, avec juste ce qu'il faut de tenue, de fruit et de fraîcheur pour accompagner les repas en terrasse...
Agence : Balthazard

Vignoble du Loup Blanc, Le Petit Chaperon Rose 2010, Val de Cesse

Produit par Alain Rochard (restaurant Le Continental), ce bon rosé est issu d'un assemblage inusité de cinsault et de chenanson, une variété locale issue d'un croisement entre le grenache noir et le jurançon noir. Sec, frais, juste assez fruité et désaltérant.
Agence : Plan Vin

Où s'adresser ?

Pour obtenir de plus amples renseignements quant aux coordonnées des différentes agences, vous pouvez aussi communiquer avec :

- le service à la clientèle de la SAQ (514 254-2020) ;
- l'AQAVBS (Association québécoise des agences de vins, bières et spiritueux) (514 722-4510) ;
- la RASPIPAV (Regroupement des agences spécialisées dans la promotion de l'importation privée des alcools et des vins) à l'adresse : info@raspipav.com.

Des adresses où s'approvisionner :

A.O.C. et Cie
Tél. : 514 931-9645
www.vinsaoc.ca

ABVS
Tél. : 514 680-1543
www.abvs.ca

Altovin International
Tél. : 514 989-9657
www : www.altovin.ca

Anthocyane
Tél. : 514 237-3902
www.anthocyane.ca

Authentic Vins et Spiritueux
Tél. : 514 356-5222
www.awsm.ca

Balthazard
Tél. : 514 288-9009
www.vinsbalthazard.com

Benedictus
Tél. : 450 671-5572
benlecavalier@sympatico.ca

Bergeron-les-Vins
Tél. : 514 522-9837
www.bergeron-les-vins.com

Cava Spiliadis Canada
Tél. : 514 272-7459
www.cavaspiliadis.com

Charton-Hobbs
Tél. : 514 355-8955
www.chartonhobbs.com

Direct Terroir
Tél. : 514 887-0171
www.direct-terroir.ca

Enoteca di Moreno de Marchi
moreno@lenoteca.ca

Enotria Internationale
Tél. : 514 955-8566
www.enotria.ca

Foster's Wine Estates Canada
Tél. : 514 289-2057
jp.turgeon@am.fostersgroup.com

Francs-Vins (La Société)
Tél. : 514 270-6123
www.francs-vins.ca

GLOU
Tél. : 514 680-1980
jack@glou-mtl.com

Importation Épicurienne R.A. Fortin
Tél. : 450 671-0631
www.importation-epicurienne.com

Importations Syl-Vins
Tél. : 450 492-4474
www.importationssyl-vins.com

Insolite Importation
Tél. 514 808-2648
www.insoliteimport.com

Isravin
Tél. : 514 991-9463
www.isravin.com

La Céleste Levure
Tél. : 514 948-5050
www.lacelestelevure.ca

La QV
Tél. : 514 504-5082
www.laqv.ca

LBV International
Tél. : 514 907-9680
www.lbvinternational.com

Le Maître de Chai
Tél. : 514 849-7555
www.lemaitredechai.qc.ca

Les Trois Sommeliers
Tél. : 514 714-2070
francis@laloux.com

Les vins Alain Bélanger
Tél. : 514 931-6220
www.lesvinsalainbelanger.com

Les Sélections Vin-Cœur
Tél. : 450 754-3769
www.selectionsvincoeur.com

Liquid Art
Tél. : 514 312-5082
http://trialto.com/en-ca/pages/liquidart/las_about

Mark Anthony Brands
Tél. : 1 800 905-6660
www.markanthony.com

Mon Caviste
Tél. : 514 867-5327
moncaviste@videotron.ca

Mondia Alliance
Tél. : 450 645-9777
www.mondiaalliance.com

Œnopole
Tél. : 514 276-1818
www.oenopole.ca

Plan Vin
Tél. : 514 678-8777
planvin@videotron.ca

Primavin
Tél. : 514 868-2228
www.primavin.com

Raisonnance
Tél. : 450 226-5064
www.raisonnance.net

Réserve et Sélection
Tél. : 514 524-3993
www.reserve-selection.com

Rézin
Tél. : 514 937-5770
www.rezin.com

Sélection Caviste
Tél. : 450 963-7401
bvezina.selectioncaviste@sympatico.ca

Sélections UVAS
Tél. : 514 809-2875
jackcoh@videotron.ca

Société Commerciale Clément
Tél. : 450 641-6403
www.jlfreeman.ca

Société de Vins Fins
Tél. : 450 432-2626
www.sdvf.ca

Société Roucet
Tél. : 450 582-2882
www.roucet.com

Symbiose
Tél. : 418 951-7462
www.symbiosevins.com

Tandem Wine Selection
Tél. : 514 313-9190
www.tandemwine.com

Univins
Tél. : 514 522-9339
www.univins.ca

Vinealis
Tél. : 514 895-8835
www.vinealis.com

Vini-Vins
Tél. : 514 993-3727
www.vini-vins.com

Vins etcetera
Tél. : 450 621-5836
robert@vinsetcetera.com

Vins John Lovett
Tél. : 450 451-4334
www.lovettwines.com

Vins Natech
Tél. : 819 609-3777
marchand@natechem.com

Vitis
Tél. : 418 683-5618
www.vitiscanada.com

Les plaisirs du vin

L'accord simplifié des vins et des mets

par Véronique Rivest

Dans un numéro du magazine *Decanter*, le dégustateur britannique Steven Spurrier incitait les lecteurs à ne pas dramatiser l'accord des plats et des vins. « *Drink for mood, not for food* », conseillait-il.

En d'autres mots, il y aura toujours dans votre réserve une bouteille qui conviendra à votre envie du moment et qui ne portera pas ombrage au plat que vous allez servir.

Véronique Rivest, sommelière

Véronique Rivest l'une des sommelières les plus respectées sur les scènes nationale et internationale. Chroniqueuse au Journal *Le Droit* et à la radio de Radio-Canada, en plus de contribuer au magazine *Cellier* (SAQ), ainsi qu'à de nombreux autres magazines et émissions de radio et de télévision, elle a remporté le concours du Meilleur Sommelier du Canada en 2006 et s'est classée dans le Top 12 au concours du Meilleur Sommelier du Monde en 2007 et en 2010.

Le vin à table

Dix conseils-clés pour réussir ses accords de plats et de vins

1. Il n'y a pas de règles absolues. Le goût est un sens profondément individuel : ce qui plaît à une personne, ne plaira pas à tous. Il est amusant d'explorer et d'expérimenter, mais l'essentiel est de choisir selon votre humeur et vos envies. Faites-vous plaisir !
2. Servez impérativement le vin à la bonne température. C'est la condition *sine qua non* pour en retirer tout le plaisir souhaité.
3. Ouvrez-vous l'appétit avec un verre de Champagne : apéritif par excellence ! Tout comme les Crémant, les bons mousseux de Lombardie, de Vénétie, de Catalogne, de Californie ou du Canada. Les Xérès Fino et Manzanilla sont aussi tout indiqués, ainsi que les vins blancs secs, frais et légers. Évitez de servir des vins moelleux ou liquoreux à l'apéritif et au début du repas. Le sucre sature les papilles.
4. Regardez la couleur du plat. En règle générale, un plat de couleur claire appelle un vin blanc, un plat de couleur foncée s'accommode d'un vin rouge.
5. Tenez compte de la générosité du plat. Des saveurs relevées se marient à un vin jeune, expressif et généreux. Un plat plus sobre mettra en valeur la finesse d'un vieux vin. De façon générale, les vins du Nouveau Monde sont plus mûrs, plus dodus, et peuvent mieux soutenir des plats aux accents sucrés, épicés.
6. Les poissons, les fruits de mer et les crustacés, peuvent amaigrir et durcir les vins rouges tanniques, parfois même leur donner un goût métallique. Les vins blancs secs accompagnent généralement mieux les produits de la mer. Des vins rouges peu tanniques, en particulier le pinot noir, peuvent bien s'accorder avec un thon ou un saumon grillé, ou des poissons cuisinés au vin rouge.
7. Méfiez-vous de l'artichaut, des asperges, de la tomate fraîche, des épinards et des œufs. Ce n'est pas le moment de mettre en scène des grands vins. Le vinaigre et les marinades ne font pas bon ménage avec le vin. En cas de doute, un bon vin mousseux s'en sort souvent très bien.
8. Servez le meilleur vin rouge avec le plat principal puisque c'est en définitive le point d'orgue du repas. Rien n'interdit de servir ensuite un vin plus modeste, mais vigoureux – et pourquoi pas du blanc – avec certains fromages.
9. N'oubliez pas que tous les vins fins et harmonieux ont d'étonnantes facultés gastronomiques et désaltérantes. Au contraire, les vins extrêmes, impressionnants en dégustation, sont difficiles à marier à table.
10. Rassurez-vous, le monde est vaste et des centaines de vins peuvent accompagner un même plat. La véritable harmonie, c'est de se retrouver à table en bonne compagnie, autour de mets savoureux et de bons vins. Détendez-vous, buvez en paix !

Les suggestions suivantes ne se veulent pas exhaustives. Ce sont des recommandations de plats et d'ingrédients complémentaires et interchangeables. Il faut garder en tête que le mode de cuisson, la sauce et les accompagnements ont tout autant, sinon plus, d'influence sur l'accord.

BORDEAUX

Blancs secs *(Graves et Pessac-Léognan)*
Tartare, carpaccio de saumon ou de thon – huîtres crues ou chaudes – poissons gras, fruits de mer et crustacés, grillés ou en sauce à la crème – volailles, porc, veau rôtis, en sauce à la crème, aux champignons – escalope de foie gras poêlée.

Rouges *(Graves, Médoc)*
Escalope de foie gras poêlée – viande rouge, gibier, grillé ou rôti, sauce à l'échalote, aux herbes, à la bordelaise, au poivre, au café – sauce aux petits fruits (sureau, cassis, mûres) *attention à la saveur sucrée* – côte de bœuf à la moelle – magret, confit de canard – côte de veau – légumes racines, champignons, poivrons, riz sauvage – fromages vieux et friables (cheddar, Gouda, Beemster, mimolette, comté, parmesan, manchego ou Gré des Champs)

Rouges *(Rive droite et Côtes)*
Jarret d'agneau confit – civet de lièvre, de sanglier (cuisiné avec le même vin) – pâtes aux cèpes et au foie gras poêlé – omelette aux truffes ou autres grands champignons (de préférence un vin âgé) – volaille aux cèpes – poêlée de cèpes – cassoulet – lapin à la moutarde, vin rouge et fines herbes.

Vins liquoreux *(Sauternes, Barsac et autres vins Jurançon, Coteaux du Layon, etc.)*
Foie gras au naturel, en terrine, en crème brûlée – mousse de foie gras truffé – homard sauce vanille ou à la mangue – canard à l'orange – ris de veau à la crème – volaille, porc farci aux abricots ou au coing et aux épices – fromages à pâtes persillées (durs ou crémeux) – crème caramel et crème brûlée – tartes et feuilletés aux fruits blancs et jaunes – gâteau au fromage – ananas rôti.
* *Fuyez les desserts chocolatés.*

BOURGOGNE

Blancs *(Chablis)*
Huîtres nature – moules, crabe au vin blanc, en sauce crème – fruits de mer, poissons fins grillés, nature ou sauce aux agrumes, au vin blanc, aux herbes, aux amandes – terrine de poisson – lapin en sauce claire – jambon à la chablisienne.

Blancs *(Côte d'Or, Côte Chalonnaise et Mâconnais)*
Crabe, homard, risotto au homard – fruits de mer, poissons gras, lotte, sauce au chardonnay, à la crème, aux champignons, au safran – saumon fumé, gravlax – foie gras en terrine ou poêlé – volaille, veau, à la crème, aux champignons, aux noisettes – ris de veau à la crème – risotto aux champignons – gratin de chou-fleur à la truffe.

Rouges *(Côte de Beaune, Côte de Nuits)*
Poulet de grain rôti, ris de veau, côte de veau, aux champignons sauvages – bœuf bourguignon – coq au vin (au vin rouge de Bourgogne) – pot-au-feu – civet de lièvre – cailles, pintade, faisan, rôtis ou en civet – saumon, thon grillé, en sauce au vin rouge – risotto, champignons, betteraves, légumes racines, rhubarbe, tomates séchées – griottes, gadelles, canneberges – vinaigre de framboise.

Champagne brut
Caviar – huîtres natures ou chaudes – poissons et fruits de mer fumés – salade de homard – foie gras – tartare de poisson – sushi – poissons ou volaille, sauce au champagne, à la crème – fromage de chèvre frais en canapés – fromages à pâte molle et croûte fleurie – affinité particulière avec ce qui est frit et salé : calmars frits, tempura de poisson, de fruits de mer, de légumes, même des croustilles !
* *Mise en garde* : ne jamais servir de champagne brut avec le dessert, mais plutôt un champagne demi-sec.

ALSACE

Pinot gris
Saumon fumé – coquilles Saint-Jacques – saumon, homard en sauce crème ou aux champignons – poissons gras – poulet de grain rôti – foie gras en terrine ou poêlé – plats asiatiques (en particulier marqué par le gingembre) – pâtes, poulet ou veau en sauce au Gorgonzola – risotto aux champignons – fromages à croûte lavée et fromages crémeux à pâte persillée.

Riesling
Poissons, fruits de mer, crustacés en terrine, en ceviche, grillés, au beurre blanc ou en sauce aux agrumes (particulièrement citron vert), aux amandes, au safran ou au romarin – saumon fumé – sashimi – moules marinières – feuilleté d'escargots – huîtres au naturel, gratinées – coq au riesling – fondue au fromage – choucroute alsacienne.

Muscat sec
Apéritif – asperges blanches – canapés au fromage de chèvre.

Gewurztraminer
Poissons, fruits de mer et viandes au cari, sauce ou salsa aux fruits (mangue, pêches, ananas), aux agrumes et au gingembre – foie gras en terrine ou poêlé – cuisine asiatique relevée – magret de canard rôti au miel et aux épices – jambon à l'ananas – fromages à croûte lavée et fromages à pâte persillée – desserts à l'orange confite, à l'eau de rose, à la fleur d'oranger.

LOIRE

Blancs secs *(Sancerre, Menetou-Salon, Reuilly, Quincy et autres vins de sauvignon)*
Saumon fumé – tartare de poisson – huîtres – poissons et fruits de mer en terrine, en ceviche, grillés ou en sauce au vin blanc, aux agrumes (particulièrement le pamplemousse, le citron et la lime) ou aux herbes fraîches – quiche lorraine – sushi – les plats où dominent les légumes verts, le fenouil ou les herbes fraîches (particulièrement aneth, basilic, menthe, persil) – fromages de chèvre, froids ou chauds.

Blancs secs *(Vouvray sec, Montlouis, Anjou, Saumur et autres vins de chenin)*
Poissons gras, pétoncles, homard, poêlés, en sauce à la crème, aux champignons – blanquette de veau – poulet, veau, porc cuisiné avec de la crème, des fruits jaunes (pomme jaune, coing, mirabelle) ou des champignons. Pour les Vouvray demi-sec : sauces légèrement sucrées (à base de fruits ou de miel par exemple).

Rouges *(Bourgueil, Chinon, Saumur Champigny, Anjou)*

Charcuteries – salade tiède de foies de volaille, de canard – carpaccio de bœuf – poulet de grain rôti et autres volailles – lapin aux fines herbes et lardons – foie de veau à la vénitienne, au vinaigre de framboise – magret de canard, sauce aux framboises – viande rouge grillée, coulis de poivrons – poivrons farcis – rôti de porc au chou rouge.

RHÔNE

Blancs *(Condrieu)*
Escalopes de foie gras poêlées – quenelles de homard, crabe – gratin de fruits de mer – poissons, fruits de mer ou porc au cari, aux amandes, aux fruits (pêches, abricots, mangues ou ananas, cuisinés, en farce ou en salsa) – ris de veau à la crème.

Blancs *(Hermitage, Châteauneuf-du-Pape)*
Pétoncles, homard grillés – poissons gras en sauce riche, en sauce relevée (gingembre, curry) – poissons grillés avec brandade de morue – raviolis aux champignons sauvages – poulet au Vin Jaune –curry de poisson, de porc, de poulet fruité (abricots, noix de coco).

Rouges *(Nord : dominante de syrah)*
Viandes rouges, gibier, grillés, rôtis, sauce au poivre, aux mûres, à l'anis – cailles aux cèpes, morilles – poulet de grain rôti – jarret de veau braisé – rognons de veau à la moutarde – magret de canard aux cinq-épices – confit de canard – navarin d'agneau – gigot d'agneau aux herbes de Provence, aux olives noires.

Rouges *(Sud : dominante de grenache)*
Pintade aux pruneaux – gibiers à poil en sauce – terrine de gibier – côtes levées sauce barbecue – hamburgers bœuf ou agneau aux légumes grillés – saucisses à l'agneau, saucisses italiennes, chorizo – tajine d'agneau aux pruneaux – couscous à l'agneau, aux merguez – agneau rôti, confit – légumes racines caramélisés, ratatouille, olives noires, herbes de Provence, ail rôti.

ITALIE

Blancs *(Trentin, Soave et Verdicchio)*
Pâtes au pesto, primavera, à l'huile d'olive et aux champignons, au saumon fumé, aux fruits de mer avec citron et persil, alle vongole (aux palourdes) – brandade de morue – sardines à la vénitienne – poissons à l'huile d'olive, au citron et au persil – risotto aux asperges, aux petits pois.

Blancs *(Campanie)*
Poissons grillés aux amandes – crabe des neiges – saumon fumé – pieuvre, fruits de mer cuisinés avec ail, câpres, olive et persil – pâtes aux fruits de mer, sauce crème ou vin blanc – pizza margherita – gnocchi au parmesan.

Rouges *(Barolo, Barbaresco et autres vins de nebbiolo)*
Risotto, gnocchi à la truffe, aux champignons sauvages – cailles aux cèpes, morilles – bœuf braisé au Barolo – joues de bœuf, jarret d'agneau braisé – rôti de bœuf à la pancetta – sauces aux tomates séchées, aux champignons, au jambon cru, au thé – vieux parmesan.

Rouges *(Amarone)*
Canard rôti ou braisé, sauce aux fruits ou au Porto – gibier, en sauce épicée, fruitée (pruneaux, cerises, bleuets, mûres), au chocolat – vieux parmesan, vieux cheddar.

Rouges *(Chianti Classico, Vino Nobile di Montepulciano, Brunello di Montalcino)*
Osso bucco – foie de veau à la pancetta et aux oignons – gigot, carré d'agneau ou côte de bœuf aux herbes – bœuf braisé au vin rouge – veau farci aux champignons, à la saucisse – pâtes, viandes rouges et veau à la toscane : tomates (et tomates séchées) et vin rouge principalement, et aussi oignons, ail, pancetta, olives noires, fines herbes, courgettes, champignons (portobellos).

Rouges *(Supertoscans – Cabernet sauvignon, Merlot)*
Côte de veau grillée ou rôtie aux champignons – carré d'agneau aux herbes – jarret d'agneau confit – magret de canard aux épices, aux olives – pintade, faisan, canard, rôtis aux herbes – filet de bœuf, rôti de chevreuil, escalope de caribou, au cassis, aux bleuets.

ESPAGNE

Rouges *(Rioja)*
Lapin, pintade aux pruneaux – poulet de grain rôti, poêlée de champignons, légumes racines, ratatouille – bœuf braisé à l'anis – rognons de veau à la moutarde – paella poulet et chorizo – boudin noir au chorizo – agneau (brochettes, côtelettes, gigot) aux herbes, au pimentón – fromage Manchego.

Rouges *(Ribera del Duero)*
Agneau, gibier, canard, cochon de lait rôti – flanc de porc braisé au vin – bœuf braisé à l'anis – grillades : agneau, bœuf, généreusement mariné et épicé, saucisses épicées.

PORTUGAL

Rouges *(Douro, Dão)*
Poulet rôti au paprika et chorizo, patates rôties à l'ail – gigot, côtelettes ou brochettes d'agneau aux olives noires, au romarin – joues de porc braisées, champignons à la crème – côtes levées aux herbes (thym, romarin) – ragoût de porc au paprika et à la cannelle – lapin chasseur – saucisses grillées (agneau, italiennes, chorizos) – carpaccio de champignons sauvages à l'huile d'olive.

Porto *(Tawny)*
Cheddar doux et fort – desserts aux figues, fruits secs, chocolat, café, noix, caramel, érable.

Porto *(Vintage)*
Fromages à pâte persillée, vieux parmesan, vieux cheddar, vieux Gouda, vieille Mimolette, Beemster – desserts aux fruits rouges ou noirs (bleuets, cassis, mûres, framboises), au chocolat noir.

ALLEMAGNE

Blancs *(Kabinett, Spätlese)*
Plats asiatiques épicés, parfumés (citronnelle, basilic Thaï, gingembre, coriandre, lait de coco) – poissons fins, fruits de mer, poêlés, aux agrumes (lime, yuzu, kumquats), au romarin, en ravioli, avec crème de panais/navet aux pommes – saumon fumé – sushi – langoustines au safran – jambon à l'ananas – asperges blanches.

Blancs *(Auslëse)*
Plats asiatiques très épicés – pétoncles, crabe gratinés – poissons (saumon, lotte, flétan) en sauce crème, en sauce aigre-douce, aux fruits (pêches, abricots, ananas) – joues de lotte braisées à la crème et au gingembre – rôti de porc farci aux abricots, chou braisé aux oignons caramélisés, aux marrons.

HONGRIE

Liquoreux *(Tokaji Aszu)*
Foie gras frais, en terrine – desserts aux fruits secs, aux noix, à l'érable, au pain d'épices.

CALIFORNIE

Blancs *(Chardonnay)*
Saumon fumé – avocat au crabe – fruits de mer, crustacés, grillés ou à la crème – saumon grillé avec salsa aux mangues, aux pêches – croquettes de crabe au maïs – brochettes de poulet et d'ananas – jambon à l'ananas – rôti de porc aux abricots – maïs.

Rouges *(Cabernet sauvignon)*
Viandes rouges grillées, salsa verde (ail, câpres, cornichons, anchois et beaucoup d'herbes, surtout menthe) – côte de bœuf, de veau, côtelettes d'agneau, gibier, sauce au fromage bleu et au Porto, au Porto et au romarin, au vinaigre balsamique – côtes levées sauce barbecue – magret de canard aux mûres, au cassis.

Rouges *(Pinot noir)*
Thon grillé, tomates séchées – cailles rôties, champignons – ris de veau aux morilles – escalopes de veau aux champignons – dinde rôtie farcie à la saucisse, purée de patates douces – canard laqué, aux cinq-épices.

Rouges *(Zinfandel)*
Hamburgers maison, bœuf ou agneau, poivrons rôtis – terrine de gibier – côtes levées et viandes grillées, sauce barbecue – chili con carne – saucisses épicées – grillades de bœuf, sauce au fromage bleu et romarin – rôti de porc en croûte d'herbes.

CANADA

Liquoreux *(Vendanges tardives et Vin de glace)*
Foie gras en terrine – fromages à pâte persillée, fromage durs servi avec miel, chutney de fruit blancs – desserts aux fruits blancs, frais ou secs – crème brûlée.
** Pour les Chardonnay et Pinot noir ontariens, se référer à la section Bourgogne.*

CHILI

Rouges *(Cabernet sauvignon)*
Ragoût de bœuf et de poivrons – côtes de porc braisées, côtes levées sauce barbecue – chili con carne – gibier sauce aux fruits noirs (cassis, bleuets, mûres).
** Voir la section des vins rouges du Médoc.*

Rouges *(Carmenère)*
Voir ci-dessus. Tourtière à la viande sauvage – ragoût de boulettes – hamburgers bœuf ou agneau, poivrons rôtis – pointe de poitrine de bœuf braisé – effiloché de porc – porc aigre-doux – chili de porc aux poivrons et piments verts – cuisine d'inspiration mexicaine et texane. La carmenère a aussi des affinités avec les fines herbes, la menthe et les épices indiennes (cardamome, cumin).
Un régal avec des viandes en croûte d'herbes – caris de viandes, de légumes – poulet tandoori – samosas.

AUSTRALIE

Rouges *(Cabernet sauvignon)*
Bœuf, agneau, gibier, grillé, rôti, sauce aux fruits rouges/noirs et Porto, sauce fromage bleu et Porto, sauce balsamique, sauce à la menthe – Magret de canard aux cerises – Côte de bœuf à la moelle.

Rouges *(Shiraz)*
Magret de canard aux mûres – bœuf braisé à l'anis étoilé – filet de porc, de bœuf, sauce au chocolat pimentée – viandes rouges grillées, rôties, sauce au poivre, sauce à la menthe – gigot d'agneau aux olives noires et aux herbes, jus de viande à la menthe.

NOUVELLE-ZÉLANDE

Blancs *(Sauvignon blanc)*
Particulièrement indiqué pour les asperges vertes, les petits pois à la menthe, les légumes et verdures en général.
** Voir Sancerre.*

Rouges *(Pinot noir)*
Le fruité éclatant et les notes vanillées des pinots de Nouvelle-Zélande permettent de soutenir des plats plus fruités : poulet au Brie, aux framboises et aux chanterelles par exemple.
** Voir aussi pinot noir de Bourgogne.*

Le plat, le vin

ENTRÉES, HORS-D'ŒUVRE

Antipasto : Xérès fino, manzanilla ; vin mousseux (Cava, Prosecco).

Bruschetta : Soave, Verdicchio, Sauvignon blanc, Rosé de Provence.

Asperges (sauce mousseline ou gratinées) : Muscat d'Alsace, Sauvignon blanc de Nouvelle-Zélande, Riesling Kabinett et Spätlese.

Brandade de morue : vin blanc du Rhône, du Languedoc, de Provence ou de Corse, rosé de Provence, blanc du Douro, de Dão, de Rias Baixas.

Calmars, pieuvre :
frits : Champagne ou vin mousseux brut, Alvarinho de Rias-Baixas ou du Vinho Verde.
grillés : moschofilero ou assyrtiko de Grèce.

Carpaccio de thon, saumon : Bordeaux blanc boisé, Chardonnay de Bourgogne ou du Nouveau Monde, Pinot noir, Champagne Rosé.

Carpaccio de bœuf : Champagne rosé, Pinot gris d'Alsace, Cabernet franc de Loire, Beaujolais, Bourgogne rouge, vin rouge du Trentin, Chianti.

Caviar : Champagne brut, Vodka glacée.

Charcuteries : Beaujolais, Gaillac rouge, Fronton, Marcillac, Côtes du Rhône, Chianti.

Flan de légumes (courgettes, brocoli, chou-fleur, haricots verts et autres) : Pinot blanc d'Alsace, Pinot grigio du Trentin ou du Frioul, Sauvignon blanc.

Foie gras :
En terrine, au torchon : Champagne brut soutenu, grand Bourgogne blanc, Pinot gris d'Alsace, Gewurztraminer, vins liquoreux (Sauternes, Barsac, Jurançon, Coteaux du Layon, Vendange tardive, Tokay Aszu, Vin de glace).
Poêlé : Champagne rosé, Champagne cuvée prestige, Condrieu, grand Bordeaux blanc, vin rouge de Graves, vins liquoreux.

Foies de volaille, salade landaise : vin rouge léger et souple (Gamay ou Cabernet franc de Loire, Beaujolais, Fronton, Gaillac, Valpolicella).

Fondue au fromage : vin blanc nerveux et fruité (Fendant, Neuchâtel, Vin blanc de Savoie, Riesling sec ou demi-sec).

Gibier, pâté, terrine : Beaujolais, Côtes de Bordeaux, Côtes du Rhône, rouges du Languedoc, Zinfandel.

Melon et prosciutto : Muscat Vin Doux Naturel, Jurançon, Riesling Kabinett ou Spätlese allemands, Moscato d'Asti, Prosecco fruité.

Paella, fruits de mer, poulet, saucisses : vin rouge espagnol souple (Rioja, Cariñena, Calatayud), rosé sec (Rioja, Provence).

Pâtes :
Sauce crème : blanc sec, rond et souple (Soave, Pinot blanc, Pinot gris, Chardonnay) ;
sauce tomate : rouge italien léger et vif ;
sauce à la viande, lasagne : Chianti, Valpolicella Ripasso, Barbera, Dolcetto ;
aux légumes et à l'huile d'olive : vins blancs du Trentin ou du Frioul, sauvignon blanc, rouge souple et fruité (gamay, cabernet franc de Loire, Beaujolais, Chianti léger) ;
aux champignons : Pinot noir, Chianti, Chardonnay, Pinot gris.

Pizza garnie, tomates, poivrons, saucisses : Chianti, Valpolicella, Montepulciano d'Abruzzo, Nero d'Avola de Sicile.

Quiches, légumes, jambon : Sauvignon blanc, Riesling.

Risotto :
aux fruits de mer : vin blanc sec généreux (Chardonnay, Pinot gris) ;
aux tomates : Pinot noir Bourgogne, Canada, Oregon ;
au prosciutto, parmesan : Valpolicella, Sangiovese di Romagna ;
aux champignons : Pinot noir, Nebbiolo (Barolo), Xinomavro (Naoussa), Pinot gris.

POISSONS, FRUITS DE MER ET CRUSTACÉS

Sushi : Champagne brut, Sauvignon blanc du Chili ou de Nouvelle-Zélande, Riesling d'Alsace ou du Nouveau Monde, Riesling Kabinett ou Spätlese, Torrontés, Moschofilero.

Crevettes, langoustines : Riesling sec, Sauvignon blanc, Graves blanc, Chablis, assyrtiko de Grèce ;
épicées, safran, curry : Gewurztraminer, Riesling Kabinett ou Spätlese allemand.

Homard, crabe : Champagne brut, Bourgogne blanc, Riesling, Sancerre ; *En sauce riche, quenelles :* Meursault, Chardonnay de Californie, Condrieu, Pinot gris d'Alsace ;
En risotto : grand Chardonnay de Bourgogne ou du Nouveau Monde, Pinot gris Grand Cru.

Huîtres et moules : Muscadet, Chablis, Bordeaux blanc (non boisé), Picpoul de Pinet, assyrtiko de Grèce.

Pétoncles grillés : Hermitage blanc, Chablis Grand cru ;
Sauce à la crème : Bourgogne blanc, Pessac Léognan, Pinot gris, Chardonnay californien, australien, chilien.

Saumon, truite :
Fumé : Champagne brut, Chablis, Riesling, Pinot gris d'Alsace, Sauvignon blanc de Loire, Chardonnay du Nouveau Monde ;
Tartare : Champagne brut blanc ou rosé, Sauvignon blanc de Loire, Graves blanc, Sancerre rosé, Rosé de Provence ;
Grillé : bon rosé charpenté (Côtes du Rhône, Bandol), Pinot noir ;
À la crème : grand vin blanc (Riesling ou Pinot gris grand cru, Chablis grand cru, Puligny-Montrachet, Hermitage, Marsanne Roussanne de Californie) ;
Avec une salsa de fruits : Chardonnay Nouveau Monde.

Sole, brochet, bar, morue charbonnière, lotte, etc. :
Pochés, grillés : vin blanc sec (Anjou, Riesling, Sauvignon blanc, Bordeaux, Chardonnay non boisé) ;
Agrumes, herbes fraîches : Sauvignon blanc, Riesling ;
Sauce riche, beurre blanc : Bourgogne blanc, Chablis, Vouvray, Viognier, Riesling Auslëse, Chardonnay du Nouveau Monde.

Thon, espadon : vin blanc sec puissant (Chardonnay de Californie, d'Australie, Hermitage, Châteauneuf-du-Pape).
Grillés : Pinot noir ; cuisiné avec olives noires : syrah souple.

VIANDES

La viande saignante attendrit les tanins ; la viande bien cuite les durcit. Pour les viandes blanches, favorisez des vins aux tanins plus légers ou enrobés.

Les accompagnements sucrés ou relevés (sauces au fromage bleu, au Porto, aux fruits, aux épices, etc.), peuvent durcir les tanins et amaigrir le vin ; privilégiez des vins au fruit très mûr et aux tanins enrobés.

On choisira la qualité du vin selon la finesse du plat, et l'envie du moment !

Agneau :
Côtelettes aux herbes de Provence : Cabernet franc de Loire, Cabernet ou Carmenère du Chili, Côtes du Rhône, Bordeaux, vin rouge du Languedoc, Rioja.
Gigot, carré : Bordeaux, Médoc surtout, Graves, Syrah du Rhône, Cahors, Brunello di Montalcino, supertoscans, Ribera del Duero, Cabernet du Nouveau Monde, Shiraz.

Bœuf :
Rôti, en brochettes, aux champignons, à la bordelaise : vins rouges charpentés (Bordeaux, Bergerac, rouges du Languedoc et du Sud-Ouest, Barolo, Cabernet du Nouveau Monde, Douro, Ribera del Duero, Malbec d'Argentine) ;
Au barbecue : rouge jeune et puissant (Madiran, Gigondas, Malbec d'Argentine, Zinfandel) ;
Sauce poivrée : Côtes du Rhône, Shiraz, Alentejo, Pinotage ;
Sauce barbecue : Zinfandel, Grenache, Petite sirah, Primitivo.
Ragoût, mijoté dense : Côtes de Nuits, Côte de Beaune, Saint-Émilion, Fronsac, Gigondas, Chianti Classico, Pinot noir du Canada, d'Oregon.
Bœuf aux légumes : vin rouge souple (Beaujolais, Chinon, Merlot du nord de l'Italie).
Côte de bœuf : supertoscan, Cabernet du Nouveau Monde ; Côte Rôtie, Brunello di Montalcino, Barolo.
Chili con carne : Cabernet sauvignon ou Carmenère du Chili, Petite Sirah,

Tartare : rouge fruité peu corsé (Beaujolais, Gamay ou Cabernet de Loire, Chianti léger). Zinfandel.

Fondues chinoises ou bourguignonne : Si elles sont accompagnées d'une multitude de sauces, mieux vaut s'en tenir à des vins souple et fruités (Beaujolais, Bourgogne jeune, Pinot noir de Marlborough, de Californie, vin du Rhône méridional.

Porc :
Cassoulet : Cahors, Madiran, rouges du Sud-Ouest et du Languedoc.
Choucroute garnie : Riesling, Sylvaner.
Jambon : rouge léger (Beaujolais, Chinon, Pinot noir), rosé sec ; au clou de girofle ;
Jambon à l'ananas : Gewurztraminer, Riesling Kabinett, Spätlese.
Rôti, aux herbes, côtes levées, saucisses fortes, sauces aux fruits, épicées : Zinfandel, Carmenère du Chili, Grenache du Languedoc, Rioja, Douro.

Veau :
Blanquette : Chardonnay, Pinot gris, Chenin blanc de Loire.
Côte grillée, rôtie : Médoc, Graves, Chianti, Brunello, Cabernet de Californie ;
Sauce à la crème et aux champignons : Chardonnay boisé, Pinot gris d'Alsace.
Foie : Cru du beaujolais, Chinon, Chianti.
Osso bucco : Chianti Classico, Barbera.
Ris poêlés, laqués : vin rouge délicat, vin blanc sec
Ris, sauce au vin rouge, aux champignons : Pinot noir, poulsard ou trousseau du Jura ;
Ris, sauce à la crème : Chardonnay de Bourgogne ou du Jura, Pinot gris d'Alsace.

POULET

En sauce crème : blanc sec et ample (Chardonnay, Pinot gris) ; fricassée : rouge léger ; préparation asiatique épicée, curry : Gewurztraminer.
Froid, barbecue : rosé du Rhône ou de Provence, Beaujolais.
Rôti aux fines herbes : Beaujolais, Bourgogne, Bourgueil, Chinon, Valpolicella.

AUTRES VOLAILLES

Cailles rôties, grillées : rouge fruité et tannique (Pommard, Saint-Julien, Côte Rôtie, Châteauneuf-du-Pape), Pinot noir d'Australie, de Californie ; blanc relevé (Hermitage, Puligny-Montrachet, Pinot gris Grand cru).
Canard, aiguillettes : rouge de Loire ;
Magret : Médoc, Pomerol, Fronsac, Côte Rôtie, Cabernet sauvignon de Napa, d'Australie ; confit : Cahors, Madiran.
Oie, farcie à la viande : Côte Rôtie, Côte de Nuits ;
Oie farcie aux noix, marrons, pruneaux : Pinot gris d'Alsace.
Faisan, perdrix, pintade : rouge relevé (Morey Saint-Denis, Saint-Estèphe, Pomerol, Graves, Brunello di Montalcino, Cabernet sauvignon de Californie).

Chevreuil, autres gibiers : tous les vins rouges généreux et puissants (Pomerol, Brunello di Montalcino, Barolo, Chambertin, Hermitage, Cabernet d'Australie, Amarone, Zinfandel).

FROMAGES

C'est maintenant de notoriété publique : l'accord fromages et vin rouge est loin d'être parfait. Les tanins du vin rouge, en présence des protéines laitières du fromage, se durcissent et laissent un goût amer, voire métallique. Le vin s'en ressort amaigri et décharné. La réaction est plus forte avec les croûtes lavées et les pâtes persillées : plus les fromages sentent forts et plus ils sont coulants, plus le vin rouge risque d'être anéanti. Afin de mettre en valeur des vins rouges tanniques, servez des fromages durs : plus la texture du fromage est friable, plus les tanins fondent au lieu de durcir.

En règle générale, préférez un vin blanc riche et ample. Dans un monde idéal, chaque fromage a son vin préféré, mais le Pinot gris d'Alsace est sûrement le plus polyvalent de tous.

Chèvre : Sauvignon blanc, particulièrement de Loire, cidre et cidre de glace.

Double et triple crème : vins blanc sec très fruité et peu acide (Pinot blanc, Pinot gris d'Alsace) ; vins blancs moelleux.

Pâtes molles à croûtes fleuries : Champagne brut étoffé, Chardonnay ample, Pinot gris d'Alsace, cidre de glace.

Pâtes molles à croûtes lavées : Gewurztraminer et Pinot gris d'Alsace ; vins blancs moelleux et liquoreux ; certaines eaux-de-vie de fruits ou de marc créent des accords surprenants.

Pâtes semi-fermes : rouge fruité peu tannique (Beaujolais, Gamay ou Cabernet franc de Loire, Valpolicella, Zweigelt, Pinot noir de Californie, de Nouvelle-Zélande) ; à croûte lavée : rouges solaires, peu tanniques : Primitivo, Zinfandel, Shiraz.

Pâtes fermes : les meilleurs amis des tannins ! Gouda, mimolette, beemster, cheddar, comté, gruyère, appenzeller, parmesan, manchego, certaines tommes : plus le fromage est vieux et plus sa texture est friable, plus le vin rouge peut être tannique.

Pâtes persillées : vins blancs liquoreux (Sauternes, Jurançon, liquoreux de Loire, du Sud-Ouest, vin de glace), cidre de glace, vins fortifiés ou très alcoolisés : Porto Vintage, LBV, Banyuls, Amarone.

DESSERTS

Une règle d'or : le vin doit toujours être plus sucré que le dessert. Les desserts aux fruits par exemple, peuvent varier du très peu au très sucré ; choisissez le vin en conséquence.

Fruits frais, salade de fruits : Moscato d'Asti, Muscat Vin Doux Naturel

Desserts aux fruits blancs ou jaunes, aux agrumes, gâteau au fromage : Riesling ou Pinot gris vendanges tardives, Vin de glace, Sauternes et ses satellites, vin doux de Loire (Vouvray, Coteaux du Layon), vin doux du Sud-Ouest (Jurançon, Pacherenc) ; relevés d'épices, aux fruits exotiques : Gewurztraminer vendanges tardives.

Desserts aux fruits rouges : Brachetto d'Acqui, Aleatico, Black muscat, Recioto della Valpolicella, Porto LBV.

Desserts au café, aux fruits secs, noix, caramel, érable, pain d'épices ou tiramisu : Porto Tawny, Xérès oloroso, cream et PX, Vin santo, Commandaria.

Dessert au chocolat : Banyuls, Porto Vintage et LBV.

La cave à vin

Dix conseils-clés pour une bonne cave

1. Les conditions de conservation sont cruciales. Une température fraîche et constante, entre 12 et 14 °C, est idéale. Mais, il n'y a pas à s'inquiéter si le thermomètre passe de 10 °C l'hiver à 20 °C pendant l'été. Le vin est plus résistant qu'on le dit. Un taux d'humidité de 70 % est souhaitable.
2. Il vaut mieux six bouteilles d'un même vin dont on pourra apprécier l'évolution qu'une collection de spécimens individuels.
3. N'attendez pas inutilement pour déboucher vos bouteilles. Mieux vaut boire un vin trop jeune que trop vieux. Consultez les courbes d'évolution des vins et le tableau des millésimes présentés dans ce livre.
4. Achetez des vins à la réputation solide et provenant de producteurs ayant fait leurs preuves, surtout pour les achats en primeur.
5. Dans la mesure du possible, goûtez à un vin avant d'en acheter plusieurs bouteilles.
6. Buvez vos vins au lieu de spéculer. La revente n'est pas facile, et le marché demeure imprévisible.
7. Rappelez-vous que le prix du vin n'est pas toujours le reflet de sa qualité ou de sa longévité. À l'inverse, des vins à prix abordables et provenant de régions classiques peuvent souvent donner du plaisir pendant de longues années.
8. Certains vins blancs peuvent aussi vivre longtemps. Avec le temps, ils acquièrent des qualités remarquables et procurent un plaisir immense.
9. La qualité d'une cave n'est pas directement proportionnelle à la quantité de bouteilles qu'elle contient. Restez à l'écart du club des collectionneurs débordés qui ne savent plus comment écouler leurs bouteilles.
10. Méfiez-vous des commentaires dithyrambiques sur les nouveaux vins cultes allégrement encensés par certains. La culture du vin est infiniment vaste et ne se résume pas à la simple lecture de scores attribués par quelques gourous. Le meilleur vin sera, avant tout, celui qui vous procure du plaisir.

Grandes tables, bistros et bars à vins

Restaurants chics ou bistros sympathiques, voici une liste d'adresses où les maîtres des lieux accordent une importance méritée au vin. La carte n'est pas nécessairement longue, mais le choix est toujours soigné. Tous ont en commun une cuisine sincère, parfois même très raffinée.

Délibérément, les établissements sont présentés pêle-mêle et non par ordre de mérite.

Le pictogramme ♥ indique un restaurant apparaissant pour la première fois dans Le guide.

• MONTRÉAL ET LA RÉGION •

Le Filet ♥
219, avenue du Mont-Royal Ouest, Montréal, 514 360-6060
Les propriétaires du Club Chasse et Pêche se sont associés au sommelier Patrick St-Vincent (anciennement chez BU) pour développer une adresse sur le Plateau Mont-Royal, en face du parc Jeanne-Mance. Le poisson et les crustacés sont à l'honneur, servis en petites portions – façon tapas – et assortis d'une carte des vins concise, très soignée et renouvelée fréquemment.
www.lefilet.ca

Les 400 Coups ♥
400, rue Notre-Dame Est, Montréal, 514 985-0400
Le duo des Chèvres, Marc-André Jetté et Patrice Demers, ainsi que la sommelière Marie-Josée Beaudoin ont quitté le Newtown pour ouvrir leur restaurant dans le Vieux-Montréal. Les plats comme les desserts conjuguent raffinement et créativité et sont assortis d'une belle sélection de vins.
www.les400coups.ca

Bouillon Bilk ♥
1595, boulevard Saint-Laurent, Montréal, 514 845-1595
Mélanie Blanchette et François Nadon, anciennement au Leméac, donnent un souffle nouveau à ce segment peu fréquenté du Quartier des spectacles. Dans un décor épuré, on sert une cuisine créative, qui témoigne d'un souci du détail. La carte des vins, toujours en construction, est déjà meublée avec beaucoup de goût.
www.bouillonbilk.com

Il Pagliaccio ♥
365, avenue Laurier Ouest, Montréal, 514 276-6999
Manuel Silva a officié pendant une vingtaine d'années au restaurant Le Latini avant d'ouvrir cet établissement à l'angle de l'avenue du Parc et de l'avenue Laurier. Pas étonnant, donc, que l'on y retrouve la même cuisine italienne classique et sans chichi, mais élaborée avec des produits de première qualité. La carte des vins, quoique concise, propose quelques raretés en importation privée.

L'Arrivage ♥
350, Place Royale, Montréal, 514 872-9128
Par sa cuisine minutieuse et savoureuse, Pierre Lavallée a fait de ce restaurant situé au deuxième étage du Musée Pointe-à-Callière, l'un des secrets les mieux gardés du Vieux-Montréal. Vue imprenable sur le Vieux-Port, service avenant et cuisine recherchée. Ouvert tous les midis de la semaine.

Hostaria ♥
236, rue Saint-Zotique Est, Montréal, 514 273-5776
R.I.P. Il Mulino, benvenuto all'hostaria ! Le propriétaire des lieux est le même, mais le décor a été repensé aux goûts du jour et la cuisine est maintenant entre les mains d'Andrea Sgró, anciennement chez BU, qui concocte des plats italiens, d'inspiration familiale. Jolie sélection de vins italiens.

Le Comptoir
4807, boulevard Saint-Laurent, Montréal, 514 844-8467
Ce bar à vins déjà très bien fréquenté ne manque pas de vie ni d'ambiance. Segué Lepage se spécialise dans l'élaboration de charcuteries maison et propose aussi une belle sélection de tapas. Plusieurs vins « nature » servis au verre et proposés à bon prix. Une très bonne adresse pour prolonger l'apéro entre amis. Également ouvert les midis, du mardi au vendredi. www.comptoircharcuteriesetvins.ca

Kaizen
4075, rue Sainte-Catherine Ouest, Westmount, 514 707-8744
Ce très bel établissement de Westmount sert non seulement des sushis parmi les meilleurs de la métropole, mais il les accompagne d'une carte des vins aussi variée que recherchée. Quelques raretés à prix d'or, et une sélection étoffée de sakés. www.70sushi.com

Saint-Gabriel
426, rue Saint-Gabriel, Montréal, 514 878-3561
Une nouvelle équipe d'investisseurs a donné un second souffle à cet établissement historique situé au cœur du Vieux-Montréal. La cuisine du chef Éric Gonzalez, anciennement au XO de l'Hôtel Saint-James, est assortie d'une très belle carte des vins. www.lesaint-gabriel.com

Bistro Chez Roger
2316, rue Beaubien Est, Montréal, 514 593-4200
Depuis quelques années, cette taverne revampée de la rue Beaubien héberge aussi un restaurant. Les cuisiniers du Kitchen Gallery y proposent une cuisine gourmande, avec des classiques de brasserie réinventés. Service courtois et carte des vins passablement variée. www.barroger.com

Brasserie T
1425, rue Jeanne-Mance, Montréal, 514 282-0808
Le célèbre restaurant de Normand Laprise a maintenant son antenne sur la Place des spectacles. On y sert une cuisine bistro sans prétention, qui mise néanmoins sur des produits de première qualité. La carte des vins est, en quelque sorte, un modèle réduit de celle du Toqué! www.brasserie-t.com

Bar F
1485, rue Jeanne-Mance, Montréal, 514 289-4558
Le Café Ferreira, version taverne. Une bonne adresse où savourer des spécialités culinaires et viticoles portugaises, dans le cadre enchanteur de la Place des spectacles, au cœur du centre-ville. www.fbar.ca

Accords
212, rue Notre-Dame Ouest, Montréal, 514 282-2020
Aménagé dans les anciens locaux du restaurant Azsu, ce bar à vins plaira aux amateurs curieux, qui apprécieront autant le vaste choix de vins au verre et que les accords classiques et inusités prévus pour chaque plat. Jolie terrasse. www.accords.ca

Tasso
3829, rue Saint-Denis, Montréal, 514 842-0867
L'ancien Symposium a rouvert ses portes, dans un nouveau décor blanc et épuré. Cuisine grecque adaptée au goût du jour, avec une bonne sélection de *mezze* joliment présentés et assortis d'un bel éventail de vins grecs. www.tassobaramezze.com

La Salle à Manger
1302, avenue du Mont-Royal Est, Montréal, 514 522-0777
Une partie de l'équipe du Réservoir officie à cette sympathique adresse que l'on visite et revisite avec plaisir. Dans une ambiance décontractée, on savoure une cuisine à la fois originale et réconfortante, accompagnée d'excellents vins de France et d'ailleurs. www.lasalleamanger.ca

Alep et Petit Alep
199 et 191, rue Jean-Talon Est, Montréal, 514 270-6396 et 514 270-9361
Deux adresses voisines, un propriétaire. La première est ouverte exclusivement en soirée et sert une cuisine plus étoffée dans un décor classique. La seconde, plus décontractée, propose une savoureuse cuisine syrienne mise en valeur par une vaste sélection de vins dits « naturels », essentiellement français.

Pullman
3424, avenue du Parc, Montréal,
514 288-7779

Cet établissement moderne est probablement le seul véritable bar à vins de Montréal. La carte propose de nombreuses petites bouchées inventives et savoureuses. Le service très courtois et professionnel fait honneur à un choix de vins de grande qualité.
www.pullman-mtl.com

Buvette chez Simone
4869, avenue du Parc, Montréal,
514 750-6577

La Buvette est un lieu chaleureux où il fait bon s'attabler entre amis. Simple et sans prétention, le menu propose quelques entrées et des plats copieux de poulet rôti. Carte des vins diversifiée avec une belle sélection de vins au verre.
www.buvettechezsimone.com

Toqué!
900, place Jean-Paul-Riopelle, Montréal,
514 499-2084

Dans le cadre moderne du Quartier international de Montréal, le chef Charles-Antoine Crête prépare une cuisine inspirée et savoureuse. Cette grande table est mise en valeur par une carte des vins aussi éclectique que recherchée. Plusieurs raretés à découvrir. En semaine, on propose aussi un menu du midi à prix attrayant.
www.restaurant-toque.com

Le Club Chasse et Pêche
423, rue Saint-Claude, Vieux-Montréal,
514 861-1112

Le restaurant du chef Claude Pelletier et de son partenaire Hubert Marsolais ne connaît aucun fléchissement et figure toujours parmi les meilleures tables de la métropole. La cuisine inventive et généreuse est aussi impeccable que la sélection des vins, le tout présenté dans un décor hautement stylé.
www.leclubchasseetpeche.com

Le Café du Nouveau Monde
84, rue Sainte-Catherine Ouest,
Montréal, 514 866-8669

Adjacent au théâtre du même nom, ce restaurant très couru sert une cuisine de type bistro. Le service est efficace et la carte des vins est passablement étoffée pour un établissement de ce genre.
www.tnm.qc.ca

La Medusa
1224, rue Drummond, Montréal,
514 878-4499

Dans un cadre élégant, une cuisine italienne classique accompagnée d'une sélection passablement étoffée de crus toscans et piémontais. À la porte voisine, la pizzeria Arlequino restaure bien sans ruiner personne. Oreilles sensibles, évitez ces endroits les soirs de match du Tricolore...

Brasserie Réservoir
9, avenue Duluth Est, Montréal,
514 849-7779

Établie depuis quelques années, cette brasserie artisanale propose une belle sélection de plats et d'encas. La sélection de vins est limitée, mais choisie avec soin pour plaire à tous les palais. Une belle terrasse à l'étage.
www.brasseriereservoir.ca

Kitchenette
1353, boulevard René-Lévesque,
Montréal, 514 527-1016

Joli bistro propret et dépouillé situé en face de Radio-Canada. Cuisine moderne d'inspiration américaine, généreuse, sans chichi et bien présentée. La carte des vins est courte, le service est professionnel.
www.kitchenetterestaurant.ca

Ariel
2072, rue Drummond, Montréal,
514 282-9790

La cuisine est moderne, le service est professionnel et la carte des vins fourmille de classiques originaires d'un peu partout, avec une certaine prépondérance de la France.
www.arielrestaurant.com

Le St-Urbain
96, rue Fleury Ouest, Montréal,
514 504-7700

Un sympathique bistro nouvelle vague, une grande salle claire et dépouillée. Très bonne cuisine, bien présentée par le chef Marc-André Royal, et une liste de vins courte mais très bien constituée.
www.lesturbain.com

Vinizza
150, rue Jean-Talon Est, Montréal,
514 904-2250

Bonne pizzeria bien en vue dans une belle salle vitrée, en bordure du marché Jean-Talon, très occupée le midi. Bon choix de vins, surtout italiens. Service amical et rapide.
www.vinizza.com

Le Continental
4007, rue Saint-Denis, Montréal,
514 845-6842
Les cuisines de cet établissement populaire de la rue Saint-Denis sont ouvertes jusqu'à 2h et offrent un bel éventail de classiques « bistro » réinventés. La carte des vins propose un bon choix. Jolie terrasse.
www.lecontinental.ca

Milos
5357, avenue du Parc, Montréal,
514 272-3522
La célèbre table hellénique est réputée depuis longtemps pour ses spécialités de poissons. Excellente cuisine et service impeccable. Une carte des vins assez diversifiée et un bon choix de crus grecs rappelant l'origine des propriétaires.
www.milos.ca

Le Local
700, rue William, Vieux-Montréal,
514 397-7737
Aménagé dans les anciens locaux d'une firme d'architectes, ce restaurant très couru sert une cuisine de bistro inventive, accompagnée d'une carte des vins passablement étoffée.
www.resto-lelocal.com

D N A
355, rue Marguerite-d'Youville,
Vieux-Montréal, 514 287-3362
Après avoir fait ses armes chez Jamie Oliver à Londres, le chef Derek Dammann s'est associé au maître d'hôtel et sommelier Alex Cruz pour créer ce restaurant très inventif. Une cuisine très inspirée et une sélection exceptionnelle de vins canadiens.
www.dnarestaurant.com

Graziella
116, rue McGill, Vieux-Montréal,
514 876-0116
Grand restaurant, dans tous les sens du terme : salle vaste et beauté des murs. La réputée chef italienne Graziella Battista prépare une cuisine savoureuse, réussie et sans ostentation. Grand choix de vins, principalement d'Italie.
www.restaurantgraziella.ca

Portus Calle
4281, boulevard Saint-Laurent, Montréal,
514 849-2070
La savoureuse cuisine portugaise d'Helena Loureiro est servie dans une grande salle très achalandée. Une belle carte de vins portugais, un service courtois et efficace.
www.portuscalle.ca

à l'apéritif

Rien de mieux qu'un verre de Champagne avant de passer à table. Les crémants de Bourgogne et de Loire, ainsi que les bons mousseux du nord de l'Italie – Franciacorta, Prosecco –, cava de Catalogne, vins effervescents de Californie et d'ailleurs sont tout aussi indiqués. On peut également servir un vin blanc sec pas trop acide. Les vins moelleux ne sont pas vraiment à leur place avant le repas, le sucre ayant pour effet de couper l'appétit. En revanche, un bon Riesling Kabinett, servi frais, constitue un apéritif aussi savoureux que léger en alcool.

Le Xérès sec – Fino et Manzanilla – est aussi un vin hautement digeste, dont les vertus apéritives sont reconnues depuis longtemps.

L'été, un verre de Porto blanc Extra Dry seul ou coupé de moitié de tonic et garni de glaçons et d'une tranche de citron est un excellent apéritif.

Casa Tapas
266, rue Rachel Est, Montréal,
514 848-1063
L'Espagne sur le Plateau. Ambiance animée, cuisine rustique et carte élaborée de vins espagnols dont plusieurs xérès. Quelques raretés à prix astronomique, et une vaste sélection de vins au verre.
www.casatapas.com

Da Emma
777, rue de la Commune Ouest, Vieux-Montréal, 514 392-1568
La cuisine italienne traditionnelle faite par la *mamma*, servie entre les magnifiques murs de vieilles pierres d'une ancienne prison pour femmes. Un très bon choix de vins italiens. Une terrasse en été.

Bistro Bienville
4650, rue de Mentana, Montréal,
514 509-1269
Ce sympathique bistro du Plateau Mont-Royal a tout pour plaire. L'ambiance est décontractée, les mets sont apprêtés avec soin et les ingrédients sont triés sur le volet. De bons vins figurent sur la carte.
www.bistrobienville.com

Les Trois Petits Bouchons
4669, rue Saint-Denis, Montréal,
514 285-4444
Dans ce décor à la fois épuré et chaleureux, on concocte des spécialités françaises et québécoises réinventées. La carte propose essentiellement des vins dits «naturels». Service courtois et professionnel.
www.lestroispetitsbouchons.com

Cuisine et Dépendance
4902, rue Saint-Laurent, Montréal,
514 842-1500
Restaurant très fréquenté proposant une très bonne cuisine dans une atmosphère agréable et décontractée. La carte des vins est bien fournie ; le service est prompt et amical.
www.cuisineetdependance.ca

Juni
156, rue Laurier Ouest, Montréal,
514 276-5864
Dans un cadre simple et dépouillé, une cuisine asiatique aussi exquise que raffinée. Une belle carte des vins présentée soigneusement, riche de plusieurs vins et de saké d'importation privée. www.juni.ca

Au Petit Extra
1690, rue Ontario Est, Montréal,
514 527-5552
Annexé au cabaret du Lion d'Or, ce bistro affairé sert, depuis plus de 25 ans, une cuisine simple, mais généreuse et efficace. La carte des vins propose de nombreux vins de France et d'ailleurs, généralement vendus à des prix abordables.
www.aupetitextra.com

Le Margaux
5058, avenue du Parc, Montréal,
514 448-1598
À deux pas de l'avenue Laurier, un joli restaurant où l'on propose une cuisine sobre et raffinée. De bons vins français figurent sur la carte.
www.lemargaux.com

M sur Masson
2876, rue Masson, Montréal,
514 678-2999
Dans ce quartier revitalisé de l'est de Montréal, les anciens du restaurant La Bastide proposent une cuisine d'inspiration européenne au goût du jour et une jolie carte des vins. Le service est courtois et professionnel.
www.msurmasson.com

Simpléchic
3610, rue Wellington, Verdun,
514 768-4224
Le premier-né du chef-propriétaire vedette Louis-François Marcotte propose une cuisine soignée, où l'on traite le vin avec sérieux. Une adresse verdunoise à retenir.
www.simplechic.ca

Verses
100, rue Saint-Paul Ouest, Vieux Montréal, 514 788-4000
Bon restaurant établi dans le bel hôtel Nelligan. Cuisine soignée, service attentionné et vins bien choisis. La terrasse sur le toit offre une vue imprenable sur le Vieux-Port.
www.versesrestaurant.com

Garçon !
1112, rue Sherbrooke Ouest, Montréal,
514 843-4000
Dans un décor sobre, un agréable bistro de luxe très fréquenté le midi. Service rapide et courtois, très bonne cuisine moderne et carte des vins bien garnie.

Raza Restaurant
114, avenue Laurier Ouest, Montréal, 514 227-8712
Dans un décor minimaliste, un restaurant vibrant aux accents d'Amérique du Sud. Cuisine originale, ambiance sympathique et quelques bons vins bien choisis.
www.restaurantraza.com

Le Jolifou
1840, rue Beaubien Est, Montréal, 514 722-2175
Ce restaurant mignon et accueillant propose une cuisine simple et bonne, servie sur des tables décorées de jouets ! Le service et la carte des vins sont tout à fait appropriés.
www.jolifou.com

Le Bouchon de Liège
8497, rue Saint-Dominique, Montréal, 514 807-0033
Dans le nord de la ville, ce sympathique restaurant sans prétention, mais professionnel, offre une cuisine franche et savoureuse. Sur la carte, beaucoup de bons vins choisis avec discernement.
www.lebouchondeliege.ca

Bu
5245, boulevard Saint-Laurent, Montréal, 514 276-0249
L'archétype du bar à vins moderne où l'on a envie de s'arrêter pour siroter l'un des 200 vins inscrits sur la carte et pour se restaurer d'une cuisine simple et savoureuse.
www.bu-mtl.com

Leméac
1045, avenue Laurier Ouest, Montréal, 514 270-0999
Le bistro outremontois à la mode, agrémenté d'une jolie terrasse en été. Décor clair et dépouillé, très bonne cuisine moderne, service efficace, et une carte des vins particulièrement élaborée. C'est toujours bon.
www.restaurantlemeac.com

Bice
1504, rue Sherbrooke Ouest, Montréal, 514 937-6009
L'antenne montréalaise d'une chaîne internationale créée à Milan en 1926. Dans une ambiance animée, une excellente cuisine italienne moderne arrosée d'un bon choix de vins toscans, piémontais et californiens.
www.bicemontreal.com

Au Pied de cochon
536, avenue Duluth Est, Montréal, 514 281-1114
Dans ce bistro bien connu, le très médiatisé chef Martin Picard prépare une cuisine généreuse et goûteuse. Le porc est présent sous toutes ses formes et accompagné d'une excellente carte des vins incluant de nombreuses raretés.
www.restaurantaupieddecochon.ca

Primo & Secondo
7023, rue Saint-Dominique, Montréal, 514 908-0838
À deux pas du marché Jean-Talon, ce restaurant propose une cuisine moderne savoureuse. Service professionnel et empressé.
Une longue carte de vins italiens, souvent assez coûteux.
www.primoesecondo.ca

Bistro Cocagne
3842, rue Saint-Denis, Montréal, 514 286-0700
Alexandre Loiseau concocte des plats au-delà de tout soupçon. Bien que courte, la carte des vins recèle de noms triés sur le volet. Le menu midi plaira aux gastronomes à l'affût d'aubaines...
www.bistro-cocagne.com

Chez l'Épicier
311, rue Saint-Paul Est, Montréal, 514 878-2232
Entre de vieux murs, face au marché Bonsecours, Laurent Godbout propose un menu assez moderne. La carte des vins recèle de bonnes bouteilles, dont plusieurs vins dits « naturels », sélectionnés par Jack Jacob, aussi sommelier au restaurant Le Comptoir.
www.chezlepicier.com

La Chronique
99, avenue Laurier Ouest, Montréal, 514 271-3095
À juste titre, l'une des tables les plus réputées de Montréal. Une cuisine moderne et une carte des vins fort élaborée, avec un très bon choix de vins au verre.
www.lachronique.qc.ca

Ferreira Café
1446, rue Peel, Montréal, 514 848-0988
Premier restaurant portugais moderne de Montréal, le restaurant de Carlos Ferreira compte parmi les très bonnes tables. Le grand choix de vins portugais met en valeur la cuisine de Marino Tavares et fait apprécier les progrès accomplis dans ce pays. Service professionnel.
www.ferreiracafe.com

• LAVAL ET LES LAURENTIDES •

Le Mitoyen
652, rue de la Place publique, Laval,
450 689-2977

Dans sa belle maison ancestrale du quartier Sainte-Dorothée, Richard Bastien prépare une cuisine classique raffinée, mise en valeur par une carte des vins diversifiée dont plusieurs belles bouteilles. Bon choix de vins au verre.
www.restaurantlemitoyen.com

Le Saint-Christophe
94, boulevard Sainte-Rose, Laval,
450 622-7963

Dans une ancienne demeure agrémentée d'une terrasse, une excellente cuisine inspirée des traditions du sud de la France. Carte de vins exclusivement français, présentée de façon professionnelle.
www.restosaintchristophe.ca

Le Bistro à Champlain
75, chemin Masson,
Sainte-Marguerite-du-Lac-Masson,
450 228-4988

La mecque des amateurs de vin éprouvant une affection avouée pour les crus de Bourgogne. La réputation de la cave et de l'accueil de Champlain Charest ont depuis longtemps dépassé nos frontières.
www.bistroachamplain.com

• RIVE SUD DE MONTRÉAL, CANTONS-DE-L'EST ET MONTÉRÉGIE •

Bistro Beaux Lieux
19, rue Principale Nord, Sutton,
450 538-1444

Depuis quelques années, le chef Christian Beaulieu, anciennement au bistro montréalais Le Continental, apporte un vent de fraîcheur à ce joli village des Cantons-de-l'Est. Le menu évolue selon les saisons et s'accompagne d'une carte des vins passablement étoffée. Service courtois et avenant.
www.bistrobeauxlieux.com

Olivier Le Restaurant
679, rue Adoncourt, Longueuil,
450 646-3660

Dans un coin isolé et très accueillant de Longueuil, ce restaurant à saveur italo-provençale prépare une cuisine impeccable. Présentée dans un carnet de cartes de visite, la liste des vins recèle beaucoup de vins de qualité à des prix très corrects. Terrasse en été.
www.olivierlerestaurant.com

Café Massawippi
3050, chemin Capelton, North Hatley,
819 842-4528

La cuisine moderne de Dominic Tremblay est servie entre les murs d'une coquette maison de campagne. Service courtois et attentif; carte des vins bien garnie, mais classique.
www.cafemassawippi.com

Auberge Ripplecove
700, rue Ripplecove, Ayer's Cliff,
819 838-4296

Face au lac Massawippi, cette luxueuse auberge est l'une des rares de la région où l'on peut dîner sur la terrasse au bord de l'eau. Sélection notable de crus bordelais et bourguignons.
www.ripplecove.com

McHaffy
351, rue Principale, Cowansville,
819 266-7700

Une table reconnue des gourmets de la région. Beaucoup de bons plats et des vins soigneusement choisis.

Manoir Hovey
575, chemin Hovey, North Hatley,
819 842-2421

Au bord du lac Massawippi, cette belle demeure d'influence sudiste est un haut lieu de l'hôtellerie dans les Cantons-de-l'Est. Une carte appétissante et des crus choisis avec soin. Peu d'aubaines, mais beaucoup de belles bouteilles.
www.manoirhovey.com

• QUÉBEC ET LA RÉGION •

Le Cercle
228, rue Saint-Joseph Est, Québec, 418 948-8648
Dans un quartier revampé de Québec, les anciens locaux du restaurant l'Utopie ont fait place à un menu un peu plus modeste, mais empreint d'un souci manifeste de qualité. Le service est attentionné et dynamique, et la carte des vins propose plusieurs curiosités ainsi qu'un beau choix de vins au verre. www.le-cercle.ca

Panache
10, rue Saint-Antoine, Vieux-Québec, 418 692-1022
Entre les murs de l'hôtel Saint-Antoine, ce restaurant séduit par le cachet historique des lieux, l'excellente cuisine sans confusion, le service discret et la belle carte des vins. Membre de la chaîne Relais & Châteaux. www.saint-antoine.com

Toast
17, rue Sault-au-Matelot, Vieux-Québec, 418 692-1334
Un petit restaurant branché, encastré entre les murs du Vieux-Port. Une cuisine moderne savoureuse, un service efficace et aimable, des vins bien sélectionnés. www.restauranttoast.com

Michelangelo
3111, chemin Saint-Louis, Québec, 418 651-6262
À proximité du pont de Québec, ce vaste restaurant offre un choix de plus de 500 vins, surtout italiens : beaucoup de Barolo, de Brunello et de Chianti et une pléthore de supertoscans. www.lemichelangelo.com

L'Échaudé
73, rue Sault-au-Matelot, Vieux-Québec, 418 692-1299
Restaurant niché au cœur de la vieille ville. Cuisine de bistro accompagnée d'un très bon choix de vins français à des prix raisonnables. www.echaude.com

Le Saint-Amour
48, rue Sainte-Ursule, Vieux-Québec, 418 694-0667
Campé dans une rue en pente près de la porte Saint-Louis. La carte des vins a l'allure d'un annuaire téléphonique. Toutes les régions de France y sont, particulièrement les vins de Bourgogne et de Bordeaux. Une gamme impressionnante de vins liquoreux et un très bon choix de demi-bouteilles. www.saint-amour.com

Le Café du monde
84, rue Dalhousie, Vieux-Port de Québec, 418 692-4455
Sympathique bistro situé dans un immeuble du Vieux-Port. Confits, tartares et autres classiques sont proposés avec un bon choix de vins originaires des différentes régions de France et d'ailleurs. www.lecafedumonde.com

Le Graffiti
1191, avenue Cartier, Québec, 418 529-4949
Établissement populaire situé près du Parlement. Une imposante carte des vins, environ 175 de France et des dizaines d'un peu partout ailleurs. Des prix raisonnables et un bon choix de demi-bouteilles.

Laurier Raphaël
117, rue Dalhousie, Vieux-Québec, 418 692-4555
Une table innovatrice et très réputée du Vieux-Québec. Daniel Vézina signe une cuisine inventive et savoureuse, mise en valeur par une carte des vins diversifiée. www.laurieraphael.com

Auberge Manoir de Tilly
3854, chemin de Tilly, Saint-Antoine-de-Tilly, 418 886-2407
Sur la rive sud du Saint-Laurent, une très belle auberge historique, où le chef-propriétaire Pascal Gagnon prépare une cuisine généreuse. Service attentionné et carte des vins passablement éclectique. www.manoirdetilly.com

Auberge La Goéliche
22, chemin du Quai, Sainte-Pétronille, île d'Orléans, 418 828-2248
À la pointe de l'île, avec vue sur le cap Diamant, un bel établissement où la carte des vins propose plusieurs bouteilles de belle qualité. Les bateaux, petits et gros, passent à quelques mètres de la salle à manger. www.goeliche.ca

Auberge Canard Huppé
2198, chemin Royal, Saint-Laurent, île d'Orléans, 418 828-2292
Au sommet des coteaux du Saint-Laurent, le chef propose une très bonne cuisine de produits du terroir, accompagnée d'une carte des vins suffisamment bien garnie. www.canard-huppe.com

• CHARLEVOIX, SAGUENAY, CÔTE-NORD •

Vices Versa
216, rue Saint-Étienne, La Malbaie, 418 665-6869
Mené avec brio par le duo Danielle Guay et Éric Bertrand, Vices Versa compte parmi les meilleures tables de Charlevoix. Cuisine parfaitement maîtrisée, vins choisis avec discernement, service agréable et professionnel.
www.vicesversa.com

Auberge des Peupliers
381, rue Saint-Raphaël, Cap-à-l'Aigle, 418 665-4423
Une belle auberge de campagne dans la tradition de Charlevoix. Menu alléchant, service professionnel et carte plutôt classique, surtout composée de vins français.
www.aubergedespeupliers.com

Auberge des 21
621, rue Mars, La Baie, 418 697-2121
La belle auberge du chef Marcel Bouchard est un haut lieu de l'hospitalité québécoise. Au restaurant Le Doyen, le menu change au gré des saisons et les produits frais du terroir sont préparés avec attention.
La longue carte des vins propose plus de 550 inscriptions.
www.aubergedes21.com

Le Bergerac
3919, rue Saint-Jean, Jonquière, 418 542-6263
Ce restaurant du Saguenay présente une carte remarquablement élaborée, contenant une centaine de vins triés sur le volet.
www.lebergerac.ca

La Cache d'Amélie
37, avenue Marquette, Baie-Comeau, 418 296-3722
Une étape obligatoire sur la Côte-Nord. Le chef-propriétaire Glenn Forbes prépare une cuisine à la fois généreuse et raffinée. La carte des vins vaut le détour.

• GASPÉSIE, BAS-SAINT-LAURENT, BEAUCE •

Auberge du Mange Grenouille
148, rue Sainte-Cécile, Le Bic, 418 736-5656
Une adresse réputée sur la route du Bas-du-Fleuve. Dans un décor chaleureux, cette auberge de qualité propose une cuisine soignée et une longue carte des vins diversifiée.
www.aubergedumangegrenouille.qc.ca

Restaurant Chez Antoine
433, rue Lafontaine, Rivière-du-Loup, 418 862-6936
Dans une maison centenaire du centre-ville, un restaurant réputé proposant une longue carte de vins affichant une pléthore de noms prestigieux.
www.chezantoine.ca

La Table du Père Nature
10735, 1re Avenue Est, Saint-Georges, 418 227-0888
Une table réputée de la Beauce, et un passage obligé pour l'amateur de vin. Une carte remarquablement élaborée incluant plusieurs grands vins de France, d'Italie et de Californie.

• MAURICIE, BOIS-FRANCS, SOREL •

Auberge du Lac Saint-Pierre
1911, rue Notre-Dame, Pointe-du-Lac, 819 377-5971
Sur les rives du Saint-Laurent, une halte sympathique où l'on sert une cuisine réconfortante. Sur la carte, environ 150 vins bien choisis. Pour les grands soirs, quelques grands crus de Bordeaux.
www.aubergelacst-pierre.com

Le Castel des Prés - Chez Claude
5800, boulevard Royal, Trois-Rivières, 819 375-4921
Une adresse très connue en Mauricie. On se restaure d'une cuisine simple et généreuse arrosée d'une carte des vins suffisamment bien garnie.
www.casteldespres.com

• OUTAOUAIS •

Domus
87, rue Murray, Ottawa, 613 241-6007
Un restaurant simple et agréable qui propose une cuisine moderne agrémentée d'une carte des vins regroupant plusieurs bonnes bouteilles.
www.domuscafe.ca

Le Tartuffe
133, rue Notre-Dame, Gatineau, 819 776-6424
Près du Musée de la Civilisation et du Musée des Beaux-Arts d'Ottawa, une adresse à retenir pour l'accueil et la qualité de la cuisine. Une carte des vins suffisamment élaborée et un choix de demi-bouteilles.
http://letartuffe.com/

L'Orée du bois
15, chemin Kingsmere, Chelsea, 819 827-0332
Dans le parc de la Gatineau en Outaouais, un sympathique relais de campagne où le chef-propriétaire, Guy Blain, prépare une généreuse cuisine classique. La carte des vins est très bien garnie et inclut une sélection de vins québécois et canadiens. Un bon choix de vins au verre.
www.oreeduboisrestaurant.com

Apportez votre vin

Les restaurants où l'on peut apporter son vin sont nombreux dans la région de Montréal. Voici quelques bonnes adresses.

• MONTRÉAL •

Les Héritiers ♥
1915, avenue du Mont-Royal Est, Montréal, 514 528-4953

Cette année, les propriétaires de À l'Os, O'Thym et Les Infidèles ont ajouté une nouvelle adresse à leur belle liste de restaurants « apportez votre vin ». La formule demeure sensiblement la même et propose une cuisine française adaptée au goût du jour. La qualité du service et des verres fera honneur à vos bons crus. www.lesheritiers.com

Quartier Général
1251, rue Gilford Est, Montréal, 514 658-1839

Une heureuse addition à l'éventail de restaurants « apportez votre vin » du Plateau Mont-Royal. On y propose une belle sélection d'entrées et de plats servis à la carte ou en menu composé. Le service est à la fois professionnel, avenant et sympathique. Le mieux est de réserver une semaine à l'avance. www.lequartiergeneral.ca

La Colombe
554, avenue Duluth Est, Montréal, 514 849-8844

La Colombe demeure l'un des meilleurs restaurants « apportez votre vin » de la métropole. Une adresse que l'on visite et revisite avec un plaisir renouvelé. Les bonnes bouteilles sont mises en valeur tant par la qualité du service et des verres, que par la cuisine toujours très soignée du chef-propriétaire Mustafa Rougaïbi.

Apollo
6389, boulevard Saint-Laurent, Montréal, 514 274-0153

Restaurant-traiteur à deux pas de la Petite Italie, le chef Giovanni Apollo y propose une excellente cuisine, fine et inventive. Les convives peuvent partager les plats. Décor épuré et invitant, service professionnel et soigné, des verres à la hauteur de vos belles bouteilles. www.apolloglobe.com

À l'Os
5207, boulevard Saint-Laurent, Montréal, 514 270-7055.

Dans un décor dépouillé, À l'Os propose un menu élaboré et bien présenté. Service professionnel, carafes et verres de qualité impeccable. www.alos.ca

O'Thym
1112, boulevard de Maisonneuve Est, Montréal,
514 525-3443

Dans le même style, le bistro est très fréquenté. Le menu varié est écrit sur un tableau noir. Les verres et le service sont tout à fait adéquats. www.othym.com

Les Infidèles
771, rue Rachel, Montréal, 514 528-8555.

Les propriétaires de À l'Os et O'Thym ont aussi élu domicile au restaurant Les Infidèles. Ils servent une cuisine inventive d'inspiration française dans un cadre agréable. Le service et les verres rendent justice aux bonnes bouteilles. www.lesinfideles.ca

Christophe
187, avenue Van Horne, Montréal,
514 270-0850

Le restaurant Christophe est toujours apprécié. Toujours au four, Christophe Geffrey pratique la même cuisine recherchée qui a fait sa réputation. Service impeccable, verrerie de qualité et ambiance amicale.
www.restaurantchristophe.com

Le Bleu Raisin
5237, rue Saint-Denis, Montréal,
514 271-2333.

Un petit restaurant d'allure propre et dégagée. Une table d'hôte très bien présentée et un service courtois.

L'Angéluc
480, rue Saint-Denis, Saint-Alexandre,
450 346-4393

Situé à l'extérieur de Montréal, la table d'hôte réputée de ce sympathique restaurant de la Montérégie fera honneur à vos belles bouteilles.
www.restaurantlangeluc.com

• CANTONS-DE-L'EST •

La Table Tourigny

4288, chemin Georgeville, Georgeville,
819 868-2894
Sur la foi de gastronomes émérites, vos meilleures bouteilles se marieront aux délices de cette table très réputée située à proximité du lac Memphrémagog.
www.latabletourigny.com

• QUÉBEC •

La Girolle
1384, chemin Sainte-Foy, Québec,
418 527-4141

Ouvert midi et soir, **La Girolle** est l'un des rares bistros de Québec où l'on peut apporter son vin. On y sert des plats français classiques à des prix très abordables. Les bonnes bouteilles sont de mise.
www.lagirolle.ca

• CHARLEVOIX •

Les Saveurs oubliées
350, rang Saint-Godefroy, route 362,
Les Éboulements, 418 635-9888

Cette très bonne table, célèbrent l'agneau de Charlevoix. Vos bonnes bouteilles seront appréciées à l'une des bonnes adresses de la région. Réservation obligatoire en saison touristique.
www.saveursoubliees.com

des adresses à partager ?

Le guide du vin n'est pas un guide de restaurants et ne prétend d'aucune manière en faire la liste exhaustive. S'il vous arrive de croiser des endroits dignes de mention, n'hésitez pas à nous en faire part. Les restaurateurs oubliés qui estiment avoir leur place dans ce répertoire peuvent aussi me faire parvenir une copie de leur carte des vins et de leur menu à l'adresse Internet suivante : fournier.mpv@gmail.com.

Index des codes

Numéro de code de chaque vin,
suivi de la page où il apparaît dans le livre.

Index des vins

Pour faciliter vos recherches, vous pouvez également télécharger l'index complet du *Guide du vin 2012* à partir du site Web de Michel Phaneuf: www.michelphaneuf.com

• B •

• C •

• F •

• S •

• T •